GRANDE CANARIE
La Isleta
Punta Camello
GÁLDAR
ARUCAS
AGAETE
LAS PALMAS
PUERTO DE LAS NIEVES
LAS NIEVES
TEROR
SANTA BRIGIDA
Punta de la Aldea
ARTENARA
TEJEDA
TELDE
El Descojonado
MOGÁN
SANTA LUCÍA
MASPALOMAS
SAN AGUSTÍN
PLAYA DEL INGLÉS
Punta Perchel
30 KM

Roques de Anaga
CRUZ
ERIFE
Ocean
tlantique

LANZAROTE
ISLA GRACIOSA
ORZOLA
CALETA DE FAMARA
HARIA
ARRIETA
PARC NATIONAL DE TIMANFAYA
TEGUISE
MOZAGA
SAN BARTOLOMÉ
Salinas de Janubio
YAIZA
ARRECIFE
PLAYA QUEMADA
PLAYA BLANCA
La Bocayna
CORRALEJO
ISLA DE LOS LOBOS
EL COTILLO
LA OLIVA
PLAYA BLANCA
BETANCURIA
PÁJARA
El Islote
PUNTA DE JANDIA
Bahria de la Pared
FUERTEVENTURA
MORRO JABLE
30 KM

QUAND Y ALLER

JANVIER

15° / 21°

FESTIVAL DE MUSIQUE DES CANARIES

© JOSU OZKARITZ - SHUTTERSTOCK.COM

Il se déroule dans toutes les îles, mais ses concerts majeurs ont lieu à Santa Cruz de Tenerife et à Las Palmas de Gran Canaria.

$ $ $

FÉVRIER

14° / 21°

CARNAVAL DE LAS PALMAS

(LAS PALMAS DE GRAN CANARIA)

C'est l'un des plus anciens festivals canariens qui a peu évolué depuis le XIXe siècle, même si sa version moderne date de 1976.

CARNAVAL DE SANTA CRUZ DE TENERIFE

Déclaré d'intérêt touristique international, c'est le deuxième plus important au monde, après celui de Rio, réputé pour son *corso*.

$ $

MARS

15° / 22

$

JUILLET

20° / 29°

CANARIAS JAZZ & MÀS

© MAGUI RF - SHUTTERSTOCK.COM

Il a pris une ampleur croissante dans toutes les îles, pour devenir une institution ancrée dans le paysage des manifestations.

$ $ $

AOÛT

21° / 29°

FIESTA DE LA RAMA

(AGAETE)

De nombreux *Grancanarios* viennent à Agaete pour participer à l'une des fêtes les plus traditionnelles et originales de l'archipel.

FIESTAS DE LA VENDIMIA

(FUENCALIENTE)

A Fuencaliente, c'est la fête traditionnelle du vin et des *caballos fuscos* : des chevaux décorés formant un véritable ballet.

$ $ $

SEPTEMBRE

20° / 28

FERIA INSULAR DE ARTESANIA

(TINAJO)

Cette foire artisanale de Tinajo est le grand rendez vous du tout fait main, des artisans de Lanzarote, des Canaries et de l'Espagne.

JORNADAS COLOMBINAS

(SAN SEBASTIAN DE LA GOMERA)

Chaque année, San Sebastian de La Gomera, célèbre le séjour puis le départ de Christophe Colomb pour les Amériques.

$ $

Canaries

MULTICOLORES ET VOLCANIQUES

Au large des côtes africaines et non loin du Cap-Vert, ce chapelet d'îles émerge fièrement de l'océan. Elles ont pu être parfois associées aux *resorts* hôteliers qui ont envahi leurs côtes sud. Mais c'est une erreur, car elles sont toutes différentes et offrent le plus souvent des panoramas à couper le souffle. Derrière un tourisme massifié se cachent des sites et des îles préservées. Chaque île est un nouveau voyage et le début d'un dépaysement. Ce sera l'occasion de découvrir des terres sauvages, désertiques, forestières ou sableuses, mais souvent bercées par l'écotourisme. Que ce soit en ralliant le sommet du Teide à Tenerife ; en se promenant dans l'antique forêt de lauriers, de La Gomera ; en admirant les *roques* érodés d'El Hierro, en arpentant les chemins de la caldera de Taburiente à La Palma ; en s'émerveillant du patrimoine aborigène des montagnes sacrées de Grande Canarie ; en foulant les immenses dunes de Fuerteventura ou en escaladant les champs de lave des volcans de Lanzarote. Certains préféreront profiter de l'azur du ciel et des eaux cristallines pour se livrer au farniente sur ses plages au sable blond ou noir. D'autres seront plus enclins à l'escalade, à la randonnée ou à pratiquer l'un des sports de glisse qui ont fait la renommée de l'archipel. D'autres encore visiteront les belles villes de La Laguna et de Las Palmas pour leur architecture coloniale. Mais tous apprécieront la douceur de vivre et la richesse de ses traditions folkloriques et culturelles.

PEFC™
10-31-1895
Certifié PEFC
Ce produit est issu de forêts gérées durablement et de sources contrôlées.
pefc-france.org

Retrouvez cette offre en page 35

SOMMAIRE

Puerto Santiago. © QUERBEET - ISTOCKPHOTO.COM

6 INSPIRER

Quand et pourquoi y aller mais aussi des idées de séjours. Ainsi que de nombreuses fiches pratiques pour vous donner les clés de cette destination.

37 DÉCOUVRIR

Festival de Santa Cruz, patrimoine aborigène et omniprésence de ses bananeraies, on fait le point sur ce qui les caractérise. Sans oublier de préciser ce qu'il convient d'en rapporter.

97 TENERIFE

La plus grande île abrite deux bijoux : le parc national du Teide, et la ville de La Laguna. Tous deux classés au patrimoine culturel et naturel de l'Unesco.

177 LA GOMERA

C'est le berceau du silbo, langage sifflé, classé à l'Unesco et elle possède la plus grande forêt de lauriers et de bruyères, aux mille possibilités de balade.

Randonnée sur La Palma. © MARIDAV - SHUTTERSTOCK.COM

Paysage volcanique à Lanzarote. © HARVEPINO - ADOBESTOCK.COM

Champ d'aloe vera à Fuerteventura. © ANYAIVANOVA - FOTOLIA

Plage de Las Teresitas. © QUERBEET - ISTOCKPHOTO.COM

LA PALMA
Punta del Mundo
LOS TILES
CALDERA DE TABURIENTE
LAS NIEVES
SANTA CRUZ
BREÑA BAJA
FUENCALIENTE
10 KM
Route principale
Route secondaire
200
500
1000
1500
2000
Altitude (en mètres)
TENERIFE
30 KM
PUERTO DE LA CRUZ
ICOD DE LOS VINOS
BUENAVISTA
LA OROTAVA
GARACHICO
LAS CUEVECITAS
Punta deTeno
Pic du Teide 3718 m.
P. N. DE TEIDE
LOS GIGANTES
VILAFLOR
GRANADILLA
ARONA
LA CALETA
Punta Roja
Punta de la Rasca
LA GOMERA
Punta de los Organos
AGULO
VALLEHERMOSO
PARC NATIONAL DE GARAJONAY
VALLE GRAN REY
Punta Majona
SAN SEBASTIÁN
SAN SEBASTIÁN DE LA GOMERA
PLAYA DE SANTIAGO
Ocean Atlantique
EL HIERRO
Punta del Norte
EL TAMADUSTE
SABINOSA
FRONTERA
LA CALETA
EL JULÁN
Punta Orchilla
HOYA DEL MORCILLO
10 KM
LA PALMA
TENERIFE
LA GOMERA
EL HIERRO
GRANDE CANARIE

Comme leur réputation de printemps éternel n'est pas usurpée, les Canaries peuvent se visiter toute l'année. Pour les baignades dans l'océan, on privilégiera toutefois l'été ou l'arrière-saison qui a chauffé l'eau. Et le spectacle de ses multiples parcs naturels sera à son apogée au printemps. Pour vivre ses fêtes les plus emblématiques comme Le carnaval de Santa Cruz, la Rama d'Agaete ou l'une de ses innombrables *romerías*, pèlerinages, le choix court aussi tout au long de l'année.

AVRIL

16° / 23°

SEMAINE SAINTE DE LA LAGUNA
A cette occasion, des icônes et des statues d'une grande valeur historique et artistique défilent dans le cœur historique de la ville.

FESTIVAL INTERNATIONAL DU FILM
Organisé à Las Palmas de Grande Canarie, il met en lumière un cinéma plus périphérique comme les productions latino-américaines.

$ $ $

MAI

17° / 24°

FÊTES DE LA CROIX *(PUERTO DE LA CRUZ)*
Fête constitutive de la ville de Puerto de La Cruz, avec une messe solennelle suivie d'une procession avec la croix d'argent.

IRON MAN LANZAROTE *(PUERTO DEL CARMEN)*
Créée en 1992 par un sportif danois, cette épreuve de triathlon a la réputation d'être l'une des plus difficiles au monde en la matière.

$ $

JUIN

19° / 26°

CORPUS CHRISTI *(LAS PALMAS DE GRAN CANARIA)*
A cette occasion, les Canariens décorent les façades des maisons avec des branches de palmier, des guirlandes et des drapeaux.

FÊTES ET FEUX DE LA SAINT JEAN
Très célébrées dans toutes les Canaries, elles peuvent revêtir divers aspects. Mais à Garachico ou Icod, on fabrique des boules de feu.

$ $

OCTOBRE

19° / 26°

NUESTRA SEÑORA DEL ROSARÍO
Elle se déroule à Fasnia, El Rosarío et La Laguna. Au cours de la procession, des jeunes du village en uniformes accompagnent la Vierge.

$

NOVEMBRE

17° / 24°

FESTIVAL INTERNATIONAL DE KITESURF *(CORRALEJO)*

© D-VISIONS - SHUTTERSTOCK.COM

A Corralejo, il attire pendant trois jours les meilleurs kiters de toute l'Europe ainsi qu'une foule d'*aficionados* à ce sport.

$ $

DÉCEMBRE

16° / 21°

FÊTES DE LA NAVIDAD (NOËL)
La fête de Noël est souvent précédée de nombreux marchés de Noël accordant une grande place aux santons et aux crèches, *belén.*

FIESTA DE LA VIRGEN DE LA CONCEPCION *(VALVERDE)*
Tous les quatre ans, cette fête se déroule à Valverde le 8 décembre et rend hommage à la patronne de l'île de El Hierro.

$ $ $

LES BONNES RAISONS D'Y ALLER

© RUSM - ISTOCKPHOTO.COM

DES VOLCANS SPECTACULAIRES
Paysages lunaires, pics escarpés, ou coulées de lave, à chaque île sa beauté particulière.

UN PATRIMOINE ÉCOLOGIQUE RICHE
A découvrir dans ses parcs naturels, sur ses dunes ou ses forêts de lauriers millénaires.

© JUERGEN SACK - ISTOCKPHOTO.COM

UN CLIMAT CARESSANT TOUTE L'ANNÉE
Avec des variations de 17 à 30 °C, le soleil sera toujours présent, jamais étouffant.

L'EMPREINTE DE GRANDS ARTISTES

Óscar Dominguez, Martín Chirino et Manrique ont marqué l'histoire de l'art et de leur île.

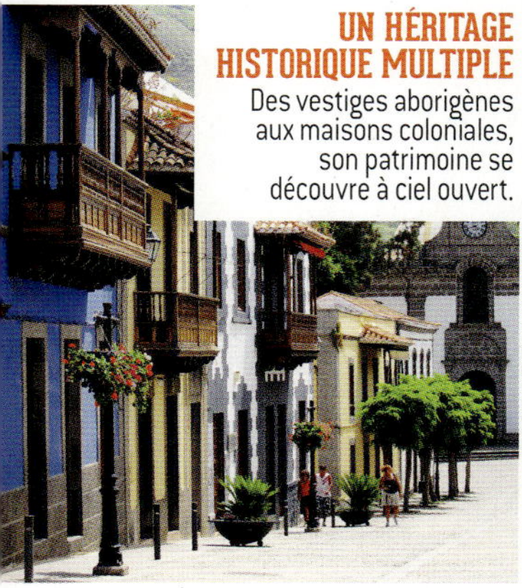

UN HÉRITAGE HISTORIQUE MULTIPLE

Des vestiges aborigènes aux maisons coloniales, son patrimoine se découvre à ciel ouvert.

UN FOLKLORE TOUJOURS VIVANT

Carnavals et romerías marquent le calendrier festif tout au long de l'année.

DES VILLAGES PITTORESQUES

Au creux des montagnes, accrochés à la falaise ou encore nichés au cœur d'une bananeraie.

LES BONNES RAISONS D'Y ALLER

DES CRIQUES ET DES PLAGES SUPERBES

Sur fond d'eaux turquoise et cristallines, de ciel azur, et d'arrière-plan, volcaniques.

© FRANK GÜNTHER - ISTOCKPHOTO.COM

© FLAVIO VALLENARI - ISTOCKPHOTO.COM

UNE TERRE DE RANDONNÉES

De multiples balades inoubliables dans des sites spectaculaires et précieusement protégés.

UN PARADIS POUR LES SPORTIFS

Kitesurf, plongée sous-marine ou cyclisme, tous les aficionados y trouveront leur terrain.

LES 12 MOTS-CLÉS

#ALIZÉS

Ces vents soufflent d'est en ouest et ont une influence déterminante sur le climat et la végétation des Canaries. Ils poussent les nuages toujours dans le même sens, et ces derniers restent bloqués, par les montagnes. Leur passage fait des Canaries une destination idéale pour tous les sports de glisse, planche à voile, parapente et kitesurf, etc.

#ALOE VERA

Surnommée plante miraculeuse, guérisseur silencieux, docteur du Paradis ou élixir de longévité, c'est une plante reconnue pour son action cosmétique sur l'épiderme et ses propriétés nourrissantes. Vous la trouverez partout, marchés, boutiques de souvenirs ou au supermarché. Déclinée en huile solaire, shampooing, gel douche ou jus de fruits.

© MARSBARS - ISTOCKPHOTO.COM

#BARRAQUITO

Le *barraquito* est un café au lait très sucré qui ne se boit qu'aux Canaries. Mais dans toutes les îles et souvent. Il est servi traditionnellement dans un petit verre, avec de la liqueur aux herbes multiples, du citron, de la cannelle, mais la grande majorité des bars et cafés vous le serviront tout simplement avec une bonne dose de lait concentré.

© BARMALINI - ISTOCKPHOTO.COM

#CARNAVAL

Aux Canaries, cette fête est aussi importante qu'au Brésil. Avec celui de Santa Cruz de Tenerife, mais qui se déroule également sur les îles de La Palma, à Santa Cruz de La Palma, et de Grande Canarie dans sa capitale, Las Palmas. Des festivités qui se terminent par le traditionnel enterrement de la sardine, que l'on brûle autour d'une bonne table.

#CIGARES

Pour l'écrivain Manuel Vázquez Montalbán, fumeur de *puros* désormais devant l'éternel, certains *puros* canariens étaient tout à fait équivalents à ceux de Cuba. Rien d'étrange puisque depuis le XIXe siècle les Canariens immigrés à Cuba ont rapporté au pays ce savoir-faire unique. A découvrir notamment sur le petit marché de La Palma ou en boutiques.

#COQ

Leurs combats sont officiellement interdits, mais ils existent encore clandestinement. En 2017, le gouvernement canarien a présenté un projet de loi pour les interdire de manière plus efficace que la loi de 1991, qui a déclenché de vives protestations, notamment dans l'île de La Palma, qui compte le plus grand nombre d'associations dans ce domaine.

#DÉSERT

De sable ou de lave, ces îles regorgent d'étendues désertiques. C'est au cœur des parcs du Teide à Tenerife et de Timanfaya à Lanzarote que les déserts volcaniques sont les plus spectaculaires. Les coulées de lave dessinent des paysages lunaires à couper le souffle. A Fuerteventura et Gran Canaria on peut admirer des dunes de sable à perte de vue.

© STOCK_COLORS - ISTOCKPHOTO.COM

LES 12 MOTS-CLÉS

#LÉZARD

Vous serez surpris par la présence de gros lézards dans les rocailles. Le lézard à gorge bleue est une espèce endémique magnifique qui se montre souvent. Et que dire de la présence considérée comme usuelle si ce n'est souhaitée des geckos, ou salamandres, ces reptiles nocturnes rentrant dans les habitations pour y chasser toutes sortes d'insectes.

#LUTTE CANARIENNE

C'est un sport autochtone ancestral encore enraciné dans la culture locale. Deux équipes de douze lutteurs s'affrontent lors des rencontres. Cependant, les *bregas* (rencontres) opposent seulement deux lutteurs. Dans un cercle de 10 mètres couvert de sable, celui qui met son adversaire au sol deux fois en moins de trois minutes remporte la partie.

#RHUM

C'est une grande production locale canarienne, notamment à La Palma, rhum Aldea, et en Grande Canarie, rhum miel et on le boit aussi bien en apéritif qu'en digestif. Il trouve son origine dans une plante, la canne à sucre. La sève fermente plusieurs mois pour se transformer en alcool. Après distillation, on obtient une eau-de-vie de canne, le rhum.

#SILBO

Utilisé pendant des siècles, ce langage sifflé des Gomeros permettait aux habitants de cette île escarpée de se parler, d'une vallée à l'autre. Les routes et les nouveaux moyens de communication ont contribué au déclin du *silbo*, mais il persiste encore dans quelques endroits de l'île et est inscrit au patrimoine immatériel de l'Unesco, depuis 2009.

#VOLCAN

Les Canaries sont nées d'une activité sismique importante dans cette région. Le plus connu est celui du Teide, à Tenerife. La dernière éruption concernant celui de Teneguía, à La Palma en 1971. El Hierro a été l'objet d'une éruption volcanique sous-marine, le 12 octobre 2011, au large de La Restinga. Avec un cône principal à 120 mètres sous la mer.

VOUS ÊTES D'ICI, SI ...

- Vous serez vraiment Canarien si vous tutoyez vos interlocuteurs même si vous les connaissez depuis peu. Le tutoiement fait partie des usages. Éventuellement, utilisez le *usted* et laissez vos interlocuteurs préciser qu'ils souhaitent passer au tutoiement.
- Vous apprendrez que la famille royale y est respectée et appréciée donc évitez d'en faire un sujet de moquerie républicaine. Inutile aussi de pester contre la religion. Les fêtes, souvent religieuses, ont de fortes connotations identitaires et sont vécues comme un patrimoine culturel.
- Si la politique surgit dans la conversation, laissez s'exprimer les rancœurs contre le pouvoir central qui ignore les îles et contre la morgue des *godos*, les Espagnols à l'encontre des Canariens.
- Évitez aussi d'évoquer la traditionnelle rivalité entre Tenerife et Gran Canaria, dont vous savez peu de choses et qui officiellement n'existe pas.
- Enfin, vous aurez à cœur de parler du *guagua* et non du bus et bien sûr de respecter l'environnement de ces îles.

MES CANARIES

avec Marie-Charlotte Amblard, auteure du guide

© DR

Interview

Née à Valence dans la Drôme, Marie-Charlotte sillonne dès son adolescence plusieurs pays du monde. Ce qu'elle aime aux Canaries, c'est le climat agréable toute l'année, ses longues plages de sable fin, s'initier au surf et à la plongée facilement, sa gastronomie, les randonnées et les paysages lunaires, la diversité des îles... Elle nous présente ses bons plans.

IDÉES DE SÉJOUR

Un séjour d'une semaine aux Canaries vous permet de découvrir quelques points essentiels des îles de Tenerife et la Grande Canarie. De partir à l'assaut du Teide, le point le plus haut de l'Espagne, de plonger dans les rues de La Laguna dont le tracé a inspiré les villes sud-américaines. Avant de faire connaissance avec le patrimoine guanche de la Grande Canarie, au Risco Caído d'Artenara et dans les « montagnes sacrées » qui l'émaillent. Tous inscrits au patrimoine culturel ou naturel de l'Unesco. En deux semaines, vos pas vous conduiront aussi à La Gomera, pour apprécier le parc de Garajonay, la plus grande forêt de lauriers des Canaries et le charme de San Sebastián de la Gomera ou d'Hermigua. Vous poursuivrez vers les superbes plages de Corralejo, à Fuerteventura, dans les piscines naturelles d'El Hierro et vous approcherez au plus près des volcans du parc de Timanfaya, à Lanzarote ou de la Caldera de Taburiente, à La Palma.

LES CANARIES EN UNE SEMAINE

Vous débarquerez certainement à Tenerife ★★★ (p.97) ou à Gran Canaria ★★★ (p.245), les îles les plus visitées, en raison de leur taille, leurs facilités d'accès et leurs équipements touristiques. Si vous prenez un vol low cost, nous vous conseillons d'arriver sur l'une de ces îles et de repartir depuis l'autre. Voici un exemple d'itinéraire depuis Tenerife ★★★ (p.97) jusqu'à Gran Canaria ★★★ (p.245), avec une voiture louée sur chaque île.

› Jour 1 - Tenerife - jour 1

Visitez le centre historique de La Laguna ★★★ (p.113), et faites une pause gourmande dans l'une des nombreuses *bodegas* dans les jolies rues piétonnes, puis prenez la route des vins en direction de Tacoronte (p.123). Poussez jusqu'au pittoresque village de Taganana à la pointe nord, pour profiter de votre premier bain de soleil au pied des falaises de la playa de São Bento, sur une magnifique plage de sable noir volcanique étincelant sous le soleil. Prenez un verre au sommet pour apprécier la vue. Pour le trajet retour, passez au cœur du massif de l'Anaga ★★, succombez à la douce fraîcheur de la pinède et des vues spectaculaires qu'offre la route des crêtes en direction de Santa Cruz ★ (p.103). Une fois arrivé dans la capitale, osez vous offrir une bonne table dans cette ville peu touristique, pour vous familiariser avec le meilleur de la gastronomie canarienne.

› Jour 2 - Tenerife - jour 2

Partez à la découverte du Teide ★★★★ (p.138). Commencez par visiter le pittoresque village de La Orotava ★★★ (p.132), puis prenez la route qui part du village et monte jusqu'à l'entrée du parc El Portillo (p.138). En chemin, arrêtez-vous dans l'un des nombreux restaurants panoramiques qui bordent la route. Peu chers et très typiques, ils offrent une vue sur la

© ALEXANDERNIKIFOROV

Village de bord de mer sur l'île de la Gomera.

vallée à ne pas manquer. La montée est jalonnée de miradors et de particularités rocheuses, vous passez au milieu de la pinède avant d'atteindre le sommet, plus pelé. La route en direction du téléphérique passe par des paysages lunaires. Puis optez pour la balade de 2 heures à Roque de Garcia qui fait une boucle. Empruntez ensuite la route de Santiago pour redescendre, un peu avant le coucher du soleil pour admirer les îles de La Palma ★★ (p.217), El Hierro ★★ (p.197) et La Gomera ★★ (p.177) par-delà une mer de nuages, puis vous passerez dans votre premier champ de lave, celui qui a failli engloutir le village en contrebas. Cap sur la route côtière jusqu'à Puerto de la Cruz ★★ (p.124) ! Vous dînerez dans une ruelle typique et colorée du Muelle, et prenez un verre sur la plaza del Charco.

› Jour 3 - Tenerife - jour 3

Explorez le centre de Puerto de la Cruz ★★ (p.124), le vieux port et son quartier de pêcheurs, et hop, à vous le bain dans les Piscinas del Lago Martiánez – cette oasis d'eau et de végétations tropicales conçue par le génial artiste canarien César Manrique. Mangez sur place dans un restaurant près du *muelle*. Prenez la route côtière en direction d'Icod de los Vinos ★ (p.144) pour aller admirer le magnifique dragonnier millénaire visible depuis la place du village. Poursuivez votre route direction Garachico ★★ (p.146), un autre village qui mérite une petite balade dans le centre historique piéton. Empruntez ensuite la typique route du massif du Teno, en passant par Buenaventura, et poussez jusqu'au phare du Teno, à la pointe ouest de l'île. Faites une courte randonnée dans la forêt, et dormez dans une maison rurale typique du coin.

› Jour 4 - Tenerife - jour 4

Rendez-vous à Los Gigantes ★★ (p.151) assez tôt dans la matinée. Achetez un ticket combiné comprenant le transport jusqu'à Masca (p.150) et le retour en bateau. Ce circuit très organisé vous mène dans un village pittoresque accroché à une falaise. Faites ensuite la randonnée du Barranco de Masca (p.150) (3 heures) qui mène à la crique où viendra vous chercher le bateau. La randonnée est spectaculaire, au creux des gorges du Barranco jusqu'à la mer et vous pique-niquerez dans la crique. Au retour, le bateau longera les vertigineuses et massives falaises qui bordent la côte et vous emmènera au large pour observer les baleines et dauphins qui vivent entre Tenerife ★★★ (p.97) et La Gomera ★★ (p.177). Pour vous détendre, allez faire bronzette sur l'une des plages de la côte sud et dînez sur place.

› Jour 5 - Tenerife - jour 5

Empruntez cette fois la route sud passant par Vilaflor ★ (p.170) pour monter à l'assaut du Teide. La route est là encore spectaculaire. Prévoyez d'arriver tôt au pied du téléphérique (avant 10 heures) pour grimper au sommet de l'île soit 3 000 mètres ! Réservez votre place en ligne pour accéder aux derniers 200 mètres du cône volcanique. Admirez la vue panoramique et enchanteresse ! Si vous êtes un randonneur chevronné, redescendez par le Pico Viejo (6h), cette randonnée est probablement la plus belle et la plus spectaculaire du parc. Les moins aventureux pourront passer par l'autre côté par Montaña Blanca. En fin de journée, direction la route de La Esperanza ! Puis filez au port de Santa Cruz ★ (p.103) pour prendre un bateau direction le petit port de pêche d'Agaete ★★ (p.267), juste en face à Gran Canaria ★★★ (p.245). Dormez sur place.

› Jour 6 - Gran Canaria - jour 1

Après la grande randonnée de la veille, reposez-vous sur la belle plage de sable blanc de Maspalomas, avec la mer de dunes en toile de fond. L'après-midi ne manquez pas la visite de la superbe ville de Las Palmas ★★★ (p.251), sans rater la Casa de Colón (p.181) ainsi que les autres musées d'exception du centre historique de Vegueta et Triana (p.256), notamment le Musée Canario (p.255) pour son exposition sur les Guanches, ce peuple primitif préhispanique. Profitez-en pour acheter vos souvenirs. Offrez-vous une bonne table pour cette dernière soirée, puis allez boire un verre dans un bar animé de San Telmo.

› Jour 7 - Gran Canaria - jour 2

Pour votre dernier jour, repartez vers le sommet, la tête dans les nuages, ou au-dessus ! Depuis Las Palmas ★★★ (p.251), passez par le typique village de Terror ★★ (p.273), puis montez par Vega de San Mateo (p.273) pour atteindre la route circulaire tracée au sommet de l'île. Ne manquez pas le sommet de l'île, le Pozo de las Nieves ★ (p.228), et la petite randonnée (45 minutes) qui mène au pied du Roque Nublo (p.275), un gigantesque monolithe. De là, laissez-vous porter par la vue majestueuse sur une grande partie de l'île et le pic de Teide, sur Tenerife ★★★ (p.97) juste en face. Allez manger à Tejeda ★★ (p.275). Faites un crochet par le village troglodyte d'Artenara ★★ (p.277) avant de redescendre par le superbe village de San Bartolomé (p.278). La route se sépare ensuite pour mener à Santa Lucia ★ (p.280) ou Fataga (p.281). Quel que soit votre choix (nous vous conseillons Fataga (p.281)), la route sera incroyablement vertigineuse. Pour votre dernier moment sur l'île, profitez des derniers rayons de soleil sur la plage de Maspalomas très proche de la route que vous venez de descendre. Faites un dernier plongeon dans l'océan avant de dîner en terrasse.

Découvrez-no

ANTIAGO
TEIDE
RENTE POR NATURALEZA

Santiago del Teide, Écotourisme à Tenerife

Le moment est venu ! Vous avez besoin de vous déconnecter et de vous sentir bien. N'hésitez pas, vous trouverez votre meilleure expérience de vacances à Santiago del Teide. Il existe un endroit qui vous attend pour vous offrir des souvenirs inoubliables. Venez faire l'expérience de ses espaces naturels protégés grâce à son riche réseau de sentiers, découvrez ses traditions et sa culture, sa riche biodiversité, sa nature volcanique à travers le volcan Chinyero, l'éruption la plus récente de Tenerife, et le territoire volcanique le plus ancien de l'île dans le parc rural de Teno. Vivez l'expérience de l'observation des baleines dans un lieu privilégié, le premier sanctuaire de baleines d'Europe, et savourez sa riche gastronomie à basede produits du Km 0.... et terminez la journée de la meilleure façon possible, en profitant de ses impressionnants couchers de soleil. Santiago del Teide est votre destination, "entre amandiers et volcans" vous découvrirez la façon de vivre l'écotourisme à Tenerife. Vous faites la différence ; venez voir pourquoi Santiago del Teide est "différent par nature".

© ZODEBALA

Tenerife.

DEUX SEMAINES DE VISITE DANS LES CANARIES

Deux semaines sont une durée raisonnable pour découvrir une bonne partie de l'archipel espagnol. Cet itinéraire bien chargé est un idéal, que vous pourrez adapter à vos désirs du moment : plages (p.126), montagne, culture, activités... et paysages. Tour d'horizon de Tenerife ★★★ (p.97), La Gomera ★★ (p.177), Gran Canaria ★★★ (p.245), Fuerteventura ★★★ (p.291) et Lanzarote ★★ (p.323).

› Jour 1 - Tenerife - jour 1

Visitez le centre historique de La Laguna ★★★ (p.113), et faites une pause gourmande dans l'une des nombreuses *bodegas* dans les jolies rues piétonnes, puis prenez la route des vins en direction de Tacoronte (p.123). Poussez jusqu'au pittoresque village de Taganana à la pointe nord, pour profiter de votre premier bain de soleil au pied des falaises de la playa de São Bento, sur une magnifique plage de sable noir volcanique étincelant sous le soleil. Prenez un verre au sommet pour apprécier la vue. Pour le trajet retour, passez au cœur du massif de l'Anaga ★★, succombez à la douce fraîcheur de la pinède et des vues spectaculaires qu'offre la route des crêtes en direction de Santa Cruz ★ (p.103). Une fois arrivé dans la capitale, osez vous offrir une bonne table dans cette ville peu touristique, pour vous familiariser avec le meilleur de la gastronomie canarienne.

› Jour 2 - Tenerife - jour 2

Partez à la découverte du Teide. Commencez par visiter le pittoresque village de La Orotava ★★★ (p.132), puis prenez la route qui part du village et monte jusqu'à l'entrée du parc El Portillo ★★★★ (p.138). En chemin, arrêtez-vous dans l'un des nombreux restaurants panoramiques qui bordent la route. Peu chers et très typiques, ils offrent une vue sur la vallée à ne pas manquer. La montée est jalonnée de miradors et de particularités rocheuses, vous passez au milieu de la pinède avant d'atteindre le sommet, plus pelé. La route en direction du téléphérique passe par des paysages lunaires. Puis optez pour la balade de 2 heures à Roque de Garcia qui fait une boucle. Empruntez ensuite la route de Santiago pour redescendre, un peu avant le coucher du soleil pour admirer les îles de La Palma ★★ (p.217), El Hierro ★★ (p.197) et La Gomera ★★ (p.177) par-delà une mer de nuages, puis vous passerez dans votre premier champ de lave, celui qui a failli engloutir le village en contrebas. Cap sur la route côtière jusqu'à Puerto de la Cruz ★★ (p.124) ! Vous dînerez dans une ruelle typique et colorée du Muelle, et prenez un verre sur la plaza del Charco.

› Jour 3 - Tenerife - jour 3

Explorez le centre de Puerto de la Cruz ★★ (p.124), le vieux port et son quartier de pêcheurs, et hop, à vous le bain dans les Piscinas del Lago Martiánez (p.125) – cette oasis d'eau et de végétations tropicales conçue par le génial artiste canarien César Manrique. Mangez sur place dans un restaurant près du *muelle*. Prenez la route côtière en direction d'Icod de los Vinos ★ (p.144) pour aller admirer le magnifique dragonnier millénaire visible depuis la place du village. Poursuivez votre route direction Garachico ★★ (p.146), un autre village qui mérite une petite balade dans le centre historique piéton. Empruntez ensuite la typique route du massif du Teno, en passant par Buenaventura, et poussez jusqu'au phare du Teno, à la pointe ouest de l'île. Faites une courte randonnée dans la forêt, et dormez dans une maison rurale typique du coin.

› Jour 4 - La Gomera - jour 1

Partez à la découverte de **La Gomera** ★★ (p.177), en prenant un bateau depuis **Los Cristianos** (p.160) au sud de **Tenerife** ★★★ (p.97). Visitez **San Sebastián** ★ (p.181), ses petites rues piétonnes et les villages pittoresques d'**Agulo** ★ (p.192) et **Hermigua** (p.193). Profitez de la belle plage de sable noir de La Caleta. Dormez sur place.

› Jour 5 - La Gomera - jour 2

Partez à la découverte du **parc national de Garajonay** ★★★ (p.194), à pied ou en voiture. Passez par El Cedro pour monter dans la pinède. Ce village est le point de départ de nombreuses randonnées. Après une journée fatiguante, mangez dans une bonne table canarienne d'**Hermigua** (p.193). Dormez sur place.

› Jour 6 - La Gomera - jour 3

Partez en direction de **Vallehermoso** ★ (p.191), visitez le moulin à gofio, puis rendez-vous à **Alojera** (p.191) pour passer une nuit au cœur de cette île sauvage, dans un petit village de pêcheurs. Au passage, profitez de la sublime vue panoramique depuis le sommet de la route.

› Jour 7 - La Gomera - jour 4

Repartez sur les routes du parc de Garajonay, puis descendez à **Playa de Santiago** ★ (p.186), pour vous détendre sur la plage l'après-midi ou pratiquer des activités. Prenez le bateau pour **San Sebastián** ★ (p.181) ou allez-y en voiture pour passer une dernière nuit. Repartez en avion vers **Gran Canaria** ★★★ (p.245). Si vous préférez la randonnée et un goût d'ailleurs, rendez-vous à **El Hierro** ★★ (p.197) ou **La Palma** ★★ (p.217), accessibles en bateau.

› Jour 8 - Gran Canaria - jour 1

Commencez la journée en vous reposant sur la belle plage de sable blanc de Maspalomas, avec la mer de dunes en toile de fond. L'après-midi ne manquez pas la visite de la superbe ville de **Las Palmas** ★★★ (p.251), sans rater la **Casa de Colón** (p.181) ainsi que les autres musées d'exception du centre historique de Vegueta et **Triana** (p.256), notamment le **Musée Canario** (p.255) pour son exposition sur les Guanches, ce peuple primitif préhispanique. Profitez-en pour acheter vos souvenirs. Offrez-vous une bonne table pour cette dernière soirée, puis allez boire un verre dans un bar animé de San Telmo.

› Jour 9 - Gran Canaria - jour 2

Depuis Las Palmas, passez par le typique village de **Terror** ★★ (p.273), puis montez par Vega de San Mateo pour atteindre la route circulaire tracée au sommet de l'île. Ne manquez pas le sommet de l'île, le Pozo de **las Nieves** ★ (p.228), et la petite randonnée (45 minutes) qui mène au pied du **Roque Nublo** (p.275), un gigantesque monolithe. De là, laissez-vous porter par la vue majestueuse sur une grande partie de l'île et le pic de Teide, sur **Tenerife** ★★★ (p.97) juste en face. Allez manger à **Tejeda** ★★ (p.275). Faites un crochet par le village troglodyte d'**Artenara** ★★ (p.277) avant de redescendre par le superbe village de **San Bartolomé** ★ (p.342).

© NITO100 - ISTOCKPHOTO

Tejeda.

La route se sépare ensuite pour mener à **Santa Lucia** ★ (p.280) ou **Fataga** (p.281). Quel que soit votre choix (nous vous conseillons **Fataga** (p.281)), la route sera incroyablement vertigineuse. Pour votre dernier moment sur l'île, profitez des derniers rayons de soleil sur la plage de Maspalomas très proche de la route que vous venez de descendre. Faites un dernier plongeon dans l'océan avant de dîner en terrasse.

› Jour 10 - Fuerteventura - jour 1

Transfert à **Fuerteventura** ★★★ (p.291). Cette île désertique est la plus réputée pour ses plages paradisiaques. Optez pour le nord de l'île pour séjourner, profitez de plages sauvages d'eau turquoise, expérimentez le surf ou le kitesurf et dégustez les poissons frais. Et ne manquez pas de visiter *la Isla de los Lobos* ★★★ (p.301).

› Jour 11 - Fuerteventura - jour 2

Consacrez un jour entier à la visite de l'intérieur de l'île (**Betancuria** ★★★ (p.316), **Antigua** ★ (p.315) dans la matinée, visite des églises pittoresques), poussez votre road trip à la **péninsule de Jandia** ★★ (p.322), au bout du monde, jusqu'au village de Cofete : vous passerez par des paysages magnifiques, des déserts de sable et des lagons d'eau turquoise !

› Jour 12 - Lanzarote - jour 1

Vous pouvez arriver en bateau de **Corralejo** ★★ (p.295). **Lanzarote** ★★ (p.323) est très volcanique même si son plus haut pic est l'un des plus bas des Canaries ★★★, elle est réputée pour le **parc national de Timanfaya** ★★★★ (p.350), un champ de lave encore chaud à certains points qui se visite en une demi-journée. Le reste de la journée, passez par **El Golfo** (p.349) (mangez-y), puis la route côtière qui passe par les salines, jusqu'à Playa de Papagayo. Profitez de cette belle plage de sable blanc avant d'aller dîner à **Playa Blanca** ★ (p.346). Dormez sur place.

› Jour 13 - Lanzarote - jour 2

Le lendemain, partez à la découverte du nord de l'île. Commencez par la **fondation César Manrique** (p.342) près d'**Arrecife** ★★ (p.327), avant d'aller visiter la **Cueva de los Verdes** (p.352). Poussez la visite jusqu'au **Mirador del Río** (p.355) qui domine **La Graciosa** ★★ (p.358) et les côtes de **Lanzarote** ★★ (p.323), puis dormez à **Teguise** ★★★ (p.340), le centre historique de l'île.

› Jour 14 - Lanzarote - jour 3

Partez une demi-journée à **La Graciosa** ★★ (p.358) ou à la découverte de la route des vins de Malpaís. Si vous aimez le surf, préférez La Caleta de Famara, village par ailleurs très authentique.

INTERVIEW

CALETA DE FUSTE

LA DÉCOUVERTE D'UNE NATURE VIVANTE !

La Caleta de Fuste

Fuerteventura

Direction la station balnéaire montante de l'île. Avec Deborah Carol Edgington, la responsable de tourisme d'Antigua.

Quel est l'intérêt principal de la Caleta de Fuste ?

C'est un cadre charmant, situé à mi-chemin le long de la côte est de Fuerteventura. Sa situation privilégiée en fait une base idéale pour découvrir l'île. C'est une station touristique paisible, parfaite pour les couples et les familles, offrant d'excellentes installations hôtelières, de nombreux restaurants de cuisine locale et internationale…

Comment la station évolue ?

Elle améliore continuellement son accessibilité pour les personnes à mobilité réduite. Nous avons également une vaste passerelle, une piste cyclable et des sentiers naturels tout au long de la côte, ce qui la rend parfaite pour que les gens soient dehors et à l'air frais.

Sur place, qu'est-ce qu'on peut faire ?

Nous avons une vaste gamme d'activités pour tous les groupes d'âge ! Avec notamment l'un des meilleurs centres de plongée d'Europe, deux parcours de golf 18 trous, équitation, vélo de route et VTT, des activités nautiques telles que paddle, surf, excursions en catamaran, des spas de bien-être, des sentiers de randonnée… Il y en a pour tous les goûts !

Quelles sont les immanquables à voir ?

Dans les alentours, vous trouverez le Castillo San Buenaventura, le musée du Sel, les fours à sel… Puis dans la municipalité d'Antigua, vous trouverez les villages de pêcheurs locaux de Las Salinas et Pozo Negro où vous pourrez déguster certains de nos plats locaux tels que le poisson frais local «Vieja» et les pommes de terre canariennes avec les sauces locales délicieusement savoureuses de « mojo Verde ou rojo ».

Un coup de cœur à nous conseiller ?

Les piscines naturelles que vous trouverez à quelques pas de la principale zone touristique.

Plein de surprises!

© DR

SE REPÉRER / SE DÉPLACER

DE L'AÉROPORT AU CENTRE-VILLE

A Tenerife, depuis l'aéroport de Los Rodeos (nord de l'île), vous pouvez vous rendre dans différentes destinations de l'île via le bus, compagnie Titsa (www.titsa.com). Lignes 20 et 104 pour Santa Cruz, la capitale et 30 pour l'aéroport de Los Cristianos, l'autre aéroport de Tenerife, au sud. A 25 km au sud de Las Palmas, la capitale, depuis l'aéroport de Gran Canaria, vous pouvez joindre la capitale et diverses destinations par bus via la compagnie Global (www.globalsu.net). De manière générale, les aéroports de toutes les îles disposent d'un arrêt bus qui vous conduit vers les principales destinations. Prix et horaires à consulter sur les sites web des compagnies : La Gomera (www.guaguagomera.com) ; El Hierro (www.transhierro.es) ; La Palma (www.transporteslapalma.com) ; Fuerteventura (www.tiadhe.com) et Lanzarote (arrecifebus.com). Stations de taxis dans tous les aéroports.

ARRIVÉE EN BATEAU

Deux compagnies, Fred Olsen (www.fredolsen.es) et Naviera Armas (www.navieraarmas.com) effectuent des liaisons inter-îles vers toutes les îles, à l'exception d'El Hierro, uniquement desservie par Naviera Armas. A Tenerife, les départs s'effectuent depuis Santa Cruz de Tenerife ou Los Cristianos, dans le sud. A la Grande Canarie, depuis Las Palmas ou Agaete, pour Fred Olsen. A La Palma, on arrive à Santa Cruz de La Palma ; à La Gomera, à San Sebastián de la Gomera ; à El hierro, à Puerto de la Estaca, à 10 km de Valverde, la capitale ; à Fuerteventura, à Puerto del Rosario, la capitale ou à Morro Jable, dans le sud ; à Lanzarote, à Arrecife pour la plupart des liaisons inter-îles, sauf pour la liaison Fuerteventura-Lanzarote qui part de Fuerteventura à Corralejo et arrive à Lanzarote à Playa Blanca. Et constitue le moyen le plus rapide pour circuler entre ces deux îles.

Port de San Sebastian.

TRANSPORTS EN COMMUN

Toutes les îles sont desservies par un réseau de bus, les *guaguas*, selon l'appellation locale. Comme les aéroports ne disposent pas de navettes dédiées, vous trouverez toutes les informations concernant les tarifs et les circuits proposés sur les sites web des différentes compagnies mentionnées dans le paragraphe relatif à l'arrivée en avion. Toutes vous proposent des cartes multi-voyages que l'on pourra acheter aux bureaux des stations de *guaguas* indiquées dans le guide ou directement en ligne. Attention à valider vos cartes à l'entrée et à la sortie.

VÉLO, TROTTINETTE & CO

Pour vous déplacer à vélo, il faudra le louer, car les systèmes de mise à disposition de vélos sont encore très embryonnaires. Idem pour les VTT. Les trottinettes, y compris électriques, commencent à pointer leur nez, à Santa Cruz de Tenerife ou à Arrecife à Lanzarote, mais là encore, il faudra les louer. Et les rapporter au lieu de la location. Comme le reste de la péninsule, les Canaries sont en attente des derniers décrets finalisant la réglementation relative aux trottinettes, mais d'ores et déjà quelques règles sont applicables : limitation à 25 km, interdiction de monter à deux et de rouler sur les trottoirs.

AVEC UN CHAUFFEUR

Les plus grosses stations de taxis sont situées dans les aéroports, près des ports et autour des grosses gares routières, le plus souvent de couleur blanche. Dans les grandes villes ou les lieux touristiques, ils circulent fréquemment et il en passe parfois un toutes les deux minutes. Comptez environ 20 € pour aller de l'aéroport de Los Rodeos à Santa Cruz, soit un peu plus de 10 km. C'est le tarif moyen d'un taxi. Depuis 2014, le gouvernement canarien a établi un ratio de une licence pour 30 taxis, ce qui maintient toutes les grandes plateformes hors des îles, pour l'instant. Dans le même temps, les Cabildo, chargés de leur gestion, encouragent l'apprentissage des langues par les chauffeurs, surtout l'anglais. Nombre de chauffeurs proposent des circuits de découvertes. A vous de convenir avec eux du prix, en vous basant sur le tarif moyen d'une course.

EN VOITURE

La conduite sera relativement simple dans les parties les plus plates des îles et en ville. En revanche, toutes les routes de montagne, qui sont nombreuses, peuvent parfois être sinon dangereuses, du moins risquées lorsque l'on s'y aventure la première fois. La fréquence des virages et des grands ravins doit pousser à conduire lentement et à vérifier la météo avant de prendre la route, car la brume ou les nuages peuvent arriver soudainement et diminuer fortement la visibilité. Certaines îles comme La Palma ou El Hierro ont mis en place des systèmes combinant bus et taxis pour favoriser les transports alternatifs. Dans les grandes villes comme Santa Cruz de Tenerife ou Las Palmas ou comme dans des lieux très touristiques comme Puerto de la Cruz, il est recommandé de garer sa voiture pour y circuler à pied ou en bus, les centres-villes étant souvent piétonniers.

ACCESSIBILITÉ

Dans les villes, personnes à mobilité réduite et poussettes pour enfants pourront se déplacer, car l'accessibilité a été travaillée sur les trottoirs et dans les transports en commun, tout comme dans les accès aux bateaux. En revanche, de nombreux villages aux rues pentues sont aussi pavés, ce qui ne facilite pas la circulation.

LES ATTRAPE-TOURISTES

Vous ne rencontrerez pas beaucoup d'« arnaques » en matière de transports dans les îles. Pour plus de sécurité, demandez le prix d'une course avant de monter dans un taxi, mais c'est plus une formalité.

LES PHRASES CLÉS

Bonjour, comment puis-je me rendre à…
Hola, ¿cómo puedo llegar a….?

Est-ce loin à pied ? Y a-t-il le métro ou un bus… pour y aller ?
¿Está lejos a pie? ¿Hay metro o autobús… para llegar allí?

Pouvez-vous me montrer cet endroit sur la carte s'il vous plait ?
¿Puede mostrarme el lugar en el mapa, por favor?

Où puis-je acheter les tickets de transport ? Est-ce que je peux payer en carte de crédit ?
¿Dónde puedo comprar los billetes de transporte? ¿Puedo pagar con tarjeta de crédito?

Où est la sortie ? A gauche, à droite ou tout droit ?
¿Dónde está la salida? ¿A la Izquierda, derecha o todo recto?

Je suis perdu et je suis en retard, s'il vous plait, aidez-moi ! Merci beaucoup !
Estoy perdido y llego tarde; ¡ayúdeme, por favor! Muchísimas gracias.

PRATIQUE

A VOIR / A FAIRE

HORAIRES

Les musées sont généralement fermés le lundi et les jours fériés. Certains monuments sont ouverts en discontinu, mais la majorité ouvre de 9h à 13h et de 16h à 20h et une heure plus tard en été. Pour connaître leurs horaires exacts qui changent parfois quatre fois par an, il est préférable de les vérifier sur leur site internet. C'est plutôt le matin qu'ils sont visités par les groupes, ce qui génère plus d'affluence et donc, dans la mesure du possible, l'après-midi est plus recommandé. Sachant que l'affluence y est quand même infiniment moindre que dans la métropole et que vous aurez rarement à faire la queue.

A RÉSERVER

A Tenerife, si vous souhaitez faire l'ascension du cône volcanique du Teide, soit les derniers 186 mètres après le téléphérique, il vous faut une autorisation spéciale. Elle est nominative et valable pour un jour précis, durant une tranche horaire. Il est impératif de faire votre demande le plus rapidement possible, car les autorisations sont limitées à 150 par jour. Calculez au moins trois semaines à l'avance en très haute saison. Désormais, les demandes ne s'effectuent que via internet : www.reservasparquesnacionales.es, onglet « reservas ». Vous obtiendrez le nombre de places disponibles en fonction du calendrier et vous remplirez le formulaire, une fois les places réservées.

BUDGET / BONS PLANS

Aux Canaries, ce qui vous coûtera le plus cher, c'est l'entrée au Loro Park, 38 € pour un adulte. Et les prix de nombreux parcs d'attractions avoisinent les 30 €. Enfin l'aller et retour pour monter au Teide en téléphérique coûtera 37 € à un adulte. En Grande Canarie la visite de l'Aquarium de Las Palmas est de 25 € pour un adulte. Ces prix sont parmi les plus hauts et la majorité des musées ont des prix aux alentours de 5 €, avec des pics à 10 € pour les Jameos del Agua et la Cueva de Los Verdes à Lanzarote. Pas de jour gratuit pour les musées. C'est l'aller et retour pour monter au Teide en téléphérique qui coûte le plus cher. De nombreuses destinations ont mis au point des systèmes de pass avec un forfait pour plusieurs visites. Avant de les retenir, vérifiez que vous aurez le temps et l'envie de tout voir.

VISITES GUIDÉES

Certains établissements proposent des visites guidées, à vérifier sur leur site internet, généralement en espagnol et en anglais. Pour bénéficier d'une visite guidée en français, faites votre demande au moins 24h à l'avance.

LES PHRASES CLÉS

Bonjour, puis-je avoir deux entrées adultes et un enfant s'il vous plait ?
Hola, ¿me da dos entradas de adulto y una para niño, por favor?

Le tarif enfant est jusqu'à quel âge ? Et pour les seniors, est-ce qu'il y a une réduction ?
¿Hasta qué edad comprende la tarifa infantil? Y ¿hay descuento para los mayores?

Est-ce qu'il y a des visites guidées en français ou un audioguide ?
¿Hay visitas guiadas en francés o una audioguía?

Combien de temps faut-il pour faire la visite ?
¿Cuánto tiempo se tarda en visitarlo?

J'ai du mal à monter les escaliers, avez-vous un ascenseur ?
Tengo problemas para subir las escaleras, ¿hay ascensor?

Excusez-moi, pouvez-vous me dire où sont les toilettes ? Merci beaucoup.
Disculpe, ¿puede decirme dónde está el baño? Muchísimas gracias.

PRATIQUE

SE RÉGALER

HORAIRES

Comme dans la métropole ibérique, les horaires des restaurants sont décalés par rapport aux horaires français. C'est de 14h à 16h pour le repas de midi, le plus important, *comida fuerte*, et à partir de 21h pour le repas du soir. Les restaurants sont souvent fermés le dimanche et le lundi. Mieux vaut réserver à midi si vous souhaitez obtenir une place en terrasse pour avoir une belle vue. Le soir, ce sont les vendredis et samedis qui font le plus le plein.

BUDGET / BONS PLANS

Le *menu del día*, menu du jour proposé le midi en semaine (aux alentours de 10 €) est aussi proposé aux Canaries, mais surtout dans les villes. Vous le trouverez moins, voire pas, dans les lieux touristiques. Sans être le haut lieu de la *tapa*, petite collation accompagnant une boisson, les Canaries l'adoptent peu à peu. Mais proposent surtout de nombreux plats à partager (de 12 à 15 €) et comme les assiettes sont très copieuses, vous pouvez faire un repas pour environ 15 €. Dans une bonne table, le soir, l'addition tournera entre 25 et 30 €.

EN SUPPLÉMENT

Les prix sont affichés tout compris. Mais pain et eau ne sont pas inclus. Une panière avec couverts et quelques pains vous est apportée sur la table. Si vous ne souhaitez pas de pain, dites non quand on vous pose la question ou indiquez-le au moment de la commande. Il est facturé de 1 à 1,50 € par panière. Pas de carafe d'eau non plus, l'eau est servie en bouteille, *con gaz* ou *sin gas*, plate ou gazeuse. Ce sont souvent de petites bouteilles, mais certains restaurants servent directement une grande bouteille, surtout dans les lieux plus touristiques. Ce qui peut occasionner une dépense supplémentaire de 1,50 à plus de 4 €.

FUMEURS

Après une période de transition de quelques années, avec espaces fumeurs et non-fumeurs, l'Espagne applique une loi antitabac depuis l'année 2011. Tous les établissements sont donc non fumeurs, sauf en terrasse.

LES ATTRAPE-TOURISTES

Vous ne trouverez pas de rabatteur dans les îles canariennes, car de nombreuses touristes visitent les îles en groupe organisé, avec repas déjà inclus dans le « tour ». En revanche, mieux vaut éviter les établissements trop à proximité d'un lieu très touristique comme le paseo de playa blanca à Lanzarote, à titre d'exemple. C'est plus le royaume du surgelé, qui s'impose aussi de plus en plus. Pour être plus tranquille, demandez le poisson du jour, classiquement frais.

LES PHRASES CLÉS

Bonjour, je voudrais réserver une table pour deux personnes pour ce midi ou ce soir.
Hola, me gustaría reservar una mesa para dos personas para este mediodía o esta noche.

Avez-vous un menu en français ou en anglais ?
¿Tiene una carta en francés o en inglés?

Je suis végétarien, y a-t-il des plats sans viande ?
Soy vegetariano, ¿hay platos sin carne?

Je n'ai vraiment plus faim mais avez-vous une carte des desserts ?
No tengo más hambre, pero ¿tienen carta de postres?

Puis-je avoir l'addition s'il vous plait ? Je peux payer par carte ou en espèces ?
¿Me pasa la cuenta, por favor? ¿Puedo pagar con tarjeta o en efectivo?

C'était très bon, nous reviendrons. Merci et à bientôt.
Estaba todo muy bueno, volveremos. Gracias y hasta pronto.

PRATIQUE

FAIRE UNE PAUSE

HORAIRES

Les bars pour boire un verre sont ouverts toute la journée et souvent toute la semaine. Dans les plus grandes villes ou les lieux touristiques, il s'agit plus de bar de *copas* (bars à cocktails), fréquentés après le dîner, donc plutôt vers 23h et plus. C'est le vendredi et le samedi soir qu'ils seront pris d'assaut. Les happy hours ne sont guère pratiqués que dans des villes universitaires comme La Laguna ou Las Palmas, et à proximité. Certains bars ferment parfois avec le dernier client.

A PARTIR DE QUEL ÂGE

Pour ce qui est de consommer de l'alcool, il faut avoir 18 ans. Mais les enfants sont presque toujours associés aux sorties. Vous les verrez, même très tard, accompagner les parents dans les fêtes patronales et debout sur les tabourets pour avoir la tête à la hauteur de la *barra*, ou carrément assis dessus. En revanche, pas dans les bars de *copas* ni les discothèques...

C'EST TRÈS LOCAL

Comme dans de nombreuses régions d'Espagne, les établissements des îles canariennes réalisent leur propre « vermouth », l'apéritif maison, souvent très apprécié. L'été, tout le monde ou presque se met au *Tinto de Verano*, vin rouge servi avec de la *gaseosa*, limonade espagnole et parfois un trait de vin cuit en plus. Après le repas ou dans un *chiringuito* de plage, le *chupito*, petit verre de liqueur est très apprécié. Il faudra aussi tester le *barraquito* canarien, un café, du lait et de la liqueur ainsi que le *ron con miel*, un incontournable des soirées festives canariennes.

LES PHRASES CLÉS

Bonjour, quelle est la spécialité de la maison ? Nous voulons découvrir.
Hola, ¿cuál es la especialidad de la casa? Nos gustaría probarla.

Avez-vous de la place en terrasse ?
¿Tiene sitio en la terraza?

Quel est votre nom ? Je m'appelle… Ravi de vous rencontrer !
¿Cómo se llama? Mi nombre es.... ¡Encantado de conocerle!

A votre santé ! Zut, j'ai renversé mon verre… pouvez-vous m'aider ?
¡A su salud! ¡Maldita sea!, se me ha derramado la bebida.... ¿puede ayudarme?

C'était très bon. Nous allons reprendre la même chose s'il vous plait.
Estaba muy bueno. Tomaremos lo mismo otra vez, por favor.

PRATIQUE

(SE) FAIRE PLAISIR

HORAIRES

Les commerces ouvrent du lundi au vendredi, de 10h à 14h et de 17h à 20h. A l'exception des grands magasins et de quelques boutiques très touristiques, ils ferment le samedi, souvent toute la journée, les commerces alimentaires sont parfois ouverts le matin. Les marchés quant à eux sont ouverts du lundi au samedi, de 9h à 13h.

BUDGET / BONS PLANS

Toutes les îles canariennes valorisent leurs produits locaux, artisanat ou produits de bouche. La gamme des prix y est très large, mais vous avez l'assurance d'y trouver un bel objet ou un pot de miel pour quelques euros. Et la garantie d'authenticité des produits.

SOLDES

Aux Canaries, les soldes d'été sont en juillet et en août et les soldes d'hiver en janvier et en février, comme dans le reste de l'Espagne. Pratique puisque cela correspond à des périodes de vacances. Et la pratique du *Back Friday* a aussi gagné les Canaries.

C'EST TRÈS LOCAL

Pour tout ce qui est artisanat, on préférera les centres artisanaux, aux produits 100 % locaux et bien sourcés. Pour tout ce qui est légumes, fruits, charcuterie, fromages, etc., mieux vaut rallier les marchés, très bien approvisionnés et qui incluent parfois des points de dégustation.

LES ATTRAPE-TOURISTES

Les petits *mercadillos* du dimanche matin ou installés à l'arrivée des bateaux de croisière peuvent justifier que l'on y fasse un tour pour le spectacle, mais ce n'est pas là que vous obtiendrez les meilleurs prix même si la qualité est bonne.

LES PHRASES CLÉS

Bonjour, c'est superbe, mais combien ça coûte ?
Hola, es genial, pero ¿cuánto cuesta?

Vous auriez ma taille ? Où se trouvent les cabines d'essayage ?
¿Tiene uno de mi talla? ¿Dónde están los probadores?

Est ce que je pourrai vous le rapporter et l'échanger si ça ne va pas ?
¿Puedo devolverlo y cambiarlo si no está bien?

J'ai trop dépensé aujourd'hui, pouvez-vous me faire une réduction sympa ?
Hoy he gastado demasiado, ¿puede hacerme un buen descuento?

Je prendrai celui-ci. Pouvez-vous me faire un paquet cadeau ?
Yo me quedo con este. ¿Puede envolvérmelo en papel de regalo?

Vous prenez la carte de crédit ? Où puis-je trouver un distributeur de billets ?
¿Aceptan tarjeta de crédito? ¿Dónde puedo encontrar un cajero automático?

PRATIQUE

BOUGER & BULLER

BUDGET / BONS PLANS

Côté plaisirs de la baignade, pas besoin de rallier les piscines puisque l'océan est à disposition. Avec souvent de délicieuses piscines naturelles, à rallier à marée basse et qui forment de jolies pataugeoires y compris pour les tout petits. C'est aussi l'occasion de pratiquer de nombreuses activités sportives nautiques et de glisse, comme la plongée sous-marine, la voile, le surf et le kitefurf, notamment dans les îles les plus ventées comme Fuerteventura et Lanzarote. On trouvera aussi des *balnearios*, proposant des circuits Atlantique pour une vingtaine d'euros.

C'EST TRÈS LOCAL

On pourra s'initier à la boule canarienne, *bola canaria*, fort semblable à la pétanque pratiquée en France. Le but étant d'approcher l'objectif, le *boliche* ou le *mingue*. Sans les pratiquer, vous pourrez aussi assister à des représentations de lutte canarienne, qui ont souvent lieu le samedi et le dimanche en saison. Ou au jeu du bâton canarien qui fait aussi l'objet de démonstrations publiques.

A RÉSERVER

Tous les cours de surf, de plongée sous-marine ou autre doivent être réservés au préalable. Comme toutes les activités encadrées. D'autant plus si vous souhaitez vous faire assister par un enseignant parlant le français.

LES PHRASES CLÉS

Bonjour, comment puis-je me rendre à… ? Est-ce loin ?
Hola, ¿cómo puedo llegar a...? ¿Está muy lejos?

J'aimerais aller courir. Il y a un coin sympa pour cela dans la ville ?
Me gustaría salir a correr. ¿Hay algún buen lugar en la ciudad para hacerlo?

J'adore cuisiner. Savez-vous où je peux trouver des cours de cuisine ?
Me encanta cocinar. ¿Sabe dónde imparten clases de cocina?

Vous pourriez m'indiquer une salle de sport pas très loin ?
¿Podría indicarme un gimnasio que no esté muy lejos?

Quel est le sport national ?
¿Cuál es el deporte nacional?

Pensez-vous que nous pourrions voir cela ou même participer ?
¿Cree que podríamos verlo o incluso participar?

SORTIR

HORAIRES

La vie nocturne s'anime surtout en fin de semaine, le vendredi et le samedi soir. Quand il s'agit de sortir en discothèque, les Canariens ne sont pas les derniers. Et de préciser : « *No hay ningún ambiante antes de las 2* », pas d'ambiance avant 2 heures du matin.

A RÉSERVER

Pour assister à un spectacle de théâtre, d'opéra ou un concert, comme pour toute représentation, il est conseillé de réserver pour être sûr d'avoir une place.

TRANSPORTS NOCTURNES

Le tramway qui relie Santa Cruz à La Laguna circule jusqu'à minuit et jour et nuit durant le week-end (24h/24). Et depuis 2017, la ville de Las Palmas de Gran Canaria a ouvert quatre lignes de bus nocturnes qui parcourent le centre-ville et les zones de loisirs. Dans beaucoup d'autres destinations, on pourra facilement rentrer à pied, ou à défaut prendre un taxi.

A PARTIR DE QUEL ÂGE

La consommation d'alcool est permise à partir de 18 ans. Prenez vos papiers au cas où on vous les demanderait.

C'EST TRÈS LOCAL

Les fêtes patronales et tout ce qui rythme l'agenda du calendrier festif canarien est soigneusement inscrit dans les tablettes de tout un chacun, quel que soit son âge. Et personne ne les manquera. Le plus souvent, elles sont précédées des *verbena*, qui se déroulent la veille. Un moment de retrouvailles dans lequel le *ron con miel* et les *cubatas* font partie du rite.

LES PHRASES CLÉS

Bonsoir, comment puis-je me rendre à…
Buenas noches, ¿cómo puedo llegar a....?

Est ce que cet endroit est tranquille ? Il n'y a pas de problème de sécurité ?
¿Es un lugar tranquilo? ¿Hay problemas de seguridad?

J'aimerais voir un spectacle typique ! Qu'est-ce qu'il y a en ce moment ?
Me gustaría ver un espectáculo típico del lugar. ¿Hay alguno programado para hoy?

Je ne comprends pas… pouvez-vous répéter s'il vous plait ? Merci.
No entiendo... ¿puede repetirlo, por favor? Gracias.

Est-ce que je peux vous offrir un verre ? Quel est le meilleur cocktail de la maison ?
¿Puedo invitarle a una copa? ¿Cuál es el cóctel especialidad de la casa?

J'ai la gueule de bois, auriez-vous quelque chose pour que j'aille mieux ?
Tengo resaca, ¿tiene algo que me haga sentir mejor?

SE LOGER

BUDGET / BONS PLANS

Comptez de 50 à 100 € pour la location d'un appartement ou d'une chambre double dans un hôtel 3 étoiles ou un complexe touristique. Les petits budgets trouveront encore quelques *pensiones* à 35 € la nuit, mais leur nombre se réduit. Pour un hôtel de luxe, comptez de 100 à 300 € et plus. Les resorts du sud offrent le plus de formules tout compris, avec des réductions à surveiller sur leur site web. Sachez aussi que les hôtels pratiquent de plus en plus un tarif différent selon le jour de la semaine, plus cher le vendredi et le samedi.

A RÉSERVER

Quelques grandes dates comme le Carnaval de Santa Cruz de Tenerife, mais aussi la période qui va de Noël au 6 janvier, date des rois mages et jours des cadeaux, il est fortement conseillé de réserver à l'avance, car les festivités attirent de la clientèle de partout et la période de Noël correspond aux dates de vacances des Canariens qui adorent voyager d'île en île.

C'EST TRÈS LOCAL

Vous trouverez des *casas rurales*, sorte de maisons d'hôtes, mais sans les propriétaires dans de nombreuses îles et tout particulièrement à El Hierro, La Gomera ou La Palma. Ce sont le plus souvent des maisons de style canarien, dotées de tout le confort, parfois de piscines et de jolis jardins. Une manière d'être au plus près de la vie locale. Les offices du tourisme et les associations dédiées au tourisme vert pourront vous aider dans vos démarches.

POUR LES GOURMANDS

La plupart des hôtels proposent un petit déjeuner, souvent sous forme de buffet, faisant la part belle aux souhaits anglo-saxons et allemands, l'essentiel de la clientèle. Avec bacon, petites saucisses grillées, poridge, etc. Mais aussi du plus local, *tostada*, pain grillé, à l'huile et à la tomate ou *churros* et même quelques viennoiseries. Ils sont copieux, pas toujours inoubliables. Ils ne sont pas toujours inclus dans le prix, faites-le préciser. Les hôtels plus simples ne proposent pas ce service, mais il y aura toujours un bar ou une cafeteria ouverte pour y prendre un petit déjeuner, non loin.

FUMEURS

Comme dans les autres établissements, la loi anti-tabac s'applique aux hôtels depuis le début de l'année 2011.

LES PHRASES CLÉS

Bonjour, avez-vous de la disponibilité pour une chambre double pour ce soir ou demain soir ?
Hola, ¿dispone de una habitación doble para esta noche o para mañana por la noche?

Avez-vous un code wifi… les enfants ne tiendront pas sans !
¿Tiene wifi? ¡Los niños no pueden estar sin él!

C'est bruyant, est ce que je peux changer de chambre ?
Hay mucho ruido, ¿puedo cambiar de habitación?

Jusqu'à quelle heure est-ce que nous pouvons aller à la salle de sport et à la piscine ?
¿Hasta qué hora podemos ir al gimnasio y a la piscina?

Est-ce que je peux laisser mon bagage et revenir plus tard le récupérer ?
¿Puedo dejar mi equipaje y volver más tarde a recogerlo?

Est-ce que vous pouvez nous appeler un taxi ? Merci beaucoup.
¿Puede llamarnos un taxi? Muchísimas gracias.

PRATIQUE

VIE QUOTIDIENNE

ALLO ?

Pour appeler les Canaries depuis la France, composez comme pour l'Espagne, le 00 34, puis les neuf chiffres du numéro de votre correspondant. Pour appeler la France, depuis les Canaries, composez le 00 33 puis les neuf chiffres du numéro de votre correspondant, sans le 0. Le numéro national canarien se compose comme suit : 9 (national) + l'indicatif provincial + le numéro à 6 chiffres. Chaque province canarienne est dotée d'un indicatif à 2 chiffres : 22 pour la province de Tenerife, à laquelle appartiennent La Gomera, El Hierro et La Palma ; 28 pour la province de Grande Canarie, à laquelle appartiennent Fuerteventura, Lanzarote et La Graciosa. Pour téléphoner depuis un portable : faire l'indicatif 00 34 + le numéro, qui débute par un 6. Depuis juin 2017, les sms émis depuis l'Espagne sont inclus dans votre forfait.

ACCESSIBILITÉ

Les musées et les sites touristiques sont de plus en plus équipés pour recevoir les personnes à mobilité réduite. En revanche, il leur sera plus difficile de parcourir certains centres de petites villes ou villages, aux ruelles pentues et souvent pavées. La quasi-totalité des hôtels comprend des chambres aménagées spécifiquement. Tout comme le seront de nombreuses plages, équipées de rampes d'accès.

SANTÉ

Il n'a pas de risque de maladies spécifiques aux Canaries. Les moustiques sont présents, mais aucun risque hormis celui d'une piqûre. Soyez plutôt attentif à l'intensité des rayons du soleil et protégez-vous. Certaines plages s'équipent de *semaforos del sol*, feu rouge du soleil, qui vous indique le niveau de rayonnement, les risques encourus et les précautions à prendre. Certaines plages, par ailleurs fort belles, peuvent aussi être dangereuses pour la baignade, notamment à marée haute.

URGENCES SUR PLACE

Pour les urgences, composez le 112, comme dans toute l'Union européenne, accessible 24h/24, depuis un fixe ou un portable. En cas de problème grave, ayez le réflexe de contacter le consulat de France qui donne notamment la liste des médecins francophones. Le réseau des pharmacies est aussi un bon premier contact qui saura vous orienter et qui très souvent parle le français.

LGBTQ

Cette communauté ne rencontrera aucun problème dans les îles canariennes, plutôt très tolérantes. La communauté gay est particulièrement active dans le sud de Tenerife, où elle organise chaque année une gay pride à Maspalomas qui attire des milliers de personnes.

© ROSSHELEN - ISTOCKPHOTO.COM

Touriste photographiant Santa Cruz de La Palma depuis les hauteurs.

POSTE

Les bureaux de poste sont généralement ouverts, du lundi au vendredi, de 9h à 14h et de 9h à 13h, le samedi. Et en continu, de 9h à 20h sauf le samedi, dans les grandes villes. Les timbres coûtent 0,70 € pour un envoi local, 1,50 € pour l'Europe. Comptez environ 5 jours pour un acheminement vers la France. Attention, quelques boutiques de souvenirs et de cartes postales sont autorisées à vendre des enveloppes avec timbres, légèrement plus cher que le tarif normal. Ce n'est pas illégal, mais c'est un peu plus cher.

MÉDIAS LOCAUX

La presse nationale espagnole est assez peu lue aux Canaries. Chaque île produisant un ou plusieurs quotidiens. Vous les trouverez généralement à la réception des hôtels. Et bien sûr dans les kiosques. Pour les hispanophones, ce sera l'occasion de s'immerger dans l'information locale et se tenir au courant de son agenda d'évènements festifs, notamment. Qui fait aussi l'objet d'un décrochage régional au sein de la chaîne d'info continue nationale, « la 24h ». Dans votre hôtel, vous recevrez aussi les différentes chaînes émises par chaque île.

LES PHRASES CLÉS

Bonjour, mon téléphone ne fonctionne pas, pouvez-vous m'aider s'il vous plait ?
Hola, mi teléfono no funciona, ¿puede ayudarme, por favor?

Je ne me sens pas bien, pouvez-vous m'amener à l'hôpital le plus proche ?
No me siento bien, ¿puede llevarme al hospital más cercano?

Est-ce que vous avez un médecin qui parle français ?
¿Hay un médico que hable francés?

Je viens de me faire voler mes papiers, où est le poste de Police le plus proche ?
Me acaban de robar la documentación, ¿dónde está la comisaría más cercana?

Est-ce un quartier dangereux ou je peux y aller sans crainte ?
¿Es un barrio peligroso o puedo ir allí sin problema?

Avez-vous des timbres pour une carte postale à envoyer en France ? C'est combien ?
¿Tienen sellos para enviar una postal a Francia? ¿Cuánto cuesta?

VERSION NUMÉRIQUE
OFFERTE
Obtenez votre
uide numérique
en scannant
ce QR code
ou rendez-vous sur le site
www.ebookfute.com
avec le code avantage
RT8Q65
petit futé
2022
Canaries
VERSION NUMÉRIQUE OFFERTE
COUNTRY GUIDE
© ART ALEX - STOCK.ADOBE.COM
OFFRE VALABLE JUSQU'À L'ARRÊT DE COMMERCIALISATION DU TITRE EN FRANCE MÉTROPOLITAINE ET DANS LE MONDE ET SOUS RÉSERVE QUE LE NOMBRE DE TÉLÉCHARGEMENTS SOIT INFÉRIEUR OU ÉGAL AU NOMBRE D'EXEMPLAIRES DE GUIDES PAPIER IMPRIMÉS. FORMATS DISPONIBLES POUR SMARTPHONES, TABLETTES, LISEUSES ET ORDINATEURS PC OU MAC.

PASSEPORT

DÉCOUVRIR

L'archipel canarien est avant tout une terre de fêtes, que l'on découvre aisément via l'emblématique carnaval de Santa Cruz. C'est le deuxième au monde, après celui de Rio de Janeiro, réunissant des milliers de personnes durant le mois de février. Un immanquable si vous êtes là à la bonne époque ! Mais l'agenda festif canarien court tout au long de l'année et sur toutes les îles, de la fiesta de la Rama à Agaete à la Bajada de la Virgen à Candelaria en passant par les festivals de jazz ou le championnat du monde de voile de Fuerteventura. Côté legs historique, le séjour sera aussi l'occasion de découvrir l'extraordinaire patrimoine guanche qui a fait l'objet d'un classement au patrimoine de l'Unesco en ce qui concerne les sites du *Risco Caído* d'Artenara et les montagnes sacrées de Grande Canarie. Pas de voyage non plus sans goûter ses « bananes » omniprésentes dans le paysage et dans les assiettes.

LE CARNAVAL DE SANTA CRUZ DE TENERIFE

Considéré comme le deuxième carnaval au monde, après celui de Rio de Janeiro, le carnaval de Santa Cruz de Tenerife accueille chaque année des milliers de personnes venues assister à cette période de festivités se déroulant au mois de février. Élection de la reine du carnaval, multiples défilés de chars et de groupes musicaux, concerts géants, fêtes de rues et spectacles les plus divers se succèdent avant que l'enterrement de la sardine et le feu d'artifice final ne mettent un point d'orgue aux réjouissances. Autant dire que l'on assiste à une fête quasiment ininterrompue que les Tinerfeños (habitants de Tenerife) attendent chaque année avec impatience, tout comme les touristes venus chaque année plus nombreux pour y participer. Un rendez-vous de plus en plus incontournable, d'ores et déjà classé d'intérêt touristique international, mais qui aspire à devenir patrimoine immatériel de l'humanité.

Un peu d'histoire

Rythmes latino, défilés hauts en couleur, *comparsas* ou *murgas* et toute une déclinaison de spectacles, chaque année, le carnaval de Santa Cruz accueille des milliers de personnes au début février. Et c'est devenu un rendez-vous à ne pas manquer puisqu'il est considéré par certains comme le deuxième carnaval au monde, après celui de Rio de Janeiro, réunissant à lui seul l'élégance vénitienne et la fièvre brésilienne et ne suivant qu'une seule ligne directrice : s'amuser. Si l'on est pratiquement certain que son arrivée aux Canaries a suivi celle des premiers Européens, c'est seulement au XVIIIe siècle que lui sont accolées ses premières références littéraires, lorsque le journal de Lope Antonio de la Guerra y Peña, écrivain canarien, mentionne l'existence d'un bal célébré à Santa Cruz de Tenerife au cours duquel se produisaient déjà des *comparsas*, groupes de chanteurs, de musiciens et de danseurs participant à un carnaval. Au cours du XXe siècle, il se maintiendra, mais en prenant le nom de « Fête d'hiver » sous les dictatures de Primo de Rivera et du Général Franco, afin d'éviter toute interdiction éventuelle et avant de reprendre son nom de carnaval, en 1976.

Une notoriété en progression constante

Sa notoriété augmentant dans les années 1960, c'est à partir de 1962 que sera réalisée l'affiche annuelle accompagnant chaque édition, avec des œuvres signées notamment par des créateurs de renom comme Javier Mariscal ou César Manrique, puis objet d'un concours ouvert à tous, à partir de 2009. La décennie 1980 lui sera aussi propice puisqu'il sera déclaré fête d'intérêt touristique international le 18 janvier

© NEYROM - SHUTTERSTOCK.COM

Coso du carnaval de Santa Cruz de Tenerife.

© ALDISTOOME - SHUTTERSTOCK.COM

1980 et qu'il sera thématisé pour la première fois en 1987. Une année qui sera également marquée par un record enregistré au *Guinness Book* : 250 000 personnes assistant au concert à l'air libre donné par la célèbre chanteuse cubaine Celia Cruz. L'année 2000 marque une nouvelle étape puisque Santa Cruz de Tenerife devient la capitale mondiale du carnaval et le siège de la XXe convention de la fédération des villes européennes du carnaval. Tout au long de son histoire, les principales scènes des festivités (concours ou élection de la reine du carnaval) ont changé d'emplacement, passant du théâtre Guimera à la Plaza de Toros puis à la Plaza de España, au centre international des congrès et à l'esplanade du Parc maritime César Manrique pour finalement alterner en fonction des années et des besoins de la scénographie. Aujourd'hui, quelques données rendent compte de son écho : chaque année, les entrées aux spectacles les plus emblématiques comme la finale des *murgas* adulte ou le gala ponctuant l'élection de la reine sont épuisées moins d'une heure après leur mise en vente et la retransmission de l'élection de la reine fait les beaux jours des chaînes télévisées. Fort de cette réussite, le carnaval aspire à intégrer le Patrimoine immatériel de l'UNESCO, ce qui en ferait le sixième carnaval au monde à en bénéficier et le premier en Espagne.

Une thématique différente chaque année

Depuis 1987, un thème différent est choisi chaque année afin de servir de couleur et de ligne directrice au carnaval. Avec une palette de sélection très variée. Si le thème romain a été le premier retenu, les colonnes de style ionique déployées Plaza de España à cette occasion ont été repeintes et recyclées l'année suivante pour évoquer la *selva*, la forêt vierge, de manière un peu aléatoire. Mais l'on notera toutefois quelques pistes d'inspiration récurrente comme le cinéma, avec les westerns en 1992, *Les Mille et Une Nuits d'Aladin* en 1995, les comédies musicales de Broadway en 2005 (*Grease*, *La Fièvre du samedi soir* et *West Side Story*), le cinéma d'horreur avec la référence à *Nosferatu* en 2009, ou encore l'univers de Bollywood en 2013. Retrouver l'esprit d'une époque s'est aussi très souvent décliné en thématique. En s'arrêtant sur la Préhistoire, le Moyen Âge, les Années folles qui ont vu se côtoyer comme décors, peut être de manière une peu surprenante, une tour Eiffel, la statue de la Liberté et le pont du Golden Gate, mais aussi les années 1960 et son *Flower Power* et ce qu'il fallait de hippies et de *protest songs* contre la guerre du Vietnam, les années 1980 incarnées par la Game Boy et Freddie Mercury. Sans oublier de retourner vers le futur en consacrant l'année 2001 à *l'Odyssée de l'espace* et en installant une navette spatiale sur la Plaza de España. L'évocation de lieux géographiques (Mexique, Chine) ou d'univers créatifs (magie, dessins animés, graffitis) a aussi servi de base créative à l'inventivité de ce carnaval. Toutefois, certains thèmes ont marqué de manière plus indélébile les mémoires. Tout carnavaleux se souvient notamment de l'année 1989 qui avait vu la Plaza de España accueillir un décor de sphinx et de palais pour évoquer l'Égypte millénaire et qui dans l'esprit de tous reste comme l'un des plus beaux décors de carnaval. Personne n'a oublié non plus l'année 1993 évoquant le cirque, au cours de laquelle une candidate au titre de reine du carnaval a arboré un costume de 6 mètres de haut sur 6 mètres de large, intitulé « Pachá entra en mi sueño » s'imprimant dans la mémoire collective, mais contribuant aussi à la renommée internationale du carnaval, à cette époque largement diffusé à la télévision.

LE CARNAVAL DE SANTA CRUZ DE TENERIFE

Même si en matière de retombées médiatiques internationales, c'est l'année 2017 avec son thème des Caraïbes qui aura le plus de répercussions grâce à la reconstitution d'un voyage en croisière, voguant vers diverses destinations accueillant d'autres carnavals : Venezuela, Porto Rico, Cuba, Jamaïque, Bahamas, etc. En 2018, le carnaval réalise une première en retenant trois femmes comme maîtresses de cérémonie pour animer le thème « fantaisie », avec sorcières, licornes et dragons, pour partir à l'assaut des réseaux sociaux consacrés à l'événement. On peut aussi saluer l'exploit réalisé en 2019 pour la thématique « profondeurs marines » qui a vu arriver à Tenerife un buste de Poséidon de 6 mètres de hauteur, réalisé par des maîtres *falleros* valenciens et transporté par bateau, de Valence à Santa Cruz.

Une préparation pendant près d'un an

Chaque année, les festivités liées au carnaval durent un mois, le plus souvent de janvier à février. Peu avant Noël, on dévoile l'affiche du carnaval et un mois avant l'élection de la reine du carnaval, tout démarre avec la présentation officielle du programme de l'année, Calle de Noria. Différentes manifestations viennent rythmer le pré-carnaval : festival chorégraphique, concours de déguisements, présentation des candidates au titre de reine dans le salon d'honneur de la mairie, choix de la chanson du carnaval ou concours de *comparsas*, adultes ou enfantines. Toutefois pour les groupes du carnaval, la préparation dure pratiquement un an durant lequel ses amateurs vont répéter et mettre au point leur *comparsas*, leurs *murgas* (parodies chantées du pouvoir en place) et leurs *rondallas* (groupe musical d'instruments à cordes), chacune ayant un caractère spécifique. Une fois lancé, on distingue le carnaval officiel qui rassemble plus de 100 groupes d'environ 50 participants, en charge des *murgas*, *comparsas*, *rondallas* et déguisements, et le festival de rue, durant lequel les habitants se mettent eux-mêmes en scène. Avant que la rue ne se mette en marche, c'est le grand gala de l'élection de la reine du carnaval qui en marque le premier temps fort, généralement le mercredi de la première semaine de festivités. Lors de ce concours, les candidates défilent sur une scène de 1 200 mètres carrés, vêtues de costumes grandioses et fantaisistes qui peuvent peser de 150 à 200 kg et sont départagées par un jury de personnalités, complété par un vote par SMS, depuis quelques années. Munie de son sceptre, la gagnante paradera durant tout le carnaval et représentera les Canaries dans les ferias du tourisme, un peu comme une Miss France. Puis le vendredi précédant le Mardi gras, c'est le grand jour de la *Cabalgata,* défilé spectaculaire annonçant l'ouverture du carnaval, avec comme participants : la reine et ses demoiselles d'honneur dont le char est accompagné de *comparsas*, des chars privés, mais aussi des dizaines de milliers de personnes et de groupes musicaux formant un serpent multicolore qui va parcourir toute la ville, le plus souvent en partant du parc de la Granja pour terminer sur la place d'Europa ou derrière le Cabildo de Tenerife, non loin de la Plaza de España, au rythme des *batucadas* et autres sons latinos. Une fois la nuit bien avancée, la fin de ce défilé d'environ 4 heures marque le début officiel de la fiesta dans la rue, avec ses groupes de *carnavaleros* pastichant l'actualité politique et sociale via les *murgas*. Le samedi sera entièrement dédié à la danse dans les rues également remplies de *chiringuitos* et de chars. Et sachez que si vous songez à vous y rendre, c'est la Calle Bethencourt Alonso, connue populairement sous le nom de Calle San José, qui est le haut lieu de cette fiesta qui dispose aussi de trois scènes principales, dont la Plaza de España et celle du Principe. Depuis 2008, le dimanche de carnaval fait participer les familles et le lundi sera le point d'orgue de ces trois jours, avec présence de DJ's sur toutes les scènes.

Grands défilés et enterrement de la sardine

Vient ensuite le mardi de carnaval qui constitue le point culminant de la fête et voit arriver la foule des curieux venus suivre le *Coso*, le grand défilé, avec chars, voitures décorées et groupes de carnavaleux qui parcourent généralement l'avenue de l'Anaga. C'est le lendemain jour du Mercredi des Cendres, que l'on célèbre l'enterrement de la sardine. Transportée sur son carrosse dans les rues de Santa Cruz en deuil, elle est finalement brûlée, accompagnée par le cortège des veuves qui la pleurent. Sa mort marquant la fin de l'esprit du festival. Une fin qui n'empêche pas que la fête soit déjà de retour le week-end suivant, à l'occasion du samedi et du dimanche de la *Piñata Chica*. Spectacles, bals populaires et défilés se succèdent de nouveau le samedi, suivis avec un intérêt tel que ce jour est devenu aussi populaire que le grand jour du carnaval, le lundi, notamment au plan international. Si vous vous y rendez, sachez que de 12h à 16h, des concerts de musiques ont lieu en simultané sur les places accueillant les trois grandes scènes de la ville : Weyler, Principe et Candelaria. Le dimanche verra enfin se dérouler des concours de voitures et des concerts, mais sera surtout ponctué par un splendide feu d'artifice. La vraie fin du carnaval… jusqu'à l'année prochaine.

Si vous n'avez pas la chance d'y assister, sachez qu'il dispose de sa maison, la Casa du Carnaval, depuis juillet 2017. Installée dans un grand espace moderne de plus de 1 000 m², elle héberge une exposition permanente avec des costumes des différentes années et quelques éléments donnant à voir l'ambiance, telle la première affiche de 1962. Chaque année, de nouveaux éléments viennent la compléter.

LES GUANCHES

Un voyage aux Canaries vous permettra certainement d'en apprendre plus sur les Guanches. Mais il faut savoir que ce peuple réserve encore de nombreux mystères et que de nouvelles découvertes peuvent affiner ou remettre en cause les décryptages actuels. Puisqu'à chaque époque, ces peuples ont fait l'objet de thèses différentes. À commencer par leur nom. Chaque île possède des vestiges de cette civilisation vraisemblablement d'origine berbère qui disparaîtra avec la colonisation hispanique. Ils seront l'occasion de découvrir leur habitat, leur artisanat et leurs modes de subsistance sans oublier leur art pariétal, si spécifique, et leur vision de l'au-delà dont viennent témoigner quelques momies conservées dans les musées. Un circuit qui intégrera des espaces reconstitués, des centres d'interprétation, de beaux musées, mais surtout le paysage culturel du Risco Caído en Grande Canarie, reconnu Patrimoine culturel de l'UNESCO en 2019.

L'origine du nom

Pour certains, le terme de « guanche » dériverait d'un nom lui-même guanche : « wanchinet » ou « gwanchinet » signifiant « homme ou fils » du « grand volcan » [*chinet*]. L'Antiquité romaine assimilant le grand volcan au Teide, ce nom désignait les fils ou hommes de Tenerife. Et eux seulement. Expression qui aurait été pratiquement reprise par les explorateurs portugais et génois de la fin du XIIIe siècle qui les nommaient « gwan chin », « les enfants du grand volcan ». Par extension, c'est sous ce nom que l'on a pris l'habitude de désigner l'ensemble de la population préhispanique de l'archipel. Certains arguent d'une erreur au vu de l'absence de relation maritime entre les populations de chaque île. Puisqu'aucune fouille archéologique ne vient attester d'une pratique maritime de ces différentes populations vivant isolées sur leur île propre. Chacune des îles aurait donc abrité un peuple différent, au nom différent : Bimbaches à El Hierro, Benahoritas à La Palma, Gomeritas ou Gomeros à La Gomera, Canarios en Grande Canarie, Majos à Fuerteventura et à Lanzarote et Guanches à Tenerife. Les détracteurs de cette lecture soulignent que ce sont des dénominations modernes qui ne reposent sur aucun soubassement historique. À l'heure actuelle, c'est toutefois le terme de guanche qui est utilisé pour nommer toutes les populations autochtones canariennes. La datation des peuplements guanches a elle aussi fait l'objet de décryptages différents, mais à ce jour les recherches les plus récentes privilégient l'hypothèse d'un peuplement en deux phases : la première autour du VIe siècle av. J.-C. [peuplement berbère « archaïque »] comme en atteste la zone archéologique de la Cueva de los Guanches à Icod de los Vinos à Tenerife et la seconde au Ier siècle apr. J.-C., constituée de peuplements berbères romanisés.

Économie guanche

Elle reposait sur l'élevage d'espèces provenant du continent africain. Les chèvres leur fournissaient l'essentiel de leur viande et du lait, dont ils tiraient du beurre, et ils élevaient aussi moutons, porcs et chiens, servant au gardiennage des troupeaux. En parallèle, l'agriculture essentiellement céréalière a connu une importance différente selon les îles, la plus développée étant celle de la Grande Canarie. Ils ne connaissaient pas la charrue, mais cultivaient des céréales [orge et froment] et des légumes secs. C'est la farine des grains d'orge grillés qui donnait le *gofio*, une pâte très nourrissante qui reste encore aujourd'hui le plat le plus typique des Canaries. Cueillette de fruits et pêche côtière constituaient un complément important de leur alimentation et plus occasionnellement la chasse [oiseaux et petits reptiles]. Les aborigènes canariens habitaient principalement dans des grottes naturelles ou dans des tubes volcaniques [Cenobio de Valerón [p.267] en Grande Canarie], mais on a aussi trouvé de nombreux témoignages d'un habitat construit en surface, surtout en Grande Canarie et à Lanzarote comme celui qui a été reconstitué dans le Parc archéologique de la Cueva Pintada [p.266], à Gádar, Grande Canarie.

Artisanat et peintures rupestres

On décrit ces peuples comme appartenant à l'époque néolithique, car ils ignoraient l'usage du fer, absent de ces îles. Ce qui ne les a pas empêchés de produire des armes redoutables : bois, pierres taillées ou lances – *añepas* – à la pointe durcie à la flamme ou prolongée d'une lame de pierre volcanique effilée et coupante qui ont mené la vie dure aux premiers conquistadores, notamment à Tenerife. Les découvertes archéologiques ont aussi mis à jour leurs céramiques et leurs poteries, réalisées sans l'aide d'un tour, selon une technique encore utilisée aujourd'hui par les Berbères et toujours pratiquée aux Canaries.

Ils ont aussi laissé de nombreuses gravures rupestres comme les motifs à spirales ou géométriques retrouvés dans plusieurs abris sous roche de La Palma, au Lomo de Los Letreros, et près de Gáldar, en Grande Canarie. Si des pétroglyphes semblables ne se rencontrent que dans certaines cultures de l'Europe de l'Ouest, d'autres gravures d'El Hierro et de La Palma comportent des signes qui tendent vers une écriture semblable à celles trouvées en Afrique du Nord, mais à ce jour non déchiffrée.

Société et religion

Chaque île se divisait en territoire avec à sa tête un chef, *mencey,* à Tenerife, *guanarteme,* en Grande Canarie, un rang auquel n'accédaient que les nobles de plus haut rang ayant pu démontrer leur pureté absolue. En dessous de celui-ci, de sa femme, de sa famille et de l'assemblée d'anciens qui le conseillait, la société était pour l'essentiel hiérarchisée en deux classes, les nobles et le peuple, le plus souvent en fonction de la possession du nombre de têtes de bétail. La justice était rendue en place publique dans les « tagoror » à Tenerife et les « sabor » en Grande Canarie. Plutôt polythéiste, la religion guanche vouait un culte généralisé aux astres et sacralisait certains lieux comme les pics rocheux ou les montagnes : le Teide à Tenerife, l'Idafe à La Palma ou la Tindaya à Fuerteventura. Parmi les nombreux dieux, on peut citer Achamán, dieu du ciel et créateur suprême à Tenerife ou Chaxiraxi, déesse-mère dont l'image sera ensuite mêlée à celle de la Vierge de la Candelaria à Tenerife, mais ce sont surtou les momies qui constituent l'une des principales traces de la culture guanche. Les corps étaient enduits de beurre, séchés au solei puis embaumés et ensevelis dans des grottes semblables à celles qu'habitaient les vivants, ou plus rarement, à Gran Canaria et peut-être auss à Tenerife, dans des tumuli. Moins élaborée que celle des anciens Égyptiens, cette technique de momification n'a su conserver les restes antérieurs au Xe siècle de notre ère ; ceux qui son postérieurs sont aujourd'hui exposés dans les musées. Chaque île abrite des vestiges de cette civilisation qui s'éteindra durant la colonisation hispanique, tels la cueva del Belmaco à La Palma, le Parc culturel El Julan à El Hierro, **le Parc archéologique de Maipes d'Agaete** (p.268) en Grande Canarie ou celui des pyramides de Guïmar à Tenerife, à titre d'exemples. Mais deux musées possèdent la plus importante collection d'objets et de vestiges guanches (momies notamment) : le **Musée de la nature et de l'homme** (p.105) à Santa Cruz de Tenerife et le **Musée Canario** (p.255) de Las Palmas de Gran Canaria. Et c'est bien sûr le paysage culturel du *Risco Caído*, en Grande Canarie, qui constituera le clo de ce circuit. Un espace reconnu Patrimoine culturel de l'UNESCO en juillet 2019 qui inclu 10 sites avec des lieux de culte et des vestiges d'habitations troglodytes creusées à même la falaise, dont une grotte sanctuaire aux ouvertures permettant d'éclairer les gravures.

DÉCOUVRIR

Les grottes à Cenobio de Valeron.

LES BANANERAIES

Un village niché au cœur de plantations de bananiers disposées en plateau sur le flanc d'une montagne, c'est l'un des paysages les plus typiques et les plus pittoresques que vous découvrirez lors d'un voyage aux Canaries. Témoignage logique d'une production qui dépasse souvent les 430 millions de kg par an. D'origine asiatique, cette banane importée au VIe siècle par les Portugais devra attendre le XIXe siècle pour devenir une monoculture via l'exploitation de ce marché par des compagnies britanniques qui profiteront du statut de port franc des Canaries. Présente sur toutes les îles à l'exception de Fuerteventura, cette banane bénéficie depuis 2013 d'une appellation d'origine protégée « Plátano de Canarias » gérée par l'Asprocan, une association qui regroupe plus de 8 200 producteurs indépendants. Avec un nouveau défi, trouver de nouveaux marchés face à la concurrence de la « banane dollar ».

Omniprésentes dans le paysage

Vous ne verrez jamais autant de bananiers qu'aux Canaries. Grandes serres à Tenerife ou productions à ciel ouvert comme à La Palma, ces plantations occupent de nombreux plateaux et font partie du paysage rural, bordant routes et autoroutes, campagnes et montagnes et s'étalant jusqu'en bord de mer. Rien de surprenant dans ces paysages qui traduisent d'abord l'importance économique des bananes (*plátanos* en espagnol) pour les Canaries, mais aussi la longue histoire entretenue par ces îles avec cette production. Originaire d'Asie du Sud-Est, la culture de cette banane a été introduite aux Canaries par les Portugais au VIe siècle, après être passée par Madagascar, le continent africain puis les côtes méditerranéennes. Sa bonne acclimatation dans les îles Canaries conduira ensuite les Espagnols à l'introduire en Amérique, après la découverte du Nouveau Monde.

Le début d'une monoculture

Mais ce n'est qu'à la fin du XIXe siècle que son exploitation deviendra une monoculture pour les Canaries. Et ce, pour deux raisons essentielles. En premier lieu, l'adoption du statut de port franc en 1852 va permettre le libre commerce de ce produit sans barrière fiscale, et ce jusqu'à l'entrée en vigueur du marché unique européen. Second élément déterminant, l'exploitation de ce marché par des compagnies anglaises qui vont contrôler sa production et son exportation vers le continent européen, essentiellement la Grande-Bretagne, en mettant en place toute la logistique nécessaire jusqu'à l'installation en 1888 d'une ligne de transport régulière *via* un bateau à vapeur exportant depuis Las Palmas de Gran Canaria vers le port de Londres. Au XXe siècle, l'entrée dans l'Union européenne s'est traduite par une concurrence nouvelle pour les bananes canariennes, notamment avec l'entrée en vigueur en 1993 de l'OCM de la banane qui met fin à un marché réservé avec l'Espagne mis en place depuis 1972 et qui favorisait les produits canariens. Toutefois, conformément aux textes de l'Union européenne, la production de *plátanos* canariens bénéficie d'une préférence de commercialisation au sein du marché européen, tout comme les bananes de Madère, de la Martinique et des pays de l'ACP (Afrique, Caraïbes, Pacifique). Concrètement, les importations vers la zone euro en provenance des autres pays du monde sont limitées à 50 %, avec comme objectif de diminuer la diffusion de la banane peu chère en provenance de l'Amérique centrale et souvent appelée « banane dollar ». Mais après une période d'incertitude, le marché canarien s'est adapté à cette nouvelle donne grâce à de fortes campagnes publicitaires mettant en valeur les avantages de son produit, notamment en direction du marché espagnol.

© UNDERWORLD - SHUTTERSTOCK.COM

Bouquet de platanes.

LES BANANERAIES

© S.NICOLAS - ICONOTEC

Entre Puerto de la Cruz et Garachico, bananeraie.

Première production agricole en volume

Avec plus de 9 000 hectares de surfaces cultivées en 2018, la banane canarienne se situe à la deuxième place des productions canariennes, après la vigne et avant la pomme de terre, mais elle reste à la première place en ce qui concerne le volume de production, avec une moyenne annuelle dépassant souvent les 400 millions de kg. C'est pour l'essentiel un produit d'exportation puisque seuls 8 % de cette production sont consommés dans les îles, le reste étant avant tout exporté vers l'Espagne métropolitaine. Si elle ne contribue que pour 1 % au PIB canarien, elle n'en rapporte pas moins environ 115 € millions d'euros par an et fait vivre plus de 15 000 personnes, de manière directe ou indirecte, de la cueillette à la distribution. Elle est cultivée dans toutes les îles à l'exception de Fuerteventura, les principales bananeraies se situant à Tenerife (48 % de la production) et notamment dans la vallée de la Orotava, qui dans le nord de Tenerife, représente à elle seule près de 30 % des plantations canariennes et dont le paysage a été totalement modifié par ces bananeraies. Les zones basses des îles de La Palma et de Gran Canaria sont aussi de grosses zones de production avec des pourcentages respectifs de 38 et 17 %. Elle est enfin présente, mais de manière résiduelle, à La Gomera et à El Hierro.

Plátano versus banane

D'origine asiatique, cette banane de la variété Cavendish (*Musa acuminata*) est aussi appelée banane naine, bien que sa taille ne soit petite que par rapport aux variétés africaines et antillaises, plus consommées en Europe. Précisons que, malgré sa taille, le bananier n'est pas un arbre, mais simplement un rhizome, c'est-à-dire rien de moins que la plante la plus grande du monde. Le bananier canarien est cependant moins imposant que ses cousins africains et antillais, mais aussi moins demandeur d'eau. Sa récolte a lieu tout au long de l'année. Ce sont les bonnes conditions de culture, température d'environ 25 °C, plantation à moins de 300 mètres de hauteur, bonne luminosité et composition idéale du sol qui ont conduit à son acclimatation aux Canaries. Et depuis 2013, cette banane bénéficie d'une appellation géographique protégée (IGP) « Plátano de Canarias » qui est gérée par l'Asprocan, une association qui regroupe plus de 8 200 producteurs indépendants. El s'attache à en valoriser ses particularités par rapport à la banane : saveur plus douce, texture plus juteuse, mûrissement plus lent (6 mois pour le *plátano* contre 3 mois pour la banane) plus grande concentration de vitamines A, B2 B6, C, double de pectine, apport plus grand en phosphate et en potassium et contrôles ph tosanitaires plus exigeants. Comme vous le remarquerez au cours de votre voyage, le *plátano* canarien est consommé comme un fruit, mais intervient aussi comme ingrédient dans des plats salés comme la banane frite, la banane accompagnée de gofio (farine de céréales), etc. Parfois intégré à la sangria locale, le *plátano* pourra aussi s'apprécier en liqueur, au goût très sucré.

S'il reste toujours très apprécié aux Canaries et en Espagne, ce *plátano* se voit confronté à un nouveau défi depuis quelques années, trouver de nouveaux débouchés. Car depuis les années 2016 et 2017, ses récoltes exceptionnelles n'ont pas toujours été une bonne nouvelle puisqu'il a fallu détourner de la vente environ 17 millions de kg (dons aux banques alimentaires, nourriture pour le bétail…) afin d'éviter une chute des prix. Les marchés prospectés (Maroc, Suisse Royaume-Uni) le sont encore de manière réduite. Un défi que rend encore plus ardu la baisse croissante des aides européennes aux bananes d'outre-mer.

GÉOGRAPHIE

Situé dans l'océan Atlantique au nord-est de l'Afrique, l'archipel canarien est la communauté espagnole occupant l'espace le plus méridional, à environ 940 km de l'Europe (pointe de Sagres au Portugal) et à 95 km de la côte africaine pour ce qui concerne l'île la plus proche de ces côtes, Fuerteventura. Il se compose de 7 îles à gestion autonome ainsi réparties d'est en ouest : Lanzarote, Fuerteventura, Grande Canarie, Tenerife, La Gomera, La Palma et El Hierro, occupant une uperficie de 7 445 km². Auxquelles, il convient d'ajouter La Graciosa, reconnue 8e île habitée epuis 2018, ainsi que 5 îlots et une série de petits rochers. Avec une position géographique harnière entre l'Europe et l'Afrique, les îles Canaries sont avant tout un territoire volcanique oujours actif même s'il est aujourd'hui de faible intensité. Avec comme autre particularité 'abriter le point le plus haut de l'Espagne, avec le Teide, culminant à 3 718 mètres.

es volcans endormis

ccupant une position géographique charnière ntre l'Europe et l'Afrique, les Canaries reposent ur la plaque africaine même si elles font partie e la région naturelle de la Macaronésie, avec ladère, le Cap-Vert et les Açores. De par son aractère insulaire, le territoire des Canaries st très complexe. Avec près de 30 millions 'années, ces îles demeurent malgré tout un rchipel volcanique très récent, au plan géologique, toujours actif, quoique de faible intensité. t peut-être aurez-vous le rare privilège d'assiser à l'un de ses réveils épisodiques, nettement lus doux que ses convulsions de jeunesse. C'est île de El Hierro qui a été la dernière à faire l'objet 'une éruption volcanique sous-marine, le 12 ctobre 2011, au large des côtes du village de La estinga. S'agissant des éruptions volcaniques à l'intérieur des terres, c'est sur le volcan de Teneguía, à la pointe sud de La Palma qu'a eu lieu la dernière éruption en 1971. En 1909 pour Tenerife, avec le volcan Chinyero, à une dizaine de kilomètres en contrebas du Teide et en 1824 à Lanzarote. Faible comparée à l'éruption dévastatrice qui entre 1730 et 1736 a englouti sous la lave le tiers de l'île dans la région de Timanfaya. Quant à El Hierro, elle n'a connu qu'une seule éruption en 1793, celle du volcan de Lomo Negro, à l'ouest de l'île. Beaucoup plus anciennes, d'autres éruptions ont pu être datées, approximativement, grâce aux témoignages des Guanches. Pour Tenerife, trois dates ont été rapportées, en 1341, incertaine en 1393-1394, et la troisième en 1430, dans la vallée de la Orotava. Une analyse des cendres au carbone 14 situe en 1480 une éruption du volcan Tacande, à La Palma.

© JAVARMAN - SHUTTERSTOCK.COM

Paysage volcanique du Parc National de Timanfaya.

DÉCOUVRIR

Dune de sable à Fuerteventura.

Au fil des îles

Lanzarote. C'est la plus orientale de l'archipel avec un volcanisme récent et encore actif. Séparée de l'île de Fuerteventura, au sud, par l'île aux loups et par le détroit de La Bocaina, elle occupe une superficie de 845 km² dont la majeure partie est un champ de volcans actifs, avec une altitude maximale de 670 mètres pour les Peñas de Chache, au nord. Au total, elle compte 110 volcans, aux courbes rondes, car très érodées, surtout situés dans le Parc national de Timanfaya. Si elle compte 191 km de côtes, ce sont surtout des criques, puisque toute la côte nord a été engloutie par la lave du Timanfaya. C'est à sa pointe sud que se situe Papagayo, sa plus belle plage de sable blanc.

Fuerteventura. C'est la plus africaine, mais aussi la plus saharienne, avec un paysage marqué par des dunes côtières de sable blond (52 km) qui surpassent celles de la Grande Canarie. La majeure partie de cette île de 1 690 km² présente des collines sèches, uniformément arides qui donneront un avant-goût de l'Atlas marocain ou de la sierra mexicaine, avec quelques palmiers et des cactus omniprésents. Sans éruption répertoriée, le volcanisme n'est pas absent des paysages puisque les vastes horizons sont souvent interrompus par de petits cônes isolés, aux pentes rouges et sèches. Plutôt plate dans son ensemble, elle culmine à 807 mètres dans la péninsule de Jandía.

Grande Canarie. C'est la troisième île par sa taille (1 530 km²), derrière Tenerife et Fuerteventura. Elle culmine à 1 949 m au pic de las Nieves et forme un cercle de près de 50 km de diamètre et de 235 km de circonférence. Avec, au centre, le massif montagneux de la *Cumbre* (le sommet, la crête) qui descend en pentes régulières, entaillées de profonds *barrancos* (ravins) vers toutes les côtes. D'origine volcanique, mais de formation ancienne, cett *cumbre* est probablement inactive depuis a moins 3 000 ans. De part et d'autre de ce ensemble, les paysages sont contrastés, ave un nord plus vert du fait des nombreux nuage s'accrochant aux monts et un sud plutôt arid et ensoleillé. Beaucoup plus basses, les côte du sud abritent de belles plages naturelles d sable blanc dont Maspalomas avec son cham de dunes protégées.

Tenerife. Avec une superficie de 2 034 km c'est la plus grande île et celle qui abrite l Teide, le point le plus haut d'Espagne. De form triangulaire, cette île montagneuse est auss celle qui présente la plus grande complexit géologique. Son noyau central est occupé pa les Cañadas des Teide, de grands ravins volca niques, et son relief s'organise autour de deu autres massifs, Anaga-Teno-Adeje et la dorsal de San Pedro. Celui de l'Anaga, au nord-es abrite des vallées profondes et communiqu avec la dorsale de Pedro Gil *via* la dépressio de la Vega de La Laguna. Sur plus de 350 km d côtes, elle compte plus de 225 km de falaise dont la plus spectaculaire est celle des Gi gantes. Parmi les 50 km de plages disséminée autour de l'île, 35 km sont constitués de galet et de gravier. Ce qui ne l'empêche pas d'abrite de magnifiques criques au sable noir scintillan comme des bijoux au soleil.

La Gomera. C'est l'île à la forme la plus ronde entièrement occupée par un massif ancien qu n'a connu aucune manifestation volcaniqu durant tout le quaternaire. D'une superficie d 350 km², elle culmine à 1 487 mètres dans l haut Garajonay et se caractérise essentielle ment par la profondeur de ces ravins et sa côt faite pour l'essentiel de falaises, de 100 à 30 mètres. Les plages y sont quasi inexistante à l'exception de quelques très belles plages d sable noir comme celle de la Valle Gran Rey, pa fois dangereuses.

La Palma. Après Tenerife, c'est l'île qui pos sède le sommet le plus élevé des Canaries, ave le Roque de los Muchachos qui abrite l'un de observatoires astronomiques les plus impor tants au monde. C'est aussi elle qui a enregistr l'éruption la plus récente en 2011 au volcan d Teneguía, dans la pointe sud. Avec une superfi cie de 708 km², elle présente une histoire géo logique assez longue avec au nord le massif l plus ancien et une côte faite de nombreuse falaises. C'est aussi la plus humide et la plu boisée des îles. On y appréciera aussi quelque plages de sable noir et des piscines naturelles appelées *charcos*.

El Hierro. C'est la plus occidentale et aussi l plus jeune. Avec une superficie de 264 km², ell est traversée d'est en ouest par une dorsal formée de nombreuses montagnes et culmin à 1 501 mètres, au pic de Malpaso.

NATURE

Pinson bleu, faucon crécerelle au plumage roux et bien sûr célèbre canari jaune, tels sont quelques-uns des oiseaux que vous aurez l'occasion d'observer le plus souvent aux Canaries. Et même si vous ne vous rendez pas à El Hierro pour y découvrir son lézard géant mesurant un mètre, vous rencontrerez sûrement son cousin, le lézard canarien, à Tenerife, La Gomera ou La Palma ou leurs équivalents locaux de Fuerteventura et Lanzarote, les geckos. Côté faune, les balades seront encore plus profitables. Vous faisant passer des cactus aux pins en croisant l'extraordinaire forêt tropicale du Monteverde ou les plantes les plus rares des Cañadas du Teide. Apprêtez-vous aussi à vous familiariser avec l'arbre le plus emblématique de l'archipel, le dragonnier, à la longévité exceptionnelle et dont la résine rouge a même servi d'onguents pour les momies des Guanches et à voir in situ, la célèbre Taginaste rouge ou la violette du Teide.

Les espèces endémiques

Si la faune canarienne est moins riche que dans les zones continentales comparables d'Afrique du Nord ou d'Europe méditerranéenne, cet insularisme a favorisé l'apparition d'espèces endémiques (109 espèces de vertébrés, dont 80 indigènes). Les vertébrés les plus nombreux étant évidemment les oiseaux qui ne connaissent pas les frontières océaniques. On compte 75 espèces nicheuses, dont 62 sont indigènes. Parmi les espèces endémiques, on signalera le pigeon de Bolle et le pigeon de laurier que l'on appréciera notamment dans le parc national de Garajonay à la Gomera, considérés comme des reliques de l'ère tertiaire à l'instar de la flore qui les entoure. Mais aussi le pinson bleu et le traquet des îles. Sans oublier le célèbre canari, endémique de la région de la Macaronésie, au plumage jaune moins lumineux que sa variété domestique, mais au chant identique. À l'intérieur des terres, l'un des oiseaux les plus remarquables et les plus communs est le faucon crécerelle, que l'on reconnaîtra aisément à son plumage roux ainsi qu'un autre rapace assez répandu dans toutes les îles, la buse variable ou la huppe, facilement identifiable grâce à son plumage orangé et rayé de noir et blanc sur sa queue.

Sur la piste des lézards

Sur les côtes, on pourra observer puffins et pétrels qui s'installent sur les falaises après avoir passé l'hiver en haute mer et notamment le puffin cendré, au plumage gris et blanc qui ressemble à un albatros en miniature. Enfin, le climat aride de Fuerteventura occasionne la présence d'espèces d'oiseaux subdésertiques au plumage couleur jaune beige, certains tachetés de noir, imitant la couleur des sols et des sables. Autre richesse de l'île côté faune, ses nombreuses espèces endémiques de lézards. Le plus beau, le rarissime lézard géant, vit à El Hierro et peut atteindre un mètre de longueur. Mais on verra beaucoup plus facilement son cousin, le lézard canarien à Tenerife, La Gomera et à La Palma ou encore le lézard de Grande Canarie, qui peut lui aussi atteindre la taille non négligeable de 80 cm. On observera aussi le gecko canarien, toujours appelé par son nom guanche *perenquén*, habitant toutes les îles sauf Fuerteventura et Lanzarote où vit un autre gecko. Autre effet de l'insularité, les mammifères sont minoritaires aux Canaries et les espèces indigènes ont disparu face aux espèces dominantes introduites par l'homme. Vous y verrez des chèvres, notamment à Fuerteventura, mais aussi des moutons, des lièvres, des lapins, des hérissons ou des gerboises. Importé au XVe siècle, le dromadaire a largement été utilisé pour les travaux agricoles et la construction de terrasses cultivables, mais aujourd'hui il l'est surtout à des fins touristiques.

Lézard à Fuerteventura.

© CHRIS HEPBURN

Dragonnier des Canaries.

La faune marine compte aussi plus d'un millier d'invertébrés, dont seulement 18 endémiques. Sur la vingtaine de cétacés recensés, seuls quelques-uns sont observés régulièrement, le dauphin à flancs blancs, le dauphin commun et le dauphin souffleur. Comme les petites baleines, aisément reconnaissables à la grosse bosse de leur front et à leur longue nageoire dorsale, on pourra les apercevoir au cours d'excursions en mer, au départ du sud de Tenerife et de La Gomera.

Au bonheur du botaniste

Avec près de 2 000 espèces de plantes dont 514 endémiques, les Canaries présentent un grand intérêt pour le botaniste. Une biodiversité si rare et précieuse que le Parc national du Teide à Tenerife et celui de Garajonay à La Gomera ont été classés au Patrimoine naturel de l'UNESCO et que d'autres zones de l'archipel sont classées Réserve de la biosphère : la caldera de Taburiente à La Palma, El Hierro, le Parc national de Timanfaya à Lanzarote ainsi qu'une partie de la Grande Canarie et de Fuerteventura. Cette flore varie avec l'altitude et l'effet des alizés. C'est pourquoi dans les zones basses et sur les îles de Fuerteventura et de Lanzarote, fort ensoleillement et faibles précipitations ont favorisé l'omniprésence des plantes grasses, au premier rang desquelles, l'euphorbe candélabre, plante endémique qui ressemble à un cactus. On y trouvera aussi des agaves à la floraison qui peut atteindre plusieurs mètres de hauteur et des figuiers de barbarie qui ont servi à l'extraction de la cochenille. Quant aux cactus non indigènes et importés du Mexique, ils peuplent toutes les îles, mais surtout Lanzarote. Côté arbre, le plus emblématique est bien sûr le dragonnier, reconnaissable à son tronc massif et lisse d'où partent quantité de branches couronnées de feuilles pointues et qui dépasse les 20 m de hauteur. D'une longévité exceptionnelle, plus d 600 ans pour le plus connu celui d'Icod de los V nos, il a été très exploité pour les multiples pro priétés de sa résine devenant rouge au contac de l'air (colorant, médicament, antioxydant) e a même servi aux Guanches pour fabriquer de onguents pour leurs momies.

Monteverde et Taginate rouge

C'est en haute altitude (de 600 à 1 500 m) qu l'on trouvera une extraordinaire forêt subtrop cale, le *monteverde,* qui ressemble à ce qu'au rait pu être la forêt méditerranéenne de l'èr tertiaire, avec ses lauriers géants, pour beau coup indigènes, et ses bruyères arborescente qui peuvent mesurer jusqu'à 20 m de hauteu Considérablement restreint devant les activité agricoles, il reste important à La Gomera et su les pentes de l'Anaga et du Teno, à Tenerife. Ce archipel sera aussi le lieu privilégié des forêt de pins dont notamment le pin canarien à troi aiguilles, très résistant au feu et qui a servi à l construction des superbes balcons sculptés qu vous rencontrez tout au long de votre voyage. très haute altitude comme dans le Teide, il n' a plus aucun arbre et la plante la plus impo tante est la Taginaste rouge, représentée sur d nombreuses cartes postales. Pouvant atteindr plusieurs mètres de hauteur, elle est caractéris tique des crêtes de La Palma et des Cañadas d Teide. Ces dernières permettant aussi de décou vrir les plantes les plus rares de la haute mon tagne : le genêt, aux fleurs blanches ou roses la marguerite et surtout, rare entre toutes, l violette. À basse altitude, le seul arbre, c'est l palmier canarien, un palmier-dattier au tron plus épais et au feuillage plus fourni que le dat tier africain, mais aux fruits moins appréciés. A rayon des plantes comestibles, châtaignier, ba nane naine, fruits tropicaux (papaye, mangue et vigne complètent le panorama.

CLIMAT

Avec un beau temps stable garanti par l'anticyclone des Açores et une humidité suffisante de l'air portée par les vents alizés, les Canaries se sont forgé une image de terres du printemps éternel soigneusement valorisée dès les années 1960. S'il est vrai que le climat subtropical océanique de ces îles permet de bénéficier de températures adoucies, par l'océan toute l'année, et par les alizés en été, elles n'en présentent pas moins différents microclimats, assez nombreux et assez différenciés pour des espaces aussi réduits. On trouve des zones semi-désertiques rappelant le Sahara dans les îles comme Lanzarote ou Fuerteventura et des zones montagneuses alignant toutes les nuances de vert dans le centre de La Gomera ou le nord de Tenerife et où il arrive que les cols de haute montagne soient fermés pour cause de neige. C'est pourtant du soleil qu'il faudra le plus se méfier, surtout au sud.

Pluie ou pas pluie ?

Le climat observé va d'abord varier en fonction du niveau des précipitations. Dans certaines îles occidentales, elles sont plus fréquentes et dépassent parfois les 1 200 mm/an comme à La palma, mais se raréfient considérablement dans les îles orientales comme Fuerteventura et Lanzarote, avec moins de 100 mm/an sur les côtes et environ 300 mm/an à l'intérieur de ces îles qui connaissent des climats de type aride semi-désertique. Cette rareté des eaux de pluie a entraîné l'installation d'usines de dessalement d'eau de mer afin de suppléer aux besoins en eau d'îles ou de villes. C'est Lanzarote qui a accueilli la première usine à dessaler canarienne, mais aussi espagnole, en 1964. Elles sont toujours utilisées dans des villes comme Las Palmas de Gran Canaria ou Santa Cruz de Tenerife. Ce sont bien sûr les montagnes qui jouent un rôle prépondérant dans le rythme des précipitations. À la différence des autres îles, Lanzarote et Fuerteventura sont des îles plutôt basses dans leur ensemble et de manière générale, les précipitations augmentent avec l'altitude. C'est pourquoi les ressources en eau sont nettement plus importantes dans les îles les plus montagneuses comme Tenerife, La Palma ou La Gomera. Concrètement, l'usage du parapluie sera plutôt rare lors d'un voyage aux Canaries, même si les précipitations augmentent en hiver. En revanche, ces pluies influeront sur le paysage, plus vert dans les parties concernées, généralement le nord des îles et en altitude.

Paysage pluvieux sur les côtes de Tenerife.

© UNDERWORLD - SHUTTERSTOCK.COM

Mer de nuages à Tenerife.

Alizés for ever

Autre élément déterminant pour le climat des Canaries, la présence quasi continue des vents alizés. Provenant du nord-est, ces vents océaniques contribuent tout d'abord à la faible amplitude thermique observée aux Canaries (hors altitude) en créant un effet de « serre » qui filtre les rayons du soleil sur la mer, maintenant ainsi le courant marin froid qui assure aux îles une température plus douce qu'elles ne devraient connaître au vu de leur latitude. S'ils ne sont pas porteurs de pluie, ces vents contribuent aussi à l'humidification des zones traversées *via* un phénomène dénommé « mar de nubes », mer de nuages. Cette humidité se dépose sur la végétation, puis aiguilles de pin et feuilles de laurier la laissent s'égoutter sur le sol en quantité surprenante, contribuant ainsi à leur propre alimentation en eau. Un autre vent concerne aussi quelques îles des Canaries, la Calima. Chargé de sable et de poussière, ce vent en provenance du Sahara affecte plus logiquement Fuerteventura et Lanzarote, mais peut aussi atteindre la Grande Canarie et Tenerife. Les jours de Calima entraînent une plus forte chaleur avec un ciel blanc et une visibilité plus réduite. Ces mini tempêtes de sable peuvent durer quelques jours et provoquer des problèmes respiratoires chez les personnes les plus sensibles. Côté températures, les moyennes sont plutôt élevées, mais n'oscillent que très peu tout au long de l'année, passant d'un minimum de 18 °C à un maximum de 28 °C. Ce sont les mois de juillet et d'août qui sont les plus chauds, néanmoins la température excède rarement les 30 °C. Le temps se rafraîchit en hiver, toutefois la température ne descend pas en dessous des 15 °C. La température varie aussi avec l'altitude pour toutes les îles dépassant les 1 000 mètres. Ainsi les cols de haute montagne de La Palma et de Tenerife peuvent être fermés en cas de neige, et beaucoup plus rarement, ceux de El hierro et de la Gomera. Très concrètement, il y aura toujours plus de soleil dans le sud de chaque île, quelle que soit la saison. Un soleil dont il ne faudra pas oublier la puissance, car de nombreuses cliniques du sud ont fait fortune en soignant les brûlures qu'il peut occasionner. Pour y sensibiliser les touristes, Santa Cruz de Tenerife a inauguré en 2017 le premier « feu rouge » du soleil qui les informe en temps réel du degré exact d'exposition solaire et a été suivie par d'autres municipalités comme Puerto del Rosario, à Fuerteventura.

© LEONARDO CALCONI - SHUTTERSTOCK.COM

Tempête de sable à Fuerteventura.

ENVIRONNEMENT

Certes, les îles Canaries sont une destination de masse. Difficile de ne pas s'en apercevoir, entre les grands complexes touristiques, les bus qui défilent et les plages bondées. Certaines côtes sont clairement surexploitées, en particulier à Gran Canaria et Tenerife. Mais d'autres espaces méritent le coup d'œil pour leurs aspects nature. Forêts millénaires, plages paradisiaques, dunes de sable, falaises, piscines naturelles… Chaque île se pare d'une beauté particulière et toutes offrent des paysages volcaniques spectaculaires et bien préservés. La principale difficulté des autorités canariennes pour les prochaines années va être de concilier la rentrée de la manne du tourisme, plus de 15 millions de visiteurs en 2017, soit 30 % du PIB régional, avec les impératifs écologiques. Mais les innovations, et la volonté ne manquent pas. Pour un séjour placé sous le signe de l'écotourisme, vous êtes au bon endroit.

De nombreux espaces protégés

En Espagne, le domaine de l'environnement, à 'exception notable des parcs nationaux, relève du pouvoir régional. La Communauté autonome des Canaries mène en matière de protection de a nature une politique volontariste avec de nombreux espaces protégés qui couvrent environ 40 % des terres. Les plus grands espaces protégés sont les parcs, naturels ou ruraux, situés pour la plupart dans des zones élevées, tandis que l'urbanisation oblige la protection des côtes à se diviser en de nombreux sites de petites dimensions : monuments naturels, paysages protégés ou sites d'intérêt scientifique. Il y a 4 parcs nationaux, 3 réserves marines, 7 réserves de la biosphère, 60 piscines naturelles et 3 000 espèces de flore et de faune endémiques. Pensez à vous éloigner des complexes et sentiers touristiques pour pouvoir découvrir des villages, des merveilles isolées et blotties au creux des falaises, des forêts…

enerife représente à elle seule le tiers des zones protégées. **Le Parc national du volcan eide** ★★★★ (p.138) est un incontournable, classé au Patrimoine mondial de l'UNESCO. **Le Parc du Garajonay** ★★★ (p.194), créé en 1981, a permis de protéger la plus belle forêt de auriers de l'archipel, celle de La Gomera, également au Patrimoine de l'humanité. Sur La Palma, e Parc national de la caldera de Taburiente protège un incroyable cratère émergeant et humide abritant une large variété de végétation luxuriante. Ce site classé réserve de la biosphère st à découvrir lors de multiples randonnées u balades. Sur Lanzarote, le Parc national de imanfaya est spectaculaire de beauté, mais assailli par les tour-opérateurs. D'autres paysages volcaniques de l'île sont à admirer en dehors u parc. Les îles de **El Hierro** ★★ (p.197), **La alma** ★★ (p.217), **La Gomera** ★★ (p.177), uerteventura et Lanzarote sont intégralement classées Réserves de la biosphère. Les dunes les plus connues, celles de Maspalomas au sud de Gran Canaria, sont également déclarées Réserve de biosphère depuis 2005, mais souffrent de l'urbanisation touristique envahissante dans la région.

Déchets, énergie, qualité de l'air : peut mieux faire

La Communauté autonome des Canaries a créé en 2009 une Agence du développement durable et du changement climatique, et a régulièrement affiché sa volonté dans le domaine. Mais les évolutions sont lentes. En 2018, sur l'archipel, 89 % de l'énergie provenait de sources fossiles. Du côté de la gestion des déchets non plus, le compte n'y est pas. Il y a encore de nombreuses décharges illégales, et pas assez de déchets triés et recyclés.

© ROSSHELEN - SHUTTERSTOCK.COM

Forêt dans le parc national de Garajonay.

DÉCOUVRIR

© OLENA TUR - SHUTTERSTOCK.COM

Formations rocheuses, avec le volcan Teide en arrière-plan, au Parc national du Teide.

Avec des disparités importantes entre les îles : Tenerife ★★★ (p.97) est la moins bonne élève avec 80 % d'ordures ménagères enfouies, tandis que La Palma ★★★ (p.194) est la plus en avance, avec près de 50 % de déchets valorisés, et un service de collecte des déchets organiques. De même, en 2018, selon l'association Ecologistas en Acción, 89 % de la population des îles Canaries a été exposée à des niveaux de pollution atmosphérique supérieurs aux recommandations de l'Organisation mondiale de la Santé. La qualité de l'air est impactée par les centrales thermiques de l'archipel, ainsi que le trafic routier, aérien et maritime. Le tourisme a donc un impact indéniable sur les Canaries, mais à des niveaux foncièrement différents d'une île à l'autre. Ainsi, l'île de La Palma ★★ (p.217), avec 300 000 visiteurs en 2017, est dix fois moins fréquentée que Lanzarote ★★ (p.323), pour une superficie légèrement inférieure. Les impacts ne sont pas comparables.

Lanzarote et l'héritage de César Manrique

Lanzarote ★★ (p.323) est reconnue comme l'une des pionnières du tourisme durable. Elle doit cela en grande partie au peintre et sculpteur César Manrique qui est revenu en 1966 sur son île natale pour y édifier différents édifices en harmonie avec le paysage. Il a également travaillé en étroite collaboration avec le gouvernement local sur les réglementations qui protégeaient Lanzarote des ravages du tourisme. Il a notamment contribué à imposer des normes de construction et à limiter la publicité. Ces efforts ont été reconnus par l'UNESCO, qui a désigné l'île en tant que Réserve mondiale de la biosphère en 1993 – un an après la mort de Manrique dans un accident de voiture à l'âge de 72 ans. Nous n'irons pas jusqu'à dire que Lanzarote est complètement épargnée par les impacts du tourisme. Entre 1990 et 2017, le nombre de visiteurs y est passé de 760 000 à 3 millions, pour 150 000 résidents. Non sans conséquences. Des côtes entières sont dévastées par l'urbanisation touristique, les visites sont souvent groupées, la voiture et le bus sont privilégiés par rapport à la randonnée. Mais au-delà des hôtels de luxe de grande capacité Lanzarote est plutôt bien équipée en matière de tourisme rural, une belle manière de profiter de ses charmes indéniables.

El Hierro, île durable

Pour les innovations écologiques, c'est certainement vers El Hierro ★★ (p.197) qu'il fau se tourner. La plus petite île des Canaries es pionnière en matière d'énergie renouvelable Fruit d'un travail de plus de 30 ans, la central hydro-éolienne Gorona del Viento, mise en route en 2014, est un système novateur allian éoliennes et bassins de rétention d'eau douce avec des turbines qui prennent le relais quan le vent vient à faiblir. L'île, qui compte aussi de installations solaires, revendique l'autonomi énergétique. El Hierro mise également sur l développement des véhicules électriques. U système de collecte des huiles domestiques pour alimenter une petite usine de bio carburant, a été mis en place.

Astrotourisme et agrotourisme à La Palma

Les amoureux de la nature trouveront leur bonheur à La Palma. Au sein de sa forêt tropicale e ses paysages volcaniques, l'île assemble toute les espèces végétales des Canaries. Elle es classée réserve de la biosphère depuis 2002. O y retrouve plus de 1 000 kilomètres de sentiers de randonnée balisés. Ici, on mise sur les productions locales et bio, l'agritourisme de qualité et le mode de vie « slow ». À **Tijarafe** (p.240), la Finca Autarca, créée en 2007, est un centre de recherche sur la permaculture que l'on peut visiter et qui propose également des formations. À **Puerto Naos** (p.237), la Finca Plátano Logicó est une plantation de bananes écologique, où l'on peut découvrir, à travers une agréable visite, une variété d'arbres fruitiers ainsi que des plantes médicinales et ornementales. On y croise également des moutons, des poules et un âne, qui contribuent à la fertilisation des cultures. L'autre grand attrait de La Palma est son ciel étoilé. Sur son point culminant, à plus de 2 400 m d'altitude, l'observatoire Roque de Los Muchachos est considéré comme l'un des meilleurs endroits sur terre pour observer le ciel. Afin de préserver cet atout, l'île s'est dotée, en 1988, d'une « loi du ciel » qui régule l'éclairage public et la pollution atmosphérique. L'agence Cielos La Palma (lapalma-sky.com) propose différentes activités autour de l'astronomie. À savoir : **Tenerife** ★★★ (p.97) est elle aussi couverte par la « loi du ciel » et dispose d'un observatoire réputé.

La sécheresse, une réalité

Les Canaries n'échappent pas aux changements climatiques. Les îles font régulièrement face à des périodes de sécheresse. Un incendie a ravagé quelque 10 000 hectares de forêt sur l'île espagnole de Grande Canarie en août 2019. Pour ne pas assécher leurs nappes et continuer à assurer les besoins des touristes, elles s'appuient sur une innovation qui a été développée ici : le dessalement de l'eau de mer. Il y a 300 usines de dessalement en fonctionnement dans l'archipel, ce qui en fait le territoire qui compte le plus d'usines de dessalement par mètre carré au monde. À Lanzarote et à Fuerteventura, la totalité de l'eau provient du dessalement. La proportion baisse légèrement pour Grande Canarie (86 % de la consommation humaine et 50 % de l'utilisation totale) et à Tenerife, île qui dispose des plus importantes ressources hydrologiques.

Des citoyens mobilisés

Les Canariens sont les premiers à se mobiliser pour préserver leurs écosystèmes. Le mouvement Océano Limpio Tenerife, (Océan propre Tenerife) dénonce ainsi la pollution sur Facebook et Instagram. Il a par exemple fait circuler une vidéo impressionnante montrant une plage recouverte de petits morceaux de plastique tellement compacts qu'on croirait de la houle. L'archipel des Canaries est en effet en première ligne concernant la pollution plastique. Les courants y rapportent des déchets de tout l'océan Atlantique. D'autres organisations, telles que la Fondation Canarias Recicla ou encore Canarias Libre de Plásticos se mobilisent sur ce sujet. Différentes associations écologistes de l'archipel sont rassemblées au sein de la fédération Ben Magec – Ecologistas en Acción. Parmi leurs principaux combats des défenseurs de l'environnement ces derniers temps, figure l'opposition au projet d'un nouveau port à Tenerife, dans la province de Santa Cruz. Ils s'opposent également à la construction de nouvelles autoroutes sur Gran Canaria. Si vous aussi vous souhaitez contribuer à cet élan de protection de la nature, petit rappel des basiques : ne pas jeter ses déchets à terre, ne pas faire de feu aux endroits non autorisés, ne pas pêcher sauvagement ou encore ne pas cueillir les espèces rares.

Eoliennes sur l'île d'El Hierro.

HISTOIRE

Situées dans l'océan Atlantique au large de l'Afrique de l'Ouest, les Canaries ont d'abord été une terre d'accueil pour les Guanches, peuples venus d'Afrique du Nord et vraisemblablement d'origine berbère. Et si elles ont très tôt inspiré les mythes grecs comme le jardin des Hespérides, il faudra attendre le XIVe siècle pour qu'elles soient de nouveau découvertes par les Européens puis intégrées au royaume de Castille. Elles deviendront alors le point de passage obligé de la nouvelle économie mondiale engendrée par la découverte de l'Amérique, expédiant vers le nouveau continent du sucre, du rhum, des vins, mais aussi de futurs habitants. Puisque durant près de cinq cents ans, ces îles auront aussi été le point de départ de nombreux émigrants s'établissant notamment à Cuba, Porto Rico, en République dominicaine et au Venezuela. Retour sur les étapes qui ont façonné ses paysages et sa culture.

3000 AV. J.-C.

On estime que c'est à cette époque qu'intervient le tout premier peuplement des Canaries *via* une immigration venue de l'Afrique du Nord, vraisemblablement d'origine berbère pour l'essentiel. Appelés peuples aborigènes, mais surtout Guanches. En l'état des recherches actuelles, le peuplement « guanche » le plus important aurait eu lieu en deux phases, la première autour du VIe siècle av. J.-C. (peuplement berbère « archaïque ») et la seconde au Ier siècle apr. J.-C., constituée de peuplements berbères romanisés.

© SVETLANA TURCHENICK - SHUTTERSTOCK.COM

Statues des rois guanches à Candelaria.

VIIIE ET IVE SIÈCLES AV. J.-C.

Les écrits des poètes et des philosophes grecs comme Homère ou Hésiode donnent à penser que les Canaries étaient connues du monde occidental dès l'Antiquité et ont alimenté la mythologie grecque. Qui en a fait le lieu des Champs Élysées et du Jardin des Hespérides. Plus tard, d'autres y virent les restes de l'Atlantide ou le continent englouti évoqué par Platon dans le *Timée* et le *Critias*.

IER SIÈCLE APR. J.-C.

Si les chercheurs ont identifié des allusions historiques aux Canaries dans les œuvres d'historiens grecs comme Plutarque, c'est le romain Pline l'Ancien qui en fait la description la plus juste dans son œuvre *naturalis Historia* qui conte une expédition réalisée par le roi de Mauritanie, Juba II. Pline l'Ancien lui donnera le nom de Canaria, dérivé de *Canis*, chien, désignant dans un premier temps la Grande Canarie, puis tout l'archipel.

IIe SIÈCLE APR. J.-C. La carte du monde établie par l'astrophysicien Ptolémée fait passer le méridien zéro par l'extrémité occidentale de l'île de El Hierro. Déplacé jusqu'à la longitude de Greenwich en 1883.

XIVe SIÈCLE Il marque la « redécouverte » des îles Canaries par les Européens lors de leur expansion *via* l'Atlantique. Avec une succession de visites de navigateurs majorquins, portugais ou génois et en point d'orgue, la découverte de l'Amérique par Christophe Colomb, en 1492. Facilité par les progrès de la navigation et mû par le désir de trouver l'accès le plus direct possible à l'or de l'Afrique centrale, ce mouvement va modifier profondément le cours de l'histoire des îles canariennes.

1312 C'est le Génois Lancelot Maloisel qui débarque le premier sur Lanzarote. Suivi par d'autres explorateurs portugais et majorquins. Et en 1344, Luis de la Cerda, apparenté à la famille royale de Castille, reçoit du pape Clément VI le titre de roi des îles canariennes. Il ne s'y rendra jamais et son titre, très symbolique, passera à un Normand, Robert de Bracamonte qui n'en profitera pas davantage.

1402 L'expédition de Jean de Béthencourt à Lanzarote marque le début de la vraie conquête des Canaries, réalisée alors à l'initiative de particuliers et non à la demande de la couronne de Castille. Même si Jean de Béthencourt s'est reconnu vassal du roi de Castille et que ce dernier le nomme roi des Canaries. Après Lanzarote, cette conquête des « seigneurs » inclura Fuerteventura, El Hierro et La Gomera. Dont les redditions ont été facilitées par leur faible peuplement.

1362-1425

Jean de Béthencourt

Natif du pays de Caux, c'est lui qui a conquis Lanzarote en 1402. Puis il se fera nommer roi des îles Canaries par Henri III de Castille, lésant ainsi son associé castillan Gadifer de La Salle. S'il s'empare de Fuerteventura et d'El Hierro sans difficulté en 1405, il échouera face aux Guanches sur la Grande Canarie et La Palma. Dans les îles conquises, il fit venir des colons espagnols, mais aussi normands. Il a dû laisser une nombreuse descendance puisqu'aujourd'hui le nom de Béthencourt est assez souvent porté.

1477 Les « seigneurs » qui ont effectué la première conquête cèdent leurs droits aux Rois Catholiques sur la Grande Canarie, La Palma et Tenerife, cette dernière restant à conquérir. Et c'est le début de la conquête « royale », effectuée à la demande du royaume de Castille. Elle s'avérera plus difficile, car les territoires sont plus peuplés, mieux organisés, et le relief plus accidenté.

1478-1483 Il faudra cinq ans aux troupes espagnoles de Juan Réjon pour conquérir les deux royaumes guanches de Grande Canarie, celui de Galdar à l'ouest et celui de Telde à l'est.

1492 Le premier voyage de Christophe Colomb en route vers les Indes passe par les Canaries. Elles deviendront alors un passage obligé dans la conquête du Nouveau Monde et un nœud stratégique du trafic commercial qui en découlera. Cette même année, l'Andalou Alonso Fernández de Lugo, gouverneur des Canaries, obtient le droit de conquérir Tenerife et La Palma. La conquête de cette dernière s'achèvera en 1493, avec la capture du chef indigène Tanausu.

1496

La paix des Realejos achève la reconquête de la dernière île, Tenerife. Obtenue après un long combat qui débute par une victoire guanche lors de la première bataille de Acentejo, en 1494, suivie par des guérillas et deux victoires castillanes : Aguere et la deuxième bataille d'Acentejo. Une conquête aussi permise par la division des Guanches en 9 royaumes dont certains se rangèrent aux côtés de Alonso Menéndez de Lugo.

1425-1495

Bencomo

Ce « Rey Grande » a été le symbole de la résistance guanche à Tenerife. À 69 ans, ce *mencey*, roi, de Taoro qui correspond aujourd'hui à la vallée de la Orotava, mène et gagne la première bataille contre les conquistadors conduits par Fernández de Lugo dans le *barranco* de Acentejo. Lorsque les Espagnols reviennent un an plus tard en 1495, il mène de nouveau le combat près de La Laguna, mais il y trouvera la mort après plusieurs heures de bataille.

© ANA IACOB PHOTOGRAPHY - SHUTTERSTOCK.COM

XVIᵉ ET XVIIᵉ SIÈCLES

De nombreux Espagnols, principalement Andalous, Basques et Galiciens vont coloniser les îles et y introduire deux productions phares, le sucre et le vin. En commençant par la canne à sucre, produit le plus consommé par les élites européennes qui deviendra la première exportation des Canaries et sa « carte de visite » dans la nouvelle économie mondiale. Et ce jusqu'à ce que l'Amérique lui fasse une trop forte concurrence à la fin du XVIᵉ siècle. La crise du sucre entraînera le début de la culture de la vigne, cépages de Malvoisie. Les vins produits sont pour l'essentiel envoyés vers l'Angleterre. À cette époque, sucre, rhum, vin sont expédiés directement aux acheteurs, échappant de fait au monopole sur le commerce vers le Nouveau Monde exercé par la couronne espagnole *via* la Casa de Contratación de Séville et faisant jouer aux ports canariens un rôle essentiel dans le commerce vers l'Amérique. En parallèle, la région devient fort logiquement une zone d'assauts par les corsaires et les pirates.

XVIIIᵉ SIÈCLE

Concurrence américaine, indépendances des colonies, absence de complémentarité dans le commerce avec la métropole et nombreuses sécheresses seront à l'origine d'une grave crise des exportations agricoles canariennes. Ce qui entraînera une grande misère et le début d'un exode massif vers Cuba, Porto Rico et d'autres jeunes républiques américaines qui durera jusqu'au milieu du XIXᵉ siècle.

Le XVIIIe siècle verra aussi la multiplication des attaques de corsaires, mais l'assaut le plus célèbre reste bien sûr celui mené par l'amiral Nelson contre le port de Santa Cruz de Tenerife. Cette offensive oppose une armada de 4 000 Britanniques à 500 soldats espagnols menés par le général Gutiérrez, aidés d'un détachement français et de quelques milices locales. Elle se soldera malgré tout par l'échec de Nelson qui y perdra son bras.

25 JUILLET 1797

© VENFH - SHUTTERSTOCK.COM

L'amiral Nelson.

1852

En réponse à la crise économique et à l'exil qui se poursuivent au XIXe siècle, l'adoption d'un statut de port de franc pose le principe du libre commerce pour les Canaries. Il permettra d'importantes relations commerciales avec l'Angleterre vers laquelle seront notamment exportées cochenille et figue de barbarie qui serviront de colorants naturels pour l'industrie textile anglaise puis des tomates et des bananes quand les colorants artificiels auront fait leur apparition.

1927

Après des années de rivalité entre Santa Cruz de Tenerife et Las Palmas de Grande Canarie sur le choix de la capitale, le régime de Primo de Rivera crée une seconde province, celle de Las Palmas ayant autorité sur tout l'est des Canaries et venant remplacer l'ancien système dans lequel Santa Cruz de Tenerife chapeautait toutes les îles. Cette dernière s'occupant désormais de l'Ouest canarien.

1936

C'est dans la forêt de Esperanza, au nord de Tenerife, que le général Franco, alors commandant général des Canaries, prépare le soulèvement de l'armée contre le gouvernement de la République espagnole. Marquant le début d'une guerre civile qui durera jusqu'en 1939. Suivie d'une dictature qui prendra fin à la mort de Franco, en 1975. Aux Canaries, ces années seront de nouveau celles de la pauvreté et de l'exil. Jusqu'à ce que le boom touristique des années 1960 lui ouvre une alternative économique, toujours décisive à l'heure actuelle.

1982

La constitution espagnole de 1978 pose les jalons du statut de communauté autonome et en 1982, les Canaries accèdent à ce statut. Par la « voie lente » ce qui déclenchera de nombreux débats au sein des partis politiques canariens. Ils souhaitent que leur statut d'autonomie s'aligne sur celui des nations dites « historiques » comme la Galice. Et en 1996, la réforme de ce statut reconnaît aux Canaries le rang de nationalité et prend en compte son caractère de territoire insulaire isolé. Aujourd'hui, les Canaries souhaitent une nouvelle modification de ce statut.

1986

Le 1er janvier 1986, l'Espagne intègre l'Union européenne. Mais les Canaries y bénéficient d'un statut particulier, le RUP (région ultra périphérique), garanti par le traité d'Amsterdam depuis 1999. Le droit communautaire s'y applique, mais un traitement différencié prend en compte leur éloignement, leur insularité, leur faible superficie et leur dépendance économique pour de nombreux produits.

1993

C'est la date de la création du parti politique *Coalición Canaria* qui regroupe plusieurs partis nationalistes. Longtemps majoritaire au Parlement canarien, il a fait élire de nombreux présidents du Gouvernement des Canaries depuis sa création et jusqu'en 2019, en s'alliant soit avec le PP (Partido Popular, droite) soit avec le PSOE (Parti socialiste ouvrier d'Espagne, gauche). Mais depuis le 16 juillet 2019, c'est le PSOE qui est à la tête du Gouvernement des Canaries.

2009

Inauguration du GranTeCan (grand télescope canarien), de 10,4 m de diamètre, l'un des plus grands au monde, situé à l'observatoire Roque de los Muchachos à La Palma.

© TOMAS HAJEK - FOTOLIA

Observatoire Roque de los Muchachos.

2017

Les nationalistes canariens approuvent l'application de l'article 155 de la constitution espagnole qui suspend l'autonomie de la Catalogne, après sa déclaration d'indépendance (DIU).

2018

Tenerife accueille le XVIIIe mondial de basket-ball féminin, gagné par les États-Unis et dans lequel l'Espagne obtiendra la troisième place.

2019

En août, la Grande Canarie connaît l'un de ses plus graves incendies : près de 1 000 hectares détruits sur un périmètre de 112 km. 84 % des zones touchées étant des espaces naturels protégés, dont le Parc naturel de Tamadaba, un des poumons verts de l'île.

2020 - 2021

Au printemps 2020, comme dans le reste du monde, les Canaries font face à la crise sanitaire. Avec la fermeture des frontières, des établissements et des contrôles sanitaires aux frontières, les îles ont pu rapidement accueillir les voyageurs. De nombreux Français en ont profité pour venir y télétravailler.
Fin 2021, l'île de la Palma, quant à elle, connaît une éruption du volcan Cumbra Vieje durant 85 jours, causant d'importants dégâts.

PRÈS DE 500 ANS D'IMMIGRATION CANARIENNE VERS L'AMÉRIQUE

Ont construit des ponts durables avec Puerto Rico, Cuba, la République dominicaine et surtout le Venezuela.

Dès le premier voyage de Christophe Colomb à la découverte de la route des Indes en 1492, les Canaries ont entretenu un lien très fort avec l'Amérique. Cette relation a été aussi marquée par de nombreux flux migratoires qui ont couru sur près de 500 ans, mais se sont articulés autour de trois grandes périodes d'émigration. Dès le début de la colonisation de l'Amérique au XVIe siècle les ports canariens vont devenir un passage obligé de la traversée vers ce nouveau continent, embarquant de nombreux colons espagnols, mais aussi canariens, le plus souvent des *Tifeños,* habitants de Tenerife.

En route vers le nouvel eldorado

Ils feront partie des équipages participant aux conquêtes, souvent avec l'espoir d'un avenir meilleur au sein de ce nouvel eldorado. À cette première vague de « conquérants » succédera un deuxième mouvement migratoire entraîné par la crise économique que rencontreront les Canaries de la fin du XVIIe siècle à la fin du XVIIIe siècle. Après un siècle et demi de croissance, c'est la crise du marché viticole qui contraint de nombreuses familles canariennes à émigrer vers Cuba et le Venezuela. Également attirées vers ces pays après qu'ils y aient introduit de nouvelles cultures comme le cacao au Venezuela et le tabac à Cuba. Deux productions qui contribueront à titre d'exemple au dépeuplement quasi intégral de localités de l'île de Tenerife comme Buenavista del Norte, Vilaflor ou El Sauzal. À cette raison économique vient s'ajouter une motivation politique de la part de la couronne espagnole qui souhaite vivement peupler les espaces « vides » de la nouvelle Amérique afin d'éviter qu'ils ne soient occupés par d'autres puissances. Comme cela avait été le cas pour la Jamaïque avec les Anglais et pour la Guyane et l'ouest de l'*Hispaniola* (actuelle Haïti) avec la France.

Le temps des fondateurs

C'est ainsi qu'en 1684, le village de San Carlos de Tenerife sera fondé, essentiellement par des *Tifeños,* aux alentours de la ville de Saint-Domingue avec l'objectif stratégique très clair de préserver la ville d'un assaut des Français. On estime à 176 le nombre de familles canariennes transférées par la couronne espagnole vers l'île de Porto Rico, de 1720 à 1730. Et en 1726, 25 familles canariennes émigreront vers ce qui deviendra le futur Uruguay et y fonderont la ville de Montevideo. Cinq ans plus tard, un autre groupe fondera la ville de San Antonio de Texas, aux États-Unis. Enfin en 1780, d'autres familles s'installeront en Louisiane. Après quelques années de répit, de nouvelles difficultés économiques (rareté des matières premières, éloignement de l'Europe et violentes sécheresses à Lanzarote et à Fuerteventura), mais aussi géologiques (comme la dernière éruption volcanique connue par Lanzarote en 1824) entraînent une troisième vague d'émigration vers le continent américain, à destination de Cuba et du Venezuela pour l'essentiel. Elle perdurera jusqu'au milieu du XXe siècle. Et s'accompagnera aussi d'une immigration inter-îles qui verra les habitants d'El Hierro opter parfois pour des îles moins rudes comme Tenerife ou la Grande Canarie. Au plan politique, ces émigrés ont aussi laissé leurs marques puisque c'est à La Havane en 1924 qu'a été créé le parti nationaliste canarien par José Cabrera Diaz, leader syndical des travailleurs canariens, lui-même inspiré des réflexions d'un autre émigré, Secundino Delgado, considéré comme le père du nationalisme canarien.

Le Venezuela, la huitième île

Avec le boom touristique initié dans les années soixante, cette dynamique migratoire s'est inversée et certains des descendants de ces *isleños* sont revenus aux Canaries, les plus riches. Les pauvres ne sont pas revenus et de nombreux Canariens se sont établis définitivement outre-Atlantique tout en conservant des liens avec leur île natale et en revenant régulièrement visiter leurs parents. Ces derniers organisent aussi très souvent des voyages pour visiter leurs parents cubains et vénézuéliens. Avec un sentiment de proximité tel avec le Venezuela qu'aux Canaries on le nomme « la huitième île ». En visite dans les îles, on pourra retrouver cette ambiance, en particulier à La Gomera. En assistant à des concerts en plein air ou en dégustant quelques-uns des plats latino-américains proposés par de nombreux restaurants canariens : l'*arroz a la cubana*, riz à la cubaine (riz à la tomate, œuf et banane frite), le plus fréquent, mais aussi les raviolis vénézuéliens ou les *arepas*, autre spécialité vénézuélienne (galette de maïs fourrée de viande de bœuf, de poulet ou de fromage). De quoi plonger vers les horizons ultramarins.

LES ENJEUX ACTUELS

Au plan politique, l'année 2019 aura été marquée par un tournant à gauche. Très tributaires d'une économie fortement dominée par l'activité touristique qui représente plus de 30 % du PIB de l'archipel, les Canaries ont connu leur première petite baisse en matière de touristes, 13,7 millions en 2018 contre 15 millions en 2017. Un signal qui peut être une alarme pour certains qui souhaiteraient qu'un tourisme de qualité vienne se substituer ou au moins compléter ce qui a fait la base de son développement touristique, le sol y playa. Nonobstant, la destination reste à ce jour la troisième destination touristique espagnole. Puis l'année 2020 a été marquée par la crise sanitaire de la Covid. Le nombre de touristes a drastiquement chuté, les restaurants, bars et discothèques ont fermé quelques semaines, puis un couvre-feu a été imposé. La destination est devenue un endroit privilégié pour les télétravailleurs français en manque de soleil.

2019, le tournant à gauche

Aux Canaries comme dans le reste de l'Espagne, c'est la constitution de 1978 qui a fixé les règles du champ politique. Depuis cette date, ce pays est devenu une monarchie constitutionnelle avec comme chef de l'État, Felipe VI, succédant à son père Juan Carlos Ier, après son abdication en 2014. Cette même constitution a transmis aux régions une part importante du pouvoir décisionnel et depuis le 10 août 1982, les Canaries disposent d'un statut d'autonomie, comme les 16 autres régions espagnoles.

Côté exécutif, le gouvernement local est exercé par le *Gobierno de Canarias,* avec à sa tête un président, qui siège alternativement, tous les 4 ans, à Santa Cruz de Tenerife ou à Las Palmas de Grande Canarie. Au plan législatif, c'est le parlement (70 membres élus pour 4 ans et siégeant à Santa Cruz de manière permanente) qui est maître en la matière. Et au plan administratif, la communauté est divisée en 2 provinces : celle de Tenerife qui englobe La Palma, La Gomera et El Hierro, avec pour capitale Santa Cruz de Tenerife et celle de Grande Canarie qui réunit Fuerteventura et Lanzarote, avec pour capitale Las Palmas de Gran Canaria. Chacune des 7 îles est par ailleurs dirigée par un *cabildo,* sorte de conseil municipal insulaire, qui jouit d'une certaine autonomie dans les domaines de la culture, du tourisme, de l'environnement, de la santé, de la voirie et de l'eau, élu au suffrage universel direct pour 4 ans.

Les élections régionales de mai 2019 ont marqué un tournant dans la gouvernance des Canaries en portant à la tête du *Gobierno*, Ángel Víctor Torres, PSOE (parti socialiste ouvrier espagnol). À la suite d'un accord passé le 20 juin 2019 entre le PSOE, premier parti ayant gagné les régionales, Nueva Canarias, Podemos et Agrupación Socialista Gomera qui lui assurait les 37 voix requises. Cette élection a mis fin à 26 ans d'exercice du pouvoir par Coalición Canaria, un regroupement de partis nationalistes occupant ce poste depuis sa création en 1993, souvent après un accord avec le PP (Partido Popular), de droite. Elle a aussi en partie sanctionné les soupçons de corruption qui avaient éclaboussé l'ancien président Fernando Clavijo Battle (concession du service municipal de grues à La Laguna) ainsi que d'anciens dirigeants historiques (commissions sur l'entreprise de construction OHL). On a observé le même tournant à gauche en ce qui concerne les élections municipales de mai 2019. Elles ont vu les socialistes conquérir la majeure partie du pouvoir municipal notamment dans les deux capitales, Santa Cruz de Tenerife et Las Palmas de Gran Canaria et dans la plupart des municipalités les plus peuplées, dirigeant ainsi 60 % de la population au travers de 35 municipalités. *A contrario,* Coalición Canaria a de nou

© FREDERIC LEGRAND - COMEO - SHUTTERSTOCK.COM

Felipe VI.

© LUMIA STUDIO - SHUTTERSTOCK.COM

Plage de Las Americas sur l'île de Tenerife.

veau subi un revers en perdant ses principaux bastions municipaux, Santa Cruz de Tenerife, La Laguna ainsi que les trois mairies de El Hierro. Côté politique, les prochaines élections présidentielles auront lieu en juin 2022.

La prépondérance du tourisme

L'économie canarienne est fortement dominée par les services puisque le tertiaire emploie à lui seul près des trois quarts de la population active et génère un pourcentage identique de PIB (produit intérieur brut). Une tendance très ancienne qui ne fait que progresser au cours des années. Ce secteur est lui-même fortement dominé par le tourisme, qui représente en moyenne environ 50 % des emplois du tertiaire et 50 % de son PIB. Et plus de 30 % du PIB global des Canaries. Même si les sommes gagnées ne profitent pas toujours aux îles puisque les nombreuses entreprises étrangères présentes investissent souvent l'argent gagné dans leur propre pays ou payent leurs impôts annuels dans des sièges localisés en métropole. Par ailleurs, d'autres activités relevant du secteur secondaire dépendent éminemment du tourisme, comme le bâtiment qui emploie près de 8 % de la population active et près de la moitié des emplois du secondaire. Si cette activité a beaucoup apporté à l'économie de l'archipel de la fin des années 1990 au début des années 2000, elle a été profondément touchée par la crise financière de 2008, ce qui a entraîné le gel et l'abandon de nombreux chantiers, dont on peut encore voir les « cadavres » aujourd'hui, car les retirer coûterait beaucoup trop cher. Dans le secondaire, c'est Tenerife et la Grande Canarie qui comptent 80 % des entreprises industrielles et plus de 90 % des emplois générés par ce secteur. L'industrie s'est aussi développée dans les activités portuaires et le raffinage de pétrole (centre le plus important à Santa Cruz de Tenerife) ainsi que dans l'agroalimentaire, associée à l'industrie du froid. Avec 10 % du sol cultivé, l'agriculture ne tient qu'une part minime dans l'économie canarienne. Avec comme principales productions, orge, blé, vigne, pommes de terre, bananes et tomates, commercialisées vers l'Espagne et l'Europe.

Et toujours le sol y playa

Si la venue d'élites européennes en quête de calme et de bonne santé a permis l'installation d'infrastructures touristiques de luxe dans le nord de Tenerife, dès la fin du XIXe siècle, c'est un tout autre modèle de tourisme qu'a engendré le boom touristique, débuté dans les années 1960 avec le développement des lignes maritimes régulières, entre les îles et avec la métropole, et accentué dans les années 1970 par la multiplication des transports aériens. Engendrant plutôt la création de nombreux complexes hôteliers dans le sud de presque toutes les îles afin de proposer des vacances *sol y playa,* si possible le moins coûteuses possible. Quoique souvent dénoncé par certains professionnels du tourisme qui souhaiteraient lui substituer un tourisme de qualité, valorisant la culture et les richesses intérieures de l'archipel, ce modèle de développement touristique à l'anglo-saxonne continue à prospérer. Peut-être aussi parce que les Anglais sont toujours le premier marché des Canaries. En 2018, les Canaries étaient la troisième destination espagnole, après la Catalogne et les Baléares. Mais enregistrait aussi sa première baisse en nombre de touristes : 13,7 millions contre 15 millions l'année précédente, des Anglais à près de 40 %, suivis par les Allemands, plus de 20 %. Analysée comme une conséquence du redémarrage de certaines destinations méditerranéennes comme la Turquie et l'Égypte, elle a entraîné une guerre des prix entre îles pas forcément annonciatrice d'un nouveau modèle touristique.

ARCHITECTURE

Terres mythiques aux confins du monde devenues destination touristique phare, les Canaries sont connues pour la richesse de leur patrimoine naturel, entre végétation foisonnante et paysages volcaniques lunaires. Mais saviez-vous que ces îles abritent un patrimoine architectural tout aussi riche ? Des habitations troglodytes de leurs premiers habitants, les Guanches, aux audacieuses créations contemporaines qui animent leurs rivages, les Canaries présentent une architecture étonnante. Position stratégique à la croisée des mondes portant la marque des colons portugais et espagnols, elles ont su pourtant définir une identité canarienne dont viennent témoigner les nombreux centres-villes historiques classés, tout comme les nouvelles architectures mêlant traditions locales et modernité. Ce dialogue constant entre paysage, culture et architecture a permis aux Canaries de préserver leur authentique beauté que vous allez découvrir sans plus tarder !

Héritage Guanche

On ne sait que peu de choses des Guanches, les premiers habitants de l'archipel. Mais ce que l'on sait, c'est en grande partie l'architecture qui nous l'a appris. Les Guanches vivaient principalement dans des cavernes et habitations troglodytes à l'organisation complexe. Le **Cenobio de Valeron** (p.267), creusé dans la montagne d'*El Gallego* à Gran Canaria, en est le plus bel exemple. Appelée à tort « monastère » (*cenobio*), cette construction, composée de près de 300 cavités creusées dans la roche, était en réalité une sorte de réserve collective de céréales. Dans la vallée d'Agaete, la Nécropole de *Maipes* présente plus de 600 tumulus, amas de pierres recouvrant les sépultures, témoignant de la richesse des rites funéraires des premiers habitants de l'île. Autre témoin de la spiritualité du peuple Guanche : le *Roque Nublo*, impressionnant monolithe de basalte haut de 80 m au cœur de Gran Canaria dont les Guanches se servaient comme autel pour adorer la déesse Abora. Spirituelle et fonctionnelle cette première architecture est loin d'avoir révélé tous ses secrets !

Influences coloniales et style canarien

À partir du XVe siècle, les Canaries vont faire l'objet d'âpres convoitises entre les empires portugais et espagnol avant d'être officiellement accordées par traité à la couronne espagnole. Les premières constructions des colons sont des fortifications. Les Canaries sont une position stratégique qu'il faut défendre, notamment contre l'avidité des pirates. Parmi les plus beaux exemples d'architecture défensive, notons le Castillo de Santa Barbara à Teguise. Cette fortification datant du XVIe siècle a été construite…

Castillo de Santa Barbara.

sur le rebord d'un cratère de volcan. Elle abrite aujourd'hui le Musée de la piraterie. Les forteresses, ou *Casa Fuerte*, se multiplient ainsi sur l'archipel, comme à **Adeje** (p.155). Autre bel exemple de fortification : le château San Juan à Santa Cruz de Tenerife, bastion en forme de cercle, surnommé *Castillo Negro* du fait de la pierre volcanique sombre utilisée pour son édification. En matière d'urbanisme, malgré les difficultés posées par un relief souvent escarpé, les Espagnols ont adapté leur schéma traditionnel organisé autour d'une place centrale regroupant les grands édifices civils et religieux. Aujourd'hui certains de ces centres-villes sont classés. C'est le cas de celui de La Laguna, classé au Patrimoine mondial de l'UNESCO, de celui de La Orotava, classé « Ensemble Historique et Artistique » et de celui de **Garachico** ★★ (p.146) qui a obtenu la Médaille des Beaux-Arts en 1980. Sous l'influence espagnole, les édifices se parent aux couleurs des styles en vogue dans la péninsule ibérique, à commencer par le baroque que l'on retrouve surtout dans les édifices religieux. C'est le cas avec l'église San Francisco de Santa Cruz de Tenerife par exemple. On retrouve aussi le style mudéjar (art créé par les artisans maures travaillant sous l'égide de souverains catholiques) par exemple dans l'église et le couvent de Santa Catalina de Siena, datant du XVIIe siècle, dont on admire les miradors en bois sculpté. Autre superbe exemple de style mudéjar : les plafonds à caissons de l'église Saint-Augustin de La Orotava. À **Betancuria** ★★★ (p.316), petit village de l'île de Fuerteventura, l'église de Santa Maria fait une étonnante synthèse de tous ces styles. L'édifice originel du XVe siècle était de style gothique-normand (Jean de Béthencourt, découvreur de l'île, était certes conquistador, mais Normand d'origine !) On peut encore observer des traces de ce style sur la tour du clocher et les colonnes. Reconstruite au XVIIe siècle, l'église présente aujourd'hui des éléments gothiques, mudéjars, Renaissance et baroques. L'architecture de cette époque est ainsi souvent appelée « architecture coloniale », mais cette dénomination est réductrice, voire trompeuse. L'architecture canarienne n'est le calque d'aucune architecture dominante, bien au contraire. Elle est à la croisée des influences, mais riche d'une identité locale forte. Cela passe d'abord par l'emploi de matériaux locaux : pierre volcanique, argile, tourbe, pin canarien. Les édifices canariens, qu'ils s'agissent d'églises, de palais seigneuriaux ou de maisons paysannes, impressionnent par le contraste visuel entre la chaux blanche qui les recouvre et le basalte des pierres de taille, soulignant angles et arêtes, ou créant parfois un effet moucheté. Les édifices peuvent aussi être colorés, mais toujours dans une seule teinte, ce qui permet de faire ressortir les éléments du décor. Les toits sont à deux ou quatre pentes, recouverts de tuiles creuses (également appelées « tuiles arabes ») de couleur rouge, et leurs bords sont légèrement recourbés. Les façades, elles, se parent de superbes balcons en bois ouvragé – dont les jalousies ne sont pas sans rappeler les moucharabiehs d'inspiration maure – et de loggias couvertes d'un auvent de tuiles dont on admire la finesse des colonnades. Pièce maîtresse des édifices canariens, le patio leur fournit clarté et fraîcheur. Depuis les galeries de bois qui l'entoure, la vue sur ce puits d'eau et de lumière est aussi saisissante qu'apaisante. Tout l'archipel porte cette identité architecturale canarienne, comme la ville d'**Agaete** ★★ (p.267) surnommée « la grâce blanche de la côte noire » ou bien encore le quartier de La Vegueta à Las Palmas dont l'enchevêtrement de ruelles regorge de superbes maisons seigneuriales telles la **Casa de Colon** (p.254), d'inspiration gothique-Renaissance possédant trois superbes patios. Influencée, mais jamais dominée, l'architecture des Canaries est unique !

L'architecture selon César Manrique

À partir des années 1950-1960, les Canaries deviennent une destination touristique phare et des constructions sans âme commencent à apparaître pour loger le flux constant de visiteurs. Mais à Lanzarote, un homme va s'élever contre ce « fléau ». Son nom : César Manrique. Artiste et architecte ayant parcouru le monde, Manrique revient sur son île natale en 1966. Ayant très vite pris la mesure des dangers du tourisme de masse et possédant l'écoute attentive des politiques, Manrique développe un programme architectural et urbanistique original, précurseur de l'architecture durable d'aujourd'hui. Objectif : faire rimer essor économique et identité locale. Il impose donc le blanc à l'ensemble des constructions de l'île et toute nouvelle structure doit intégrer des éléments de l'architecture locale. Pour conserver la beauté des paysages, il fait interdire l'édification d'immeubles de plus de trois étages et impose une limitation des enseignes et panneaux publicitaires. Amoureux de son île, Manrique fait dialoguer son architecture avec elle. Ses créations ne s'accompagnent d'aucune destruction… au contraire, le paysage est utilisé comme une composante de son architecture. Rien d'étonnant donc à ce qu'il ait mis en valeur tant de sites naturels. Les **Jameos del Agua** (p.354) sont le tout premier exemple de cette architecture originale. Creusé dans la roche, ce centre touristique comprend salles de concert, bars et restaurants et même une piscine d'eau de mer. Il est relié aux **Cueva de Los Verdes** (p.352), grottes également aménagées par l'artiste. En 1973, Manrique réalise le **Mirador del Rio** (p.355), au sommet du rocher escarpé de *Famara*, où se trouvait une ancienne base d'artillerie.

Manrique a creusé le centre touristique dans la roche et n'a fait ressortir que le balcon extérieur servant de mirador. La présence de ce centre touristique est ainsi quasiment imperceptible. On lui doit également le **Musée International d'Art Contemporain** [p.330] situé dans l'ancienne forteresse du château de San José à Arrecife et bien sûr sa fondation, gigantesque bâtisse érigée sur un fleuve de lave figée. Mêlant architecture traditionnelle et modernité, la **Fondation César Manrique** [p.342] offre, comme toutes les réalisations de l'artiste, une vue étonnante sur les alentours, créant un harmonieux dialogue avec le paysage. À sa mort en 1992, élus et habitants se sont engagés à poursuivre cette mise en valeur du patrimoine local.

Trésors contemporains

Vivante et se renouvelant sans cesse, l'architecture contemporaine canarienne n'en oublie pas pour autant l'importance des traditions locales et des paysages qu'elle intègre avec élégance dans d'audacieuses créations. En 1996, Santiago Calatrava dote **Santa Cruz de Tenerife** ★ [p.103] de son Centre International des Foires et Congrès. Structure originale de béton, verre et fer, le centre possède une façade de 270 m faisant pénétrer la lumière dans une singulière nef centrale. Sept ans plus tard, Calatrava apposera une nouvelle fois sa marque à la ville avec l'**auditorium Adan Martin** [p.112], devenu aujourd'hui l'un des emblèmes de l'archipel. Avec son impressionnante aile flottante dominant le ciel du haut de ses 50 m, l'auditorium fascine. Les jeux de formes et de lumière donnent vitalité et mouvement à cette architecture vivante. Autre réalisation symbolique, l'auditorium Alfredo Kraus de Las Palmas, dernière œuvre de l'architecte Oscar Tusquets. Au fond de la scène, Tusquets a construit une grande baie vitrée donnant une vue unique sur la mer et permettant de jouer sur les effets de transparence et d'obscurité grâce à un ingénieux système de filtre. Originaires de Tenerife, on doit aux architectes Felipe Artengo Rufino, Fernando Martin Menis et Jose Maria Rodriguez-Pastrana, deux réalisations étonnantes qui font parfaitement le lien entre traditions locales et modernité. Le *Centre Magma Arte Y Congresos* à Adeje d'abord. Ses courbes spectaculaires rappelant des vagues sont soutenues par 12 monolithes de béton et de pierre « chasnera », pierre volcanique du sud de Tenerife. Lumière et ventilation naturelles sont les maîtres mots de cette architecture minimaliste. C'est à eux que l'on doit également le siège de la présidence du gouvernement autonome des Canaries. Pour cet édifice, les architectes ont employé de la pierre volcanique, du bois et ont même intégré un balcon en pin canarien d'une ancienne maison de l'île que l'on peut admirer depuis la cour intérieure de l'édifice. À San Cristóbal de La Laguna, Fernando Martin Menis a également imaginé l'église *Santissimo Redentor* en pierre locale et béton brut. Une création tout en sobriété qui étonne par son minimalisme autant que par les savants jeux de perspective entre les différents niveaux du bâtiment. Cette sobriété se retrouve dans l'architecture toute en courbe de la faculté des Beaux-Arts située non loin de là. Parmi les autres créations contemporaines, notons le *Tenerife Espacio de las Artes* réalisé par les architectes suisses Herzog & De Meuron. Alternant entre pleins bétonnés et creux vitrés, jouant sur les effets d'ombre et de lumière, les architectes ont imaginé un bâtiment où intérieur et extérieur dialoguent et se complètent. À ces élégantes réalisations s'ajoutent les Torres de Santa Cruz, deux gratte-ciel d'acier de 120 m [les plus hauts de l'archipel], qui symbolisent la vitalité économique des Canaries.

Auditorium de Tenerife Adan Martin.

BEAUX-ARTS

Comme on peut l'imaginer, l'art canarien est le résultat d'hybridations incessantes entre talents locaux et influences extérieures, le magnifique archipel n'ayant cessé d'inspirer les artistes venus d'ici et d'ailleurs. En effet, l'intérêt des Canaries ne se limite pas à son patrimoine naturel : les îles sont également d'une grande richesse culturelle, comme en témoignent les deux principales villes, Las Palmas de Gran Canaria et Santa Cruz de Tenerife, de véritables centres artistiques. On y trouve de nombreux musées d'art et d'histoire, des galeries et des œuvres en plein air : tout ce qu'il faut pour se cultiver agréablement après les journées plage et nature. Nous commencerons par découvrir la peinture canarienne à travers trois générations d'artistes, puis nous nous intéresserons à son patrimoine photographique et enfin aux sculptures et œuvres de street art qui ponctuent joyeusement les rues des villes et villages de l'archipel.

Manuel González Méndez (1843-1909), un destin français

Né à La Palma en 1843 et mort à Barcelone en 1909, cet artiste peintre a eu droit aux plus grands honneurs de la République française en recevant la Légion d'honneur. Une distinction d'exception, à une époque où elle est synonyme d'excellence et de mérite et n'est accordée aux étrangers qu'à titre exceptionnel. Originaire de l'île de Santa Cruz de La Palma, Manuel González Méndez commence par exposer en 1875 à Paris et ne cesse d'y produire, recevant même un prix lors de l'Exposition universelle de 1900 se déroulant dans la capitale. Comblé de gloire, il devient membre de l'Académie des beaux-arts et rentre aux Canaries pour y accomplir diverses commandes privées et publiques. Il s'éteint à Barcelone en 1909, sur le chemin le ramenant à Paris. On peut observer plusieurs de ses peintures au Musée municipal des Beaux-Arts de Santa Cruz ainsi que dans le magnifique Gabinete literario (cabinet littéraire) de Las Palmas de Gran Canaria, où les plafonds du grand salon, ancienne salle de théâtre, ont été décorés par l'artiste. Deux de ses toiles ont récemment été au cœur d'une polémique : *La Remise de la princesse* et *La Fondation de Santa Cruz de Tenerife*, qui décorent la salle du Parlement des îles Canaries et représentent l'arrivée des conquistadors italiens en terre guanche, ont été considérées comme le reflet de l'extermination des Guanches par les Castillans. Elles n'ont pas été retirées, car considérées comme faisant partie du patrimoine historique et culturel du pays, mais sont depuis dissimulées pendant les sessions parlementaires.

Néstor Martín Fernández de la Torre (1867-1938), figure du symbolisme espagnol

Parmi les premiers grands artistes canariens, Néstor Martín Fernández de la Torre est l'une des figures les plus remarquables. Originaire de Gran Canaria, il part faire ses études à Madrid et voyage à travers l'Europe, apprenant la sculpture et la peinture. Il revient ensuite aux Canaries, où il prend notamment part à la réalisation des fresques du théâtre Pérez Gáldos (p.256) de Las Palmas et du casino de Santa Cruz (p.112) de Tenerife. Sa peinture ne dépeint par particulièrement la vie ou les paysages locaux : comme de nombreux peintres de l'époque, il est avant tout influencé par le courant symboliste. Elle est le reflet d'un univers onirique et coloré, peuplé de personnages sensuels, d'animaux marins et de plantes luxuriantes, qui rappellent tout de même certains caractères des îles – dans un style qu'on compare parfois à celui de Klimt.

© DAGUIMAGERY - SHUTTERSTOCK.COM

Musée Nestor de la Torre.

© GADZIUS - SHUTTERSTOCK.COM
Sculpture mobile de Cesar Manrique.

Vers la fin de sa vie, il se consacre à la défense des traditions architecturales et folkloriques canariennes. Il lance notamment une campagne de promotion du tourisme local, qu'il baptise « Tipismo » (qualité de ce qui est typique, pittoresque, propre à un lieu spécifique). Il décède subitement à l'âge de 51 ans à la suite d'une pneumonie, laissant plusieurs grands projets inachevés. Une vingtaine d'années après sa mort est inauguré le Musée Nestor de la Torre (p.255) de Las Palmas, très bel édifice de style néo-canarien conçu par son frère architecte, mais basé sur des travaux préexistants de l'artiste, situé dans le Pueblo canario (p.256) de Las Palmas – une visite à ne surtout pas manquer.

César Manrique (1919-1992), l'âme artistique des Canaries

Le plus célèbre des artistes canariens est sans aucun doute l'artiste et architecte César Manrique. Il n'est pas une île sur laquelle il n'a pas laissé son empreinte. Né à Lanzarote, il part faire ses études à Madrid avant de devenir un peintre abstrait reconnu, influencé notamment par Miró. Après un séjour à New York, il revient sur son île natale en 1968 et se consacre à l'architecture. Outre sa propre maison, devenue aujourd'hui la Fondation Manrique (p.342), un lieu incontournable, l'artiste et architecte a laissé de nombreux édifices touristiques et sculptures à Lanzarote (restaurant du Parc national, mirador del Río (p.355), Jameos del Agua (p.354) et Cueva de los Verdes (p.352), etc.) ainsi que dans les autres îles (restaurants-miradors de La Gomera et El Hierro, Lido de San Telmo et Playa Jardín à Puerto de la Cruz à Tenerife). Son architecture est à la fois respectueuse de la tradition canarienne et du paysage, et intègre merveilleusement les matériaux naturels des îles, comme la lave qui entoure sa maison par exemple. Manrique a largement participé à la mise en valeur de son île Lanzarote et à la promotion des maisons basses et blanches, emblématiques de l'île. L'artiste est mort le 26 septembre 1992 dans un accident de voiture.

Un paysage propice au développement de la photographie

L'histoire du développement touristique des Canaries est étroitement liée à celui de la photographie. Situé sur la route maritime européenne vers les marchés africains, asiatiques et américains, l'archipel est depuis plusieurs siècles au cœur des échanges internationaux et profite dès lors des innovations technologiques qui circulent de par le monde. C'est le cas de la photographie, qui est introduit assez rapidement dans l'archipel dès le début des années 1840. Très tôt, des photographes européens y établissent leurs cabinets photographiques, rapidement suivis par des artistes locaux, participant d'année en année au développement d'un patrimoine riche et varié en la matière. C'est plus exactement en octobre 1839, à peine trois mois après la présentation officielle du daguerréotype à Paris, que la photographie arrive à Santa Cruz de Tenerife à bord d'une frégate française, « L'Orientale ». Parmi les membres de l'équipage se trouve Louis Compte qui, juste après cette escale, introduit la photographie sur le continent sud-américain. À la fin du XIXe siècle, le développement de cet art aux Canaries va de pair avec l'essor économique des îles, qui attirent peu à peu l'attention des Européens.

Parmi les photographes qui contribuent à la documentation des Canaries, on retient notamment Santos María Pego, Alberto Boissier y Romero, Luis Ojeda Pérez et Abelardo Auyanet. Portraits, paysages, ou encore reportages à teneur sociopolitique sont les trois grands axes de développement de ce nouveau médium, qui, tout d'abord réservé aux élites, se voue peu à peu à documenter la vie populaire locale. Grâce à lui, les Canaries réussissent à capter l'attention du regard étranger, qui y voit une vitalité et un exotisme ne trouvant aucun équivalent sur le continent européen. L'image photographique devient alors un véritable outil de cohésion sociale, avec la construction d'une iconographie insulaire contribuant à la mise en avant d'une « identité canarienne », un processus qui s'intensifie dans la première moitié du XXe siècle avec l'essor de la carte postale. Depuis, l'archipel ne cesse d'être une source d'inspiration pour les photographes locaux et étrangers. Pour admirer ces travaux et découvrir les différents regards portés sur les îles, on recommande de visiter le Tenerife Espacio de Las Artes, un centre d'art et de photographie passionnant, dont le bâtiment, dessiné par les architectes Herzog et de Meuron, vaut pour lui-même le détour.

Comprendre l'île à travers ses sculptures

Dans le domaine de la sculpture, il est impossible de ne pas rendre hommage aux premiers habitants des Canaries, les Guanches. C'est à Candelaria (Tenerife) qu'il faut se rendre pour admirer la Place de la Patronne des Canaries, une grande esplanade au pied de la magnifique **Basilique Notre-Dame de la Candelaria** (p.174). On y trouve les célèbres sculptures des neuf Menceyes Guanches de Tenerife, les rois qui régnaient sur l'île pendant la conquête espagnole, au XVe siècle. Des statues monumentales en bronze sont venues remplacer les statues originales sculptées dans la pierre volcanique, et déplacées sur une autre avenue en 1993. Œuvres du sculpteur José Abad, elles symbolisent une dimension essentielle de la culture canarienne. Les neuf Menceyes sont les fils du Mencey Tinerfe le Grand, dont la cour se tenait à Adeje, 100 ans avant la conquête espagnole. Ces derniers se divisèrent l'île en 9 royaumes : Acaimo (Mencey de Tacoronte), Adjona (Mencey de Abona), Añaterve (Mencey de Güímar), Bencomo (Mencey de Taoro), Beneharo (Mencey de Anaga), Pelinor (Mencey de Adeje), Pelicar (Mencey de Icode), Romen (Mencey de Daute) et Tegueste (Mencey de Tegueste).

Et l'on pourra aussi penser à l'autre « roi » des Canaries, César Manrique, en se rendant à Mozaga, dans l'île de Lanzarote. Très exactement entre Mozaga et San Bartolomé, au centre d'un carrefour de routes, son *Monumento al Campesino* rend hommage au paysan de sa terre natale via une sculpture de quinze mètres de haut.

Partir à la rencontre des cultures populaires contemporaines avec le street art

Le street art est assez répandu sur l'archipel, et s'accorde parfaitement aux teintes colorées des façades. À Gran Canaria et Tenerife, fresques et graffitis sont tout particulièrement présents et se mêlent avec gaieté dans le paysage urbain. Partir à leur découverte permet de découvrir l'art populaire local tout en se promenant dans des zones hors des sentiers battus. Dans certaines villes, comme à Santa Cruz de Tenerife, les artistes ont même droit à des espaces entièrement dédiés à leurs peintures murales, dont la plus grande se trouve en face de l'**église de la Concepción** (p.136), monument majeur de la ville. À Puerto de la Cruz, dans le nord de Tenerife, le centre-ville est lui aussi merveilleusement décoré, avec des œuvres de toutes tailles, des très grandes fresques commandées qui recouvrent des pans entiers de façade aux petits graffitis discrets cachés dans les recoins des ruelles. Une véritable chasse au trésor !

Comme on peut le deviner, nombreux sont les artistes étrangers qui viennent trouver l'inspiration sur ces îles, et c'est le cas du Français Louis Lambert par exemple, qui s'est installé il y a quelques années à Punta de Hidalgo, dans une partie assez sauvage de Tenerife. Sans doute aurez-vous l'occasion de croiser son petit personnage à trois têtes, sorte d'alter ego, héros d'un univers enfantin aux influences sud-américaines, qui est devenu une véritable figure locale.

Maison recouverte de patchwork tricoté à Puerto de la Cruz.

MUSIQUES ET SCÈNES

Une simple balade dans les rues suffit à s'en convaincre : les Canaries sont des îles de musique. Sur les places, dans les marchés, accompagnant les fêtes religieuses ou lors des nombreux festivals, elle est partout… Pour un territoire de cette dimension – inférieure à la Corse avec ses 7 447 km^2 –, les îles Canaries possèdent une vie culturelle des plus denses. Deux auditoriums à l'architecture remarquable, un ensemble philharmonique, un autre symphonique, deux chefs d'orchestre – dont une star et un second en passe de le devenir – mais aussi une flopée de théâtres, des concerts tous les soirs… Ici, les mélomanes ne s'ennuient jamais. D'ailleurs, beaucoup d'entre eux découvrent l'archipel en se rendant au Festival de musique des Canaries, où l'on peut savourer la musique classique les pieds dans l'eau. Des îles qui se visitent autant qu'elles s'écoutent.

La musique classique

Entre 1888 et 1890, un Camille Saint-Saëns au sommet de sa gloire, mais abattu par le décès de sa mère s'installait dans les îles Canaries. Ici, à Las Palmas, le compositeur va trouver un nouveau souffle, palpable dans les *Valses canariennes* ou *Les Cloches de Las Palmas*. Une salle du Teatro Pérez Galdós de Las Palmas porte d'ailleurs le nom de Salon Saint-Saëns. L'histoire d'amour entre les îles Canaries et la musique classique s'est aussi illustrée avec De Juan José Falcón Sanabria (1936-2015), grand compositeur et chef d'orchestre canarien, ou encore le Festival de musique des Canaries. Depuis 35 ans, l'événement, un des plus courus de l'archipel, convie les meilleurs orchestres, solistes et compositeurs internationaux pour des spectacles somptueux entre Santa Cruz (Tenerife) et Las Palmas (Gran Canaria). Deux villes, deux pôles du classique aux Canaries. Ou plutôt deux jumelles doucement rivales. La première, Santa Cruz, est mondialement célèbre pour son **Auditorium de Tenerife Adán Martín** (p.112) à l'architecture audacieuse. Réalisée par l'architecte Santiago Calatrava, cette vague figée dans un « casque de béton » est l'édifice le plus célèbre de l'archipel. C'est ici que l'Orchestre Symphonique de Tenerife (l'OST) a son siège. Un ensemble considéré par la critique comme un des meilleurs d'Espagne depuis l'époque où Burgos Víctor Pablo Pérez en prit la direction entre 1986 et 2006. Un prestige maintenu intact avec son jeune chef actuel, le talentueux Antonio Méndez, réputé pour la vitalité et la complexité de sa direction. La réponse de Las Palmas (Gran Canaria), c'est l'Auditorium Alfredo Kraus. Curiosité architecturale, lui aussi, et œuvre d'Oscar Tusquets, il

Femmes en costume traditionnel jouant du tambourin et des os faits main.

© BALDOVINA - SHUTTERSTOCK.COM

Troupe de musiciens un jour de marché, Teguise.

détient deux particularités remarquables : une acoustique incroyable grâce à des panneaux de bois et une gigantesque baie vitrée derrière la scène ouvrant sur la mer. Un décor magnifique. L'endroit abrite l'Orchestre philharmonique de Las Palmas, l'un des plus anciens au monde, créé au XIXe siècle et dirigé depuis 2017 par le célèbre Britannique Karel Mark Chichon, chef invité des plus prestigieux orchestres mondiaux.

L'île qui a vu naître Alfredo Kraus (1927-1999), grand ténor de son temps, héberge une école d'opéra dont le nom lui rend hommage – la Fondation Kraus – qui donne régulièrement des concerts de ses élèves. L'Opéra de Tenerife s'inscrit dans la dynamique très prestigieuse du Festival de Musique et allie de grands classiques à un répertoire plus avant-gardiste au sein de productions de haute volée.

Les musiques folkloriques et traditionnelles

Dans les Canaries, la musique est à chaque coin de rue. L'omniprésence est d'ailleurs une caractéristique fondamentale de la musique canarienne. Afrique, Amérique ou Europe… ses racines viennent de partout et sont allées partout. Grâce à un folklore très préservé, l'Archipel a « enregistré » dans sa culture énormément d'épisodes de son Histoire. Par exemple, on retrouve des traces de l'ère guanche dans l'utilisation des tambours et flûtes quasi systématiques. Dans les *seguidillas* ou les *folias*, des chants et danses collectifs qui ont disparu du continent, mais subsistent ici, ce sont les vestiges de la conquête espagnole que l'on aperçoit. Réciproquement, l'importance de l'émigration canarienne vers Cuba et le Venezuela est à l'origine de nombreuses influences latino-américaines. Le *punto cubano* (ou *punto guajiro* ou *punto*) est un genre né de la rencontre entre émigrants canariens à Cuba et populations locales. Ces derniers incorporant des éléments de musiques africaines à la version originale des Canaries. Par le même processus, la *malagueña*, à l'origine un flamenco andalou est devenu une sonorité très populaire au Venezuela. Autre illustration de l'héritage canarien dans les esthétiques latino-américaines : Los Gofiones. Très populaire dans l'archipel, cette sommité du folklore local fait aussi un tabac en Amérique latine (et particulièrement à Cuba). Impossible d'aborder la musique locale, sans dire un mot sur le *timple*, cette petite guitare à quatre ou cinq cordes (selon les îles), iconique de l'île. Parmi les grands noms de l'instrument, les plus illustres sont Toñín Corujo, José Antonio Ramos, Totoyo Millares et Benito Cabrera Hernández (aussi compositeur de l'hymne officiel de la communauté autonome des îles Canaries).

Il est facile d'écouter de la musique traditionnelle ou folklorique dans l'archipel. La plupart des salles principales en diffusent les grands noms, le théâtre Guiniguada et le **Théâtre Pérez Galdós** (p.256) en tête. Sinon… il n'y a qu'à tendre l'oreille. On entendra facilement de la musique canarienne accompagnant des danses dans les fêtes traditionnelles, des pèlerinages ou des foires d'artisanat sur toutes les îles. À noter que la très jolie Casa-Museo del Timple (le musée du timple) de Teguise (Lanzarote) programme régulièrement des concerts de bons groupes du genre et que sur la même île, à Tenerife, trois festivals ont lieu en été : le festival de folklore de La Laguna en juillet, celui de Los Cristianos en août et le festival Sabandeños, également à La Laguna, pendant les fêtes du Christ de septembre.

© JG FOTOGRAFIA - SHUTTERSTOCK.COM

Théâtre Pérez Galdos.

Le jazz et les musiques actuelles

Pas étouffées, mais plus contenues, les scènes de jazz et de musiques actuelles existent via un petit circuit local. Si des groupes comme Big Band De Canarias fonctionnent très bien sur le territoire, le succès du saxophoniste canarien Kike Perdomo ou de l'épatant guitariste Diego Barber montre qu'il faut s'expatrier pour être reconnu internationalement. Dans l'archipel, la plupart des scènes proposent du jazz plusieurs fois par mois. Cela dit, il est bon de fouiller la programmation du Téatro Guiniguada de Las Palmas ou de l'Auditorio Kraus qui peuvent contenir quelques grands noms du genre. Comme dans beaucoup d'autres domaines aux Canaries, c'est dans les festivals que l'on voit les têtes d'affiche. Débuté en 1992, le festival Canarias Jazz & Mas est devenu une institution en conviant chaque année des stars internationales (Macéo Parker, Avishai Cohen). L'occasion d'approcher les maîtres du genre tout en découvrant les talents insulaires. Plus anecdotique, la scène locale de musiques actuelles comporte des groupes de rock, reggae, un petit peu d'électro et peut s'apercevoir sur scène au Teatro Leal de Tenerife ainsi qu'au Paper Club de Las Palmas.

Le théâtre et la danse

Si les danses canariennes sont directement inspirées des traditions du XIXe siècle et des danses de cour, elles ont connu la même diversité d'apports étrangers que les musiques traditionnelles. L'un ne va pas sans l'autre. Le *tajaraste* – danse collective spécifique à Tenerife – tout comme le *sirinoque* – « folklore du tambour » très présent à La Palma – sont d'origine guanche. D'autres danses ont été importées par les conquistadores comme la *malagueña*, flamenco originellement andalou, ou le *santo domingo*, également d'inspiration religieuse. Naturellement, chaque île connaît ses propres pas : on danse le *vivo* à El Hierro, le très beau *sorondongo* à Lanzarote, l'*isa* à Gran Canaria, le *tanganillo* à Tenerife et une polka locale à Fuerteventura… Pas spécialement représentées sur scène, on peut néanmoins être certain de croiser ces danses lors de quelques rendez-vous. Chaque année, en janvier, Ingenio en Grande Canarie organise le Tenderete Canario de Candelaria, une fête populaire se tenant à la Chandeleur et à la Saint Blaise. C'est à Lanzarote et à Puerto del Carmen que la musique et les danses traditionnelles sont particulièrement à l'honneur pendant les fêtes de la Vierge du Carmen. Les amateurs de danse contemporaine trouveront aussi leur bonheur en se rendant au Masdanza. Chaque année depuis 1996, ce festival de danse contemporaine se déroulant de la fin octobre à la mi-novembre, se déploie un peu plus dans l'archipel. La programmation gagne en épaisseur et intérêt chaque année. À noter, à Las Palmas, la Sala Insular de Teatro qui programme quelques beaux moments de danse contemporaine et le Centro Coreográfico de la Gomera (Tenerife) pour l'audace de ses jeunes artistes en résidence.

Le festival de théâtre contemporain « Encuentros » valorise les nouvelles écritures, chaque année d'octobre à décembre, via une programmation ambitieuse. Encuentros et Masdanza sont deux émanations du Théâtre Victoria à Santa Cruz (Tenerife), lieu fondé par Carmen Werner, une des plus grandes chorégraphes espagnoles. Sur les planches canariennes, théâtre, danse et musique partagent la programmation des mêmes lieux. Parmi eux, le Théâtre Pérez Galdós (p.256) de Las Palmas déçoit rarement, quelle que soit la discipline proposée. Niché au commencement de la très pittoresque calle Mayor de Triana, ce bel édifice de 1919 réalisé par l'architecte local Manuel Martín Fernandez de la Torre se distingue par ses fresques et l'exubérance tropicale du salon Saint-Saëns. Même quartier, plus au nord, on trouve le Teatro Cuyá. Dans ce bâtiment très moderne, c'est un théâtre grand public qui est proposé avec une attention toute particulière portée sur la scène locale. À Santa Cruz (Tenerife), le Teatro Guimera (p.112) est très apprécié. Érigé en 1847, ce théâtre fut le premier projet architectural de la ville alors en plein essor. Cet édifice d'architecture classique romantique fut construit par Manuel de Oraa à la place de l'ancien couvent de Santo Domingo. Affectueusement surnommé la *bombonera* (la bonbonnière) par ses habitants, ce théâtre accueille une partie du Festival de musique des Canaries en janvier et février de chaque année et programme du théâtre contemporain (auteurs locaux et internationaux) ainsi que de la danse (on peut y voir le Ballet de Tenerife de temps en temps). L'endroit se visite aussi volontiers pour sa beauté et son histoire.

LITTÉRATURE

Déjà connues des Grecs et des Phéniciens sous le nom des îles Fortunées, les îles Canaries ont de quoi faire rêver les voyageurs et les amoureux de littérature ! Nichées dans l'océan Atlantique, au large des côtes du Sahara et du Maroc, c'est bien sur ses plages que l'on a envie de lire un roman, lové dans le sable. Mais qui sont les auteurs qui ont marqué ces îles ? Quels livres choisir pour découvrir cet archipel ? Les noms ne sont pas nombreux, mais la qualité est bel et bien présente. À commencer par Benito Pérez Galdós (1843-1920) et Pedro Garcia Cabrera (1958-1981), réputés pour être parmi les plus grandes plumes de l'archipel. Les îles Canaries ont en revanche inspiré de nombreux auteurs internationaux. En France, Michel Houellebecq a publié *Lanzarote* en 2000 et *La Possibilité d'une île* en 2005, dont l'histoire se déroule à Lanzarote.

De la tradition orale aux premiers auteurs

Comme dans de nombreux pays, c'est sur la tradition orale que se fonde la littérature des îles Canaries. Au fil du temps, les genres s'ouvrent et laissent la place à la poésie épique, au baroque, au néoclassique et même au romantisme. Comme dans toute l'Europe, les courants artistiques arrivent sur les îles, mais un peu plus tardivement, dirons-nous ! Quelques auteurs ont marqué leur siècle : Antonio de Viana (1578-1650) et son poème de seize chansons sur la conquête de Tenerife *Antigüedades de las Islas Afortunadas* ; José de Viera y Clavijo (1731-1813) et ses *Noticias de la historia general de las Islas Canarias* ; Tomás de Iriarte (1750-1791), dont l'oncle était disciple de Voltaire, est connu pour *Fábulas Literarias* (1782) ; ou encore le militaire Nicolas Estévanez de Murphy (1838-1914) auteur de poèmes comme *Canarias* et *Musa canaria*. Pour ce qui est du théâtre, souvenons-nous d'Angel Guimerá qui a donné son nom au plus ancien théâtre de Santa Cruz de Tenerife. Né en 1845 à Tenerife et mort en 1924 à Barcelone, il est renommé pour son œuvre portant à la fois les caractéristiques du romantisme et du réalisme. Il est l'un des plus grands représentants de la renaissance catalane. Il est possible d'admirer un buste en marbre à Tenerife et à Barcelone.

Et plus récemment

Quelques auteurs du XXe siècle ont aussi marqué les Canaries. Domingo Pérez Minik (1903-1989) est l'un des écrivains les plus reconnus par la critique littéraire espagnole. Il a été récompensé par plusieurs prix comme Le Prix national de théâtre en 1965, la Médaille d'or des beaux-arts du Cabildo de Tenerife en 1980 et le Prix littéraire des îles Canaries en 1984. Pensons également à Mercedes Pinto (1883-1976) qui fut à la fois romancière, dramaturge et poétesse, surnommée la « Poétesse canarienne ». Son roman le plus connu est *Él* (1926) adapté au cinéma quelques années plus tard, en 1952 par Luis Buñuel. Citons, pour finir, Rafael Arozarena (1923-2009) né et mort sur les îles, qui donna en 1973 son roman le plus connu *Mararía.* Membre d'honneur de l'Académie canarienne de la Langue, il a reçu en 1988 le Prix de littérature des îles Canaries.

S'il fallait n'en retenir que deux : Benito Pérez Galdós (1843-1920) et Pedro Garcia Cabrera (1958-1981)

S'il a passé la plus grande partie de sa vie à Madrid, c'est bien sur les îles Canaries, à Las Palmas de Gran Canaria, que Benito Pérez Galdós, le plus grand romancier réaliste espagnol, a vu le jour au XIXe siècle. Il y a vécu jusqu'à l'âge de 20 ans et n'y est revenu qu'une seule fois ensuite. Les Canariens célèbrent encore l'auteur grâce à sa maison natale qui est devenue un musée. De plus, pendant longtemps les autochtones et touristes ont pu admirer son portrait sur l'ancien billet de 1 000 pesetas. Son œuvre est très vaste, alors citons, pour ceux qui veulent le découvrir, son ouvrage le plus connu : *Episodios nationales* qui raconte d'une manière romancée, en 46 volumes quand même, l'histoire du XIXe siècle espagnol.

© LENUSH - SHUTTERSTOCK.COM

Statue de José de Viera y Clavijo au jardin botanique de Gran Canaria.

DÉCOUVRIR

© TONIFLAP - SHUTTERSTOCK.COM

Statue de Benito Perez Galdos à Madrid.

Ce qu'il faut savoir c'est que ses premiers écrits mêlent à la fois histoire et fiction. Nous pourrions peut-être le comparer à Honoré de Balzac, car l'auteur a pour dessein de peindre la classe moyenne de son époque. Citons aussi *Fortunata y Jacinta* (1886-1887), souvent comparé à *Guerre et Paix* de Tolstoï, ou encore *Ángel Guerra* (1891).

La seconde plume à ne pas oublier est Pedro Garcia Cabrera, le poète des Canaries le plus illustre ! Né à Vallehermoso à la Gomera, il a écrit plusieurs recueils dont les célèbres *Liquenes* et *Transparencias fugadas*. Fervent militant socialiste, il est condamné à 30 ans de prison après la guerre civile et est libéré en 1945.

Quand un grand romancier français parle des Canaries

Illustre pour ses romans *Les particules élémentaires* et *Plateforme*, Michel Houellebecq a également écrit quelques lignes sur les îles Canaries. En effet, en 2000, il publie *Lanzarote*, titre inspiré de l'île du même nom. Dans son édition première, il s'agit d'un coffret comprenant le récit et un album de photos des paysages de l'île. Cette histoire, emmenée par un alter ego de Houellebecq, est un récit de voyage désenchanté qui fait part des loisirs touristiques de la classe moyenne. Échangisme, pédophilie et secte sont également les thèmes de cette histoire. Cinq années plus tard, l'auteur réitère avec son roman *La Possibilité d'une île* dont l'intrigue se déroule également sur l'île de Lanzarote. L'auteur obtient le prix Interallié en 2005 et adapte au cinéma, trois ans plus tard, ce récit. Le film a d'ailleurs été tourné sur l'archipel.

Les nouveaux auteurs à ne pas manquer

Las Palmas porte en ses terres un auteur né en 1963 dans une famille multiculturelle : Jonathan Allen. Il a grandi avec l'espagnol, l'anglais et le français, mais a construit son identité autour des Canaries. Enraciné et amoureux de sa ville natale, il y est professeur d'Université. Il est également l'auteur de plusieurs romans comme *Sangre Vieja* (2015), *El Conocimiento* (2017). Entre 2004 et 2008, il publie *Arturo Rey de Erbania*, une fresque historique peignant la période de l'influence française sur les îles Canaries. Grâce à son roman *Julie et la* guillotine, publié aux Éditions L'Harmattan en 2014, il atteint la France et les Français. Il y raconte l'histoire d'une jeune lycéenne à Paris reliée au destin de son ancêtre guillotinée sous la Révolution. En 2018, il publie deux contes et un essai biographique, *Les Voyages de Balzac*. Il crée une sorte de pont imaginaire entre les îles Fortunées et le monde de l'illustre écrivain.

Les Éditions L'Harmattan ont créé une collection Lettres canariennes dans laquelle on peut retrouver Jonathan Allen, mais également Isabel Medina (*Olympe de Gouges, la liberté pour bannière*), Rosario Valcarcel (*Moby Dick aux Canaries*)...

© T-VISION - SHUTTERSTOCK.COM

Bibliothèque à Santa Lucia, Gran Canaria.

TOP 10

LECTURE

Lointaines, ces îles paradisiaques qui offrent des lectures agréables et aventureuses. De quoi découvrir ce coin de la terre d'une façon différente. Les petites pépites littéraires ne manqueront pas de donner de la saveur au séjour…

UN GRAND ROMANCIER POUR UNE MAGNIFIQUE ÎLE

La Possibilité d'une île. Quatrième roman de Houellebecq, prix Interallié 2005 et adapté à l'écran en 2008.
Michel Houellebecq – *Fayard, 2005.*

POUR DU SUSPENS

Les Fleurs ne saignent pas. Portrait du monde insulaire dans ce roman choral, prix du Meilleur Roman du festival Valencia Negra 2015.
Alexis Ravelo – *Éditions Mirobole, 2003.*

CHRONIQUE D'UNE PETITE ÎLE DES CANARIES

© EDITIONS CHARLES CORLET

L'Île aux chimères. Considéré comme l'un des romans les plus tristes et les plus drôles de l'auteur, un incontournable.
Norman Lewis – *Phébus, 1963 (1998 en France).*

BIOGRAPHIE HISTORIQUE

Jean de Béthencourt. Son nom est intrinsèquement lié à l'archipel qu'il a conquis en 1402, retour sur une vie étonnante.
Jean Braunstein – *Editions Charles Corlet.*

DES PHOTOS ET DES MOTS

© JEAN-PIERRE HUGUET EDITEUR

Iles Canaries : Chemin Sans Asphalte. Deux artistes qui donnent à lire et à voir, sous un autre regard, le bidonville et ses habitants.
Bruno Duborgel, Rolf Walter – *Jean-Pierre Huguet Éditeur, 2002.*

AU CŒUR DE L'HISTOIRE

© L'ÉCHO DES VAGUES

Le Canarien ou la conquête des îles Canaries. Récit du voyage de Jean de Béthencourt vers les Canaries au XVe siècle.
Jean de Béthencourt – *L'Écho des Vagues, 2009.*

UN ROMAN D'AVENTURES HISTORIQUE

La Canarienne. Qui s'inspire de la conquête des îles Fortunées par Jean de Béthencourt.
Yves Jacob – *Glénat.*

UN PEU D'AMOUR

© GRASSET

L'année de la sécheresse. Un amour défendu et des destins tragiques au cœur des îles Canaries sous le régime franquiste.
Victor Álamo de la Rosa – *Grasset, 2004.*

L'ÉDITION D'UNE THÈSE DE GÉOGRAPHIE

© EDITIONS PRESSES UNIVERSITAIRES DE BORDEAUX

Les îles Canaries, terres d'Europe au large de l'Afrique. Simplifiée bien entendu, mais idéale pour tout savoir et comprendre : géologie, histoire, climat…
Albert Odouard – *Éditions CRET de Bordeaux, 1995.*

UN POLICIER BIEN FICELÉ

La jeune fille et la brume. Adapté au cinéma, ce roman met en scène des enquêteurs criminels atypiques, Bevilacqua et Chamorro.
Lorenzo Silva, *2005.*

A L'ÉCRAN

Abondance de biens ne nuit pas. Le proverbe vaut pour les îles Canaries, ses paysages variés et à proximité les uns des autres. Les scènes du thriller d'espionnage *Alliés* (Robert Zemeckis, 2016) qui sont censées avoir lieu à Casablanca et dans le Sahara y ont été tournées, la distance séparant La Blancas du Parc naturel des dunes de Corralejo qui tiennent respectivement leurs rôles étant bien moindre. Ajoutons à cela un ensoleillement quasi permanent, et depuis 2009, d'importants avantages fiscaux en faveur de la production audiovisuelle, voilà qui explique la toute récente déferlante, entre autres, de superproductions hollywoodiennes. Seule ombre au tableau, la qualité n'est pas toujours au rendez-vous – doux euphémisme ? Chacun en jugera – et ce qu'il y a d'hispanique, ou même de spécifiquement canarien semble se dissoudre dans ce déluge de productions étrangères. Au moins, l'économie locale en profite-t-elle pleinement.

Des décors de prédilection

Par une coïncidence curieuse, le premier film tourné aux Canaries dont on ait la trace est consacré au volcan Chinyero, le troisième plus grand du monde, qui a connu sa dernière éruption juste un an auparavant en 1909. L'irruption des productions étrangères, elle, tardera à se concrétiser. Jusqu'aux années 1960, la majeure partie des films réalisés aux Canaries sont allemands, signe que la vive prédilection des touristes allemands pour l'archipel ne date pas d'hier. Detlef Sierck, plus connu sous le nom de Douglas Sirk y tourne *La Habanera* (1937) où la Grande Canarie tient le rôle de Porto Rico. Cela deviendra une constante, comme si son aspect de parc à thèmes, aux ambiances variées, privait l'archipel d'une identité propre, la forçant à enfiler sans cesse des déguisements différents. Les paysages sauvages de cet archipel volcanique en font un lieu tout trouvé pour représenter l'affrontement entre l'homme et une nature qui le dépasse. Ainsi, John Huston posera l'ancre pour tourner les ultimes scènes du célèbre *Moby Dick* (1956) vers la baie de El Confital à Las Palmas. Nature inhospitalière, peuplée de monstres également dans *Un million d'années avant J.-C.* (Don Chaffey, 1966). Peu importe que les dinosaures, l'*homo sapiens* n'existaient pas à cette époque-là, ou que le brushing de Raquel Welch n'a rien de préhistorique, ce film d'aventure kitsch accède au statut de curiosité grâce à ses effets spéciaux artisanaux et surtout les paysages des Canaries où il s'aventure en pionnier : ceux du Parc national du Teide à Tenerife, mais aussi de Timanfaya et du Lago Verde. Il se déclinera en une flopée de films aux titres évocateurs (*Quand les dinosaures dominaient le monde*, Val Guest, 1970 tourné à Fuerteventura, ou *Le sixième continent*, Kevin Connor, 1975, à La Palma). Les Canaries

Sioux City, sur l'île de Gran Canaria.

La plage de Famara à Lanzarote, où Pedro Almodovar a en partie tourné Etreintes Brisées.

semblent alors devenir le havre d'un cinéma bis ou d'exploitation : l'ultra prolifique Jesús Franco viendra y tourner quelques-uns de ses films, cocktails d'horreur et d'érotisme fauchés. Le tournage rocambolesque, une habitude avec Werner Herzog, des *Nains ont commencé petits* (1970), a lieu à Lanzarote. Le film, qui relate la révolte de nains enfermés dans un asile, est inclassable. La même année George Lautner signe *La Route de Salina*, film à part dans son œuvre, où les contrées désertiques près des salines de Janubio doivent figurer la côte californienne. Quand *La Chevauchée terrible* est filmée aux Canaries en 1975 (Antonio Margheriti), le western spaghetti est en train de décliner, mais, prolongement curieux, la petite ville du Far West, construite pour l'occasion et sise dans le Cañon del Aguila à San Agustín, se transforme en parc d'attractions, Sioux City, qui subsiste encore aujourd'hui.

La mode du space opera

Dans les années 1980, la mode est au *space opera*. Les Canaries, dont la géologie ressemble par endroits à celle de Mars, fournissent les décors de *Krull* (Peter Yates, 1983) ou d'*Enemy* (Wolfgang Petersen, 1985). Rien qui n'ait laissé de traces, rien de honteux non plus. Signalons un équivalent suédois très populaire des *Bronzés*, signé Lasse Åberg, qui suit l'équipée canarienne d'une poignée de touristes. Quelques épisodes de la série anglaise *Doctor Who* prennent les Canaries pour décor. Sinon, l'île assiste à un débarquement continu de productions de seconde ou de troisième zone, à quelques exceptions près, avant que Juan Carlos Fresnadillo ne vienne rompre cette routine avec *Intacto*, un thriller racé, qui en donne enfin un aperçu espagnol. Normal de la part d'un réalisateur né à Santa Cruz.

Les années 2000-2010

La production va alors aller en grandissant. Peut enfin prétendre au statut de classique : *Etreintes Brisées* (2009) beau mélo de Pedro Almodóvar, tombé sous le charme de Lanzarote, de la ville d'Arucas ou de la plage de Famara. Conscient d'avoir les pieds sur une mine d'or, les autorités locales augmentent les incitations fiscales et c'est alors que les superproductions hollywoodiennes se déversent en masse sur l'archipel, comme une version luxueuse du cinéma bis qui prédominait autrefois. Péplums (*Le Choc des Titans*, Louis Letterier en 2010 et sa suite), un épisode de *Fast & Furious* (le 6e de Justin Lin en 2013), un de *Star Wars* (*Solo* en 2018 de Ron Howard qui revient trois ans après avoir tourné une nouvelle histoire inspirée de Melville, *Au cœur de l'océan*) ou encore des séries en pagaille (*The Witcher* pour n'en citer qu'une). *Wild Oats* (Andy Tennant, 2016) relève du film touristique décomplexé et frivole, au moins a-t-il le mérite de célébrer l'archipel pour ce qu'il est. Ce qu'avait fait de manière plus grave en 2011, *La couleur de l'océan* (Maggie Peren) en faisant contraster la vie des touristes et celles des migrants échoués sur l'île. Le cinéma ibérique présente quelques signes encourageants ces derniers temps, avec *Le Chant des oiseaux*, 2008 d'Alberto Serra, actuel pape du cinéma d'auteur espagnol, un film d'horreur en 2009 de Gabe Ibáñez et une série policière en 2019 se partagent le nom de l'île la plus reculée de l'archipel, *Hierro*, tandis qu'une – longue – fresque historique à grand spectacle, *Palmiers dans la neige* (Fernando González Molina, 2015) témoigne d'une inspiration toujours variée. Enfin, en 2019, le cinéaste roumain Corneliu Porumboiu réalise *Les Siffleurs*, où un inspecteur de Bucarest corrompu est embarqué aux Canaries pour apprendre le *silbo*.

POPULATION

Avec plus de 2,1 millions d'habitants occupant un petit espace, les Canaries connaissent la plus forte densité de population de l'Espagne. Une densité encore renforcée par le développement de deux grandes villes, Las Palmas de Gran Canaria et Santa Cruz de Tenerife qui à elles seules regroupent plus de 80 % de la population de l'archipel. Après avoir affiché une population plutôt jeune dans les années 1980, les Canaries suivent aujourd'hui le mouvement espagnol, marqué par le vieillissement de la population, notamment dans les îles occidentales. Ce qui ne change pas c'est sa tradition de terre d'accueil. Fruit de nombreux métissages guanches, hispaniques et latino-américains, les Canaries voient arriver de nouvelles populations, des Espagnols à 50 %, mais aussi des Allemands et des Anglais en quête de travail ou de retraite au soleil. Une identité que l'on découvrira aussi en écoutant leur espagnol aux accents chantants.

La plus forte densité de l'Espagne

Avec plus de 2,1 millions d'habitants, les Canaries ne représentent « que » 4,51 % de la population espagnole, mais dans le même temps, les Canariens n'occupent « que » 1,5 % du territoire espagnol. Et c'est cet espace restreint qui est la première caractéristique de la structuration de sa population : un archipel soumis à une forte densité d'un peu plus de 283 habitants au km², environ trois fois supérieure à la moyenne nationale. Pour l'essentiel, la population se concentre dans les deux îles disposant d'une capitale de province, Tenerife et Grande Canarie. Qui ont toujours été les plus peuplées, car bénéficiant d'une immigration inter-îles, allant des plus petites vers les plus grandes, et qui aujourd'hui rassemblent à elles seules plus de 80 % de la population totale de l'archipel (près de 43 % pour Tenerife et 40 % pour la Grande Canarie). En 2018, Tenerife comptait plus de 904 000 habitants, Gran Canaria plus de 846 000, Lanzarote plus de 149 000, Fuerteventura plus de 113 000, La Palma 81 800, La Gomera plus de 21 000 et El Hierro plus de 10 700. Et cette même année, c'est la ville de Las Palmas qui atteignait le plus grand nombre d'habitants (plus de 378 000), suivie par Santa Cruz de Tenerife (plus de 204 000). Côté natalité et pyramide de la population, les choses ont beaucoup changé au cours des dernières décennies. La forte progression de la population enregistrée dans les années 1960 avait donné lieu dans les années 1980 à une pyramide des âges plutôt jeune, dans laquelle 50 % de la population n'atteignait pas les 30 ans. Une situation fort différente aujourd'hui. Alors qu'il y a 25 ans les Canaries affichaient le deuxième taux de fécondité de l'Espagne, l'archipel connaît aujourd'hui un taux moyen de 0,97 enfant par femme. Recul expliqué comme en Espagne par le retard de l'âge au premier enfant, la crise économique et l'absence de réelles politiques familiales. Comme le reste de l'Espagne, les Canaries voient poindre un futur marqué par le vieillissement de la population, particulièrement dans les îles les plus occidentales : La Palma, La Gomera et El Hierro, aussi considérées comme les îles les plus pauvres de l'archipel.

Le gofio est un plat d'héritage guanche.

Émigration et immigration

Elles font partie de l'ADN des Canariens qui s'enorgueillissent d'une culture portant la trace de multiples influences étrangères. Au plan historique, on peut distinguer trois grands types d'apports. La culture aborigène guanche, qui bien que combattue par les conquérants espagnols, a laissé sa marque dans l'artisanat, les sports (lutte canarienne), les fêtes (Virgen de la Candelaría ou Rama d'Agaete), la cuisine (le *gofio*) et la façon de nommer lieux, faune et flore. L'influence européenne a quant

Silbo, le langage sifflé sur la Gomera.

à elle été surtout espagnole, notamment andalouse et galicienne, et portugaise et dans une moindre mesure, italienne, belge, britannique et française. On la retrouvera dans les danses et les musiques folkloriques utilisant le *timple* et acclimatant les *seguidillas* ou *malagueñas* andalouses, dans l'architecture et bien sûr dans les fêtes ou les *romerías*, devenues des signes de la « canariedad ». Enfin la culture latino-américaine, cubaine et vénézuélienne notamment, a influencé le parler, la cuisine en donnant les fameuses « papas arrugadas » et le folklore musical en intégrant dans son répertoire des rythmes musicaux comme le boléro. Aujourd'hui, l'archipel canarien enregistre une moyenne annuelle de 50 000 nouveaux résidents. Ils se répartissent en trois groupes. Plus de la moitié proviennent de la péninsule ibérique, attirés aux Canaries par les perspectives d'emploi, dans le tourisme et la construction. Le deuxième groupe se compose d'Européens du nord, essentiellement des Allemands et Britanniques, aspirant à vivre dans un cadre plus ensoleillé. Certains travaillent dans le tourisme, d'autres y prennent leur retraite. Enfin Maghrébins, Africains subsahariens et Européens de l'Est constituent le troisième pôle d'immigration, plus invisible et moins facilement quantifiable. Le chiffre record des 36 000 arrivées en 2006 via l'immigration clandestine des *pateras,* est officiellement retombé à une moyenne de 3 000 par an. Car si l'Espagne est désormais l'un des points d'entrée majeurs de l'immigration en Europe, c'est dorénavant la route méditerranéenne qui est la plus fréquentée.

Intonations et sifflet

Les Canariens parlent l'espagnol, avec un accent beaucoup plus chantant que celui de la péninsule, adoptant le rythme rapide des Andalous et rappelant parfois celui de l'Amérique du Sud. Comme dans ces accents, le « s » est quasi élidé et remplacé par une aspiration ([h]), presque imperceptible, en particulier en fin de mot. Ainsi vous ne direz pas *muchas gracias* mais *mucha gracia* et préférerez *buena tarde* à l'habituel *buenas tardes*. À Tenerife, vous entendrez parler du village de Mahca, tout en lisant Masca sur la carte. Le « g » est lui aussi faiblement prononcé, en particulier devant un « u ». Et bien que cela se remarque moins, les voyelles ont aussi parfois des prononciations différentes, les voyelles proches (o et u, e et i) étant souvent confondues. Autre héritage discret, mais réel, celui des Guanches qui ont transmis aux conquistadores un vocabulaire lié à l'élevage des chèvres (« chevreau » se dit *baifo* et non *cabrito*) ou à d'autres activités agricoles (un *goro* est un enclos de pierre), à la désignation d'un animal (le *perenquén* est le lézard caractéristique de Gran Canaria) ou d'une plante du pays, le *tabaiba*. On notera que certaines tournures archaïques du castillan se maintiennent : « avant-hier » se dit *antier* et non *antes de ayer*), ainsi que des mots ayant d'autres significations (*luz* désignant la lumière, mais aussi l'électricité). Enfin peut-être aurez-vous l'occasion d'entendre le *silbo*, un langage sifflé propre à la Gomera, mais aussi pratiqué à El Hierro, unique langue préhispanique conservée, mais aujourd'hui adaptée à la langue espagnole (26 sons du castillan en 6 sons de silbo, aux variations multiples). Intégré à la scolarité depuis 1999, il a été inscrit en 2009 au Patrimoine immatériel de l'UNESCO et serait pratiqué par environ 22 000 personnes. En 2019, il a connu les honneurs du Festival de Cannes avec la présentation du film *La Gomera* réalisé par Corneliu Borumboiu qui en présente l'apprentissage et de nouvelles utilisations.

SOCIÉTÉ

Chute régulière de la natalité, forte progression des décès par rapport aux naissances, espérance de vie moindre qu'au sein de nombreuses communautés espagnoles : le panorama démographique des Canaries est devenu particulièrement sombre au cours des dernières décennies. Enregistrant souvent des différences économiques entre îles. Devenue plus vieille, pour une île moins favorisée comme El Hierro et plus jeune à Lanzarote ou Fuerteventura. Comme le reste de l'Espagne, mais peut-être un peu plus, l'archipel canarien semble en route vers ce que certains appellent un « suicide démographique ». Dans le même temps, la situation des jeunes reste tout aussi précaire que dans le reste de l'Espagne, voire pire en ce qui concerne la possibilité de trouver un premier travail ou de chercher un logement. Et ici aussi la violence faite aux femmes a été à l'origine de nombreuses manifestations rassemblant quelques dizaines de milliers de personnes.

Une natalité en chute constante

Avec moins d'un enfant par femme (0,97), l'archipel canarien se situe dans le peloton de queue de la fécondité espagnole, selon une étude publiée par l'INE en 2018. Un résultat qui traduit une modification profonde de la démographie des Canaries qui, en seulement vingt ans, sont passées d'un statut de région plutôt nataliste affichant des résultats comparables aux chiffres européens à celui d'une communauté affichant ses pires données depuis 30 ans. Selon les spécialistes, cette baisse de la natalité serait en grande partie due à de bas salaires et à un fort taux de chômage.

Et les chiffres concernant les décès et l'espérance de vie ne contribuent pas à améliorer le tableau. Car c'est aussi cette communauté qui enregistre une progression plus forte des décès que des naissances (respectivement 16 116 contre 14 638 en 2018), un phénomène récurrent depuis les trois dernières années, et que son espérance de vie la situe dans le bas de l'échelle espagnole, seulement dépassée dans ses mauvais résultats par l'Andalousie, Ceuta et Melilla. En 2018, les Canaries affichaient une espérance de vie maximale de 82,2 ans pour ceux qui naissaient en 2018, soit deux années de moins qu'à Madrid et 1,9 pour La Rioja, les deux communautés ayant la plus grande espérance de vie. Pour analyser ce résultat, les spécialistes pointent sa situation sanitaire, l'une des moins bonnes d'Espagne, et son très fort taux de pauvreté. Une étude publiée par Caritas cette même année évaluait à 29 % le nombre de Canariens en risque de pauvreté ou d'exclusion sociale. Un élément continue toutefois à faire progresser la population canarienne, l'immigration qui contrebalance parfois la chute de la natalité. C'est le cas, par exemple, du sud de l'île de Tenerife qui présente de meilleures perspectives démographiques du fait de son activité économique. La population qui vient y travailler y est plus jeune, donc plus en âge de procréer et souvent issue de populations continuant à avoir plus d'enfants. Suivant la logique de cette donnée économique, c'est El Hierro qui est l'île la plus « vieille », suivie par La Palma et La Gomera. Les plus « jeunes » étant Lanzarote et Fuerteventura, plus prospères.

© MAREMAGNUM

Vue sur Santa Cruz de Tenerife depuis Los Campitos.

Femmes et jeunes en situation encore précaire

Si la présence des femmes sur le marché du travail a progressé de manière générale en Espagne en 2018, avec un taux d'emploi de 61 % (contre 53,1 % en 2013 – *Source Eurostat*), ce pays reste le 2e européen en ce qui concerne le taux de chômage de femmes, avec un chiffre de 17 %, mais qui s'élève à 21,52 % pour les Canaries. Au plan politique, le gouvernement de Pedro Sánchez a affiché un signal fort en comprenant

© ANDREI BORTNIKAU - SHUTTERSTOCK.COM

Canariens en costume traditionnel à Puerto de la Cruz, à Tenerife.

plus de femmes que d'hommes (11 contre 6). Malheureusement, dans le même temps, l'Espagne a déploré de nombreux assassinats de femmes : 39 à la mi-octobre 2018 et près de 1 000, depuis que l'on a commencé à les comptabiliser en 2003. C'est pourquoi la Journée des femmes du 8 mars 2018 a été marquée par des manifestations sans précédent dans toute l'Espagne et auxquelles ont participé près de 30 000 personnes aux Canaries. Pour une journée qui s'est aussi voulue l'occasion de la première grève féministe. Cette colère s'est de nouveau manifestée en avril 2018, après la décision jugée laxiste du tribunal de Pampelune ne retenant pas l'accusation de viol, mais celle d'abus de faiblesse, après l'agression d'une jeune femme lors des Sanfermines de Pampelune. Aux Canaries, les femmes continuent aussi à manifester régulièrement lorsque des meurtres de femmes viennent endeuiller l'actualité.

S'agissant de la situation des jeunes, une étude publiée en 2018 par le Centre Reina Sofia pour les adolescents met en lumière une situation très préoccupante. Avec la Castille-la Manche et l'Estrémadure, l'archipel est l'une des communautés espagnoles qui se situent le plus loin des résultats moyens obtenus au niveau européen en matière de premier emploi et d'émancipation de la famille. Une situation qui pour les Canaries a empiré au cours des dernières années. Et qui comme dans le reste de l'Espagne a contribué à alimenter les mouvements successifs des ***milleuristas***, jeunes diplômés déplorant de ne gagner que 1 000 € pour leur premier travail et des *nimilleuristas*, qui dans les années de crise ont signalé ne même pas les gagner.

Lorsque le 30 juin 2005, l'Espagne adopte la loi relative au mariage homosexuel, elle est alors le quatrième pays au monde à disposer d'une législation de ce type, après la Hollande, la Belgique et le Canada, mais le premier en ce qui concerne la possibilité d'adopter, également retenue dans la loi. En 2018, les mariages entre couples du même sexe se sont élevés à 4 726, soit 2,9 % des mariages. Sans connaître la même affluence que MADO (Madrid Orgullo), la marche des fiertés qui rassemble chaque année plus d'un million de personnes, la Gay Pride de Maspalomas en Grande Canarie s'est constitué une certaine notoriété en réunissant depuis 2004 plus de 100 000 personnes lors de sa parade de mai. Et en juin 2019, la 18e manifestation LGBTQ de Las Palmas de Grande Canaries a signifié aux divers partis politiques son souhait qu'aucune régression ne survienne dans ce domaine.

6e communauté pour les Erasmus

Forte décentralisation et importance de l'enseignement privé confessionnel sont les deux principales caractéristiques du système scolaire espagnol. Il repose sur 3 strates : l'éducation préscolaire, l'éducation scolaire et l'éducation universitaire. En conformité avec l'Espace européen d'éducation supérieure, le système d'enseignement supérieur espagnol est composé depuis 2007 de 3 niveaux, licence, master et doctorat. Comme dans le reste de l'Espagne, c'est la communauté qui est compétente en matière d'éducation jusqu'au supérieur. Ce dernier relevant de l'État. Les Canaries comptent deux universités, la plus ancienne, créée en 1927, est celle de La Laguna (ULL) à Tenerife et celle de Las Palmas de Grande Canarie (ULPGC), créée en 1989. 2012 a vu s'ouvrir la première institution privée d'éducation supérieure des Canaries, à La Orotava, Tenerife. Et pour l'anecdote, les Canaries ont été la première communauté à introduire l'éducation émotionnelle dans les collèges depuis 2014. Une matière qui aurait fait chuter l'abandon scolaire, fréquent aux Canaries.

RELIGIONS

En 2015, plus de 84 % des Canariens se déclaraient catholiques même si cette religion, ici comme dans le reste de l'Espagne, est en perte de vitesse, notamment auprès des jeunes. Mais ce qui va caractériser les Canaries, c'est une dévotion toute particulière portée à la figure de la Vierge Marie qui sera célébrée dans toutes les îles à l'occasion d'innombrables *romerías*, pèlerinages, qui lui rendent hommage, mais qui sont aussi une occasion de revendiquer une identité canarienne en affichant des signes identitaires comme les drapeaux, les costumes et les objets traditionnels qui feront de ces fêtes religieuses des fêtes populaires permettant l'expression de traditions les plus profanes. On notera aussi la capacité qu'a eu la religion catholique à reprendre certaines croyances aborigènes et à les inclurent dans les représentations festives actuelles comme à Candelaria, à Tenerife ou à Agaete, en Grande Canarie.

Les Canaries, deuxième communauté catholique après Murcie

Bien que sa Constitution soit laïque, l'Espagne demeure encore fortement marquée par la tradition chrétienne catholique et dans ce domaine les Canaries ne font pas exception à ces croyances nationales. Bien au contraire. Puisque selon une enquête réalisée en 2015, avec 84,5 % de catholiques, les Canaries sont la deuxième communauté espagnole pratiquant cette religion, après la communauté de Murcie. Toutefois comme dans le reste de l'Espagne, la religion y est aussi en perte de vitesse, notamment chez les jeunes, comme en témoigne une enquête publiée en mai 2019 qui précise les pratiques de tout un chacun. À la question « Comment vous définissez-vous par rapport au sentiment religieux ? », 24,3 % des personnes interrogées se déclarent catholiques pratiquants, mais 52,3 % s'affirment non pratiquants, comme la moyenne des Espagnols. 11,6 % se disent athées et 6,1 % agnostiques, 2,2 % pratiquant une autre religion. De manière très anecdotique, on peut aussi noter l'existence d'une Église du peuple guanche, créée en 2001 à La Laguna dans l'île de Tenerife, qui pratique un néo paganisme honorant notamment Chaxiraxi, la déesse-mère universelle des Guanches, mais qui ne compte que quelques centaines d'adeptes. Depuis la colonisation espagnole opérée au XVe siècle, c'est donc la religion chrétienne catholique qui s'est subs-

Église à Gran Canaria.

Statue typique de la Vierge portée lors des processions religieuses.

tituée à l'ancienne religion aborigène *via* son interdiction, mais aussi la récupération de certains de ses symboles, comme le donne à voir la vénération de la Virgen de la Candelaría, dans l'île de Tenerife à titre d'exemple, ou encore la fête de la Rama, célébrée chaque mois d'août dans le petit village d'Agaete, en Grande Canarie. Celle-ci reprend une croyance aborigène qui invoquait le ciel et les dieux pour faire venir la pluie et donne à voir un spectacle assez surprenant lors de la *verbena,* quand tout le monde marche deux pas en avant et un pas en arrière, bras levés. Dans le clair-obscur des lumières de nuit, les bras qui se lèvent et se baissent à des rythmes différents ne sont pas sans évoquer visuellement des gouttes de pluie.

Dévotion particulière vis-à-vis de la Vierge

Comme dans le reste de l'Espagne, les Canaries sont marquées par la prégnance de dévotions religieuses notamment vis-à-vis de la Vierge. Chaque île vénère plus particulièrement une Vierge ainsi que des saints patrons et au-delà de la croyance religieuse, cette vénération est l'occasion de fêtes s'attachant à marquer les traditions historiques et culturelles des îles et fonctionne plutôt comme une affirmation identitaire. Elles sont aussi l'occasion d'un agenda festif brassant toutes les générations. Voici les principales célébrations pour chaque île. Chaque année, Tenerife fête la *Virgen de la Candelaría* (de la Chandeleur) les 14 et 15 août *via* une procession qui la conduit de la basilique de la Candelaria jusqu'au parc du Teide. La légende indique que cette Vierge serait apparue à deux bergers guanches en 1392, cent ans avant la conquête, qui l'ont vénéré dans une grotte jusqu'à ce qu'elle soit emportée par un raz de marée en 1826. Abritée désormais dans la basilique, la statue actuelle date du XIXe siècle, mais l'on peut toujours voir au bout du *paseo* maritime la grotte qui avait abrité l'ancienne Vierge, baptisée Achbinico par les Guanches et rebaptisée San Blas par les Espagnols. C'est le 8 septembre à Teror que la Grande Canarie fête sa sainte patronne, la Virgen del Pino, apparue en 1482 sous un pin devenu Pino Santo puis remplacé par un nouveau, trônant à côté de la basilique, après avoir été foudroyé. Pèlerins et charrettes d'offrandes à la vierge viennent marquer cette fête durant laquelle on dégustera l'indispensable sandwich au chorizo. Depuis 1680, Santa Cruz de La Palma ne célèbre sa Virgen de las Nieves que tous les 5 ans entre juin et août (l'édition 2020 a été annulée pour cause de Covid), avec comme points forts, la danse des nains et le *minué*, une danse du XVIIIe siècle reprenant le menuet français. C'est la Virgen de Guadalupe que célèbre aussi La Gomera, tous les 5 ans le 8 octobre. Cette dernière étant descendue dans un bateau de pêcheurs de son sanctuaire de Puntillana jusqu'à San Sebastián de la Gomera. À l'occasion du festival de Betancuria, Fuerteventura accompagne sa Virgen de la Peña, sur la route de Vega del rio de Palma. Le 15 septembre, Lanzarote rend hommage à la Virgen de los Dolores là où elle a accompli son miracle : arrêter la lave du Timanfaya. Enfin El Hierro honore la Virgen de los Reyes en l'accompagnant de la Dehesa de Sabinosa jusqu'à Valverde.

QUE RAPPORTER ?

Tissus brodés, céramiques, sculptures, instruments de musique, l'artisanat canarien se décline dans de multiples domaines et donne lieu aux objets les plus divers. Quelle que soit l'île visitée, le choix sera assez vaste. Reprenant les traditions souvent anciennes, mais donnant aussi à voir une créativité très actuelle que l'on découvrira dans les magasins d'artisanat ou lors des marchés dominicaux. Mais c'est surtout à l'occasion des foires d'artisanat, ferias de artesanía, que l'on verra les artisans travailler en public. Fortement encouragée par les autorités canariennes, la sauvegarde des savoir-faire anciens vous donnera aussi l'occasion de vous initier à quelques expertises en vous rendant dans les ateliers conçus à cet effet. Après les avoir dégustés durant votre séjour, plátanos, mojos, fromages et vins de malvoisie pourront accompagner votre voyage de retour. Sans oublier l'aloe vera, une fois scrupuleusement vérifiée son authenticité.

La broderie, première expertise

À tout seigneur tout honneur, ce sont les poteries qui attireront tout d'abord votre attention. Et tout particulièrement l'art de la poterie sans tour, hérité des Guanches, ainsi que la reproduction par certains potiers d'objets préhispaniques conservés dans les musées, et très semblables aux poteries berbères de l'Atlas marocain et de la Kabylie algérienne. Dans ce domaine, les poteries les plus appréciées viennent de Chipude à La Gomera et de Villa de Mazo à La Palma. Autre production emblématique, la broderie qui très souvent vient décorer le linge de table. En la matière, certaines sont particulièrement prisées comme celles d'Ingenio sur la Grande Canarie ou les modèles réalisés à Tenerife, comme les rosettes de dentelle de Vilaflor ou les célèbres *Patas de Mosca*, caractérisées par leur incroyable polychromie et qui requièrent une expertise toute particulière.

Sauvegarde des savoir-faire anciens

Si ces techniques vous intéressent, vous vous rendrez au village de Mazo à La Palma et visiterez les différents ateliers de l'école d'artisanat qui s'applique à sauvegarder des savoir-faire anciens. Les Canaries sont aussi connues pour leurs travaux de vannerie (paniers ou chapeaux en osier, en jonc ou en feuilles de palmier) notamment ceux de la Grande Canarie, élaborés à Ingenio et à Teror et bien sûr pour la fabrication des instruments de musique tels que le *Timple*. Si vous ne souhaitez pas faire l'acquisition de cet instrument emblématique de la musique folklorique canarienne, sorte de guitare à quatre ou cinq cordes dont le son fait penser à celui de la guitare, mais aussi à celui de l'oud, vous pourrez toujours vous procurer des CD de Domingo Rodríguez el Colorao, un timpletiste fort apprécié et natif de Fuerteventura. À l'occasion d'un séjour à Tenerife, vous croiserez peut-

© SALVADOR AZNAR - SHUTTERSTOCK.COM

Brodeuse sur l'île de Tenerife.

être des sculpteurs de bois, spécialisés dans la réalisation des balcons traditionnels ou des sculpteurs de pierre fabriquant plutôt des objets venant orner les églises et en vous rendant à **Guía** (p.267), en Grande Canarie, vous serez chez les spécialistes de la coutellerie. Si certains villages ont une vocation artisanale très précise comme la broderie pour le linge de table à **Lajares** (p.305) (Fuerteventura), toutes les îles disposent soit de centres artisanaux, soit d'écomusée soit de boutiques spécialisées qui vous permettront de vous faire une idée de la variété proposée et d'acheter des produits certifiés authentiques. Puisque le créateur est souvent présenté à côté des réalisations. À Tenerife, le réseau « Artenerife » compte de nombreux points de vente (à consulter sur son site internet https://artenerife.com), aux productions régulièrement renouvelées et on se rendra aussi avec profit à la Casa de los Balcones, à La Orotava, et à **la Casa de la Aduana** (p.131), à Puerto de la Cruz. À **Las Palmas** ★★★ (p.251) (Grande Canarie), **le Fedac** (p.264) (Fondation pour l'étude et le développement de l'artisanat canarien https://fedac.org) présente ces savoir-faire dans un décor au design très contemporain. À Fuenteventura, l'écomusée de la Acogida propose aussi de vous initier à différentes techniques (broderie, panier, céramique…). Enfin, le **musée del Tanit de Tefia** (p.342) (Lanzarote) et le centre d'artisanat de Santa Cruz de La Palma seront aussi des lieux de découverte et d'achat. La gamme de prix est bien sûr étendue, mais on découvre de jolis objets à partir de quelques euros.

Panier gourmand

Impossible de repartir des Canaries sans emporter quelques *plátanos*, les bananes locales si goûteuses et parfois déclinées en liqueur, mais lors de votre voyage vous découvrirez aussi une autre spécialité locale, le *tuno*, fruit du cactus qui se décline désormais en confiture, en jus de fruits et lui aussi en liqueur. Au rayon fromages, le panier gourmand peut inclure l'*Almogrote* de La Gomera, une pâte à tartiner mêlant chèvre, huile et poivron et présentée en petits pots ; le fromage fumé d'El Hierro (mélange de laits de chèvre, vache et brebis) ; le *Queso Majorero* de Fuerteventura, à base de lait de chèvre qui va du *tierno* (8 à 20 jours d'affinage) au *curado* (plus de 60 jours) en passant par le *semi curado* et dont la croûte traditionnelle en feuille de palmier peut être blanche ou plus ocre car enduite de piment rouge et qui est le premier chèvre espagnol à avoir bénéficié d'une DO (dénomination d'origine) en 1996. Enfin en Grande Canarie on produit la Flor de Guía. Confectionné à partir de lait de vache et de brebis, c'est le seul fromage dont le lait est caillé avec une substance végétale, la fleur de cardon. Côté boissons, les vins de Lanzarote, vins de malvoisie,

Confection artisanale de cigares à La Palma.

© ACONGAR - SHUTTERSTOCK.COM

sont les plus connus et La Palma produit quant à elle un rhum de bonne réputation ainsi que des *puros*, cigares, que les amateurs comparent aux cubains. À cela on pourra ajouter quelques pots de *mojos*, sauces canariennes typiques à base d'huile mêlée de piments doux, *mojo rojo* ou de persil ou de coriandre, *mojo verde* ; du safran ou du miel de La Palma, à la couleur foncée et au goût très prononcé. S'il est toujours préférable de les acquérir chez les producteurs présentés en partie « vivre », tous ces produits peuvent s'acheter dans les nombreux marchés, souvent dominicaux, que comptent les îles. Et si le temps vous manque, vous les trouverez au rayon gourmet des *Corte inglés*.

Aloe vera, sous toutes ses formes

On la surnomme la plante miraculeuse, guérisseuse silencieuse, docteur du paradis ou élixir de longévité, mais quoiqu'il en soit, l'aloe vera est une plante reconnue pour son action cosmétique sur l'épiderme (stimulation du collagène, cicatrisation…) et ses propriétés nourrissantes puisqu'elle est riche en protéines et en vitamines. Et les Canaries, Fuerteventura notamment, sont l'un de ses lieux de production. Impossible de parcourir les îles sans la rencontrer sur un marché, dans une boutique ou un supermarché. Déclinée sous de multiples formes : huile solaire, gel-douche, shampoing, savon, eau de toilette, crèmes de beauté. Pour les femmes comme pour les hommes. Avant l'achat plusieurs éléments sont à vérifier : l'utilisation de la pulpe et du jus de la plante (et non des feuilles entières), car la présence excessive d'aloïne s'avère toxique ; le logo « elaborados en Canarias » qui garantit une production locale ainsi que l'indication dans les ingrédients de la mention « Aloe Vera Barbadensis Miller » et pas seulement « aloe vera ». Enfin, préférez les flacons opaques qui évitent son oxydation.

SPORTS ET LOISIRS

Aux Canaries, les sports et activités de plein air sont évidemment très prisés. Les sports typiquement canariens, comme la lutte canarienne (*lucha canaria*) ou le jeu du bâton canarien (*juego del palo canario*) font partie du patrimoine de l'archipel et c'est toujours une expérience unique que d'assister à ce folklore local. Côté activités, il y a également de quoi faire sur les îles. Grâce à des plages de sable blanc et exposées au vent, les aficionados du kitesurfing, de la voile, du windsurf ou du surf trouveront un terrain idéal pour se régaler ! Le tout avec pour décor des eaux turquoise et fonds volcaniques, dans lesquels on trouve aussi de nombreux plongeurs. Par ailleurs, les randonneurs et adeptes du vélo ne seront pas en reste ! Les nombreux chemins et pistes cyclables permettent des balades inoubliables. Enfin, les amateurs de sports extrêmes, des sauts de falaises au parapente, trouveront aussi de quoi frissonner.

À la découverte des sports traditionnels

Aux Canaries, les sports traditionnels, issus de traditions ancestrales, sont nombreux. Et, pendant un voyage sur l'archipel, il est impensable de ne pas assister à ces activités typiquement insulaires.

- **La lutte canarienne** (*lucha canaria*) est certainement la plus célèbre d'entre elles. D'origine paysanne, la lutte canarienne est un sport autochtone ancestral toujours enraciné dans la culture locale. Deux équipes de douze lutteurs s'affrontent lors des rencontres et défendent les couleurs de leur île. Cependant, les *bregas* (matchs/rencontres) opposent seulement deux lutteurs. Dans un cercle de 10 m couvert de sable, celui qui met son adversaire au sol deux fois en moins de trois minutes remporte la partie. Les compétitions ont lieu le week-end et pendant les fêtes locales et il ne faut pas manquer d'y assister si vous en avez l'occasion ! Les meilleures équipes se trouvent à Tenerife et La Palma et ces compétitions sont annoncées par affichages. Les offices de tourisme peuvent également vous renseigner.

- **La boule canarienne** (*bola canaria*) est fort semblable à la pétanque telle que pratiquée en France : le but étant de faire preuve d'adresse en se rapprochant d'un objectif appelé ***boliche*** ou encore ***mingue***. Les boules de chaque équipe sont de couleurs différenciées et toujours au nombre de douze. Une fédération canarienne réglemente très officiellement les dimensions des éléments du jeu et de son environnement.

- **Le jeu du bâton canarien** (*juego del palo canario*), semblable à l'escrime, serait d'origine guanche et trouverait sa source dans les luttes qui pouvaient survenir entre pâtres pour l'occupation de zones disputées. Cette approche s'est muée au fil du temps en disciplines sportives, mais aussi pratiques comme la défense du territoire par des individus à même de manier un objet de combat. De nos jours, des compétitions sont organisées afin de montrer au grand public toute la vivacité et la chorégraphie permise par ce sport. Le bâton en question devant avoir une taille comprise entre 1,20 et 1,80 m.

- **Le saut du berger** (*salto del pastor*) est un exercice qui ne doit rien à la vocation sportive au

Activité planche à voile, Fuerteventura.

© SIMONE TOGNON - SHUTTERSTOCK.COM

Plongée à Fuerteventura.

départ. Les bergers étaient en effet obligés de composer avec un terrain escarpé, déchiqueté et se servaient d'un bâton (généralement en pin canarien et renforcé à l'extrémité par du fer ou mieux de l'acier) pour se déplacer de rocher en rocher. Aujourd'hui, cette discipline très spectaculaire est uniquement ludique.

La voile latine (*vela latina*) est un sport maritime où un canot d'une longueur générale de 6,50 m et d'une voile triangulaire de 32 m² doit se mouvoir dans l'eau. Très éprouvante, cette discipline attire de plus en plus d'adeptes de passage sur les îles. Les équipages se composent de 8 à 12 personnes au maximum. Des régates sont régulièrement organisées.

D'autres sports purement insulaires seront encore visibles lors de votre passage en ces lieux, principalement le temps de festivités. Citons, entre autres, le lever de charrue (*levantamiento del arado*) qui comme son nom l'indique consiste à user autant de force que d'habileté pour soulever cet instrument agricole ; le lever de pierre (*levantamiento de piedra*) provient du labeur des travailleurs de pierre et, au fil du temps, cette pratique s'est muée en représentation sportive ; enfin, la conduite de bétail (*arrastre de ganado*) consiste à forcer vaches ou bœufs à tirer des charges comprises entre 600 et 1 100 kg, le tout sur une piste d'une cinquantaine de mètres en 4 minutes au maximum, le bouvier pouvant guider l'attelage au moyen d'un bâton homologué.

En mer ou sous la mer, sensations garanties !

Les sept îles des Canaries offrent toutes des conditions différentes, mais elles sont évidemment profondément tournées vers la mer.

Funboard et planche à voile. Pour le funboard, comme pour la planche à voile classique et la voile sportive, les meilleures conditions de vent se trouvent au sud de Tenerife, au sud et au sud-ouest de Gran Canaria, ainsi qu'à Fuerteventura et Lanzarote. À Lanzarote, l'alizé souffle de mai à septembre. À Fuerteventura, il souffle surtout d'avril à septembre.
Le lieu le plus réputé est Sotavento, très connu comme spot de vitesse, car de nombreux records y ont été réalisés. Gran Canaria n'est pas en reste : un septuple champion du monde vient de Pozo Izquierdo, près d'El Doctoral, mais on peut aussi louer des planches à voile à Puerto Rico, où se situe l'école de voile et de planche de l'île, ainsi qu'à San Agustín et Puerto de Mogán. Le paradis incontesté des véliplanchistes est Fuerteventura, avec les immenses plages de sable de Morro Jable au sud et de Corralejo au nord, sans oublier la Playa del Castillo, à El Cotillo, au nord-ouest. On trouvera des conditions assez semblables sur certaines plages de Lanzarote, en particulier la Playa de los Pocillos, entre Arrecife et Puerto del Carmen.

Surf, bodyboard et kitesurf. Pour le surf et plus encore le bodyboard, ils sont pratiqués aussi bien par les Canariens que par les touristes, en particulier sur la vaste plage de Famara dans le nord-ouest de Lanzarote. Pour beaucoup, les Canaries constituent un véritable paradis du surf et certains qualifient même des îles comme Lanzarote de « Hawaï européen ». Le surf peut être pratiqué toute l'année, mais la période exceptionnelle commence en septembre jusqu'à fin février. Ensuite, le vent est moins sûr et les îles ne sont plus des destinations « surf » à part entière. En revanche, elles deviennent des destinations de kitesurf de mars-avril jusqu'à fin août ! À Tenerife, le site le plus apprécié est la plage d'El Medano, dans le sud, où se trouvent les écoles de windsurf et de surf de l'île. Le vent y est présent presque toute l'année. Cependant, l'alizé de nord-est, qui est le vent dominant, est un peu plus faible en hiver.

Plongée. Les fonds volcaniques des Canaries, moins colorés que les bancs coralliens des Antilles et de la Polynésie, offrent tout de même au plongeur une faune d'une grande richesse. Vous pouvez la découvrir sur toutes les îles, bien que la plongée soit moins pratiquée sur les côtes de La Gomera. Parmi les sites les plus renommés, signalons Las Galletas (sud de Tenerife), où l'on croisera des raies de belles dimensions et peut-être des tortues marines et le sud de del Hierro, où vous croiserez la plus grande variété de paysages et d'espèces sous-marines.

Sur terre aussi des vacances actives

Revenu sur la terre ferme, le relief des îles Canaries offre un terrain de jeu sans pareil.

Canyoning dans les *barrancos*. Pour le canyoning direction Tenerife, en particulier dans les innombrables *barrancos* du sud de l'île. La descente de ces canyons en rappel sur des cordes est tout à fait accessible aux débutants : l'initiation des novices se fait le plus souvent dans la partie haute du Barranco del Agua, dont la descente dure une demi-journée.

En hiver, comme pour tous les *barrancos* de l'île, ces gorges sont envahies par de belles chutes d'eau, et la descente se fait en combinaison. En été, on se contentera des éclaboussures rafraîchissantes du ruissellement et de quelques mares abritées du soleil par l'ombre des parois. On s'étonnera de l'abondance de la végétation au fond du *barranco*, avant une remontée, un peu plus longue que l'aller, jusqu'au point de départ.

Les plus aguerris pourront aussi s'essayer à la descente des Carrizales qui, des hauteurs du massif du Teno jusqu'à la mer, dure une journée entière et atteint son apogée dans un rappel d'une centaine de mètres !

Randonnées et escalade. Les possibilités de randonnée sont particulièrement nombreuses sur les îles les plus montagneuses. Tenerife et La Palma, ainsi que La Gomera et El Hierro possèdent de nombreux sentiers balisés, notamment dans les parcs nationaux.

Cyclisme et VTT. Les Canaries ne décevront pas les cyclistes : les possibilités de promenade y sont nombreuses, en particulier sur les îles les moins élevées – ce qui ne veut pas dire sans relief – que sont Fuerteventura et Lanzarote. Plus que les routes, ce sont les pistes non goudronnées qui raviront les adeptes du VTT. On trouvera dans certaines stations balnéaires des loueurs de vélos, principalement de VTT.

Dans les airs, vive les sports extrêmes !

Si l'on peut pratiquer des randonnées plus ou moins rudes, faire du canyoning ou du VTT, il est possible de monter encore d'un cran dans l'adrénaline en pratiquant les sports extrêmes.

Rope jumping. Le littoral canarien (surtout à Grande Canarie ou à Tenerife) fournit de nombreux spots permettant des sauts depuis des falaises volcaniques, des ponts ou des précipices. Le plus haut allant jusqu'à 80 m, ils attirent des sauteurs du monde entier qui peuvent pratiquer leur sport toute l'année grâce à un climat tempéré et une température de l'eau agréable.

Sur Grande Canarie, on trouve quatre spots : le plus facile, Jump el Horno, permet de sauter sur le ravin du Caidero Oscuro ; El Guincho, à 10 minutes de Las Palmas, est l'un des *jumps* les plus spectaculaires de l'île dans une calanque étroite ; le barrage de Chira ; El Berriel, situé dans le ravin du même nom, est le plus haut de Grande Canarie.

À Tenerife, on en a cinq : Araya est le plus facile avec une chute d'environ 30-35 m entre des parois verticales ; Piedra Hincada, près de Playa San Juan, est le préféré des sauteurs expérimentés qui sautent depuis un pont ; Valle Tabares est un spot exigeant sur les flancs du massif de l'Anaga ; Palm-Mar est un *jump* de 40 m depuis la falaise ; enfin Jóver, un autre *jump* depuis une falaise de 30 m.

Attention, il est nécessaire de se rapprocher d'une entreprise locale agréée et de se renseigner préalablement sur les conditions météorologiques et l'état de la mer.

Parapente. Survoler les volcans et les côtes peut être une belle expérience que vous pouvez pratiquer depuis presque toutes les îles. Voici quelques-uns des spots recensés.

À Lanzarote, d'octobre à mars, on peut décoller des rochers de Famara, au nord de l'île pour bénéficier d'une vue spectaculaire sur les falaises qui conduisent au Mirador del Río.

À La Palma on trouve deux spots : à l'ouest de l'île, Puerto Naos est le plus fréquenté et au nord-est de l'île, celui de Puntallana permet de belles vues panoramiques.

À Tenerife on a 3 spots : celui de Taucho, situé dans les montagnes de Adeje, est réservé aux plus expérimentés et offrira des vues spectaculaires. Celui d'Izaña, avec décollage dans le parc national du Teide, est considéré comme l'un des meilleurs d'Europe. Enfin, la commune de Realejos accueille le spot de La Corona.

Grande Canarie elle compte deux spots : Los Giles, le plus fréquenté et le plus facile permet de survoler Las Palmas ; Las Coloradas, au nord-ouest de l'île, permet de longs vols au-dessus de la baie de El Confital. Enfin, El Hierro propose différents vols depuis Dos Hermanas, et La Gomera dispose d'un spot à Hermiga, au nord de l'île.

GASTRONOMIE

Carrefour culinaire entre l'Europe, l'Amérique et l'Afrique, les îles Canaries offrent un mélange de traditions culinaires et d'ingrédients uniques. La cuisine canarienne est rustique et savoureuse : l'huile d'olive, l'ail et l'origan, mais aussi le piment, la coriandre et la cannelle servent à aromatiser les légumes, les viandes et les poissons qui composent une grande partie des recettes de l'archipel, connu aussi pour ses vins de qualité et son rhum. Mais les Canaries furent aussi la première colonie espagnole à proprement parler, conquise après une série de campagnes militaires entre 1402 et 1496 contre les Guanches, autochtones de l'archipel, permettant à la Couronne espagnole d'y cultiver d'innombrables plantes venues de contrées lointaines. Inversement, de nombreux Canariens, partis en Amérique latine pour y travailler, revinrent des décennies plus tard, apportant avec eux de toutes nouvelles recettes, faisant des Canaries un terrain propice pour une cuisine métissée.

Les essentiels de la cuisine canarienne

Comme dans le reste de l'Espagne, les tapas sont très communes aux Canaries. On retrouve évidemment les classiques olives, tortilla de pomme de terre, légumes à l'huile, pain frotté à la tomate et autres fruits de mer, en vinaigre ou frits. La charcuterie bien sûr est à l'honneur quoique l'archipel en produise moins que le reste du pays. On retrouve néanmoins l'étonnante *morcilla dulce*, une saucisse proche de notre boudin noir garnie d'amandes, de fruits secs et parfumée de menthe. Ou encore le *chorizo de Teror*, un chorizo très fondant, que l'on fend en deux avant de tartiner la farce sur du pain.

Côté fromage, plusieurs variétés – le plus souvent des tommes au lait de chèvre et de brebis – se dégustent généralement sous forme de tapas. On peut citer bien sûr le *queso flor de guía* originaire de l'île de Gran Canaria, dont le caillé s'obtient grâce au jus de la fleur de chardon (*guía* en espagnol). Ou encore le *queso majorero* de Fuerventura, dont le goût exceptionnel lui vient de la marjolaine (ou origan) dont se nourrissent les chèvres. On le laisse souvent macérer dans de l'huile d'olive. Sur Lanzarote est produit le *pañuelo de uga*, dont la croûte brune comme du cuir et ficelée dévoile un cœur blanc pur au goût délicat. Enfin le *queso herreño* a la particularité d'être fumé. On le confectionne sur Hierro, la plus petite île de l'archipel. L'*almogrote*, quant à elle, est une sauce, mêlant fromage fondu, piment, ail et huile d'olive que l'on étale sur du pain.

Parmi les entrées les plus communes, on retrouve entre autres les *potajes* qui, sans surprise, sont d'épaisses soupes paysannes, dont le traditionnel *potage de berros* (soupe au cresson), très apprécié. Le *caldo de pescado* est généralement composée de poissons communs dans les eaux côtières, comme le mérou, la daurade ou le cherne. Plus consistant, le *rancho canario* est une soupe composée de pois chiches, de vermicelles, de pommes de terre et de viande. Enfin le *caldo de papas*, aux pommes de terre, parfumé d'un peu de coriandre, est très populaire.

En effet, les pommes de terre sont plébiscitées sur l'archipel et constituent l'accompagnement principal de la cuisine canarienne. Ici, on les appelle *papas*, comme en Amérique latine et c'est d'ailleurs aux Canaries qu'elles furent cultivées pour la première fois en Europe. Les plats canariens, viandes comme poissons, ne sauraient se passer de *papas arrugadas* (« *pommes de terre ridées* » littéralement). Il s'agit en fait de pommes de terre en robe traditionnellement cuites dans de l'eau de mer qui lorsqu'elle s'est complètement évaporée après cuisson, laisse sur la peau une pellicule de sel croustillante. On les sert souvent avec un autre emblème de la cuisine canarienne : le *mojo*. Cette sauce à base d'huile d'olive, d'ail et de vinaigre est consommée partout sur l'archipel. On en distingue deux types : le *mojo verde*, doux, typique de La Gomera, qui doit sa couleur verte au persil et à la coriandre et le *mojo rojo* ou *picón*, très utilisé à La Palma et à El Hierro, dont la couleur rouge et la saveur épicée viennent des piments et du cumin. Ces sauces sont sans surprise très répandues en Amérique latine et dans les Caraïbes, également.

Autre icône de la cuisine des Canaries le *gofio* est un héritage des Guanches. Cette pâte très nourrissante de farine de maïs, d'orge ou de froment grillés jouait autrefois le rôle du pain à une époque où les populations locales ne connaissaient pas l'existence de la levure et donc du pain levé. Le touriste ne pourra toutefois y goûter que dans certains restaurants traditionnels, ou bien lors des fêtes. Le gofio est servi en accompagnement de certains plats, les soupes notamment, ou – plus étrange – comme dessert.

Parmi les plats de viande, on peut citer le très populaire *conejo en salmojero*, un ragoût de lapin avec une sauce à base de piments, d'ail, de laurier et de vin blanc. Le porc est également commun sur l'archipel. On le retrouve souvent dans les restaurants ; des *chuletas de cerdo* ou côtelettes de porc ou les *costillas con piña*, sont des côtes de porc servies avec du maïs, un aliment très présent aux Canaries. La *ropa vieja* – un plat de bœuf effiloché dans une sauce au poivron et à la tomate – fut importé à travers l'Amérique latine et est aujourd'hui emblématique de la cuisine cubaine. Le copieux *puchero canario* est une sorte de pot-au-feu avec des pois chiches, du maïs, des légumes et plusieurs types de viandes (porc, bœuf, etc.). On consomme de la viande de chèvre sur les îles Canaries depuis des millénaires et on en trouve sans problème dans les restaurants, grillées ou en sauce comme la *carne de cabra compuesta*, parfumée au vin blanc et au piment. Enfin, le foie est un également apprécié comme dans la recette du *carajacas*, à base de foie de vachette, cuit dans une sauce épicée.

Archipel entièrement baigné par l'océan Atlantique, les poissons et autres fruits de mer y sont très consommés. Le *sancocho* est le plat de poisson canarien le plus typique. Souvent à base de morue mise à mariner avec des oignons et de l'ail, puis assaisonnée d'huile d'olive, de vinaigre et de piments rouges, on la sert garni de pommes de terre et de *gofio*, le tout étant accompagné de *mojo*. Seul petit bémol, c'est un plat qui se prépare surtout en famille et qui est rarement proposé par les restaurants. On apprécie également la sole/*lenguado*, le merlu/*merluzo*, la bonite/*bonito*, le thon/*atun*, l'espadon/*peje espada*, le maquereau/*chicharro*, la sardine/*sardina* et évidemment l'anchois/*boquerón*. Et si vous avez du mal à faire votre choix entre tous, demandez une *parrillada de pescados* : un assortiment de poissons grillés.

Fruits tropicaux et desserts de carnaval

Si les Canaries ne sont pas nécessairement connues pour leurs desserts qui, il est vrai, sont généralement assez simples, on observe quelques produits intéressants et notamment des fruits d'excellente qualité. Il faut dire qu'avec un climat particulièrement clément quasiment toute l'année, le choix est vaste. Melons, fraises, figues, agrumes, mais aussi mangues ou encore papayes sont fréquemment servis en dessert. De nombreux bars proposent d'excellents jus (*zumo*) de fruits fraîchement pressés ou des milk-shakes, *batidos*, à base de jus de fruits et de lait. Les Canaries ont été le lieu d'implantation en Europe de nombreux arbres fruitiers tropicaux. C'est le cas du bananier dont plusieurs espèces – notamment originaires d'Afrique, puis d'Asie – y ont été cultivées avant d'être plantées dans les colonies espagnoles d'Amérique. Aujourd'hui les bananes de Tenerife et de Gran Canaria sont plus rares, subissant la concurrence du Brésil, de l'Équateur ou du Costa Rica, même si elles restent très appréciées sur l'archipel. Même histoire pour la canne à sucre, originaire d'Inde et introduite par les Maures, qui fut une des premières cultures des Canaries avant d'être envoyée sur le continent américain. Les parcelles de canne à sucre restent petites sur les îles, mais la canne est toujours appréciée, en jus, en mélasse, sous le nom de *miel de caña* et surtout en rhum. À ne pas confondre avec le *miel de palma* ou sirop de palmier, un produit utilisé aussi bien aux Canaries qu'en Amérique du Sud.

Papas arrugadas.

Les desserts canariens utilisent souvent des ingrédients simples comme le miel, l'anis, les amandes et le sucre de palme. Parmi les plus connus, nous trouvons le *bienmesabe*, une crème d'amandes parfumée au zeste de citron et à la cannelle, souvent servie avec de la glace ou des langues de chat. Le *frangollo* se présente sous les allures d'un pudding à base de farine de maïs, d'amandes et de raisins secs, tandis que les *quesadillas herreñas* sont des petits gâteaux préparés avec du fromage. Le *polvito uruguayo*, un entremets étonnant qui malgré son nom n'est pas origine d'Uruguay, mais bien de Gran Canaria, emprunte néanmoins un produit typiquement sud-américain : le dulce de leche. Il se sert donc sous la forme d'une verrine alternant plusieurs couches de biscuits, de crème fouettée, de dulce de leche, le tout saupoudré de meringue réduite en poudre (*polvo* en espagnol). La *mousse de gofio* – préparée donc avec la fameuse pâte de céréales grillées – est aussi populaire aux Canaries qu'en Amérique latine tout comme le *leche asada* et le *quesillo* qui sont deux types de flans aux œufs et au caramel. Enfin le *príncipe Alberto*, un entremets de La Palma, ressemble à une mousse au chocolat garnie d'éclats d'amandes, de noisettes et de biscuit.

Beaucoup de pâtisseries et autres douceurs sont préparées pour des fêtes religieuses. C'est le cas des *truchas de Navidad*, que l'on confectionne à Noël. Ces chaussons frits sont garnis d'une crème à base d'amande et de patate douce, parfumée à la cannelle. D'autres spécialités comme les *rosquetes canarios*, des beignets en forme d'anneaux roulés dans le sucre, se préparent surtout pendant le carnaval de Tenerife de fin janvier à fin février.

Entre vins et rhums

Très réputés jusqu'au XVIIe siècle, les vins canariens notamment issus du cépage *malvasía* – produisant des vins riches et sucrés – perdirent en popularité. Au XVIIIe siècle, les cours d'Europe lui préfèrent des vins plus légers venus de France ou du Portugal. Les raisons sont aussi politiques. L'Espagne et l'Angleterre se livraient souvent des guerres féroces et les Canaries furent régulièrement empêchées de commerce avec le reste du continent notamment à la fin du XVIIIe siècle. Pourtant la viticulture sur l'île ne disparut pas. Le vin le plus authentiquement canarien reste donc la *malvasía*, produit à La Palma, à El Hierro, et surtout à Lanzarote. À La Palma on trouve aussi des productions de vins plus classiques, principalement rouges/*tintos* : à la pointe méridionale de l'île, les vignes cultivées sur les pentes du volcan San Antonío donnent l'appellation *Teneguía*, du nom du volcan dont est issue la dernière éruption de l'archipel, en 1971. Les vins de Lanzarote sont souvent considérés comme les meilleurs de l'archipel. Les vignes sont cultivées dans des conditions arides, sur le sable volcanique, grâce à une technique appelée « *modo lanzaroteño* » qui consiste à construire un petit muret en pierres protégeant les vignes des vents forts tout en conservant l'humidité de l'air. On retrouve 33 cépages différents sur l'archipel – 14 rouges et 19 blancs – dont 11 bénéficient d'une DO (*Denominación de Origen*) : l'Abona (Tenerife), le Tacoronte-Acentejo (Tenerife), le Valle de Güímar (Tenerife), le Valle de La Orotava (Tenerife), l'Ycoden-Daute-Isora (Tenerife), le El Hierro, le Lanzarote, le La Palma, La Gomera et le Gran Canaria. La production canarienne de vins est entièrement distribuée localement, cependant, les vins locaux sont parfois relativement chers en comparaison des vins espagnols, présents également sur toutes les cartes.

Pour ceux qui aiment moins le vin ou en tout cas le préfèrent mélangé, on ne peut que conseiller un cocktail surprenant, voire un peu discutable : le *calimucho*. Cette boisson typiquement espagnole est un mélange de vin rouge et Coca-Cola à doser soi-même. À boire bien frais. Sinon il reste aussi la bière (*cerveza*). Aux Canaries elle est fabriquée à Santa Cruz de Tenerife, sous le nom de *La Dorada*. C'est une bière blonde classique. Sont commercialisées également *La Reina*, la *Tropicale de Gran Canaria* et bien d'autres.

Grâce à son climat exceptionnellement doux permettant la culture de la canne à sucre, les îles Canaries sont l'une des seules régions d'Europe en mesure de produire du rhum. À une petite différence près que dans l'archipel on fabrique du *ron miel*, contenant au moins 2 % de miel, donnant un rhum ambré très riche et liquoreux, dont le degré d'alcool varie entre 20 et 30°. Comme dans le reste du pays, beaucoup de bars servent des *chupitos*, comprendre des shooters, et bien sûr aux Canaries ils sont souvent élaborés à partir de *ron miel*, parfois décorés d'une noix de crème chantilly.

Autre alcool, la *Licor43*, bien qu'elle soit originaire de Cartagena, en Murcie, est extrêmement populaire aux Canaries. Son nom lui viendrait des 43 aromates qui la composent, entre autres, agrumes, vanille, herbes aromatiques et autres épices. Elle entre dans la composition du cocktail emblématique des Canaries et plus précisément de Tenerife : le *barraquito*, également connu sous le nom de *zaperoco*. C'est une boisson joliment servie dans des verres droits permettant de mettre en valeur les différentes couches qui compose le cocktail, à savoir du lait concentré, suivi par de la Licor43, puis de l'espresso, un peu de zeste de citron et pour couronner le tout, de la mousse de lait, saupoudrée de cannelle.

AGENDA

Aux Canaries, les fêtes sont si nombreuses qu'en passant d'une île à l'autre, on pourrait presque en voir une par jour. Beaucoup de ces fêtes sont des fêtes religieuses qui sont en même temps des fêtes populaires qui marquent l'attachement des Canariens aux traditions et leur donnent l'occasion de revendiquer leur identité spécifique. Au premier rang d'entre elles, viennent bien sûr les innombrables *romerías*, pèlerinages en l'honneur de la Vierge ou d'un saint patron, à l'occasion desquels on arbore drapeaux canariens et espagnols et l'on revêt ses plus beaux habits traditionnels. La Laguna accueillant l'une des plus belles, celle de San Benito Abad, à la mi-juillet. Côté fêtes profanes, vous ne serez pas déçu non plus par les carnavals festifs qui se déploient dans l'archipel, au premier duquel se trouve bien sûr celui de Santa Cruz de Tenerife, qui dit-on, allie l'élégance vénitienne à la fièvre brésilienne.

FESTIVAL DE MUSIQUE DES CANARIES

www.gobiernodecanarias.org

De janvier à février. Programmation et information sur le site web en anglais et en espagnol.

Créé en 1985, ce festival organisé par le gouvernement canarien se déroule dans toutes les îles canariennes, mais ses concerts majeurs ont lieu à Santa Cruz de Tenerife et à Las Palmas de Gran Canaria. De janvier à février, il propose un programme spectaculaire de musiques classiques accueillant les grands noms du monde entier dans ce domaine, ce qui en fait le seul festival de musique classique en Europe. Pensez à réserver vos places bien à l'avance sur le site web.

CARNAVAL DE LAS PALMAS

LAS PALMAS DE GRAN CANARIA

http://lpacarnaval.com

De février à mars, dates sur le site web.

L'un des plus anciens festivals organisé dans les Canaries, qui a peu à peu évolué depuis le XIXe s. Oubliez Rio, ce carnaval est d'autant plus festif et sait donner dans l'exubérance avec le Gala de la Reina, où l'on élit la reine du carnaval, un défilé de drag queens suivi d'une élection similaire, et la Cabalgata, la parade principale qui peut attirer jusqu'à 200 000 personnes. Rendez-vous à Santa Cruz de Tenerife et à Las Palmas de Grande Canarie ! Surtout achetez vos tickets en avance. A signaler aussi les fêtes de l'amandier en fleur à Tejeda et Valsequillo.

CARNAVAL SANTA CRUZ DE TENERIFE

SANTA CRUZ DE TENERIFE

http://carnavaldetenerife.com

De la mi-février au début mars. Date exacte sur le site.

Déclaré d'intérêt touristique international, c'est le deuxième plus important au monde, après celui de Rio. Réunissant l'élégance vénitienne et la fièvre brésilienne, il est réputé pour sa grande parade, *corso*, du Mardi gras qui attire des centaines de milliers de personnes dans l'avenida de Anaga. Le Mercredi des cendres, les très solennelles funérailles de la Sardine ont aussi lieu sur la plaza de España : une sardine de dimension peu ordinaire y est incinérée en grande pompe.

SAN MARCOS EVANGELISTA

TEGUESTE

Dernier dimanche d'avril.

C'est l'une des *romerías* les plus populaires de Tenerife et des Canaries. Les festivités commencent avec l'élection de la reine. Plusieurs compétitions sportives sont organisées, notamment de lutte canarienne. Le défilé est composé de charrettes décorées, de bateaux, de groupes folkloriques et de bétail, qui est béni à la fin de la procession. Le point final de ces festivités est marqué par la « brûlure du fainéant ». Un mannequin fait de paille et vêtu de vieux vêtements qui représente un personnage public est brûlé entre les cris, les critiques et les insultes.

SEMAINE SAINTE DE LA LAGUNA

Coeur historique de la ville

SAN CRISTÓBAL DE LA LAGUNA

De mi-avril à mi-mai.

Les Canaries ne sont pas le haut lieu de la Semaine sainte, mais s'il y a un lieu où l'apprécier c'est à La Laguna. A cette occasion des icônes et des statues d'une grande valeur historique et artistique défilent dans le cœur historique de la ville. Donnant à voir un héritage de plus de cinq siècles de traditions andalouse, castillane et portugaise qui ont débuté dès 1676. Hormis la procession du vendredi, la Magna, ne ratez pas le Saint-Enterrement, marqué par le silence complet.

FÊTES ET FEUX DE LA SAINT JEAN

Le 23 et 24 juin.

Très célébrées dans toutes les Canaries, elles peuvent revêtir divers aspects. A San Juan de la Rambla et à Garachico, on fabrique des boules de feu avec des sacs en jute remplis de sciure et aspergés d'essence. Cette fête lustrale, plus importante tous les cinq ans, célèbre le solstice d'été, mais aussi l'éruption du volcan Trejevo en 1706. A Icod, on fait glisser des boules de feu et on allume les « torches de la Saint-Jean » de deux à trois mètres de hauteur appelées *hachos*, etc.

FÊTES DE LA CROIX

PUERTO DE LA CRUZ

Le 3 mai à Puerto de la Cruz, Realejos et Santa Cruz.

Fête constitutive de la ville avec une messe solennelle suivie d'une procession avec la Cruz de Plata, la croix d'argent, au milieu des déflagrations de pétards tonnant et de feux d'artifice. La tradition veut que l'on visite l'après-midi les nombreuses chapelles vouées à la Sainte Croix, une trentaine au total réparties sur toute la commune, afin d'admirer les décorations florales. La fête se déroule aussi à Santa Cruz avec des dizaines de croix disposées sur les ramblas et à Realejos qui organise un très grand spectacle de feux d'artifice de plus de 3 heures.

BAJADA DE LA VIRGEN

LAS NIEVES

www.labajadadelavirgen.com

En juillet.

Classée fête d'intérêt touristique international, cette fête a lieu tous les cinq ans depuis 1680. Le dernier dimanche de juin, une *romería*, pèlerinage, descend la Virgen de Las Nieves de son sanctuaire jusqu'à l'église de El Salvador à Santa Cruz de la Palma. Ce qui marque le début de la *semana chica*, petite semaine, au cours de laquelle se déroule la *Pantorga*, défilé nocturne. Puis vient la *semana grande* marquée par les défilés de géants et surtout la « danse des nains », qui voient les danseurs se transformer en nain et danser au rythme de la polka.

CORPUS CHRISTI

Cathédrale et dans les rues de Las Palmas

LAS PALMAS DE GRAN CANARIA

www.grancanaria.com

2e dimanche de juin.

Lors de la Fête-Dieu, Corpus Christi, les Canariens décorent les façades des maisons avec des branches de palmier, des guirlandes et des drapeaux, et ils font de très beaux tapis de fleurs sur lesquels passera la procession du Saint-Sacrement. On peut y assiste à Las Palmas de Gran Canaria mais elle est aussi particulièrement spectaculaire à Mazo sur l'île de La Palma, et à La Laguna et La Orotava, île de Tenerife. Pour cette dernière, les places et les rues sont couvertes de motifs décoratifs, symboliques ou figuratifs tout comme la place de la Maire.

BAJADA DE LA VIRGEN DE LOS REYES

VALVERDE

Tous les quatre ans, le premier samedi de juillet. La prochaine en 2025.

La fête de la Virgen de los Reyes a lieu tous les quatre ans à El Hierro, c'est la plus importante de l'île. Datant de 1740 et ayant pour origine le souvenir d'une sécheresse interminable : après une procession au nom de la Vierge, la pluie serait tombée sur l'île, sauvant troupeaux et habitants. Aujourd'hui, l'image de la Virgen est accompagnée d'un cortège de danseurs et de musiciens en costumes traditionnels qui défilent au son des *chácaras*, sortes de castagnettes.

CANARIAS JAZZ & MÀS

www.canariasjazz.com

En juillet. Pour connaître les dates exactes sur chaque île, consultez le site.

Débuté en 1992, le festival de jazz des îles Canaries a pris une ampleur croissante pour devenir une institution ancrée dans le paysage des manifestations avec tous les grands noms de la scène internationale ! Il déborde désormais de Gran Canaria pour investir les autres îles avec le soutien de leur principal sponsor, la marque de bière Heineken. S'il est l'occasion d'approcher les maîtres du genre sur la scène internationale, il permet aussi de donner plus d'éclairage aux talents insulaires. Tous les lieux de programmation sont indiqués sur le site Internet.

CHAMPIONNAT DU MONDE DE PLANCHE À VOILE

Playa de Sotavento de Jandia

De la fin juillet au début août.

Sur la merveilleuse Playa de Sotavento, au sable fin et aux eaux turquoise quasi transparentes, le panorama est de toute beauté pour accueillir la coupe du monde de planche à voile dans un décor de dunes et de falaises volcaniques. C'est dans ces allures de Caraïbes que vont s'affronter les meilleurs sportifs de la planète. La planche à voile est un sport très apprécié des Canariens. Cet événement s'accompagne d'une programmation musicale, la nuit venue.

FESTIVAL INTERNATIONAL DE TEATRO, MUCSICA Y DANZA

LAS PALMAS DE GRAN CANARIA

www.lpatemudasfest.com

Tout au long du mois de juillet et début août.

Depuis 1996, de nombreux artistes internationaux se succèdent dans leur discipline artistique, du début juillet au début août, afin de présenter leurs dernières réalisations. Au programme : concerts, chorégraphies, shows inattendus et créations collectives où les danseurs font même le spectacle « suspendus » dans les airs. Ils se déroulent surtout dans le parc de Santa Catalina, mais aussi à la Puntilla, place de Santa Ana, sur le paseo de Las Canteras ou le parc Jean-Paul II.

FIESTA DE LA RAMA

AGAETE

Début août.

De nombreux *Grancanarios* viennent à Agaete pour participer à l'une des fêtes les plus traditionnelles et originales de l'archipel. Elle trouve son histoire dans une croyance aborigène, selon laquelle invoque-t-on les dieux pour qu'ils apportent la pluie. Les participants doivent aller chercher une branche de pin dans les montagnes puis redescendre au son des instruments et se diriger vers la plage. Le rituel se complète en frappant la surface de la mer avec la branche, en invoquant la pluie. Le jour suivant, la Vierge de Las Nieves est conduite jusqu'à Agaete.

GRAN PODER DE DÍOS - NUESTRA SEÑORA DEL CARMEN

Le 16 juillet.

Elles se déroulent dans différentes localités de Tenerife : à Puerto de la Cruz, Santa Cruz, Los Realejos et Guía de Isora (Playa Alcala et Playa San Juan). Durant ces fêtes de pêcheurs, la statue de la Vierge, précédée d'une danse de rubans, défile en procession, en partant de son ermitage jusqu'à la plage où l'attendent des bateaux décorés de drapeaux colorés. Les pêcheurs font monter la statue à bord de l'un des bateaux, accompagnée des danseurs, de l'étendard et du curé.

FIESTAS DE LA VENDIMIA

Place du village

FUENCALIENTE

Autour de la mi-août durant 10 jours.

La Fête des vendanges (Vendimia), est la fête traditionnelle du vin et des caballos fuscos : des chevaux décorés de papiers de couleurs formant un véritable ballet sur la place du village. La journée débute avec le traditionnel « remplissage » de la fontaine (située près de la place du Conseil municipal) avec près de 2 700 litres de vin. Elle restera en fonction durant toute la fête, et cette « attraction » est la plus décalée et appréciée par les touristes et visiteurs. La pression du vin est réalisée sur place par un agriculteur et dégustation de vins exclusifs.

SAN GINÉS

ARRECIFE

Le 25 août.

Selon une légende populaire, le saint patron de l'île de Lanzarote, « San Ginés » serait apparu flottant dans les eaux del Charco vers 1700. Cette fête est toujours l'occasion de moments hors du commun et d'une ambiance de feu avec un programme complet d'événements culturels et sportifs : concerts et des festivals de rock et de folklore canarien (musiques et danses), hommage aux vins locaux, des matchs de football et surtout l'élection de Miss Lanzarote lors du concours de beauté, les régates et feu d'artifice le dernier jour.

FIESTA DE LA VIRGEN

Centre ville et église

TINAJO

A la mi-septembre.

Cette fête folklorique de la vierge, en l'honneur de la sainte patronne de l'île, célèbre le miracle de 1824, lorsque le village de Mancha Blanca, localité sise au sud-ouest de Tinajo, fut épargné par la coulée de lave qui s'arrêta juste avant le village. Durant ces mêmes jours, le village reçoit tous les artisans de Lanzarote, mais également des Canaries et de l'Espagne en ce jour particulièrement suivi par tous. Les fêtes des vierges se déroulent sur toutes les îles qui ont chacune d'ailleurs leur vierge protectrice. Ambiance des plus agréables.

SANTA BARBARA

ICOD DE LOS VINOS

Du 17 au 25 août.

Lors des fêtes patronales se déroule la fête de *los Cestos y Bollos*, corbeilles et pains. Née il y a environ soixante-dix ans, elle est un gage de remerciement après de bonnes récoltes. Le dernier dimanche d'août, des voitures chargées de corbeilles de fruits partent vers l'église de Santa Bárbara. Où les femmes célibataires portent sur leur tête des paniers remplis de petits pains briochés, avec des figurines à l'intérieur. Ces paniers seront déposés devant l'église et y resteront jusqu'à la fin des festivités. Le tout se clôturera par un feu d'artifice.

FIESTA DEL CHARCO

SAN NICOLÁS

Autour du 11 septembre.

Cette fête ancestrale de la « mare » ou Fiesta del Charco, se déroule à San Nicolás de Tolentino, en Grande Canarie. Cette fête a été déclarée d'intérêt culturel et touristique. Delgado y Venegas, qui fut évêque des Canaries, arriva en 1776 à ce village et vit que des hommes et des femmes du village se baignaient nus dans une espèce de mare « marciega ». Scandalisé par ce spectacle, il excommunia tous les habitants du village. Les habitants actuels se souviennent encore de cette anecdote et ils continuent à se baigner dans la mare, mais habillés, et l'on profite de cette occasion pour y célébrer un concours de pêche basé sur des techniques d'antan et qui a évolué avec les années.

FERIA INSULAR DE ARTESANIA

TINAJO

Autour de la mi-septembre durant 4 jours de 11h à 22h.

Cette foire artisanale insulaire de Tinajo est le grand rendez-vous du tout fait main, des artisans de Lanzarote, des Canaries et de l'Espagne. Plus qu'une fête, c'est une institution ici, car c'est la plus grande et importante *Feria* de ce genre dans tout l'archipel. Vous y découvrirez de la maroquinerie, chaussures, parfums, bijoux, miniatures, costumes faits sur mesure, cigares faits main, poteries, produits d'huile de Palme et de cuirs en tous genres.

FIESTA DEL DIABLO

Place du village - **TIJARAFE**

Autour du 8 septembre au soir.

La Fiesta del Diablo ou Fête du diable se déroule chaque année à Tijarafe. Au milieu des cris et des feux d'artifice, les habitants dansent en célébrant le diable : ils ne dorment pas et attendent l'arrivée du diable. Non une attente dans la peur, mais bien pour opposer les forces du mal au bien en célébrant la Vierge. Une des festivités les plus populaires de l'île bien que de création relativement récente puisque remontant au début du XXe siècle. Une fois amené au centre du village, à la Plaza de Candelaria, le diable explose dans un final pyrotechnique.

JORNADAS COLOMBINAS

Auditorium ou parc

SAN SEBASTIAN DE LA GOMERA

www.lagomera.es

Voir le large planning de dates des concerts sur le site Internet.

Chaque année, les journées Colomb ont vocation à célébrer le séjour puis le départ de Christophe Colomb pour les Amériques. Cette commémoration est un ensemble de manifestations allant du pictural avec mise en exergue des œuvres d'un peintre jusqu'à des conférences centrées sur le navigateur génois ou des sujets liés à l'île de La Gomera, le tout accompagné par de la musique. Mais le clou du spectacle est la régate partant de Huelva (Espagne continentale) jusqu'à San Sebastián de La Gomera : ces deux escales furent historiquement celles de Colomb à son époque.

NUESTRA SEÑORA DEL ROSARÍO

Du 3 au 7 octobre.

Elle se déroule à Fasnia, El Rosarío et La Laguna. Au cours de la procession, des jeunes du village en uniformes accompagnent la Vierge. Avant et après les feux d'artifice, la scène traditionnelle de la « rencontre du bateau et du château », plus connue sous le nom de la *librea*, est représentée. Il s'agit de la commémoration de la bataille de Lépante s'étant déroulée le 7 octobre 1571 et qui a vu la victoire navale de la Sainte Ligue contre l'Empire ottoman.

SAN MIGUEL ARCANGEL

TAZACORTE

Du 9 septembre au début octobre.

La fête de la San Miguel Arcangel débute le 9 septembre comme chaque année et se déroule à Tazacorte, à l'ouest de l'île de La Palma. Puis s'en suivra un large programme d'activités en tout genre qui s'étend jusqu'au mois d'octobre : culturelles, religieuses, musiques, expositions de voitures anciennes, de peintures et sculptures… et le fameux défilé des *Caballos Fufos*, les chevaux (en carton) avec des franges multicolores et occupés par des danseurs. Cette tradition remonte à plus de 100 ans, lors de l'arrivée du carnaval de Cuba ici.

FÊTE DE SAN ANDRÉS

Le 29 novembre.

A La Orotava, Puerto de la Cruz, San Juan de la Rambla, la Guancha et Icod de los Vinos. A Icod, jeunes et autres descendent une rue en pente sur une planche de bois graissée et on célèbre le vin nouveau avec musiques, chants et dégustation bien sûr. A Puerto : on jette des pots et des vieux objets pour faire du bruit, la *noche de los cacharros* en convergeant vers la plaza del Charco et on déguste des produits à base de châtaignes, la *castañada*, mais aussi d'autres produits appréciés dans l'île comme le gofio ou le *cherne*, poisson.

VIRGEN DEL PINO

TEROR

Le 8 septembre.

C'est la fête par excellence marquant l'identité de la Grande Canarie. La fête de la Vierge du Pino, la sainte patronne de l'île, se déroule à Teror et aux alentours. La nuit précédente, des centaines de pèlerins viennent à pied de leur village jusqu'à la basilique de Teror, les uns par dévotion, les autres pour s'amuser ou par curiosité. Produits de terroir, fruits et légumes, poissons et objets d'artisanat sont déposés devant la Vierge qui se trouve pour l'occasion dans la rue, devant la basilique. Puis transporté dans un circuit au cœur du centre-ville.

FÊTES DE LA NAVIDAD (NOËL)

Le 24 décembre.

Comme dans toute l'Espagne, la fête de Noël, *navidad*, est très célébrée. Et elle est souvent précédée de nombreux marchés de Noël accordant une grande place aux santons et aux crèches, *belén*. Elle conserve son aspect religieux bien qu'elle suive l'évolution globale d'une fête plus consumériste. En revanche, ce n'est pas le père Noël qui apporte les cadeaux, les enfants devant attendre le 6 janvier, date coïncidant avec la venue des Rois mages, ou *Reyes Magos*.

TENERIFE

Avec une superficie de plus de 2 000 m² et 400 km de côtes, c'est la plus grande île des Canaries, la plus peuplée, avec plus de 910 000 habitants, mais aussi la plus touristique, avec près de 6 millions de visiteurs par an. C'est bien sûr le Parc national du Teide, classé au patrimoine de l'Unesco, qui constitue le premier site incontournable et abrite le point le plus élevé de l'Espagne, culminant à quelque 3 718 mètres. Les coulées de lave et les formations géologiques qui se sont figées lors de la formation de l'île offrent des paysages dantesques de rocailles aux couleurs variées. Un immanquable à découvrir lors de votre passage sur l'île ! Le nord abrite un autre bijou, La Lagune, aussi classée au patrimoine de l'Unesco. Ainsi que de beaux exemples de l'architecture canarienne comme La Orotava et de superbes plages de sable noir, scintillantes sous le soleil. Le bonheur en quelque sorte...

Playa de Las Teresitas près de Santa Cruz de Tenerife.

Tenerife
OCEAN ATLANTIQUE
Punta del Hidalgo
Roque de Taborno 707 m
El Draguillo
Chamorga
Roque de Fuera
Faro de Anaga
Bajarnar
Taganana
Tejina
MASSIF DE L'ANAGA
Igueste
Punta de Anagra
Valle de Guerra
Mesa del Mar
LA LAGUNA
Valle Seco
Barranco de las Huertas
Playa de las Teresitas
EL SAUZAL
Tegueste
SAN ANDRÉS
TACORONTE
La Cuesta
Barranco de las Huertas
Valle de Colin
SANTA CRUZ DE TENERIFE
La Matanza
La Esperanza
La Victoria
PUERTO DE LA CRUZ
SANTA URSULA
San Juan
Punta del Morro
LA OROTAVA
Igueste
Punta del Fraile
Punta del Casado
GARACHICO
San Marcos
LOS REALEJOS
LAS CALETILLAS
Los Silos
La Guaucha
Aguamensa
BUENAVISTA
ICOD DE LOS VINOS
LAS CUEVECITAS
CANDELARIA
EL PALMAR
ARAFO
Punta de Teno
Teno Alto
Valle de la Orotava
Erjos
GÜIMAR
MASCA
Las Hiedras
Puerto de Güimar
Punta de la Galera
Santiago del Teide
Barranco de Masca
Refugio de Altavista
La Medida
Portillo de las Canadas 2020 m
Rajada 2507 m
Acantillo de los Gigantes
LOS GIGANTES
Fasnia
Las Cañadas
PUERTO DE SANTIAGO
Chio
PARC NATIONAL DU TEIDE
Fandeadero
Boca del Tauce 2195 m
ALCALÁ
Guia de Isora
Montana Gangarra 2167 m
Playa de San Juan
El Jaral
Arico
Guajara 2717 m
Poris de Arbona
San Juan
VIRAFLOR
GRANADILLA DE ABONA
Ifonche
Playa de la Enramada
ADEJE
San Miguel
LA CALETA
ARONA
San Isidro
PLAYA DE LAS AMÉRICAS
COSTA ADEJE
Aeropuerto
Playa de los Cristianos
LAS CRISTIANOS
EL MEDANO
Palm Mar
LAS GALLETAS
LOS ABRIGOS
Punta de la Rasca
Costa del Silencio
Punta Salema
Punta Negra
10 KM

Santa Cruz de Tenerife
TF-111
Carretera los Campitos
Caledonia Hôtel Nautico
Avenida José Ma
Calle Carlos J.R. Hamilton
Avenida Profesor Peraza Ayala
Av. F. la Roche
Plaza Doctor Pablos Abril
Plaza los Lavaderos
Musée militaire des Canaries
Hôtel Iberostar Mencey
Casino Tenerife
Spa Grand Hotel Mencey
Rambla Santa Cruz
Calle Méndez Núñez
Calle San Miguel
Calle Santiago
Avenida Francisco la Roche
Vía Servicio Muelle de Ribera
Calle Enrique Wolfson
Hôtel Taburiente
Pension Mova
Calle S. Francisco Javier
Calle Rosa
Parque Garcia Sanabria
Calle J. y María
Calle San Francisco
Calle de la Marina
Av. F. la Roche
Horacio Nelson
Plaza de los Patos
Plaza José Arozena Paredes
Bulevard Avenida 25 de Julio
Plaza del Patriotismo
Naviera Armas
Calle Pérez de Rozas
Calle San Lucas
Calle Suárez Guerra
Musée de Bellas Artes
Plaza 18
Calle J. Pablo II
Plaza de la Paz
Plaza Weyler
Plaza de España
Rambla Pulido
Taberna El Cambullón
Calle Porlier
Aloe Lanzarote
Adonis Hôtel Plaza
Marina
Plaza de Santo Domingo
Calle R. y Cajal
Restaurante Niokobok
Barranco
Casa del Carnaval
Po. la Concordia
Calle Aguere
Iglesia Nuestra Señora de la Concepción
Av. Marítima
Vía Servicio Muelle de Ribera
Parque Cultural Viera y Clavijo
TEA (Tenerife Espacio de las Artes)
Musée de la Naturaleza y el Hombre
Avenida San Sebastián
Hôtel NH Tenerife
Plaza Europa
Calle José Hernández Alfonso
Av. Bravo Murillo
Calle Molinos
Plaza José Javier Pérez Pérez
Avenida de la Salle
Plaza el Cabo
Parque de Don Quijote
Av. Buenos Aires
Av. Tres de Mayo
Vía de Servicio los Llanos
Av. Carmen
Plaza de la Victoria
Gare routière
Avenida Tres de Mayo
Calle Fomento
Avenida de la Constitución
Hotel Silken Atlantida Santa Cruz
Océan Atlantiq
Avenida Manuel Hermoso Rojas
Calle los Llanos Seis
Plaza Alisios
Avenida de la Constitución
César Manrique
TF-4
200 M

PAGES

103 ## LE NORD

Le nord de Tenerife offrira bien des plaisirs : la découverte des superbes villes ou villages, vraiment canariens ; les randonnées dans la vallée de la Orotava ou le Massif de l'Anaga et les plaisirs du surf et des bains ou la découverte des vins.

138 ## LE CENTRE

C'est le vaste et spectaculaire Parc national du Teide qui en constitue le principal attrait. Avec une visite indispensable au Pico del Teide, le point de plus haut de l'Espagne. Passionnant au plan volcanique et aussi botanique.

© MARCOISLER

Pics rocheux de Los Roques.

SANTA CRUZ DE TENERIFE ★

Capitale de l'île et de la province qui inclut les îles de La Palma, La Gomera et El Hierro, c'est une ville moderne et cosmopolite qui s'élève jusqu'à 200 m d'altitude et s'étend autour de son port. Abritée au fond d'une petite anse au pied du massif de l'Anaga. Elle n'a pas le charme des villes plus traditionnelles, mais elle est néanmoins agréable, avec ses immeubles aux couleurs vives, son front de mer et son parc municipal. Ville jeune et animée, c'est aussi le centre commercial le plus important de l'île. Et l'un de ses pôles culturels, avec un musée d'art contemporain et son auditorium Adán Martín dont la silhouette évoque celui de Sidney.

Histoire

Fondée en 1494 par Alonso Fernández de Lugo, elle voit son port se développer au XVIIe siècle et devenir la cible de plusieurs attaques britanniques, infructueuses. Néanmoins La Laguna restait la place urbaine d'importance au nord de l'île. Tout en demeurant un port actif, Santa Cruz n'exerçait par la même attraction que le port de Garachico, du moins jusqu'en 1706, date à laquelle ce port concurrent fut ravagé par une coulée de lave. Ce qui permit à Santa Cruz de devenir le port le plus important de l'île. Une primauté économique qui se mua en politique au XIXe siècle, au détriment de La Laguna. Elle fut la seule capitale de l'archipel de 1723 à 1927.

CASA DEL CARNAVAL ★

Calle Aguere, 17
✆ + 34 922 04 60 20
www.casacarnavalsantacruz.com
Ouvert du lundi au dimanche, de 9h à 19h. Entrée libre.

Depuis début juillet 2017, ce carnaval dispose de sa maison, installée dans un grand espace moderne de plus de 1 000 m² et qui aura nécessité un investissement de plus de 1,1 million d'euros de la part de la mairie. Son objectif : faire mieux connaître cette fête à ceux qui n'ont pas eu la chance d'y assister. Elle héberge une exposition permanente avec les costumes des différentes années et des éléments donnant à voir l'ambiance : première affiche, datée de 1962 et œuvre du peintre Juan Galarza, ou premier costume de reine patronné par une entreprise en 1979.

CASINO TENERIFE

Plaza de La Candelaria, 12
✆ +34 922 242 590
www.rctfe.com

Cet édifice imposant construit en 1840 est de forme cubique, agrémenté d'une tour prismatique. Sur sa façade principale, on notera une série de balcons courant le long du premier étage. Mais c'est la construction intérieure qui répond le mieux aux critères rationalistes. Le salon central est décoré par un triptyque de Nestor Martin-Fernandez de la Torre tandis que le hall expose une peinture immense de José Aguiar. Malheureusement, vous ne pourrez admirer ce lieu que de l'extérieur puisque, pour y entrer, il faut être *socio* (partenaire membre) de l'établissement.

CENTRO DE ARTE LA RECOVA ★

Plaza de Isla de la Madera
Entrée gratuite. Ouvert du lundi au samedi de 10h à 13h et de 18h à 21h.

Situé dans le centre historique de Santa Cruz de Tenerife, à côté du théâtre Guimerá, cet espace culturel est installé en dehors de l'ancien marché de la ville. Cet immeuble a été construit en 1851 et est l'œuvre de Manuel de Oraá, comme le théâtre Guimerá, mais ne fut inauguré en tant que salle d'expositions qu'en 1992. Doté d'une vaste cour intérieure et de grands espaces, c'est aujourd'hui un centre d'art qui présente des dizaines d'expositions par an, notamment des expositions de photos, liées aux Canaries ou non, d'artistes locaux et internationaux.

IGLESIA NUESTRA SEÑORA DE LA CONCEPCIÓN ★

Calle Charco de la Casona, 2
✆ +34 922 24 23 84
Entrée libre.

On l'appelle la cathédrale de Santa Cruz, car c'est la principale église de la ville, mais elle n'est ni cathédrale ni basilique. Sa construction débuta en 1500, mais un incendie la ravagea en 1652 et elle sera reconstruite l'année suivante. C'est un exemple du baroque canarien, de style toscan. Et c'est sa haute tour, datant de 1786, qui en est l'élément le plus remarquable. L'intérieur abrite une petite statue gothique de la Virgen de Consolación, la patronne historique de la ville.

Parque García de Santa Cruz de Tenerife.

MUSÉE MILITAIRE DES CANARIES

Calle San Isidro, 2

✆ + 34 922 29 85 54

Ouvert du mardi au samedi de 10h à 14h. Entrée gratuite.

Installé depuis 1988 dans la caserne d'Almeida, ce musée présente toute l'histoire militaire de Tenerife et c'est l'un des meilleurs centres de recherche de cartographie historique des îles Canaries. L'exposition permanente sera l'occasion de découvrir les uniformes et les objets d'illustres militaires, des collections d'armes utilisées durant les affrontements entre armée espagnole et populations aborigènes de la fin du XVe siècle. Ainsi que la maquette d'un vaisseau, le Thésée.

MUSEO DE BELLAS ARTES ★

Calle José Murphy, 12

✆ +34 922 60 94 46

Ouvert du mardi au vendredi de 10h à 20h, de 10h à 15h le week-end. Entrée libre.

Dans cet ancien cloître franciscain, le musée des Beaux-Arts expose des œuvres de peintres et de sculpteurs canariens du XXe siècle. Il y a également quelques œuvres prêtées par le Prado dont les pièces maîtresses sont *San José* de Ribeira, *Retrato de Isabel II* par Frederico de Madrazo et *Retrato de Fernando Viscai* de Joaquim Sorolla. Les amateurs de peintures flamande et hollandaise y trouveront notammen *Orfeo* de Bruegel, et le *Triptico de Nava y Grimon* de Peter Coeck. La salle du rez-de-chaussée accueille de nouvelles expositions temporaires chaque mois.

MUSEO DE LA NATURALEZA Y EL HOMBRE ★

Calle Fuentes Morales

✆ +34 922 535 816

www.museosdetenerife.org

Ouvert de 10h à 17h, lundi et dimanche, de 9h à 20h le reste de la semaine. Entrée : 5 €.

Installé dans l'ancien hôpital civil d'architecture néoclassique, il possède la plus importante collection d'objets et de vestiges guanches, notamment de momies, avec celle du Museo Canario de Las Palmas de Gran Canaria. Vous y trouverez également des informations sur la botanique, la faune et la flore canarienne, étudiée par bon nombre de naturalistes durant les XVIIIe et XIXe siècles, comme Darwin et Humboldt. Des installations multimédias le rendent intéressant et instructif.

PARQUE GARCIA SANABRIA ★

Lugar Parque Garcia Sanabria

✆ +34 922 53 33 53

Ouvert tout au long de l'année, entrée libre.

Ce gigantesque parc municipal de plus de 67 000 m² est situé entre la rambla de Santa Cruz, au nord et la calle Méndez Nuñez, au sud. Cela fera une excellente balade pour découvrir la flore de l'île et de se rafraîchir au milieu des plantes tropicales et subtropicales. On y trouvera de nombreuses sculptures ainsi que le monument en hommage à García Sanabria, maire de Santa Cruz (1938) et œuvre du sculpteur Francisco Borges Salas. Il y a aussi des aires de jeux pour enfants, des fontaines et de nombreux points pour s'installer et boire un verre.

PARQUE INFANTIL DE TENERIFE (PIT)

Avenida de la Constitución, 12

✆ +34 922 238 413

Entrée : 9 €, gratuit pour les moins de 2 ans et plus de 65 ans. Ouvert de 10h à 20h

Durant la période de Noël, du 20 décembre au 5 janvier, ce grand dôme de 16 000 mètres carrés propose de multiples activités de jeux et de découvertes qui devraient faire le bonheur des enfants : hippodrome, sauts multiples, un karaoké, un train de la sorcière, un atelier océan, un petit théâtre, un carrousel Disney (trente-trois attractions au total). L'accès à chaque activité est déterminé en fonction de la taille de l'enfant. Expositions thématiques.

PARQUE MARITIMO ★★

Avenida de la Constitución, 5

✆ +34 922 22 93 68

https://parquemaritimosantacruz.es

Horaires sur le site web. Entrée : 2,50 € + 2,50 € pour un transat / parasol.

C'est un très beau complexe de loisirs de 22 000 mètres carrés, dessiné par César Manrique et appliquant donc ses choix de respect de l'environnement et d'intégration dans la nature environnante. On y appréciera un ensemble de piscines d'eau de mer aux couleurs turquoise, saupoudrées de petites îles en rocher avec palmiers. Et en îlot central, un petit *chirringuito* pour les boissons et les petites faims. Vue superbe sur l'océan et l'auditorium. Transats et parasols à l'accueil. Séjour recommandé dès que l'on passe à Santa Cruz.

PLAYA DE LAS TERESITAS ★

A 7 km à l'est de Santa Cruz.
Bus réguliers depuis Santa Cruz.

La ville fleurie de San Andrés, au pied du massif de l'Anaga, abrite la plage préférée des habitants de Santa Cruz : la Playa de las Teresitas. La seule à ne pas être noire, au nord de Tenerife, car son sable a été importé du désert. Elle a notamment servi de décors pour quelques scènes de *Star Wars*. On préférera s'y rendre en semaine pour éviter la foule. On profitera du séjour pour aller manger du poisson frais à la *cofradía de los pescadores*, avenida de Naos, 20. Cette côte devrait rester sauvage puisque le projet de logements touristiques a été abandonné.

OASIS RENT A CAR

www.oasisrentacar.com
Dès 62 € pour un jour, dès 49 €/jour dès 7 jours de location.

Si les bureaux sont situés à Playa des las Americas, dans la zone touristique du sud de l'île, il est cependant très facile de récupérer et rendre les véhicules d'Oasis rent a car. Vous pourrez notamment réserver votre voiture pour la récupérer à l'aéroport. Sur le site internet, les prix sont clairement affichés par jour et par type de voiture. Les plus : à partir de 7 jours, les prix sont dégressifs, un conducteur secondaire est inclus, et il y a même la possibilité de récupérer / rendre sa voiture depuis son hôtel. Pour ça, on les contacte directement.

PLAZA CANDELARIA ★

Plaza Candelaria

Au centre de la place se trouve le *Triunfo de la Candelaria*, monument sculpté en 1778 par l'Italien Antonio Canova. Cette sculpture est en marbre de Carrare. Non loin de là se profile l'église de San Francisco, construite à la fin du XVIIe siècle et restaurée au cours du XVIIIe siècle dans le style baroque. Par ailleurs des travaux de réhabilitation du Palais de Carta, petit bijou du XVIIIe, devraient aboutir à son ouverture au public courant 2022. Il accueillerait aussi un point d'information touristique ainsi qu'une boutique d'artisanat.

PLAZA DE ESPAÑA ★

Plaza de España

Santa Cruz a pour centre cette immense place circulaire, située non loin du port. En son centre, une croix massive marque l'emplacement du monumento de Los Caidos, dédié aux morts des forces du général Franco pendant la guerre civile espagnole (1936-1939). Toujours sur la place, le cœur administratif de l'île, vous remarquerez le Palacio Insular, qui héberge les bureaux du *cabildo*, la municipalité. La plaza d'España est désormais piétonne, tout comme la plaza de Candelaria qui la prolonge. Et le soir elle s'illumine de multiples lampions.

Playa de las Teresitas.

TEA (TENERIFE ESPACIO DE LAS ARTES) ★★

Avenida de San Sebastián, 10
✆ + 34 922 849 090
www.teatenerife.com
Fermé le lundi. Ouvert de 10h à 20h. Entrée : 7 €. Cinéma : 4 €.

Ce centre de photographie et complexe artistique, inauguré en octobre 2008, a été conçu par les architectes suisses Herzog & Meudon. Des artistes contemporains régionaux, nationaux ou internationaux y sont exposés. A noter l'espace dédié au peintre surréaliste Oscar Domínguez et sa technique de « décalcomanie ». Il y a également une vaste bibliothèque vitrée avec accès Internet, des programmations régulières de cinéma ainsi qu'un café restaurant et une boutique.

POINT D'INFORMATION TOURISTIQUE

Plaza de España
✆ + 34 922 89 29 03
www.santacruzmas.com
Ouvert du lundi au vendredi de 9h à 17h et les weeks-ends et jours fériés, de 9h à 14h.

Après avoir été point d'information touristique municipal puis espace City Expert, ce point est désormais géré par une entreprise privée. Qui a repris le même local, un joli monument design recouvert de plantes et de fleurs et proche du petit lac de front de mer. Les informations et l'appui donnés sont un peu plus conséquents. Vous trouverez quelques documents en français, un guide de l'île en voiture, les randonnées pédestres à effectuer. Agenda culturel en espagnol.

AUTOBUSES DE LINEA TITSA

Av. Tres de Mayo, 5
✆ +34 922 531 300
https://titsa.com
Guichet ouvert du lundi au vendredi, de 7h à 19h. Billet : 1,45 €. Tenmás, recharge de 5 à 100 € (par multiple de 5 €).

L'île est bien desservie par ces bus et les horaires sont fiables. Certaines lignes passent par les parcs naturels (Teno, Anaga et Teide) et les villages touristiques, idéal si l'on n'est pas motorisé ou si l'on fait de la randonnée, car on laisse la voiture dans un village et on se fait déposer par le bus au départ du chemin. Pour connaître l'heure du prochain passage d'un bus, faites le 27286 sur mobile puis TITSA – espace – numéro d'arrêt par SMS. Bus réguliers : Candelaria, n° 120 ; Los Cristianos, playa de las Americas et Grandilla de Abona, au sud, n° 111.

FRED OLSEN

Polígono Industrial Añaza
✆ +34 922 296 069
www.fredolsen.es
Billets à réserver sur le Web ou en kiosque sur le port (bien avant le départ).

Cette compagnie effectue des liaisons inter-îles. Depuis Santa Cruz de Tenerife, elle dessert quotidiennement Las Palmas (Grande Canarie). La Gomera et La Palma depuis le port de Los Cristianos, au sud de Tenerife (tous les jours sauf le samedi). Les liaisons, également quotidiennes pour Fuerteventura et Lanzarote se font depuis le port de Las Palmas (donc avec une escale si vous partez de Santa Cruz ou de Los Cristianos). Pas de liaison par cette compagnie pour El Hierro. Lors de l'achat du billet, pensez à ne pas cocher « résident ».

GARE ROUTIÈRE

A l'angle de l'avenida Tres de Mayo et de la rue del Fomento ✆ +34 922 215 699
www.tenmas.es
Billet simple, 1,45 €. Cartes « Tenmás » multi-usages : recharge de 5 à 100 € (par multiple de 5 €).

C'est d'ici que partent les bus desservant les autres villes de l'île (niveau 0) et les bus de ville (niveau -1). Depuis septembre 2018, une nouvelle carte « tenmas » est venue remplacer les anciennes formules. Au motif écologique, en affichage, cette carte ne sera plus jetable, mais attribuée une bonne fois pour toutes et rechargeable. En vente aux guichets Titsa, en ligne ou dans les kiosques arborant le logo, mais pas dans les bus. Vous la validez en entrant, mais aussi en sortant. Et vous verrez alors s'afficher le montant de votre solde sur cette carte.

NAVIERA ARMAS

✆ +34 902 45 65 00
www.navieraarmas.com
Billetterie sur le Web, ou sur le port. Passager simple ou avec votre voiture ou camion ou vélo.

Cette compagnie assure le transport maritime inter-îles. En des temps très similaires à ceux de Fred Olsen. Si le nouveau modèle ne possède plus de mini-terrasse avec piscine au grand dam des utilisateurs qui la regrettent, l'équipement reste correct : cafétérias, bars, salle de télévision. Une mini-croisière pour pas cher qui permet un joli aperçu des différentes îles. Liaisons tous les jours vers Las Palmas (Grande Canarie) ; vers Puerto del Rosario (Fuerteventura) et vers Arrecife (Lanzarote). Entrée spécifique signalée en arrivant au port.

TRAMWAY

✆ + 34 902 075 075
http://metrotenerife.com
Prix du billet à l'unité : 1,35 € par voyage. Connexion wi-fi gratuite durant le trajet.

Le tramway de Tenerife compte deux lignes actuellement en fonctionnement. La ligne 1 qui relie Santa Cruz à La Laguna en 21 stations sur un trajet de 12,5 km, empruntant un itinéraire est-ouest qui décrit un grand V dans l'agglomération. Ouverte en 2007, elle fonctionne toute la journée et le week-end avec des rames toutes les 10 min en journée et toutes les 15 min après 21h et le week-end. Ouverte en 2009, la ligne 2 va de Cuesta à Cister en 5 stations, selon un axe nord-sud, avec 2 stations communes avec la ligne 1 : Hospital Universitario et El Cardonal.

PENSION MOVA €

Calle San Martin, 33
✆ +34 922 283 261
De 20 à 25 € pour une chambre simple, avec ou sans salle de bains (29 et 33 € pour une double).

Située dans une partie un peu excentrée de Santa Cruz, mais dans un quartier calme, cette pension modeste, installée dans un immeuble récent, est la dernière de cette catégorie dans la ville. Autant dire qu'elle fera le bonheur des petits budgets. Elle propose vingt et une chambres réparties sur trois étages, sans ascenseur. Les chambres sont simples, propres et rénovées, avec ou sans salle de bains pour les moins chères. Le patron et son chien veillent toute la nuit et vous accueilleront 24 heures/24. Petit coin cuisine à la réception.

ADONIS HÔTEL PLAZA €€

Plaza de la Candelaria, 10
✆ +34 922 272 453
www.adonisresorts.com
Comptez environ 65 € pour une chambre double.

Derrière un hôtel au look un peu ancien, type années 60, vous trouverez un hébergement plutôt confortable puisque l'intérieur a été entièrement rénové. Chaque étage porte le nom d'une île. La décoration reste très classique, mais fonctionnelle, mais on y appréciera de nombreux détails pratiques, multiples prises de courant, lumière dirigée pour lire sans gêner, salle de bains judicieuse et bons rangements. Vous pourrez choisir entre une vue sur la place, souvent avec balcon ou sur une rue plus silencieuse. Ses plus, sa situation centrale et une terrasse solarium.

CALEDONIA HÔTEL NAUTICO €€

Avenida Profesor Peraza de Ayala, 13
✆ +34 922 247 066
www.hotelnautico.es
Tarifs selon les saisons à partir de 65 € chambre double, avec petit déjeuner.

Situé dans un quartier résidentiel de Santa Cruz, Anaga, c'est un hôtel au design soigné et contemporain qui a été entièrement rénové en 2006. Les chambres sont bien équipées, joliment décorées et bien agencées. Toutes disposent de balcons ou de terrasses. Un avantage puisque vous serez à côté de la mer, non loin du club nautique de la ville. Même s'il est un peu excentré, le centre-ville reste très accessible puisque l'arrêt de bus est à 5 minutes. Et vous serez aussi bien situé pour aller rapidement à la playa de la Teresita. Wifi dans les zones communes.

HÔTEL NH TENERIFE €€

Candelaria Doctor Esquina Allart
✆ +34 922 534 422
www.nh-hotels.fr
Comptez de 80 à 150 € pour une chambre double.

C'est un hôtel moderne situé en plein centre-ville à quelques pas des rues commerçantes et de l'animation. Il propose soixante-quatre chambres très confortables pour cette gamme de prix. Avec un aménagement qui a privilégié les parquets sombres et les coloris gris et pourpres pour égayer et soigner les lumières. Toutes disposant d'un coin salon agréable. On y appréciera aussi le bar lounge et la terrasse arborée sur le toit, idéale pour apprécier le coucher de soleil en prenant un verre. Petit déjeuner délicieux et parking en sous-sol.

HÔTEL TABURIENTE €€

Calle Docteur José Naveiras, 24 A
✆ +34 922 276 000
www.hoteltaburiente.com
Entre 80 et et 110 € la chambre double.

Situé près du grand parc García Sanabria, le poumon vert de Santa Cruz, ce très bel hôtel cosy et design est décoré avec goût et dégage une atmosphère apaisante et chaleureuse. Vous y trouverez : piscine extérieure, salle de remise en forme, solarium, bain moussant, sauna, salons. Dans le bar lounge Velvet, la jeunesse branchée vient prendre un verre le soir venu, le restaurant GOM est lui connu pour sa cuisine espagnole créative et son décor classieux contemporain. Wifi gratuit dans l'hôtel, Internet par câble dans les chambres.

HÔTEL IBEROSTAR MENCEY €€€

Calle Doctor José Naveiras, 38
✆ +34 922 609 900
www.iberostargrandhotelmencey.com
Pour une semaine, comptez 510 € pour une chambre double accès Spa. Petit déjeuner au bar Iballa, 6 €, de 9h à 11h30.

Situé sur les hauteurs de la ville, à deux pas du parc Garcia Sanabria, cet hôtel de grand luxe de Santa Cruz a été rénové en 2011 et il reste le grand hôtel de référence de toute la ville. Avec une multitude de services : tennis, piscine extérieure, piano-bar... Le style colonial saura vous enchanter et si vous le désirez vous pourrez jouer au casino, en son sein. 286 chambres sont disponibles. Même si vous n'y êtes pas hébergé n'hésitez pas à venir y prendre le petit déjeuner, servi dans une cafétéria donnant sur les jardins et le spa.

HOTEL SILKEN ATLANTIDA SANTA CRUZ €€€

Avenida Tres de Mayo
✆ +34 922 294 500
www.hoteles-silken.com
Tarifs selon saison : doubles dès 97 €. Nombreuses promotions en ligne.

Cet hôtel est situé dans une grande tour moderne donnant sur la grande avenue principale de la ville. Vous serez donc éloigné du centre piétonnier. A l'intérieur de cet hôtel de luxe, toutes les chambres disposent d'une baie vitrée avec vue panoramique sur la ville. La décoration est un peu impersonnelle, car l'établissement s'adresse davantage à une clientèle d'affaires. Mais il a l'avantage de disposer d'une terrasse sur le toit, avec piscine, avec des prix intéressants le week-end.

CAFÉ ATLÁNTICO €

Calle la marina, 1
✆ +34 922 24 69 09
Ouvert tous les jours, de 9h à minuit, parfois plus tard le week-end. Comptez près de 10 € pour un petit picoteo.

Une belle et grande salle à la décoration fleurant bon les années cinquante dans les îles, une ample terrasse donnant sur la Plaza de España pour y boire un verre ou procéder à un *tapeo* léger, ce sont les deux atouts majeurs de ce café, l'un des plus anciens de Santa Cruz puisqu'il a ouvert en 1945. A cela s'ajoutera le plaisir d'apprécier un lieu qui va peut-être disparaître puisque les gestionnaires actuels se livrent une bataille juridique avec les propriétaires du local, le Casino de Santa Cruz. Autant en profiter avant que Starbucks ne s'installe.

LA HIERBITA €

Calle Clavel, 19
✆ +34 922 244 617
www.lahierbita.com
Ouvert tous les jours de 12h à minuit. Entre 8 et 14 € le plat.

Ce petit restaurant est installé dans une belle bâtisse de 1893 dans laquelle on aura plaisir à se poser, même si la petite terrasse donnant sur une rue tranquille garde ses adeptes et doit être ralliée de bonne heure. La cuisine, canarienne est bonne et familiale, avec un bon rapport qualité-prix, car les plats sont copieux, voire plantureux. Les végétariens pourront opter pour une *parillada* de légumes verts, accompagnée de fromage canarien. Les mojos d'accompagnement sont satisfaisants, mais petit bémol pour le poisson, congelé, mais au moins affiché comme tel.

KIOSCO PRINCIPE €

Plaza del Principe de Asturias
✆ + 34 922 24 22 67
Tapas de 5 à 20 €.

Au début de la montée des raidillons de Santa Cruz, on rejoindra avec plaisir ce petit kiosque installé au cœur d'un parc arboré, absolument idéal pour une petite pause gustative entre deux visites. Le cadre est recommandé pour un léger *tapeo*, à base de croquettes ou d'un plateau de fromages canariens. Ou tout simplement pour venir boire un verre en journée, car il est fermé le soir, comme le parc. En revanche, en journée, on pourra continuer la balade dans le parc pour voir la fontaine et le petit temple, prince des Asturies, qui se situent à quelques pas de là.

TABERNA EL CAMBULLÓN €

Calle Bethencourt Alfonso, 2
✆ +34 922 270 250
Ouvert tous les jours de 9h à 0h30. Petit déjeuner, déjeuner, dîner. Tapas de 3 € à 15 €.

A quelques pas de la Plaza de España, dans un décor et une ambiance locale très agréable de taverne ancienne, vous dégusterez en salle ou sur la terrasse aménagée à l'ombre des nombreux arbres de la rue, des tapas inventives aux produits de la région. Nous vous conseillons particulièrement les courgettes frites au miel de Tenerife ou les croquettes de jambon ibérico faites sur demande. Ou pourquoi pas, le boudin noir au coulis de mangue. N'hésitez pas à demander la patronne, elle a longtemps habité Paris et sera intarissable sur le sujet.

EL COTO DE ANTONIO €€

Calle del Perdon, 13
✆ +34 922 272 105
Fermé le mardi. Compter entre 35 et 55 € par personne avec le vin.

Situé dans un recoin un petit peu caché, ce restaurant ouvert en 1982 se veut un spécialiste de la cuisine traditionnelle *tifeña*, privilégiant les recettes de grand-mères, parfois revisitées de touches créatives. L'autre pari, c'est celui des produits frais en provenance directe du marché qui viennent notamment alimenter le menu du jour. Quelques suggestions pour aborder la carte, goûter le lapin ou la chèvre, délicieusement préparés ou encore la salade de morue, accompagnée de poivrons et de pomme de terre « noires », l'une des spécialités de la maison.

PLAZA 18 €€

Calle de S. Francisco, 18
✆ + 34 822 17 30 14
Ouvert tous les jours. Compter 25 € par personne.

C'est l'un des restaurants les plus récents de la ville. Avec des espaces intérieurs colorés mais surtout une terrasse donnant sur la très jolie place de San Francisco, aux arbres magnifiques, et joliment illuminée la nuit. La cuisine reprend quelques classiques canariens comme les *papas* ou les *mojos* présentés avec du fromage grillé, mais est aussi agrémentée de touches modernes et internationales comme les risottos aux crevettes, le wok de légumes ou le burrito de poulet. Sans y dépenser des fortunes, une dégustation y sera agréable.

RESTAURANTE NIOKOBOK €€

Plaza de la Candelaria, 10
✆ + 34 922 97 70 29
http://restauranteniokobok.com
Fermé le dimanche. Comptez de 30 à 40 €.

Installé au quatrième étage de l'hôtel Adonis, ce Niokobok, *de rien* en wolof sénégalais, propose depuis 2019 un bel espace clair, réparti en deux sous-espaces, un restaurant plus tradi avec nappes et un coin plus lounge, tabouret, tables basses ou hautes... Où l'on pourra soit faire un repas complet soit procéder à un tapeo. Aux manettes, Marc, un Français installé depuis 20 ans aux Canaries. Et à la clé, une carte courte, mais raffinée et des plats bien présentés. On a apprécié le ceviche de sama roquera, petit poisson très fin et sa sauce de Marcuyá. A suivre.

ALOE LANZAROTE

Calle del Castillo, 32
✆ +34 922 87 52 05
www.aloepluslanzarote.com
Ouverte du mardi au samedi, de 10h à 14h et de 16 à 21h et le lundi matin.

L'Aloe Vera est une plante reconnue pour son action cosmétique sur l'épiderme (stimulation du collagène, cicatrisation...) et ses propriétés nourrissantes puisqu'elle est riche en protéines et en vitamines. C'est l'occasion de découvrir ici ce produit phare des Canaries qui se décline dans de nombreux domaines de la beauté : gel dermatologique, crème corps ou visage, savon... et même sous forme de pilules qui seraient tonifiantes pour les messieurs. Au moment de l'achat, faites attention aux flacons, préférez les opaques qui évitent son oxydation.

KIOSQUE ARTENERIFE

Plaza España
✆ +34 922 2915 23
Ouverte du lundi au vendredi, de 10h à 14h et de 15h à 18h et le samedi, de 11h à 14h.

Sur la plaza España, à deux pas de l'office de tourisme, le petit kiosque Artenerife expose et vend l'authentique artisanat de Tenerife. Des bijoux, de la poterie, des foulards, du linge de maison, des illustrations, mais aussi des produits gourmands comme les mojos ou des confitures à la papaye ou à la figue et au miel. Le plus souvent, le produit est parfaitement sourcé avec le nom et les coordonnées de l'artisan qui a réalisé l'objet. Le tout étant régulièrement renouvelé. On trouvera à coup sûr son bonheur, même à partir de quelques euros.

MARINA DE SANTA CRUZ

Darsena Comercial de Los Llanos, s/n
✆ +34 922 292 184

Le port de plaisance dispose d'une capacité de 400 places au maximum. Les 176 postes d'amarrage, près du port commercial de la ville, permettent l'accueil d'embarcations allant jusqu'à 60 mètres de longueur. Sa profondeur maximale est de 35 mètres, 8 mètres pour la minimale, à l'embouchure. Sa marina offre une multitude de services allant de la station essence au service d'informations en passant par des douches et toilettes. A signaler qu'elle est très proche de la ville de San Andrés, et par conséquent non à côté du port commercial de Santa Cruz.

MERCADO NUESTRA SEÑORA DE AFRICA

Calle San Sebastián
www.la-recova.com
Marché : lundi au samedi 6h-14h, dimanche dès 7h. Centre commercial : lundi au samedi 9h-21h, dimanche jusqu'à 15h.

© CYRIL BANA

On pourra s'approvisionner en fruits et légumes, poisson, viande et fleurs au marché dédié à Notre-Dame d'Afrique, situé dans la calle San Sebastián, face au musée TEA. Ce marché clos sur deux étages, qui se présente comme une vaste cour intérieure bordée d'arcades abritant les étals, ne connaît pas l'animation d'un marché africain, mais n'est pas non plus tout à fait européen. Cet exotisme discret en justifie la visite. A l'intérieur et autour, on trouvera de nombreux bars à tapas.

SPA GRAND HOTEL MENCEY

Calle Doctore José Naveiras, 38
✆ + 34 922 609 294
Ouvert à tous, de 10h à 20h. Soins de 45 à 98 €. Réservation préalable requise.

Installé au fond d'un joli jardin avec la montagne en ligne de mire, ce spa vous propose un grand éventail de soins et de traitements du corps ou du visage. Comme climatothérapie, les massages déstressants ou hawaïens, réparateurs après le soleil, ou exfoliants, *via* le chocolat, pour le corps ou désoxydants et régénérateurs pour le visage. Avec des formules qui peuvent combiner circuit de spa et expériences gastronomiques. L'espace comprend aussi des installations sportives soit au total plus de 4 500 mètres carrés consacrés au bien-être.

AUDITORIUM DE TENERIFE ADÁN MARTÍN

Avenida de la Constitución, 1
✆ +34 922 568 625
www.auditoriodetenerife.com
Horaires des visites guidées sur le site web. Prix 5 €. Réservation obligatoire avant, par téléphone ou email.

C'est son visuel très impressionnant qui marque dès que l'on s'approche de Santa Cruz de Tenerife. Inauguré en 2003 et situé à la sortie de la ville, le bel auditorium de Tenerife rappelle le théâtre de Sydney, en Australie, avec ses grands volumes incurvés. Il fut conçu par l'architecte valencien Santiago Calatrava, auteur du complexe sportif des Jeux olympiques d'Athènes en 2004. Des opéras y sont programmés, à découvrir sur le Web ou sur place.

CASINO SANTA CRUZ

Rambla de Santa Cruz, 105
✆ +34 922 574 326
Ouvert du dimanche au mercredi de 18h à 1h, le jeudi de 18h à 22h, le vendredi et samedi de 18h à 3h.

Attirant massivement une clientèle internationale, il fallait bien se douter que les îles Canaries et a fortiori Tenerife, l'île majeure, ne puissent faire l'impasse sur l'implantation de casinos. Les amateurs de jeux seront ravis d'apprendre l'existence de trois emplacements de qualité : Santa Cruz de Tenerife, Plaza de las Americas et Puerto de la Cruz. Les établissements inscrivent leur existence dans le mécénat puisqu'ils sont aussi à l'origine d'expositions artistiques et même de concours. Jeux de blackjack, roulettes, Poker et cash Texas Hold'em...

TEATRO GUIMERA

Plaza Isla de La Madera, 2
✆ +34 922 606 930
www.teatroguimera.es
Horaires suivant les saisons.

Construit en 1847, il fut le premier projet architectural de la ville alors en plein essor. Il fut construit par Manuel de Oraa à la place de l'ancien couvent de Santo Domingo, dans un style classique romantique. Affectueusement surnommé *la bombonera* (la bonbonnière) par ses habitants, il porte son nom actuel depuis 1923, lorsqu'il fut rebaptisé en l'honneur du dramaturge Angel Guimerá tout juste décédé. C'est en ces lieux que se déroule une partie du Festival de musique des Canaries en janvier et février de chaque année. A visiter pour sa beauté et son histoire.

SAN CRISTÓBAL DE LA LAGUNA ★★★

Avec ses belles bâtisses colorées, ses maisons anciennes et typiques, ses musées, ses églises et ses rues piétonnes, la ville est un bonheur pour les amoureux de découvertes historiques et architecturales. Classée au patrimoine mondial de l'Unesco depuis 1999, elle a d'ailleurs servi de modèle à de nombreuses capitales et villes coloniales d'Amérique latine. Mais c'est aussi la première université des Canaries, fondée en 1701, devenue une ville étudiante et dynamique, accueillant de nombreux *Erasmus* et connaissant une vie nocturne très intense, le soir venu. Et on reviendra avec plaisir dans cette ville qui sait être à la fois patrimoniale et vivante.

CASA DE CARTA - MUSÉE ANTHROPOLOGIQUE ★★

Calle El Vino, 44
✆ +34 922 54 63 08
Ouvert tous les jours de 10h à 17h et du mardi au samedi, de 9h à 20h. Tarifs : à vérifier sur internet.

Dans cette maison coloniale du XVIIe siècle, dotée d'un magnifique patio, sont exposés des éléments de la culture populaire, des ustensiles domestiques, des poteries anciennes, des outils agricoles (pressoir, moulin, etc.). En parcourant ses différentes pièces, vous découvrirez des costumes traditionnels, du mobilier populaire, des objets en céramique et des paniers, des instruments de musique des célèbres groupes « parrandas », de nombreux moulins à *gofio* et un petit jardin potager.

CASA DE LERCARO - MUSÉE D'HISTOIRE ★★

Calle San Agustín, 22
✆ +34 922 825 943
Ouvert du mardi au samedi, de 9h à 20h. Dimanche, lundi et fériés, de 10h à 17h. A vérifier sur internet.

Cette maison seigneuriale de style Renaissance, bâtie en 1593 pour une famille de marchands de Gênes arrivée juste après la conquête, abrite le principal musée de la ville. Alors que le Musée archéologique de Santa Cruz est consacré aux Guanches, les collections du musée de La Laguna explorent la vie à Tenerife de la période coloniale de la conquête à nos jours. A voir, la grande collection de cartes des Canaries, dont certaines remontent au XVIe siècle.

ÉGLISE DE NUESTRA SEÑORA DE LA CONCEPCIÓN

Plaza de la Concepcion
Ouvert du lundi au vendredi, de 10h à 17h, lundi jusqu'à 14h. Entrée : 2 € ;

Construite en 1502 par Fernandez de Lugo pour célébrer la première Fête-Dieu à Tenerife, c'est la plus ancienne église de l'île. Sa chaire, une pièce baroque sculptée dans du bois noble à la fin du XVIIIe siècle, est considérée comme un joyau unique tout comme son clocher en basalte, érigé en 1697. Les fonts baptismaux en céramique de Séville du XVe siècle ont une grande valeur historique puisque la légende veut qu'ils servirent à baptiser les premiers Guanches de Tenerife.

TENERIFE

© CARINE KREB

Les belles bâtisses colorées de San Cristóbal de La Laguna.

CATHÉDRALE SANTA IGLESIA ★★

Plaza de Nuestra Señora de los Remedios, s/n
https://lalagunacatedral.com
Horaires visites sur site web. Entrée : 6 € audio-guide inclus.

Cet édifice a été construit en 1515 sur l'ancienne église Nuestra Señora de los Remedios, toujours sur ordre du conquérant de Tenerife, Alonso Fernández de Lugo. Devenue cathédrale en 1818, elle a été entièrement refaite au début du XXe siècle. Seul subsiste le fronton néoclassique de 1820 sur le modèle de la cathédrale de Pampelune. L'église actuelle, inaugurée en 1913, est de style néogothique, avec des voûtes en croisée d'ogives sur les plans de l'ingénieur Rodrigo de Vallabiga qui a totalement conservé la façade principale. A l'intérieur, l'église se distingue aussi pour son chœur néoclassique (XIXe siècle), son grand ostensoir sculpté en argent surdoré de style rococo, ses nombreux objets d'orfèvrerie et pour son importante collection d'ornements sacrés. Ne manquez pas le tabernacle sculpté par le Canarien Luján Pérez et le grand retable baroque de Los Remedios (XVIIIe siècle) qui présente sept tablettes qui auraient été peintes par Hendrick Van Balen, le maître de Van Dyck et le tombeau d'Alonso Fernández de Lugo. On notera aussi une superbe chaire en marbre de Carrare, œuvre du sculpteur génois Pascuale Bocciardo et datée du XVIIIe siècle ainsi qu'un tableau représentant la Cène de Juan de Miranda. Sans oublier la sculpture de Nuestra Senora de la Luz, la plus belle sculpture de la cathédrale, que l'on attribue à Juan Bautista Vazquez el Viejo, fondateur de l'école sévillane du XVIe siècle, objet conservé au musée de la cathédrale qui abrite aussi une importante collection d'ornements sacrés.

ERMITAGE DE SAN BENITO ABAD

Rue Marqués de Celada

Situé dans le quartier de San Benito, tout près de l'église de la Concepción, il a été récemment restauré. Il est composé d'une seule nef, avec un arc en pierres rouges qui encadre la porte principale et un plafond à caissons typiquement mudéjar et représentatif de nombreux temples canariens. C'est ici que se déroule la fête patronale de San Benito en juillet. C'est l'occasion d'une des *romerías* les plus populaires des Canaries, en remerciement pour les récoltes.

CENTRE HISTORIQUE

Le centre historique a été déclaré « Bien Culturel Patrimoine de l'Humanité », c'est l'un des exemples les plus caractéristiques du type de structure urbaine. Il maintient intact son tracé en forme de quadrillage qui fut développé en Amérique latine pendant le processus de colonisation. N'hésitez pas à faire également une promenade au détour des rues de La Laguna, car il y a beaucoup d'endroits à admirer.

Les rues du centre historique. La Laguna vous permettra d'apprécier l'architecture de ses bâtiments historiques qui recèlent de beauté avec leurs balcons de bois en bow-windows ou suivant ce style. Ils accueillent autant des musées de toutes sortes, des restaurants, boutiques et autres. Souvent à l'intérieur se cachent de magnifiques jardins à ciel ouvert avec des balcons en ronde à l'étage : une merveille. Les rues et ruelles historiques sont piétonnières, tout en quiétude ou en animations selon les moments de la journée. Des joyaux d'architecture avec les belles églises, les nombreux palais, et maisons canariennes d'époque dans le style colonial espagnol, du XVIe au XVIIIe siècle. N'hésitez pas à entrer pour découvrir des patios fleuris et leurs galeries de bois ombragées.

Les incontournables. Le palacio de Nava, sur la plaza del Adelantado, de style baroque, reconnaissable entre tous avec son long balcon de bois haut perché. A un autre coin de la place, on visitera l'hôtel de ville (*ayuntamiento*). Depuis la plaza del Adelantado, on fera un tour de la vieille ville par les rues Herradores, de la Viana, Obispo Rey Redondo, où se trouve l'office de tourisme dans la casa Bragamonte.

La Laguna histoire. C'est le siège de l'épiscopat de Tenerife et des trois autres îles occidentales. Elle est richement pourvue d'églises. Entre l'hôtel de ville et le palacio de Nava, on peut voir le couvent de Santa Catalina de Siena et, en face, l'ermita de San Miguel. Par la calle Santo Domingo, on arrive à l'église du même patron, l'église de Santo Domingo, qui date des XVIe et XVIIe siècles. La cathédrale Santa Iglesia se situe à l'ouest de la plaza del Adelantado, en suivant la calle Obispo Rey Redondo ou la calle Deán Palahi. Beaucoup plus belle est l'église de Nuestra Señora de la Concepción, à laquelle on parvient en continuant sur la calle Obispo Rey Redondo. En revenant vers l'est, par la calle San Agustín, on jettera un coup d'œil sur l'ancien couvent des Augustins. En faisant un détour par le nord de la vieille ville, on pourra aussi visiter le sanctuaire royal (Real Santuario) de San Miguel de las Victorias.

ERMITAGE DE SAN MIGUEL

Plaza del Adelanto

Ouvert si exposition.

Cet ermitage a été construit en 1506 sur l'ordre du gouverneur Alonso Fernández de Lugo et placé sous l'invocation de l'archange San Miguel. La statue du saint est conservée dans l'église de Santo Domingo et vénérée tous les ans au cours de sa fête patronale, le 29 septembre. Après de nombreux travaux de restauration, il a été transformé en salle d'expositions. On pourra aussi visiter l'église Santo Domingo de Guzmán du XVIIe siècle qui abrite de superbes plafonds à caissons mudéjars et quelques toiles de Cristóbal Hernández de la Quintana, peintre canarien.

FONDATION CRISTINO DE VERA

Calle San Augustín, 18

✆ + 34 922 262 873

www.fundacioncristinodevera.com

Fermé le dimanche, horaires à consulter sur le site. Entrée gratuite.

Ouverte en 2009, cette fondation gérée par la CajaCanarias expose les peintures et les dessins de Cristino de Vera, peintre canarien, obsédé par la mort, parmi les plus importants de l'art contemporain espagnol, dont les œuvres sont notamment visibles au Reina Sofia de Madrid ou à l'Ivam de Valence. Cette fondation accueille aussi au rez-de-chaussée des expositions temporaires et sa visite sera l'occasion de connaître une très belle maison canarienne du XVIIIe siècle.

MUSÉE DES SCIENCES ET DU COSMOS ★

Avda. Los Menceyes, 70

✆ +34 922 315 265

www.museosdetenerife.org

Fermé le lundi. Ouvert de 9h à 20h jusqu'au samedi, et de 10h à 17h, le dimanche. Entrée : 5 €.

Situé sur le campus universitaire, ce musée inauguré en 1994 se veut à la fois un musée traditionnel et un parc d'attractions. Dans cette optique, il présente un riche panorama des progrès scientifiques faits par l'Homme durant ces dernières années, avec une explication des lois et des principes régissant la nature, le fonctionnement du corps humain et l'évolution des étoiles, au travers de nombreuses expériences scientifiques et ludiques qui devraient plaire aux enfants.

MUSEO LOS SABANDEÑOS

C/ Capitan Broton, 7

✆ + 34 922 256 297

Ouvert du lundi au dimanche de 8h30 à 18h30. Entrée libre.

Depuis mai 2018, les *Sabandeños*, l'un des groupes de folklore canarien les plus connus a installé son siège dans une maison canarienne du XVIIIe siècle. Au rez-de-chaussée et à l'étage, différentes salles vous permettront de découvrir le parcours musical du groupe, affiches, photos, souvenirs, disques d'or, mais aussi disques que l'on pourra écouter. On notera particulièrement la salle dédiée aux instruments emblématiques des Canaries, comme le *timple*, mais aussi le *bucio,* sorte de gros coquillage, dont ce sera l'occasion de découvrir le son très impressionnant.

PALACIO DE NAVA ★★★

Calle de Nava y Grimón

A voir du dehors, fermé au public.

© LASZLO SZIRTESI - SHUTTERSTOCK.COM

Édifié en 1585, il est pour beaucoup un exemple insolite de l'architecture canarienne car sa façade mélange maniérisme, baroque et néoclassicisme. Le corps de logis central, similaire à celui du palais Salazar (aujourd'hui le palais épiscopal), a été construit en 1681 par les mêmes tailleurs de pierre. Au centre du frontispice, on peut admirer les armoiries en pierre des marquis de Villanueva del Prado. C'est dans cette bâtisse que se réunissait la célèbre Tertulia de Nava, un groupe d'intellectuels qui eut une grande influence à l'époque de l'Illustration.

PALAIS ÉPISCOPAL OU CASA SALAZAR ★★

Rue San Agustín

Construit en 1664, c'était le lieu de résidence des comtes de Valle de Salazar. La façade, une œuvre baroque de Juan González de Castro Illada construite en 1681 est l'une des plus belles de l'architecture canarienne grâce à des lignes sobres et équilibrées. Avant de devenir le siège de l'évêché de La Laguna au XIXe siècle, ce palais abritait le casino El Porvenir et c'est sur le piano de ce club que Teobaldo Power composa une grande partie de ses célèbres *Cantos Canarios*.

REAL SANTUARIO DE SAN MIGUEL DE LAS VICTORIAS ★★

Plaza del Cristo de La Laguna

De l'incendie qui en 1810 détruisit l'ancien couvent des franciscains, seule a été préservée une sculpture sévillane sur bois représentant le Christ, de style gothique tardif. Et c'est aujourd'hui l'une des plus vénérées de l'île, promenée dans les rues lors des processions. L'église actuelle renferme une statue de la Dolorosa du sculpteur canarien Rodríguez de la Oliva, une autre de San Francisco de Asís et de nombreux objets d'orfèvrerie provenant des meilleurs ateliers de la ville.

OFFICE DU TOURISME

Calle Obispo Rey Redondo, 7

✆ +34 922 631 194

https://turismodelalaguna.com

Ouvert du lundi au vendredi de 9h à 16h30 (jusqu'à 15h30 en juillet et en août) et le week-end de 10h à 14h.

Vous obtiendrez tous les renseignements dans cet office, situé dans le splendide patio de la Casa Alvarado-Bracomonte, du XVIIe siècle. Des documents en français dont un plan de La Laguna recensant 34 points à voir dans la ville et dans les environs. Une visite guidée gratuite, proposée par les guides de l'office, a souvent lieu, du lundi au vendredi à 12h, mais il vaut mieux téléphoner avant pour confirmer l'horaire et s'inscrire. Elle est le plus souvent en espagnol sauf si un nombre suffisant de visiteurs permet d'en programmer en français. Durée, environ 1h.

AÉROPORT LOS RODEOS

15174 Rutis-Vilaboa

✆ +34 922 635 635

www.aena.es

Comptez environ 20 € pour un trajet en taxi jusqu'à Santa Cruz.

TNF (Tenerife Nord) est l'un des deux aéroports de Tenerife, moins fréquenté que celui du sud. Depuis la métropole, les trajets sont effectués par Iberia, Vueling et Ryanair. Il assure aussi les vols inter-îles, avec Binter et Canaryfly. A la sortie du terminal, un panneau d'affichage indique les numéros des bus et le temps d'attente. Pour Santa Cruz (passe par La Laguna), n° 20 et 104 ; pour Puerto de la Cruz, n° 30 et pour l'aéroport de Los Cristianos, au sud, n° 343, qui passe par Puerto de la Cruz. 5 agences de location de voitures dont Cicar.

BINTER

Aéroport de los Rodeos (Tenerife Nord)

✆ +34 922 873 024

www.bintercanarias.com

C'est la compagnie inter-îles historique, créée par Ibéria en 1988. Depuis Tenerife Nord (Los Rodeos), elle dessert la Gomera (2 vols par jour) ; la Grande Canarie (plus d'une quinzaine) ; Fuerteventura (5 vols par jour) ; Lanzarote (7 vols par jour) ; La Palma (au moins une quinzaine) et El Hierro, (4 vols par jour). Pour cette compagnie comme pour l'autre inter-îles, faites attention au poids des bagages que vous emportez : les avions sont plus petits, le poids des bagages autorisés sera donc moindre (6 kg contre 10 kg lorsque vous venez de la métropole).

CANARYFLY - VOLS INTER-ÎLES

Aéroport de los rodeos

✆ + 34 928 01 85 00

https://www.canaryfly.es

Créée en 2008, cette compagnie dont le siège est situé à Las Palmas de Gran Canaria a débuté par des vols entre les îles et la péninsule, mais depuis 2012, elle propose des vols inter-îles en direction des six autres îles que Tenerife. Ses prix sont à peu près identiques à ceux de la compagnie Binter, plus ancienne sur le marché. Vous pouvez aussi guetter ses promotions sur son site web. A privilégier par rapport aux transports en bateau, si on est pressé.

LA LAGUNA GRAN HOTEL €€

Calle Nava y Grimón 18 ✆ 34922108080
https://lalagunagranhotel.com
Dés 108 € la chambre double.

La Laguna Gran Hotel est idéalement située, au sein du centre historique de San Cristóbal de La Laguna. Ce bâtiment construit en 1776, associe harmonieusement luxe et histoire et offre une décoration soignée. Le patio intérieur est magnifique et on profite des fauteuils et canapés pour boire un thé, lire un bouquin ou simplement papoter avec les autres touristes. Plusieurs standings de chambres vous attendent, toutes spacieuses. Mention particulière pour celles avec la terrasse. Quant au petit déjeuner, frais et varié, il va vous régaler !

TITSA - BUS TENERIFE

interchangor de La Laguna ✆ +34 922 532 300
www.tenmas.es
Billet simple 1,45 €. Cartes « Tenmás » multi-usages : recharge de 5 à 100 € (par multiple de 5 €).

Un moyen pratique pour se rendre dans presque tous les villages et villes : Puerto de la Cruz, Los Cristianos, Santa Cruz, Buenavista del Norte, etc. Les bus sont rapides et comptent de nombreux arrêts. La carte à acheter en kiosque ou en gare routière vous permet d'économiser sur vos trajets, et permet même de prendre le tramway de La Laguna. Sur le site Internet, vous pourrez étudier votre trajet et vos horaires, mais attention aux dimanches, car certaines lignes ne fonctionnent pas et vous pourriez rester coincé dans une ville ou rater votre avion ou bateau.

HÔTEL AGUERE €€

Calle La Carrera, 55
✆ +34 922 31 40 36
www.hotelaguere.es
Dés 100 € le chambre double.

Construit en 1760 et installé dans ce qui fut la *torre hermosa,* il a tout de l'hôtel de charme à privilégier pour une visite de La Laguna. S'organisant autour d'un très joli patio fleuri et lumineux, il propose 22 chambres distribuées sur deux étages, elles-mêmes décorées avec beaucoup de goût, murs blancs et fer forgé pour les lits. Celles qui donnent sur la rue permettent de s'asseoir de chaque côté de la fenêtre en jetant un œil sur le théâtre qui lui fait face. De style Art déco, le restaurant et la cafétéria sont accessibles à tous. Accueil très agréable.

HÔTEL RURAL COSTA SALADA €€

Camino La Costa, la Barranquera
✆ +34 922 690 000 - www.costasalada.com
Compter de 78 (dès 60 € hors saison) à 140 € la chambre double et de 170 à 204 € la suite. Promotions en ligne.

Ce superbe hôtel rural, situé à environ 15 km de la Laguna, est accessible en traversant une petite route coincée au milieu d'une bananeraie qui conduit vers la mer. Si vous recherchez des vacances tranquilles, dans un endroit qui borde des côtes sauvages, ce lieu est fait pour vous. Immergé dans une *finca* de 240 000 m², et comprenant de nombreux jardins, c'est un vrai havre de paix dans lequel vous pourrez méditer en toute quiétude. Sa piscine est isolée et encadrée d'un pont en teck. Par ailleurs, le restaurant, face à la mer, est ouvert tous les jours.

LA ASOMADA DEL GATO €€

Calle Anchieta, 45
✆ +34 922 263 937
www.laasomadadelgato.es
58,85 € la chambre simple, 80,25 € la double, avec le petit déjeuner.

Située dans l'une des petites rues de la partie ancienne de La Laguna qui font son charme et un peu à l'écart des rues les plus fréquentées, cette maison d'hôte ouverte en 2009 a de nombreux atouts pour séduire. En premier lieu, un très beau patio fleuri, amoureusement entretenu par le propriétaire et idéal pour prendre le petit déjeuner ou un verre dans la journée. On appréciera ensuite les 4 jolies chambres, soigneusement agencées et très bien équipées : TV, internet. On ne résistera pas non plus à l'accueil souriant de Candelaria, la maîtresse des lieux.

BODEGON VIANA €

Calle Viana, 35
✆ +34 822 25 62 56
Fermé le lundi. Compter moins de 20 € pour deux personnes.

Dans un cadre typique de bodega, c'est le restaurant idéal pour goûter tous les plats canariens comme les soupes canariennes, à titre d'exemple. Le Bodegon Viana est toujours plein, car très fréquenté par les locaux. Très bonne ambiance. Un menu, mais on goûtera les spécialités de la maison à la carte. Vous pourrez, par exemple, essayer *la morcilla*, sorte de boudin noir mangé également dans la péninsule, mais aux Canaries il est fourré aux fruits secs et a un goût de pain d'épice. Bon rapport qualité-prix et portions copieuses.

EL RINCÓN EXTREMEÑO €

1 Plaza de la Concepción
✆ +34 922 26 65 08
Fermé le dimanche. Ouvert de 10h à minuit. Comptez de 10 à 20 € selon l'appétit.

C'est en 2006 que Martín, *Extremeño* lui-même, a ouvert cette épicerie qui fait aussi office de point de dégustation. Bien sourcés, de nombreux produits proviennent de Jerez de los Caballeros, près de Badajoz, et vous permettront de goûter les jambons, les chorizos, les lomos et surtout les *lomitos*, l'un des produits phares du lieu. Ou encore côté fromages, la *torta del casar*, fromage de brebis au cœur fondant, et même la spécialité canarienne, la *flor de guia*, mélangeant lait de vache et de brebis et unique fromage utilisant la fleur du chardon comme coagulant.

TASCA LA CARPINTERIA €

Calle Nunez de la Pena, 14
✆ +34 822 61 43 06
Fermé le mardi. Ouvert de 13h à 17h et de 20h à minuit, le dimanche jusqu'à 23h. A partir de 15 € par personne.

Dans une ambiance de bistro aux tables peintes et aux murs ornés de bouteilles, cette *tasca* est très appréciée localement, mais a aussi sa petite clientèle de touristes informés. Elle propose des planches de jambons et fromages ainsi que des plats galiciens. Côté poissons, privilégiez le choix du jour, petites sardines ou morue selon l'époque et côté viandes, faites un sort aux *chuletos* (petites côtelettes) fort bien copieusement servies. Au vu des portions, n'hésitez pas à partager les plats. Très large choix de vins des Canaries et de la péninsule.

EL GUAYDIL €€

Calle Dean Palahi, 26
✆ + 34 822 04 76 65
Fermé le dimanche. Midi et soir : lundi et de jeudi à samedi. Midi : mardi et mercredi. Comptez 25 €.

Cuisine raffinée et bons vins dans cette belle adresse à la déco moderne très tendance, mais chaleureuse tout de même. Vous y découvrirez par exemple les brochettes de fruits de mer, les poissons frais, des salades composées et toute une valse de plats à savourer comme les toasts de mousse de canard au mogote, fromage de la Gomera, ou les risottos de bolets, en saison, et vous pourrez même risquer un sucré salé très réussi en optant pour le foie gras mi-cuit accompagné de chèvre au miel. N'hésitez pas à vous laisser guider par les très bons conseils de l'équipe.

TASCA EL TONIQUE - RESTAURANT/BAR À VIN €€

Heraclio Sánchez, 23
✆ +34 922 261 529
Ouvert tous les jours mais juste le midi. De 20 à 30 € par personne.

L'une des plus belles cartes des vins des Canaries (350 références) dans un super cadre rustique en contrebas de la rue. L'endroit sert des plats typiques de la péninsule, ainsi que quelques spécialités canariennes. La cuisine est simple et fine. Tout est délicieux et vous y passerez certainement une excellente soirée. Il est conseillé de réserver, surtout le week-end. Il est possible de prendre à emporter ou de se faire livrer si vous ne souhaitez pas profiter de la terrasse.

CAFE 7

Calle el Juego, 7
✆ +34 922 63 40 97
Ouvert de 10h à 2h du matin.

Il ne livre pas de suite ses secrets, il faudra d'abord entrer au numéro indiqué, suivre le couloir et arriver *in fine* dans le premier espace, un grand lounge fermé, avec bar et grandes tables. Vous pouvez aussi vous installer dans le grand patio arboré, soigneusement décoré de meubles de récupération où une clientèle plutôt jeune a ses habitudes. Boissons et *tapeo* en auto-service. Il a accueilli quelques concerts, mais les voisins ont souhaité y mettre fin. Au hasard d'une visite, vous assisterez peut-être à l'un des débats qui s'y organisent de temps en temps.

L'AMUSE BOUCHE

Calle Nava y Grimón, 7
✆ + 34 922 26 41 22
Ouvert tous les jours, de 13h à minuit.

Comment résister au charme de ce magnifique jardin du Casino de La Laguna ? C'est impossible, car c'est l'endroit idéal pour faire une pause entre deux visites dans la ville ancienne et boire un verre. On pourra s'installer sur l'une des petites tables qui parsèment le jardin au milieu des arbres ou sur la terrasse qui entoure ce petit palais de style moderniste, construit au début du XIXe siècle. Cela équivaudra à une pause hors du temps, avec pour seul bruit de fond, celui de la fontaine. Que vous pourrez toujours agrémenter par une pause sucrée.

LA CAFEINA

Calle Juan de Vera, 1
✆ + 34 922 199 215
https://www.lacafeina.es
Horaires sur le site web.

« *La vie est trop courte pour boire un mauvais café* », c'est le slogan de la maison qui s'affiche d'emblée à l'entrée de cet espace moderne et clair, entièrement dédié à ce breuvage. Avec ce qu'il faut de multiples variétés dont une très large sélection de provenances sud-américaines, et de connaissances de la part des *baristas* pour être susceptible de satisfaire les plus exigeants dans ce domaine. Le thé n'est pas oublié. Petit coin avec grande table pour travailler tout en le dégustant. On peut aussi opter pour la terrasse, avec la cathédrale en visuel.

BODEGON TOCUYO

Calle Juan de Vera, 16
✆ +34 922 250 045
Fermé le dimanche. Ouvert du lundi au samedi de 12h à 15h, et de 19h à 2h.

La renommée d'El Tocuyo n'est plus à faire à La Laguna. Et toute personne saura vous indiquer où il se trouve. Il suffit de rentrer dans cette tasca pour comprendre qu'elle a vécu. Ici se croisent toutes les générations et toutes les catégories sociales. On y viendra surtout pour boire un verre de vin sorti des fûts et faire l'expérience de vins doux tels que le *vino de pasas* (raisins secs). Tout est dans son jus, le vin comme le lieu. Et on aura surtout plaisir à regarder le décor avec ses multiples barriques. Côté accompagnements du vin, c'est plus léger.

DULCERIA LA CATEDRAL

Calle San Juan, 1
✆ + 34 922 259 126
Ouverte tous les jours, de 8h à 21h.

Avec un nom pareil, on ne va pas se demander où elle se trouve. Fort logiquement à côté de la cathédrale, un endroit bien sûr stratégique pour attirer la clientèle de fin de messe. Ce qui n'a pas échappé à cette *dulcería* qui est la plus ancienne de La Laguna. Et comme elle est à l'angle d'une des rues les plus passantes du centre-ville, vos pas vous y conduiront. Et si c'est un tout petit espace, les plaisirs qui vous y attendent, eux, ne seront pas minces. Elle est appréciée pour ses *truchas,* sorte de petites *empanadas* sucrées farcies d'amandes et au goût anisé.

EL RINCÓN DE TINTÍN

Plaza de la Concepcion, 7 local 5

Fermé le lundi, ouvert de 18h à 2h et à partir de 16h, le vendredi et le samedi.

Vous aurez à cœur de prononcer « tinetine », même s'il n'y a pas d'erreur, il s'agit bien du reporter au Petit Vingtième, à deux doigts de décoller vers la lune, comme le démontre le logo du café. C'est l'endroit où il ne fait jamais froid à La Laguna, avec une chaude ambiance et un son bien à fond. A disposition, deux espaces, un ouvert et un fermé pour profiter d'une excellente carte de cocktails, à la créativité sans cesse renouvelée ou assister à l'un des nombreux concerts qui s'y donnent. Indispensable lors d'un passage dans la ville.

MAKIKA

Calle San Juan, 15

✆ +34 922 89 18 30

www.makika.es

Fermé le lundi, ouvert de 8h à 22h, du mardi au vendredi, à partir de 9h le samedi et le dimanche matin.

On y vient d'abord pour ses délicieuses pâtisseries à la touche française revendiquée (cannelés, Kouign-amann, et oui) qui ont fait sa réputation depuis son ouverture en février 2017. Mais aussi pour le lieu, le charmant patio d'une ancienne maison canarienne où l'on pourra s'attabler pour prendre le petit déjeuner avec des croissants bien sûr au beurre français ou y faire une pause gourmande avec un gâteau au chocolat. Plus tard on peut venir y boire un verre. On s'y précipite, mais rassurez-vous, s'il y a la queue, le service est à la fois rapide et efficace.

PALMELITA

Plaza de la Concepción

✆ +34 922 250 405

www.palmelita.es

Ouvert tous les jours, de 9h à 22h. Wifi gratuit.

Au pied de l'église et du quartier historique vous découvrirez cette pâtisserie, café et glacier très design. En terrasse ou dans la belle et grande salle intérieure, avec sa décoration de chaises style Louis XIII, son grand mur design rose, ses petites décorations tout en couleurs, et son grand comptoir de glaces, sandwichs chauds et froids, pâtisseries, liqueurs, boissons chaudes ou froides (café, thé, café frappé...). Leurs spécialités : les glaces maison (sans sucre ajouté) comme l'*amarena* (à la cerise griotte) ou à l'*higo de leche*.

MASSIF DE L'ANAGA ★★★

Culminant à 1 024 m, ce vieux massif est moins marqué par le volcanisme que par l'érosion. Et son ancienneté géologique se traduit par la présence d'un grand nombre de *dykes*, des lignes de pierres nues qui sont d'anciennes artères par lesquelles la lave s'écoulait. La plupart suivent la direction de la crête du massif, elle-même située dans le prolongement du rift volcanique. On notera un grand contraste entre le versant sud de l'Anaga, venté, sec et parcouru de *dykes* et son versant nord, couvert d'une forêt de lauriers géants et de bruyères arborescentes, la plus vaste et la mieux conservée de Tenerife. Une zone qui est protégée comme parc naturel.

RANDONNÉES DANS L'ANAGA

Centre des visiteurs, Cruz del Carmen, carretera TS 12, km 23 (✆ 34 922 63 35 76). Ouvert tous les jours de 9h à 16h.

▶ **Cruz del Carmen**. On pourra s'informer sur le milieu naturel et les nombreuses possibilités de randonnées au Centre des visiteurs du parc rural d'où plusieurs sentiers s'enfoncent dans la forêt de lauriers.

▶ **Cabezo del Tejo** (de 1h30 à 2h aller-retour). Après El Bailadero se trouve l'embranchement de la piste forestière du Cabezo del Tejo, où l'on peut se garer pour faire la plus belle randonnée de l'Anaga, à travers la forêt de lauriers. Un sentier balisé part sur la gauche de la piste jusqu'à la vertigineuse perspective de Chinobre, à 909 m d'altitude puis conduit au roque d'Anambra, un très bel exemple de neck qui s'élève au-dessus de la forêt. Puis, on atteint le Cabezo del Tejo, nouveau mirador. A moins de descendre jusqu'à El Draguillo et la côte nord, on regagnera le point de départ par la piste forestière sur la droite. Le retour par la forêt est plus monotone et prend 40 minutes.

▶ **Le phare de Benijo** (de 2h30 à 3h pour 7 km, de 5 à 5h30 pour 15 km). A la fin de la route des crêtes, à Chamorga, un sentier descend jusqu'au barranco de roque Benijo sur le versant nord. On peut atteindre le vieux phare de l'Anaga, qui offre une belle vue sur la côte et au large, les roques d'Anaga. Plutôt que de regagner Chamorga par le même chemin, on passera plus au nord, par Tafara : c'est un sentier plus difficile et une montée plus raide dominant le barranco (chemin de 7 km). Du phare d'Anaga, on peut éviter de remonter sur Chamorga et longer la côte jusqu'à El Draguillo et suivre la route Taganana – Almaciga, soit 8 km de plus.

Plage au pied du massif de l'Anaga.

ROUTE DES CRÊTES

En partant de La Laguna, la route des Crêtes offre de beaux panoramas souvent vertigineux, avec parfois la mer de chaque côté. Il n'est pas rare que les cimes de l'Anaga soient dans les nuages, en particulier en été. Peu après La Laguna, vous verrez apparaître la première zone de forêts, au-dessus du village de Las Mercedes. Dans un lacet, on parvient ensuite au mirador del Valle de Aguerre, qui offre une belle vue sur La Laguna et la crête dorsale. Avant d'atteindre les crêtes, on trouvera un second mirador, la Cruz del Carmen, à 920 mètres d'altitude. La route passe ensuite tout près du point culminant de l'Anaga avant d'atteindre le Pico del Inglés à 960 mètres. Au-dessus de la cime des arbres, le panorama est impressionnant : la mer de chaque côté, Santa Cruz tout en bas, le Teide au fond et à l'est la silhouette massive de la Gran Canaria. En arrivant au nord, on remarque le roque Taborno (707 mètres), en bord de mer. C'est un neck, une ancienne cheminée volcanique, érodée. Et à 8 kilomètres du Pico del Inglés, on arrive au col d'El Bailadero où la vue s'étend des deux côtés de la crête. De nombreux dykes (filon de roche magnétique dégagé par l'érosion) jalonnent les pentes. Sur le versant sud de ces crêtes, une route longe le barranco de Las Hueras jusqu'à San Andrés. En quittant cette route au-dessus du col, on peut descendre vers le versant nord en traversant un tunnel. Avant, on trouvera une aire de pique-nique et 1 kilomètre plus loin, une belle perspective sur les roques de Fuera et de Dentro.

ALBERGUE MONTES DE ANAGA €

Carretera Bailadero Chamorga, s/n
✆ +34 922 69 02 34
www.alberguestenerife.net
20 € : adulte. Chambre double à 40 €.

Au cœur du parc rural protégé, c'est un écolodge qui se fond dans le décor et offre une vue panoramique des montagnes de l'Anaga depuis sa grande terrasse. Elle compte 3 dortoirs de 6 personnes, 5 dortoirs de 4 et une chambre double avec salle de bains, toutes bien équipées, modernes et propres. Elle offre de nombreux services (laverie, salle multisports...) et activités (randonnées guidées, location de VTT, matériel d'escalade et de trekking, initiation à ces sports...). Malgré une capacité de quarante personnes, elle est toujours au complet, mieux vaut réserver.

BAR PLAYA CASA AFRICA €

Roque de las Bodegas, 3
✆ +34 922 590 100
Ouvert du jeudi au dimanche et jours fériés de 10h à 18h. Menu à 16 €. Petit déjeuner, brunch. Terrasse.

Ce restaurant qui ne paie pas de mine est toujours plein à craquer dès qu'arrive le week-end, un signe qui ne trompe pas. Laissez vous guide par les bons conseils de la patronne. Elle disposera devant vous le poisson du jour, quelques calamars en sauce, une grande salade et bien sûr, les indispensables papas arrugadas, accompagnées de leur mojos très réussis. Vous pouvez aussi tenter la spécialité de la maison, le poulpe grillé. Ce sera un régal. C'est simple mais très efficace ! Et le week-end, des musiciens y poussent la chansonnette.

TENERIFE

© AUTHOR'S IMAGE

Roques de Anaga.

TACORONTE

Située dans une région très fertile où l'agriculture occupe une place importante, cette ville est très connue pour sa production de vins prestigieux. Elle est le point de départ d'une route des vins, de 23 kilomètres, qui va jusqu'à Acentejo. Cette route étant l'occasion de découvrir les crus locaux dans un parcours qui vous mènera des restaurants gastronomiques aux *bodegas* de production, traitant des variétés de raisins uniques puisqu'ils ont résisté à l'épidémie de phylloxéra du XIXe siècle. A Tacoronte, on visitera aussi l'église Santa Catalina, construite en 1664 et celle du Christ des douleurs, avec un Christ polychrome du XVIIe siècle également.

EL SAUZAL

En empruntant la route qui suit la côte vous arriverez à El Sauzal, une petite ville qui fait aussi partie de la route des vins de Tacoronte. Son centre urbain est très représentatif de l'architecture traditionnelle canarienne et il vous permettra aussi de découvrir les deux monuments les plus importants, l'église de San Pedro Apostol, classée bien d'intérêt culturel, et l'ermitage de Los Angeles, tous deux du XVIe siècle. A proximité du centre et bien signalisé, il ne faudra pas manquer d'aller profiter des belles vues sur la vallée de La Orotava, en vous rendant au belvédère de la Garañona. Avec terrasse et cafeteria pour que le plaisir soit complet.

EL EMPEDRADO €€

Carretera General del Norte, 284
✆ +34 922 570 435
www.empedrado.es
Lundi de 12h à 16h30, du mercredi au dimanche de 12h à minuit. Prix moyen 20 à 25 € par personne.

C'est un restaurant privilégiant la cuisine traditionnelle canarienne avec une spécialité affichée pour les viandes rôties (*asados*) : du lapin, de l'agneau, du veau ou du poulet. Mais on y appréciera aussi de bonnes grillades, qu'il s'agisse de viandes ou de poissons que l'on accompagnera de vins locaux Tacoronte-Acentejo. Le tout lui a valu une très bonne réputation locale et une clientèle régulière. On pourra s'installer dans le cadre rustique d'une petite maison typiquement canarienne ou profiter du jardin, agréable aux heures chaudes de la journée.

REAL CLUB DE GOLF DE TENERIFE

El Peñon de Tacoronte
✆ +34 922 636 607
www.rcgt.es
Nombreux services. Mieux vaut réserver.

Fondé en 1932 par Antonio Lucena, Andrés Alberto, Joaquín Laynez et Aureliano Yanas, quatre joueurs de prestige membres de ce club, c'est l'un des premiers golfs créés en Espagne. Vous profiterez d'un 18-trous au sein d'un joli circuit dessiné dans une oasis d'arbres et de verdure et parfaitement intégré à l'environnement. C'est un terrain jugé difficile, mais stimulant pour les experts. On y trouvera aussi un restaurant, un snack-bar et une garderie d'enfants.

LA CASA DEL VINO LA BARANDA

Calle San Simón, 49
✆ +34 922 572 535
www.tenerife.es/casa-vino
Musées fermés le lundi. Gratuit. Comptez de 25 à 30 € au restaurant.

C'est une ancienne ferme canarienne du XVIIe siècle qui sert de petit musée du vin, avec d'anciens pressoirs. On y trouvera aussi un musée dédié à la fabrication du miel ainsi qu'une boutique de produits artisanaux : vins, miel, *mojos*... et une salle de dégustation. Le restaurant du lieu met à l'honneur les vins d'appellation Tacoronte-Acentejo, la plus réputée de Tenerife. Jolie vue sur la vallée de La Orotava, parfois nébuleuse sous l'effet d'une mer de nuages, et sur le Teide.

MIRANDO AL MAR €

Ctra. la Virgen, 26
✆ +34 922 575 380
Fermé le mercredi et les mardi et dimanche soir. Entre 9 et 15 € le plat.

Situé tout à fait en contrebas d'El Sauzal, ce restaurant bien typique attire essentiellement une clientèle canarienne. La cuisine y est donc spécialisée dans de bons mets de l'île, des plateaux de fruits de mer et poissons excellents. Au menu, des plats de crevettes roses ou rouges, sans oublier les viandes, asperges, jambon ibérique, les fromages de chèvre du pays fondus... Et le décor en bois est chaleureux. Et bien sûr comme son nom, en regardant la mer, le laissait penser, vous aurez de belles vues. Goûtez aux vins de la région, très réputés.

CASA ODON €€

Carretera General del Norte, 21
+34 922 561 124
Ouvert tous les jours. Comptez environ 20 € par personne.
Sur le bord de la Carretera General, dans un vivier qui compte de nombreux petits restaurants, on trouvera la Casa Odón. Qui se démarque des autres offres en pariant sur une cuisine simple et savoureuse, mais aussi par son traitement familial des clients. La grande spécialité de la maison, ce sont les champignons qui à coup sûr réjouiront les amateurs, mais il y aura aussi du poisson, des langoustes à la plancha, de la morue et de bonnes viandes grillées. Et rassurez-vous les portions seront à la canarienne, généreuses. Superbe vue sur le mirador El Sauzal.

LA QUINTA PARK SUITES & SPA €€

C/ Bicacarera, 21
+34 922 300 951
www.laquintaparksuites.com
Selon la saison et la catégorie : suites de 90 à 140 €.
Ce complexe 4-étoiles propose des appartements situés dans un immeuble formant un demi-cercle faisant face à la mer, avec en contrebas trois piscines, un jardin tropical très vert et un solarium. L'hôtel dispose d'une salle de gym, d'un spa, de bars et de restaurants. L'hôtel propose des appartements au standing différent, deux cent dix au total, bien équipés et décorés (surtout les chambres). Des bungalows plutôt destinés aux familles sont aussi disponibles.

SANTA URSULA

On y produit de bons vins, des bananes, des céréales, des fleurs exotiques et des œillets. On en profitera aussi pour aller voir la grotte de Bencomo, le dernier *mencey*, roi guanche, vaincu en 1496 par Alonso Fernández de Lugo, qui surplombe la vallée de La Orotava. La Victoria, le bourg suivant, doit son nom à cette victoire qui mit fin à la difficile conquête de Tenerife par les Espagnols. De Lugo y fit construire l'église consacrée à Notre-Dame-des-Victoires. En revanche, le village suivant, du nom de La Matanza, « le massacre », 3 kilomètres plus à l'est, rappelle la sanglante défaite subie par les Espagnols face aux Guanches, deux ans auparavant.

PUERTO DE LA CRUZ ★★

Ce port de la Croix, jadis Puerto de la Orotava, était un important port de pêche d'où embarquaient les exportations agricoles de la vallée de La Orotava et devint au XXe siècle la première destination balnéaire des Canaries. Si le tourisme de masse des années 50 a quelque peu modifié sa silhouette, la destination garde toutefois beaucoup de charme, de par sa lumière, ses aménagements de bord de mer et l'animation de son quartier de pêcheurs. Elle est également une fête permanente, qui culmine lors du carnaval et des fêtes de Dieu Tout-Puissant (*Gran Poder de Díos*), de Nuestra Señora del Carmen (le 16 juillet) ainsi qu'à la San Andrés, le 29 novembre.

CASA CANARINA €

Calle los Castañeros, 11 +34 922 363 832
www.casacanarina.com
Maison pour 2 personnes 58 €, 45 € le chalet pour 2. Séjour minimum 4 jours pour la première et 3 pour l'autre.
Perchée sur les hauteurs de Santa Ursula, cette maison rurale tenue par Catherine Michel, une guide française, offre une vue sur l'océan et la nature environnante à couper le souffle. Poutres apparentes, meubles élégants, bon équipement des deux chambres, rien ne manque à cette maison de caractère, nichée dans les vignes. Un autre chalet est loué, avec son propre jardin et son porche, sans vis-à-vis avec la maison voisine. Ces nids respectueux de l'environnement sont parfaits pour un séjour à Tenerife et la propriétaire saura vous conseiller les bonnes balades.

Rue à Puerto de la Cruz, Tenerife.

TENERIFE

CASTILLO DE SAN FELIPE

Playa Jardin

Construit de 1641 à 1655 c'est l'un des 4 châteaux édifiés par les colons espagnols pour défendre la ville face aux attaques des pirates. Il a été le bastion militaire le plus important de la ville, dotée de 3 canons. Puis le pont-levis fut remplacé par une passerelle pour enjamber les fosses. Après 1878 il a été successivement asile de lépreux, hôpital, entrepôt, société de tir et restaurant. Restauré dans les années 1990, c'est aujourd'hui un centre culturel privilégié où sont programmés des concerts et des expositions d'artistes.

JARDIN BOTANICO ★

Calle Retama, 2

✆ + 34 922 92 29 81

Entrée : 3 €, gratuit pour les étudiants et les moins de 14 ans. Ouvert tous les jours, 9h-18h. Bibliothèque sur rdv.

Le jardin botanique se trouve à l'est de la ville, à environ 2 km du centre, sur les hauteurs. On peut y accéder à pied, par la carretera del Botánico, ou en bus. Fondé en 1788, ce jardin, l'un des plus importants au monde, est surtout un jardin d'acclimatation : on n'y découvrira pas la flore canarienne, mais on se promènera dans des allées ombragées par des arbres d'Afrique, d'Asie ou d'Amérique latine. On comparera par exemple le palmier canarien aux autres membres de sa famille. Un très agréable coin de verdure où il fait bon flâner.

JARDIN SITIO LITRE ★

Camino Sitio Litre s/n

✆ +34 922 382 417

Ouvert de 9h30 à 17h30. Entrée : 5 € pour les adultes, gratuit pour les moins de 10 ans.

Ce jardin de plus de 220 ans est le plus ancien de l'île. Il possède la plus grande collection d'orchidées de Tenerife, ainsi que le plus grand et le plus ancien dragonnier de la ville. Ce jardin appartient à une maison cédée à un couvent pendant quarante-quatre ans. Il fut visité en son temps par Alexander von Humboldt et Agatha Christie. On y trouvera aussi une cafétéria, une boutique spécialisée et une exposition de peintures léguées par les jardins botaniques royaux à Kew, avec lesquels ce jardin collabore régulièrement.

LAGO MARTIÁNEZ ★★

Avenida Colón, promenade

✆ + 34 922 38 59 55

5,50 € par personne et 2,5 € pour les moins de 10 ans. Ouvert tous les jours de 10h à 18h.

Près de 33 000 m² intégralement gagnés sur la mer forment un lagon artificiel constitué de piscines, jardins tropicaux, terrasses et restaurants, le tout bâti dans de la pierre volcanique, selon le génie fou et avant-gardiste de l'artiste canarien César Manrique. *El Lago*, comme on le surnomme ici, a été bâti sur une succession de *charcos* et petites plages où se baignaient les premiers touristes au début du XXe siècle. Les premières piscines municipales pensées par l'artiste furent inaugurées en 1971, avec en leur centre des mobiles comme *Les Alizés* et *La Jimba* qui sont des chefs d'œuvres de l'artiste, mais restent des jeux pour enfants. Quelques années plus tard, la mairie décida de voir plus grand et demanda à Manrique de créer un lagon artificiel, qui fut finalement inauguré en 1977. César Manrique introduisit beaucoup d'éléments végétaux canariens pour créer une symbiose entre le bâtiment et la nature. Aujourd'hui ce complexe de loisirs qui a été déclaré bien d'intérêt culturel dans la catégorie « jardin historique » offre quatre piscines régulièrement alimentées d'eau de mer pensées pour les adultes et trois autres dédiées aux enfants. Elles sont toutes dotées d'espaces équipés de chaises longues et de parasols pour prendre le soleil dans un décor de rêve. De nombreux kiosques permettent de boire un verre et de manger un morceau. Bref, tout ce qu'il faut pour y passer une journée entière. A ne manquer sous aucun prétexte, en journée et aussi le soir, de l'extérieur, pour profiter des illuminations nocturnes des bassins.

LORO PARQUE

Avenida Loro Parque, s/n

✆ +34 922 373 841

www.loroparque.com

De 8h30 à 18h45. Entrée adultes 38 €. Train gratuit toutes les 20 minutes depuis la Plaza de los Reyes Católicos.

C'est la grande attraction de Tenerife pour les enfants. Il abrite la plus grande collection au monde de perroquets. Des aras et des cacatoès se donnent en spectacle, exécutant des tours et un numéro de vol libre. Autres attractions avec dauphins, otaries et orques. Le parc exhibe également des tigres, des gorilles, des chimpanzés, des crocodiles, des tortues, des pélicans, comme un zoo, dans des cages… pas très réjouissant. Le clou du spectacle : un tunnel aux requins de 17 m de longueur et une banquise artificielle pour pingouins de plus de 300 m².

MIRADOR DE HUMBOLDT ★★

A 2 km à l'est du jardin botanique, non loin de l'autoroute de Santa Cruz, direction parc du Teide.

Ce mirador offre un point de vue spectaculaire sur la vallée de La Orotava, Puerto de la Cruz, Los Realejos et l'on peut aussi y apercevoir les volcans d'El Fraile et de Las Arenas, avec le majestueux Teide couronnant le tout. Le paysage, qui s'ouvre devant le voyageur venu de l'est et qui s'étend jusqu'à 3 700 m, est particulièrement beau le matin, lorsque le volcan est dans la lumière du soleil. Les nuages des alizés rendent le paysage souvent nébuleux. De là-haut, on admire les vastes étendues de plantations de bananes situées dans un vaste cirque, sans doute dû à un gigantesque glissement de terrain, assez semblable à celui qui a formé la baie d'El Golfo sur l'île d'El Hierro. Ce belvédère porte le nom d'Alexander von Humboldt, le géographe et naturaliste allemand qui, en 1799, écrivait enthousiaste : « J'ai vu des zones torrides où la nature est plus majestueuse, et ses formes plus riches, mais, après avoir parcouru les rives de l'Orénoque, les cordillères du Pérou, les belles vallées du Mexique, j'avoue n'avoir jamais rencontré, dans aucune partie du monde, une vue plus variée, plus attrayante, et plus harmonieuse par la disposition des rochers et des taches de verdure. » Aujourd'hui, la vallée de La Orotava a perdu un petit peu de son charme, du fait de l'envahissement de l'urbanisation du XXe siècle, mais il n'en reste pas moins que la nature offre toujours un très beau panorama. Sur place, vous trouverez un tableau d'interprétation qui vous permettra de situer les différents points visualisés dans le lointain.

© SANTI RODRIGUEZ - SHUTTERSTOCK.COM

MUSÉE ARCHÉOLOGIQUE

Calle del Lomo, 9 A

✆ +34 922 371 465

Du lundi au vendredi, 9h à 15h.

Situé dans le quartier historique et populaire marin de La Guarda de La Ranilla, dans une maison traditionnelle canarienne du début du XIXe siècle, le Musée archéologique travaille activement à la mémoire des Guanches, cette civilisation préhispanique disparue aujourd'hui. Plus de 2 600 objets représentant la culture guanche ont été collectés sur l'île. Vous trouverez une collection importante et bien fournie de pièces de céramique, des ustensiles *guanches*, des outils en silex, des armes coloniales... Cartes locales et documents d'époque sont également exposés.

NUESTRA SEÑORA DE LA PEÑA DE FRANCIA

Plaza de la iglesia, s/n

✆ + 34 922 30 00 51

Entrée libre à l'église. Entrée Musée d'art sacré : 2 € au titre de don. Ouvert de 9h à 13h et de 16h à 18h.

Datant du début du XVIIe siècle, cette église possède une charpente intérieure en bois comme toutes les églises de l'île. Sa porte est dominée par une tour. A l'intérieur, on peut admirer un grand legs artistique dont les peintures de la chaire, œuvre de l'artiste Manuel de La Cruz et de nombreuses sculptures du XVIIIe siècle. Le week-end, elle accueille des concerts de musique classique. Ouvert en 2014, un petit musée d'art sacré présente retables, peintures et objets sacrés.

PLAGES ★★

- **A l'ouest,** Playa Jardín aux plages de sable noir a été réaménagée par César Manrique qui a enrichi l'espace de jardins, de digues, bars, restaurants et aires de loisirs. Trois nouvelles plages ont été pensées : Playa del Charcón, Playa del Castillo et la Playa de Punta Brava.
- **A quelques kilomètres au nord-est,** vous trouverez deux magnifiques plages : Playa de los Patos, nudiste, et Playa del Bollullo, toutes deux situées à El Rincón, sur la commune de La Orotava. La guagua n° 376 vous conduira jusqu'à ces immenses plages de sable noir. Après, on marche un peu.

OFFICE DU TOURISME

Casa de la Aduana,
✆ +34 922 386 000
https://www.webtenerifefr.com

Ouvert du lundi au vendredi de 9h à 18h (17h en été) et le samedi, de 9h à 13h.

Installé dans la Casa de la Aduana, une maison canarienne typique, construite en 1620 et à quelques mètres du petit port de pêche de Puerto de la Cruz, c'est sans aucun doute le meilleur office de tourisme de toute l'île de Tenerife. L'information y est complète, que ce soit pour la ville (services, logements, agendas, cartes) que pour l'ensemble de l'île de Tenerife. Il vous fournira notamment une liste des casas rurales du nord. Tout le personnel s'enorgueillit d'être quasiment bilingue franco-espagnol et vous gratifiera d'un accueil attentif et pointu.

GARE ROUTIÈRE

Calle Hermanos Fernandez Perdigon
✆ +34 922 381 807
www.titsa.com

Billet simple 1,45 €. Cartes « Tenmás » multi-usages : recharge de 5 à 100 € (par multiple de 5 €).

Après trois ans d'attente, dix-huit mois de travaux et un budget de plus de 2,2 millions d'euros, la nouvelle station de bus a enfin ouvert ses portes en novembre 2019. Le nouveau terminal compte vingt travées et est ouvert de 5h30 à 23h30. Avec point de vente de billet, point d'information, toilettes. Il accueille les lignes urbaines de Puerto de la Cruz ainsi que différentes lignes vers le reste de l'île de Tenerife. N° 102 pour l'aéroport Nord « Los Rodeos » ; le n° 343 pour Los Cristianos (pratique pour les bateaux ou l'aéroport Reina Sofia, au sud).

APPARTEMENTS PARQUE VACACIONAL EDEN €

Parque Vacacional Eden
✆ +34 922 380 500
www.parquevacacionaleden.com

Studio dès 64 € pour deux personnes.

Ce complexe propose 151 studios de 1 à 3 personnes et 73 appartements de 2 à 4 personnes, tous équipés d'un balcon, d'une cuisine, d'un coffre-fort et d'une télé. L'ensemble date un peu mais il est situé au milieu d'un superbe jardin de 12 000 m² qui compte 4 piscines, dont une pour nudistes, et de multiples services : tennis, massages, jardin pour enfants, etc. Vous pourrez aussi profiter d'un restaurant et de deux bars avec une vue panoramique sur l'île.

HOTEL SUN HOLIDAYS €

Calle La Penita, 6
✆ +34 922 380 087
https://www.hotelsunholidays.com/

Comptez environ 45 € la chambre double, hors fêtes. Terrasse-solarium.

L'Hôtel Sun Holidays est un hébergement simple et agréable. De plus, il est situé dans une rue calme dans le plus beau quartier (ancien) de Puerto de la Cruz. Quant aux chambres, elles sont toutes dotées d'un balcon et de TV à écran plat, et certaines ont une vue sur la mer ou la montagne. Cela sans oublier une atmosphère agréable et familiale. Les petits plus : à quelques minutes de la plage seulement, et proche du centre de la ville donc des restaurants et boutiques. Des prix spéciaux sont accordés aux groupes et pour des séjours supérieurs à 10 jours.

4 DREAMS HÔTEL CHIMISAY €€

Calle Agustín de Béthencourt, 14
✆ +34 922 383 552
https://4dreamshotel.com

Dès 41 € la chambre double.

Installé dans une petite rue donnant sur le quartier piétonnier, cet hôtel au look des années 60 a été totalement rénové en 2001 et affiche des couleurs claires et des écrans de lumière. La plupart des soixante-sept chambres possèdent des petits balcons donnant sur des rues calmes. Moins cher que ses voisins de même catégorie, il propose une piscine et solarium, bien agréables sur son toit, ainsi qu'une salle de gym et un billard. Vous trouverez au rez-de-chaussée, restaurant et bar avec terrasse, lui aussi affichant un design clair.

HÔTEL MARQUESA €€

Calle Quintana, 11-13
✆ +34 922 383 151
www.hotelmarquesa.com/

Dès 60 € la chambre double, petit déjeuner compris.

Construite en 1712, cette maison imposante est de style typiquement canarien avec ses balcons boisés et sculptés, sans oublier l'immense patio de balcons suspendus dans le hall d'entrée. Depuis la rénovation de l'hôtel en 2016, l'hébergement se fait à la fois dans la partie ancienne et dans la partie moderne, qui présente beaucoup moins de charme. C'est dans la partie ancienne que l'on conseille de réserver. Vous apprécierez la piscine sur le toit pour piquer une tête et si vous souhaitez vous remettre en forme, une salle de sport vous attend également.

TENERIFE

VOLTENCAR RENTAL

Calle Puerto Viejo 27
PUERTO DE LA CRUZ © 34922381974
https://www.voltencar.com/
Tarifs variables selon durée, période et type de véhicule.

Si vous le pouvez, nous vous recommandons de louer une voiture pour sillonner l'île. Vous pourrez facilement prendre le ferry avec pour faire un tour plus complet en dehors de Tenerife. Cette agence dispose de différents types de voitures bien entretenues avec service à l'aéroport. La plupart des réservations offrent un service tout inclus avec kilométrages illimités, conducteur additionnel, annulation gratuite... (Age minimum pour la location : 23 ans.) Autre point important, toutes les réservations doivent être faites par le site web.

HÔTEL MONOPOL €€

Calle Quintana, 15
© +34 922 384 611
www.monopoltf.com
Tarifs en fonction saison et orientation (vue sur mer...). Dès 95 € la chambre double.

Cet hôtel de caractère à la façade aux balcons canariens sculptés et à la jolie cour intérieure propose 92 chambres au charme délicieusement suranné. La plupart disposent de balcons et certaines de la vue sur la mer. Très prisées, elles ne doivent pas vous faire délaisser celles qui donnent sur le Teide, et ses magnifiques vues sur le lever et le coucher du soleil, si vous savez passer au-delà des cloches de l'église campée en face mais arrêtées de minuit à 7h. Autre plaisir, une piscine avec vue sur mer et un bar aménagé à côté.

H10 TENERIFE PLAYA €€€

Avenida de Colon, 12
© +34 922 383 211
www.h10hotels.com
Dès 96 € la chambre double.

C'est un hôtel de luxe installé dans un grand ensemble qui propose trois cent vingt-quatre chambres de catégories différentes, basiques, doubles, suites, supérieures, avec ou sans balcon. Ce n'est pas son charme visuel qui est son atout majeur, mais il dispose d'une bonne situation à Puerto de la Cruz, sur le paseo maritime et à proximité du Lago Martiánez. Il dispose de tous les équipements de luxe que l'on peut attendre d'un hôtel de ce standing, dont trois piscines (une pour enfants), un espace beauté (hammam, sauna, massages) et un restaurant.

HÔTEL BOTANICO €€€

Avenida Richard J. Yeoward, 1
© +34 922 381 400
https://hotelbotanico.com
A partir de 305 € la double de luxe, petit déjeuner inclus.

Sur les hauteurs de Puerto de la Cruz et à côté du jardin botanique, un séjour de rêve vous attend dans ce magnifique hôtel : jardins luxuriants, piscines turquoise, « Oriental Spa Garden » pour la détente et la remise en forme, salon de coiffure et de beauté, solarium... Et tennis, golf et fitness pour les sportifs. De nombreuses chambres, à la déco sans fausse note, bénéficient d'une vue splendide sur l'océan Atlantique, la Vallée de La Orotava, ou sur le volcan Teide. Et pourquoi ne pas opter pour l'unique suite Bill Clinton ?

ARCÓN TAPAS €

Plaza Concejil, 2-A
© +34 922 375 131
Fermé en juin. Ouvert tous les jours de 10h à 23h, sauf le dimanche. Plats de 5 à 10 €.

Sur une petite place, on y mange des tapas originales, comme du poulpe au vin rouge ou des moules au safran. Ils ont le secret des tapas du pays et de ces quelques recettes familiales, telles que *las garbanzas compuestas* Mama Keka... Le traditionnel *mojo* est présenté sous diverses versions maison mais il est parfois un peu cher. Il accompagnera bien sûr les incontournables *papas arrugadas*. Accueil en français par la sympathique Carmen. On le conseille de nuit, pour le charme des petites tables illuminées en terrasse, sur la place.

HAPPY CAFÉ €

C/El Pozo Ezq El Penon. s/n
© +34 922 38 06 75
Cafétéria-bar. Ouvert tous les jours de 9h à minuit.

Non loin de la station de bus, voici un lieu où se restaurer à prix très accessibles. Au menu, des plats canariens typiques : poulet à la manzana, churros de poissons, gambas à l'ail et persil à la plancha, fruits de mer, paella de la mer... Ainsi que toutes sortes de boissons : jus de fruits frais délicieux, les vins du pays et 30 sortes de bières. Sur place ou à emporter des pizzas artisanales. Et bien entendu, comme souvent aux Canaries, des *bocadillos* à tous les goûts, et les fameuses *papas arrugadas* aux trois sauces canariennes.

MESON LOS GEMELOS €

Calle El Peñón, 4

✆ +34 922 370 133

www.mesonlosgemelos.com

Compter entre 20 et 25 € avec le vin. Proche de la gare routière.

Derrière son mur ocre, ce *mesón* est l'un des restaurants favoris des habitants de Puerto de la Cruz. Passé l'entrée, deux espaces à disposition, une grande salle intérieure et une très belle terrasse ombragée et couverte de canisses qui a les faveurs du plus grand nombre. Succès oblige, il vaut mieux arriver avant la foule sinon il y aura un peu d'attente pour obtenir une table. La raison du succès, une cuisine simple, mais goûteuse et servie plus que largement. Ses grands hits, la parillada de poissons grillés, l'entrecôte, le poulet braisé et aussi les poulpes.

EL PATIO €€

Plaza Pérez Galdós, 8

✆ +34 922 37 60 96

Ouvert du jeudi au mardi, 12h-22h. Comptez environ 25 €.

Charme du lieu et attention portée à la qualité d'une cuisine qui se veut respectueuse de la tradition canarienne et adepte d'un brin de modernité, ce patio a beaucoup d'atouts. Situé sur la plaza Pérez Galdós, *la placeta,* pour les intimes, cet établissement ouvert depuis 2012 a investi et modernisé une ancienne *tasca* du quartier pêcheur de Puerto de la Cruz. Priorité est donnée aux produits frais et du jour. Une attention à laquelle on est sensible et qui lui vaut de participer régulièrement aux journées de promotion de la gastronomie canarienne, en octobre.

LA TASQUITA DE MIN €

Calle Mequinez, 2

✆ +34 922 371 834

Fermé le lundi. Compter entre 6 et 15 € le plat. Ouvert dès 12h30.

Voici le meilleur endroit pour manger du poisson frais et des fruits de mer à Puerto de la Cruz. La bête vous sera d'ailleurs présentée avant cuisson, à accompagner de préférence de divers tapas ou *papas* et d'un vin blanc sec d'Icod. La terrasse donnant sur le *muelle* (quai) est très conviviale, souvent davantage fréquentée par les locaux et les Espagnols comme en témoignent les heures où elle se remplit. On y va et on y retourne et on la recommande sans hésiter. C'est l'une des bonnes adresses de la ville même si son succès a un peu fait augmenter les prix.

KAFKA €€

Calle Cruz Verde, 2

✆ +34 922 381 283

www.restaurantekafka.com

Ouvert de 13h à 15h30 et de 18h à 20h30. Fermé le lundi et le mardi. Compter de 25 à 30 € par personne.

La maîtresse des lieux revendique une double influence, catalane et andalouse. Ne vous étonnez donc pas d'y déguster des *fideua de mariscos* (paella à base de vermicelles) ou de la friture de petits poissons préparés à l'andalouse. Les Canaries ne sont pas oubliées puisque l'on vous y servira également le poisson phare de l'île : le *cherne canario*. Tout est très fin et se mange sans faim. On regrette parfois les portions un peu petites. Mais, c'est l'un des rares restaurants de Puerto de la Cruz menant une vraie recherche culinaire.

COFRADIA DE LOS PESCADORES €€

Calle las Lonjas, 5

✆ + 34 922 383 409

www.lacofradiadepescadores.es

Fermé le dimanche. Prix du poisson en fonction de la pêche du jour à la criée.

Côté *cofradías,* celle-ci est à inscrire dans le registre des bons élèves. Son prix y est un peu plus élevé que dans les autres restaurants, mais justifié par la qualité. Il se teste via ses poissons du jour, ses fruits de mer, mais aussi sa parillada et pour suivre la thématique en débutant par des croquettes de poissons. L'autre plaisir sera l'espace. A quelques pas du muelle et du port de pêche, sa terrasse permet de très jolies vues sur l'animation ambiante.

ABACO

Calle Casa grande

✆ +34 922 370 107

www.abacotenerife.com

Voir la programmation sur le Web. Piscine.

Restaurée en 1993, cette maison coloniale du XVIIIe siècle fait office de musée durant la journée, mais se transforme en cadre très chic pour le soir. L'occasion de profiter de ses beaux jardins tropicaux pour savourer d'énormes cocktails. Vous participerez en même temps à une visite guidée de cette ravissante demeure pour découvrir peintures, tapis et mobilier délicat et vous assisterez aux concerts de musique classique le dimanche soir. Le lieu accueille aussi des spectacles de flamenco, de musique classique ou de folklore canarien et abrite un restaurant.

AGORA

Plaza Benito Perez Galdos, 6

Bar et café : cocktails, café et tarte 3,50 €.

Sur une petite placette située dans les rues colorées de l'ancien quartier de pêcheurs, ce café peut servir de halte en journée, pour y déguster toutes les variations de café, avec du lait condensé, de la glace, de la crème... En soirée, les cocktails prendront la suite, à déguster à l'intérieur ou en terrasse, installé dans de très confortables fauteuils en rotin. L'une des boissons qui marchent à toute heure du jour et qui est particulièrement appréciée ici, c'est le *Lumumba* (comme Patrice), chocolat, crème fouettée et rhum. Qui a eu l'idée de ce nom.

SOLUCIONES

Camino Cordobés, 18

✆ +34 922 37 14 77

Ouvert du lundi au samedi de 10h à 13h30 et de 16h30 à 20h.

Micka (d'origine polonaise mais parlant un français impeccable) et sa collègue Ruby sauront vous conseiller sur la multitude de pierres (quartz, émeraude...) à porter en pendentifs, colliers, bracelets, boucles d'oreilles qu'elles peuvent vous confectionner sur place en choisissant votre cordon ou chaîne de cou par exemple, ou en choisissant les merveilleux modèles exposés. Vous le savez chaque pierre a ses « qualités, dons et protections ». Vous trouverez également des livres pour vous expliquer tout sur ces « joyaux » de toutes formes.

EBANO CAFE

Calle la Hoya, 2

✆ +34 922 388 632

Ouvert tous les jours, de 9h30 à minuit.

Dans son superbe décor Art déco et sa terrasse aux grands fauteuils de rotin, c'est une bonne adresse à fréquenter, à divers moments de la journée. Pour une pause gourmande, ce sera le lieu idéal pour savourer les pâtisseries faites maison ou les glaces l'été. Le soir, les cocktails ou les vins accompagnés de tapas permettront de finir la journée dans un lieu particulièrement calme, sur une place à côté de l'église. Autant de raisons qui en ont fait un lieu de rendez-vous très appréciés de nombreux habitants de Puerto de la Cruz et qui vaut le déplacement.

LOS REALEJOS

C'est l'une des plus anciennes localités de la vallée de La Orotava. Les deux villages, Realejo Alto et Bajo doivent leur nom, royal, à la présence des quartiers des armées royales, *reales ejercitos*. Sur la côte, la Playa del Socorro est idéale pour les surfeurs et de nombreux habitants viennent y admirer le coucher de soleil. Avec cinq espaces protégés, la région est très prisée des randonneurs et permet de découvrir une faune et une flore d'une richesse exceptionnelle. Comme dans la cordillère de Tigaiga ou la Rambla de Castro, avec le sentier *El Agua*, où l'on fera les plus jolies excursions ponctuées par des vues imprenables sur la Valle de Orotava.

CASA DE LA ADUANA

Calle Las Lonjas Muelle Pesquero

✆ +34 922 378 103

Ouvert de 10h à 20h en semaine et le samedi jusqu'à 17h.

Cette maison typique, construite en 1620, et que vous pouvez visiter, abrite l'office du tourisme d'un côté et de l'autre, ce magasin de produits régionaux. Vous y trouverez de la poterie, des objets de décoration mais aussi de nombreux travaux de broderies, emblématiques de l'île. Ainsi qu'un coin permettant de se composer un panier gourmand qui offre parfois des dégustations de produits. Vous y trouverez aussi de l'information sur l'artisanat dans l'île de Tenerife. Entrez dans la cour intérieure qui offre une jolie vue sur la mer.

ÉGLISE DE SANTIAGO

L'église de Santiago (Saint-Jacques) est la plus ancienne de l'île. Elle fut construite en 1498, deux ans après la fin de la conquête, et en partie restaurée par la suite. L'une des cloches (XVIIIe siècle) a été offerte par les Rois Catholiques Isabelle de Castille et Ferdinand d'Aragon. Son intérieur abrite le retable dédié à Santa Barbara, attribué à Pedro Duque Cornejo, du XVIIIe siècle, une œuvre qualifiée de joyau du baroque canarien et on y notera aussi le plafond à caissons mudéjar du presbytère dédié à saint Jacques.

TENERIFE

MARITIM HOTEL TENERIFE €€

El Burgado, 1 ✆ +34 922 379 000
www.maritim.es
Dès 68 € la chambre double (60 € si réservation en avance).

Bordé par les falaises de Los Realejos et à proximité de Playa Jardín, cet hôtel propose 170 chambres élégamment décorées, incluant 29 chambres familiales, 30 suites, 2 suites « luxe ». Toutes équipées de salle de bain/w.c., mini bar, radio, TV/satellite, téléphone, coffre-fort, air conditionné et balcon avec vue panoramique. Ses plus, son jardin de 40 000 m² comptant une grande variété de fleurs tropicales et de palmiers, ses 3 piscines dont une climatisée et une piscine pour enfants et ses nombreux services : sauna, massage, gymnase, minigolf, centre de plongée.

HACIENDA LAS CUATRO VENTANAS €€

Calle Playa del Socorro 1-2
✆ +34 636 510 147
www.haciendacuatroventanas.com
A partir de 130 € pour 2 personnes dans une villa individuelle. Séjour de 4 nuitées minimum.

Située dans la zone la plus privée de la côte nord de Tenerife, la plage de Socorro, cette maison canarienne du XVIIe siècle propose 4 sublimes villas offrant tout le confort d'un hébergement de luxe. Avec une ou deux chambres selon la villa. Chaque villa dispose d'une terrasse privative – avec vue sur la mer – d'une cuisine équipée et d'une piscine commune. Beau jardin luxuriant offrant une vue panoramique et accueil chaleureux d'Alberto, le propriétaire. Un havre de paix !

PANORAMICA GARDEN €€

Calle de la Longuera, s/n
www.panoramicagarden.es
Consultez les tarifs sur le Web selon la période et le standing. Ouvert 24h/24. Parking. Restaurant.

Au Nord de Tenerife, dans l'une des municipalités les plus privilégiées pour sa richesse naturelle, et une zone tranquille et résidentielle avec vue sur la mer et la montagne. Tout a été pensé pour un séjour agréable : piscine climatisée d'eau douce, espaces verts, padel, salon de jeux et karaoké. Les chambres sont spacieuses et simples. Proche de la plage et avec un service gratuit d'autobus le jour au Port de la Croix. En plus de ses plages, à l'intérieur de la Vallée de l'Orotava, la ville des Realejos confère une grande variété de curiosités naturelles.

MESON EL MONASTERIO €€

La Montañeta, 12
✆ +34 922 340 707
www.mesonelmonasterio.com
Compter 25 € par personne pour un plat - dessert. Ouvert tous les jours, midi et soir.

A seulement 1 kilomètre de Puerto de la Cruz, ce restaurant est installé dans un ancien monastère où quatre salles ont été aménagées. Dans un cadre tout à fait original avec un jardin où poules, coqs et paons se promènent librement, il propose une cuisine canarienne et internationale. Avec à la carte un grand choix de poissons, de viandes, de fondues et de saucisses vendues au mètre. Le service s'y effectue en continu toute la journée – possibilité de petit-déjeuner – et on y découvre une belle carte des vins avec plus de 200 références.

LA OROTAVA ★★★

Capitale de la vallée du même nom, c'est la ville authentiquement canarienne qui bénéficie d'un riche passé historique que l'on retrouvera, intact, dans son centre historique. Avec ses belles maisons coloniales, aux balcons caractéristiques, dominant des rues étroites, pavées et pentues, elle est l'un des lieux de visite privilégiés de nombreux voyageurs, depuis la fin du XIXe siècle. Fondée dès le début du XVIe siècle, elle est bâtie au bas d'une vallée très fertile qui lui apporte l'eau depuis *Aguamansa,* dernier village avant le parc national, *via* des galeries souterraines. Ressources qui lui ont permis d'être le premier centre canarien de la banane.

Ville de La Orotava et le mont Teide en arrière-plan.

TENERIFE

CASA DE LOS BALCONES ★★

Calle San Francisco, 3
✆ +34 922 330 629
www.casa-balcones.com
Horaires sur le site web. Entrée : 2,50 €.

Cette maison emblématique de l'île est une demeure du XVIIe siècle dont la construction a été achevée en 1632. Considérée comme l'ensemble artisanal dédié à la broderie ajourée (*calados*) le plus important de l'archipel, elle abrite une école de broderie, un musée sur les coutumes canariennes, une boutique d'artisans et de souvenirs. La maison mérite une visite et le patio intérieur est vraiment joli, avec sa grande galerie de balcons aux derniers étages et sa végétation tropicale. A l'étage, vous découvrirez une reconstitution d'une habitation du XVIIe siècle.

CASA DE LOS MONTEVERDE ET CASA LERCARO ★★

Calle Colegio

Datant du XVIIe siècle, la casa de los Monteverde a été au milieu du XIXe siècle le berceau de l'identité de la Orotava avec ses tapis de fleurs au moment du Corpus Christi et son entrée de style fin Renaissance. En 1864, c'est là qu'a résidé l'infant Henri de Bourbon, premier membre de la famille royale à visiter les Canaries. Également du XVIIe siècle, la splendide maison de la famille Lercaro, est sa voisine. Vous pourrez y déguster des pâtisseries et acheter des articles de déco.

CENTRE HISTORIQUE

Fondé dès le début du XVIe siècle par les conquistadores, c'est un joli village tranquille, aux ruelles pavées dont le centre historique, *casco antiguo* est resté pratiquement à l'identique depuis sa création. Ce qui lui a valu d'être déclaré monument d'intérêt historique et artistique, dans sa totalité. Une balade permettra de profiter de beaux jardins à la française en paliers « Jardines del Marquesado de la Quinta Roja », merveilleusement entretenus, son jardin botanique, des places fleuries, et de jolis hôtels particuliers castillans. En poussant les lourdes portes en bois, vous découvrirez de beaux édifices civils ou religieux, ainsi que des maisons à balcons des XVIIe et XVIIIe siècles. On verra de belles façades sur la carretera del Escultor Estévez et une maison du XVIe siècle sur la plaza del Ayuntamiento. Sur la plaza San Francisco et dans la calle del Dr González Garcia, les moulins à gofio remontent aux XVIIe et XVIIIe siècles. Pour obtenir cet aliment de base hérité des Guanches, les Canariens actuels continuent de moudre le maïs, l'orge ou le froment. Certains moulins sont encore en activité, mais tournent aujourd'hui à l'électricité et non plus à l'eau. L'hôtel de ville, situé sur la plaza Ayuntamiento, est une construction néoclassique de la fin du XIXe siècle. Derrière l'église de la Concepción, la calle Colegio, qui se convertit en calle San Francisco, est une petite ruelle en pente qui concentre une enfilade de superbes hôtels particuliers canariens, aux façades ornées de balcons richement sculptés.

CASA DEL TURISTA ★★

Calle San Francisco, 4
Entrée libre, mais 1 € si l'on souhaite prendre des photos dans le patio. Du lundi au samedi de 9h à 18h30.

C'est un bel exemple architectural canarien. Comme la Casa de Los Balcones, cette maison abrite une boutique d'artisanat où l'on verra de très jolies broderies anciennes et les habits traditionnels provenant de toutes les îles ainsi que de la poterie fabriquée dans cette maison. Hormis un joli jardinet et une mini-reproduction des impressionnants tapis de sables naturels de couleurs préparés devant l'hôtel de ville pour le Corpus Christi, on trouvera une boutique d'artisanat. Elle vaut le détour pour la vue qu'elle offre sur la vallée.

ÉGLISE ET COUVENT DE SAN AGUSTÍN ★

Calle San Agustín 1

Datant du XVIIe siècle, cette église fut l'église du couvent de Notre-Dame de Gracia, de l'ordre des Augustins. L'ensemble est de style baroque. L'église possède trois nefs, une grande chapelle, où se trouve la représentation de Notre-Dame de Gracia, une sculpture portugaise du XVIIe siècle et deux chapelles collatérales. On y notera aussi quelques peintures de belle facture. Exproprié au XIXe siècle, le couvent accueille aujourd'hui la maison de la culture.

Ayuntamiento

VILLA DE LA OROTAVA

Concejalía de Turismo

UNE VILLE QUI CONSERVE SON HISTOIRE ET NATURE

www.laorotava.es

LA OROTA

cittaslo

Ciudad Internacional por la Cali

“**Belle ville à visiter**” avec plusieurs attraits historiques : e jolies architectures de maisons, de belles places et églises, plusieurs musées et aussi accès au Teide depuis la ville *(celui du parc national du Teide est gratuit).*

VILLA DE LA OROTAVA

ÉGLISE ET COUVENT DE SANTO DOMINGO ★

Calle Tomàs Zerolo 34

Ouvert de 9h30 à 18h du lundi au vendredi, et de 9h30 à 14h le samedi.

Erigée au XVIIe siècle, l'église est située sur l'ancien ermitage de San Benito Abad. Sa tour, avec celle de l'église de la Concepción, composent l'ensemble le plus emblématique du centre historique de La Orotava. A l'intérieur, à noter une belle peinture de la *Virgen de la Consolación* du XVIe siècle. De style baroque, le couvent abrite le Musée d'artisanat ibéro-américain, qui compte quelque 7 000 objets des plus variés, comme des céramiques ou instruments de musique ibéro-américains.

ÉGLISE NUESTRA SEÑORA DE LA CONCEPCIÓN ★

Plaza de Casañas

Cette église baroque fut construite entre 1503 et 1768 à l'emplacement d'une église plus ancienne. Où furent célébrées les fêtes de la proclamation de Charles Quint, en 1516 et détruite par le tremblement de terre suivant l'éruption du volcan de Güímar. A l'intérieur de l'église actuelle, on remarquera la coupole, le tabernacle de marbre, le pupitre néoclassique, le beau plafond de style mudéjar et une *Mater Dolorosa* sculptée par Luján Pérez et à l'extérieur, ses 2 tours de 24 mètres.

ÉGLISE SAN JUAN ★

Plaza de San Juan

Son origine se situe vers 1608, quand un petit ermitage s'est érigé sur quelques terrains offerts par le sous-lieutenant Francisco de Valcarcel. De cette construction survit seulement la façade arrière qui fut bâtie vers 1728 selon les normes d'architecture religieuses des Canaries. La plus grande chapelle est dominée par un tabernacle de style néoclassique de 1787. Notez les sculptures du Christ attaché à la colonne ainsi que celle de Notre-Dame des Remèdes, réalisées par le Sévillan Pedro Roldán, datant du XVIIe siècle et la Virgen de la Gloria de Luján Pérez.

MESÓN DEL LICEO TAORO ★

Plaza de la Constitución

✆ +34 922 330 119

Du mardi au dimanche, 10h-21h, jusqu'à 22h le vendredi et samedi, jusqu'à 20h le dimanche.

La maison du Liceo de Taoro appartenait à une riche famille d'Orotava, propriétaire d'une grande partie de la vallée, qui fit construire cette imposante demeure au siècle dernier. Autour du beau portail qui donne sur la place, de superbes jardins fleuris en pente mènent jusqu'à l'entrée principale de la maison, construite en 1928. L'édifice abrite parfois des expositions gratuites à l'étage et un bar-restaurant, aux prix très doux. Qui permet de se reposer lors d'une visite, tout en disposant d'une fort jolie vue. Il suffira de grimper quelques escaliers.

MUSÉE ETHNOGRAPHIQUE PINOLERE

Calle Germinal

✆ +34 922 322 678

Ouvert du mardi au dimanche de 10h à 14h.
Entrée : 2 €, 1 € entre 8 et 15 ans, gratuit pour les moins de 8 ans.

Ce musée situé au cœur d'un parc ethnographique du même nom de 3 000 m² retrace la vie rurale des premiers habitants de la vallée de La Orotava, haut lieu de la civilisation guanche, à travers des reproductions d'habitats, d'artisanat et un jardin de plantes médicinales. Des explications agricoles, environnementales et socioculturelles permettent de mieux comprendre ce peuple aujourd'hui disparu. Début septembre, il accueille la foire d'artisanat de Pinolere.

MUSEO DE LAS ALFOMBRAS

C/ San Francisco, n° 5

Ouvert du lundi au vendredi, de 10h à 13h et parfois l'après-midi, de 15h30 à 18h30.
Entrée : 2 €.

Situé à côté de la Casa de Los Balcones, ce musée des tapis expose les tapis de fleurs et surtout de sables volcaniques colorés du Teide réalisés pendant la fête du Corpus Christi et déposés sur le parvis de la mairie. Particulièrement impressionnants par leur taille et leur recherche graphique. Si vous n'avez pas la chance d'assister à cette fête, vous pourrez toujours visiter ce petit musée récemment ouvert pour admirer quelques pièces conservées ici et en apprendre plus sur les procédés de conception et de confection de cet art éphémère.

PENSION SILENE €

Calle Toma Zerolo, 9
+34 922 330 199
www.sileneorotava.es
Prix : de 40 à 50 € pour deux personnes avec petit déjeuner.

Cette pension est située dans une très belle maison ancienne récemment rénovée. C'est sûrement l'hôtel le moins cher de la ville qui par ailleurs compte peu de logements disponibles. Les chambres bénéficient d'un décor soigné et disposent de mezzanines et certaines bénéficient d'une terrasse avec vue sur la ville et même la mer. Elles sont petites, mais agréables et vous permettent de passer un séjour au calme. Autres plus, vous profiterez d'un petit déjeuner copieux, avec une grande variété de pains et de fromages canariens et d'un accueil très sympathique.

HÔTEL RURAL OROTAVA €€

Calle Carrera del Escultor Estévez, 17
+34 922 322 793
Compter 79 € la chambre double avec petit déjeuner. Bar et restaurant, fermé le dimanche. Français parlé.

On aperçoit son patio intérieur depuis la rue, et il est difficile de ne pas y entrer. Cet hôtel est un ancien manoir du XVIe siècle, « l'un des plus anciens de la ville », selon Angel Dominguez, le sympathique maître des lieux. Dormir dans l'une des 8 chambres revient à faire un voyage dans le temps ; tout a gardé son caractère d'antan. Le matin, vous prendrez le petit déjeuner dans l'ancienne cuisine du manoir. Arrêtez-vous au moins au magasin d'artisanat ou au fabuleux restaurant *Sabor Canario*. Vous y mangerez un menu de cuisine canarienne dans un joli patio.

HÔTEL RURAL VICTORIA €€

Calle Hermano Apolinar, 8
+34 922 331 683
www.hotelruralvictoria.com
Dès 62 € la chambre double, petit déjeuner inclus.

Cette vieille bâtisse du XIIe siècle, très bien rénovée et dotée de 13 chambres doubles, supérieures ou suites parfaitement équipées, est un véritable trésor d'architecture. Les chambres étant réparties autour du patio central. Elle vous offrira toutes les commodités d'un grand hôtel : wifi, terrasse, solarium avec de très belles vues sur les alentours. Le restaurant de l'hôtel est excellent, avec un chef très créatif. Vous pourrez y goûter les meilleurs vins locaux. Egalement à disposition un joli patio où vous pourrez profiter d'un bar pour boire un verre.

LA DUQUESA €

Plaza Patricia Garcia, 6-B
+34 922 334 949
Du lundi au vendredi de 7h à 16h. Plats à environ 10 €.

Derrière l'église de la Concepción, ce minuscule restaurant sert une cuisine familiale typique qui permet de découvrir toutes les spécialités canariennes. Mary et Hucho ne sont plus là, mais la famille a pris le relais. A déguster en salle sur les quelques tables qui sont toujours pleines ou en terrasse dotée d'une belle vue sur l'église, mais prise d'assaut aux beaux jours. Très fréquenté par les locaux, vous y mangerez notamment l'hiver, un excellent pot-au-feu canarien, qu'on accompagne d'un vin du coin. Testez aussi leurs soupes, absolument délicieuses.

LOS PERALES €€

Via de servicio El Ramal
+34 922 323 586
Comptez 30 € par personne, fermé dimanche soir, le lundi, le mardi et le mercredi.

Cette adresse est un peu excentrée par rapport aux visites classiques de La Laguna, mais elle mérite le détour. Tout d'abord pour le jardin magnifique qu'elle offre à ses invités, ensuite pour la cuisine, des spécialités portugaises délicieuses. Ne manquez pas le *bacalao* accompagné de riz bien sûr, reposant sur sa sauce tomate, olives et oignons blancs pochés à feu doux, les croquettes de thon ou le croquant aux gambas. Ce restaurant s'adresse aux amateurs de poissons et fruits de mer, mais aussi de riz, trois différents sont servis.

ARTENERIFE

Calle Tomas Zerolo, 27
+34 922 334 013
www.artenerife.com
Ouvert le lundi et le samedi, de 10h à 17h et du mardi au vendredi, jusqu'à 20h. Livraisons sur toute l'Europe.

Après Santa Cruz, c'est le deuxième point de l'entreprise insulaire de Tenerife, ouvert par le Cabildo. Celui-ci est installé dans la casa Torre Hermosa, du XVIe siècle dont on notera le très beau balcon extérieur. Ainsi que son patio de style mudéjar mêlé au style canarien des galeries en bois. La boutique est comme un petit musée d'artisanat, et l'un des meilleurs magasins de l'île, proposant bijoux, céramiques, poteries, nappes, vêtements. Tous portant l'insigne « Artenerife » qui garantit sa production artisanale et le certificat « Aenor ».

PARC NATIONAL DU TEIDE ★★★★

Avec près de 19 000 ha, il constitue le plus vaste et le plus ancien des parcs nationaux canariens. Créé dès 1954, il a été classé au Patrimoine mondial de l'Unesco. Il est délimité par une couronne forestière de pins canariens poussant à la limite de la caldera de Las Cañadas. L'intérêt n'en est pas seulement volcanologique, mais aussi botanique : l'altitude réduit le nombre des espèces végétales à cinquante-sept dans cette zone, mais quinze sont caractéristiques des Canaries, vingt autres de Tenerife seule, et onze autres encore, de la seule zone protégée. Pour préserver cette biodiversité unique au monde, on ne cueille et on ne ramasse rien.

Vue depuis Montana Samara.

L'ÉQUIPEMENT

Le climat de Las Cañadas est vraiment extrême : un ensoleillement maximal, des températures minimales et un vent à perdre l'équilibre. Le randonneur n'oubliera donc pas des réserves d'eau suffisantes, un chapeau et de la crème solaire.

- Des vêtements chauds, même en été. Il est fréquent de voir en haut du téléphérique des touristes en tongs et en tee-shirt frigorifiés par le vent et l'altitude. Si vous ne dormez pas au refuge, une polaire suffit.
- De bonnes chaussures de marche. Suffisamment solides et avec crampons pour résister aux terrains volcaniques particulièrement abrasifs, et souvent glissants, en raison de la légèreté des sables et des graviers.

CENTRE DES VISITEURS EL PORTILLO

Carretera La Orotava, Granadilla, km 32,1
✆ +34 922 92 23 71

Ouvert tous les jours de 9h à 16h.

Même si vous avez déjà l'information dont vous avez besoin, n'hésitez pas à y aller pour visiter le petit musée sur les volcans qui renseigne sur tous les aspects du Teide : géologique, botanique et archéologiques. Vous y pénétrez par un couloir de lave. Petit film explicatif très instructif, panneaux interactifs et explicatifs, petite bibliothèque. Annexe au centre, le jardin botanique présente la flore autochtone (75 % des espèces présentes dans le parc).

TÉLÉPHÉRIQUE

https://www.volcanoteide.com

Horaires disponibles sur le site web. Tarif : 37 € aller-retour pour les adultes.

Vous parcourez 2 482 mètres en 8 minutes Attention l'attente peut être très longue... Alors pensez à arriver avant 10h, l'heure de pointe à laquelle tous les bus débarquent. De plus, la vue d'en haut est meilleure avec une lumière matinale. Se renseigner auparavant, s'il y a beaucoup de vent le téléphérique est fermé Les précautions à prendre : attention au mal de montagne pour les plus sensibles car vous allez arriver sur le plus haut sommet de l'Espagne. Le téléphérique ne fonctionne pas par précaution lors de grands vents.

PARADOR NACIONAL DE TURISMO €€€

Las Cañadas del Teide
✆ +34 922 386 415

Entre 85 et 160 € la chambre double, petit déjeuner 19 €. Promotions spéciales sur le site Internet

Perché à plus 2 000 m d'altitude, ce parador de *cañadas del Teide* est une maison de montagne immergée dans le paysage. On sera peut-être déçu par son architecture, mais le cadre est unique. Avec une vue panoramique sur le cratère du volcan et des vues impressionnantes sur le Teide. L'ensemble des 37 chambres sont confortables, à la décoration classique. On profitera des vues depuis une terrasse mirador, du bar restaurant, de la piscine ou du salon avec cheminée, selon la période.

RANDONNÉES DANS LE PARC DU TEIDE ★★

Vous trouverez la liste des randonnées balisées dans les centres de visiteurs. Elle se présente sous la forme d'un petit cahier détaillé qu'il vous suffira de demander. Les randonnées principales, de 1 à 21, sont expliquées avec différentes informations : les temps de trajet, la difficulté et les principaux points de vue. Les sentiers secondaires sont seulement évoqués.

Le parc propose de courtes randonnées, des circuits guidés gratuits dans les environs d'El Portillo. Les randonnées partent du centre des visiteurs d'El Portillo et vont à Siete Canadas (de 4 à 5 heures), Arenas Negras (2 heures) et Risco Verde (3 heures). Des randonnées guidées plus longues sont également possibles sur réservation, l'aller-retour El Portillo - La Fortaleza, le tour des roques de García, l'ascension de la montaña Guajara et du Teide lui-même. Des agences privées organisent également des randonnées guidées en groupe.

Teide - Montaña Blanca - Pico Viejo. Deux options s'offrent à vous, l'ascension par la montaña Blanca (la plus fréquentée, car le refuge est situé sur ce chemin) ou par le Pico Viejo (depuis la route menant à Chio). Nous vous conseillons de passer deux jours sur le Teide si vous avez le temps et la motivation : montez au refuge Altavista dans l'après-midi à 3 411 mètres via le chemin de montaña Blanca, dormez sur place puis le lendemain matin faites l'ascension jusqu'au sommet en 1 heure 30 avant le lever du soleil à plus de 3 000 mètres. On monte alors dans un froid glacial à la lumière de la lampe torche (frontale de préférence), en ayant pris soin de bien repérer le début du sentier, de jour. L'ombre en triangle parfait du Teide se dessine alors sur une mer de nuages, l'expérience est incroyable. Après l'ascension d'El Piton, faites la descente via le mirador du Pico Viejo et le chemin du même nom, assez difficile (6 heures 30) et qui rejoint la route qui va d'El Chio à El Roque.

Pour l'ascension par la montaña Blanca, compter 3heures 30 de descente ou 5 heures 30 de montée. La première partie de la montée, s'effectuant dans un superbe décor de plaines arides et de volcans, est relativement facile. En route, vous apercevrez les Œufs du Teide (*Huevos del Teide*), de gros blocs noirs arrondis ou pointus. Il s'agit de bombes volcaniques. Leurs dimensions révèlent la violence de l'éruption qui les a projetés du cratère jusqu'au bas de la pente. Après une boucle menant à un point de vue, on quitte la piste plate de la montaña Blanca pour prendre un sentier plus étroit et surtout plus raide qui monte sur le Teide : ce versant est dominé par de la pierre ponce de même couleur que la montaña Blanca, envahie par de grandes langues de lave brune venant du sommet. La montaña Guajara disparaît peu à peu derrière la crête. A mi-pente, on remarque d'autres bombes volcaniques noires, au milieu d'une forêt verdoyante de retama del Teide (*Spartocytisus supranubius*), ce genêt aux fleurs blanches ou roses, caractéristique des Canaries. Il faut 3 heures 30 de montée pour parvenir au refuge d'Altavista, puis on arrive rapidement au mirador de la Fortaleza. Cette dernière randonnée est moins aisée : il faut compter 7 heures de montée ou 5 heures 30 de descente, sur 1 500 m de dénivelé, que l'on ne peut effectuer sans une autorisation spéciale et un guide du parc national. Depuis le mirador de la Fortaleza vous pouvez profiter d'une vue panoramique sur l'est de l'île de Tenerife. Et c'est aussi un excellent endroit pour sentir la présence des alizés sur le versant nord de Tenerife. Ils contribuent à la formation d'une mer de nuages dont la limitation en hauteur est due à une couche de vents secs qui se superpose à la couche de vents humides.

Pour l'ascension du Pico Viejo, il faut compter 7 heures 30 de montée ou 6 heures 30 de descente. Le sentier part du mirador du Pico Viejo. On traverse un champ chaotique de blocs bruns, en suivant un balisage aléatoire. On atteint avec soulagement les bords de sable jaune du Pico Viejo, à 3 134 mètres. C'est un cratère impressionnant par ses dimensions, la largeur de son fond, la verticalité de ses parois internes et le contraste de ses couleurs : du jaune au noir, en passant par le rouge et le violet. En regardant les bords du cratère, on retrouve la rassurante marguerite du Teide. Du côté de la faune, les plus attentifs remarqueront peut-être des traces de mouflon. Par temps clair, vous pourrez observer les îles de La Gomera, La Palma et El Hierro. Le long du sentier, vous pourrez apercevoir des fumerolles et percevoir l'odeur de soufre due aux émanations.

On descend ensuite jusqu'aux Narices del Teide (narines du Teide), à 2 607 mètres. Ce petit cratère de pierres et de sable noirs et rouges est né en 1798, laissant s'échapper une énorme coulée de lave de petites pierres noires, légères et tranchantes, sur lesquelles on glisse plus que l'on ne marche. On dévale ensuite les pentes de la coulée de lave jusqu'au fond de la caldera. Vers le bas, de gros blocs d'obsidienne noirs sont semblables à ceux trouvés de l'autre côté du Teide, sur la montaña Blanca. Ces bombes volcaniques sont entourées d'éclats détachés de leur carapace striée comme du verre brisé. La descente se termine enfin sur une piste carrossable qui vient de la Boca de Tauce, d'où votre guide appellera une voiture du parc.

Montaña Guajara. Culminant à 3 715 mètres, au sud du Teide, la montaña Guajara est le point le plus haut de la muraille de Las Cañadas. L'ascension de ce plateau brun, massif et abrupt, aux contreforts d'éboulis est l'une des plus belles randonnées de Tenerife pour admirer le Teide.

TENERIFE

Randonnées dans le parc du Teide.

Le sentier commence juste derrière l'hôtel parador à El Roque. Le chaos minéral rouge des coulées, planté de genêts, et la face grise du Teide dominent les dépressions des cañadas.

Trois sentiers montent ensuite à l'assaut de la Guajara, l'un par le col ouest, le second par le col est, et le troisième, plus raide et direct, par la face nord-est. Compter 2 heures pour venir à bout des 500 mètres de dénivelé et obtenir la vue promise. Le Teide est drapé de coulées noires et entouré du Pico Viejo et de la montaña Blanca. La muraille de la caldera s'allonge au loin, dominée par El Sombrero. Au fond du cratère, on reconnaît le gris de la plaine de Ucanca, le vert de Los Azulejos au milieu duquel serpente la route minuscule, et le brun des roques de García. De l'autre côté, à l'extérieur de la caldera on voit les barrancos (ravins) arides de la côte sud, peut-être cachés par les nuages ; dans le ciel, le faucon crécerelle n'est jamais bien loin.

Au sommet de la Guajara, trois possibilités : on peut continuer la randonnée en descendant sur les pentes externes de Las Cañadas vers la mer, on peut passer par le col est de la Guajara et descendre vers le sud jusqu'au paysage lunaire, puis Vilaflor (voir l'autre randonnée), ou bien on regagnera le point de départ par l'un des trois sentiers. La descente étant assez brève, on peut opter sans crainte pour le chemin le plus long, celui du col est.

Enfin, d'autres parcours alternatifs sont à mentionner et ne déméritent pas vis-à-vis des principaux sentiers.

- **Paisaje lunar (compter 5heures aller-retour).** Sur le versant extérieur de la caldera, le paysage lunaire est un ensemble de colonnes blanches qui sont composées de sables très fragiles. Il était possible d'y aller auparavant depuis le parc, mais la route a été fermée, et il faut aujourd'hui faire l'aller-retour depuis Vilaflor (compter 5 heures) en prenant un sentier facile, dans une pinède clairsemée, jusqu'aux blocs de tuf auxquels l'érosion a donné des formes extraterrestres.

- **El Roque de Garcia (1heure 30).** Cette boucle qui part d'El Roque est très agréable. La balade fait le tour des roques pour offrir différents points de vue très changeants, puis redescend vers la cathédrale avant de remonter vers le parking. C'est une très belle balade. Ne vous fiez pas à l'attroupement au départ, la plupart des touristes ne font pas plus de 30 mètres autour d'El Roque. Et après, vous serez beaucoup plus tranquille. Autrefois, ce sentier continuait sur le flanc du Teide jusqu'aux grottes (*cuevas*) de Los Roques, mais celles-ci sont maintenant fermées pour éviter que les visites ne dérangent les chauves-souris qui y habitent.

- **La Fortaleza (2 heures 30 aller-retour).** Depuis El Portillo, cette randonnée offre une diversité de paysages incroyables. Le point d'orgue est l'ascension de la Fortaleza, derniers remparts de Las Cañadas dans la partie nord de l'île, de là on aperçoit le versant nord, la Orotava dans son lit de nuages. Le chemin retour est le même qu'à l'aller.

- **Las 7 Cañadas (de 6 heures 30 à 7 heures).** Ce sentier part d'El Roque - El Parador et arrive à El Portillo (ou l'inverse selon vos préférences). Il longe la muraille de la Caldeira, offre de magnifiques points de vue et n'est pas trop difficile, car il y a peu de dénivelés. Possibilité de laisser la voiture à El Portillo le matin, prendre le bus jusqu'à El Roque puis marcher.

Dans ce chaos de pierres formé par les coulées de lave, les paysages sont très arides. Quelques plantes y poussent néanmoins. La rarissime violette du Teide (Viola cheiranthifolia), cachée dans les rochers, fleurissant en juin sur les pentes du Teide et de la montaña Guajara. Au sommet du Teide et du Pico Viejo, là où se trouvent des dépôts de soufre à 3 500 m d'altitude, on rencontre la très rare marguerite du Teide (Argyranthemum teneriffae), cette fleur blanche facilement reconnaissable. Sur les flancs bas de la montaña Blanca, vous remarquerez de nombreux tapis de retama del Teide (Spartocytisus supranubus), une espèce endémique de genêts aux fleurs blanches ou roses.

L'espèce la plus caractéristique du Teide que l'on voit sur toutes les cartes postales est la taginaste rouge (Echium wildprettii). Cette espèce endémique de Las Cañadas et des cimes de La Palma est aisément reconnaissable, car la fleur de cette plante est très grande, de forme allongée et pointue. Elles sont rouges lorsqu'elles sont en fleurs au printemps, et blanches et sèches le reste de l'année, réduites à l'état de squelette par le soleil.

Le mouflon (Ovis musimon) est un animal qui vit notamment en Corse et dans les Alpes, et qui a été introduit à Tenerife en 1975 pour la chasse. Malheureusement, l'espèce s'est très vite révélée comme un danger pour la végétation locale de la haute montagne. Dans les alentours du Pico Viejo et sur le versant nord-ouest du Teide, vous pourrez par exemple voir des tiges qui ont été sévèrement endommagées par les dents du mouflon. Avoir joué aux apprentis sorciers, les gestionnaires du parc national souhaitent à présent éliminer l'animal de Las Cañadas. Seul hic : l'espèce est estimée à quelque cinq cents individus...

LES ROUTES DANS LE PARC DU TEIDE

Route La Laguna - El Portillo. A 7 km de La Laguna en prenant la TF-24, le village de La Esperanza (ou El Rosario) constitue la dernière zone habitée et il mérite que l'on s'y arrête, car c'est un village traditionnel, représentatif du Tenerife rural. Au-dessus de 700 mètres d'altitude, vous commencerez à observer la forêt de pins canariens. Le premier panorama est celui du Pico de las Flores (pic des fleurs), qui culmine à plus de 1 300 mètres d'altitude, et depuis lequel la vue s'étend de part et d'autre de la crête. Un peu plus loin, vous pourrez profiter du même type de paysage en vous arrêtant à 1 810 mètres d'altitude, au Mirador de Ortuño, depuis lequel la vue s'étend sur La Victoria au nord, et vers le village de Candelaria au sud. Avant de continuer, on pourra faire un arrêt à Arafo, un petit village au patrimoine culturel et à la tradition musicale très enracinés puisqu'il est connu sous le nom de « village de la musique ». Après la route qui descend vers Arafo, on prendra une petite route sur la droite qui conduit aux deux miradors de Las Cumbres (les crêtes) qui s'ouvrent sur la vallée de La Orotava, souvent traversée par une mer de nuages. Les pins se font ensuite plus rares : la route dépasse les 2 000 mètres d'altitude et domine les pentes nues et plissées de la montaña de la Crucita (1 940 mètres), faite de longues bandes de sable noir, violet ou rouge sombre. Peu après la Crucita, la route entaille des couches de sable volcanique multicolores. La couche blanche est une nappe de pierre ponce très fragile, qui n'a pu se conserver qu'entre des couches plus résistantes de sable noir, basaltique.

A 37 kilomètres de La Laguna, un embranchement sur la gauche conduit à l'Observatoire astronomique de Tenerife, construit en 1964 sur la montaña de Izaña, à 2 387 mètres d'altitude. On est ici toujours au-dessus des nuages, et le télescope bénéficie d'une atmosphère limpide tout au long de l'année. Aujourd'hui, il est toujours utilisé pour des activités scientifiques d'observation du soleil et de robotique astronomique et c'est l'un des télescopes les plus productifs au monde grâce à son observation nocturne infrarouge. Et c'est ici, qu'en 1995, a été découverte la fréquence de rythme du soleil (chaque 5 minutes). On arrive ensuite à El Portillo. A El Portillo, on pourra se rendre au centre des visiteurs qui grâce à son petit musée vous permettra d'en savoir plus sur le Parc naturel du Teide (plantes, espèces, origine des formations volcaniques...) au moyen de vidéothèques, de panneaux photographiques et de reconstitution d'un tunnel de lave. La visite y est gratuite, tout comme celle du petit jardin botanique qui lui est accolé et qui contient plus de 75 % des espèces du Parc national.

Route La Orotava - El Portillo. Vous prendrez ensuite la route TF-21, qui serpente sur 26 kilomètres de La Orotava au Teide, car c'est la route la plus courte pour s'y rendre. Vous trouverez de nombreux restaurants avec terrasse panoramique jusqu'au village d'Aguamansa, à 1 000 mètres d'altitude. Ici commence la forêt de pins. Elle doit sa densité aux nuages humides que les alizés accumulent à cette altitude sur le versant nord. Cette zone est l'une des plus riches en eau de Tenerife et permet d'arroser les plantations de bananes dans la vallée.

Juste après, une petite route sur la gauche mène à La Caldera : il ne s'agit pas encore de Las Cañadas, mais d'un petit cratère entouré d'arbres dans lequel a été aménagée une aire de pique-nique.

Plus loin le mirador de la Piedra est situé à côté d'une curiosité rocheuse, Las Margaritas del Teide. Il s'agit de prismes basaltiques gris en forme de rosette, en fait un tube volcanique dont la pierre solidifiée sortante s'est effritée en lamelles. Ce mirador comporte deux parties, la première orientée vers l'ouest permet de très belles vues sur le Teide, Puerto de la Cruz, la vallée de La Orotava et l'île de La Palma dont on aperçoit la silhouette par temps clair. La seconde est un bon point d'observation vers les Margaritas del Teide. Sur place, vous disposerez d'un panneau d'interprétation et d'un parking.

Route Vilaflor - Boca de Tauce. La route d'accès à Vilaflor depuis la côte est déjà très torturée mais elle l'est également jusqu'à Boca de Tauce car la pente est très raide de ce côté de la caldera qui ne s'est pas effondré. Et la route passe par une brèche de la muraille formant un col. Les panoramas qu'elle offre sont à couper le souffle.

Juste après Vilaflor, le mirador de Pino Gordo culmine à 1 400 mètres d'altitude (le « gros pin ») est le plus imposant de l'archipel, avec ses 60 mètres de hauteur et un tronc de 2,70 mètres de largeur.

Plus haut, vous trouverez une aire de pique-nique à Las Lajas qui accepte aussi les tentes et les caravanes pour un séjour de sept jours maximum (sous réserve de réservation préalable). Avant d'arriver au col de la caldera et de rejoindre Boca de Tauce, vous trouverez trois miradors offrant une vue incroyable sur l'aride pointe sud de l'île.

Route Chio - Boca de Tauce. La route TF-82 est celle qui compte le moins de lacets pour monter au Teide, nonobstant, pour arriver jusqu'à Chio depuis Santiago del Teide ou Los Gigantes la route tourne. Depuis Adeje, elle est plus rectiligne, mais plus longue. Cette route a été tracée à travers la couronne forestière du Teide, sur les coulées de lave de l'ancien volcan Chynero qui entra en éruption en 1909 et déversa ses torrents de lave dans la vallée jusqu'au village de Santiago del Teide. C'est la dernière éruption qu'ont connue les habitants de Tenerife. Le manteau de lave solidifiée appelé *mantos de lava* dans la plaine de la caldera est très impressionnant une fois arrivé en fin de montée. Vous apercevrez alors, au loin l'île de La Palma dans sa mer de nuages.

Route El Portillo - Boca de Tauce. Depuis le vil-age de El Portillo, on aura une première vue sur a caldera et la montaña Guajara depuis le mira-lor de San José. On passe ensuite en dessous le la montaña Rajada, c'est-à-dire « la mon-agne crevassée » : un dôme de pierre ponce aune, parsemé de blocs bruns et culminant à 2 507 mètres.

Jn peu plus loin, on parvient à une zone cou-verte de sable blanc, les Arenas blancas, émis par la montaña Blanca, la grande voisine la Rajada, collée à 2 750 mètres au flanc du Teide. C'est aussi un dôme couvert de pierres ponces, blanches ou plutôt jaunes avec, par endroits, les teintes rouges, vertes ou noires.

Entre la montaña Rajada et la montaña Blanca s'est épanchée une énorme coulée visqueuse, ormant aujourd'hui un chaos désordonné d'obsidienne noire. Une autre coulée part du sommet de la montaña Blanca et se mêle aux coulées noires solidifiées avant d'avoir pu finir eur course. En reprenant la route, on parvient au mirador du Tabonal Negro, second panorama sur les gigantesques coulées de la caldera, qui s'étendent jusqu'au pied de la montaña Guajara, le troisième plus haut sommet après le Teide et le Pico Veijo (2 718 mètres), sous sa plus belle face. C'est dans cette zone que l'on encontrera une plante endémique du Teide, le ajinaste Rojo, utilisé il a longtemps pour les âtures, mais aujourd'hui soigneusement pro-tégée. Lors de sa floraison maximale, la plante peut atteindre deux mètres de hauteur, avec les fleurs d'un rouge intense. A la fin de la flo-aison, à la fin du printemps et au début de l'été, ne restera plus qu'une petite zone rougeâtre, ontrastant avec l'environnement des pierres aux alentours. Un peu plus loin, un parking marque le point de départ de l'ascension du Teide par montaña Blanca, puis un bref embran-chement monte au départ du téléphérique. La oute qui passe au pied du Teide est tracée dans un impressionnant champ de lave chaotique. e pic se dresse à droite. On tourne ensuite le os au volcan pour rejoindre la muraille de la aldera et le site appelé Los Roques de Garcia où e trouve le parador. Ce sont en fait d'énormes ormations rocheuses issues de l'accumulation le plusieurs couches de matériaux différents, qui avant d'être érodées formaient un mur qui éparait les deux calderas de Las Cañadas. De ette érosion prolongée résultent les formes urieuses qui sont actuellement appréciées, les lus spectaculaires étant «Roque Cinchado», «La Catedral» et «La Cascada». Ce massif se-ait, comme la muraille de la caldera, un vestige e l'ancien volcan, peut-être le reste d'une paroi qui séparait en deux le gigantesque cratère. Ces ochers sont très particuliers, car la colonne est eaucoup plus étroite à la base qu'au sommet. ans doute en raison des couches de tuf rouge, ose ou violet du pied qui ont été bien plus éro-ées que le chapeau de lave brune. Préférez y aller le matin lorsque la lumière est bonne et les touristes moins nombreux. En effet, la photo d'El Roque avec en arrière-plan le Teide est le cli-ché le plus connu du parc national.

Depuis El Roque, on a aussi une vue sur le *llano* (plaine) de Ucanca, une centaine de mètres plus bas sur la gauche. Cette plaine de sable gris, la plus vaste qui borde la muraille de la Cañada, serait due à un petit cratère formé à l'intérieur du grand. En hiver, la neige s'y accu-mule si bien qu'au printemps un lac de fonte y subsiste quelques jours. Au milieu se trouve une petite colline rocheuse baptisée la cathédrale, la seule île de ce lac éphémère.

Après le parador, la route tourne et descend dans la cuvette du llano de Ucanca. Dans le vi-rage apparaissent los Azulejos, terme espagnol dérivé d'*azul* (bleu) et désignant des carreaux de faïence ; ce sont des roches et des sables d'un vert presque métallique dû à la présence d'hydrate de fer. On arrive ensuite au mirador de Ucanca, l'un des miradors les plus visités de la destination au vu de sa situation et qui offre une belle vue sur la plaine éponyme, les roques de García et le Teide.

La route continue en longeant le bord de la cal-dera, tournant le dos à la Guajara et se dirigeant vers le non moins imposant chapeau d'El Som-brero (2 534 mètres), second sommet de la muraille. Attention à ne pas manquer, sur le côté gauche de la route, l'arche rocheuse du Zapato de la Reina, c'est-à-dire le « soulier de la reine ».

On arrive ensuite à la Boca de Tauce, brèche dans la muraille de Las Cañadas au pied d'El Sombrero, dans laquelle s'engouffre la route qui redescend vers Vilaflor et Chio. En continuant sur la route de Chio, on découvrira la coulée échappée en 1798 de Las Narices del Teide. Au fond, le pico Viejo (3 135 m) et le Teide pré-sentent une face sombre particulièrement belle au coucher du soleil.

Mont Teide.

ICOD DE LOS VINOS ★

Cette petite ville fondée au XVIe siècle doit son nom à la qualité de ses vins. On visitera avec plaisir son centre historique, charmant, avec sa place principale entourée de maisons canariennes et bordée de ficus géants. Côté arbres, c'est ici que l'on verra le dragonnier millénaire, un arbre extraordinaire, qui a nourri de nombreux mythes et légendes et fascine tous les visiteurs. Pour la Cueva del Viento, l'autre attraction phare, on se rendra sur les hauteurs de la ville. En contrebas du village, on se baignera sur la Playa de San Marcos, une plage de sable noir, accessible en bus depuis le centre-ville. Avec un petit port et quelques restaurants.

ÉGLISE SAN MARCO

Plaza Lorenzo Caceres

Construite durant la première moitié du XVIe siècle dans un style colonial canarien, cette grande église toute blanche compte cinq nefs. Trois sont séparées par des colonnes et les deux autres par des chapelles latérales. A l'extérieur, on peut apprécier le clocher de taille de pierre et la façade sculptée, très travaillée et un beau portail Renaissance. A l'intérieur, remarquez la magnifique croix d'argent, les retables, les peintures et les sculptures, dont *San Marcos Evangelista* et *La Virgen de los Reyes*. L'église héberge aussi petit un musée d'art sacré.

CUEVA DEL VIENTO ★★★

Sur les hauteurs d'Icod, elle est fléchée depuis le centre.

✆ +34 922 815 339

www.cuevadelviento.net

Horaires consultables sur le site web. Entrée : 20 €. Visites en français, mardi, jeudi et vacances scolaires.

Cette cueva est le plus grand tube volcanique d'Europe, et le quatrième au monde. C'est plus de 17 km de tunnel souterrain formés il y a 27 000 ans par la lave basaltique provenant de la première phase éruptive du volcan Pico Viejo situé sur les flancs du Teide. Elle doit son nom aux importants courants d'air qui y circulent. La Cueva del Viento est exceptionnelle, car elle s'étale sur trois niveaux de galeries (phénomène que l'on ne peut admirer nulle part ailleurs) et offre de magnifiques phénomènes géomorphologiques, comme des précipices, des stalactites de lave, des terrasses latérales, des lacs de lave... Ce véritable réseau labyrinthique de passages souterrains rend incalculable le nombre de ramifications encore inexplorées. A l'intérieur on trouve aussi une grande quantité de fossiles d'animaux vertébrés disparus, comme le rat et le lézard géant, ou encore d'autres restes osseux d'espèces disparues de Tenerife comme la graja ou la hubara (volatiles). Sa faune souterraine est elle aussi source constante de nouvelles trouvailles, près de 190 espèces connues à ce jour. Parmi celles-ci, 48 sont des espèces troglophiles (c'est-à-dire des animaux ne vivant qu'en milieu souterrain), dont 15 sont toutes nouvelles pour la science, comme le cafard sans yeux *Loboptera souterrain* ou les carabidés *Wolltinerfia martini* et *Wolltinerfia tenerifae*. Les visites ont lieu sur rendez-vous et par groupes (limités à 10 personnes) et par langues. Réservation directe sur le site web. Prévoir pantalon, bonnes chaussures et vêtement chaud.

TENERIFE

© AUTHOR'S IMAGE

Le dragonnier millénaire.

Cueva del Viento.

PARQUE DEL DRAGO ★

Plaza de la Constitución, 1
✆ +34 922 814 510
www.mariposario.com
Ouvert tous les jours, de 10h à 18h et de 9h à 20h, d'avril à septembre.

Ce dragonnier de 16 m de hauteur et 20 m de circonférence aurait près de 800 ans. Une multitude de petits troncs s'entrecroisent pour former une sorte de « bouquet de branches » puis se ramifient pour former de multiples têtes de palmiers. Le dragonnier (*Dracaena Draco Canariensis*) est une espèce emblématique endémique à la Macaronésie qui a presque disparu à l'état sauvage, mais qui est cultivée et plantée. La longévité de cette espèce est incroyable. Un dragonnier de plus de 5 000 ans aurait même été détruit par un ouragan à La Orotava en 1868.

PARQUE MARIPOSARIO DEL DRAGO ★

En contrebas la place de l'église San Marco
✆ +34 922 815 167
www.mariposario.com
Ouvert tous les jours de 10h à 18h et jusqu'à 19h, en été. Entrée : 8,50 €.

Ce parc original présente plus de cent cinquante espèces de papillons différents dans une végétation tropicale, pour faire rêver les enfants et leurs parents. Des centaines de papillons du monde entier volent entre les visiteurs. Une grande partie de ces papillons se reproduisent dans le parc. Vous pouvez voir la transformation d'une chenille géante en chrysalide en seulement une minute, si vous avez de la chance. Un peu cher tout de même... mais tellement poétique.

PLAZA DE LA CONSTITUCIÓN

C'est le cœur du centre historique, avec la plaza de la iglesia qui lui est attenante. Fondée au XVIe siècle, la ville garde de cette époque quelques maisons patriciennes comme la casa de los Cáceres et des églises anciennes comme l'église San Marco, située à côté du dragonnier et le couvent San Francisco, un peu plus tardif et datant de 1641. L'église de San Augustin date quant à elle de la deuxième moitié du XVIe siècle. Autour de la place, de nombreux commerçants vous proposeront des dégustations de vins locaux, liqueurs, fromages et autres gourmandises.

ESTACIÓN DE GUAGUAS

Calle 25 de Abril, 8
✆ +34 922 811 304

Icod est reliée directement à Santa Cruz et à Puerto de la Cruz : ligne n° 107 pour Santa Cruz, en passant par La Orotava et La Laguna ; ligne n° 325 pour soit Puerto de la Cruz, dans un sens, soit Los Gigantes, dans l'autre ; n° 363 pour Buenavista, en passant par Garachico. Pour se déplacer à l'intérieur de la ville, il est hautement recommandé d'opter pour un taxi ou un véhicule de location, au regard de son dénivelé et des axes de circulation, particulièrement étroits. Notamment pour se rendre à la Cueva del Viento, l'attraction locale.

TENERIFE

ESTRELLA DEL NORTE €€

Carretera General El Amparo, 75
✆ +34 922 812 926
www.aptosestrelladelnorte.com
Chambre double dés 60 €, Villa Deluxe – 5 nuits minimum dès 179 €.

Situé sur les hauteurs de la ville, non loin de la principale attraction touristique, la Cueva del Viento, ce bâtiment racé édifié en 2009 propose vingt-huit appartements de caractère. Pour tous ceux qui désirent fuir les attroupements de touristes tout en bénéficiant d'une position privilégiée, l'endroit est particulièrement conseillé pour sa quiétude et son emplacement géographique. Nombreux services disponibles : réservation de véhicules, excursions, laverie, connexion wifi, piscine couverte, parking privatif. Accueil en anglais et espagnol.

RESTAURANTE AGUSTIN Y ROSA €€

Calle de San Sebastián, 15
✆ + 34 922 810 792
www.restauranteagustinyrosa.com
Fermé le soir, le dimanche et le lundi. Compter 20 € par personne.

Situé dans le centre-ville, ce petit restaurant familial propose une bonne cuisine canarienne. A base de produits frais et de qualité, tout en se permettant quelques originalités qui le font se démarquer de la plupart des autres restaurants de la ville. Essayez par exemple le poisson farci, *pescado relleno* ou le gâteau de fruits de mer. Deux espaces pour s'installer, un intérieur assez lumineux et une belle terrasse pour les beaux jours. Service efficace.

LA CASA DEL DRAGO

Calle Arcipreste Ossuna, 3
✆ +34 922 810 451
Ouvert tous les jours, de 9h à 19h.

Juste à côté de l'église San Marcos, ce magasin très bien achalandé propose de nombreux souvenirs et spécialités canariennes : produits artisanaux, cosmétiques... Une adresse incontournable où vous pourrez profiter d'un beau jardin avec un impressionnant dragonnier (arbre local), prendre un café, manger des fromages typiques de l'archipel, goûter des jus de fruits frais ou de très bons barraquitos. L'établissement propose également des dégustations de vins canariens. La tranquillité du village et la gentillesse du personnel vous combleront.

GARACHICO ★★

C'était le principal port de Tenerife jusqu'en 1706. A cette date, l'éruption de la montaña Negra détruisit une grande partie de la ville, à l'exception du Castillo de San Miguel, construit au XVIe siècle près du port. Son petit centre regroupé autour de l'église Santa Ana, datant du XVIe siècle, et d'une petite place ombragée, ne manque pas de charme. Mais on va aussi et surtout à Garachico pour ses piscines d'eau naturelles, pour déjeuner dans son restaurant ou pour observer le déferlement des vagues. Et comme presque chaque lieu de l'archipel possède son village un peu chic et peu bobo, pour Tenerife, c'est celui-ci. Encore plus l'hiver.

Le village de Garachico.

LE CALETÓN DE GARACHICO

Entrée libre.

C'est sûrement l'activité la plus agréable quand l'on est à Garachico : se baigner dans ses piscines naturelles. C'est la dernière éruption du volcan Trevejo, survenue en 1706 qui a enseveli une grande partie du village et qui, en débouchant sur la mer, a créé ces bassins naturels qui portent le nom du rocher de caletón. Sauf en cas de grosse marée, on peut s'y baigner sans problème, car les piscines naturelles sont de toutes tailles, y compris pour les petits, et terminer la journée dans les restaurants situés dans l'ensemble.

TENERIFE

EX COUVENT DE SAN FRANCISCO ★

Petit musée ouvert tous les jours, sauf le dimanche de 9h à 19h et jusqu'à 18h le samedi. Entrée : 1 €.

Fondé au XVIIe siècle, il accueille actuellement la bibliothèque municipale. Sa belle cour intérieure bordée de balcons en bois et la sculpture de Poséidon de style néoclassique qui la préside sont remarquables. On peut y voir de vieux ustensiles de cuisine et des photographies. L'église Santa Ana, construite au XVIe siècle, fut reconstruite après l'éruption. Elle abrite notamment l'image de Jésus miséricordieux provenant du Mexique et des fonts baptismaux en marbre du XVIIe siècle.

CASA RURAL IDA €€

Calle La Oliva « El Genoves », 9
✆ + 34 638 104 797
www.ruralida.com
La maisonnette 2 personnes de 59 à 85 € / nuit, selon la saison.

Cette Casa Ida est un ancien hameau canarien formé de sept petites maisons indépendantes qui ont été entièrement rénovées et ont adopté une décoration intérieure aux couleurs toniques. Chacune d'entre elles dispose d'un salon et d'une cuisine parfaitement équipée, d'une salle de bains et d'une chambre avec un grand lit. Certaines disposent de terrasses, d'autres bénéficient de vues sur la mer. Côté équipements, télé, wifi, barbecue, chauffage, parking. A la disposition de tous, une terrasse commune avec très belle vue sur la mer.

CASA RURAL MALPAÍS TRECE €€

Calle Malpaís, 13 ✆ +34 922 830 064
www.malpaistrece.es
Fermée de mi-juillet à mi-septembre. De mai à novembre 68 €, de novembre à mai 85 €, petit déjeuner inclus.

Cette casa rurale est une grande propriété divisée en huit chambres doubles avec salle de bains et trois salons communs avec la télévision. On pourra aussi profiter de deux salles à manger, l'une intérieure et l'autre installée en terrasse et de trois bars d'ambiance. Et également bénéficier d'un jardin soigné avec une très belle vue sur la côte environnante et un aménagement, tables et chaises, permettant d'en profiter. Les amateurs de golf se réjouiront de savoir qu'un golf de 18 trous, Isla Baja Buenavista del Norte est disponible à proximité de la maison.

HÔTEL LA QUINTA ROJA €€€

Glorieta San Francisco
✆ +34 922 133 377
www.quintaroja.com
Chambre double de 136 à 174 € selon la saison.

Situé sur une place au centre du quartier historique, voici un magnifique hôtel qui doit son nom à ses anciens propriétaires, les marquis de la Quinta Roja, fondateurs de la ville il y a 500 ans. On y trouvera tout le charme d'un ancien palais de style canarien avec un superbe patio aux boiseries typiques. Il propose vingt chambres, réparties autour du patio. Sur le toit, un salon vitré vous offrira une vue imprenable sur la ville et une bonne partie de la côte. A disposition des clients, une cafétéria ouverte 24h/24, un bain moussant, un sauna et un solarium.

HÔTEL RURAL EL PATIO €€€

Finca Malpaís
✆ +34 922 133 280
https://hotelpatio.com
28 chambres. Comptez environ 100 € la nuit, 3 nuits minimum.

Le terrain sur lequel est construit cet hôtel El patio était connu sous le nom de Finca Malpais et appartenait à la famille de Ponte, originaire de Gênes. Qui en 1565 y a construit une petite chapelle à l'entrée de la propriété, aujourd'hui inutilisée, mais que l'on peut visiter. L'établissement qui sert d'hôtel est aussi vieux de 400 ans et jouit d'un emplacement très particulier, au sein d'une grande plantation de bananes de 60 hectares. On profitera d'une superbe vue sur l'océan depuis la salle à manger. Et du bruit des vagues dans sa chambre.

HÔTEL SAN ROQUE €€€

Calle Estebán de Ponte, 32
✆ +34 922 133 435
https://hotelsanroque.com
Dès 240 € la chambre double, petit déjeuner compris.

Situé au cœur du village, ce magnifique hôtel, géré par un Français, est aménagé dans une maison seigneuriale du XVIIe siècle qui conjugue l'architecture d'antan avec une décoration d'art moderne très réussie. Tout est pensé avec goût, dans le respect des murs historiques. Les 20 chambres sont toutes différentes, modernes et suréquipées (wi-fi). De nombreux services, tels qu'un sauna, un solarium, un tennis, une bibliothèque, une CDthèque, des *mountainbikes*, des cannes à pêche, ainsi qu'un restaurant dont les tables sont installées autour de la piscine.

ALMENA DE SAN MIGUEL €

Avenida República de Venezuela, 3
✆ +34 922 133 303
Fermé le mardi, comptez environ 20 €.

Le plus du restaurant familial, c'est indéniablement sa jolie terrasse ombragée qui permet de très jolies vues sur les piscines naturelles de Garachico. Et comme elle est en hauteur, ce sera le seul à offrir ce plaisir. Pour s'y installer, mieux vaut arriver en avance, car elle est bien sûr facilement prise d'assaut. L'intérieur est plus banal comme espace. Sa spécialité est le poisson frais et son poulpe a bonne réputation. Avec de belles proportions pour les assiettes. Reste qu'il s'agit d'une cuisine assez simple qui ne justifie pas d'y dépenser ses économies.

BUENAVISTA DEL NORTE ★

C'est un joli petit village du Teno, le dernier avant la pointe du même nom. Lors de sa fondation en 1498, une partie des terres appartenait à Juan Méndez el Viejo, qui construisit l'hacienda de la Fuente, à partir de laquelle se développa le village. Son expansion est due en partie à l'arrivée d'émigrés andalous, notamment le quartier de Triana fondé par des Sévillans. Mais la ville était majoritairement peuplée d'émigrés portugais, comme le prouve le premier registre paroissial, qui fut commencé en 1512, écrit en portugais. La construction de l'église Nuestra Señora de los Remedios renforça son développement. En janvier, on y fête San Antonio Abad.

LE MASSIF DU TENO

Comme l'Anaga au nord-est de l'île, mais de plus petite dimension, c'est un vieux massif basaltique, très érodé et marqué par de nombreux dykes, qui constitue l'extrémité nord-ouest de Tenerife. Il culmine à 1 003 m. Comme l'Anaga, il est couvert sur son versant nord de beaux restes de forêts de lauriers. En revanche, le versant sud, nettement plus aride, est le point de départ d'une série de profonds barrancos qui descendent jusqu'aux falaises d'environ 500 m de hauteur de la côte ouest. La route côtière se termine en cul-de-sac à la punta de Teno. Pour rejoindre la côte ouest et le sud de Tenerife, on quittera la côte à Icod de los Vinos par la route 821, qui se faufile entre le massif du Teno et le versant nord-ouest de Las Cañadas en passant par Santiago del Teide, où quelques restaurants sympathiques avec terrasse vous attendent. A la sortie de San Juan del Reparo, le mirador de La Atalaya offre une belle vue sur Garachico, le port dévasté en 1706 par une coulée de lave. La route traverse ensuite El Tanque, puis serpente jusqu'à Erjos. A la sortie de ce village, on remarque, dans un virage, une cuvette remplie de petits marais verdoyants – un paysage rare sous un climat plutôt aride – ainsi qu'un curieux piton rocheux brun. Au fond, les collines claires sont ridées d'anciennes terrasses agricoles. Ces marais constituent un excellent point de départ pour une randonnée sur les crêtes du Teno. La route redescend ensuite sur l'autre versant jusqu'à Santiago del Teide et sa petite église aux murs immaculés.

Punta de Teno.

ALBERGUE DE BOLICO €

Finca de Bolico
✆ +34 922 127 938
www.alberguebolico.com
Tarifs : 15 € la nuit par personne, en chambre partagée ; à usage individuel, 30 € pour une personne.

Propriété du cabildo, cette auberge de jeunesse propose des chambres-dortoirs moyennant une somme très modique. Les petits déjeuners et autres prestations sont en supplément. Sa situation dans le Parc du Teno en fait un point de départ privilégié pour de nombreuses randonnées aux alentours du massif, à la découverte de la nature volcanique. A réaliser avec une entreprise experte dans ce domaine, El cardón NaturEsperience, qui gère aussi l'auberge et propose par exemple une visite du Teide, de nuit ou des balades en bateau à la pointe du Teno.

HÔTEL LUZ DEL MAR €€

Avenida Sibora, 10
✆ +34 922 841 623
www.luzdelmar.eu
Dés 133 € la chambre double, petit déjeuner inclus.

Cet hôtel de luxe allie confort et respect de l'environnement. Les chambres sont installées dans de petites maisons colorées, aménagées et décorées avec goût et disposent d'une grande terrasse. On profitera de nombreuses activités en plein air : VTT, randonnées, etc. C'est un hôtel à échelle humaine où chaque client reçoit un accueil personnalisé. Grande piscine, spa, salle de gym, bar et surtout excellent restaurant. Le chef vous concocte des plats raffinés et créatifs dignes des grands restaurants. Seul bémol, il n'est accessible qu'en voiture ou en taxi.

PÂTISSERIE EL ADERNO

Calle la Alhóndiga, 8
✆ +34 922 12 73 68
http://eladerno.com
Ouverte en semaine, de 9h à 20h et le dimanche à partir de 8h.

Ouverte en 1991 par Teobaldo Méndez qui lui a donné son nom, en hommage à celui de l'arbre canarien, cette pâtisserie produit toutes sortes de douceurs. Certaines typiquement canariennes comme les *roquetes*, sorte de petits beignets ; les *truchas*, petites empanadas sucrées ; les *almendrados*, biscuits aux amandes et à la cannelle et les meringues. Et d'autres tout ce qu'il y a de plus actuelles puisque cette pâtisserie se renouvelle sans cesse, jusqu'à proposer des gâteaux sans sucre. Ainsi que des viennoiseries et des confiseries.

EL PALMAR

A une altitude d'environ 500 mètres, ce tout petit village est le plus ancien de la vallée del Palmar. Il a été fondé par les conquérants espagnols, attirés par la fertilité de ses terres. Lorsque l'on descend dans la vallée d'El Palmar, aux longues terrasses cultivées, on remarque un petit cône couvert d'herbes et entaillé de profondes brèches, qui laissent voir la terre brune. Ce petit volcan fournit le picón, cette terre volcanique avec laquelle on recouvre les champs pour y capter l'humidité nocturne. Vers le bas de la vallée, on aperçoit un autre cône dont le cratère est rempli d'eau. C'est un réservoir qui alimente les bananeraies de Buenavista.

VISITE DU HAUT TENO

Deux moyens de se rendre sur les hauteurs du Teno :

En voiture. D'El Palmar, une petite route monte jusqu'au hameau de Teno Alto, l'un des lieux les plus canariens de l'île. Non loin, on verra sans doute des troupeaux de chèvres, et une colline conique entièrement couverte de terrasses cultivées. On peut descendre vers la côte. La piste passe à côté d'un petit champ de safran. Dans les fossés nichent des chardons d'un violet somptueux. La mer se trouve 500 m plus bas, turquoise par endroits, ou verte d'algues. Du haut de la falaise, la vue s'étend, vertigineuse, entre Los Gigantes et la pointe du Teno. Entièrement noire, celle-ci se détache sur la mer comme une terre imaginaire.

A pied. On peut aussi gagner Teno Alto à pied, par une belle randonnée au départ d'Erjos. On traverse les petits marais avant de grimper dans la forêt de lauriers arborescents. Puis on atteint les crêtes, qu'on longera jusqu'à Teno Alto. On sort brutalement de la forêt pour se retrouver sur l'arête nue. A gauche, vers le sud-ouest, apparaissent des sommets arides, entre lesquels des barrancos secrets gagnent la mer. On reconnaît Masca et les Carrizales. Le sentier traverse la route Masca-El Palmar dans un lacet au-dessus de Carrizal Alto, puis continue sur la crête. En se retournant, on obtient une vue sur la ligne de crête, qui oscille à près de 1 000 m ; contraste entre le versant nord couvert d'une laurisylva verdoyante et le versant sud, strié de dykes bien visibles, presque nu à l'exception de quelques agaves dressés vers le ciel.

MASCA

En prenant une petite route montant le flanc occidental du massif du Teno, on parvient au hameau de Masca, après environ 4 km de lacets en épingle à cheveux. Les quelques maisons allongent leurs toits anciens sur une crête, au pied d'un piton vertigineux, lui-même dominé par les falaises gigantesques de deux profonds *barrancos* qui se rejoignent ici. Pour n'en former plus qu'un, le *barranco* de Masca. La partie ancienne de Masca, appelée *lomo viejo*, est constituée de maisonnettes, réalisées à partir de lave. Ce petit village plein de charme aspire à la tranquillité. Autrefois accessible uniquement à pied, il est malheureusement devenu assez touristique.

BAR RESTAURANTE LA PIEDRA €

Calle del Lorno
✆ +34 922 863 113
Comptez environ 20 €.

Très bien situé dans le centre de Masca, à côté de la chapelle et de sa petite place, ce bar restaurant a l'avantage de disposer d'une très jolie terrasse, avec vue sur les montagnes alentour, mais aussi protégée du soleil ou du vent. On y dégustera les tapas classiques, toutes faites maison, également servies en salle. Comme elles sont copieuses, on n'hésitera pas à partager. Pour le dessert, fiez-vous aux tartes maison, très appréciées. Service très attentif et rapide.

LE BARRANCO DE MASCA

Il se descend facilement, mais il faut compter environ 2h30 pour rejoindre la côte par un sentier de moyenne difficulté. En hiver, de petites cuves d'eau naturelles vous permettront de vous rafraîchir. Une fois en bas, vous aurez le choix entre remonter à pied ou prendre un bateau taxi qui vous conduira jusqu'à Los Gigantes, puis prendre un taxi ou un bus pour rejoindre Masca. Au début de la descente, on remarquera des figuiers de Barbarie, en partie couverts d'un dépôt blanc. Le haut des gorges est plutôt verdoyant. Le cours d'eau serpente, vert d'algues, dans le lit rocheux qu'il a lui-même creusé et poli au fond. Au bord des mares qui parviennent à rester en eau toute l'année, on verra peut-être une minuscule grenouille verte, la ranita de San Antonio, qui ne dépasse pas 5 cm de longueur. Ensuite, le *barranco* devient plus étroit et austère. On suit les méandres de ses hautes parois noires, parcourues par endroits de bandes brunes rectilignes. Sur toute leur hauteur, les falaises sont creusées de multiples cavités, simples abris érodés ou grottes plus profondes (on dit même que l'une d'elles communique avec le cañon voisin, le *barranco Seco*, immédiatement au sud). Dans un méandre, on découvre une arche basaltique, traversée par la lumière nébuleuse qui tombe du haut des gorges. Enfin, le ciel apparaît et on débouche sur une crique de sable noir, fermée au nord par la punta de La Galera. L'ombre y fait défaut, mais la baignade est agréable. Le camping sauvage y est toléré, mais attention à la marée qui monte très haut.

CHEZ ARLETTE €

✆ +34 922 863 459
Fermé le dimanche en hors saison. Prix moyen : 15 €.

Typique et touristique, c'est un lieu tenu par une Suisse installée ici depuis plus de deux décennies. Sa spécialité est la galette de Masca (galette de maïs très bonne, mais peu nourrissante). Un menu biologique, dont le pain et la farine sont faits maison, tout comme la sangria sans alcool qui fait illusion mais qui permet de reprendre la route sans problème. Mais ce qu'on aime avant tout, c'est l'endroit un peu perdu, la vue sur les collines verdoyantes et l'impression d'être coupé du monde. Mieux vaut ne pas être pressé par contre.

BUENAVISTA GOLF

Calle de la finca, s/n
✆ +34 922 129 034
www.buenavistagolf.es
9-trous : de 45 à 52 €, 18-trous : de 75 à 95 €, équipement en plus.

Conçu par le célèbre golfeur espagnol Severiano Ballesteros, ce Buenavista golf mérite bien son nom, car il est situé sur des falaises on ne peut plus spectaculaires et il est encadré par le parc naturel du massif du Teno et ses montagnes impressionnantes. Ceux qui ont pratiqué ce 18-trous disent même que l'on a parfois la sensation de frapper la balle contre la mer. Les trous les plus difficiles sont bien sûr situés au bord de la falaise, mais le lac central constitue aussi un nouvel obstacle. Il dispose aussi d'une boutique

LOS GIGANTES ★★

Dominée par l'*acantilado* de Los Gigantes, la falaise des géants, une marina du même nom s'est édifiée sur cette côte. C'est le premier port de plaisance de Tenerife, qui prolonge, au nord, le port de pêche de Puerto de Santiago, plus ancien. Et c'est là que se trouvent les plages de sable noir d'El Angel et de La Arena. Par temps clair, on peut voir La Gomera depuis cette dernière plage. Ces trois stations continuent à se développer à un rythme inquiétant en grignotant, sur leur droite, les belles falaises de Los Gigantes avec des édifices toujours plus envahissants, à flanc de rocher. Pour profiter de ces falaises, il reste les excursions en bateau.

FALAISES DE LOS GIGANTES

C'est un mur de roche basaltique qui s'élève entre 500 et 800 m d'altitude et donne lieu à une vision spectaculaire. D'en bas depuis un petit bateau on se sent minuscule face à cet immense mur rocheux et l'on comprend que du temps des guanches, ces falaises aient été surnommées *les murailles de l'enfer*. Car les aborigènes pensaient que le monde s'arrêtait là, au bord du précipice. Quelques *barrancos*, comme celui de Masca et d'autres ravins rompent la ligne de ce bloc. Visibles d'en bas, des stries diagonales et verticales témoignent de leur origine volcanique.

OBSERVATION DES BALEINES ET DES DAUPHINS

Des communautés de dauphins communs à bosse et des petites baleines pilotes vivent au large de Los Gigantes. Si au départ, ces espèces étaient migratoires, elles sont désormais sédentaires et on peut les observer. De plus à 30 mètres de profondeur, les fonds marins poissonneux font aussi la joie des plongeurs. Pour se baigner, on profitera enfin de la Plage de la Arena, une petite crique de sable noir, agréablement aménagée avec des palmiers, un peu étouffée par les constructions.

RANDONNÉE DU BARRANCO DE MASCA

Toutes les agences vous proposeront cette randonnée. Il est possible de monter ou de descendre ce ravin en vous faisant ramener en bateau au port. Si vous êtes trois (ou plus), préférez un ticket bateau pour aller du barranco au port de Los Gigantes et réservez un taxi pour faire le trajet du port jusqu'à Masca, cela vous reviendra moins cher. Les bateaux en direction du barranco partent le matin, ceux qui reviennent sont prévus dans l'après-midi.

HÔTEL SENSIMAR LOS GIGANTES €€

Calle Flor de Pascua,12
✆ +34 922 861 020
www.stilhotels.com
Chambre double dès 150 €, promotions en ligne.

Il s'agit ici d'un immeuble, l'hôtel est donc moins agréable que les îlots de maisons qui fleurissent en complexe dans cette station car il n'y a pas de jardin devant les fenêtres. Cependant, il offre plus de services et la vue depuis les étages supérieurs sur les falaises est incroyable. Deux grandes piscines avec vue panoramique sur la mer, thalasso et spa, tennis, ping-pong, salle de jeux... C'est tout de même un peu trop cher pour les prestations proposées.

APPARTEMENTS POBLADO MARINERO €

Acantilados de Los Gigantes
✆ +34 922 860 966
www.elhotelito.com
Compter entre 42 et 65 € pour deux personnes. Vue sur la mer +15 €.

Ces appartements sont modernes et spacieux, allant de 70 et 90 mètres carrés et disposent d'un grand balcon avec vue sur les falaises de Los Gigantes, pour certains. Ils sont installés dans un complexe respectant l'architecture traditionnelle des Canaries, avec de jolis balcons en bois, et entouré d'un jardin. L'hôtel dispose d'une piscine d'eau salée immense dessinée par César Manrique, d'un solarium et d'un lac naturel (El Lagillo). Un endroit très original et peu cher.

RESTAURANTE JARDIN DEL SOL €€

Plaza Bouganvilla, 1
✆ +34 922 860 504
Fermé le dimanche. Compter environ 35 €.

Situé sur une place ombragée, ce restaurant propose des classiques de la cuisine espagnole mâtinée de touches créatives. Le tout à déguster dans un cadre un peu ancien, mais soigné et en profitant d'une ambiance douce et d'un service agréable. Vous pouvez opter pour les poissons ou la paella aux crustacés qui a fait leur réputation ou essayer, par exemple, le cochon de lait désossé qui aura mariné pendant 24 heures. Pensez à réserver, il est souvent complet.

L'acantilado de Los Gigantes.

TENO ACTIVO

Poblado Marinero 20
Puerto deportivo Los Gigantes
✆ 0034618 000 972
www.tenoactivo.com

Teno Activo vous connectera avec le plus naturel de Tenerife, Ivan qui dirige l'agence a passé des années à prendre soin des ressources naturelles et à créer des expériences uniques. Ici, kayak et paddle sont à l'honneur. Et avec un peu de chance vous serez accompagné par l'expérimenté France, un guide reconnu au niveau européen et expert de l'île qui vous fera découvrir des endroits extraordinaires avec de grandes histoires à raconter. N'hésitez pas à venir seul, entre amis, ou encore avec votre famille, il y a des surprises pour les enfants.

L'ALOE VERA FRESCA DI FUERTEVENTURA

Poblado Marinero, 3 - Puerta 3B
✆ +34 646 251 039
www.aloeveraonlineshop.com

Luciano Candelotto, originaire de Milan s'est installé dans le village et s'est lancé dans le commerce de produits confectionnés à base d'Aloe Vera. Avec comme objectif absolu de fournir des produits de toute première qualité. C'est pourquoi il a décidé en 2011 de construire à Fuerteventura le premier laboratoire de cosmétiques, disposant de ses propres plantations à Fuerteventura, Grande Canarie, Tenerife, La Palma et Lanzarote. Catalogue de 50 produits.

NASHIRA UNO

Puerto Deportivo de Los Gigantes
✆ +34 922 861 918
www.maritimaacantilados.com

Croisière 3h à 11h : 35 € et croisière de 2h à 14h : 25 €.

Construit en 1995, *Nashira Uno* est un catamaran à moteur, relativement petit et construit sur mesure, quinze mètres de long et quatre mètres de large, pour réduire au maximum le risque de mal de mer. Permettant ainsi à tout le monde de participer à ces petites croisières. Il dispose aussi d'une terrasse ensoleillée et d'une terrasse ombragée à l'intérieur ainsi que deux coques en verre pour apercevoir les fonds marins ainsi que les dauphins et les baleines pilotes. Deux sorties proposées : 3 heures et deux heures (boissons et nourriture comprises).

PUNTA UMBRIA

Port de Los Gigantes
✆ +34 922 861 918
www.maritimaacantilados.com
Sorties de pêche à 75 € pour 4 heures et 140 € pour 7 heures.

Ce bateau propose des croisières d'observations des baleines et des dauphins, durant deux ou trois heures et permettant aussi de profiter de la vue sur la baie de Masca et les falaises spectaculaires de Los Gigantes. Avec la possibilité de pratiquer le snorkeling. Mais il a d'autres cordes à son arc : une pêche en haute mer, accompagnée par des spécialistes et réalisée sur des yachts sportifs de 13 mètres. Pêche à la dérive, à la traîne. Également des écotours pour découvrir les grottes volcaniques des falaises de Los Gigantes.

PLAYA DE LA ARENA

C'est une grande plage urbaine de sable noir, plutôt recherchée par les familles, qui y apprécient ses vagues calmes qui permettent de se baigner sans souci. D'autant plus qu'elle arbore régulièrement le drapeau bleu, depuis de nombreuses années. Ses fonds marins sont d'une grande richesse ce qui en fait aussi l'un des spots de plongée sous-marine les plus courus de Tenerife, abritant de nombreux clubs de plongée. Tout le long de cette promenade, vous trouverez des restaurants, des bars ainsi que de nombreux services (transats, parasols, postes de surveillance...). Mais on y vient également pour profiter des couchers de soleil sur l'île de la Gomera.

PUERTO SANTIAGO

Dans cet ensemble touristique, le port de pêche de Puerto de Santiago est le plus ancien. On y apprécie surtout sa jolie plage, située à côté du quai et du paseo maritime du village. Et dont le calme était déjà recherché dans l'ancien temps quand cette crique protégée de la mer était un des refuges naturels les plus importants de la côte ouest de Tenerife. Elle est bien sûr plus prise d'assaut en été avec l'arrivée des gros bataillons de touristes, mais elle reste l'un des lieux préférés des locaux, une fois l'hiver revenu. On y vient aussi pour les fêtes de la Vierge du Carmen qui en juillet proposent de nombreuses activités durant plus de dix jours.

APART-HÔTEL DRAGOS DEL SUR €

Avenida Maritima Puerto Santiago, s/n
✆ +34 922 862 550
www.hoteles-losdragos.com
Dès 88 € l'appartement pour deux, dès 166 € l'appartement pour cinq adultes.

Situés à Puerto Santiago, en première ligne face à la plage, ces appartements plutôt sympathiques installés dans un immeuble d'inspiration canarienne ne donnent pas sur les falaises, mais sur la route. Qui comme les routes de plage est assez fréquentée. Les appartements sont clairs et ensoleillés avec une déco moderne, avec une ou deux chambres et une vue sur piscine ou sur mer, souvent avec terrasse. Micro-piscine dans un jardin étriqué. Mais les prix sont bon marché.

ESPIRITU DE BUCEO

C/ Caleta del Jurado, Edificio Jardines del Mar Local
https://divingspirit.es/
Du lundi au samedi de 9h à 13h.

Les Canaries sont un endroit parfait pour s'initier à la plongée, avec des températures d'environ 19 °C l'hiver et 25 °C l'été. Et pour ceux qui sont habitués aux fonds marins, aucune inquiétude, ce centre de plongée saura vous trouver des coins parfaits. Sur place, vous pouvez faire votre baptême, ou si vous aimez ça, n'hésitez pas à passer vos niveaux PADI pour pouvoir plonger encore plus profond ! N'hésitez pas à les contacter pour plus d'informations, et pensez à réserver votre plongée un peu en avance notamment en haute saison.

CASA PANCHO €€€

Avenida Maritima, 26
✆ +34 922 861 323
Fermé le lundi. Comptez entre 35 et 45 €.

Aux Canaries, il est plutôt rare de trouver un restaurant à prétention gastronomique à quelques pas de la plage. C'est pourtant le cas de cette maison qui depuis son ouverture en 1973 s'attache à proposer une cuisine d'auteur. On pourra s'attabler sur la superbe terrasse avec vue sur la belle plage noire de la arena ou s'installer à l'intérieur. Au menu des recettes canariennes, personnalisées par le chef comme les risottos ou la paella aux fruits de mer. Au dessert, vous garderez une place pour leurs fameuses bananes flambées. Le résultat est excellent.

ALCALÁ

Longtemps dédié à la pêche, ce petit village situé dans une petite crique côtière, est l'un des rares à avoir gardé son authenticité et son calme, loin des constructions frénétiques qui marquent cette côte. Ici, les petites maisons blanches et colorées surplombent les criques et le front de mer auquel on accède par des escaliers, et qui permet aussi de jolies promenades puisqu'une longue digue rejoint Puerto de Santiago, au nord, en traversant quelques piscines naturelles et quelques plages bien aménagées. Au programme, farniente sur une charmante petite plage urbaine, poisson grillé ou contemplation de beaux couchers de soleil avec vue sur la Gomera.

RITZ-CARLTON ABAMA €€€

Carretera General, TF-47, km 9, Guía de Isora
✆ +34 922 126 000
www.ritzcarlton.com
A partir de 250 € par nuit.

Visuellement, il surgit d'un coup avec une esthétique oscillant entre les réalisations de Bofill dans la région de Calpe ou un Disneyland un peu inspiré. Au cœur du resort, la Ciudadela offre toute une série de chambres de luxe et de suites, chacune disposant d'une grande terrasse pour profiter au mieux des superbes vues sur l'Atlantique. L'ensemble abrite aussi des chambres et des suites réparties dans les jardins botaniques qui s'étendent jusqu'à l'océan. Et côté gastronomie, rien de moins que MB de Martin Berasategui, triple étoilé. Le nec plus ultra.

SAÚCO €

C la Fabrica, 5
✆ + 34 922 860 744
www.saucorestaurante.com/
Fermé le mardi. Ouvert de 13h à 16h et de 19h à 23h30. Comptez environ 25 €.

Quelques tables installées en terrasse face à la mer et sous les tamaris, c'est clairement le grand atout de ce restaurant. Spécialisé dans la cuisine italienne, on y trouvera aussi des soupes de poissons honnêtes, des poissons grillés comme des steaks de thon et de jolies salades, le tout bien présenté par un personnel plutôt agréable. Pour accéder à la terrasse, il vaut mieux réserver ou arriver en avance. Sinon, la grande salle à manger est entièrement vitrée et les vues seront belles mais autant viser la terrasse. Personnel très efficace.

TXOKO €€

Carretera TF-47, kilómetro 9. Guía de Isora
✆ +34 922 12 60 00
Ouvert tous les jours. Comptez entre 50 et 60 € par personne. Plats environ 30 €.

Pour ceux qui souhaiteraient apprécier la patte de Martin Berasategui, cuisinier moult étoilé, c'est une proposition plus informelle et plus accessible que le restaurant de l'hôtel Ritz. Depuis 2016, il présente les classiques de la cuisine traditionnelle espagnole. On l'appréciera aussi sous forme de *raciones* comme les croquettes aux champignons ou aux calamars, en fonction de la saison. Ou avec des petits poulpes à la crème de pomme de terre, des moules à la coriandre, de superbes grillades, des tartares de veau et bien sûr, des jambons et des fromages ibères.

ADEJE

Au nord de la playa de Las Américas et de Los Cristianos, cette petite ville a été un haut lieu de la culture aborigène dont on pourra trouver la trace dans le *barranco del Infierno*, déjà connu des Guanches qui y ont laissé des grottes funéraires. On accédera à l'entrée de cette grotte, bien signalisée, située juste au-dessus de l'église Santa Ursula. Cette église, construite aux XVIIe et XVIIIe siècles ainsi que le couvent franciscain font partie des quelques vestiges témoignant de son passé colonial prospère, qu'il faudra aller chercher derrière les blocs d'hôtels. Au sortir de la ville, débute un paysage aride parcouru de profonds *barrancos*, ravins.

BODEGON IRACHE GARA €€

Route d'Adeje
✆ +34 922 857 025
Fermé le lundi et le dimanche soir. Compter 20 € par personne.

Restaurant typique, spécialités de viande et toutes sortes de saucisses grillées (*chistora, buttifara, salchichas*), essayez l'assortiment. Leur lapin à la canarienne, accompagné de frites aux oignons vaut le détour, ainsi que toutes leurs viandes grillées au feu de bois. Sans oublier de tester en dessert le flan aux œufs qui lui vaut aussi une bonne réputation. Depuis le restaurant, vous avez une vue imprenable sur les villages du bord de mer. C'est désormais le fils qui tient les rênes de l'entreprise, mais la carte et la tradition persiste.

COSTA ADEJE

Des portes de Marazul au *barranco* de Troya, c'est l'un des pôles touristiques les plus importants de l'île. Avec des hôtels qui s'étendent le long de la côte, lui volant un peu son charme. Elle est découpée en urbanisations et toutes ne bénéficient pas de plages. C'est pourquoi la majorité des hôtels sont autonomes, possèdent de grandes piscines et proposent de multiples activités. On s'y rend pour des vacances confortables avec tout à portée de la main : organisation de randonnées, excursions marines pour observer les cétacés, pratique de nombreux sports comme la plongée sous-marine. Elle accueille aussi de nombreux restaurants, bars et discothèques.

OTELO €€

Calle los Molinos, 44
✆ +34 922 780 374
www.otelorestaurante.com
Ouvert tous les jours de 11h à 22h30, sauf le mardi. Entre 10 et 15 € le plat.

On a parfois quelques difficultés à trouver ce restaurant, situé sur les hauteurs de Adeje, mais ce petit effort est récompensé. Avec à la clé, un lieu charmant, connu et apprécié pour ses deux grandes spécialités canariennes, le poulet à l'ail et le lapin à la sauce pimentée, *conejo en salmojero*. Son autre plus, sa très belle terrasse permettant des vues panoramiques et conseillée à l'heure du coucher de soleil quand la montagne devient rouge. Il est utile de réserver, surtout le week-end et de préciser que vous souhaitez la terrasse.

LA CALETA

Cette Caleta est un charmant petit port, situé à quelques kilomètres de Playa de las Américas, en direction d'Adeje. Pour se baigner, il existe un superbe endroit aux roches blanches, avec une eau translucide. Pour se rendre à cette magnifique crique parsemée de grottes habitées par des hippies internationaux, il faut passer par le petit village, laisser la voiture et prendre un petit chemin côtier qui monte. Cet endroit, connu des nudistes, est idéal pour fuir les touristes qui envahissent les plages de Los Cristianos et Las Américas.

TENERIFE

TENERIFE PERLA

Carretera General del Sur, km 12
✆ +34 922 741 250
www.tenerifepearl.com
Ouvert tous les jours de 9h à 20h.

C'est la plus grande salle d'exposition de perles du monde. Depuis 1996, la vocation de cette enseigne est de créer de splendides collections de bijoux. L'équipe parcourt le monde entier pour s'approvisionner en perles et créer bracelets, colliers, broches, pendentifs sur mesure. Elle effectue aussi des réparations. La salle d'exposition vedette se trouve à Armeñime, mais Tenerife Perla dispose de treize magasins dans tout l'archipel canarien, à Tenerife, à la Grande Canarie, et à Lanzarote. Et depuis 2019, à Marbella et à Torremolinos. Pour un autre voyage.

SIAM PARK

Sortie 29, Autopista TFE1
✆ +34 902 060 000
www.siampark.net
Ouvert tous les jours de 10h à 18h et jusqu'à 17h en hiver. Entrée : 38 € pour les adultes.

En son sein, que du gigantesque et du spectaculaire : au total 29 toboggans et la Torre del Poder, l'une des attractions les plus étonnantes du complexe. Unique au monde avec son toboggan géant d'une hauteur de 28 m et d'une longueur totale de 76 m qui se dévale à une vitesse de 40 km/h et arrive à 1,50 m sous l'eau, près d'un aquarium rempli de poissons tropicaux et d'alligators… Auquel est venu s'ajouter, en juillet 2014, le *Kinnaree*, avec plus de 200 mètres de circuit en forme de serpent. Egalement une plage artificielle à remous s'activant toutes les 20 min.

HÔTEL RIU ARECAS €€

Urbanización La Herradura
✆ (+34) 922 71 48 48
www.riu.com

Minimum 110 € hors promotions/nuit. Selon la saison, un nombre de nuits minimum est requis.

L'hôtel est idéalement situé à 250 m de la plage et à 1,5 km des magasins. Un restaurant, des bars, des piscines – dont une chauffée en hiver – et des animations en soirée sont organisées plusieurs fois par semaine, le tout dans un cadre réservé aux plus de 18 ans. La salle de sport et le spa (avec sauna et bain à remous et en options payantes des soins et des massages) viennent compléter l'offre bien-être. Aux environs de l'hôtel, des locations de bicyclettes ou des sports nautiques ainsi qu'un terrain de golf sont disponibles mais payants.

H10 COSTA ADEJE PALACE €€

Playa La Enramada, La Caleta ✆ +34 922 714 171
www.h10.es

Pour Costa Adeje Palace : Dès 190 € la nuit. Promotions si réservation bien en avance.

La chaîne hôtelière H10 propose deux complexes à Costa Adeje, Gran Tinerfe et Costa Adeje Palace. Le premier, bien que moins élégant, est légèrement plus cher que le second car son emplacement face à la mer est meilleur. Le second est plus chaleureux car le bâtiment ocre n'a rien d'impersonnel et n'est pas si haut (l'autre est un immeuble plutôt affreux) et il est agrémenté de davantage de végétation et de coins plus tranquilles. Comme tout complexe, les deux hôtels proposent 4 piscines, un Jacuzzi, une salle de sport, Internet, restaurants, bar...

HOTEL RIU BUENAVISTA €€

Calle El Horno, 35, Urbanizacion Playa Paraiso
✆ +34 922 75 61 00
www.riu.com

A partir de 110 € la chambre double et 120 € pour une chambre familiale. Promotions en ligne.

Situé à Playa Paraíso, non loin de la localité d'Adeje, l'hôtel Riu Buenavista (4*) offre une formule « all inclusive », avec des animations et des activités pour tous les âges. Un restaurant, des bars, des piscines, un club pour enfants RiuLand, un RiuArt, des animations en soirée agrémenteront votre séjour. L'hôtel a été complètement rénové en 2020, il est rutilant et propose de très bonnes prestations dans l'ensemble. Si l'on aime la formule « all inclusive », c'est vraiment une bonne adresse, offrant un excellent rapport qualité-prix.

HÔTEL JARDIN TROPICAL €€€

Calle Gran Bretaña ✆ +34 922 746 000
www.jardin-tropical.com

De 200 à 370 € pour une chambre double, selon période, vue et standard.

Service parfait pour cet hôtel de luxe qui se différencie des nombreux autres hôtels tout d'abord par son architecture qui s'apparente à celle des maisons grecques, avec leurs pierres blanches et leurs angles arrondis, mais aussi par son emplacement, en première ligne face à la mer. Autres plus, ce Jardin tropical abrite un spa et plusieurs piscines dont une alimentée à l'eau de mer. On y profitera aussi de plusieurs restaurants, à la belle réputation qui proposent une nourriture variée et originale. Au total, c'est un 4-étoiles qui les mérite vraiment.

JARDINES DE NIVARIA €€€

Calle Paris, s/n
✆ +34 922 71 33 69
www.hoteljardinesnivaria.com

Comptez de 250 à 450 € la chambre double suivant la saison. Promotions sur le site.

Une des perles de Tenerife. Son architecture mêle de nombreuses pièces d'antiquités à des éléments Art déco. Un chef-d'œuvre artistique surplombe le hall : un dôme en vitrail, réalisé à la main. Pas moins de 12 000 pièces la composent, une merveille. Cette coupole représente les constellations du ciel de l'île lors de l'équinoxe. Décor et confort sont au diapason dans les chambres : mobilier sculpté à la main, appliques en marbre... Idéal pour profiter des vacances avec piscines entourées de jardins tropicaux et nombreuses activités sportives.

LA PLANTACIÓN DEL SUR €€€

Calle Roque Nublo, 1
✆ + 34 922 717 773

Comptez de 235 à 250 € pour une double standard, selon la période.

C'est sans doute l'incarnation de ce qu'est un hôtel de luxe. Situé dans un magnifique bâtiment s'inspirant de l'ambiance coloniale, il est aussi au cœur d'une ancienne plantation de bananes. Et il n'y aurait qu'un adjectif qui pourrait le résumer : magnifique. Le hall d'entrée, somptueux et impressionnant donne directement sur la mer et sur les piscines. La décoration des différentes chambres est tout aussi soignée et nombre d'entre elles bénéficient de terrasses avec vue sur la mer. Il est en revanche isolé ce qui n'est pas forcément un désavantage.

SHERATON LA CALETA RESORT&SPA €€€

Calle la Enramada
✆ +34 922 162 000

Compter un minimum de 180 € à 300 € la chambre double ou la suite.

Appartenant à la chaîne Sheration, cet hôte classieux aux tons ocre propose 284 chambres réparties autour d'un superbe jardin. Les plus luxueuses disposent d'un bain moussant privé en terrasse et de manière générale, celles qu ont vue sur mer sont plus chères, mais le méritent, d'autant plus que les autres sont souvent en vis-à-vis. A l'intérieur de ce complexe, vous profiterez de la piscine, de courts de tennis de squash... Un peu éloigné du centre-ville en revanche.

BOBBY'S III INDIAN TANDOORI RESTAURANT €

Avenida Eugenio Dominguez Alfonso
http://restaurantbobbys.com/
Ouvert dès 15h tous les jours.

Coup de cœur pour ce restaurant qui ne paye pas de mine et qui s'avère l'un des meilleurs indiens de l'île. Le tout, doté d'un service accueillant et particulièrement gentil et d'un excellent rapport qualité-prix ! Au menu, vous trouverez les classiques de la cuisine indienne : des tandooris (peu piquant), des masalas, des kormas (plus doux, mélange de curry et de lait de coco), des currys traditionnels, des plats plus ou moins épicés, pour végétariens ou non.

BODEGON DAMARY €

Avda Constitución, 2
✆ +34 922 710 327
Fermé le mercredi et le jeudi. Ouvert de 13h à 16h30 et de 18h30 à 22h30. Autour de 15 € par personne.

C'est l'une des bonnes adresses pour déguster la spécialité d'Adeje, le poulet à l'ail. Et sa réussite dans ce domaine lui vaut une excellente réputation depuis de nombreuses années. Vous pouvez vous y initier dans le cadre d'un menu classique dans lequel vous aurez le choix entre ce poulet à l'ail ou un autre plus « piquante » au piment, mais sans trop. Vous pourrez l'accompagner des classiques *papas arrugadas* canariennes et leurs tout aussi classiques *mojos*. Et terminer par un flan maison, tout comme le sont les différents pains proposés.

MUNDO'S €

Adeje, Playa las Américas, C/c Salytien 38660 Adeje, Spain
Tous les jours de 9h30 à 20h30.

Envie d'un petit déjeuner équilibré, ou d'un repas sain, fruité et gourmand à la fois ? C'est sans aucun doute l'endroit qu'il vous faut ! Peu importe l'heure à laquelle vous venez, n'hésitez pas à savourer un délicieux jus de fruits frais. Pourquoi pas tenter le carotte, orange, mangue et passion ? Ou une version smoothie protéiné ? On accompagne le tout d'une crêpe ou d'une gaufre, de fruits frais ou côté salé d'un sandwich, d'un burger, d'une crêpe salée ou d'une délicieuse salade. Seul bémol, le service parfois un peu lent.

EL RINCON DE JUAN CARLOS €€€

Av, Virgen de Guadalupe, 21 ✆ +34 922 868 040
www.elrincondejuancarlos.es
Fermé le dimanche. Menu complet à 130 € sans vin.

C'est l'un des restaurants à ne pas manquer lors d'une visite à Tenerife. Situé au 5e étage du Royal Hideaway, ce *rincon* mené par les frères Padrón propose une cuisine raffinée, élaborée à partir de produits de qualité. Priorité est donnée à la cuisine canarienne, revisitée par des touches créatives. On pourra la tester en goûtant aux tomates marinées, puis aux calamars à l'ail noir et citron marinés On recommande le menu dégustation qui permettra de se faire une idée de l'étendue des compétences de l'établissement. A réserver pour un moment spécial.

RESTAURANT PISCIS TERRASSA €€€

Sur le port de la Caleta
✆ +34 922 710 241
Ouvert tous les jours. Compter 50 € à la carte pour entrée, plat et dessert.

Ce restaurant est posé sur un site magnifique, avec sa terrasse sur mer, dont il a tiré son nom et l'un de ses premiers avantages. Le Piscis est par ailleurs spécialisé dans les poissons grillés et les fruits de mer. La carte est assez ample, mais on peut conseiller notamment la soupe de poisson maison ainsi que le bar cuit dans sa croûte de sel. Ses paellas sont aussi appréciées. On remarquera sa bonne sélection de vins. Une adresse à découvrir même si elle reste un peu chère.

RESTAURANTE LAS ROCAS €€€

Calle Gran Bretaña
✆ +34 922 746 000
www.jardin-tropical.com
Ouvert de 13h à 15h30 et 18h30 à 23h. Fermé le dimanche et le lundi. Compter entre 60 et 78 € par personne.

Une vue magnifique surplombant l'océan, ce sera le premier plaisir réservé par cette très bonne adresse. Mais pas le seul. On y sert en effet une cuisine fine et créative qui s'attache à mettre en valeur les produits de la mer. Dans ce restaurant de l'hôtel Jardin Tropical, on pourra débuter la dégustation par un ceviche de crevettes accompagné d'agrumes ou une salade « rocas » au poulet mariné et poursuivre avec un saumon en croûte aux herbes ou opter pour l'un des riz de la maison, au homard notamment. Pour terminer par une sélection de fromages canariens.

RESTAURANTE NUB €€€

Av de Bruselas, s/n ✆ + 34 922 07 76 06
https://nubrestaurante.com
Ouvert le soir du mercredi au samedi et midi du vendredi au dimanche. Comptez au moins 80 € à la carte. Menu dès 135 €.

Installé dans l'Hôtel Bahia del duque depuis 2021, ce restaurant avait ouvert ses portes en 2018, avec à sa tête une cuisinière chilienne, Fernanda Fuentes, et un chef italien, Andrea Bernardi. Et l'objectif de faire la part belle aux produits de ces deux pays. On y dégustera par exemple des mini-carottes accompagnées de mandarines et de noisettes ou des anneaux de calamars servis avec un *dulce de leche de* chèvre et des noisettes. Autre spécialité de ce restaurant primé d'une étoile, un très grand usage de fruits et de légumes, sous forme de jus.

BONADEA II CATAMARANS

Puerto Colón
✆ +34 618 13 27 29
https://bonadea2catamaran.com
Comptez 45 € pour une excursion de 2 heures (adulte).

Créée en 1994, cette compagnie s'est spécialisée dans l'observation des cétacés, dauphins, baleines ou autre faune marine se trouvant au large des côtes, dans la zone Teno-Rasca, intégrée au réseau Natura 2000. Pour cela, elle propose régulièrement des excursions de deux heures et de manière plus ponctuelle des excursions de trois heures, incluant des arrêts snorkeling et des bains dans le grand bleu. Pour favoriser un contact privilégié avec les cétacés, ce minuscule bateau est équipé d'une coque en verre permettant la vision sous-marine.

DIVE CENTER AQUANAUTIC CLUB TENERIFE

Lago Playa Paraiso
✆ +34 629 554 172
www.diving-tenerife.com
Comptez 45 € pour une plongée avec équipement fourni. Baptême en mer à 70 €.

D'abord présent à Tenerife sous l'ancien nom de Barakuda Dive Center, ce centre créé en 1985 bénéficie d'une grande expérience en matière de plongée. Situé à proximité de l'océan, il s'adresse aussi bien aux débutants qu'aux plongeurs confirmés, voire même aux enfants pour ce qui est du snorkeling (à partir de 8 ans). Les sorties peuvent être individuelles et par petits groupes de 6 et se déroulent sur trois grands récifs volcaniques, profonds de 17 à 30 m, dans une baie de 15 m.

PLAYA DE LAS AMÉRICAS

Les mots manquent pour décrire cette urbanisation continue qui va de Las Américas à Los Cristianos en défigurant la côte. Avec un visuel répétitif pour Las Américas : océan-plage-route, magasins et restaurants-hôtels-route. C'est plus une station balnéaire qu'une ville et le parfait exemple du *Sol y Playa* espagnol où l'on se perd facilement et qui attire des jeunes de toute l'Europe, Anglais notamment pour y faire la fête. Ancien quartier de pêcheurs, Los Cristianos a gardé un charme très relatif, notamment sur la plage près du port, surtout le matin avant que la foule n'arrive. C'est d'ici que partent les ferries pour La Gomera, La Palma et El Hierro.

LOS CRISTIANOS

Avec Costa Adeje et Playa de Las Américas, c'est l'un des foyers touristiques les plus importants de Tenerife et même de l'archipel. A eux trois, ils reçoivent près de cinq millions de visiteurs chaque année. Si Los Cristianos est la localité la plus ancienne, c'est aussi la plus peuplée de cette commune. Son port a longtemps été un port de pêche, mais aujourd'hui, c'est le premier port d'Espagne en ce concerne la circulation de passagers vers les îles appartenant à la province de Tenerife La Palma, La Gomera, El hierro. Hormis de nombreux services, on y trouvera également de quoi pratiquer des sports nautiques et quatre plages, de sable ou de galets.

CAMEL PARK

La Camella (direction Arona)
✆ +34 922 721 121
https://camelpark.es
Ouvert tous les jours, de 10h à 17h, jusqu'à 15h30 l'hiver. Tarifs adultes : 22 € les 20 min (avec boisson).

C'est en 1988 qu'a débuté l'aventure de ce Camel Park lorsqu'il fut le premier centre d'élevage de chameaux de l'île de Tenerife. Il a commencé en n'accueillant que quinze chameaux au sein d'une plantation bananière située à Guaza. Mais dès 1993, l'entreprise réunissait déjà plus de soixante animaux. Aujourd'hui, l'entreprise dispose de sa propre *finca,* ferme, organise de balades à dos de chameau, avec des assises sur les côtés pour être à l'aise. Les formules comprennent aussi boissons et déjeuner pour les plus longues balades.

JUNGLE PARK

Autoroute du Sud, sortie 27, à 3 km au nord de Los Cristianos sur la route d'Arona.
✆ +34 922 729 010
www.junglepark.es
Ouvert tous les jours, de 10h à 17h30. Entrée : 27 € adulte (plus de 11 ans), 19 € de 5 à 10 ans, 11 € de 3 à 4 ans.

Ce parc zoologique est un peu l'équivalent du Loro Parque, situé à Puerto de la Cruz dans le nord de l'île de Tenerife. Mais ici, les vedettes ce sont surtout les rapaces dont les vols sont présentés lors de spectacles mettant en scène leur dressage, pour les aigles du Teide, notamment. Il y aura aussi d'autres spectacles de vols d'oiseaux plus exotiques, notamment de perroquets. Ainsi que des shows de lions marins, sortes d'otaries. Le parc offre des packages tarifaires pour des entrées cumulées avec l'Aqualand de Costa Adeje.

MONKEY PARK

Llano Azul-Arona
✆ +34 922 790 720
www.monkeypark.com
Ouvert tous les jours de 9h30 à 16h. Entrée : 10 € pour les adultes, 5 €, enfants.

Voici une bonne occasion de lier éducation et loisirs. En visitant ce parc qui est dédié à la reproduction et à la protection d'espèces en voie d'extinction ou en danger de disparition, comme par exemple les lémuriens, les singes, mais aussi les jaguars... Vous apprendrez à cette occasion leur façon de vivre expliquée de manière très didactique. Fort heureusement, ils bénéficient aux Canaries de bonnes conditions climatiques qui leur permettent d'avoir une vie agréable. Un passage conseillé avec les enfants. Il est recommandé d'acheter les tickets à l'entrée.

PLAGES

Los Cristianos possède une belle plage de sable gris clair, la playa de las Vistas de 500 m de longueur, à côté du port, mais elle est très fréquentée. A Las Américas, les trois petites plages abritées derrière des digues (las playas de Troya), au centre de la station, sont désormais concurrencées par les plus grandes plages au nord du port de plaisance : la playa San Eugenio, la playa Torviscas, et surtout la playa Fañabe et la playa del Duque. La playa del Camisón est un tout petit peu moins encombrée et c'est notre préférée.

JEEP TOUR TAMARAN

Edificio Playa Azul, Local 20, Playa de las Américas
✆ +34 922 794 757
www.tamaran.com
Par personne : La Gomera 105 €, Tenerife + Masca 54 €, Teide demi-journée 48 €.

Cette agence propose des excursions organisées en 4x4 dans les endroits les plus montagneux de l'île de Tenerife, comme le barranco de Masca ou le pic du Teide. Des excursions qui comprennent l'aller et retour à votre hôtel, le circuit et les arrêts pour l'apprécier ainsi qu'un repas. Vous pouvez aussi visiter d'autres sites emblématiques d'autres îles canariennes comme le parc national de Garajonay sur l'île de la Gomera ou la découverte de la biosphère d'El Hierro. Ces dernières prévoient un accès par bateau. Groupes maximum de huit personnes.

VIAJES TEIDE

Av. La Habana 2, Edf. Azahara Local
✆ +34 922 795 864
viajesteide.es/
Excursions tous les jours de 29 à 185 € par adulte. Voir tarifs sur le web.

L'agence propose des excursions en bus au Pico del Teide et Las Cañadas, avec téléphérique en option, visite des villages Icod de los Vinos, Masca et Garachico et du Teide (vue sur le volcan sans monter), visite de Puerto de la Cruz, tour de l'île ou excursion ou shopping à Santa Cruz. Sans oublier une excursion d'une journée à La Gomera, avec déjeuner et bateau. Coup de cœur pour la visite du Teide de nuit pour observer les étoiles ou encore l'excursion à Lanzarote avec parcours traversant la zone viticole de l'île et le restaurant dessiné par César Manrique.

OASIS RENT A CAR

Avenida Noelia Afonso
✆ +34 922 793 454
www.oasisrentacar.com
Ouvert du lundi au vendredi de 9h à 13h et 16h à 19h. Samedi et dimanche 9h à 13h.

Cette agence de location de voitures offre de bonnes prestations générales. A noter, des tarifs intéressants (dégressifs en fonction de la durée de location), une large flotte de véhicules (citadines, berlines, 4x4, cabriolets, minibus...), un personnel réactif et accueillant. Le kilométrage illimité, l'assurance tous risques, les taxes diverses, l'option deuxième conducteur, font partie des garanties incluses dans le contrat de base. L'agence possède plusieurs bureaux à Tenerife et se montre flexible quant au lieu de livraison et de remise du véhicule.

Port de Los Cristianos.

PUEBLO TORVISCAS €

Calle Valencia, 3
✆ +34 922 719 614
www.pueblotorviscas.com

Studio pour 2 à 3 personnes dès 60 €. Appartement 1 chambre dès 80 €, 2 chambres dès 170 €.

En matière de complexes de locations, ce « village » de Torviscas peut être considéré comme l'un des meilleurs plans en matière de logements à Los Cristianos. Visuellement, les petites maisons blanches agrémentées d'un balcon sont tout à fait agréables et qui plus est très bon marché. L'ensemble comprend aussi deux très belles piscines, entourées de palmiers, et l'indispensable « poolbar » permettant de boire un verre les pieds dans l'eau. La décoration des chambres y est un peu vieillotte, mais propreté et accueil sont impeccables.

GRAN OASIS RESORT €€

Calle Meandro, playa de Las Américas
✆ +34 922 78 84 82
www.granoasisresort.com

Doubles de 115 à 180 € tout inclus, voir détails et disponibilités sur le site. Nombre de nuits mini demandé l'hiver.

Donnant sur la playa de las Americas, ce resort offre un joli cadre agrémenté par de nombreux palmiers. On y profitera d'appartements confortables disposant de balcons, mais aussi de trois piscines : une grande avec une oasis en son centre ainsi qu'un solarium, une moyenne et une dernière réservée aux enfants. Et bien sûr de toute une série de services comme un bar, un gymnase, un restaurant et de multiples animations. Un bus gratuit vous conduit directement à la plage et au Siam Park. Un rapport qualité prix plus intéressant avec les forfaits « tout inclus ».

H10 CONQUISTADOR €€

Av. Rafael Puig, 36
✆ +34 922 753 000
www.h10hotels.com

Chambre double de 130 à 230 € selon saison et promotions.

Appartenant à la chaîne H10, le Conquistador s'adresse à une clientèle qui souhaite profiter d'un standing de haut niveau, qu'il retrouvera dans les 485 chambres proposées ainsi que dans toutes les commodités comme les deux piscines pour adultes, et celle pour enfants. Ainsi que dans des installations de sport et de santé : court de tennis ou centre de thalassothérapie. Côté restaurant, l'offre est vaste, allant du classique Senses à l'italien en passant par la restauration orientale ou italienne. N'oubliez pas de préciser si vous souhaitez la vue sur mer.

HÔTEL-APPARTEMENTS ANDORRA III €€

Avenida de Antonio Dominguez, 10
✆ +34 922 793 407
www.hotelandorratenerife.com

Dès 50 € la nuit en studio. Mieux vaut réserver très en avance.

Dans ce complexe hôtelier, on profitera d'une centaine de chambres sobres (studios et appartements) et confortables pour se sentir bien. Elles sont toutes équipées de cuisine, salon, air conditionné, et balcon avec différentes vues. Côté services et loisirs, bar, restaurant, jardin, deux piscines dont une d'eau douce (avec pataugeoire pour les enfants), un solarium, parking, et une rampe pour les personnes invalides. Un bon rapport qualité-prix à consulter suivant la saison.

HÔTEL PARADISE PARK €€

Calle Hawai, 2
✆ +34 922 757 227
www.hotelparadisepark.com

De 110 à 150 € la chambre double.

Il ressemble à de nombreux autres hôtels resort de la côte sud des îles Canaries. Avec au programme, de grandes chambres modernes et colorées au look très design. Des terrasses qui permettent de très belles vues sur la mer. Et un ensemble de loisirs et de sport à disposition, sans avoir besoin de sortir du lieu. Il y aura donc un spa, rien moins que six piscines, un bain à bulles, une zone solarium, de multiples bars, des jardins et des restaurants. Mais en revanche, on évite la structure de trop grande taille et l'immeuble est plaisant.

PARQUE SANTIAGO III €€

Avenida Las Americas
✆ +34 922 746 107
https://parquesantiagotenerife.es

Comptez de 90 à 115 € pour un studio pour 2 personnes.

Ce complexe a souhaité se démarquer de ses voisins. Pas de visuel tape à l'œil, pas de gros blocs en béton, mais plutôt un visuel de petites maisonnettes blanches aux balcons en bois. On retrouve le même souci d'intégration dans l'environnement dans son aménagement intérieur et dans la décoration des chambres qui met en valeur le mobilier canarien. Le tout entouré d'une belle oasis de palmier et de plantes spécifiques de l'île. Côté confort, il y aura bien sûr les piscines, les salles de sports et les belles vues sur la mer.

GRAN HOTEL BAHIA DEL DUQUE €€€

Avenida de Bruselas s/n,
✆ +34922746900
www.bahia-duque.com
Comptez de 320 à 450 € la chambre.

Entièrement rénové en 2009, c'est un ensemble résidentiel de luxe inspiré de la culture des îles canariennes que l'on retrouve dans son architecture de style colonial. C'est comme une petite ville de charme, à lui tout seul. On y trouvera pas moins de huit restaurants, neuf bars, cinq piscines, des courts de tennis et de squash, une belle plage de sable et toutes sortes d'activités pour se détendre ou se remettre en forme. Et bien sûr un grand raffinement côté chambres.

EL GOMERO €

Avenida V Centenario 1, C.Cial Las Terrazas
✆ +34 922 78 73 10
Fermé le dimanche. Comptez environ 15/20 €. Réservation conseillée.

Ne vous fiez pas à son extérieur qui ne paye pas forcément de mine, car c'est à l'intérieur que l'ambiance est appréciable, très familiale et parfois très animée. On y vient le plus souvent pour manger de bonnes spécialités canariennes traditionnelles assez appréciées des *tifeños* mais aussi des touristes éclairés. Au menu, on trouvera une multitude de plats comme les poissons grillés, l'agneau, le steak et les *papas,* accompagnées d'un excellent mojo verde. Même moins locale, la paella maison y est aussi réputée. Au total, c'est plutôt un bon rapport qualité-prix.

SAMA SAMA €

C.C. San Telmo 20B
✆ +34 922 75 32 62
Fermé le mercredi. Autour de 15/20 €.

C'est dans ce restaurant italien que la jeunesse locale se retrouve. Il faut dire que l'accueil y est particulièrement sympathique, et que vous pourrez profiter de la terrasse avec une belle vue sur la playa de las Vistas. La carte y est variée, avec des pizzas bien entendu y compris avec des déclinaisons véganes, mais aussi des propositions un peu plus recherchées comme un bon tartare de poissons frais. Les deux patrons italiens ont d'autres adresses dans la même rue, par exemple, le Piccolo Paladar Restaurante, qui sert aussi de très bonnes pizzas.

GOLF LAS AMÉRICAS

Calle Landa Golf Nº 22, Playa de Las Américas
✆ +34 922 752 005
www.golflasamericas.com
Pour le 18-trous de 65 à 110 € selon la saison, de 35 à 59 € pour le 9-trous. Tarifs détaillés sur le web.

Conçu en 1998 par John Jacobs, célèbre golfeur professionnel, ce golf vous offre l'occasion de profiter de son 18-trous, ou 9-trous, répartis sur quatre-vingt-dix hectares. Avec des variétés typologiques qui permettent de passer tous les « handicaps » et un parcours marqué par un cours d'eau, des ravins et des lacs qui contribuent à créer un espace frais et reposant. Situé près du centre touristique de l'île et de l'aéroport, ce golf est implanté dans un beau jardin exotique et entouré de collines protégeant du vent ce qui permet de pratiquer toute l'année.

ROYAL DELFIN

Playa de la Américas
✆ +34 922 750 085
www.tenerifedolphin.com
Tarifs : de 24 à 55 € selon la durée (adulte). Date et horaires des sorties sur le site.

Depuis 1985, l'entreprise Royal Delphin propose des sorties pour observer des baleines et des dauphins depuis un catamaran d'une capacité d'accueil de plus de 200 passagers. Bien sûr équipé d'une coque en cristal permettant la vision sous-marine. Les excursions offertes vont de deux heures à quatre heures et demie. Toutes partent de Puerto Colón. Celle de trois heures inclut un bain dans la baie. Celle de quatre et demi va jusqu'à la falaise de los Gigantes, prévoit aussi un bain et un repas. Bar et informations sur le milieu environnant à bord des embarcations.

YATE SOFIA

Puerto de los Cristianos
✆ +34 922 79 61 67
www.yatesofia.com
Sortie demi-journée : pêche : 70 €, spectateur : 50 €.

A ceux que la pêche intéresse, comme pêcheur ou comme spectateur, cette entreprise propose des sorties en mer chaque jour, avec départ depuis le port de Los Cristianos. Vous serez bien sûr accompagnés de pêcheurs professionnels pour vous guider. Les sorties se font à la demi-journée ou durant une journée entière. Elles seront l'occasion de pratiquer différentes techniques de pêche en fonction des espèces, thons, bonite, daurade, marlin, barracudas et même pêche au gros de requins. Également des charters privés pour ceux qui souhaitent une sortie sur mesure.

ARONA

Situé au nord de Las Galletas, cet ancien petit village en pente a aussi connu le développement qui a affecté toute la côte, autour du village de pêcheurs de Los Cristianos depuis le début des années soixante. Et il est devenu aujourd'hui, lui aussi, un centre touristique avec plages, hôtels de 4 et 5 étoiles et les multiples loisirs et activités qui vont avec. On retrouvera son centre ancien autour de la plaza del Santíssimo Cristo de La Salud où l'on verra quelques maisons seigneuriales ainsi que son église paroissiale de San Antonio Abad, datant du XVIIIe siècle. C'est aussi un point de départ pour quelques belles randonnées vers l'intérieur.

RANDONNÉE

L'ascension du Roque del Conde offre un panorama spectaculaire. D'une durée de 2h30 à 3h, elle est assez difficile et requiert de s'y préparer (eau suffisante, bonnes chaussures). Départ : avant la pancarte Arona, tourner à gauche direction Vilaflor, passer la station service, prendre à gauche au centro de agocida et continuer jusqu'à Vento, sentier entre les n° 28 et 30. Sur la route de San Miguel de Abona, le mirador de Centinella est une étape. Plus au nord, on poursuit jusqu'au hameau d'Ifonche, point de départ de la descente du barranco del Agua, avec corde.

CANAVENTURA

C Hércules, 1
✆ +34 686 915 312
https://canaventura.es/fr
Packs de randonnées de 80 à 160 €, à titre indicatif.

Créée en 2010 par un Français et un Espagnol, cette agence s'est spécialisée dans l'écotourisme et propose dans cette optique de nombreuses randonnées vous permettant de découvrir la nature, mais aussi l'agriculture et la culture de Tenerife. Via une équipe de guides francophones, durant un jour ou une semaine, vous explorerez le Teide, le canyon de Masca ou suivrez la piste de Christophe Colomb. Egalement au programme, du surf, du windsurf, du VTT ou de la pêche en mer. Fonctionnant aussi comme agence réceptive, elle pourra vous concocter des séjours à la carte.

KARTING CLUB TENERIFE

Autoroute du Sud, km 66, Sortie 25
(entre Las Chafiras et Guaza)
✆ +34 922 730 703
https://www.kartingtenerife.com
Ouvert de 10h à 20h, 21h en été. Différents tarifs sur le site web.

C'est la plus grande piste de karting d'Espagne avec plus de 1,2 kilomètre de circuits. Créé en 1995, il est devenu une référence à Tenerife, tant au niveau de l'entraînement des *tifeños* qu'à celui des compétitions nationales. Le circuit senior propose un parcours de 1 200 mètres et une largeur de piste de huit mètres, *a minima*. Avec trois types de karts. Parfaitement équipé aux plans de la sécurité et de la technique, le parcours junior se déroule sur 250 mètres de longueur et huit de largeur. Bar, restaurant et bus gratuit depuis Los Cristianos.

LAS GALLETAS

Au sud-est de Los Cristianos et de l'autre côté de la punta de la Rasca, c'est un ancien petit port de pêche, devenu centre résidentiel, un peu moins touristique que ses voisins. Sa principale attraction, c'est sa plage de sable noir et de galets parsemée de petites embarcations et sa piscine naturelle d'eau de mer. Où l'on peut encore voir travailler quelques pêcheurs et acheter du poisson frais à la halle aux poissons. Sa petite marina permet de pratiquer de nombreux sports nautiques. Elle s'inscrit dans la *costa del Silencio*, côte du silence, qui à la pointe méridionale de l'île présente quelques criques plus ou moins aménagées, idéales pour surfer.

CAMPING-CARAVANING NAUTA €

Carretera TF-653, km 1,5 Cañada Blanca
✆ +34 922 785 118 - https://www.campingnauta.es
Tarifs 6,50 € par personne adulte et par jour, ou pour une tente ou une voiture. Caravane 8,70 €.

Avant d'y planter votre tente, sachez que le sud de Tenerife est rocailleux, sec et désertique. Et qu'il vous faudra par conséquent un bon marteau, beaucoup de force, de persévérance et de courage pour clouer les quelques sardines de la tente. En revanche les mobil-homes n'auront pas ce problème. Côté activités, de belles piscines, une pour adultes, l'autre pour enfants et ceux billards. Les installations sanitaires sont propres et vous disposerez également d'un bar-cafeteria avec terrasse et d'une supérette. L'arrêt de bus le plus proche est à 2 km.

CENTRE DE PLONGÉE LJ DIVING TENERIFE

Calle Consuelo Alfonso Díaz Flores, 16

✆ +34 673 59 77 74

https://www.ljdivingtenerife.com

Comptez 70 € le baptême, 43 € pour une plongée, tarifs dégressifs à partir de 3.

Ludo et Julie, les propriétaires du centre, proposent une gamme très complète de plongées dans un centre agréé par le gouvernement canarien. Avec une grande priorité donnée à la préservation de l'écosystème environnant. Vous pourrez bénéficier de cours, quel que soit votre niveau, débutant ou professionnel, ainsi que spécialités à la demande. Un choix varié de sites accessibles par bateau et depuis le rivage. Matériels de plongée ultra complets et modernes aux normes européennes.

LOS PALOS GOLF CENTER

Route de Guaza, Las Galletas, km 7, Arona

✆ +34 922 169 080

https://golflospalos.com

Cours à partir de 30 € pour 1 personne 30 mn, 45 € pour 1 heure.

Classé terrain Pitch & Putt grâce à ses 9 trous (+ un 18-trous dispo) ce golf est parfait pour jouer des parties rapides et idéal pour s'initier à ce sport ou améliorer son jeu, car il ne présente presque aucun dénivelé. Juste quelques obstacles d'eau amusants, sous forme de lacs et de ruisseaux. Créé en 1994 par le Studio Golf Design du golfeur professionnel José María Olazábal, il est installé dans un jardin à la végétation luxuriante. Son club possède aussi une agréable terrasse depuis laquelle on peut voir la totalité du golf. Propose des cours.

LA MORENA

Calle La Paz n°8 - Local 2

✆ +34 610 091 783

www.lamorenadiving.com

Baptême 65 €.

Le club est tenu par deux Français très sympathiques de Tenerife : Sandrine et Gilles qui vous garantissent une ambiance chaleureuse et un matériel de qualité. C'est le club idéal pour partir à la découverte du monde sous-marin, car ils vous proposent des baptêmes de plongée, des cours et des préparations aux différents niveaux (de l'open Water Diver au divemaster), avec un moniteur pour un élève, et ce, sur plus de quarante sites de plongée. Les sorties ont lieu deux fois par jour. Certifications cmAS et CEDIP. Sensations et sécurité garanties.

OCEAN DIVING TENERIFE

C. María del Carmen García 8

✆ +34 922 786 658

www.oceandivingtenerife.com

1, 5 ou 10 plongées respectivement à 27, 135 et 260 €.

Basé à Las Galletas, au sud de l'île de Tenerife, ce centre français est affilié à la FFESSM. Vous y découvrirez le monde marin avec le snorkeling, la plongée avec bouteille lors d'un baptême. Situés à moins de 10 minutes en bateau du centre de plongée, les sites présentent des fonds volcaniques impressionnants avec grottes, arches, canyons, orgues basaltiques ainsi qu'une faune très diversifiée (poissons perroquets, raies, barracudas, thons...). Vous pourrez aussi vous perfectionner à l'occasion de stages PADI et cmAS. Plusieurs options d'hébergement.

SAN MIGUEL DE ABONA

Nichée dans le Sud de l'île de Tenerife, à proximité des stations balnéaires telles que Los Cristianos et Playa de las Americas, la commune de San Miguel de Abona mérite un détour. Quelques heures suffiront largement pour en faire le tour, et l'été, ce peut être un point de chute intéressant si l'on souhaite s'éloigner un peu de l'effervescente des grosses stations balnéaires. A San Miguel de Abona, vous pourrez vous essayer au golf, découvrir un riche patrimoine culturel, profiter de belles balades, ou encore découvrir le site cérémonial de Guargacho. Et si vous avez envie de vous rafraîchir, faites un tour du côté du port de plaisance et de la plage.

OFFICE DE TOURISME

Avenida Galván Bello s/n. Golf del Sur

✆ +34 922738664

L'office de tourisme de San Miguel de Abona est l'endroit parfait pour débuter une visite dans le secteur. Ne serait-ce que pour découvrir la Casa Cuatro Esquinas. Ce petit édifice – d'un seul étage – était autrefois une auberge, puis une maison individuelle avant d'être transformé en Office de tourisme et espace culturel El Puente. Sur place vous trouverez diverses informations concernant les musées et les monuments à découvrir, mais également des suggestions de balades, d'activités... avec la possibilité de réserver. Accueil impeccable.

LOS ABRIGOS

À quelques kilomètres de Las Galletas, ce petit port de pêche a mérité le nom de *el comedor del sur*, « la salle à manger du Sud ». Il doit cette distinction surtout à ses plats de poissons frais, que vous pourrez déguster en bord de mer. Le port ne manque pas de charme, cerné par une promenade bordée de restaurants. On y appréciera aussi sa plage de sable et de gravier, mais aux eaux transparentes et aux vagues modérées qui rendent la baignade très sûre. Mais aussi pour avoir le plaisir de les voir déferler sur les Roques de Fasnia. Comme elle est un peu éloignée du centre du village, elle est moins fréquentée et donc parfaite si on recherche le calme.

Fête de pèlerinage typique à Los Abrigos, Tenerife.

AÉROPORT REINA SOFIA [TFS]

✆ +34 922 759 510

www.aena.es

C'est le second aéroport de Tenerife, situé dans le sud de l'île, près de Los Abrigos, sur l'autoroute reliant Santa Cruz à Los Cristianos et Playas de Las Americas. Plus fréquenté que celui du nord. Depuis la métropole, compagnies Iberia, Vueling, Transavia, Ryanair. La compagnie Binter assure aussi les vols inter-îles. Bus : n° 40 pour Costa Adeje-Los Cristianos ; n° 111 pour Santa Cruz ; n° 343 pour l'aéroport nord. 8 agences de location de voitures, dont Cicar.

EL MIRADOR DE LOS ABRIGOS €€

Calle La Marina, 7

✆ +34 922 749 448

http://restmiradordelosabrigos.com

Fermé le dimanche soir et le lundi. Ouvert de 12h à 22h. Comptez environ 30 €.

C'est le premier restaurant de tradition familiale qui se soit ouvert à Los Abrigos. Depuis sa terrasse, vous aurez la plus belle vue qui soit en surplombant la mer et le vieux port. Sa grande spécialité qui le fait apprécier de tous et depuis longtemps, ce sont les poissons, très frais. On recommande le riz au crabe ou la sole meunière, mais vous pouvez aussi craquer pour une classique paella. N'hésitez pas à vous y arrêter, même pour boire un verre sur la terrasse.

AMARILLA GOLF

Marina San Miguel, Los Abrigos

✆ +34 922 730 319

https://www.amarillagolf.es

De 59 à 325 € par personne suivant saison et choix d'options.

Ouvert en 1980 et dessiné par Donald Steel, cet Amarilla Golf est situé sur le front de mer, près de Los Abrigos et à côté de la nouvelle marina San Miguel. S'il permet des vues époustouflantes sur l'océan, celle autour du n° 5 étant la plus spectaculaire, il sera aussi l'occasion de voir la cordillère du Teide et d'en apprécier la flore autochtone. Après une journée passée au golf, on peut aussi se rendre à son club house, qui dispose d'un pitch & putt, d'une piscine et même d'un club d'équitation. Il s'y organise aussi de nombreux tournois.

GOLF DEL SUR

Urbanización Golf del Sur,

✆ +34 922 738 170

www.golfdelsur.es

De 58 à 76 € pour le 18 trous.

Ce golf a ouvert ses portes en 1987 à la suite d'un tournoi professionnel. C'est Pepe Gancedo qui en a créé le tracé original qui a été rénové ultérieurement par Manuel Piñero. L'objectif étant alors de mettre en valeur toutes les zones de protection naturelle qui entourent les 27 trous, protégeant ainsi une faune autochtone assez riche, composée de cactus, de palmiers, entre autres. Au total son parcours est de 7,75 kilomètres et est particulièrement apprécié des golfeurs du monde entier. On y remarquera aussi ses larges sentiers, avec vue sur le Teide.

TENERIFE

EL MEDANO

Ce village à taille humaine est connu pour ses nombreuses plages : la Pelada, la Playa Grande ou Los Balos et surtout la Tejita, l'une des plus grandes plages de cette partie de Tenerife. Cette plage de sable blanc peut être dangereuse pour la baignade, en raison de forts courants. Mais c'est aussi ce qui fait que El Medano est l'un des spots les plus prisés des surfeurs et des windsurfeurs. Des compétitions s'y tiennent chaque année, notamment le championnat mondial de windsurf. Par ailleurs, ce milieu aride est le seul endroit de Tenerife où l'on peut apercevoir des oiseaux du désert, tel le courvite isabelle, *Cusiorus cursor*, aux longues pattes.

THE TREE HOUSE HOSTEL €

Calle De La Montaña Pelada

✆ +34637168151

24 € en dortoir partagé 6 personnes ou 65 € la chambre double avec salle de bain privée.

Installée au sud de l'île, un peu à l'écart, cette auberge de jeunesse est un vrai coup de cœur. On a l'impression d'être au milieu de nulle part, dans un coin reculé avec vue sur l'océan. Sérénité assurée ! Bon à savoir : l'auberge est parfaitement adaptée aux travailleurs nomades et ceux qui rêvent de télétravailler sous le soleil ! Quant au confort des chambres, rien à redire ! Et entre deux visites ou réunions, on en profite pour profiter de la piscine extérieure. On privilégie cet endroit si on est véhiculé, sinon il faudra faire appel à des taxis.

LA MONTAÑA ROJA

C'est un espace unique de 166 hectares, composé de sables inorganiques et de zones humides où l'on peut observer des espèces d'oiseaux protégés comme le pluvier à collier interrompu. Et l'on pourra observer le volcan de cette montagne à 171 mètres de haut, résultat d'une éruption qui le relia à l'île par un bras de matériaux volcaniques. On peut y grimper via une randonnée de 40 minutes aller et retour, assez facile, mais plus dangereuse pour les enfants, car l'endroit est très venté. Au sommet, la vue panoramique est très belle.

KN HÔTEL ARENAS DEL MAR €€€

Playa de El Cabezo, Avenida Europa

✆ +34 922 179 830 - www.knhoteles.com

À partir de 125 € la chambre double avec petit déjeuner selon la saison et vue sur mer ou non.

Situé au bout de la plage de El Cabezo, l'hôtel Arenas del Mar est un quatre étoiles très récent réservé aux adultes. Les chambres y sont amples et permettent de belles vues, soit sur la mer soit sur la montagne. Il est aussi apprécié pour son spa, accessible à tous, même si l'on n'est pas logé et qui permet de prévoir des massages de modelages du corps et du visage. On y profite aussi d'un restaurant buffet à la carte, d'une piscine extérieure avec son bar, d'une terrasse solarium et d'une salle de gymnastique. Et des excursions proposées.

Bateau de pêche sur la plage du village de El Medano, Tenerife.

EL TEMPLETE €€

Calle Mencey de Abona Centre commercial del Médano, niveau 1, Local 1
✆ +34 922 176 079

Fermé le dimanche soir, le lundi et le mardi. Prix moyen, entre 25 et 30 €.

Ce Templete est l'un des meilleurs restaurants de El Medano. Situé un peu à l'écart de la plage, il est assez tranquille, même s'il se situe dans un centre commercial. De plus, sa terrasse est très appréciable et appréciée. Côté dégustation, c'est le haut lieu du poisson frais que l'on pourra visualiser avant dégustation et que l'on appréciera par exemple en commandant un *cherne* noir servi à la plancha et accompagné de ses papas. Ambiance canarienne aussi côté viandes avec le cochino negro ou le *cabrito embarrado,* un plat typique de la Gomera.

GRANADILLA DE ABONA ★

Dans cette ville agréable et pittoresque, on appréciera le quartier de l'église, ses ruelles pavées et son musée de l'histoire présentant notamment une salle dédiée aux rites funéraires aborigènes. Beaucoup de vieilles maisons ont été rénovées et de nombreuses chambres d'hôtes de charme ont ouvert leurs portes. Le lieu est aussi riche en traditions sportives comme en atteste son équipe de lutte canarienne. On notera aussi la romería de San Antonio de Padua et de nombreuses fêtes populaires. Côté festivals de musique, les manifestations les plus importantes sont la Muestra Internacional de Folclore de los Pueblos et El Encuentro de Folclore de Chasna.

COUVENT SAN LUIS

Plaza González Mena

Ouvert du lundi au vendredi de 10h à 14h et de 17h à 20h. Le samedi de 10h à 14h.

Ce couvent franciscain a été construit par l'évêque Juan de Toledo en 1665, en l'honneur de saint Louis, qui fut un illustre évêque de Toulouse, en France. Le couvent fut détruit par un incendie en 1745 mais le Santismo, une statue en bois de San Fransisco fut sauvée des flammes, ainsi qu'une petite partie des archives. L'édifice fut reconstruit à l'identique, puis à partir du XIXe siècle transformé en bureaux administratifs. Un nouvel incendie détruisit l'édifice il y a une dizaine d'années, mais il a été rénové et classé Monument historique artistique.

ÉGLISE SAN ANTONIO DE PADUA

Calle Padre Esteban,

Visite aux heures de culte. Entrée libre.

Édifiée en 1617, cette église fut détruite en 1645 puis reconstruite, puis de nouveau incendiée et à nouveau rebâtie en 1711. D'inspiration baroque, cette église possède une nef centrale en forme de croix latine et une charpente en bois typique des Canaries, avec des peintures et des sculptures créées dans le style de l'école canarienne. Parmi les travaux d'orfèvrerie qui la décorent, vous remarquerez le diadème d'or de San Antonio, qui date de 1617.

MUSÉE D'HISTOIRE

Calle Architecto Marrero 11
✆ +34 922 770 362

Ouvert du lundi au vendredi de 8h à 14h. Entrée gratuite.

Situé dans une maison canarienne typique de la fin du XIXe siècle, ce musée a été inauguré en 2002. Il propose un parcours chronologique en onze salles, destiné à montrer les évolutions de la vie quotidienne du village au temps des aborigènes du Menceyato de Abona. Et ce au travers de divers objets relatifs aux pratiques agricoles ainsi que de nombreux documents relatifs à l'histoire locale (photographies, reproductions, ustensiles, etc.). On notera particulièrement la salle dédiée aux différents rites funéraires de cette période.

SUBMARINE SAFARIS

Galeria Comercial Aguamarina
✆ +34 922 736 629
www.submarinesafaris.com

Sorties d'une heure. Réservation obligatoire au minimum 48h auparavant, à partir de : adulte 53 €.

C'est en 1997 à Lanzarote qu'a été fondée la société Submarine Safaris. Il s'agissait alors d'utiliser le premier et unique véritable sous-marin de Lanzarote pour permettre à tous de profiter des merveilles sous-marines de cette île. En 2007, la société s'est développée et a ouvert un nouveau centre à Tenerife. Aujourd'hui Le *Sub Fun 5* est un impressionnant sous-marin touristique de 48 places qui permet d'admirer les fonds en famille (à partir de 2 ans) à travers les 48 fenêtres et les deux miradors de l'engin. Attention, pas d'observation de cétacés.

TENERIFE

HÔTEL RURAL SENDEROS DE ABONA €€

Calle Peatonal de la Iglesia, 5
✆ +34 922 770 200
https://www.senderosdeabona.es
De 45 à 65 €.

C'est un coup de cœur. Cette ancienne maison seigneuriale du XVIIIe siècle est tenue par Greci, qui vous accueillera avant de passer aux fourneaux. Le petit déjeuner à la carte est toujours aussi bon ! Les seize chambres sont toutes différentes, respectant le style de la demeure et dégageant chacune un charme particulier. L'hôtel possède un jardin avec des arbres fruitiers, un musée canarien avec une collection d'outils et une piscine nichée dans un coin de verdure apaisant.

CASA PANA €€

Calle Los Castaños, 7
✆ +34 922 709 070
Fermé le lundi. Comptez environ 25 €.

En plein centre de Vilaflor, ce restaurant familial est situé dans une ancienne maison canarienne et dispose surtout d'une très jolie terrasse sous les vignes. Logiquement un peu prise d'assaut le week-end. La carte est simple, mais propose les classiques canariens comme le poulet ou le lapin en sauce, accompagnés de pommes de terre, servis assez copieusement. Leur soupe au poulet est également réputée et l'on y appréciera leurs desserts maisons comme le gofio, à découvrir en dessert ou le fromage rôti au miel. Bon choix de vins, dont le vin local de Vilaflor.

VILAFLOR ★

À 1 400 m d'altitude, c'est le bourg le plus haut des Canaries. Réputé pour son authenticité, sa dentelle, ses amandiers, son eau minérale, mais aussi ses vins et sa gastronomie. Dans ce lieu peu fréquenté par les touristes, on appréciera notamment de remarquables modèles d'architecture canarienne comme l'ancienne maison de la famille Soler, fondatrice du village ou la place de l'église de San Pedro sur laquelle la statue de saint Pierre, du XVIe siècle a été conservée. À la sortie du village, le mirador del Gordo Pino (mirador du Gros Pin, 45 m de hauteur) et un peu plus loin, à 20 m, un spécimen encore plus grand, El Pino de los Dos Pernadas, de 56 m.

GÜIMAR ★

À près de 300 m d'altitude c'est l'un des plus anciens villages de l'île qui fut aussi l'une des plus puissantes chefferies guanches de Tenerife. On visitera ses pyramides, mais aussi son centre historique et ses monuments religieux. Comme l'église de San Pedro Apostol renfermant la Virgen del Socorro, très vénérée à l'occasion d'un pèlerinage. En bord de mer on notera le volcan de Güímar, un cône de cendres et de scories brun de 276 m de hauteur. Son ascension étant désormais interdite, on ne verra pas son cratère d'environ 300 m de diamètre et de 50 m de profondeur, autrefois cultivé. Mais on pourra profiter des concours de tapas, trois fois par an.

HÔTEL SPA VILLALBA €€€

Ctda San Roque
✆ +34 922 709 930
https://www.hotelvillalba.com
Comptez de 115 à 195 € pour une double ou une suite, petit déjeuner compris, tarif dégressif selon la durée du séjour.

Perché sur les hauteurs du village de Vilaflor et situé dans le parc naturel de la corona forestal del Teide, cet hôtel a été entièrement conçu de manière à se fondre dans son environnement naturel. En utilisant pour cela des matériaux nobles comme la pierre et le bois. Les 27 chambres proposées sont décorées de manière classique, offrent de beaux espaces et disposent de terrasses avec vues sur les jardins ou la pinède encerclant l'hôtel. Vous profitez aussi d'une piscine, d'un spa et d'activités multiples (tir à l'arc) et d'un restaurant de cuisine locale.

Réserve naturelle de Malpaís de Güímar.

ÂNESSES DE GÜIMAR

Durant le carnaval, l'enterrement de la sardine se transforme ici en une célébration particulière : Las Burras, ânesses, de Güimar. Il s'agit d'un spectacle théâtral basé sur d'anciennes croyances de sorcellerie. Des ânesses en papier se joignent à un faux cortège funèbre et, lorsqu'elles arrivent à la place du village, réveillent la méfiance des paysans qui essayent de les piquer avec des couteaux. Elles dansent jusqu'à l'arrivée de l'évêque et célèbrent une sorte d'exorcisme où elles demandent aide à l'archange San Miguel, qui descend du ciel pour lutter contre le grand démon. Une fois ce dernier mort, il ordonne aussi de brûler les ânesses et la tranquillité revient.

MALPAIS DE GUÏMAR

C'est un volcan qui a donné naissance à ce *malpaís* qui constitue désormais la côte. C'est un exemple caractéristique de l'écosystème, aride et côtier, du cardónal-tabaibal avec de nombreuses euphorbes candélabres (*cardón* en espagnol). On y accède à partir de Puertito, ou depuis le village de Güimar, en se dirigeant vers la côte par une petite route parallèle à la sortie de l'autoroute, et qui passe sous cette dernière. On aura une belle vue sur le volcan et son champ de lave depuis le mirador de Don Martín, à 4 km au sud du village, sur la route de Fasnia.

HÔTEL RURAL FINCA SALAMANCA €€

Carretera Güimar,
✆ +34 922 514 530
www.hotelfincasalamanca.com
A partir de 96 € la chambre double, selon saison et le type de chambre.

Située au milieu des plantations d'avocatiers, la Finca Salamanca vous rappellera l'époque des grands domaines puisqu'elle met 50 000 mètres carrés à la disposition de ses clients en quête de tranquillité. L'hôtel est isolé et protégé par la montagne, mais dispose d'une belle vue sur l'océan. Très joliment décorées, les chambres disposent toutes d'un mini bar et d'un grand confort. Sa belle piscine, son jardin botanique personnel et son restaurant en font une excellente adresse.

PARC ETHNOGRAPHIQUE - PYRAMIDES DE GÜIMAR ★

Calle Chacona
✆ +34 922 514 510
www.piramidesdeguimar.es
Ouvert tous les jours de 9h30 à 18h. Adulte : 18 €. Audioguide pour l'ensemble : 3,75 € (conseillé).

Le parc ethnographique et le jardin botanique pyramides de Güimar est un musée à l'air libre qui inclut diverses routes et des jardins spécialisés, répartis sur plus de 64 000 mètres carrés. Une histoire qui a débuté en 1991. C'est à cette date qu'ont été découvertes six pyramides à gradins semblables à celles du Pérou ou de Mésopotamie, sur les hauteurs du village. Les premiers investigateurs estimaient que ces pyramides étaient un amas de pierres réalisé par les agriculteurs pour libérer les champs et les cultiver. Le spécialiste norvégien, Thor Heyerdahl (1914-2002) a démontré qu'il s'agissait d'un temple sacré – réalisé par les adorateurs du soleil – dont les pierres ont été taillées dans la lave. Avec le concours de l'armateur norvégien Fred Olsen, le musée Chacona menant aux pyramides a été érigé, ainsi qu'un parc faisant office de parcours initiatique. Ce qui n'empêche aucunement les chercheurs de continuer à œuvrer sur les lieux afin de lever totalement le mystère sur ces monuments qui suscitent selon les individus moquerie ou intérêt prononcé. Le musée en lui-même est en grande partie dédié au navigateur et anthropologue Thor Heyerdahl et il ravira les visiteurs désirant comprendre les découvertes et théories de ce dernier. Ces dernières étant expliquées dans l'auditorium et les maquettes reproduites à l'échelle dans la salle des expéditions. Finalisé en 2012, le jardin botanique qui s'étend sur plus de 20 000 m², entoure les six pyramides, orientées vers le soleil selon des points astronomiques clés, et permet de parcourir quatre circuits qui vous feront découvrir la botanique, l'histoire et de manière générale le monde des volcans de l'archipel canarien. Vous y rencontrerez aussi le « jardin venimeux », un cas unique aux Canaries, qui comprend plus de 70 espèces de plantes toxiques et parfois mortelles. On remarquera aussi le jardin « écologique », réalisé en collaboration avec l'université de La Laguna. Reproduisant un ravin typique des Canaries, il permet de connaître la faune et la flore spécifiques de cet environnement comme l'anguille européenne qui réside dans le cours d'eau qui traverse le jardin. Hormis le musée, l'espace accueille aussi un auditorium et une salle d'expositions avec des thèmes comme la navigation dans l'océan Pacifique et l'île de Pâques. Ainsi qu'un espace de loisirs avec un parc pour enfants, une cafétéria et une boutique. En 2017, cet ensemble a été désigné Musée européen de l'année.

HÔTEL RURAL Y RESTAURANTE CASONA SANTO DOMINGO €€

Calle Santo Domingo, 32
✆ +34 922 510 229
www.casonasantodomingo.com

Comptez 88 € la chambre double, petit déjeuner inclus, wifi, parking gratuit en face.

C'est dans une authentique et grande maison canarienne du XVIe siècle, aux couleurs chaudes et à la décoration raffinée, que Yann et Nathalie vous accueilleront. A votre disposition, 7 chambres doubles avec salle de bains et une chambre familiale, à la décoration spécifique. Et aussi un salon, deux patios verdoyants où vous pourrez vous ressourcer en toute tranquillité. La cuisine du restaurant y est exquise, mitonnée par le très bon Chef Joachim. Une adresse très futée.

RESTAURANT CASONA SANTO DOMINGO €€

Calle Santo Domingo, 32
✆ +34 922 510 229

Fermé le dimanche. Comptez environ 20 € sans les vins.

Dans un très joli cadre aux poutres apparentes, le restaurant de l'hôtel Casona Santo Domingo vous propose une cuisine de gastronomie locale, internationale et créative. Les produits sont de saison et du marché et très bien présentés. Vous pourrez au choix vous régaler de quelques tapas et d'un verre de vin dans le patio central, ou encore d'un repas complet et raffiné dans la salle de restaurant. Cette valeur sûre s'impose comme l'une des meilleures tables de l'île.

RESTAURANT FINCA SALAMANCA €€

Carettera de Guimar-Puertito,
✆ +34 922 514 530
www.hotelfincasalamanca.com

Ouvert tous les jours. Comptez entre 30 et 35 € par personne avec le vin.

C'est le restaurant de l'hôtel Finca Salmanca, le cadre est agréable et vous pourrez manger aussi bien dans une salle rustique et médiévale que dans un jardin botanique vitré ou encore sur la terrasse de la piscine. Une cuisine de saison canarienne et internationale, le tout avec un service impeccable. Derrière les fourneaux, on retrouve Diana Marcelino, qui a même obtenu, en 2015, le prix Mahou de la meilleure cuisine canarienne du monde, c'est pour dire !

ARAFO

Près de 200 m de dénivelé et 4 km de route au-dessus de Güimar mènent à Arafo, un village tranquille et charmant qui s'étale sur une pente avec d'innombrables ruelles, des maisons blanches, des vignes, des fleurs et des vergers. Il a souvent été récompensé pour l'attention portée à son entretien. La plaza de José Antonio, avec son kiosque, est l'endroit idéal pour discuter avec des Canariens. On peut s'arrêter pour boire un verre dans un bar à l'ambiance canarienne, bien loin de l'atmosphère des bars de la côte sud. Il faut également prendre le temps de voir le cimetière canarien, toujours très fleuri.

CANDELARIA ★

Elle est célèbre pour son pèlerinage qui, les 14 et 15 août, attire plusieurs milliers de personnes de tout l'archipel. Sur sa côte, elle a souffert d'une pression touristique qui a engendré de nombreux immeubles, quelque peu dégradés. On l'appréciera plutôt en montant sur ses hauteurs pour parcourir ses rues piétonnes et découvrir des maisons canariennes, perchées. Au centre, c'est sur la place de la Patrona de Canarias que se dresse une basilique, imposante, et située non loin de la plage de sable noir. Et c'est dos à la mer que se dressent les statues des neufs rois guanches. Au-dessus de cette ville, le village de *Las Cuevecitas* mérite un détour.

ROIS GUANCHES

Dos à la mer, ils ont bien fière allure. Œuvres du sculpteur José Abad, leurs statues désormais en bronze représentent les fils du Mencey Tinerfe le Grand dont la cour se tenait à Adeje, 100 ans avant la conquête espagnole. Ce sont ces 9 *menceyes* qui divisèrent l'île en 9 royaumes : *Acaimo* (Mencey de Tacoronte), *Adjona* (Mencey de Abona), *Añaterve* (Mencey de Güímar), *Bencomo* (Mencey de Taoro), *Beneharo* (Mencey de Anaga), *Pelinor* (Mencey de Adeje), *Pelicar* (Mencey de Icode), *Romen* (Mencey de Daute) et *Tegueste* (Mencey de Tegueste).

TENERIFE

© PHILIPPE TURPIN

Statues de Guanches, aborigènes des Canaries, sur le bord de mer.

BASILICA DE LA VIRGEN DE CANDELARIA ✝ ★

Plaza de La Patrona de Canarias

✆ +34 922 500 100

Ouvert le lundi, de 15h à 19h30 et du mardi au dimanche, de 7h30 à 19h30. Entrée libre.

Cette basilique a été construite en 1949 par José Enrique Marrero Regalado, à l'initiative de Domingo Pérez Cáceres, archevêque originaire de Güímar. De style régionaliste, elle comprend 3 nefs, un toit imitant le style mudéjar et une coupole de 27 mètres couronnant la croisée du transept. De prime abord, c'est surtout sa tour centrale de 45 mètres de haut et ornée d'un balcon canarien que l'on remarque. A l'intérieur, on notera sa chapelle principale abritant la statue de la vierge de Candelaria, patronne de l'archipel canarien ainsi que diverses peintures murales œuvres de Martín González et des fonts baptismaux datant du XVIe siècle. Son site est associé à une légende. A la fin du XIVe siècle, soit cent ans avant la conquête de Tenerife, une sculpture gothique de la vierge de Candelaria est apparue sur les côtes de la vallée de Güimar et fut vénérée comme déesse par les Guanches sous le nom de *Chaxiraxi*. A partir de 1526 cette statue demeura au sein du sanctuaire construit sur ordre de Pedro Fernández de Lugo pour disparaître lors d'une crue survenue en 1826. Datant de 1827, la sculpture actuelle est l'œuvre de Fernando Estévez, artiste *tifeño*. Chaque année, la basilique accueille jusqu'à 5 000 pèlerins provenant de toute l'île. Leur fontaine jouxte la basilique. A côté de la basilique, on trouve le couvent des dominicains, prêtres de la basilique. Tout au bout de la jetée, vous arriverez à la grotte d'Archibinico ou de San blas, où les Guanches placèrent leur vierge.

OFFICE DE TOURISME DE CANDELARIA

Av de la la Constitución, s/n

✆ +34 922 032 230

https://www.candelaria.es/turismo

Ouvert du lundi au jeudi de 9h à 14h et de 15h à 17h. Vendredi et samedi de 9h à 13h.

Cet office de tourisme vous sera d'une aide précieuse. Que ce soit pour la découverte de la ville en vous communiquant un plan signalisé avec les neuf étapes indispensables d'une visite. Mais aussi en vous donnant toutes les informations nécessaires pour pratiquer les nombreuses activités disponibles dans la région, comme le parapente notamment. Les amateurs de randonnée pourront aussi y trouver les cartes qui leur seront utiles. Très bon accueil.

RESTAURANTE PLAZA €€

Calle Obispo Perez Caceres, 2

✆ + 34 922 504131

Fermé le mercredi. Comptez environ 25 à 30 €

Le plus de ce restaurant est évidement de pouvoir s'attabler aux premières loges pour profiter du spectacle : les statuts des rois guanches, dos à la mer et l'impressionnante silhouette de la basilique de la vierge de Candelaria, que ce soit à l'intérieur ou en terrasse. Hormis le spectacle, on pourra apprécier les classiques : croquettes diverses, le traditionnel *pulpo a la gallega* assez réussi, les fromages canariens ou les *papas arrugadas*. La maison est aussi connue pour ses riz et ses *parilladas* de légumes verts, assortiments de légumes poêlés.

TENERIFE

Candelaria.

CENTRO ALFARERO « CASA LAS MIQUELAS »

Calle Isla de La Gomera, 7
✆ +34 922 505 216
Ouvert du mardi au vendredi de 9h30 à 14h et de 17h à 19h. Le samedi de 10h à 14h.

Au cours des XVIIIe et XIXe siècles, la poterie a été la principale activité industrielle de la ville de Candelaria. Dans ce magasin, vous découvrirez des poteries traditionnelles et artisanales en terre cuite, fabriquées à l'ancienne comme au XVIe siècle, par des femmes de Candelaria : bols, sculptures, saladiers... De plus, pour vous faire plaisir ou pour offrir, un grand choix de beaux objets finement confectionnés en céramique qui sauront ravir les plus difficiles.

LAS CUEVECITAS ★

Situées dans la partie intérieure de la vallée de Güímar, ces « cuevecitas », petites grottes, sont plutôt considérées comme un quartier de Candelaria, accessibles à quelque cinq kilomètres du centre du bourg. Ce quartier abrite une église dédiée à San Andrés, un centre culturel, des installations sportives dont un centre de lutte canarienne, l'auberge rurale Finca La Paz et la maison forestière du gouvernement canarien. Mais elle est surtout connue pour héberger le *Pino de las Cuevecitas*, un exemple de pin canarien, de type *Pinus Canariensis,* qui aurait plus de trois cents ans d'âge, et est considéré comme l'un des symboles identitaires du quartier.

LAS CALETILLAS

A seulement deux kilomètres au nord de Candelaria, Las Caletillas sont situées à l'extrême nord-est de la vallée de Güímar. L'endroit est surtout apprécié pour sa plage de sable noir, Punta Larga, et sa promenade maritime. On pourra se baigner sans danger dans l'une des trois petites criques qui forment Las Caletillas, prendre le soleil et se détendre en toute quiétude sur l'une des petites îles en bois, aménagées en solarium, avec de nombreuses aires de transats. Hormis les plaisirs du farniente, elles offrent de nombreux commerces, bars et restaurants, avec vue sur mer, concentrés sur l'avenida marítima. Et dans lesquels on pourra faire une pause.

FINCA LA PAZ €€

Calle Santo Domingo, 21
✆ +34 649 152 811
www.fincalapaz.es
A partir de 80 € pour une chambre par nuit et par appartement.

Dans cette *finca* de 8 000 m² située dans une zone protégée, vous serez très bien accueilli par Marc et Marie-France, un couple francophone installé à Tenerife et qui vous donneront de très bons conseils. Toutes les maisons individuelles et les appartements sont propres, très bien équipés et disposent d'une ou plusieurs chambres, d'une terrasse avec vue sur mer, barbecue... La finca dispose d'une piscine climatisée, d'un bain bouillonnant et d'un solarium. Les amateurs de gastronomie pourront réserver une table à l'excellent *El Autentico*, son restaurant.

HÔTEL CATALONIA PUNTA DEL REY €€

Avenida Maritima, 165, Las Caletillas
✆ +34 922 501 899
www.cataloniahotels.com
Chambre double dès 56 €

Cet hôtel ne fait pas partie des dernières constructions modernes, mais est bien équipé. Vous bénéficierez de nombreux services et de multiples animations sportives et nocturnes. Ses beaux jardins vous enchanteront, comme sa belle piscine naturelle d'eau de mer intégrée à la roche, dessinée par César Manrique. Vous disposerez également d'un court de tennis, squash et padel, gymnase, dont l'accès est inclus dans le prix de la chambre pour les personnes qui choisiront la demi-pension.

EL AUTENTICO €€

Calle Santo Domingo, 21
✆ +34 649 152 811
Fermé lundi et dimanche. Réservation fortement conseillée. De 12 à 18 € le plat environ.

Cet excellent restaurant invite à un voyage gastronomique. Tout y est pensé et travaillé dans les moindres détails : salade tiède d'aubergines à l'huile de truffe, magret de canard séché, foie gras, champignons des bois et jambon de montagne, foie gras de canard avec toast au sirop de Liège, moules de la mer du Nord à la crème... Le tout est savamment orchestré dans un cadre chaleureux, délicatement décoré, composé d'une terrasse surplombant un barranco joliment éclairé et d'une salle abritée par une grotte naturelle, où règnent calme et volupté.

LA GOMERA

Cette île de 369 km² recèle de nombreux trésors qu'il faut prendre le temps de découvrir : ses villages de campagne préservés, ses plages de sable noir couchées au pied des falaises et ses paysages magnifiques. De toutes les îles, c'est là que l'on ressent le moins la présence volcanique de par sa formation relativement ancienne. Son paysage basaltique très érodé est marqué d'innombrables *dykes*, filons de roche dus à l'érosion, et par un contraste entre sud aride et nord humide. On y vient surtout pour découvrir le parc national de Garajonay, classé au patrimoine mondial pour sa biosphère. C'est la plus grande forêt de lauriers et de bruyères arborescentes des Canaries, aux mille possibilités de balades. Mais surtout, on profite d'une escale à La Gomera pour découvrir ici le berceau du *Silbo*, une langue sifflée utilisée par les Gomeros, classée au patrimoine immatériel de l'humanité. Ouvrez les oreilles !

Côte de la Gomera avec la montagne Teide en arrière plan.

La Gomera
Puerto de Vallehermoso
Punta del Peligro
Roque de Fuera
Teselinde 876 m
Valle Abajo
Canada Grande 791 m
AGULO
Simaneas
Las Rosas
Tazo
VALLEHERMOSO
El Tabaibal
Playa de Santa Catalina
Playa de la Caleta
Punta San Lorenzo
Punta Palillos
Playa de Alojera
ALOJERA
Epina
Macayo
Cerro Moledor
HERMIGUA
Lome del Balo
El Cabezo
La Cerpa
Taguluche
PARC NATIONAL DE GARAJONAY
Punta Majona
Punta de Pejerreyes
Quemado 1136 m
Enchereda 1065 m
Parque Natural de Majona
Punta Gaviota
Arure
El Rejo
El Cedro
Las Hayas
El Carmen
Laguna Grande
El Cercado
Lomito Fragoso y Honduras
Chipude
Montaña Quemada
La Laja
VALLE GRAN REY
Punta de la Calera
La Playa
Pavon
Igualero
Barranco de la Villa
La Puntilla
Fortaleza 1241 m
Jerdune
Playa de Valle Gran Rey
Vueltas
Benchijigua
Sombrero 657 m
SAN SEBASTIAN
SAN SEBASTIÁN DE LA GOMERA
Play de las Arenas
Las Toscas
ALAJERO
Arguayoda
Barranco de Santiago
LA DAMA
Targa
Contrera
El Cabrito
LA RAJITA
Punta de la Dama
Calvario 807 m
Punta de El Cabrito
Antoncojo
Roque del Herrero
Tecina
PLAYA DE SANTIAGO
Playa de Santiago
Caleta de la Jarrita
Punta del Becerro
5 KM

PAGES

181 LE SUD

Hormis la capitale où Christophe Colomb accosta lors de son premier voyage vers les Amériques, ce sud abrite les deux stations balnéaires de La Gomera à taille humaine, mais aussi des petites criques de rêve comme la Playa Iguala.

181 SAN SEBASTIAN DE LA GOMERA ★

C'est la capitale de l'île et son principal port. Et c'est ici que s'arrêta Christophe Colomb lors de son premier voyage vers les Amériques. On se perdra dans ses petites ruelles pittoresques et on montera jusqu'au Parador pour les belles vues sur la mer, avec le Teide en toile de fond.

186 PLAYA DE SANTIAGO ★

C'est la plus grande plage de La Gomera et son deuxième pôle touristique, à taille humaine. Ses eaux cristallines et les nombreuses grottes qui l'entourent la rendent propice à la plongée sous-marine et on y vient aussi pour ses bars et ses restaurants face à l'océan.

187 ALAJERO

188 LA DAMA ET LA RAJITA

188 VALLE GRAN REY ★★

Cette vallée du Grand Roi est une station balnéaire artificielle construite par des Allemands et le village le plus touristique de l'île. Plus que la station, c'est la route qui y mène qui est superbe et exotique, bordée de palmiers, de bananeraies, de maisons blanches et colorées, parsemées dans son *Barranco* de Valle Gran Rey.

191 LE NORD

C'est là que l'on découvrira le Parc national de Garajonay, classé patrimoine national de l'Unesco, ainsi que des petits bourgs isolés et paisibles vivant de la production de la banane, du fromage ou du *Guarapo*, un sirop de palme. Dans le parc national de Garajonay, on part à la découverte de la laurisylve, un type de forêt subtropicale, qui date d'il y a plusieurs millions d'années.

191 ALOJERA

191 VALLEHERMOSO ★

Ce petit bourg paisible et rural vit des ressources agricoles de sa vallée fertile, plantée de bananiers poussant sur des plateaux verdoyants. On apercevra de suite un rocher impressionnant, le Roque Cano, cœur de basalte d'un volcan érodé par le temps et emblème de la commune.

192 AGULO ★

193 HERMIGUA

194 PARC NATIONAL DE GARAJONAY ★★★

Classé au patrimoine naturel de l'Unesco, c'est le cœur vert de La Gomera et la dernière forêt vierge d'Europe. On y trouvera les « monteverde », ces forêts qui conservent une partie de la flore qui peuplait la zone méditerranéenne il y a plusieurs millions d'années.

SAN SEBASTIAN DE LA GOMERA ★

Capitale de l'île c'est aussi son principal port. Et si vous arrivez par l'aéroport vous aurez le plaisir de la voir surgir, couronnée par le Teide, flottant dans les nuages au loin, comme dans une estampe japonaise. Pour la visiter, il suffit de se perdre dans les petites ruelles pittoresques derrière la plaza de la Constitución pour comprendre sa géographie. Presque tout se trouve dans les rues Ruiz de Padrón et Del Medio et la torre del Conde témoigne de la conquête. Sur les hauteurs domine l'hôtel Parador, endroit idéal pour apprécier la vue sur la ville. Mais son charme et sa situation en font un lieu idéal pour y séjourner et rayonner sur l'île.

Histoire

Fondée en 1440 par Hernán Peraza « *el Viejo* » elle devient rapidement un port commercial prospère grâce à sa baie formant un mouillage sûr pour les navires. Le premier document cartographique dont on dispose présente la ville sous un aspect assez similaire à celui qu'elle garda pendant les trois siècles suivants : port, tavernes, auberges et boutiques d'artisans. C'est ici que s'arrêta Christophe Colomb lors de son premier voyage et il se vit apporter le ravitaillement en eau, bois et vivres dont il avait besoin avant de la quitter le 6 septembre 1492. Par la suite, il y passera deux autres fois, mais sans mouiller dans la baie lors du dernier voyage.

CASA DE COLÓN ★

Calle Colón

Entrée libre. Ouvert du lundi au vendredi, de 9h30 à 13h30 et de 15h à 18h, le dimanche de 10h à 13h.

C'est ici que Christophe Colomb séjourna lorsqu'il s'arrêta à La Gomera en 1492. Elle est située dans le centre-ville, la *villa*, regroupant les maisons du XVIIe siècle de San Sebastian de la Gomera. La maison est typiquement canarienne, du début de la colonisation. Elle est connue sous le nom de Casa del Conde, car c'est ici que le comte de La Gomera habitait. Le musée ne parle pas vraiment de son expédition, mais au rez-de-chaussée vous trouverez une exposition de céramiques péruviennes et précolombiennes et à l'étage des expositions temporaires intéressantes.

ÉGLISE DE LA ASUNCIÓN ★

Calle del Tanquito, 13

Entrée libre.

Datant du XVIe siècle, c'est l'église principale de la ville qui rassemble une collection de tableaux de peintres anonymes du XVIe au XIXe siècle, une *Crucifixion* de Luján Pérez, et de magnifiques retables. Elle fut reconstruite après les attaques de pirates au XVIe siècle et c'est un mélange de styles mudéjar, baroque et gothique. La *Puerta del Perdón*, la porte du Pardon, rappelle le soulèvement populaire qui suivit le meurtre de Hernán Peraza le Jeune en 1488. Sa veuve Beatriz de Bobadilla promit le pardon à tous les rebelles qui passeraient sous sa voûte.

Vue sur l'île de Tenerife et le pic du Teide.

EL ROQUE DE AGUANDO ★★

Situé entre le *barranco*, ravin, de la Laja et celui de Benchijigua, ce rocher qui culmine à 1 050 mètres s'élève au-dessus de la route principale qui va de San Sebastián de La Gomera, la capitale de l'île, au Parc national de Garajonay. Il fait partie du monument naturel de Los Roques, un ensemble de cônes de pierres qui peuplent l'île de la Gomera et c'est devenu le symbole de l'île. On pourra l'apprécier de loin et les amateurs de randonnées pédestres pourront parcourir l'un des nombreux sentiers qui partent de ce rocher en direction de divers points de l'île.

PLAYA DE LA CUEVA ★

La Playa de la Cueva est située à la sortie du port et à quelques centaines de mètres de la ville. En arrivant à San Sebastián par la mer, vous prenez la route sur votre droite, puis vous empruntez l'accès provisoire, une ruelle à porche. Cette plage offre une jolie vue sur le Teide, quand le temps est découvert et elle accueille le restaurant du club nautique sur la route qui la longe. Conseil : elle n'est pas spécialement dangereuse, mais il arrive que des vagues plus fortes que d'autres charrient de bonnes pierres. Faites-y attention, notamment vers le ponton.

El Roque de Aguando.

MUSÉE ARCHÉOLOGIQUE

Calle Torres Padilla, 6

✆ + 34 922 141 586

Ouvert du lundi au vendredi, de 9h30 à 13h30 et de 15h à 17h. Entrée : 2,5. €.

Situé dans la Casa de los Echeverría, une famille d'intendants et de militaires particulièrement importante au XVIIIe siècle, ce musée archéologique vous permettra de vous initier à la culture des anciens *gomeros*. Vous y découvrirez l'installation des premiers colons sur l'île, leur mode de vie, leur organisation sociale, leur politique, mais aussi leurs croyances et leur utilisation des ressources naturelles. Le tout au travers d'une reconstitution très didactique montrant les sites, exposant des photos et complétant l'information par des panneaux explicatifs.

ROUTE D'HERMIGUA ★★

C'est sur près de 20 km de route sinueuse que commence la partie droite du *barranco* de la Villa. Vous apercevrez au-dessus des cimes le Roque de Agando, et après quatre tunnels, la végétation change brusquement ; d'un milieu aride et rocailleux, on passe à une végétation luxuriante due à l'humidité ici. A la sortie du dernier tunnel, admirez une vue splendide de l'intérieur de l'île au mirador de La Carbonera. Hermigua se pose dans une vallée verdoyante de bananiers et plantes tropicales tant appréciée par tous les randonneurs.

TORRE DEL CONDE ★

Dans un parc tout près du centre
Ouvert de 10h30 à 13h30.

C'est le principal ouvrage militaire construit dans le style castillan qui subsiste des fortifications de San Sebastián de la Gomera. Cet édifice massif, à base carrée, est fait de briques rouges et surmonté de quatre tourelles. Cette tour de quinze mètres de hauteur, quarante mètres de largeur avec des murs de deux mètres d'épaisseur fut construite par le comte Hernán Peraza le Vieux en 1447, deux ans après qu'il eut conquis La Gomera. Son fils Hernán Peraza le Jeune régna ensuite avec sa femme, la belle Beatriz de Bobadilla, ancienne maîtresse du roi Ferdinand d'Aragon. Il l'avait épousée sur ordre de la reine Isabelle de Castille en contrepartie de son blanchiment dans l'affaire du meurtre de Juan Rejón, conquérant de la Grande Canarie. Mais Peraza le Jeune se conduisit en tyran et fut assassiné en 1488 par les Guanches. Beatriz échappa alors à la révolte indigène en se réfugiant, avec ses enfants, dans la Torre del Conde. Les troupes espagnoles de la Grande Canarie lui portèrent secours et mirent fin au soulèvement dans le sang. Elle a accueilli comme hôtes illustres, Christophe Colomb, Americo Vespucci et Hernán Cortés. Silhouette emblématique de la ville, cette tour entourée d'un parc du même nom expose des cartes antiques de l'île de la Gomera ainsi que des plans de l'ancienne forteresse. En 2017, un investissement de près de 120 000 euros a permis de réaliser les travaux de drainage des infiltrations qui risquaient de l'abîmer, mais aussi de rénover la façade en traitant la pierre rouge qui l'enveloppe.

TOUR DE LA VILLE

Entre mer et montagne, la ville s'articule autour de 3 grandes zones. Depuis le port on débouche sur la Plaza de Las Américas. D'où partent toutes les visites de son centre historique avec comme rues principales les rues Ruiz de Padrón et Real. Sur la plaza de Las Américas, on remarquera la façade moderne de l'hôtel de ville, construite dans le style canarien avec ses balcons en bois. La troisième zone c'est la Lomada, qui s'étend sur les hauteurs avec des maisons colorées et conduit au phare et au *parador,* un endroit idéal pour apprécier la vue sur la ville.

OFFICES DU TOURISME

Calle Real, 32
✆ +34 922 141 512
www.lagomera.travel
Horaires consultables sur le site web.

L'office de tourisme de San Sebastián est le plus important de l'île. Situé dans la Casa Bencomo, ancienne maison canarienne datant du début du XIXe siècle, il sera votre ressource principale en matière d'informations touristiques : cartes de l'île, circuits de randonnées, informations sur le Parc national de Garajonay, etc. Sur son site internet, disponible en français, vous trouverez aussi l'agenda des évènements à venir. Sur l'île, deux autres points d'information : valle Gran Rey (Calle la Noria, 2) et Playa de Santiago (av. marítima, s/n edif Las Vistas).

DISA E.S. MUELLE LA GOMERA - PORT

Calle El Muelle, 0
✆ +34 922 87 03 57

San Sebastián de la Gomera dispose d'un port agréable, avec une vue magnifique sur les montagnes. Ici, deux compagnies maritimes – Fred Olsen et Naviera Armas – vous mèneront vers La Palma et Tenerife Sud. A votre disposition, des comptoirs pour acheter vos billets de bateaux pour lesquels il est préférable d'arriver à l'avance ; des loueurs de voitures ; des distributeurs de boissons et de gourmandises à votre disposition ainsi qu'une cafétéria en hauteur avec vue sur le port.

FRED OLSEN

✆ +34 902 100 107
www.fredolsen.es
Premier départ de San Sebastián à 7h20 et dernier à 17h50. Aller : 10 €/ AR : 16 €.

La compagnie propose des navettes rapides entre San Sebastián et Valle Gran Rey (étape à Playa Santiago) en correspondance directe avec ses bateaux en partance pour ou venant de Los Cristianos. Ainsi que des navettes San Sebastián de La Gomera – Playa de Santiago. Très intéressant pour ceux qui logent dans ces 2 villages, car la route est très sinueuse et longue et vous avez une chance d'apercevoir les baleines et les dauphins qui vivent à proximité. Elle assure aussi la liaison avec La Palma, tous les jours sauf le samedi et Los Cristianos, au sud de Tenerife.

NAVIERA ARMAS

C/ Muelle, 5
✆ +34 902 456 500
www.navieraarmas.com
Différentes liaisons directes avec Tenerife ou La Palma.

Avec la compagnie Fred Olsen, c'est l'autre compagnie qui vous permet de rallier l'île de la Gomera en bateau. Les liaisons directes se feront avec Tenerife et avec La Palma. Car les deux compagnies partent tous les jours du port de Los Cristianos, au sud de Tenerife. Pour une traversée d'environ une heure, tout à fait agréable. Depuis La Gomera, vous pouvez aussi vous rendre à Sant Cruz de la Palma, trajet quotidien d'environ deux heures et demi. Avec cafeteria, fauteuils et différentes terrasses pour profiter de la traversée.

STATION DE BUS DE SAN SEBASTIAN DE LA GOMERA

Avenida Via de Ronda s/n
✆ +34 922 141 101
www.guaguagomera.com
Lignes et tarifs disponibles sur le site web.

Située à l'entrée de la ville au-dessus du marché couvert, c'est la principale station de bus, guagas, de l'île de la Gomera. Sept lignes parcourent l'île. n° 1 : de San Sebastián à Valle Gran Rey ; n° 2 : de San Sebastián à Vallerhermoso, en passant par Hermigua, Agulo et Las Rosas ; n° 3 : de San Sebastián à Alajeró par Playa Santiago ; n° 4 : de Vallehermoso à la Dama ; n° 5 : de Vallehermoso à Alojera ; n° 6 : de l'aéroport à Valle Gran Rey ; n° 7 : de San Sebastián à l'aéroport.

PENSION VICTOR €

Calle del Medio, 23
✆ +34 607 517 565
Compter entre 20 et 25 € pour une personne et entre 25 et 30 € pour deux. Ouvert toute l'année.

A deux pas de la calle Colon, elle située à l'étage d'une belle et ancienne maison coloniale. Les chambres et dortoirs, avec ou sans salle de bains, sont décorés à l'ancienne avec de nombreuses boiseries et de jolies portes. Portes d'entrée de chambre et fenêtres donnent sur le *pasillo* ou sur un patio fleuri bordé de tables, chaises et tableaux. Si vous le désirez, on mettra à votre disposition une machine à laver et un séchoir à linge. En chambre, un salon avec canapé, fauteuils et tables, une télévision, des placards et un ventilateur.

HÔTEL TORRE DEL CONDE €€

Calle Ruiz de Padrón, 19
✆ +34 922 870 000
www.hoteltorredelconde.com
Comptez de 82 à 94 € la chambre double avec petit déjeuner et 6 € supplémentaires pour la vue sur le parc.

Récemment rénové et agrandi, l'hôtel Torre del Conde possède désormais 68 chambres confortables et fonctionnelles (mini bar, coffre, climatisation et wifi) dont la moitié a vue sur le parc. Avantage, deux terrasses au cinquième étage, avec vue sur la mer et le parc. Il se trouve en plein centre-ville et à seulement 500 mètres du Port. Les chambres avec vue sur le parc sont un peu plus chères, mais moins bruyantes. Bains bouillonnants, sauna et zone nudiste. Accueil francophone. Rez-de-chaussée avec chambres aménagées pour handicapés.

HÔTEL VILLA GOMERA €€

Calle Ruiz de Padrón, 68
✆ +34 922 870 020
www.hotelvillagomera.com
Comptez environ 55 € pour un studio et 60 € pour un petit appartement. Promotions en ligne.

Situé au centre de San Sebastián de la Gomera mais dans un tronçon de rue très tranquille cet hôtel familial et très calme propose seize chambres doubles, chacune dotée d'une salle de bains intérieure. Le petit déjeuner se prend en libre-service dans la cafétéria de l'hôtel réservée aux clients. Par ailleurs, il dispose d'un ensemble de studios et d'appartements, tous dotés d'une cuisine, mais dans un espace séparé pour les appartements. Leur équipement est basique, salon TV, et coin chambre, mais bien tenu et quatre d'entre eux disposent d'une terrasse.

RESIDENCIA HOTELERA LA COLOMBINA €€

Calle de Ruiz de Padrón, 83
✆ +34 922 87 12 57
www.hotellacolombina.com
Comptez environ 70 € pour une chambre double.

Rénové en 2011, il propose 31 chambres à l[a] décoration moderne et fonctionnelle, répartie[s] sur 4 étages avec ascenseur. Donnant sur u[n] patio intérieur, parfois un peu sombre ou su[r] rue, calme. La chambre supérieure permet d[e] bénéficier d'une large terrasse. Pour tous, u[n] bar-cafétéria au rez-de-chaussée. Son plus, un[e] terrasse aménagée (douche, transat, tables e[t] chaises) au quatrième étage, avec une vue larg[e] sur les hauteurs colorées de San Sebastián et [la] mer, au fond.

PARADOR DE TURISMO €€€

Calle Cerro de la Horca
✆ +34 922 871 100
De 120 à 250 € la chambre double.

C'est sans aucun doute l'un des plus beaux hôtels de l'île. Perché sur une colline de 70 m, il se présente comme un ensemble de constructions et de jardins tropicaux qui suivent le long de la côte. On y jouit donc d'une vue superbe sur la ville, l'océan et, par temps clair, sur le pic du Teide. Dans un ensemble qui respecte l'architecture traditionnelle canarienne, les 60 chambres et suites sont vastes, confortables, raffinées. Ses plus, la piscine et les très nombreux recoins aménagés dans les jardins pour bénéficier pleinement de la vue.

PENSION VICTOR €

Calle del Medio, 23
✆ +34 607 517 565
Ouvert tous les jours. Comptez environ 20 €

En bas de la Pension Victor, ce petit restaurant familial attenant à l'hôtel est le lieu idéal pour manger un bon plat du jour. En optant pour des sardines grillées, des tapas canariennes, des crevettes à l'ail, une tortilla espagnole ou un wok de légumes frais et bien d'autres bonnes choses. Raquel, la chef, est là pour vous chouchouter avec son amabilité habituelle. La petite terrasse, très agréable et ombragée, se pose dans la rue piétonne principale. Chacun aime à s'y asseoir pour déguster un plat ou un verre. Un endroit convivial au bon rapport qualité-prix.

RESTAURANTE BREÑUSCA €

Calle Real, 11
✆ +34 922 87 09 20
Fermé le dimanche. Autour de 15 à 20 €.

Ici, contrairement à de nombreux restaurants, tout est frais. Depuis 1982, cette adresse vous fait découvrir des plats typiquement canariens : frites avec boulettes de bœuf et salade mixte, lapin, poisson(s) du jour. Tout est un délice, même le vin vient de la *finca* familiale. La terrasse donne sur une rue piétonne calme. Yudith, la fille du propriétaire, vous conseille avec un enthousiasme débordant. Pour la petite histoire, le bar existe depuis 1947. Ce restaurant faisait aussi office de bal où les gens aimaient venir pour faire la fête et danser.

EL PAJARITO

Av Maritima, s/n
✆ + 34 690 73 07 06
www.kioskoelpajarito.com
Ouvert à partir de 12h et 11h le week end.

San Sebastián de la Gomera ne manque pas de cafés avec terrasse, mais celui-ci a l'avantage d'être au plus proche de la mer. Et de permettre de s'installer dans des fauteuils très confortables. On pourra venir y prendre un petit déjeuner tardif le week-end puisqu'on le sert pratiquement jusqu'à midi, et y manger le reste du temps en profitant de sa spécialité, le poisson frais, mais aussi le calamar a la plancha. Ce *kiosko* est aussi un lieu agréable pour boire un verre en fin de soirée, en admirant le coucher de soleil. Bon rapport qualité-prix.

KIOSCO LAS CARABELAS

Plaza de la Constitución, 132
✆ +34 922 87 07 00
Ouvert tous les jours.

Avec sa terrasse délicieuse à l'ombre de ficus centenaires et son design de kiosque canarien qui fleure bon les années 1960, ce café n'est pas sans évoquer une ambiance un peu cubaine et a tout pour devenir l'endroit où l'on passe à un moment ou à un autre, entre deux visites dans la ville ou de retour de la plage. Selon l'heure choisie, on y appréciera un *smoothie*, parmi les multiples sortes proposées ou un *barraquito* « especial » très réussi, ou quelques tapas. C'est aussi le meilleur observatoire de l'animation de la place.

MARCHÉ MUNICIPAL DE SAN SEBASTIAN

Sous la station d'autobus.
Ouvert tous les matins.

Situé à côté de la station d'autobus de la ville, ce marché municipal a été rénové en 2017. Et c'est le lieu idéal pour se ravitailler en fruits, légumes ou fromages. Il est ouvert tous les jours en semaine, mais le samedi est un jour particulier puisque de nombreux vendeurs viennent de toute l'île pour proposer leurs produits. Il accueille par ailleurs un marché traditionnel quatre fois par mois (renseignements sur les dates exactes à l'office du tourisme).

LA GOMERA

PLAYA DE SANTIAGO ★

Avec près d'un demi-kilomètre de large, c'est la plus grande plage de l'île et son deuxième pôle touristique, mais à taille humaine. Elle est située à quelques kilomètres de l'aéroport et on y vient pour son petit port où bars, restaurants et magasins font face à l'océan. Ses eaux cristallines et les nombreuses grottes qui l'entourent la rendent propice à la plongée sous-marine, mais on y pratique aussi le snorkeling et le kayak. Côté bon plan, on conseille de l'aborder au moins une fois par la mer en prenant l'un des ferries qui relient quotidiennement cette plage au port de San Sebastián de la Gomera. Afin de pouvoir apprécier le découpé des côtes.

AÉROPORT

✆ +34 922 873 000

www.aena.es

Construit en 1999, il se situe à 3 km à l'ouest de Playa de Santiago. Seule, la compagnie Binter assure deux vols directs quotidiens vers l'aéroport de Tenerife Nord (Los Rodeos). Mais vous pouvez rejoindre toutes les autres îles de l'archipel avec une escale à Tenerife Nord. Pour les bus, deux lignes, la n° 6 vous conduit à Valle Gran Rey et la n° 7 à San Sebastián de la Gomera. Les départs sont coordonnés avec les arrivées des avions, de même que pour les retours depuis ces deux villes. Deux loueurs de voitures à l'aéroport : Cicar et Plus Car.

BINTER CANARIAS - INTER-ÎLES

Aeropuerto de La Gomera

✆ +34 922 873 024

C'est la seule compagnie aérienne desservant l'île directement depuis l'aéroport de Tenerife Norte (Los Rodeos) via deux vols par jour. Pour les autres destinations, il faudra y faire escale. Faites attention au poids des bagages que vous emportez : les avions sont plus petits, le poids des bagages autorisés sera donc moindre (6 kg contre 10 kg lorsque vous venez de la métropole). Faites aussi bien attention à cocher la case « non résident » lorsque vous achetez un billet en ligne.

PENSION LA GAVIOTA €

Avenida Marítima, 35

✆ +34 922 895 135

www.pensionlagaviota.es

Comprend 10 chambres individuelles et doubles. A partir de 36 € pour deux.

Cette pension la *gaviota*, la mouette, est une jolie pension située en première ligne de la plage de Santiago, face à la mer. Ce qui sera son premier intérêt. Elle propose dix chambres, simples et doubles, à la décoration privilégiant définitivement le bleu. Certaines ont vue sur la mer, d'autres sur la place, d'autres sur la rue. Chose rare aux Canaries, elle accueille les chiens, mais jusqu'à 7 kilos. Elle ne propose pas de service de petit déjeuner, mais on peut sans problème le prendre dans le bar voisin qui appartient à la même propriétaire que la pension.

APPARTEMENTS TAPAHUGA €€

Avenida Maritima ✆ +34 922 895 159

https://www.tapahuga.es

De 70 et 100 € la nuit, selon la vue, prix dégressif à partir de 3 jours.

Situé dans le charmant village de Playa Santiago, cet ensemble de 29 appartements ouvert toute l'année se trouve en première ligne de plage, mais aussi très proche des commerces et des restaurants. Il propose des appartements à la décoration un peu *old school* mais bien équipés : chambre, salon-salle à manger, cuisine tout équipée et jolis balcons en bois qui donnent soit sur la mer, soit sur la montagne. Certains donnant sur l'intérieur. Le service de nettoyage et de changement des serviettes et des draps est inclus. Piscine sur le toit-terrasse.

HÔTEL JARDIN TECINA €€€

Lomada de Tecina

✆ +34 922 145 850

www.jardin-tecina.com

Dès 220 € pour une chambre double avec petit déjeuner. Promotions sur le site internet.

Sur une falaise dominant le village et la baie de sable noir, le plus grand hôtel de La Gomera, propriété de Fred Olsen, se déploie sur quelque 70 000 m². Dispersées en bungalows, les 434 chambres, dont 18 en duplex, sont gaies et bien équipées : vaste balcon, minibar. 3 piscines dont une d'eau de mer, des courts de tennis, de paddle et de squash, un golf et un minigolf, un centre de plongée, une salle de fitness, un centre de soins, 5 restaurants et bars et un ascenseur permettant d'accéder, à travers la falaise, au club Laurel, piscine et restaurant.

RESTAURANTE JUNONIA €

Avenida maritima, 58
✆ +34 922 895 450
Fermé le mardi. Ouvert midi et jusqu'au bout de la nuit.

Ce restaurant Juniona dispose d'une jolie terrasse face à la mer et au port, mais ce n'est pas son seul atout, loin s'en faut. On le connaît aussi pour sa belle carte de produits de fruits de mer et la jolie présentation de ses plats. Vous pourrez y tester des gambas au fenouil ou des calamars accompagnés d'oignons caramélisés. Et rassurez-vous, le poisson servi sera toujours frais du jour. En dessert, vous pourrez opter pour le sorbet à la mangue, accompagné d'une sauce à l'ananas. Et vous apprécierez aussi l'accueil souriant et chaleureux.

LA CUEVITA €€

Avenida Maritima
✆ +34 922 895 568
Réservation recommandée. Comptez 15 € pour une ración de poisson frais.

Son nom est déjà un premier indice, la *cuevita,* petite grotte, est bien le lieu qui a été choisi par ce restaurant pour s'installer. Il est parfois un peu difficile à trouver, mais il est situé au bout de la plage et près du port, à côté de l'ermitage de la virgen del Carmen. Vous vous installerez sous un plafond de roches, dans une décoration tamisée qui en fait un lieu intime. Sa spécialité c'est le poisson frais et local. On dégustera donc volontiers le poisson du jour, préparé *a la plancha* et accompagné d'un vin de pays. Accueil agréable.

TECINA GOLF

Hôtel Jardin Tecina
✆ +34 902 222 130
www.tecinagolf.com
De 65 à 100 € pour un 18-trous.

Tout comme l'hôtel Jardin Tecina, ce golf appartient à la compagnie Fred Olsen. Il s'agit d'un parcours de 18-trous par 71 qui se déploie en hauteur sur la falaise, face à l'océan. Avec les montagnes de Tenerife en arrière-plan. Soit une garantie de très beaux visuels tout au long du parcours. Des cours y sont également donnés. Ils s'adressent à tous les niveaux y compris aux professionnels et l'on peut progresser en passant d'un groupe à l'autre, via des forfaits de un à plusieurs jours. Vous pouvez aussi être suivi en français.

ALAJERO

A 400 m d'altitude, ce modeste village se déploie sur les flancs d'un coteau planté de nombreux palmiers, à côté d'imposantes falaises. Ce « bout du monde » compte peu de ressources touristiques, cependant un hôtel de luxe y a vu le jour il y a quelques années et de nouvelles maisons rurales sont à louer. Vous y trouverez également deux petits restaurants de poissons frais et un supermarché. La route qui mène à Alajero est tortueuse comme toutes celles de l'île, mais la descente vers la mer est spectaculaire, avec des paysages à couper le souffle sur la falaise, la vallée de palmiers et l'océan. Pour arriver in fine à une plage de sable noir, très fin.

Région de Alajero.

VILLA MAR DE PIEDRA €€

Arguayoda, route d'Alajero
www.gomera-individual.com
Pour 2 personnes, dés 140 € la nuit. Séjour minimum 7 nuits.

Située dans un écrin de nature sauvage, elle a tout d'un petit paradis. Cette maison est totalement isolée, à 8 kilomètres d'Alajero. Elle est entourée d'un jardin japonais totalement *fengshui* et dispose d'une grande terrasse et d'une piscine qui domine l'océan et le village, en contrebas. Un beau pin offre son ombre pour manger dehors. L'intérieur est tout aussi soigné, avec une collection d'art contemporain d'artistes canariens, peintures et sculptures. Et les équipements sont tout aussi modernes, plaques vitrocéramiques par exemple.

CASA MUNA €€

La Dama
✆ +34 679 608 649
https://fr.gomeraindividual.com
De 95 à 101 € pour deux personnes. Séjour de 7 jours minimum requis.

Située au-dessus de la plage de la Rajita, cette villa construite dans un stie « riad marocain » domine la vallée et la mer offrant ainsi des vues sublimes sur le *barranco*, ravin, qui descend dans la vallée. La maison est totalement équipée : lecteur CD/DVD, TV, Internet, cuisine équipée d'une machine expresso, mixeur..., du grand confort. On aime particulièrement la terrasse avec ses chaises longues, face à l'océan et la décoration raffinée de la maison. La garantie d'un séjour reposant dans un cadre superbe et peut-être verrez-vous passer des baleines.

LA DAMA ET LA RAJITA

La Dama est un petit village surplombant la playa de La Rajita. Un endroit sauvage presque inconnu des touristes, car c'est un cul-de-sac au bout d'une route sinueuse. A La Rajita, une ancienne usine de conditionnement de poissons désaffectée donne une étrange atmosphère à ce bord de mer. L'ancien patron a élu résidence dans ce bâtiment fantôme. Quoique sa plage de galets n'invite pas à la baignade de nombreux *gomeros* se retrouvent sur la plate-forme pour pêcher et pique-niquer. Pour se baigner le plan B c'est de suivre un sentier au départ de La Dama. Après une heure de marche on arrive à la playa Iguala, petite crique de rêve délaissée des touristes.

RANDONNÉE LA FORTALEZA

Cette *fortaleza*, forteresse, est un massif rocheux, dont la silhouette trapézoïdale tranche avec la forme arrondie de La Gomera. Et elle est parfaitement reconnaissable, par temps clair, depuis l'île de La Palma. Culminant à 1 241 m, cette montagne, en raison sans doute de sa forme inhabituelle, était sacrée pour les Guanches. L'ascension se fait en une centaine de mètres depuis le hameau de Pavón, sur la route de La Dama. Du sommet, la vue s'étend sur la côte sud et sur les pentes, raides, mais couvertes de terrasses, du *barranco* d'Erque. Comptez 20 minutes.

VALLE GRAN REY ★★

Cette vallée du Grand Roi est une petite station balnéaire artificielle construite par des Allemands qui la peuplent en majorité. Si c'est le village le plus touristique de l'île, c'est sans commune mesure avec Tenerife. La station est divisée en trois parties : Vueltas à l'est, où se trouve le port, La Calera au centre et La Playa à l'ouest. Pour vous baigner, préférez El Charco del Conde ou la playa del Inglés, à l'ouest, une plage de sable noir magnifique. Plus que la station, c'est la route qui y mène qui est superbe et exotique, bordée de palmiers, de bananeraies, de maisons blanches et colorées, parsemées dans son *Barranco* de Valle Gran Rey.

Valle Gran Rey

GOMERA BIKES

Calle Playa del Inglés, 4
✆ +34 922 805 53 36
www.gomera-bikes.com
Ouvert du lundi au samedi de 9h30 à 13h et de 17h à 19h. A partir de 10 € journée.

Vélo Gomera est l'une des agences locales pour louer vélo, VTC, VTT, Tandem, Cross... Avec un bon rapport qualité-prix. Pour une demi-journée, possibilité de faire une balade dans Valle Gran Rey. C'est un moyen de transport particulièrement adapté pour découvrir cette zone, ou encore s'échapper sur la plage... (certains vélos sont équipés de siège bébé). Par ailleurs, l'agence vous propose d'effectuer différents circuits à l'intérieur de l'île : exploration de la partie nord ; visite du Parc national de Garajonay ou route panoramique parcourant les falaises.

APPARTEMENTS LAS TRES PALMERAS €

Carretera Playa del Inglés ✆ +34 922 806 068
www.trespalmeras.com
Entre 60 et 75 € la nuit, selon la saison, pour trois adultes, ou deux adultes et deux enfants. Vue mer +10 €.

Ces trois palmiers sont un ensemble locatif de couleur ocre proposant quarante-six appartements complètement remis à neuf en 2015. Ces appartements sont spacieux et disposent d'une chambre, d'un salon avec sofa, d'une cuisine équipée, d'une salle de bains et dotés de terrasses ou de balcons donnant sur la mer ou la piscine. C'est autour de cette dernière, de belle taille, que s'organise l'ensemble. On profitera d'un accès privé et direct à la plage et d'un bon accueil.

PENSION CANDELARIA €

Calle Italia, 18
✆ +34 922 805 402
www.pensioncandelaria.com
Pour deux personnes, de 32 à 43 € par nuit, selon période, vue et balcon.

Cette maison d'hôte se situe au calme, dans une rue piétonne du quartier de Vueltas. Elle abrite des chambres en studio, avec ou sans terrasses, mais toutes agréables et bien équipées : TV, kitchenette, frigo, linges de toilette et service de café et de thé. A disposition de tous, une belle terrasse avec vues sur la mer et sur la montagne et transats, une machine à laver et une petite bibliothèque. On y trouvera toute l'information (guides et cartes) pour effectuer des randonnées, car la pension est accréditée comme point d'info pour le parc de Garajonay.

APPARTEMENTS BAJA DEL SECRETO €€

Avenida Marítima, 11 ✆ +34 922 805 709
www.bajadelsecreto.es
De 56 à 68 € pour deux personnes avec des pointes jusqu'à 80 € durant la Semaine sainte et Noël.

Situés à proximité du Charco del Conde, une piscine naturelle créée par la mer, ces appartements sont installés dans une belle bâtisse canarienne. Construite en escalier sur le modèle des anciennes maisons et comme elles dotée de beaux balcons de bois travaillés et de murs en pierre travaillées à la main. A l'intérieur, de jolis appartements de charme entièrement équipés : cuisine, salon, TV, terrasse. Et sur le toit, une piscine pour profiter de belles vues sur la mer.

APPARTEMENTS CHARCO DEL CONDE €€

Avenida marítima
✆ +34 922 805 38
https://charcodelconde.com
De 48 à 63 € la location quotidienne selon type d'appartement et vue.

Situé en plein dans Valle Gran Rey et à proximité de trois plages (Puerto, Puntilla et Playa del Inglés), cet ensemble d'appartements propose des logements confortables et modernes : cuisine, téléphone, télévision par satellite. Avec vue sur la mer ou sur la piscine. Ainsi que de nombreux services comme une piscine pour les adultes et une pour les enfants, un solarium, un minigolf, un ordinateur à l'accueil. Wifi seulement dans les parties communes.

HÔTEL GRAN REY €€

Av Marítima, 1
✆ +34 922 805 859
https://hotelgranrey.es
Dés 110 €, pour une chambre double. Vue sur mer +5 €. Minimum trois nuits.

Légèrement isolé du centre de Valle Gran Rey, cet hôtel est toutefois parfaitement situé face à la mer ce qui en fait un lieu permettant de très belles vues. L'hôtel est assez grand et classique, mais pas sans charme. Les chambres sont grandes, lumineuses et décorées avec sobriété. On y trouvera de surcroît de nombreux avantages pour un séjour : deux restaurants de cuisine canarienne et internationale avec terrasse et vue sur mer, appréciable pour le petit déjeuner ; une piscine solarium au dernier étage avec également de belles vues et un court de tennis.

© MARISA ESTIVILL - SHUTTERSTOCK.COM

La Valle Gran Rey sur l'Île de La Gomera.

LA GOMERA

APPART HOTEL PLAYA CALERA €€€

Calle Punta Calera, 2
✆ +34 922 805 779
www.hotelplayacalera.com
Junior ou Suite standard, dès 115 € pour deux personnes avec le petit déjeuner. Parking gratuit.

Cet hôtel spacieux, inauguré en août 2008, est un bel ensemble architectural de pierres brutes. Il comprend 61 studios suite junior (une chambre et un coin salon) et 2 suites royales. Tous étant dotés d'une mini cuisine totalement équipée, d'une terrasse et de grandes salles de bain. A deux pas de la mer, il propose aussi un très bel espace solarium et piscine au quatrième étage avec une magnifique vue sur la mer et les montagnes alentour. Une belle halte à Valle Gran Rey.

OCEANO WHALE WATCHING LA GOMERA

Calle Quema 7, Immeuble Amaya
✆ +34 922 805 717
https://whalewatching-gomera.com
Tarif : 40 € adulte. Réservation conseillée 2 à 3 jours avant avec acompte de 10 €.

Pour partir à la découverte des baleines et des dauphins à bord de petits bateaux de pêche, cette agence propose des sorties respectueuses de l'environnement. Deux excursions par jour et une fois par semaine à l'aube, vous apprendrez une observation respectueuse des espèces dans leur habitat naturel grâce à des guides expérimentés et multilingues dont le français. Elle possède aussi un petit centre d'information avec une exposition permanente sur le sujet.

SPEEDY ADVENTURE

Puertos Vueltas
✆ +34 608 545 226
https://www.speedy-gomera.com
Toutes les excursions sont à 40 €.

Cette entreprise vous propose de découvrir La Gomera depuis la mer. Plutôt une bonne idée pour une île. Vous pourrez d'abord observer baleines-pilotes et dauphins (tachetés, à bec étroit ou à bec court) parmi les plus de vingt espèces recensées sur les côtes. Ou encore longer la côte nord de l'île en suivant la route de Los Organos, falaise iconique de La Gomera. Ou pourquoi pas, longer les côtes au moment du coucher du soleil, tout en savourant une sangria faite maison. A la demande, vous pouvez aussi réaliser un tour complet de l'île.

TINA EXCURSIONES

✆ +34 922 805 885
https://www.excursiones-tina.com
Dès 40 €

Tina Excusiones vous offre plusieurs forfaits de sorties en mer pour découvrir en excursions de 3 ou 4 heures suivant votre port de départ les grands dauphins et baleines, la faune marine canarienne, la découverte des côtes de La Gomera et des belles falaises de Los Organos. Au programme, baignade, et déjeuner espagnol compris (tapas, sangria, thon à la plancha, etc.). Découverte des dauphins et baleines : le lundi Playa de Santiago (4h) ; Valle Gran Rey, mercredi (3h), mardi et vendredi (4h) ; Los Organos jeudi et dimanche (3h).

ALOJERA

Du col qui relie Vallehermoso à Valle Gran Rey, une petite route descend vers le village d'Alojera, sur la côte ouest, avec vue sur le Lomo del Carretón, une barre rocheuse basaltique découpée en orgues, beaucoup moins beaux que ceux de Los Organos au nord de l'île. Alojera, avec sa charmante petite plage, s'avère l'endroit idéal pour manger un morceau et se reposer sur le sable, en profitant aussi d'une petite piscine naturelle pour les enfants à côté du *Muelle*. Sachez que la commune est une grande productrice de fromages, mais aussi de la spécialité de l'île le sirop de palme, le *guarapo*, activité à laquelle se dédie une petite dizaine d'entreprises.

VALLEHERMOSO ★

Ce petit bourg paisible et rural vit des ressources agricoles de sa vallée fertile, plantée de bananiers poussant sur des plateaux verdoyants. On apercevra de suite un rocher impressionnant, le Roque Cano, cœur de basalte d'un volcan érodé par le temps et emblème de la commune. En 2005, une chute de pierres a fait apparaître une grotte pleine d'ossements humains sur la plage de Vallehermoso et après de nombreuses recherches, les archéologues de l'université de Las Palmas de la Grande Canarie ont finalement découvert qu'il s'agissait d'une sépulture guanche, de plus de 1 500 ans. Toute la vie du village s'organise autour de la plaza de la Constitución.

CASTILLO DEL MAR ★

Parque Maritimo
www.castillo-del-mar.com
Réseaux sociaux pour « sauver le Castillo del Mar ».

Ce château était en fait un port d'embarcation des bananes cultivées dans l'île puis chargées sur des bateaux à vapeur. Pendant trente ans, le bâtiment a été coupé du continent, livré aux éléments et à l'oubli. Jusqu'au jour où Thomas K. Müller, photographe installé depuis longtemps à La Gomera, découvre le château endormi et l'achète pour le transformer en plate-forme culturelle où de nombreuses célébrités se sont produites. Mais les pouvoirs publics n'ayant pas donné les subventions nécessaires, le lieu a été fermé et sa réouverture ne semble pas envisagée.

PLAYA DE VALLEHERMOSO

A 2,5 km de Vallehermoso

Cette plage de Vallehermoso est encadrée par de belles roches noires et c'est une plage de galets, mais les fortes vagues présentes à peu près toute l'année la rendent dangereuse. Toutefois, il existe un « parque maritimo » avec piscine d'eau de mer, situé juste devant la mer, aux horaires d'ouvertures parfois fluctuants. Et qui comprend aussi un petit restaurant-bar où l'on pourra trouver de quoi manger, sur le pouce, des douches et des vestiaires. Ainsi qu'un parking. Pour y accéder, prendre la direction Valle Gran Rey puis tourner à droite.

Castillo del Mar.

CASA RURAL EL CABEZO €€

2,5 km à la sortie du village
✆ +34 679 608 649
https://fr.gomeraindividual.com
Maison El Cabezo (5 places) de 59 € la nuit pour 2 personnes. Un minimum de 7 jours pour toute location.

Cette charmante petite maison rurale, aux tons ocre rose, est située près du lac « la encatadora » « la charmante », la plus grande réserve d'eau de Vallehermoso. Rénovée et décorée avec goût, elle permet un séjour dans une ambiance rustique et raffinée, avec pierres apparentes et jardin tropical coloré. Le confort est au rendez-vous : salon TV, deux chambres, cuisine tout équipée, deux salles de bains, barbecue, terrasse meublée avec vue sur la vallée jusqu'au rocher « Roque El Cano ». Pour les courses, pas de souci, le village est à 2 kilomètres.

HÔTEL RURAL TAMAHUCHE €€

Calle La Hoya, 20 ✆ +34 922 801 176
https://www.hoteltamahuche.com
Chambre double : 87 €, double à usage individuel : 60 €. 25 € le lit supplémentaire.

Surplombant les alentours, l'hôtel Tamahuche est une ancienne maison canarienne de caractère, parfaite pour un bain de quiétude. Ses dix chambres doubles traditionnelles et soignées conservent des éléments ethniques anciens qui font tout leur charme, dont le fameux bois canarien. Et disposent toutes d'un accès direct aux patios, aux terrasses et aux jardins qui font le charme de ce lieu. Son autre plus, l'utilisation d'énergies alternatives pour l'arrosage des jardins et le nettoyage des espaces. Ainsi qu'un petit déjeuner élaboré avec des produits artisanaux.

BODEGON AGANA €

Avda Guillermo Ascanio, 5
✆ +34 922 800 843
Fermé le mardi. Comptez 20 €.

Dans un joli local tradi tout en bois, c'est une petite taverne qui réjouit sa clientèle d'habitués et de randonneurs. Avec des plats typiquement canariens qui tiennent bien au corps. Ce sera l'occasion d'essayer l'***escaldón de gofio***, l'un des piliers de la cuisine canarienne. Du gofio accompagné d'un bouillon de légumes, de viandes ou de poissons, avec ***papas***, cubes de fromage et mojos vert et rouge. Pour les plus petits appétits, de l'almogrote (fromage gomero), des bonnes soupes ou des salades fraîches bien présentées. Vente de produits à côté du bar.

AGULO ★

Situé sur un balcon dominant l'océan qui fai[t] face à l'île de Tenerife et blotti au pied d'un[e] énorme paroi de basalte, c'est un petit villag[e] typique avec ses rues pavées et divisé e[n] trois petites communes, la Montañeta, La[s] Casas et El Charco. Ne manquez par l'églis[e] de San Marco, du XVIIe siècle qui renferm[e] une icône de la vierge de la Merced. Si vou[s] y passez fin avril, vous découvrirez la fêt[e] de San Marco, durant laquelle on allume de[s] feux de bois d'environ un mètre de hauteu[r] que les jeunes doivent enjamber. Attention [à] la route qui conduit de Vallehermoso à Agul[o] intéressante, mais souvent sous les nuage[s] ce qui empêche toute visibilité.

© AUTHOR'S IMAGE

Playa Santa Catalina.

CASA RURAL BUENAVISTA €€

Route de Lepe, Agulo ✆ +34 679 608 649
https://fr.gomeraindividual.com
De 63 à 65 € pour 2 personnes et de 66 à 68 € pour 3 personnes, séjour d'un minimum de 7 jours.

Il s'agit d'une magnifique maison de plus de 200 ans et située à 300 mètres de la mer dans le lieu-dit Lepa, tout près d'Agulo. Elle est agrémentée d'un rafraîchissant jardin d'arbres fruitiers exotiques plantés par le propriétaire, dont vous pouvez profiter à volonté : bananes, mangues, oranges ou papayes, que vous pouvez presser dans la cuisine super équipée à votre disposition. L'intérieur richement boisé et décoré est aussi agréable que l'extérieur. Et cerise sur une gâteau, une grande terrasse pour admirer l'océan et le Teide sur Tenerife.

HERMIGUA

Ce petit village vit de la banane, qui ne constitue pas moins de 75 % de ses revenus ! Dans un paysage marqué par les plantations en plateaux, la vie de ce bourg tranquille et préservé s'organise autour de la *carretera general* sur quelques kilomètres. La commune possède aussi une plage de sable noir, surnommée La Piscina. Côté mer, la playa Santa Catalina est le rendez-vous des surfeurs ; suivie par une plage artificielle, construite dans la roche, au pied de trois piliers, vestiges d'un ancien quai. L'eau y est salée. A 6 km de Hermigua par une route sinueuse, La Caleta est une autre option. Avec terrasses aménagées, tables, barbecue et palmiers.

MUSEO ETNOGRAFICO DE LA GOMERA ★

Carretera General de Las Hoyetas, 99
✆ +34 922 881 960
Ouvert du mardi au vendredi, de 10h à 18, samedi et dimanche, de 10h à 14h. Entrée : 2,50 €.

Installé dans un bâtiment aux murs blancs, striés de rouge et datant du début du XXe siècle, ce joli petit musée vaut le déplacement. Une belle scénographie présente son fonds ; répartis sur deux étages, des ustensiles traditionnels de La Gomera, employés pour la pêche ou l'agriculture ainsi que des poteries et des textiles. Mais au-delà d'une exposition d'objets, son but est de montrer comme les habitants ont survécu à un environnement difficile et l'ont façonné.

FINCA PIÑERO €€

Carretara general
✆ +34 922 87 22 26
www.fincapinero.es
Prix : studio à partir de 55 €. Séjour a minima de 2 nuits.

Construits en 1998 et rénovés en 2007, ces appartements-vi las sont simples, mais fonctionnels, et appartiennent au même propriétaire que La Colombina, située à San Sebastián de La Gomera. Vous y bénéficierez d'un très joli cadre de plantations verdoyantes de bananiers et d'arbres fruitiers. Chaque appartement dispose de sa propre terrasse. Le tout se situe dans un cadre naturel et à 14 km de la capitale de l'île. Vous serez très bien situés pour accéder aux chemins de randonnée ou pour faire des balades en vélo au sein du Parc national de Garajonay.

HÔTEL RURAL IBO ALFARO €€

Finca Los Pajaritos ✆ +34 922 880 168
www.hotel-gomera.com
De 65 à 90 € la chambre double, petit déjeuner inclus.

Cette ancienne maison seigneuriale du XIXe siècle entièrement rénovée et agrandie en 1996 est construite sur un coteau. Ses dix-sept chambres ont donc toutes une vue magnifique sur l'Atlantique ou la vallée. Charmantes et confortables, elles présentent une décoration à l'ancienne, à la fois soignée et chaleureuse. Vous profiterez aussi d'un jardin composé de différentes terrasses aux multiples palmiers et faisant le tour de l'hôtel. Avec ici aussi de belles vues à la clé. On prend le petit déjeuner dans une salle de restaurant aux belles pierres apparentes.

HÔTEL RURAL VILLA DE HERMIGUA €€

Carretera general. Face au stade.
✆ +34 922 880 246
www.hotelrural-villahermigua.com
De 75 à 85 € pour une double. Séjour minima de 5 jours durant Noël et Semaine sainte.

Sur la route principale d'Hermigua, découvrez cet hôtel installé dans une maison de La Gomera de plus de 120 ans et composé de douze chambres doubles (dont huit avec balcon), disposées autour d'une cour centrale à la végétation agréable.. Toutes sont décorées dans un style rustique et équipées : salle de bain, TV satellite, sèche-cheveux, terrasse. Vous profiterez d'une vue sur toute la vallée, depuis le Garajonay jusqu'à la mer. Le petit déjeuner est très complet.

LA GOMERA

APARTAMENTOS Y CASAS RURALES LOS TELARES €€

Carretera General, 10
✆ +34 922 88 07 81
www.apartamentosgomera.com
A partir de 50 € pour un studio individuel. Séjour minimum, 1 à 2 nuits selon saison.

Chaque appartement, spacieux et lumineux, a sa propre personnalité et sa propre décoration, simple et fonctionnelle. Et offre aussi une belle vue sur les montagnes du parc de Gararonay, grâce aux grandes baies vitrées. Ses autres plus : une piscine pour le farniente et le restaurant El Molino de Gofio qui sert des petits déjeuners et des dîners de cuisine familiale et locale, avec fruits et légumes du jardin. Vous serez aussi accueilli chaleureusement par Maria Dolores et sa famille.

LAS CHÁCARAS €€

Calle el Cabo, 2
✆ +34 922 881 039
www.laschacaras.com
Fermé le dimanche. Petit déjeuner, brunch, et le soir (sur réservation). Comptez environ 25 €.

Situé juste à la sortie d'Hermigua, vers San Sebastián, ce restaurant propose des spécialités de qualité, de La Gomera, tels que les poissons grillés, les calmars grillés aux oignons ou le fromage de chèvre à *la plancha*, servi avec du miel de La Palma et du gofio, la soupe de cresson, et de bons desserts du jour comme la mousse au gofio, particulièrement appréciable. Les plats sont simples et bien préparés et le cadre est sans prétention et agréable, avec vue sur la cuisine. Un bon rapport qualité-prix, et en prime ici on parle le français.

EL SILBO €€

Calle El Tabaibal, 102
✆ +34 922 880 304
Ouvert tous les jours de 13h à 23h. Compter environ 25 €.

Situé à la sortie d'Hermigua en direction d'Agulo et dans le tournant, le restaurant El Silbo propose une cuisine variée bonne et peu onéreuse. Au menu, des mets copieux et variés avec de la très bonne viande argentine et crème de gofio, poissons grillés du jour, soupes... Une fête y est organisée chaque année, au mois d'août, pour inaugurer la saison. Tout le monde est invité à prendre un verre sur la terrasse. Avec de la chance, vous pourrez avoir droit, en prime, à une démonstration de *silbo*, le langage sifflé de la Gomera. Un incontournable.

PARC NATIONAL DE GARAJONAY ★★★

C'est le cœur vert de La Gomera et la dernière forêt vierge d'Europe. Avec une superficie de 3 984 ha, 10 % de l'île, cette forêt de lauriers, *laurisilva*, plonge les randonneurs dans une ambiance de contes, car humidité et brouillard donnent aux arbres des postures étranges. Inscrit au Patrimoine mondial de l'Unesco, il offre un relief escarpé, sillonné de ravins, les *barrancos*, dont la majorité est couverte de forêts qui contrastent avec l'aridité dominante sur l'île. S'élevant entre 800 et 1 487 m, ces forêts surnommées *monteverde* conservent une partie de la flore des forêts qui, il y a plusieurs millions d'années, peuplaient la zone méditerranéenne.

CENTRE DES VISITEURS

La Palmita-Agulo
✆ +34 922 800 993
www.mma.es/parques
Ouvert tous les jours, de 9h30 à 16h30. Fermé le 25 décembre et le 1er janvier.

Le centre d'accueil des visiteurs du parc national est situé à l'entrée du parc quand on vient d'Hermigüa ou Agulo, au milieu quand on vient de San Sebastián ou Valle Gran Rey. On pourra y visiter un musée ethnographique bien fourni ou s'arrêter un moment pour voir le petit film bien conçu qui décrit les différentes traditions de La Gomera : comme le silbo ou l'utilité du bâton de berger ou le procédé de confection du miel de palme. Les gardes présents sur place pourront vous conseiller sur les randonnées du parc et vous donner la documentation adéquate.

EFIGENIA NATURAL - SITIO RURAL JARDIN LAS HAYAS €€

✆ +34 922 804 077
https://www.efigenialagomera.com
Comptez 55 € la nuit en chambre double et 65 € dans une maison indépendante.

Efigenia est une légende à La Gomera. Le complexe rural qu'elle propose est situé en périphérie du parc de Garajonay, sur la commune de Las Hayas. L'ensemble est très mignon avec une architecture traditionnelle en symbiose avec la nature et se compose de chambres et de suites très confortables. Son restaurant, La Montan[illegible] est devenu une référence en matière de cuisine canarienne traditionnelle. C'est l'endroit idéal pour se reposer et faire des randonnées.

LA GOMERA

VISITE DU PARC NATIONAL

La route qui traverse l'île passe au milieu de la forêt du parc national de Garajonay et constitue donc une balade agréable. Tout le long, vous apercevrez les différents sentiers qui jalonnent le parc, tous très bien signalisés. Au-dessus de San Sebastián, la route en lacets finit au mirador de Los Roques, duquel vous pouvez admirer des dykes caractéristiques du relief de l'île, comme le Roque de Agando. Un autre mirador se tient sur la route menant à Parajito, là où une route secondaire part vers Alajero et Playa de Santiago. Vous pouvez vous arrêter là et faire la randonnée qui mène au sommet de l'île, le pic de Garajonay.

En continuant sur la route principale, vous arriverez à Laguna Grande, un carrefour d'où part la route vers Hermigua et Valle Gran Rey et où sont également situés tous les restaurants du parc et le centre de visiteurs. C'est l'endroit idéal pour faire une halte dans la journée. Vers Hermigua ou Valle Gran Rey, la route au cœur de la forêt est aussi très jolie et comporte quelques miradors où s'arrêter. Certains offrent une vue incroyable sur la mer de nuages et l'île de La Palma au nord. En continuant, la route se sépare entre Valle Gran Rey et Vallehermoso. En suivant cette seconde direction, on arrive à Epina. La route surplombe alors le Lomo de los Cochinos. Elle traverse des monts rocheux parsemés de palmiers et de maisonnettes.

Visite à pied : le parc contient 18 circuits de randonnées fléchés, de 30 min à 3h. Ainsi que 4 aires de détente et de pique-nique, aménagés dans le parc, avec table, eau potable, barbecue : Laguna Grande, Ermita de Lourdes, Las Creces et Epina. Voici quelques sentiers à ne pas manquer :

n° 14 (compter 4 heures) : Laguna Grande - Alto de Garajonay - Laguna Grande. Une belle randonnée à travers la forêt de laurisylve jusqu'au point le plus haut de l'île.

n° 18 le grand circuit (6 heures 30) : Pajarito - Alto de Garajonay - El Contadero - Chorro del Cedro - Reventon Oscuro - Tajaqué – Pajarito.

n° 9 (4 heures 30 aller-retour) : El Contadero - Chorro del Cedro - El Contadero. Pour ces deux chemins, dénivelé de 500 m. Le chemin passe par la Ermita de Lourdes (chapelle), très beaux panoramas sur la vallée d'Hermigua. Le chemin n° 9 est une partie du n° 18.

- **La flore** est constituée de près de 20 essences arborées, dont des bruyères arborescentes mesurant jusqu'à 20 m de hauteur ; fougères, mousses et lichens sont abondants. Quelque 120 espèces endémiques de l'archipel ont été répertoriées, dont la fragile campanule grimpante. Les botanistes amateurs trouveront des informations détaillées au centre d'accueil du parc.

- **Côté faune,** le parc Garajonay héberge plus de 1 000 espèces dont 150 sont endémiques du parc, dont le pigeon de Bolle et le pigeon des lauriers. Outre les nombreux oiseaux, insectes, mollusques, arachnides, le fameux lézard de La Gomera (*Gallotia bravoana*) est un habitant du parc.

- **Dates essentielles :** 1981, création ; 1986, classé au Patrimoine mondial de l'Unesco ; 1988, classée zone ZEPA pour la protection spéciale des oiseaux.

- **Depuis son excavation en 2002,** l'Alto Garajonay (le sommet de l'île) laisse découvrir aux visiteurs valeureux une bien surprenante et excitante récompense : la recomposition d'une construction cérémonielle par les habitants originels de l'île. Dévoué au dieu Orahan, cet autel frappe par sa force symbolique et son emplacement très inhabituel. Il aurait aussi servi de refuge aux derniers résistants à la conquête espagnole.

Lauresilva (laurier sylvestre), Boque del Cedro.

Mirador de los Roques.

EL HIERRO

Isolée et préservée, cette petite île d'à peine 270 km² est à la fois la plus méridionale, la plus occidentale et aussi la moins peuplée des Canaries. En forme de pyramide, elle culmine à 1 500 m et offre pourtant des paysages variés, dans lesquels la nature domine. On admirera l'océan Atlantique et la roche volcanique, sculptée par les vagues et l'érosion, au fur et à mesure du temps. Ainsi que ses forêts de pins, de hêtres, de sabines et de genévriers de l'Europe méridionale dont les feuilles ont des propriétés médicinales, les derniers de leur espèce de tout l'archipel, qui invitent à la randonnée. Sa richesse géologique, ses zones naturelles protégées et ses paysages variés ont valu à l'île d'être déclarée Réserve mondiale de la biosphère en 2000 et Géoparc mondial en 2014 par l'Unesco. Elle fait partie des 52 destinations à visiter absolument en 2022 pour le *New York Times* et l'Organisation Mondiale du Tourisme. C'est pour dire !

Fête Bajada de la Virgen de los Reyes

El Hierro
Ocean Atlantique
Pozo de las Calcosas
Las Salinas
Roque Salmor
GUARAZOCA
EL MOCANAL
Erese
EL TAMADUSTE
VALVERDE
LA CALETA
Embarcadero de Punta Grande
Las Casitas
Ribera
Tiñon
Puerto de la Estaca
SAN ANDRÉS
Las Rosas
Playa de Tijeretas
Punta de Tijimiraque
Los Mocanes
Punta Arenas Blancas
Playa de Verodal
Bahia de la Hoya
El Golfo
FRONTERA
Pozo de la Salud
Los Llanillos
Punta del Verodal
EL SABINAR
SABINOSA
Punta de los Reyes
LAS PLAYAS
El Estacadero
EL JULÁN
El Julán
HOYA DEL MORCILLO
Las Casas
Punta de la Bonanza
Las Playas
Pta del Barbudo
FARO DE ORCHILLA
Taibique
Punta de los Mozos
Punta de Tejeda
EL PINAR
Goroda del Lajia
Punta del Miradero
LA RESTINGA
Punta de los Saltos
Punta de la Restinga
6 KM

PAGES

VALVERDE

Située entre 600 et 700 m d'altitude, au-dessus de l'abrupte côte nord-est de l'île, cette capitale « verte vallée » déborde de couleurs dans ses potagers et ses jardins. C'est la seule capitale insulaire à ne pas être située en bord de mer. Si son intérêt principal est d'être sur la route menant vers le port et les ferries, le centre-ville mérite une halte, pour son église, ses cafés et ses restaurants. Elle est assez venteuse et régulièrement dans le brouillard, mais il s'évacue assez vite ce qui dégage des vues intéressantes sur la côte. On y appréciera aussi une nature omniprésente qui permet de voir un faucon crécerelle planer au-dessus des maisons.

IGLESIA DE NUESTRA SEÑORA DE LA CONCEPCIÓN

Plaza Quintero Nunez

Entrée libre.

L'édifice de style baroque a été commencé au milieu du XVIe siècle mais n'a été achevé qu'en 1776.

Sa façade de pierre noire, ses murs blancs et son toit de tuiles rouges se trouvent sur une petite place où descend une série d'escaliers dont les lampadaires éclairent agréablement, le soir, l'ensemble du site. L'église servait de refuge contre les attaques de pirates, et sa tour faisait alors office de guet. Elle comporte une magnifique horloge restaurée en 2000.

CENTRE ETHNOGRAPHIQUE ET CASA QUINTERA

Calle Armas Martel

✆ +34 922 552 026

Ouvert du lundi au samedi, de 10h à 18h. Entrée : 4 €. Prévoir une heure de visite.

Les quatre salles de ce petit musée se concentrent sur l'artisanat traditionnel de l'île au travers de différentes expositions. En traitant de son expertise en matière de traitement du fer, du textile, du bois et de la terre. On y trouvera beaucoup de pièces en provenance de la totalité de l'île de El Hierro. Et comme cet artisanat est toujours vivant, une petite boutique permet de se faire une idée des réalisations actuelles. De quoi rapporter un souvenir.

POINTS D'INFORMATIONS TOURISTIQUES

Calle Doctor Quintero, 4

✆ +34 922 554 109

https://elhierro.travel

Horaires sur le site web.

Si vous arrivez par bateau, ce sera votre point d'information. Situé dans la rue principale de Valverde, un peu avant d'arriver à l'église. Vous pourrez y faire le point sur tout de qui concerne l'île : cartes, randonnées, logements, sites de plongées. L'accueil y est très agréable. N'hésitez pas à consulter leur site internet, également disponible en français et bien documenté. Si vous arrivez par l'avion, un point d'information est ouvert à l'aéroport, en fonction des arrivées.

EL HIERRO

© CARINE KREB

Nuestra Señora de La Asunción, la fresque de la lutte contre le pirate Charles Windham.

© KAROL KOZLOWSKI - SHUTTERSTOCK.COM

Valverde, El Hierro.

NAVIERA ARMAS

✆ +34 902 456 500
www.navieraarmas.com
Centrale d'achat téléphonique ouverte de 8h à 20h. Achat en ligne 24h/24.

Seule la compagnie Naviera Armas effectue un trajet quotidien direct depuis Los Cristianos, dans le sud de Tenerife, avec un horaire différent selon le jour et qui dure en moyenne près de trois heures. L'arrivée se fait à Puerto de la Estaca, le port de l'île d'El Hierro, situé à 10 kilomètres de Valverde et aménagé depuis 1960. A bord, cafeterias, bars, salle de télévision. Tout pour une mini-croisière assez agréable en observant les côtes et la mer. Pour le billet, il est plus simple de réserver en ligne et d'arriver une heure avant si vous avez un véhicule.

STATION DE BUS [GUAGUAS] DE VALVERDE

C/ El Molino, 4
✆ + 34 922 551 175
www.transhierro.es
Tarifs et circuits à consulter sur le site internet. App à télécharger sur Moovit.

Sur les hauteurs de Valverde, c'est la principale station de l'île, d'où partent presque tous les autobus : n° 3 : Valverde-Frontera ; n° 2 : Valverde-El Pinar-San Andrès ; n° 5 : Valverde-Isora ; n° 6 : circuit de/vers Valverde en passant par Tamaduste et La Caleta ; n° 7 : Valverde - Parador, en passant par Puerto Estaca, Station maritime, et Timijiraque ; n° 10 : Valverde - Aéroport ; n° 11 : Valverde - Puerto Estaca. 2 autres stations, plus petites à Frontera et El Pinar.

CENTRALE DE TAXIS

Calle el Molino, 4
✆ +34 922 550 729
Tarifs à convenir avec le chauffeur.

La station principale de taxis est située dans le même espace que la station de bus de Valverde. Vous pourrez bien sûr y prendre un taxi directement. Mais l'île d'El Hierro a mis au point un système tout à fait intéressant pour les personnes non motorisées : la combinaison taxi/bus. Vous effectuez le trajet principal vers les trois stations de l'île et depuis ces stations, des taxis peuvent vous conduire ensuite à une destination particulière et venir vous chercher. Une solution plutôt écologique pour une île Réserve de la biosphère et classée Géoparc.

HOSTAL RESIDENCIA CASAÑAS €

Calle San Francisco, 9
✆ +34 922 550 254
Comptez environ 40 € la chambre double.

Très bien situé dans le centre de Valverde, cet hostal est à proximité de l'église, des restaurants et des bars. Au total, il propose quinze chambres impeccables et agréables et deux appartements avec vue sur la montagne ou la mer. On conseille de choisir les chambres qui donnent sur la mer et disposent d'une terrasse couverte. Réveil sympathique garanti. Très bon accueil des frères Alejandro et Antonio, toujours de très bon conseil pour vos visites dans l'île.

HÔTEL BOOMERANG €€

Calle del Doctor Gost, 1
✆ +34 922 550 200

64 € la chambre double sans le petit déjeuner, 80 € avec. Ouvert 24h/24. Wifi gratuit.

Situé en centre-ville, non loin de l'église et de la Casa de las Quinteras, cet hôtel propose dix-sept chambres lumineuses et bien équipées : climatisation, mini bar, service de café, TV, lecteurs DVD, salle de bains complètes. Les chambres donnent sur la ville. Egalement à disposition, une piscine privée, ce qui ne manque pas de charme puisque la ville n'est pas au bord de la mer. On vous assistera pour toutes vos réservations dans l'île. Accueil 24h/24, accès aux personnes handicapées. Le propriétaire loue également des appartements à El Tamaduste.

LA MIRADA PROFUNDA €

Calle Santiago, 25
✆ +34 922 551 787

Ouvert tous les jours midi et soir, sauf le jeudi (fermé). Comptez 20 €.

Coup de cœur pour ce restaurant surprenant. Antonio Garcia, le patron cuisinier formé en France, travaille ses plats tant au niveau du goût que de la présentation. C'est une cuisine du marché, méditerranéenne et internationale, où les produits sont issus de l'agriculture biologique. Cochon et agneau de lait et courgettes, salade de cailles, poulpes à la vapeur, petits calamars, desserts maison surprenant comme la mousse de citron au fromage frais, la liste est longue et évolue toute l'année. Et comme la cuisine est ouverte, vous pouvez voir le chef à l'œuvre.

LA HIGUERA DE LA ABUELA €€

Calle Tajaniscaba, 10 ✆ +34 922 551 026

Fermé de décembre à mai. En saison, 7j/7 le midi sauf le mardi et vendredi / samedi midi et soir. Comptez 20 € par pers.

Pour y arriver, il faudra faire un petit détour de près de 5 km au nord de Valverde pour aller à Echedo, mais cela en vaut la peine. Dans ce « figuier de la grand-mère », Maria Dolores Padrón compose des plats canariens délicieux à partir des quatre éléments de base qui font la gastronomie d'El Hierro : le poisson, le fromage et la viande de chèvre et le vin. La carte change ensuite au fil des saisons et des ingrédients du jardin. On y apprécie aussi sa très belle cour intérieure ombragée et fleurie et l'ambiance du lieu. Pensez à réserver.

CENTRE DE PLONGÉE EL HIERRO

Calle El Rancho
✆ +34 922 557 023
www.centrodebuceoelhierro.com

Comptez 50 € la sortie.

Ce centre de plongée d'El Hierro a été créé en 1978, faisant de lui, le pionner sur l'île. Idéalement situé, il est seulement à 40 mètres du front de mer. Sur place, vous pouvez soit faire votre baptême si vous êtes novices, soit des plongées libres pour les expérimentés. Et si la découverte des fonds marins vous passionne, n'hésitez pas à passer vos niveaux PADI – jusqu'au Dive Master. Côté équipement, le centre dispose de deux bateaux semi-rigides de 225 CV chacun.

LA CALETA – TAMADUSTE ★

A 10 kilomètres en contrebas de Valverde, de part et d'autre de l'aéroport, ces deux petites stations balnéaires, pourvues de criques de rochers de lave sont bien abritées et permettent de se baigner facilement notamment dans la piscine naturelle de La Caleta, où les Bimbaches venaient déjà se baigner. El Tamaduste s'est construite autour d'un village de pêcheurs, et le contraste de ses maisons blanches avec la roche noire basaltique est agréable à regarder. La Caleta, plus récente, était pourtant un lieu de vie des Bimbaches selon les traces qu'ils y ont laissées. La station compte quelques appartements à louer et des bars, plutôt que des restaurants.

PLAGE DE SABLE NOIR ★

Tamaduste abrite une petite crique où l'on peut se baigner dans des eaux limpides, au milieu d'une côte de lave noire parsemée d'arches volcaniques battues par les vagues. Une fois l'eau retirée soyez prêt à la pêche aux crabes dans les roches. La tranquillité de ses eaux la rend particulièrement propice à la baignade pour les enfants. Par ailleurs, la plage de Tamaduste est bordée par le GR 131, de difficulté moyenne et accessible toute l'année. Il vous permettra de prendre connaissance de toute la flore sauvage que l'on peut rencontrer le long de ces côtes.

PISCINES NATURELLES PLAGES ET PÉTROGLYPHES ★

L'île d'El Hierro est un peu le paradis des piscines naturelles. Bordées de falaises déchiquetées aux roches noires souvent étincelantes, elles offrent un cadre tout ce qu'il a de plus paradisiaque pour une baignade dans des eaux claires aux belles couleurs turquoises. Dans cette partie de l'île, vous en trouverez une au nord, le Pozo de las Calcosas, (en direction de El Mocanal). Cette première halte sera aussi l'occasion, après le bain, d'aller visiter le petit village de El Mocanal. Vous trouverez une deuxième piscine naturelle en prenant la direction de Echedo, le Charco Manso. Elles sont souvent bordées de quelques cabanes qui font office de maison d'été pour les *Herreños*. La caleta possède elle aussi une piscine naturelle, idéale pour les petits et les grands. C'est là que les Bimbaches, peuple aborigène de l'île d'El Hierro, venaient se baigner. Ils y avaient laissé des pétroglyphes, gravés sur la pierre le long de la promenade qui suit la côte, ce qui témoignait de ce passage. Ce témoignage de leur présence n'a malheureusement pas été bien conservé puisque ces traces ont été abîmées ou effacées par erreur lors du réaménagement de la plage. Enfin le petit village de Tamaduste abrite lui aussi une petite crique où l'on se baignera avec plaisir dans ses eaux limpides. Ici aussi dans un décor marqué par la côte de lave noire, parsemée d'arches volcaniques battues par les vagues. Lorsque l'eau se sera retirée, soyez prêt à partir à la pêche aux crabes dans les roches.

BINTER CANARIAS - INTER-ÎLES

✆ +34 902 391 392
www.bintercanarias.com

Cette compagnie inter-îles historique relie El Hierro à Tenerife, aéroport du nord (Los Rodeos) quatre fois par jour via un vol direct d'environ 40 minutes. On peut aussi rejoindre quotidiennement l'île de La Palma, avec une escale à Tenerife nord. Ainsi que La Gomera, également avec une escale à Tenererife Nord. Un vol direct par jour pour la Grande Canarie. Avec escale à la Grande Canarie pour Fuerteventura et Lanzarote. Bagages autorisés en soute : 6 kg et non 10 kg.

CANARYFLY VOLS INTER-ÎLES

✆ + 34 902 808 065
www.canaryfly.es

Créée en 2008, cette compagnie relie directement El Hierro à l'aéroport de Tenerife Nord (Los Rodeos), une fois par jour. Elle propose aussi un vol quotidien pour La Palma, La Grande Canarie et Fuerteventura, mais tous avec des escales à Tenerife nord. Elle a beaucoup communiqué sur ses tarifs, moins chers que ceux de la compagnie historique. A vérifier au moment de l'achat. Attention au poids de vos bagages. Limité à 6 kg en soute, contre 10 kg pour les longs courriers.

AÉROPORT DE LOS CANGREJOS

A 10 km de Valverde.
✆ +34 922 55 37 00

Situé entre La Caleta et Tamaduste, l'aéroport de Los Cangrejos a été construit en 1972 au nord-est de l'île. Un service de bus relie Valverde au port et à l'aéroport (n° 10), en connexion avec les départs et les arrivées. L'aéroport est tout petit, inutile d'y arriver trop en avance. Une grande cafétéria et une petite boutique pour acheter différents produits de l'île comme du vin ou des fromages. Deux agences de location de voitures à l'aéroport : Cicar et Plus car.

APARTAMENTOS BOOMERANG €€

Calle Tabaiba, 6 ✆ +34 922 550 200
www.hotel-boomerang.com

De 48 à 72 € par appartement suivant le type et la saison.

Situés Tamaduste, à quelques kilomètres de l'aéroport et dans un petit village agréable qui compte très peu d'offres de logements touristiques, ces appartements ne sont qu'à quelques mètres des très belles criques de la région. Ce qui permettra de très belles vues sur l'océan Atlantique et conviendra parfaitement à ceux qui souhaitent découvrir les fonds sous-marins d'El Hierro. Tous les appartements sont totalement équipés, accueillent de deux à cinq personnes et disposent d'une terrasse. La décoration est simple, mais la propreté est irréprochable.

LAS PLAYAS

La petite baie hémisphérique de Las Playas s'ouvre au milieu de la côte orientale de l'île, sauvage et spectaculaire. Une vingtaine de kilomètres d'une petite route y mènent depuis Valverde, en rejoignant la côte à Puerto de la Estaca. Une petite route tout à fait agréable vous permettra ensuite d'arriver à la crique de Timijiraque, au sable noir et aux eaux cristallines, sur laquelle une aire de pique-nique a été aménagée. Vous atteindrez ensuite les plages rocheuses de Las Playas, non sans avoir croisé auparavant le Roque de la Bonanza, l'un des symboles de l'île émergeant de l'Atlantique à 200 mètres. A la fin de ce circuit, vous arrivez au Parador.

ROQUE DE LA BONANZA ★★

Il ne faudra absolument pas rater cette formation de roches d'origine volcanique, situées dans la baie de Las Playas, et qui émerge de l'océan Atlantique à la verticale sur 200 mètres de hauteur. Devenue l'un des symboles de l'île. Et qui a été modelée et érodée par l'eau et le vent ce qui lui donne une forme si particulière d'arche basaltique. Pas les jours de beau temps et si vous avez ce la chance, vous pourrez voir en arrière plan, les silhouettes des îles de La Gomera et de Tenerife, en arrière plan. Les fonds marins y abritent une grande richesse.

CRIQUE DE TIMIJIRAQUE ★

Il vous faudra longer une route tout à fait agréable avant d'arriver à cette crique de Timijiraque. Vous y découvrirez alors une jolie crique de sable noir, aux eaux cristallines et limpides, dans laquelle vous pourrez vous baigner tranquillement parce qu'il n'y a pas de courants. Profitez-en pour faire une pause déjeuner puisqu'une aire de pique-nique avec des tables y est aménagée. Vous reprendrez ainsi des forces avant de reprendre la route pour atteindre ensuite les plages rocheuses de Las Playas, qui se situent à 7,6 km.

EL PARADOR €€€

Las Playas, S/N
✆ +34 922 558 036
http://www.parador.es
Compter de 110 à 150 € la chambre double. Promotions tout au long de l'année, dès 95 €.

Face à la mer et adossé à la montagne de roches volcaniques, c'est le lieu idéal pour se reposer en profitant du bruit régulier des vagues. Ce parador élégant dispose d'un jardin tropical et propose des chambres très confortables. Certaines donnent sur la montagne, mais on conseille celles avec vue mer, dotées de terrasses, au premier étage. Ce *parador* dispose aussi d'une grande piscine d'eau de mer et d'une salle de sport. A disposition, un restaurant avec vue panoramique sur la mer, que vous ne quitterez pas non plus si vous vous installez au bar, en terrasse.

Roque de la Bonanza.

EL MOCANAL

Situé sur le versant nord de l'île, ce village se trouve à la sortie de Valverde dont il constitue un peu la prolongation, en direction du mirador de la Peña. C'est un petit village d'altitude, à l'aspect pittoresque, qui est le plus peuplé de l'ancienne zone de Barlavento, et le deuxième en nombre de population, dans la commune de Valverde. Certains de ces recoins ont conservé une architecture traditionnelle canarienne et on pourra y voir son église San Pedro, datée du XVe siècle. Vous y trouverez aussi de nombreux logements ruraux proposés par des associations ainsi qu'entreprises de services qui organisent des visites guidées pour découvrir l'île.

ATLANTIDEA SERVICIOS TURISTICOS

Calle Juan
✆ +34 649 650 913
www.atlantidea.net
Balades et visites guidées pour connaître El Hierro. Tarifs sur le site.

Située sur la commune del Mocanal, cette association est née de la passion commune d'Enrica et Paolo pour la nature et l'île. Ils organisent pour vous des excursions en groupe sur les sentiers de l'île, à la découverte de leurs sites préférés. Avec des routes thématiques comme la route des volcans (3 heures) ou celle des bergers (4 heures) ou du nord de l'île (4 heures), soit plus d'une dizaine au total. On peut venir vous chercher dans votre logement.

HÔTEL RURAL VILLA EL MOCANAL €€

Calle Barlovento, 18
✆ +34 922 550 373
www.villaelmocanal.com
A partir de 75 € la chambre double.

Situé à l'entrée du village, cet hôtel de charme est l'un des plus agréables d'El Hierro. Doté de quinze chambres à la décoration en pierres et aux couleurs chaudes qui respectent l'identité de l'île. Les chambres spacieuses ont toutes une vue sur la mer et sont bien équipées (TV, mini bar, baignoire, sèche-cheveux). Vous y trouverez un restaurant, une terrasse, une petite piscine et un salon en rotin très agréable pour se reposer en fin de journée.

GUARAZOCA

Situé à deux kilomètres de El Mocanal, ce petit village présente un charme tout particulier. Il doit son nom à celui d'une ancienne princesse Bimbache qui a trahi son peuple pour l'amour d'un soldat espagnol. On pourra toujours y voir les anciens pressoirs utilisés pour le vin ainsi que les maisons typiques en forme de cubes. Mais c'est surtout là que se trouve le fameux mirador de la Peña, conçu par César Manrique, le célèbre artiste *lanzaroteño*. L'une des visites incontournables d'El Hierro. Où l'on pourra déjeuner ou dîner en profitant d'une superbe vue sur la vallée del Golfo, les Roques de Salmor, mais aussi la côte, car le panorama est à 360 degrés.

LE MIRADOR DE LA PEÑA

Situé à Guarazoca, il permet de superbes vues sur la vallée d'El Golfo, montrant notamment la Fuga de la Goreta. Une crête s'élevant à 1 000 m au-dessus de la mer et par laquelle les bergers avaient l'habitude d'effectuer leurs transhumances jadis. Depuis ce mirador, on pourra aussi voir les Roques de Salmor ains que les vignes et les vergers qui descendent jusqu'à la côte. C'est ici que vous trouverez aussi le restaurant Mirador de la Peña, conçu par César Manrique en hommage à ce lieu et ses ressources, des plantes et des pierres.

RESTAURANTE MIRADOR DE LA PEÑA €€

Carretera General de Guarazoca, 40
✆ +34 922 550 300
Ouvert tous les jours. Compter 25 € par personne.

Un incontournable ! Magnifique site et panorama magique avec vue sur toutes les plages d'El Golfo, comme depuis un avion, depuis ce restaurant construit en 1989 par César Manrique. C'est l'une des meilleures tables de l'île qui a reçu la visite de Juan Carlos I et de la reine Sofia. N'hésitez pas à vous installer en terrasse même si ses verrières gigantesques permettent toutes de belles vues. Au menu, cuisine canarienne avec produits locaux et bio. Son cabri fri[t] est recommandé.

SAN ANDRÉS

Situé à 10 kilomètres au sud-ouest de Valverde, à plus de 1 000 mètres d'altitude, le village de San Andrés s'étend sur un plateau, entre des champs d'un jaune lumineux cloisonnés de petits murets et des collines de cendres noires surmontées de pins. Le vent y est omniprésent et la brume fréquente. On y vient surtout pour visiter l'arbre sacré d'El Garoé mais des randonnées sont réalisables en partant de San Andrés, comme le chemin del agua. La route allant de San Andrés jusqu'à La Frontera longe la crête, avant de serpenter vers la vallée d'El Golfo. Avec à la clé des paysages spectaculaires, traversant la *laurisilva*, une forêt endémique très dense.

EL GAROÉ, L'ARBRE SAINT OU SACRÉ ★

Ouvert tous les jours, de 10h à 19h, en été, fermeture plus tôt selon les saisons. Entrée libre.

Ici se trouvait le Garoé (de son nom botanique Ocotea foetens), « l'arbre Saint », qui était sacré pour les Bimbaches, seul spécimen de l'île. Ses feuilles distillaient l'eau recueillie grâce à un phénomène dit de pluie horizontale. Cet arbre de l'eau qui traversa les légendes autochtones fut détruit par un ouragan en 1610. Les habitants d'ici l'appellent d'ailleurs « l'arbre au secret » : ce secret est une légende d'ici qui expliquerait comment une habitante de l'île tomba amoureuse d'un conquistador et lui révéla le secret de l'arbre Saint... Aujourd'hui, trône une réplique de l'original. Un tilleul a été planté au même endroit en 1949. A 500 m de l'arbre, un centre d'interprétation du Garoé permet d'en savoir un peu plus sur cet arbre sacré et vous expliquera notamment comment les aborigènes avaient réussi à s'approvisionner en eau grâce à leur connaissance du phénomène naturel de la pluie horizontale. Et vous donnera à voir la richesse archéologique et culturelle de ce lieu si mystique. Le chemin part depuis le centre jusqu'au fameux refuge de l'arbre, taillé dans la roche. En chemin, vous observerez de multiples petits puits d'eau limpide naturels ou plus « mousseuses » dans les rochers où venaient s'approvisionner les Bimbaches en plein été, lorsque la sécheresse sévissait dans la vallée. D'ici partent également plusieurs sentiers de randonnées, dont le Camino del Aqua menant à des bassins d'eau douce. Attention quelques raidillons rocailleux, chaussez-vous bien.

MIRADOR DE JINAMA

Au vu de l'altitude, il y fait naturellement frais. Avec un peu de chance, vous admirerez la vue extraordinaire sur la vallée del Golfo. Dans le cas contraire, remontez jusqu'au Mirador de Los Reyes. Le Camino de Jinama, ancien chemin de muletier, descend vers La Frontera. Ce sentier rocailleux descend directement à travers la forêt de lauriers et de bruyères arborescentes. Compter 2h30 pour parcourir les 4,4 km sur une dénivellation de 900 m. Cet itinéraire était l'un des plus fréquentés par les habitants lors de la transhumance deux fois par an.

ISORA

Proche de San Andrés, ce charmant village produit des fromages que l'on peut aller déguster dans la coopérative située avant son entrée, sur la route venant de Valverde. Autre attraction, le mirador de Isora, qui est haut perché et occasionne des vues époustouflantes sur toute la côte de Las Playas, avec toutes les variantes de luminosité et des nuages accrochés aux monts. Ce village peut aussi être le point de départ d'une randonnée vous conduisant au Mirador Las Playas. A pied, la balade qui est assez sportive, dure environ 5 heures, aller et retour et nécessite de s'équiper de bonnes chaussures de marche. Un mirador aussi accessible en voiture.

CENTRE D INTERPRETATION RESERVE DE LA BIOSPHERE

Calle Ferinto, 32

✆ + 34 922 554 109

Fermé le lundi, ouvert de 10h à 18h. Entrée : 3 €.

Situé dans l'ancien casino, joli bâtisse blanche aux balcons en bois gris, ce centre fait le point sur divers aspect de la vie de l'île. En donnant une grande part aux panneaux tactiles et interactifs tout au long de la visite. Principaux thèmes abordés : l'île comme réserve de la biosphère (histoire, utilité des réserves et différents écosystèmes) ; son origine volcanique, dont l'éruption sous-marine la plus récente ; la lutte canarienne ou les nouvelles technologies.

EL HIERRO

POBLADO JIRDANA CASAS RURALES €€

Calle Jirdana
✆ +34 606 337 665
www.pobladojirdana.com
Tarifs : premier prix de 46 à 50 € (cuisine partagée), de 56 à 72 € la chambre double.

Coup de cœur pour ces deux maisons du XIXe siècle entièrement rénovées. Certaines chambres sont indépendantes avec salle de bains. TV, air conditionné, lit d'appoint à disposition. Selon votre choix, vous bénéficierez de terrasse, salle à manger, et cuisine toute équipée (en commun, ou non). Les meubles traditionnels en pin canarien, la pierre de lave apparente par endroits sont d'un charme irrésistible. Soyez futé : réservez la chambre avec bain bouillonnant.

HOYA DEL MORCILLO ★

Proche de la commune de El Pinar, cette magnifique pinède est l'endroit idéal pour camper et goûter l'aspect sauvage d'El Hierro. De nombreuses aires de pique-nique jalonnent la route qui y mène, avec terrain de foot, jeux. Vous remarquerez sûrement la carte gigantesque d'El Hierro, la plus méridionale d'Europe, faite de bûches. Elle est là pour marquer l'histoire et les esprits sur l'incendie qui se déroula ici en 2006, et également pour démontrer la rudesse de la vie, avec ses troncs de pins canariens noircis par les flammes, mais bien là debout. Ce lieu est aussi un point de départ pour de nombreuses randonnées, car beaucoup de chemins s'y croisent.

LA HOYA DEL MORCILLO

4,32 € par personne et par nuit, selon l'affluence.

Sur la droite avant El Pinar et au milieu de cette magnifique pinède se trouve une aire récréative ainsi que l'unique camping de l'île. Eau potable et sanitaires, tables pique-nique, espace barbecue avec bois fournis, distributeur de boissons chaudes et froides, jeux pour enfants, terrain de foot. Il y a même une reproduction de la carte de l'île et de ces curiosités faits en bûchettes de pins. Le garde forestier présent tous les jours pourra vous informer sur cet espace protégé. Pour camper, inscription au centre d'information.

EL PINAR

Situé au sud de l'île, ce petit village maintient les activités traditionnelles *herreñas*, basées sur l'élevage, l'agriculture et l'artisanat. Il est réputé pour ses arbres fruitiers et sa grande forêt de pins des Canaries, qui mérite que l'on s'y balade. On pourra y acquérir les produits locaux confectionnés dans des ateliers artisanaux, dans les rues Taibique ou Las Casa, et visiter son centre d'interprétation géologique, installé dans l'ancien casino. Depuis le mirador de Tanajara, on aura des panoramas vertigineux et admirables de beauté, avec une vue imprenable sur la Punta de la Bonanza et son rocher ainsi que les plages de galets de la côte est.

CENTRE D'INTERPRETATION GÉOLOGIQUE

C/Travesía del Pino, 50
Fermé le lundi. Ouvert de 10h à 18h. Entrée : 3 €.

Ce centre d'interprétation est installé dans l'ancien Casino de El Pinar à la suite de la classification en géoparc d'El Hierro, par l'Unesco. Avec pour objectif de montrer aux visiteurs les conséquences de cette classification aux plans géologique, ethnographique et culturel. Avec un parti pris très didactique pour expliquer les caractéristiques géologiques de l'île et valoriser la transformation artisanale des roches volcaniques, élément omniprésent de la culture insulaire.

CASA LA PESTILLA I / II €€

Calle El Lagar, 4
✆ +34 659 448 989
www.elhierro-rural.com/casaslapestilla
Location à partir de 56 à 72 € selon l'habitation et la saison.

Deux habitations séparées pour profiter au mieux de la quiétude de ce site rural situé au pied de la montaña Tanajara. Idéal pour ceux qui désirent s'immerger dans le paysage canarien avec patios extérieurs et terrasses avec transats pour le farniente. La première dispose de deux chambres, la deuxième d'une seule. Chacune bénéficiant d'un bon équipement : air conditionné, plaques vitrocéramiques, petit barbecue et petit parking. Une corbeille de bienvenue à votre arrivée, c'est l'attention délicate des propriétaires, Raquel et Jorge.

CARACOL

Calle El Chamorro, 55
✆ +34 922 55 81 43
Ouvert du lundi au vendredi, de 10h à 13h et de 16h à 20h.

On est au pays des volcans et ce petit magasin n'a pas perdu de vue ce fondamental d'El Hierro et en a même fait une source d'inspiration. Tenu par Paul et Virginia, ce petit atelier qui propose de nombreuses céramiques réalisées par la maîtresse de maison. On y trouvera aussi des bijoux fabriqués par Paul avec des matériaux volcaniques. Avec la certitude de trouver un objet pour se faire plaisir ou pour rapporter un cadeau pour des amis. Puisque l'on est dans une île, comment ne pas rendre visite, ici, à Paul et Virginie, à défaut d'aller à l'île Maurice.

EL JULAN ★★

Situé sur le versant sud de la municipalité de El Pinar et installé sur une crête à forte pente, qui va du sommet d'El Golfo jusqu'à la mer. C'est surtout un site archéologique *Bimbache*, appelé Los Letreros et documenté pour la première fois en 1870 par Aquilono Padrón, prêtre et archéologue qui fit connaître ses découvertes aux sociétés géographiques française et espagnole. Les différentes visites guidées permettent de découvrir des céramiques, des gravures mystérieuses inscrites dans la lave, des pétroglyphes. Ainsi que des cabanes, des *concheros*, autels destinés aux sacrifices, des fosses mortuaires et un *togaror*, le lieu de rencontre des Bimbaches.

EL SABINAR

Ce lieu-dit tout à fait curieux regroupe quelques genévriers massifs et anciens dont les troncs torturés et noueux ont poussé au gré d'un vent infernal soufflant en permanence du nord-est et dévalant la pente vers la mer. Leurs troncs sont torsadés, noueux et les échines feuillues des branches ont été courbées, pliées vers le sol. Une épreuve de force contre le vent qui a duré plusieurs siècles au cours desquels l'arbre a atteint 4 ou 5 m de hauteur, plus de 8 m pour certains. Sur ce versant sec, vous pourrez aussi observer des bandes de perdrix gambra s'éparpillant dans les herbes à votre passage : cet oiseau a été introduit aux Canaries pour la chasse.

PARC CULTUREL ET CENTRE D'INTERPRÉTATION EL JULÁN ★★★

Au cœur du parc de Frontera. Route de Valverde à El Pinar, avant El Pinar direction Hoya del Morcillo. Direction Los Letreros. ✆ +34 922 55 84 23
Ouvert de 8h à 16h. Départs visites 8h pour voiture (tarif : 20 €), réservation recommandée.

Le centre d'interprétation est une « porte ouverte vers la civilisation préhistorique d'El Hierro ». Si vous souhaitez découvrir la culture aborigène des Bimbaches, c'est ici qu'il faut vous rendre. Inauguré en 2009, un ensemble archéologique permet de découvrir les traditions et les vestiges des aborigènes. Il s'agit de l'un des plus grands sites des îles Canaries. Le Tagoror était un lieu de réunion, tandis que Los Letros et Los Numéros étaient des lieux où on apprenait l'écriture et les chiffres bimbaches. Situé à 800 m d'altitude, vous profitez d'une vue sur le sud de l'île, un paysage spectaculaire entre le barranco de Garañones et La Dehesa (pointe sud).

▶ **La visite (à pied, 11 km aller-retour, 4 h).** Pendant une randonnée, le guide vous fera découvrir les vestiges préservés en pleine nature de cette civilisation comme des restes de cave funéraire, de cabanes, de nombreux pétroglyphes et le fameux *tagoror* (lieu de cérémonies). A droite de ce site, vous verrez un versant volcanique abrupt sur lequel vous apercevrez des gravures bimbaches. Sur le chemin qui y mène, vous pourrez admirer les *concheros*, exemple de l'aliment de base dont s'approvisionnaient ces hommes primitifs. Prévoir chapeau, protection solaire et eau.

▶ **Deux autres visites prévues : en voiture et mixte, 3 h.** Dans le circuit mixte, prévoir 7 km de circuit à pied, le retour étant assuré en voiture par l'entreprise gérant les visites. La visite en voiture fera le même circuit mais sera plus courte, environ 3 h.

SANCTUAIRE DE LA VIRGEN DE LOS REYES

Fermé le lundi. Ouvert de 10h à 18h de juillet à fin septembre, jusqu'à 17h30 le reste de l'année. Entrée libre.

Il abrite une très belle église sertie d'un mur blanc que l'on franchit par une porte arrondie, A l'intérieur de l'église se trouve la statue de la Vierge des rois, patronne de l'île d'El Hierro. A qui l'on rend hommage tous les quatre ans en la faisant processionner jusqu'à Valverde. Le reste du temps, chacun peut lui apporter des offrandes. Certains croyants peuvent habiter les cellules aménagées à l'intérieur de l'enceinte pour accomplir une promesse ou faire pénitence.

LA RESTINGA

C'est un petit port de pêche aux barques colorées, malheureusement envahi par le béton, mais où l'ambiance reste agréable. En 1996 a été créée la réserve marine Punta Restinga dont les fonds abrupts abritent grottes, forêts sous-marines et faune exceptionnelle. Le village est dominé par des cônes volcaniques rouges, bruns, noirs, et de grands champs de lave craquelée s'étendent jusqu'à la mer. Lave en partie recouverte par du sable et de l'eau de mer. On apprécie le spectacle quand les vagues viennent s'écraser sur la petite falaise, traverser les arches basaltiques et jaillir le long des criques taillées par l'érosion, surtout lors de la marée haute.

CUEVA DEL DIABLO ★

On y accède en suivant la route qui mène de El Pinar à La Restinga. On prend alors sur la droite le chemin carrossable pour arriver à une petite terrasse artificielle donnant sur la mer, avec deux échelles pour faciliter la remontée. La grotte est à gauche du parking. Pour y accéder, on traverse un champ de lave. Aussi mieux vaut laisser ses talons aiguilles à la maison et prévoir un maillot de bain. A l'intérieur, on remarquera la manière dont la lumière qui entre irradie de façon tout à fait particulière. Un petit peu comme au travers d'une lucarne.

CALA DE TACORON ★★

Depuis la route qui mène de La Restinga à El Pinar, une autre petite route part à gauche en direction de la Cala de Tacorón, avant la montée vers El Pinar. Cette petite crique est sûrement l'une des plus belles de l'île d'El Hierro. On profitera donc de ses eaux claires qui appellent à la baignade ainsi que des différents équipements mis à disposition des campeurs : un espace de pique-nique, un snack-bar avec sanitaire et électricité. Si vous poursuivez votre chemin un peu plus loin, des piscines naturelles sont aussi très proches.

APPARTEMENTS BAHIA €

Avenida Maritima,12

✆ +34 686 795 598

www.apartamentosbahia.info

De 35 à 50 € par jour selon la saison et l'appartement.

Ce complexe d'appartements se compose de trois appartements qui offrent une vue charmante sur le port et les bateaux qui y sont amarrés. Les deux situés à l'étage supérieur étant légèrement plus grands. Ils comprennent deux chambres, une cuisine américaine et un salon (canapé et TV). Les logements sont très propres. Attention tout de même un bar en bas pour l'animation peut ennuyer les oreilles sensibles et les couche-tôt. Et pour tous, une terrasse au dernier étage, avec transats et aussi une vue très impressionnante sur le port.

Cala de Tacoron.

EL REFUGIO €

Calle Lapa, 1

✆ +34 922 557 029

Tous les jours de 13h à 18h30. Plats de 10 à 15 €.

Ce restaurant a la fibre familiale à tous les étages. Depuis 1988, le père et l'un des fils partent en mer à bord de leur propre bateau de pêche. Ce qui garantit la fraîcheur absolue des poissons. Tandis que mère et fille mitonnent de bonnes recettes canariennes, derrière leurs fourneaux. Les deux autres fils ? Ils s'occupent du service en salle. Leurs spécialités, les parilladas de poissons, la soupe aux fruits de mer et bien sûr les poissons du jour, préparés à la plancha. Ici, on s'en doute, l'accueil est très chaleureux et le restaurant vite plein.

LA VIEJA PANDORGA €€

Calle Esquina La Lapa 3

✆ +34 922 55 70 64

Fermé le mardi, de 11h à 23h. Comptez 25 € par personne.

Près du port voici un excellent restaurant de poissons dans lequel on peut choisir celui du jour, fraîchement pêché, une vieille (ou un labre) par exemple, à accompagner de papas arrugadas et d'excellents mojos. On y appréciera aussi les bonnes viandes comme le steak à la sauce au vin, les croquettes maison et la générosité des plats, copieusement servis. Une belle présentation est son autre marque de fabrique. Qui lui vaut une clientèle d'habitués. Logiquement, il est souvent plein, notamment le midi, il est donc prudent de réserver.

CENTRE DE PLONGÉE ARRECIFAL

Calle la Orchilla, 30

✆ +34 937 37 94 32

www.arrecifal.com

Tarifs des cours suivant les niveaux et nombres de jours sur demande email. Dès 45 € la plongée.

Situé à l'extrémité sud de l'île d'El Hierro dans la ville de La Restinga, le centre permet d'accéder à certains des meilleurs spots de plongée d'Europe : plus de 20 points de plongée à moins de 15 minutes par bateau. La réserve marine de la mer Calmas est assez bien protégée des vents dominants, ce qui la rend parfaite pour s'adonner à ce sport toute l'année, avec une visibilité de jusqu'à 40 m. Diverses formules de plongée, cours, et cours particuliers, voir sur le site Internet.

CENTRE DE PLONGÉE EL TAMBORIL

Calle La Ola, 4

✆ +34 679 181 594

Baptême dès 50 € par personne.

Le centre El Tamboril vous propose d'effectuer des plongées quotidiennes, avec deux sorties par jour, le matin. De manière certaine, sans qu'il y ait un nombre de personnes requis *a minima* pour cela. Ainsi qu'une immersion nocturne. La majorité des spots sont situés à quelques minutes de La Restinga et sont donc protégés des alizés et praticables toute l'année. De manière plus ponctuelle, il peut vous proposer des immersions à La Caleta, les Roques del Salmor ou de La Bonanza.

CENTRO DE BUCEO EL HIERRO

Calle El Rancho, 12

✆ +34 922 557 023

www.centrodebuceoelhierro.com

Plongée seule 50 €, pack 4 plongées 152 € et pour 10 à 350 €.

Créé en 1978, ce centre a été pionnier dans son domaine sur l'île d'El Hierro et dispose d'excellentes infrastructures (matériel, embarcations) et propose son expérience de découverte sous-marine avec près de vingt-cinq spots de plongée situés autour de la Restinga. On peut aussi y suivre des cours de plongée, de snorkeling ou réaliser un baptême. Cette école sérieuse et sympathique est aussi agréée ESA et PADI et organise aussi des concours de photographie sous-marine.

FARO DE ORCHILLA

Au IIe siècle de notre ère, la carte du monde de Ptolémée a utilisé la punta d'Orchilla comme méridien zéro : c'était alors la fin du monde connu. On se sent effectivement au bout du monde, à la pointe du dernier confetti de terre, le plus à l'ouest de l'Europe, au milieu d'un champ de lave pétrifié qui se jette dans l'océan, un chaos de pierres basaltiques noires. Le phare d'Orchilla se dresse au sud de la pointe occidentale de l'île, devant deux cônes de scories jumeaux rouges et d'immenses champs de lave noire. D'en haut, on a une vue sur le phare et sur des cratères plus petits en contrebas. Un chemin permettra de se balader le long de la falaise.

PHARE D'ORCHILLA ★★

Autrefois, ce phare pouvait être visité avec le gardien du phare. Aujourd'hui il est automatique et la montée abrupte des marches n'est pas permise par manque de sécurité sur le site. Vous vous contenterez d'un magnifique coucher de soleil devant le phare le plus occidental et méridional d'Europe. Si vous y venez en automne, aux premières heures de la nuit, en novembre, vous pourrez voir la constellation du Taureau, qui annonce la fin de l'automne. Avec une tête caractéristique et de grosses cornes parallèles. En regardant à l'est, dos à la mer et phare à gauche.

© UNDERWORLD - SHUTTERSTOCK.COM

FRONTERA ★★

Ce village s'étend à la fois en hauteur, autour de l'église consacrée à Nuestra Señora de la Candelaria, qui se distingue par son joli clocher blanc isolé sur une butte volcanique de roche noire. Mais aussi en longueur, en suivant la route qui mène à Sabinosa. Restaurants, bars et logements en font un lieu agréable et pratique pour séjourner. Le dimanche matin, son petit marché est sympathique pour y acquérir quelques fruits et des bijoux en lave volcanique. A proximité, on en profitera pour aller visiter l'écomusée de Guinea et y découvrir le mode de vie des *herreños* et plonger dans le charco azul, l'une des plus belles piscines naturelles de l'île.

EXCURSIONES RALF

El Matorral, 95
✆ +34 922 555 925
www.hierroholiday.com
Visites guidées, Trekking tour de 8 jours, à la journée, sur El Hierro ou les îles voisines.

L'île de El Hierro est le paradis pour les randonnées pédestres. Et cette petite société gérée par Ralf Hoffmeister propose des excursions, des visites guidées et du trekking sur toute l'île. Il connaît de nombreux endroits sauvages, des spots de baignades romantiques, des restaurants originaux et typiques ainsi que des bars ruraux locaux pour un « happy hour » de fin de journée, ponctués de vins et de fromages de l'île. Il pourra également vous trouver des locations de véhicules ou encore des chambres. Un vrai guide en somme.

ECOMUSEO DE GUINEA ET LAGARTARIO ★

Carretera General, Las Puntas
✆ +34 922 555 056
Ouvert de 10h à 18h (20h en été) et dernière entrée à 16h. Entrée : 9,50 €.

Situé dans la vallée du Golfe, au pied du Risco de Tibataje, ce site regroupe trois types de visites. Tout d'abord celle de l'écomusée de Guinea, un écomusée en plein air. La visite guidée traverse les ruines d'un village guanche de quinze maisons qui ont été reconstruites, agencées et décorées selon le modèle des aborigènes. Quatre reproductions de maisons de différentes époques se visitent plus en détail avec un guide qui expliquera le mode de vie des *Herreños*, entre les XVIIe et XXe siècles. Une façon de comprendre le rôle de la pierre volcanique dans l'architecture populaire de l'île qui avec ses modes de cultures traditionnels constituent aujourd'hui des témoignages importants de l'histoire de l'île. Au même endroit, mais dans le cadre d'une autre visite, indépendante de la précédente, on pourra visiter le tube volcanique de Guinea. Qui permettra d'en savoir plus sur la géologie d'El Hierro. Les visites de cette grotte sont également guidées et ont lieu aux mêmes horaires que la précédente (tickets au même guichet). L'écomusée de Guinea abrite aussi le centre de récupération du lézard géant d'El Hierro, environ 20 centimètres (*gallota simonyi*). Classé comme le reptile le plus menacé d'Europe et parmi les cinq courant le plus grand risque d'extinction au monde. On le croyait éteint jusqu'en 1974, mais un berger en a découvert quelques exemplaires dans la Fuga de Gorreta, ce qui a permis un plan de ré introduction dont on peut voir le résultat lors de la visite.

Piscines naturelles à la Maceta au Sud-Est de La Frontera.

EL CHARCO AZUL ★★

Il fait partie du top 3 des visites indispensables à El Hierro. C'est une piscine naturelle où il fera bon se baigner. En revanche, il faut consulter au préalable les horaires de la marée, d'autant plus que son accès n'est pas immédiat. Pour s'y rendre, vous suivrez la route depuis Tigaday, le site urbain de La Frontera jusqu'à Los Llanitos. Et de là, aller vers la côte. Une fois la voiture garée, une bonne série de marches vous permet de descendre jusqu'à la mer. Donc inutile d'y aller à une heure qui ne permet pas la baignade, sauf pour profiter de la vue.

PENSION EL GUANCHE €

Calle Cruz Alta, 1
✆ +34 922 559 065
Compter environ 40 € la chambre double et 27 € la chambre individuelle.

Voici une pension avenante située au coeur du village et donnant sur la rue principale. Elle propose sept chambres dont quatre sont dotées de balcons avec vue sur la rue, et la montagne. Les chambres sont simples, mais très propres, avec une bonne literie. Vous serez accueilli chaleureusement par la propriétaire qui s'occupe aussi du restaurant situé juste en dessous de l'établissement. Une proximité bien pratique pour s'y restaurer et goûter la spécialité du lieu : le *conejo con papas arrugadas*, ainsi que les tapas qui y sont nombreuses et appétissantes.

APPARTEMENTS JUCAR €€

Carretera General
✆ +34 922 559 301
www.apartamentosjucar.es
Comptez environ 50 € pour un appartement pour 2 personnes.

Dans un grand ensemble moderne aux murs blancs, cet établissement familial propose treize appartements équipés avec toutes les commodités nécessaires : salon, cuisine équipée à l'américaine, TV. Chaque chambre dispose d'un balcon ou d'une terrasse avec vue sur la mer, les Roques del Salmor ou la Valle del Golfo. Ses plus, un service de réception fonctionnant 24h sur 24, un parking privé et des plaques solaires pour l'eau chaude. Service personnalisé. Comme il est situé dans le centre, vous serez à proximité de tous les commerces.

HOTEL IDA INES €€

Calle del Belgara Alta, 2
✆ +34 922 559 445
www.hotelidaines.com
Compter 77 € pour une chambre double, petit déjeuner inclus.

Sur les hauteurs de Frontera, ce charmant hôtel propose 12 chambres, réparties sur 2 étages, sans ascenseur. Toutes ont une vue sur la mer, *a minima* de manière latérale et d'autres ont une superbe terrasse pour en profiter. Elles ne sont pas plus chères mais seront accordées à ceux qui restent plus longtemps. Tout le monde profite du petit déjeuner servi au rez-de-chaussée dans un espace où sont exposés de nombreux artistes canariens, une passion du propriétaire. Dans le petit jardin tropical, on profitera aussi de superbes paysages, dans la plus grande quiétude.

EL SITIO €€

La Carrera, 26
✆ +34 922 559 843
www.elsitio-elhierro.es
De 41 à 59 € selon le type de logement et la saison. Dégressif après 3 jours.

Ce *sitio*, lieu, est un ensemble de maisons rurales situé à quelques minutes à pied du centre de Frontera, de ses restaurants et de ses magasins. Au total, il propose 7 petites maisons tout à fait charmantes et à la silhouette très *herreña*, car construites en roches volcaniques. Leur plus : permettre de profiter de superbes vues sur la mer, quel que soit le lieu, terrasse ou intérieur. Equipées de salles de bains et de kitchenette. Et à disposition de tous, un salon de yoga et une cuisine bodega. Pas de télé, mais les vues alentour la remplaceront.

HÔTEL PUNTA GRANDE €€€

La Punta Grande

✆ +34 611 28 59 83

https://hotelpuntagrande.com

A partir de 330 € la chambre, petit déjeuner inclus. Deux nuits minimum en hors saison.

Installé sur une langue de terre posée sur l'Atlantique, c'est un véritable havre de paix qui vous attend. Cet hôtel – 5 étoiles – aux quatre chambres, avec balcon vue sur l'océan, est décoré comme un bateau : cordes, lanternes et même un scaphandre d'antan, cartes de navigation du XIVe siècle et s'avance sur la pointe de Punta Grande au cœur de l'océan. Egalement un appartement disponible. Un endroit magique où la terrasse du bas offre une vue panoramique sur les montagnes, les roches et les gouffres où s'infiltrent les vagues et sur le petit village.

LAS CASISTAS - HÔTEL-APPARTEMENT €€

Centra General Las Puntas, 30

✆ +34 922 55 96 51

https://lascasitas-elhierro.com

Ouvert toute l'année. 40 € pour 2 personnes et 45 € pour 3 personnes, prix dégressifs après 3 jours. Piscine.

Carolina et sa famille vous accueilleront dans de beaux appartements, avec deux terrasses donnant sur la mer ou la montagne. Ils disposent de tout le confort : chambres charmantes, rangements, salon et cuisine équipée à l'américaine. Pour le farniente, profitez de la piscine qui donne une vue des plus magiques sur l'océan Atlantique, avec un ciel bleu profond, les hautes montagnes accrochant ou non les nuages et les découpes des rochers dans la mer. Restaurant.

RESTAURANTE ASADOR ARTERO €

Calle Artero, 20

✆ +34 600 07 91 78

Du lundi au samedi midi et soir, dimanche midi. Comptez 15 € le plat.

Situé à l'entrée de Frontera lorsque l'on vient de Sabinosa, ce restaurant est particulièrement réputé pour la qualité de ses viandes grillées comme les côtes de porc et le cochon de lait. Vous pouvez tester la parillada de carne, un assortiment de viandes, poulet, côtelettes, saucisses, chorizo et travers de porc qui devrait bien vous rassasier. On s'installe en salle ou sur la terrasse côté route, mais sans trop de voitures. Cuisine simple et variée et bon rapport qualité-prix.

SABINOSA ★

Situé sur une butte volcanique, c'est le village le plus emblématique d'El Hierro. Qui a toujours été le plus isolé, à l'extrémité occidentale de la baie d'El Golfo, avec une population surtout dédiée à l'élevage, du fait de la proximité de La Dehesa. On y appréciera ses maisons anciennes et ses jardins fleuris. De là, deux options. Soit prendre la route qui redescend vers la côte pour atteindre le Pozo de la Salud, dont les eaux sont considérées comme minéro-médicinales. Soit emprunter un sentier qui monte jusqu'au sanctuaire de la Virgen de Los Reyes. Qui tous les quatre ans, accueille une fête majeure de l'île, la bajada de la Virgen vers Valverde.

ARCO DE LA TOSCA

Direction les formations géologiques d'Arco de la Tosca, offrant des jolies vues sur l'océan. Un sentier de trail permet de faire une balade d'environ 6,3 kilomètres aller-retour. Tout au long du sentier, vous profiterez des vues panoramiques sur l'océan. Facilement accessible et sans dénivelé, il est facile à faire en famille. Tout au long du sentier, profitez-en pour découvrir les arches naturelles au-dessus de l'océan. Comptez une à deux heures au total.

Et n'hésitez pas à marcher le long du chemin vers l'est à travers le champ de lave !

LA HOYA DEL VERODAL ★

Cette côte déchiquetée se poursuit jusqu'à El Verodal, l'extrémité ouest de l'île. Juste avant, vous découvrirez une belle pointe basaltique qui s'avance sur la mer, oscillant entre des tons noir et violet. De l'autre côté de la route, un panorama splendide avec ses pentes noires ou rouges volcaniques, ses pans de rochers orange isolés en plein milieu. La Hoya del Verodal est la plus grande plage d'El Hierro. On oublie la douceur du sable devant ce demi-cercle de graviers rouges. La baignade n'est pas toujours conseillée, en raison du courant et des brisants.

RANDONNÉE VERS VIRGEN LOS REYES

Ce sentier (2 heures 30, 4,4 km) « Camino de la virgen » monte jusqu'au sanctuaire de la Virgen de los Reyes est riche en faune et flore. Vous traverserez Lomo del Trébol, Lomo de las Cabras, Las Casillas, El Cers et La Dehesa. Aux Arenas Blancas, la pente abrupte d'El Golfo, sable noir parsemé d'une végétation terne, se rapproche de la côte : on atteint l'extrémité occidentale de la baie. Il relie plus loin l'Ermita de Nuestra Señora de los Reyes à Valverde.

ROUTE DU PHARE D'ORCHILLA ★★

Si vous dirigez vers le sud, la route longe la pointe occidentale de l'île d'El Hierro puis elle contourne les pentes de El Golfo, la dépression du nord-ouest de l'île. Enfin, elle s'élève peu à peu au-dessus de la côte déchiquetée avec des pointes violettes, battues par les vagues. La zone est parsemée de cratères rouges et de cônes de sable noir. Une piste qui part de la route s'achève même dans un petit volcan égueulé. A l'arrivée, le phare du bout du monde.

HÔTEL BALNEARIO €€

Pozo de la Salud
✆ +34 922 559 561

Dès 80 € sans le petit déjeuner. Accueil tous les jours 24h/24.

L'hôtel Balneario permet un séjour d'une grande quiétude dans la minuscule commune de Pozo de la Salud. Il propose 22 chambres confortables dont la plupart bénéficient d'une vue sur l'océan qui bat les rochers en contrebas. Mais on y appréciera aussi sa piscine extérieure, son accès à la mer et son spa avec piscine thermale, massages, bains de vapeurs, sauna, bain bouillonnant, solarium, gymnase. Depuis les années 50, l'eau de cet hôtel est réputée pour ses propriétés curatives (traitement de la peau, digestion, circulation). De quoi se remettre à neuf.

RESTAURANT POZO DE LA SALUD €€

C/ Pozo de La Salud, 11

Ouvert toute l'année. Terrasse. Comptez environ 25 €.

Si vous vous rendez au petit village de Pozo de La Salud ou Pozo de Sabinosa, ce sera le seul bar-restaurant à votre disposition. C'est le restaurant de l'hôtel Balneario qui propose une cuisine internationale et quelques plats canariens avec d'excellents poissons frais et du poulpe. Et surtout de profiter d'un cadre enchanteur, le dos à de superbes montagnes noires et face au bleu profond de la mer. Une halte à minima rafraîchissante avant de rallier les plages.

Route du phare d'Orchilla.

LA PALMA

Voilà bien une île qui a fait parler d'elle en 2021 avec l'éruption de son volcan Cumbre Vieja. Avec une superficie de 706 km², c'est la plus grande des trois îles occidentales. Cette surface réduite ne l'empêche pas de dépasser les 2 000 m d'altitude avec la caldera de Taburiente, un gigantesque cirque érodé, parc national depuis 1954 qui culmine à 2 426 mètres au Roque de Los Muchachos. Un lieu qui, grâce à la pureté et à la clarté de son ciel, a été choisi pour accueillir un complexe astrophysique et le plus grand télescope du monde depuis 2009. L'île est classée Réserve naturelle de la biosphère par l'Unesco. A travers ses randonnées, les plus belles des Canaries, on découvrira de vastes forêts de pins qui l'ont fait nommer l'île verte. Sans oublier de visiter Santa Cruz de La Palma, dont le port fut considéré au XVIIIe siècle comme le plus important d'Europe, après Anvers et Séville.

Fête Bajada de la Virgen de las Nieves.

Punta de Rabisca
Punata de Juan Adalid
Costa del Tablado
Costa de Franceses
Punta Gaviota
Piscinas de Fajana
El Mudo
GARAFÍA
LA FAJANA
Franceses
Gallegos
BARLOVENTO
Prois de Lomada Grande
Llamo Negro
Puerto Espindola
Fuente de la Zarza
Los Sauces
SAN ANDRÉS Y SAUCES
Las Tricias
LOS TILES
Verada de las Lomadas
Polcar
PUNTAGORDA
Observatorio Astrofisico 2426 m
Pico de la Cruz 2351 m
CALDERA DE TABURIENTE
Puntallana
Punta Salinas
Caldera de Taburiente
Parc national de la Caldera de Taburiente
Somada Alta 1926 m
TIJARAFE
Roque Idafe
Playa del Mocán
La Cumbrecita 1309 m
Punta Santa Lucia
LAS NIEVES
Playa de Jurado
B. de las Augustias
Pico Bejenado 1854 m
SANTA CRUZ DE LA PALMA
La Cofradia
LOS CANCAJOS
LOS LLANOS DE ARIDANE
EL PASO
Playa de los Cancajos
Cumbre Nueva
Breña Alta
Puerto de Tazacorte
TAZACORTE
CUMBRE NUEVA
BREÑA BAJA
Punta de las Palomas
Playa del Perdido
Refugio El Piar
San Nicolas
VILLA DE MAZO
Playa Nueva
De Cumbre
Punta del Andén
PUERTO NAOS
Charco Verde
Deseada 1949 m
Cumbre Vieja
CUMBRE VIEJA
Cabrito 1860 m
Ocean Atlantique
Volcán Martin 1602 m
Bahía de los Roques
Punta Banco
Las Indias
Las Caletas
Los Quemados
FUENCALIENTE
Volcán de San Antonio
PUNTA LARGA
Volcán de Teneguia 439 m
Punta Malpique
Punta de Fuencaliente
8 KM
La Palma

Avenida José Pérez Vidal
Avenida Manuel González Méndez
Avenid
Camino del Velachero
Calle Antonio
Camino Bellido
Camino Bellido
Calle Aduares
Calle Olen
Calle Benama
Calle Pilar
Calle José López
Calle Díaz
Calle la Cuesta
Parque del Osobuco Real
Pl. Echentive
TEÂTRE ET CINÉMA MUNCIPAL CHICO
Calle de los Andenes
Calle de las Calsinas
Carretera Timibúcar
LP-202
APPARTEMENTS MONTECRISTO
Calle Garome
Calle Cabrera
Ctra. de Circunvalación
Calle San Sebastián
Parque del Dragoncito
ÉGLISE EL SA
Plaza Santo Domingo
Calle Apurón
CENTRE D'INTERPRÉTATION DE LA BAJADA DE LA VIRGEN
CASA PRINCIPAL DE SALAZAR
CAFE
PENSION
Plaza Periodista Juan Francisco Pérez
Calle Tanquito
Plaza Tanquito
Carretera de Circunvalación
Calle Juan Régulo Pérez
Calle Montserrat
Calle El Rosario
Calle Galguen
Calle Pintado
Calle Virgen de Luz
Calle O'daly
Calle Tres de Mayo
Calle Navarra
Camino Caldereta
ASOCIACIÓN TURISMO RURA
Calle San Telmo
LP-20
Calle Espino
INFORMATIONS TOURISTIQUES
Calle J. b Lorenzo
Calle Taburiente
Calle la Portada
Calle Sebastián Arozena
LP-2
Carretera El Galeón
Ctra. Bajamar
Avenida de los Indianos
Co. de la Portada
Calle las Norias
NAVIERA A
Carretera Bajamar
STATION DE BUS DE SANTA CRUZ DE LA PALMA
Calle la Portada

Santa Cruz de la Palma
Pl. Engarnation
Ctra. C830
LP-101
Calle Carias
Calle Bandama
Avenida las Nieves
MUSÉE NAVAL OU « EL BARCO DE LA VIRGEN »
Plaza la Alameda
Calle Pérez Galdós
Calle P. J. de las Casas
BAR AREPERA EL ENCUENTRO
MUSÉE INSULAIRE
Calle Baltasar Martín
Cruz Roja
Plaza San Francisco
Calle Castillete
Avenida Marítima
Vicente de Paúl
Calle San José
APARTAMENTOS LA FUENTE
LONJA
PLACETA
Garachico
LP-1
Placeta Vandale
NATOUR TREKKING
Océan Atlantique
150 M

SANTA CRUZ DE LA PALMA ★★★

Ruelles piétonnes, architecture traditionnelle, long front de mer, centre-ville animé, la ville a de nombreux atouts. A la fois charmante et authentique. Fondée en 1493 par le conquistador Alonso Fernández de Lugo, elle fut attaquée par le corsaire français Sombreuil, dit Jambe de Bois, en 1553. Comme les grands ports des Canaries, elle n'a pas échappé aux immeubles des années 1950 et 1960, mais a su conserver un centre-ville charmant avec de nombreuses maisons à balcons traditionnels et toits de tuiles, et une pléiade d'églises remontant au XVIe siècle. De quoi y séjourner quelques jours avec plaisir en profitant aussi de la plage, désormais aménagée.

ÉGLISE EL SALVADOR ✝

Plaza de España

Ouverte tous les jours, de 9h30 à 13h et de 17h30 à 19h30. Entrée libre.

C'est le principal édifice religieux de la ville et le plus remarquable. L'église fut fondée au début du XVIe siècle et plusieurs fois remaniée. Elle possède une façade grise assez austère datée de 1585 et typique du style Renaissance ainsi qu'un large escalier et un clocher de basalte noir. Son plan est classique, en croix latine à trois nefs, le plafond à caissons de style mudéjar est splendide, ainsi que la grille du chœur de pierre sculptée. Avec la mairie, et la fontaine, ils constituent un ensemble Renaissance unique aux Canaries.

CASA PRINCIPAL DE SALAZAR 📷 ★★

Calle O' Daly, 22

✆ + 34 922 42 31 00

Ouverte du lundi au vendredi, de 9h à 14h et de 16h à 21h, le samedi, de 9h à 14h. Entrée libre.

Ce nom est celui de la plus importante maison possédée à Santa Cruz, par la famille Salazar, originaire de la vallée de Burgos. C'est un édifice particulièrement remarquable, exemplaire de l'architecture nobiliaire baroque de la seconde moitié du XVIIe siècle. On notera son blason, surmontant la porte encadrée de colonnes et son patio entouré de galeries et de balcons en bois. Aujourd'hui, elle accueille régulièrement des expositions temporaires.

MUSÉE INSULAIRE ✝

Plaza San Francisco, 3

✆ +34 922 423 100

Ouvert du lundi au vendredi, de 10h à 20h et le samedi de 10h à 14h. Entrée : 4,50 €.

Il est situé dans l'ancien couvent franciscain du XVIe siècle, organisé autour de deux grands patios, (des XVIe et XVIIIe siècles. Ce musée regroupe plusieurs domaines : les beaux-arts (peinture flamande, romantique, réaliste, impressionniste et expressionniste), l'ethnographie (objets et collections illustrant les traditions agricoles de l'île sur l'agriculture, l'élevage et l'artisanat), l'histoire naturelle (collection de minéraux, de poissons, de mammifères, de reptiles) et l'archéologie (céramiques aborigènes, gravures préhispaniques).

LA PALMA

© ORIETTA GASPARI - ISTOCKPHOTO.COM

Santa Cruz de la Palma.

CENTRE VILLE

Santa Cruz est une belle ville coloniale, particulièrement préservée et propre, qui se visite en flânant à travers ses ruelles, bordées de maisons colorées. La ville est très peu étendue, aussi peut-on aisément en faire le tour à pied. Le charme de la calle O'Daly, du nom d'un négociant de bananes irlandais, ne laisse pas indifférent. Cette longue rue pavée et piétonne est animée le matin et se vide à l'heure de la sieste. Les palais et les maisons nobles, que l'on voit un peu partout, datent le plus souvent des XVIIe et XVIIIe siècles, et de nombreuses églises du XVIe siècle ponctuent la ville. Ruelles pavées et maisons à toit de tuiles terminent le tableau. Les plus belles demeures se trouvent en bord de mer sur l'avenida Maritima, dont certaines plus remarquables, avec des façades jaunes, roses, bleues ou ocre, et toujours des balcons de pin caractéristiques. La plaza España est de toute beauté et se pose face à une splendide maison à balcon vitrée, la façade à arcades de style Renaissance de l'hôtel de ville du XVIe siècle, sans oublier l'église El Salvador, datant du tout début du XVIe siècle et accueillant tous les 5 ans la vierge de Las Nieves.

Au centre. En partant de l'avenida maritima, vous pouvez débuter la visite en allant admirer les maisons colorées et leurs beaux balcons. Remontez les rues O'Daly et Pérez de Brito, qui formaient auparavant la Calle Real et qui relient le port et la Alameda (jardin), où se trouve le Musée naval, abrité dans une réplique d'une caravelle de Christophe Colomb. En front de mer, une enfilade de maisons anciennes colorées aux balcons typiques forme l'un des plus beaux ensembles de la ville. Vous pouvez également remonter l'avenida del Puente, visiter le marché puis découvrir le quartier de Santo Domingo.

Au nord de la ville, l'église de Santo Domingo domine une large place. Le couvent voisin abrite désormais un collège. Dominant le port, sur la petite place de Nuestra Señora de la Luz, découvrez la touchante église de San Telmo, saint patron des pêcheurs. Datant de 1550 et remaniée en 1675, elle possède une façade à balcon et un remarquable retable baroque. En suivant la rue Nuestra Señora de la Luz, on arrive à la plaza de San Sebastián ombragée d'un gros palmier, où se dresse l'église éponyme du XVIe siècle. En traversant le barranco de las Nieves, le quartier de la Encarnación, pour découvrir sur son chemin le château de La Virgen qui arbore encore les canons qui lui servaient à défendre la ville. Depuis l'esplanade, profitez de la belle vue sur la nef de Colomb et la place de la Alameda. En poursuivant, un peu plus haut, on trouve la plaza de la Encarnación, véritable havre de paix, et l'église du même nom.

En bord de mer, tout au nord de la ville, le château Santa Catalina, ou Castillo Real, qui date également du XVIe siècle, faisait autrefois partie des fortifications qui protégeaient la ville des attaques des pirates, notamment français. Non loin de là, sur la plaza de la Alameda, au bord du barranco de Las Nieves, se dresse une gloriette qui abrite un bar-glacier. Au bout de la place, face à la statue d'un nain, personnage de carnaval traditionnel, on découvre un étrange voilier ventru : il s'agit de la nef de la Vierge, une reproduction grandeur nature de la caravelle de Christophe Colomb, la *Santa Maria*. Celle-ci abrite le musée naval. En poursuivant, on aura une belle vue sur la ville depuis le mirador de la Concepción, au-delà de La Cuesta.

LA PALMA

Au cœur de la ville, la place d'Espagne et l'église Matriz.

MUSÉE NAVAL OU « EL BARCO DE LA VIRGEN » ★

Plaza la Alameda

✆ +34 922 411 787

Du lundi au vendredi de 10h à 17h, le week-end de 10h à 14h. Entrée, 4,50 €.

Le Musée Naval est installé dans la réplique de la caravelle Santa Maria dans laquelle Christophe Colomb fit son premier voyage en Amérique. Datant de 1940, elle abrite de précieux parchemins des Indes, diverses cartes marines, maquettes de bateaux du XIXe siècle, instruments de navigation, et des archives et correspondances d'antan. Tous les cinq ans, elle joue un rôle central dans la festivité de la bajada de la Virgen, l'un des plus importants de la ville.

NAVIERA ARMAS

✆ +34 922 796 178

www.navieraarmas.com

Cette compagnie de transport maritime inter-îles est présente dans toutes les îles de l'archipel. Elle relie Santa Cruz de la Palma à Santa Cruz de Tenerife, tous les lundis, mercredis et dimanches et Los Cristianos, sud de Tenerife, les vendredis et dimanches. Cette traversée dure environ 2 heures 30 et est plutôt moins chère que celle de Fred Olsen. Tous les bateaux sont bien équipés, cafeteria, salle de télévision, ponts divers et boutiques pour vous faire passer une mini-croisière agréable. Pensez à arriver une heure à l'avance si vous avez une voiture.

INFORMATIONS TOURISTIQUES

Plaza de la Constitución

✆ +34 922 69 41 51

https://www.lapalmacit.com

Ouvert du lundi au vendredi, de 9h à 14h et de 15h à 18h. Samedi, dimanche et fériés, de 9h à 14h.

Si vous arrivez à La Palma par bateau, ce sera votre premier point d'information, facilement accessible, car il est à quelques centaines de mètres de la sortie du *muelle*, quai, à l'entrée de la calle O'Daly, la rue principale de Santa Cruz. Vous y trouverez des cartes, des informations complètes sur les randonnées pédestres, les logements, etc. Si vous arrivez par avion, le point d'information de l'aéroport vous donnera surtout quelques cartes, utiles pour un premier contact.

STATION DE BUS DE SANTA CRUZ DE LA PALMA

Avenida Los Indianos, 14, Bajo

✆ +34 922 411 924

www.transporteslapalma.com

Horaires et tarifs à consulter sur le site.

Dix-neuf lignes parcourent la totalité de l'île de La Palma. Voici les lignes partant de Santa Cruz de La Palma : 500 : aéroport,100 : circonvolution par le nord, allant jusqu'à Los Llanos de Aridane, en passant notamment par Sauces et Barlovento, 200 : circonvolution sud vers la même destination, en passant par Fuencaliente, 201 : vers Fuencaliente, 203 : vers Fuencaliente par le phare, 300 : une ligne transversale Santa Cruz-Los Llanos de Aridane. Cafétéria-restaurant à la station.

FRED OLSEN

✆ +34 922 790 556

www.fredolsen.es

Billetterie sur les ports ou sur le Web.

Cette compagnie de transport maritime inter-îles est présente dans presque toutes les îles. Elle relie quotidiennement Santa Cruz de La Palma à Los Cristianos, au sud de l'île de Tenerife. Ce trajet comporte un arrêt à San Sebastian de la Gomera. Le trajet prendra plus de temps, mais coûtera moins cher. Pour rallier les autres îles en bateau depuis La Palma, il faudra toujours faire escale à Tenerife. Tous les bateaux sont bien équipés, cafeteria, salle de télévision, ponts divers et boutiques pour vous faire passer une mini-croisière agréable.

PENSION CUBANA €

Calle O'Daly, 24

✆ +34 922 411 354

www.cubana-pension.com/fr

Comptez de 35 à 42 € pour deux personnes, avec salle de bains partagée ou non.

Dans une rue piétonne, c'est l'une des adresses les moins chères de la ville. Avec accueil jusqu'à minuit, puis vous disposez de votre clé. Une jolie architecture pour ce bâtiment tant à l'intérieur qu'à l'extérieur. Vous apprécierez d'ailleurs les charmes d'un patio et d'un grand salon donnant sur rue. Au total, 10 chambres réparties sur trois étages sans ascenseur, trois donnant sur la rue. A disposition des clients de la Pensión un réfrigérateur, un évier avec vaisselle, une bouilloire, du savon, des douches en commun – dans un endroit très propre.

APARTAMENTOS LA FUENTE €€

Calle A. Pérez de Brito, 49
✆ +34 922 415 636
www.la-fuente.com
De 44 à 68 € la nuit selon le type d'appartement.

Tenu par une sympathique famille allemande et francophone qui connaît tout de l'île, cet ensemble de 9 appartements très agréables est situé dans une belle maison canarienne, entièrement rénovée. Répartis sur 4 étages sans ascenseur, ces appartements disposent d'une terrasse, avec une préférence pour celui de 60 m² doté d'un balcon et de son transat, le tout avec vue mer. Derniers plus, la terrasse-solarium sur le toit avec un panorama sur ville et depuis juin 2017 une nouvelle petite plage aménagée face à l'hôtel. Que demander de plus ?

APPARTEMENTS MONTECRISTO €€

Calle Montecristo, 33 ✆ +34 922 415 636
www.la-fuente.com
De 53 à 63 €, selon le nombre de personnes (2 ou 3), toute l'année. 5 jours de séjour a minima.

Ces deux appartements sont situés dans une maison de deux étages, un à chaque étage, d'un quartier typique de La Palma, sur les hauteurs de la ville. Ils sont modernes, de bonne taille (40 m² chacun), bien tenus et entièrement équipés : chambre, séjour avec sofa, kitchenette, salle de bains, TV, wifi… Sur le toit, une terrasse commune aux deux appartements offre une vue imprenable sur la ville. Nettoyage final inclus dans le prix. Et les propriétaires ne sont pas loin, car ce sont les mêmes que ceux des appartements La Fuente.

ASOCIACIÓN TURISMO RURAL ISLA BONITA €€

Calle O'Daly, 50, Bajo
✆ +34 922 430 625
https://islabonita.com
Du lundi au vendredi, de 9h à 13h et de 16h à 19h et le samedi matin. Informations sur l'île.

Cette association chargée de la promotion du tourisme rural propose de très nombreuses *casas rurales,* recensées sur son site internet. Elles sont situées dans tous les coins de La Palma, le plus souvent en pleine nature, mais aussi, pour certaines, dans la ville de Santa Cruz de La Palma. Avec une capacité d'accueil qui va de deux à huit personnes. Vous pouvez réserver soit directement depuis le site internet, soit faire appel à eux, par téléphone.

CAFETERIA GRANIER €

C/ O'Daly, 21
✆ +34 922 42 01 51
Du lundi au vendredi de 8h à 20h30 et le samedi de 9h à 14h.

Fort judicieusement cette cafeteria qui fait partie d'une chaîne espagnole s'est installée à l'emplacement de l'ancienne cafeteria La Palma. On pourra toujours s'installer dans l'espace intérieur pour prendre le petit déjeuner ou combler de petites faims, sur le pouce. Mais c'est surtout sa belle terrasse sur la rue piétonnière O' Daly, la rue principale et l'une des plus vivantes de Santa Cruz, qui donne envie de s'y installer, avec son café ou sa boisson, ses sandwichs ou ses petites *empanadas* et à l'heure du goûter, avec le gâteau du jour.

BAR AREPERA EL ENCUENTRO €

Calle de Anselmo Pérez de Brito, 87
✆ +34 922 411 044
Ouvert tous les jours de 8h30 à 1h. Environ 2 € pour une crêpe.

Une jolie terrasse sur une place très animée, devant une maison ancienne aux murs ocre et plus loin un palmier, on s'installe d'abord ici pour le décor. Mais on y reviendra aussi pour ses spécialités vénézuéliennes très appréciées à Santa Cruz. A tester avec les *arepas* ou les *cachapas*, sortes de crêpes copieusement fourrées à la viande, aux légumes, au fromage… mais aussi avec leurs bananes frites accompagnées d'un guacamole maison ou leurs jus de fruits. Un endroit agréable pour faire une pause à toute heure, sur des petits bancs verts en fer forgé.

CHIPI-CHIPI €€

Calle Juan Mayor, 42
✆ +34 922 411 024
https://chipichipi.es
Fermé le dimanche. Compter 25 € par personne.

Situé dans le quartier de Velhoco, à proximité de Santa Cruz, vous y dégusterez des plats typiques, comme le jambon du pays ou Serrano, les Chicharrones, du fromage rôti en salade, du saucisson au piment Parrilleros, des saucisses, du boudin doux, des soupes de vermicelles ou à la viande, du pot-au-feu canarien… mais aussi des recettes de viandes (chevreau, lapin, bœuf et veau…). Et l'agréable surprise d'un jardin luxuriant et d'une terrasse fraîche, avec la possibilité de s'isoler dans des alcôves. Très bon rapport qualité-prix.

LA LONJA €€

Avenida Maritima, 55
✆ +34 922 416 693
Du mercredi au dimanche de 13h à 23h. Comptez 30 € par personne.

Un coup de cœur pour ce petit restaurant installé dans une maison traditionnelle canarienne datant de 1532 qui a connu une longue histoire et servi de siège à des institutions et de résidence à de nombreuses personnalités de l'île au fil des siècles, ministres, avocats, membre du gouvernement... Au menu, large variété de mets terre & mer : agneau, lapin, porc et poissons frais tels que colin, morue, baudroie, sole... Le Chef, Jose Alberto Felipe vous fera découvrir tous ces mets dans un patio calme et joli. Ou une agréable petite terrasse en contrebas de la rue.

LA PLACETA €€

Placeta de Borrero, 1
✆ +34 922 415 273
https://www.restaurantelaplaceta.com
Fermé le dimanche. Comptez environ 25 € sans les vins.

Situé sur l'une des placettes les plus agréables de Santa Cruz, ce restaurant offre une carte variée et un accueil chaleureux. Au menu du restaurant, mousse de foie gras au fromage caramélisé au miel de La Palma, assortiment de fromages du pays avec mojos et miel de La Palma, tarte au thon, raviolis, magret, moules à la plancha, houmous, salades... et des vins du pays. Le bistro vous fera découvrir un grand choix de tapas et gourmandises. Sa petite terrasse étant très recherchée, notamment par les touristes, mieux vaut réserver ou venir très tôt.

NATOUR TREKKING

Av Maritima, 29
✆ +34 922 433 001
www.natour.travel
De 32 à 42 € excursion une journée, et dés 42 € avec transfert par bus.

Cette association propose différentes routes à travers toute l'île pour vous faire découvrir la flore et la faune de La Palma. Mais aussi vous familiariser avec tout ce qui fait sa richesse, les gens qui y habitent, leurs coutumes, les histoires et beaucoup d'anecdotes. Les guides connaissent l'île sur le bout des doigts et parlent souvent plusieurs langues. Les excursions se font sous deux formes, à pied et en mini bus climatisés et durent toute la journée (ou plusieurs !). La deuxième comportant quelques petites randonnées optionnelles, mais très faciles.

TEÂTRE ET CINÉMA MUNCIPAL CHICO

Calle Díaz Pimienta, 1

✆ +34 922 41 60 45

www.cineteatrochico.com

Prix des places de cinéma : 5,50 €. Programmation sur le site.

Il est situé dans l'oratoire de l'ancien hôpital de Dolores y Concepcion fondé au début du XVIe siècle. Dont on pourra observer l'arc en forme d'ogive de l'entrée et l'ancien arc du presbytère. A l'intérieur, on notera la petite dimension de la salle de spectacle qui garde toutefois toutes les caractéristiques du théâtre à l'italienne. Classé bien d'intérêt culturel en 1997, il accueille aujourd'hui l'unique salle de cinéma de Santa Cruz de La Palma.

MOLINO ANTIGUO €

Barranco del Rìo

✆ +34 922 415 636

www.la-fuente.com/muehlefr.htm

53 € pour un studio pour 1 à 2 personnes, 63 € pour 3 personnes.

Situé au pied du ravin El Rio, ce moulin du XVIIIe siècle a été réhabilité en 1999. Et propose un cadre superbe, à quelques minutes seulement de l'église de Nuestra Señora de las Nieves. A l'intérieur, vous pourrez habiter un petit appartement d'environ 45 mètres carrés qui est situé dans la partie centrale du bâtiment. Il se compose d'une grande salle avec un coin salon, d'une cuisine équipée avec coin repas, d'une salle de bains et *nec plus ultra*, d'une terrasse privée devant la maison offrant une vue panoramique sur la mer et le ravin.

LAS NIEVES ★

C'est un petit village pittoresque qui est situé sur les hauteurs de Santa Cruz de La Palma. A seulement quatre kilomètres du centre de la ville, mais déjà en plein cœur de la forêt. Et qui plus est, relié régulièrement par les bus. Sa principale attraction, c'est l'église de Nuestra Senora de Las Nieves. Une petite église du XVIe siècle qui, sur la place ombragée du village, abrite une statue de terre cuite représentant la sainte patronne de l'île. Ce lieu est le point de départ de la fête la plus importante de l'île, la bajada de la Virgen de las Nieves, qui se déroule tous les cinq ans, le 5 août et conduit la statue jusqu'à Santa Cruz de La Palma.

BREÑA BAJA ★★

Située dans une frange étroite entre la Villa de Mazo et Breña Alta, Breña Baja n'a fait qu'une seule commune avec cette dernière, jusqu'en 1634. Son économie est essentiellement agricole et repose sur des cultures traditionnelles comme la banane, les avocats et les pommes de terre. Côté arbres, on y rencontrera beaucoup de palmiers ainsi que de beaux exemples de dragonniers. Parmi ses fêtes les plus importantes, on notera surtout celle de Santa Ana, qui le 25 juillet, donne lieu à une feria de l'artisanat assez réputée. A proximité du village, la montagne de la Breña constitue un bon mirador sur la vallée de la Breña et une partie du village de Mazo.

ÉGLISE NUESTRA SEÑORA DE LAS NIEVES

Cette petite église du XVIe siècle abrite la sainte patronne de l'île. De style Renaissance et pourvue d'un balcon sculpté et d'un beau portail de bois, elle abrite la statue de terre cuite de la Vierge des Neiges datant du XIVe siècle. C'est le point de départ pour la fête la plus importante de l'île : la Bajada de la Virgen de las Nieves. Une *romería* a lieu chaque année (le 5 août), mais la principale fête de l'île se tient tous les cinq ans, la dernière semaine de juin.

PARADOR NACIONAL DE TURISMO €€€

Carretera del Zumacal, s/n

✆ +34 922 435 828

Compter 155 € pour une chambre double.

Le parador de La Palma est une construction récente dans le style canarien avec patio intérieur qui affiche 4 étoiles. A 5 kilomètres de l'aéroport et à 8 kilomètres de Santa Cruz, c'est l'endroit rêvé pour se reposer en toute tranquillité. Les chambres élégantes et bien décorées sont toutes dotées d'un balcon. Egalement piscine, salon, restaurant gastronomique de cuisine locale et jardin luxuriant avec vue sur la mer. Wifi gratuit dans l'ensemble du Parador.

APARTAMENTOS OASIS SAN ANTONIO €€

San Antonio de mar, s/n
✆ +34 922 433 008
www.oasis-sanantonio.com
Entre 50 et 120 € l'appartement selon la saison et le type choisi.

A quelques minutes de la plage Cancajos, ces appartements sont situés dans un complexe touristique de trois bâtiments de style canarien traditionnel. Les soixante-huit appartements sont répartis sur deux étages et parfaitement aménagés : chambre, salle à manger, cuisine bien équipée, et disposent de balcons ou de terrasses. Habilités pour recevoir des personnes handicapées, ils permettent aussi de profiter d'un très grand jardin de 4 000 m² et de deux piscines, adultes et enfants.

HÔTEL-APPARTEMENTS HACIENDA SAN JORGE €€

Playa de Los Cancajos, 22
✆ +34 922 181 066
https://www.hsanjorge.com
A partir de 73 € l'appartement une chambre, jusqu'à 4 personnes.

Cette *Hacienda* dessinée par l'artiste canarien Facundo Fierro, comprend 155 appartements à l'architecture traditionnelle, posés dans une abondante végétation « originelle » recréée avec de beaux palmiers, des ficus gigantesques et des dragos déjà existants. Les appartements pour deux personnes sont très prisés pour leur décoration soignée et leur grand confort. Vous bénéficiez d'un grand jardin avec une piscine d'eau de mer et d'un restaurant à vue panoramique.

CASA GOYO €€

Calle Lodero, 120
✆ +34 922 440 603
Ouvert tous les jours, dès 8h. Jusqu'à 17h du lundi au mercredi, sinon 23h. De 10 à 15 € le plat de poisson.

De premier abord, ce petit restaurant situé non loin de l'aéroport ne paye pas de mine. C'est pourtant l'une des meilleures adresses de La Palma, avec un cadre champêtre, plusieurs salles et des terrasses. A en croire les locaux, c'est ici que vous dégusterez les poissons les plus frais et savoureux de l'île comme la murène grillée, abrités du vent dans des bungalows. Au menu également viande, *papas arrugadas*, fromages du pays, poulpe, et une farandole de desserts. Service très rapide et rapport qualité-prix absolument imbattable.

CENTRO DE ARTESANIA LA CARNICERIA

Carretera General
✆ +34 922 435 455
Ouvert du mardi au samedi de 16h à 20h.

Installé dans une vieille maison qui a servi de boucherie jusque dans les années 1930 et été ensuite rénovée, ce centre propose de valoriser l'artisanat local, notamment des vanneries, broderies, objets en macramé ou tricots réalisés sur des métiers anciens. Vous pourrez aussi y faire l'acquisition de nombreux produits élaborés à partir de la cire d'abeille comme des bougies ou des douceurs : miel traditionnel, confitures, *mojos*, liqueurs, vins. Sans oublier les prestigieux cigares.

LA PALMA

© DOMINIC_DAHNCKE

Breña Baja.

CALDERA DE TABURIENTE ★★★

Situé au centre de l'île, ce gigantesque cirque d'un diamètre de 8 kilomètres et d'une circonférence de 28 kilomètres, s'élève à 2 000 mètres au dessus du niveau de la mer. C'est le plus grand cratère du monde, après celui du Teide, à Tenerife. Les crêtes de cette *caldera* culminent au nord-ouest de l'ensemble, au Roque de Los Muchachos, à 2 426 mètres, le plus haut sommet de l'île. Il y accueille pour cela un observatoire où a été installé le plus grand télescope du monde, en 2009. Ce cirque se termine en une vallée étroite et profonde, le barranco de las Angustias. Cette caldera de Taburiente est aussi parc national de 4 700 hectares, depuis 1954.

© ALBERTO LOYO - SHUTTERSTOCK.COM

Cascade de couleurs, Caldera de Taburiente, La Palma.

CENTRE DES VISITEURS

Carretera General de Padròn, 47

✆ + 34 922 922 280

Ouvert tous les jours de 9h à 18h. Guide du parc en espagnol et en anglais, 9,62 €.

Il se trouve au sud, à côté de la Casa Forestal, au-dessus d'El Paso. Vous y trouverez les informations nécessaires pour emprunter les sentiers sans vous perdre, ainsi qu'un rappel historique de la formation de l'île. On vous donnera des cartes. C'est aussi ici que vous devez vous inscrire pour accéder au Mirador de la Cumbrecita, l'un des points les plus spectaculaires et les plus visités de ce parc et donc l'accès a été limité depuis 2007. Cette inscription est gratuite et peut aussi s'effectuer sur internet : www.reservasparquesnacionales.es

LA CALDERA DE TABURIENTE

Trois routes permettent de la visiter.

- **La Cumbrecita.** C'est ici que se fait l'accès. Une autorisation obligatoire s'obtient au centre des visiteurs d'El Paso, situé sur le chemin qui y mène.
- **Arrêt obligatoire au mirador de Los Roques et au mirador de Las Chozas.** D'un côté, la vue s'étend sur la paroi nord de la caldera, couverte de pins et aux sommets rocheux nus et dentelés. La vue s'étend vers l'ouest sur le *barranco* de Las Angustias.
- **Las Angustias.** La route traverse le *barranco* pour monter au-dessus de sa rive nord, mais il faudra vous garer sur le parking du service de taxi. Un conseil judicieux pour ceux n'ont pas l'âme d'un pilote du Paris-Dakar : prenez place à bord de la navette (un pick-up) qui monte jusqu'au bout de la piste, au mirador de Los Brecitos, à l'entrée du parc national et à 12 km de Los Llanos.
- **La route des crêtes.** C'est la plus sinueuse et la plus pentue, car elle passe par El Roque de los Muchachos. Côté ouest, comptez 1h pour atteindre ce point. Vérifier bien le numéro de la route « LP-1032 » lorsque vous venez de Puntagorda direction Garafia, après le lieu-dit Briestas. Côté est, comptez 1h30 depuis la bifurcation à gauche, située sur la route entre Santa Cruz et Punta Llana, après le lieu-dit Mirca.
- **En chemin, d'ouest en est.** Arrêtez-vous au mirador Los Andenes, Pico de la Cruz pour admirer la caldera depuis d'autres angles. Si vous avez le temps, garez-vous dans la descente avant une série de nombreux virages très serrés (la randonnée PR LP3 est indiquée) pour monter jusqu'au Pico de La Nieve.

REFUGE DE LA PUNTA DE LOS ROQUES €

Sur le chemin de randonnée entre le Pico de la Nieve et la Ermita del Pino

✆ + 34 922 92 22 80

www.reservasparquesnacionales.es

Hébergement gratuit.

A 2 040 mètres d'altitude, ce refuge de montagne est situé sur la crête du parc national de la Caldera de Taburiente. Il est prévu pour un maximum de vingt personnes et vous pouvez y aller directement, car l'entrée est libre. En revanche, il faudra emporter de quoi dormir (sacs de couchage) et de quoi manger car vous ne trouverez aucun équipement sur place, juste une cheminée. Pas de toilettes ni d'eau potable. On y accède par le sentier GR 131, étape 2.

OBSERVATORIO DEL ROQUE DE LOS MUCHACHOS ★★

✆ + 34 922 42 57 00
www.iac.es
Inscription préalable obligatoire : visitasorm@iac.es Visites guidées en espagnol, anglais et allemand.

Cet observatoire est un must, à visiter absolument. D'abord pour le site lui-même, magnifique, avec une vue imprenable sur le Parc national de la Caldeira de Taburiente et son vaste cratère de dix kilomètres de diamètre visible 900 mètres plus bas. Certains points de vue sont d'ailleurs accessibles depuis la route qui monte à l'observatoire (le mirador de Los Andenes). Des chemins de randonnée offrent d'autres possibilités de découverte pour le marcheur invétéré depuis le sommet même de la montagne, au-dessus des dernières coupoles de l'observatoire. Situé à 2 400 mètres d'altitude, cet observatoire se compose d'une douzaine d'instruments administrés par l'Institut d'Astrophysique des Canaries, et exploités par de nombreux pays européens. C'est ici qu'en juillet 2009 a été inauguré le plus grand télescope visuel du monde. Installé à l'observatoire d'astrophysique El Roque de los Muchachos, construit en 1985. La hauteur très élevée permet d'avoir une excellente qualité d'air. De fait, les scientifiques bénéficient d'une observation transparente du soleil et des ondes lumineuses provenant des autres galaxies. Cette installation est née d'une collaboration internationale réunissant de très nombreux États ayant participé à un ou plusieurs projets relatifs à l'observatoire : Espagne, Pays-Bas, France, Royaume-Uni, Irlande, Belgique, etc. Le télescope William Herschel a été achevé en 1987, il est devenu le plus grand télescope en activité sur un territoire européen lors de ses débuts. D'un diamètre de 4,20 mètres, il est le fruit d'une coopération scientifique entre l'Espagne, le Royaume-Uni et les Pays-Bas. Il n'a été dépassé que par le Grand Télescope Canaries en 2009. Le Gran Telescopio Canarias est un projet monumental qui en a fait, depuis la fin des travaux en 2009, le premier télescope européen et le second dans le monde, de par son diamètre, soit 10,40 mètres. Inauguré en grande pompe par le roi d'Espagne lui-même, le 24 juillet 2009, puisque, outre les Espagnols, les Mexicains et les Américains contribuèrent à son financement. A l'heure actuelle, on trouvera dans cet observatoire pêle-mêle : les télescopes William Herschel (4,2 m de diamètre), Isaac Newton (2,50 m), Mercator (1,20 m), le Nordic Optical Telescope (2,50 m), le Telescopio Nazionale Galileo (3,58 m), une tour solaire, des télescopes dédiés à l'observation des rayons gamma... et bien entendu le GranTeCan (Gran Telescopio Canarias), un « monstre » de 10,4 m de diamètre parmi les plus grands du monde. Ces instruments sont exploités par divers pays, Royaume-Uni, Pays-Bas, Suède, Norvège, Finlande, Italie... et Espagne. Les visites organisées permettent d'accéder aux principales installations selon les éventuelles maintenances en cours. Il faudra donc se renseigner au préalable. En raison de l'altitude, il convient de prendre des vêtements chauds afin d'éviter toute mauvaise surprise une fois sur place. La route pour monter là-haut est extrêmement sinueuse et le trajet depuis la côte dure environ 1h15. Un mauvais temps éventuel sur la route n'est pas du tout signe qu'il en sera de même une fois arrivé : vous risquez même de « traverser » les nuages au fil des lacets, avant d'émerger de la mer de nuages et de profiter d'un magnifique ciel bleu. La visite, d'environ 1h30, permet de voir les installations intérieures et extérieures en fonction et des maintenances éventuelles des télescopes.

Hawaï versus la Palma

Lancé dans les années 1990, le projet de construction d'un télescope de 30 m (TMT) est un programme international impulsé par de prestigieuses universités, qui devrait aboutir à la réalisation du plus puissant télescope optique et infrarouge de l'hémisphère nord, avec un financement de presque 1 200 millions d'euros. Après plusieurs sélections, le site du volcan de Mauna Kea, à Hawaï, avait été retenu. El Roque de los Muchachos à La Palma devenant la seconde option en cas de non-réalisation des travaux à Hawaï. Mais les travaux à Hawaï se sont arrêtés depuis octobre 2014 suite aux protestations des habitants de Mauna Kea, estimant que cette installation irait à l'encontre de leurs pratiques culturelles, car cette montagne est considérée comme sacrée. S'en sont suivis de nombreux allers et retours judiciaires, mais en juillet 2017, le rapport d'une juge hawaïenne recommandait la construction du télescope sur le site convenu, sous réserve d'une installation respectueuse de l'environnement. En novembre 2018, une nouvelle décision de la Cour suprême d'Hawaï validant la possibilité de construire ce télescope à Hawaï semble donner moins de chance à La Palma. Toutefois les autorités locales canariennes estiment qu'il reste encore un certain nombre de données qui peuvent encore retarder la mise en œuvre du projet à Hawaï, et continuent à se préparer à l'accueillir. C'est ce qu'a réaffirmé Angel Victor Torres, président des Canaries, en 2019. En précisant que les Canaries poursuivront toutes les démarches permettant de faciliter l'installation définitive du grand télescope (TMT) sur le site du Roque de los Muchachos. Une mobilisation logique si l'on sait que cette attribution devrait générer un apport économique pour la région estimé à au moins 25 millions d'euros par an. Car ce serait alors le télescope terrestre le plus avancé au monde, dont la taille serait dix fois supérieure à celle du télescope Hubble.

Observatorio del Roque de los Muchachos.

CUMBRE VIEJA ET CUMBRE NUEVA

La principale crête de la caldera se prolonge par une autre tout en ligne qui file jusqu'à la pointe sud de l'île, et qui correspond au rift volcanique de la Cumbre Vieja (qui signifie « vieux sommet »). Entre la caldera au nord et la Cumbre Vieja au sud, s'étend la Cumbre Nueva. C'est une crête moins élevée qui s'élève autour des 1 400 m. Comme la caldera, elle forme une sorte de cirque ; elle est ouverte à l'ouest, mais nettement moins profonde et nettement moins fermée. Elle devrait, elle aussi, son origine à un gigantesque glissement de terrain. L'activité volcanique de l'île depuis la Conquête se concentre entièrement sur la Cumbre Vieja, dont les sommets approchent les 2 000 m.

La ville aujourd'hui

Le 19 septembre 2021, le volcan Cumbre Vieja entre en éruption, pour une durée de 85 jours ! C'est la plus longue éruption que l'île ait connue et la première depuis 1971. Pendant un peu plus de trois mois, c'est pas moins de 1 200 hectares de terres qui ont été recouverts par les laves.

On estime qu'il y a eu 200 millions de mètres cubes de lave et de cendres expulsés par six cratères différents ! Et ces deltas de lave ont donné naissance à deux nouvelles péninsules, agrandissant l'île d'une surface de 48 hectares. Si près de 300 bâtiments ont été détruits, l'éruption n'a fait heureusement aucun mort.

RANDONNÉES

Vérifier les conditions des routes et chemins suite à l'éruption du Cumbre Vieja.

La première El Pilar – Pino de la Virgen, part du refuge d'El Pilar, au sud et va vers le nord et la caldera de Taburiente. C'est une piste qui peut se faire à pied jusqu'au Pino. De là, on peut continuer sur la Cumbre Vieja, beaucoup plus belle. Dans l'autre sens, on peut aussi poursuivre la randonnée des crêtes de la caldera, en un ou deux jours, par une journée supplémentaire jusqu'à El Pilar. En 6 à 8 h, la route de Los Volcanes parcourt la Cumbre Vieja où s'alignent les principaux volcans qui ont connu des éruptions récentes, c'est-à-dire au cours des cinq derniers siècles. La route de los Volcanes part du refuge El Pilar, à 1 450 m d'altitude, jusqu'à Fuencaliente, à la pointe méridionale de l'île. Au nord, le premier volcan de la crête est le Tacande, dont on aperçoit la coulée en montant à El Pilar. On parvient d'abord au cratère du Hoyo Negro, qui porte bien son nom de « trou noir », puis à celui du Duraznero, qui dégage encore une odeur de soufre : ces deux cratères appartiennent au volcan San Juan, à l'origine de l'avant-dernière éruption des Canaries en 1949. Un peu plus au sud, on atteint le vieux volcan de La Deseada, point culminant de la crête à 1 950 m, puis on descend en laissant à l'est le mont El Cabrito. Enfin, on arrive au volcan Martin dont le cratère rougeâtre est né en 1646, occasionnant des coulées de lave de part et d'autre de la crête, dont l'une descend jusqu'à la côte est. A l'intérieur du cratère jaillit une source permanente. L'accès y est difficile. On peut aussi terminer la randonnée une heure avant Fuencaliente en laissant une voiture au bout de la piste qui se dirige vers le volcan Martín, ou de la piste qui croise la route des Volcans. Sans faire partie de cette route, le volcan Martin est accessible par une courte marche depuis l'une des deux pistes qui terminent la randonnée avant Fuencaliente. Ces cumbres sont aussi accessibles en voiture, pour la Cumbre vieja, le chemin entre Santa Cruz et El Paso passe sous la Cumbre Nueva, par le tunnel de la Cumbre. On quitte ainsi le couvercle blanc de la côte est pour se retrouver, de l'autre côté du tunnel de la Cumbre, sous le soleil qui quitte rarement la plaine d'Aridane. En descendant vers El Paso, la route longe le champ de lave issu du volcan Tacande, dans les années 1480-1490, juste avant la conquête espagnole. La Cumbre Nueva peut être parcourue en suivant une piste en cul-de-sac qui part du refuge El Pilar, au sud, vers le nord et la caldera de Taburiente. Les paysages y sont fantastiques et moins connus des touristes que ceux de la caldera.

LOS CANCAJOS

Située entre l'aéroport et Santa Cruz de La Palma, la plage de Los Cancajos de Breña Baja est devenue en quelques années la première station balnéaire de l'île. Mais a perdu un peu de son charme, coincée entre le bruit des avions qui décollent et la zone industrielle séparant Los Cancajos de Santa Cruz. Pour le logement, vous aurez le choix entre un appartement dans des résidences en bord de mer ou une chambre dans l'un des nombreux hôtels sans charme. On se consolera en détournant le regard vers la plage et les vagues, dont les embruns montent bien au-dessus de la promenade aménagée en bord de mer. Plus au sud, la playa Salemera est une bonne option.

VILLA DE MAZO

Perché à 500 mètres d'altitude, ce petit village permet d'admirer l'océan et l'île de La Gomera. Il s'inscrit au cœur d'un paysage volcanique bordé de champs de bananiers sur la côte. Ce village vit de l'agriculture et de l'élevage et il reste très attaché au patrimoine artisanal, notamment à la fabrication de cigares. Vous pouvez d'ailleurs visiter l'école de l'artisanat et plusieurs ateliers de céramique. Un calme oisif règne dans les rues de Villa de Mazo. Lors de vos promenades, vous remarquerez l'église, consacrée à San Blas, qui date de 1512. A 4 k au sud, vous vous rendrez au parc archéologique de Belmaco, pour découvrir ses vestiges rupestres.

CENTRE ET ECOLE D'ARTISANAT ★

Escuela insular de artesania, au centre-ville

Ouvert du lundi au vendredi de 8h à 14h en été et jusqu'à 15h en hiver.

La ville de Mazo est le haut lieu de l'artisanat à La Palma, avec le plus grand nombre d'artisans recensés. Dans ce centre, toutes les formes d'artisanat sont représentées à savoir, des cigares, des céramiques, des paniers et de la broderie. Il fait partie des trois autres contrôlés par le *cabildo insular*. Vous pouvez donc faire vos achats en toute tranquillité. On peut également faire ses achats au Mercadillo. A côté, vous pourrez aussi visiter l'école et ses différents ateliers.

FINCA LA PRINCIPAL

Camino de la Glorieta, 16 et 18, Buenavista de Arriba, Breña Alta (7 km au nord de Villa Mazo, juste après San Pedro)

✆ +34 922 413 759

www.fincalaprincipal.com

Visite libre de l'ensemble.

C'est un ensemble de maisons traditionnelles du XVIIe siècle, restaurées et agrandies ultérieurement. Elles ne sont plus à louer, mais on peut toujours visiter l'ensemble et y trouver de plus un petit centre artisanal ainsi qu'un endroit pour boire un verre. Ce lieu est difficile à trouver, car il est au bout d'un chemin caillouteux que l'on hésite à emprunter en voiture. Mais cela en vaut la peine, le temps s'est arrêté et réserve des surprises : jardin de fleurs tropicales sur un hectare, un parc verdoyant. Idéal pour s'échapper des tourments citadins.

MUSÉE ET BOUTIQUE D'ARTISANAT CASA ROJA ★

Calle Maximiliano Pérez Diaz, 13

✆ +34 922 428 587

Ouvert du lundi au samedi, de 10h à 14h. Prix : 2 € et 1 € pour les enfants.

C'est dans une immense maison du début du XXe siècle peinte en rose que le musée s'organise sur deux étages. Le premier étage est consacré au Corpus Christi, et regroupe des documents et témoignages que Villa de Mazo a réunis sur la fête. Le deuxième étage est un musée de la dentelle. C'est aussi une boutique d'artisanat où l'on trouve toutes sortes de produits de bouche traditionnels des îles, issus de l'artisanat agroalimentaire : vins, miel de palme de La Gomera, mojos ou fromages.

PARC DE BELMACO ★

Lomo Oscuro, s/n.,

✆ +34 922 440 090

Ouvert du lundi au samedi, de 10h à 15h. Entrée : 2 € pour les adultes, 1 € pour les enfants.

C'est sûrement le site pré-hispanique le plus emblématique de La Palma car c'est à Belmaco que furent découverts, au XVIIIe siècle les premiers pétroglyphes des îles Canaries. Et ce site est devenu un lieu d'étude pour de nombreux archéologues. Aujourd'hui, dix grottes naturelles arborant les gravures rupestres se visitent. Elles ont vraisemblablement été occupées de nombreuses années par les Benaoharitas. Le centre d'interprétation vous aidera à mieux comprendre le mode de vie des aborigènes canariens par le biais de maquettes et de supports vidéo.

AÉROPORT

Aeropuerto de La Palma

✆ +34 922 426 100

Bus 500 depuis Santa Cruz de la Palma.

Situé à 8 kilomètres de la capitale, Santa Cruz de La Palma, il permet de relier directement, plusieurs fois par jour les îles de Tenerife, aéroport de Los Rodeos, aussi celle de la Grande Canarie. Pas de vols directs pour les autres îles : El Hierro, La Gomera, Fuerteventura et Lanzarote. Il faudra changer à Tenerife. Deux compagnies assurent ces liaisons : Binter Canarias et Canaryfly. Quatre loueurs de voitures sont présents à l'aéroport : Cicar, Europcar, Hertz et Avis. Attention, si vous empruntez un taxi, il est appliqué une surtaxe d'aéroport de 1,70 €.

BINTER CANARIAS INTER-ÎLES

Point de vente à l'aéroport
✆ +34 902 391 392
www.bintercanarias.com

Cette compagnie relie directement, plusieurs fois par jour, les îles de Tenerife, aéroport de Los Rodeos, aussi celle de la Grande Canarie. Pas de vols directs pour les autres îles : El Hierro, La Gomera, Fuerteventura et Lanzarote. Il faudra changer à Tenerife. Pour les vols intérieurs aux Canaries, les avions étant plus petits, le poids des bagages à main autorisé est de 6 kg. Pour les circuits vers l'étranger, il sera de 10 kg, comme les autres compagnies.

FUENCALIENTE ★★

Situé à 700 mètres d'altitude c'est en fait le village de Los Canarios, appelé communément Fuencaliente, du nom d'une ancienne source chaude sulfureuse aux vertus curatives. Il est divisé en trois parties, *Las Indias* à l'ouest, *Los Quemados* au sud et *Las Caletas* à l'est. En lui-même, ce village ne présente rien d'extraordinaire, mais on y vient surtout pour sa position centrale entre deux volcans prolongeant la crête dorsale vers le sud : El Bulcano et San Antonio. Comme celles de Mazo, les vignes de Fuencaliente sont parmi les plus importantes de l'île et produisent du rouge, du rosé, un excellent blanc sec, du muscat, et surtout la célèbre malvoisie.

CASA MANUELA €

Quartier de Las Indias, au lieu-dit Las Cabezadas
✆ +34 922 430 625
www.islabonita.es

Pour 2 personnes de 55 à 66 €, 3 personnes de 65 à 78 €, 4 personnes de 75 à 90 €.

Casa Manuela est une maison exceptionnelle, avec une terrasse extérieure face à la mer, 300 mètres en contrebas. On ne s'en lasse pas, surtout au moment du coucher de soleil. Construite au XIXe siècle, cette maison a été restaurée et compte deux chambres. Elle est claire, propre, confortable et remarquablement décorée : lampes aux pieds en ferronnerie, broderies réalisées à la main, mobilier rustique. Avec tout l'équipement nécessaire. Entourée de vignes et d'arbres fruitiers, elle dispose de panneaux solaires pour assurer ses besoins en énergie.

VOLCAN SAN ANTONIO ★★

Ouvert de 9h à 21h, 18h en hiver. Entrée : 5 €, gratuit pour les moins de 16 ans.

On reconnaît son vaste cratère noir, circulaire et profond, né en 1677-1678 d'une éruption. A ses pieds, sur le sable noir, poussent les vignes qui donnent le vin teneguía et la malvoisie de La Palma. Après une courte visite au centre des visiteurs, où l'on peut regarder un film sur les volcans, en italien, allemand et espagnol, on accède au cratère. L'endroit est assez touristique et il peut y avoir beaucoup de monde, mais c'est très impressionnant. Un sentier monte sur le cratère, qui culmine à 657 m, et en fait le tour. Les bords en sont particulièrement venteux. Sur les pentes internes, le noir se mêle de teintes rougeâtres et jaunâtres avec par endroits des dépôts de soufre. Au cœur du cratère, on distingue de nombreux arbres. Depuis la lèvre sud du San Antonio, la vue plonge sur son petit voisin, le volcan Teneguía, aux crêtes d'un rouge vineux. Au fond, on distingue la pointe méridionale de l'île, le phare et les salines. Au-delà de la pointe, la mer est nettement coupée en deux par une ligne droite, quasiment nord-sud, qui prolonge dans l'océan la silhouette allongée de l'île : à l'ouest la mer est lisse et de l'autre côté sa surface est moutonneuse. Au loin, El Hierro, La Gomera et la silhouette de la Fortaleza et, si le ciel est clair, Ténérife et le Teide.

- **Le centre d'interprétation** permet d'assister à des projections vidéo, de visiter des expos de photographies et d'obtenir différentes informations sur le volcan.
- **Une excursion sur les bords du volcan San Antonio** est également possible à dos de dromadaire.

© LUNAMARINA - SHUTTERSTOCK.COM

LA PALMA

VOLCAN TENEGUÍA ★★

Sentier de randonnée.

Contrairement à celui du volcan San Antonio, l'accès au volcan Teneguía est gratuit, mais doit se faire à pied, par un sentier qui descend du San Antonio, ou en voiture. Il faut emprunter une petite piste de terre ; n'hésitez pas à vous garer le plus près possible. Le Teneguía est un cratère égueulé, aux pentes noires à l'extérieur, rouges à l'intérieur. Il fut, en 1971, le siège de la dernière éruption des Canaries. Un sentier monte le long de la crête. La terre est moins noire que le cratère de San Antonio ; on a l'impression d'être perdu en plein désert rocheux. C'est un chaos rocheux aux couleurs magnifiques : rouge, violet, noir, bleu, orange, jaune. Autour, la terre s'est plissée de bosses, fissurées au sommet, noires et rouges, et colorées de jaune soufre. Au sud-ouest, deux volcans plus petits et plus anciens : les monts Lagi et Abraham. De l'autre côté, au pied du Teneguía, on remarque un minuscule cratère. Au fond, on distingue un volcan noir et massif, le mont Delmago, et la paroi imposante formée par la pente sud du San Antonio. En regardant vers le sud, on voit les vignes qui couvrent tout le flanc du volcan, jusqu'à la mer. De la pointe, les randonneurs pourront regagner Fuencaliente par un autre sentier, passant à l'est du San Antonio, par le Delmago. Juste avant Fuencaliente, on peut monter au sommet du Tablas (672 m) pour avoir une belle vue sur le San Antonio. Si on continue après Las Caletas, on pourra faire une halte sur la playa Echentive, plage située au milieu des champs de lave.

© RAIKO - BILD IN MOTION - SHUTTERSTOCK.COM

TENEGUIA PRINCESS ET LA PALMA PRINCESS €€€

Carretera de la Costa, 10
✆ +34 922 425 500
https://www.princess-hotels.com
A partir de 110 € pour 2 adultes en chambre double.

Situés sur les hauteurs et à seulement 150 m de la fameuse plage de Zamora, ces 2 hôtels de la même chaîne offrent panorama volcanique et flots azur. Pour vous mettre dans l'ambiance, descendez au bord des piscines avec une superbe vue sur mer. Une petite plage de sable noir, isolée dans une crique, vous attend pour le farniente à environ 15 minutes à pied. Seul bémol, ils sont assez isolés, ce qui ne facilite pas la visite de l'île, mais vous promet un moment de quiétude.

LA ERA €

Calle Antonio Paz y Paz, 6
✆ +34 822 70 03 44
Ouvert tous les jours de 12h à 16h30, sauf le mercredi. Compter 15 €.

Le cadre est agréable, que ce soit dans la salle véranda avec vue agréable ou en terrasse, avec même vue, mais un peu en hauteur. L'accueil y est très chaleureux et l'on s'y sent tout de suite très à l'aise. Au menu, de nombreux plats typiques de La Palma que l'on testera par exemple avec les succulentes croquettes de poisson faites maison, le poisson frais du jour servi a la plancha, les fromages grillés accompagnés de mojo verde ou de miel de La Palma. En gardant une place au dessert pour la mousse de gofio. Bon rapport qualité-prix.

PUNTA LARGA

C'est l'une des plus grandes plages de la municipalité de Fuencaliente. Adossée à une falaise de roche noire et bordée d'une bananeraie, située légèrement en retrait, c'est une plage de sable noir et de pierres, aux eaux tranquilles pour se baigner et qui présente également l'avantage d'arborer souvent le pavillon bleu. Son atmosphère calme la fait apprécier des familles canariennes. On y vient pour se balader le long de son paseo maritime ou y pratiquer des activités nautiques. C'est une zone très touristique, donc parfaitement équipée en logements si on souhaite y séjourner. Par ailleurs, elle fait partie du Parc naturel de Cumbre Vieja et Teneguía.

PUERTO NAOS

Cette station balnéaire s'est surtout développée dans les années 1980 et 1990, mais elle conserve une ambiance familiale. Elle doit son développement à sa grande plage, l'une des plus importantes de La Palma, plantée de palmiers et de cocotiers, et obtenant régulièrement le pavillon bleu. Son sable noir est d'origine volcanique, mais il présente aussi de légères teintes de vert, dues à la poudre de roche d'olivine. C'est un lieu recherché par les amateurs de parapente ou l'on pratique aussi la plongée sous-marine, y compris nocturne. La plage est agréable et la baignade sûre, mais on lui préférera les plages plus au sud de Las Monjas et de Charco Verde.

LA NAO €€

Avenida Marítima, 33
✆ +34 922 46 39 14
Fermé le lundi. Comptez environ 25 €.

Ce petit restaurant espagnol est parfaitement situé sur la plage pour que l'on puisse profiter du panorama, notamment depuis sa terrasse. Il est très apprécié pour ses tapas, sa paella qui bénéficie d'une excellente réputation, mais on pourra aussi y goûter des poissons grillés, copieusement accompagnés de leurs *papas arugadas* et de leurs différents *mojos* (sauces typiquement canariennes). Les amateurs de viande leur préféreront peut-être les brochettes, elles aussi assez copieuses. Service accueillant et bon rapport qualité-prix.

HÔTEL SOL LA PALMA €€

Punta del Pozo, 24
✆ +34 922 408 000
https://www.melia.com
A partir de 91 € la chambre double, petit déjeuner inclus.

Très bien situé au bout de la plage de Puerto Naos, ce grand hôtel propose des chambres lumineuses, à la décoration moderne et dotées pour la plupart de terrasses avec vue sur la mer, les jardins ou les piscines. Il offre par ailleurs une multitude de services et garantit l'animation et les loisirs. Deux très belles piscines, spa, salle de gym, tennis, activités sportives (VTT, parapente), club enfant... Une équipe très disponible et des chambres simples, mais propres. On appréciera aussi le beau jardin tropical de l'hôtel ainsi que son restaurant avec terrasse.

TAZACORTE

Cette station balnéaire et familiale est située dans l'une des principales zones de production de bananes des Canaries. Situé à l'embouchure du Barranco de Las Angustias, son petit port est le plus ancien de La Palma et c'est là qu'a débuté la conquête de l'île en 1492. Aujourd'hui, c'est l'un des ports de pêche les plus importants de l'île qui accueille aussi les bateaux proposant des excursions. On y appréciera sa grande plage de sable noir à la fois agréable et bien protégée. Ainsi que le quartier de El Charco abritant des maisons seigneuriales des XVIe et XVIIe siècles. Les restaurants se concentrent près de la plaza de Castilla, face à la mer.

Point de vue du mirador del Time en direction de Puerto de Tazacorte.

HOTEL HACIENDA DE ABAJO €€€

Calle de Unamuno 11 ✆ +34922406000
www.hotelhaciendadeabajo.com
A partir de 250 €.
Cet établissement réservé aux adultes est situé dans le centre historique de Tazacorte. Il propose de belles chambres bien décorées et un accès gratuit au spa. Il est le résultat d'une réhabilitation soigneuse et affectueuse d'un ancien domaine d'une plantation de sucre du XVIIe siècle. C'est même le premier hôtel construit dans la ville, et il a été reconnu officiellement par son classement comme le premier « hôtel emblématique » des îles Canaries. Le petit déjeuner vous fera tomber amoureux et n'oubliez pas de visiter le délicieux restaurant de l'hôtel.

IGLESIA NUESTRA SEÑORA DE LOS REMEDIOS

Ouvert de 11h30 à 13h30 (le mercredi, le vendredi et le samedi) et de 17h30 à 19h (le mercredi et le vendredi).
Située dans la zone piétonnière du centre-ville c'est une magnifique église du XVIe siècle qui est un exemple parfait de l'architecture mudéjare. Elle abrite de très beaux retables comme le Nazaréen, le Señor del Huerto et de la Vierge de la Regla ainsi que celui du Christo de la Salud du début du XVIe siècle, réalisé en pâte de maïs par des Indiens mexicain. Et aussi la sculpture de la Vierge de los Remedios, sainte patronne de la commune, également datée du XVIe siècle

LOS LLANOS DE ARIDANE

Ce n'était qu'un riche domaine jusqu'à ce que les habitants aient l'idée d'irriguer ces immenses bananeraies en puisant l'eau de la caldera de Taburiente. Le domaine prospéra et s'agrandit pour donner naissance à Los Llanos de Aridane. Aujourd'hui près de 500 ha de bananes et 100 ha d'avocats sont cultivés sur ce versant de l'île. Un accroissement économique qui a exigé une certaine modernisation de la ville, qui ressemble plus à un centre urbain qu'à un village canarien. Il faudra dépasser les grandes avenues, rentrer dans les petites ruelles, atteindre la plaza España et l'église Nuestra Señora de los Remedios pour découvrir les charmes de la ville.

MUSEO ARQUEOLÓGICO BENAHOARITA ★

Calle de Las Adelfas, s/n
✆ +34 922 464 609
Ouvert du lundi au vendredi, de 9h à 19h et le samedi, de 9h à 13h. Entrée : 4 €.
Ce musée récent, baptisé du nom de la tribu guanche vivant sur l'île de La Palma lors de la conquête, expose un témoignage de la civilisation aborigène préhispanique. L'une des plus importantes de l'archipel, avec plus de 200 gravures rupestres identifiées dans toute l'île. Impressionnant car disposé sur trois plans dont un seul concerne le musée en lui-même. L'autre plan concernant davantage les expositions temporaires et les recherches menées par les fouilles archéologiques récentes.

CASA MUSEO DEL VINO LAS MANCHAS ★

Camino el Callejón, 98
✆ +34 922 494 320
Du lundi au vendredi de 9h30 à 13h30, samedi de 9h30 à 14h. De juin à septembre. Entrée : 1,50 € avec dégustation.
Situé dans une maison ancienne typiquement canarienne aux murs roses et au joli balcon de bois, ce petit musée se propose de parfaire votre connaissance en matière de ressources viticoles de l'île de La Palma : cépages, procédés de culture, variété de raisins, influence du climat. Une exposition lui est exclusivement consacrée et on y verra aussi de nombreux ustensiles de fabrication comme un ancien pressoir. Un petit bar permet aussi la dégustation.

CENTRE D'ARTISANAT ET INFORMATIONS TOURISTIQUES

Calle las Adelfas, 1
✆ +34 922 464 609
Du lundi au vendredi de 8h à 14h en été et jusqu'à 15h en hiver.
Situé dans le même espace que le musée archéologique Benahoarita, c'est le troisième centre d'artisanat contrôlé par le *cabildo insular.* Il fait aussi point d'informations touristiques de la ville. On y trouvera de nombreux exemples de l'artisanat de tout l'archipel canarien : dentelles, paniers et objets en osier ou en bois, maroquineries diverses, bijoux, poteries, etc. Bon plan pour les achats. A Noël, il accueille une grande foire de l'artisanat.

HOTEL BENAHOARE €€

Calle Las Adelfas, 12
✆ +34 922 403 013
www.hotel-benahoare.com
De 68 à 90 € la chambre double, petit déjeuner 9 €.

Complètement réformé en 2016, cet hôtel propose cinquante-huit chambres. Au design épuré et au mobilier confortable. On profitera d'une situation stratégique, près du centre historique et en face du musée archéologique de la ville, auquel son nom fait référence. Ses plus : un petit déjeuner copieux, un bar-cafeteria donnant sur une jolie place et surtout une belle terrasse-solarium sur le toit avec une vue sur la Caldera, et de quoi s'installer pour en profiter en buvant un verre. Conseil sur les activités à faire sur place. Bon rapport qualité-prix.

SAN PETRONIO €

Camino Pino de Santiago, 4
✆ +34 922 462 403
Ouvert du mardi au samedi, 13h-16 et 18h30-22h30 (19h-23h le vendredi et samedi) Compter environ 20 €.

Il vous faudra quitter le centre-ville et faire un petit détour, car ce restaurant est situé sur une colline, entre Los Llanos de Aridane et El Paso. Toutefois, cela en vaudra la peine, car vous pourrez ainsi profiter de sa fantastique terrasse, avec vue sur la montagne et sur la mer et abritée du vent. La cuisine est italienne et de bonne qualité avec poissons frais et viandes fondantes, mais il s'est surtout fait connaître pour ses pâtes fraîches maison et ses desserts, gâteau et tartes, qui font toujours le bonheur des gourmands.

BAR-GRILL EL SECADERO €€

Las Manchas de Abajo, 90
✆ +34 922 494 028
Fermé le dimanche soir et le mercredi. Comptez 25 €.

Voici un autre restaurant qui mérite un petit détour hors de la ville pour se diriger vers Las Manchas. A l'arrivée, un lieu qui n'a pas grand-chose à voir avec un grill classique. Son architecture est impressionnante, comme un petit bunker fait de roches volcaniques, et parfaitement intégrée dans le décor noir, parsemé de petites touches vertes. La cuisine aussi vaut le détour. Avec des plats bien présentés et généreux comme l'assiette de solomillo à la brasa, qu'il sera peut-être difficile de terminer. On conseille la terrasse avec vue sur le volcan San Juan.

EL PASO

Comme son nom l'indique, cette petite ville a été dans l'histoire une ville de passage pour traverser l'île, notamment lors de sa conquête. Et le reste aujourd'hui. On pourrait la traverser sans s'en apercevoir, entre centres commerciaux et supermarchés. En revanche, sa commune est connue pour ses cultures d'amandiers ou de vignes et sa production de cigares. C'est aussi le berceau de l'artisanat de la soie qui dispose ici d'un musée. Si vous avez l'opportunité de vous y rendre au mois de juin, vous aurez le plaisir d'admirer les magnifiques tapis ornant les rues et faits de graines, de pétales, de fruits... pour fêter le Sacré-Cœur de Jésus-Christ.

MUSEO DE LA SEDA LAS HILANDERAS ★

Calle Manuel Taño, 4
✆ + 34 922 485 631
www.lashilanderaselpaso.com
Ouvert du mardi au samedi, de 10h à 14h. Entrée : 3 €.

Fondé en 2002, l'atelier des fileuses se proposait d'être à la fois un atelier en activité, mais aussi un musée présentant l'histoire et les procédés de fabrication de la soie depuis le XVIe siècle. Les différents produits qui sortent de cet atelier et qui sont présentés dans le musée ont acquis une grande renommée au plan international. Ce travail de la soie se décline en foulards, sacs, cravates, tissus de décoration. Dont on pourra aussi faire l'acquisition.

BODEGON TAMANCA €€

Avenida Los Indianos, 2
✆ +34 922 494 155
Fermé le lundi et dimanche après-midi. De 20 à 30 €.

Creusée dans la roche volcanique, cette *bodega* fait aussi restaurant. A l'entrée, le bar permet de boire juste un verre, y compris local puisque la maison produit son propre vin, mais vous pourrez aussi vous laisser conseiller par le patron qui connaît bien sa cave. Côté restaurant, on s'installe dans une grotte avec de multiples tonneaux de vin, en décoration. La spécialité maison, la viande argentine, cuite à la braise et les fromages. Mais n'hésitez pas à tester une autre spécialité locale, la *morcilla*, boudin noir canarien aux fruits secs et à la cannelle.

TIJARAFE

Comme tous les villages de la côte nord ouest, Tijarafe est construit sur les flanc d'une falaise escarpée, isolé par des pro fonds *barrancos* (ravins). Ainsi préservé, c village rural a conservé son authenticité et vi paisiblement au milieu des plantations de ba nanes qui constituent son économie. Autre plaisirs du lieu, sa commune offre de trè beaux paysages ainsi que de nombreux mira dors depuis lesquels on profitera de belle vues panoramiques sur le versant nord-oues de La Palma. Citons notamment, le Mirado del Jurdo, le mirador del Barranco de Garome del Pozo Viejo, le mirador de Morro de las Sal nas ou le Mirador de la Muralla, entre autres.

NUESTRA SEÑORA DE CANDELARIA ★

Cette église construite en 1530 a une grand valeur religieuse et historique. A cette époque elle regroupait sous son clocher Espagnols, Po tugais, esclaves noirs et arabes et Bimbache convertis de force au catholicisme. A l'intérieu elle abrite un très beau retable, oeuvre de Anto nio de Orbaran, un ensemble unique en matièr de baroque canarien. Ainsi qu'une sculptur flamande de Notre-Dame de Candelaria, en boi polychrome, datée du XVIe siècle.

GITE DE LA CULEDUS €€

Camino los Reveroles, 9
✆ + 34 922 490 039
http://ecolapalma.com
Chambre : dès 45 € sans le petit déjeuner.

Si vous avez apprécié sa maison rose à Sa Sebastian de la Gomera vous apprécierez son nouveau gîte, que l'on appelle « la coulé douce ». Qui sera lui aussi centré sur la nature la randonnée et la découverte de l'île de La Pa ma puisqu'un programme vous a été concoct à cet effet. On vous propose un gîte avec deu chambres, un salon, une cuisine, une salle d bains et une véranda-salle à manger. Mais auss un petit chalet en bois construit au milieu de avocatiers qui dispose d'une petite terrasse o vous pourrez séjourner en toute indépendance

PUNTAGORDA

Dans cette municipalité, la population est très disséminée. Ce site a été occupé depuis la préhistoire, car il permettait aux populations d'y vivre grâce à la présence de nombreuses grottes. Mais c'est l'histoire du peuple Benahorita, les aborigènes de La Palma qui s'est peu à peu dévoilée depuis quelques années. Et a conduit à mettre à jour de nombreux vestiges qui sont aujourd'hui exposés au Musée archéologique benahorita (MBA) de Los Llanos. Lors de la colonisation, Puntagorda resta assez marginalisée par la nouvelle économie mise en place par les seigneurs espagnols et fut convertie en grenier à céréales de l'île et destinée à fournir blé et gofio.

IGLESIA DE SAN MAURO ABAD ✝ ★

Près du Barranco de San Mauro.

Construite au XVIe siècle, cette petite église avait une grande importance, car on pense qu'elle a été l'une des premières construites sur l'île, comme sa voisine de Tijarafe. Son intérieur mélange les styles gothique et mudéjar. Entourée d'eucalyptus, elle se situe près du Barranco de San Mauro avec une belle vue sur la mer. On y accède en partant du quartier d'El Pino, puis on prend la route du cimetière et enfin la déviation à droite qui conduit à l'église.

MOULINS À VENT

Camino de Los Morritos, et barrio Roque

Deux moulins à vent sont encore présents sur la commune : le Molino del barrio Roque, et celui del camino de los Morritos. Ils avaient pour vocation de moudre les céréales cultivées ici pour produire de la farine : la principale céréale était le maïs, pour fabriquer du gofio bien entendu. En 2019, le molino del viento a été acheté par la mairie et devrait être entièrement réhabilité pour lui redonner toute son ancienne splendeur. Ainsi que les constructions qui l'entourent comme une citerne, la maison de celui qui le faisait marcher et divers fours à pain.

CASAS HERENIO ET LA VERADA €€

38700 S/C de La Palma

✆ +34 922 430 625

www.islabonita.es

Casa Herenio (2 personnes) de 65 à 78 €. Casa La Verada de 75 à 90 € (2 personnes).

L'association de tourisme rural locale propose sept maisons sur Puntagorda. Deux d'entre elles sont équipées de jolies piscines et sont à peine plus chères que les autres, à quelques euros près. Elles comptent toutes un mobilier récent, des pièces propres et spacieuses et des cuisines équipées. La Casa La Vereda dispose d'un jardin d'agrément et d'un jardin fruitier, avec de belles vues sur la mer. Joli jardin aussi pour la Casa Herenio, située tout à côté du village de Puntagorda.

GARAFÍA

Jusque dans les années 1960, ce village était très isolé du reste de l'île de par le relief environnant et n'était accessible qu'à dos d'âne. Depuis, les bulldozers sont passés par là pour tailler la route dans le roc, mais le village garde toute son authenticité avec ses rues piétonnes pavées et ses maisons basses typiquement canariennes. La population a décliné face à l'exode rural, comme dans toute cette partie de l'île, mais les touristes en mal de tranquillité y ont trouvé refuge. Le village est à proximité du centre culturel La Zarza et le point de départ de nombreuses randonnées notamment en grimpant dans la forêt de pins située au-dessus de lui.

PARQUE CULTURAL LA ZARZA ★★

Calle la Mata s/n (km 59)

✆ +34 922 695 005

Ouvert de 11h à 17h. Fermé le lundi. Entrée 3 €.

Situé entre les quartiers de La Mata et de Llano Negro, ce musée permet de découvrir les vestiges des aborigènes avec la projection d'une vidéo dans le centre d'interprétation. La Zarza est l'une des sources archéologiques les plus importantes de l'île. On y découvre une grande diversité d'inscriptions guanches au cours d'une promenade d'une heure environ. Elle possède une trentaine de gravures rupestres qui comptent parmi les mieux conservées des Canaries, avec des spirales caractéristiques des signes laissés par les indigènes préhispaniques.

BARLOVENTO

Située tout au nord de l'île de La Palma, la commune de Barlovento est elle-aussi de grande tradition agricole du fait de ressources souterraines en eau, avec au premier rang des cultures, les pommes de terre puis les bananes, complétées aujourd'hui par les cultures d'avocat. Dans le bourg de Barlovento, seule l'église de Nuestra Señora del Rosario, datant du XVIe siècle, mérite un arrêt. Mais si vous vous y rendez au mois d'août, vous pourrez assister aux fêtes patronales en l'honneur de la Virgen del Rosario. Elles sont à la fois l'occasion d'un pèlerinage assez suivi, mais aussi d'une reconstitution de la bataille de Lepante, des plus surprenantes.

PISCINAS DE FAJANA ★

En direction de Barlovento, LP-1.

Gratuit.

Ce sont les premières piscines naturelles accessibles à la baignade en venant de l'ouest, car la côte est trop escarpée avant ce point. La route pour y descendre est très pentue. Des plages sont aménagées en terrasse et agrémentées de palmiers et descendent jusqu'aux piscines taillées dans la roche. L'endroit est agréable, mais souvent bondé, car le lieu est dangereux les jours de houle et on manque de plage. En retrait, une piscine pour enfant. Le cadre est d'une grande beauté avec les découpes de rochers et l'océan sans cesse en mouvement.

PARQUE RECREATIVO LA LAGUNA DE BARLOVENTO €

Sur la route LP 111

✆ +34 922 696 036

4,50 € pour camper en semaine et 9 € le week-end. Cabanes : 20 € en semaine et 30 € le week-end.

On y trouvera tout ce que l'on peut souhaiter pour faire une halte. Avec bar, restaurant, camping, tables de pique-nique et barbecues, mirador. On peut y dormir après avoir obtenu l'autorisation auprès de la délégation insulaire de medio ambiente de Santa Cruz. Il est possible de louer des cabanes, équipées de six lits. Si vous continuez sur la route LP-1, en direction de Garafia, vous devriez admirer un ensemble de dragonniers légendaires, situés au niveau de la Tosca.

HÔTEL LA PALMA ROMANTICA €€

Carretera General Topo de Las Llanadas, 261

✆ +34 922 186 221

www.hotellapalmaromantica.com

Compter 55 € à 65 € pour une chambre individuelle et de 70 à 80 € pour une chambre double, petit déjeuner inclus.

Sur la côte nord, à 1 km de Barlovento, c'est un hôtel construit en 1985 dans le style des maisons canariennes et qui s'avère être un havre de paix au cœur des montagnes, entouré d'arbres et avec une vue imprenable sur la mer et les montagnes. Vous bénéficierez entre autres d'une piscine intérieure et d'une piscine extérieure, d'un sauna, d'un bain bouillonnant, d'un tennis, d'un billard et de multiples services. Les quarante-quatre chambres et suites sont charmantes et la vue magnifique. Excellent restaurant et personnel très disponible.

© M. VINUESA - SHUTTERSTOCK.COM

Piscinas de Fajana.

LA PALMA

LA FAJANA

C'est à 4 kilomètres en dessous du village de Barlovento que se situent les principales attractions du lieu, ses trois piscines naturelles, creusées dans la roche. Elles constituent un site original, d'une grande beauté, dans lequel il sera par ailleurs très agréable de se baigner. Très bien équipées, elles permettent de se baigner en toute tranquillité. On pourra aussi se diriger vers le parc récréatif entourant la Laguna de Barlovento, le plus grand lac artificiel des Canaries. Avec la possibilité de pratiquer des activités comme les randonnées pédestres, l'observation de la faune et de la flore, les balades à vélo ou de visiter un centre artisanal.

SAN ANDRES Y SAUCES

Ces deux villages se sont unis après la crise de la canne à sucre et le déclin démographique qui s'en est suivi. A San Andrés, un beau petit village pentu aux rues pavées de galets et encerclé de bananeraies, on découvrira son église, construite en 1515, qui abrite la statue de Nuestra Señora de Montserrat. Non loin de San Andrés, on pourra se baigner dans les piscines d'eau de mer naturelles du Charco Azul. Un peu plus au nord, le petit port de pêche de Puerto Espindola est célèbre pour sa production de rhum. Il fut longtemps un important débouché économique pour les villages des alentours, avant que la route du nord ne vienne désenclaver la région.

LOS TILES ★★★

La forêt de los Tilos (ou Tiles) est l'une des cinq réserves de la biosphère reconnues par l'Unesco aux Canaries. C'est la forêt de lauriers, *laurisilva,* la mieux préservée de l'île et sans doute de l'archipel. Il y pousse des arbres et des fougères considérés comme de véritables fossiles vivants. De nombreux oiseaux sont visibles, dont des faucons gavilán, caractéristique de Madère et des Canaries, des serins canariens, *Serinus canaria*, des rouges-gorges, *petirrojo*, des pinsons, *Pinzón vulgar*, etc. Elle abrite des vers à soie, des criquets, des chauves-souris, et une multitude de végétaux et d'arbres. Un endroit recommandé aux amoureux de la nature.

© MARIDAV

Randonneuse dans la forêt de Los Tiles.

LA PALMA

CENTRE D'INTERPRÉTATION LOS TILES

Au Final del Barranco de Los Tiles
✆ + 34 922 451 246
www.lapalmabiosfera.es
Ouvert de 9h à 17h, toute la semaine. Jusqu'à 17h30 de juin à octobre.

Ce centre est situé à l'intérieur de la forêt de Los Tiles. L'un des principaux attraits de l'île de par sa taille et l'état de conservation de sa forêt de laurisylve, de type subtropical humide. Il abrite cinq salles d'expositions, avec beaucoup de matériels interactifs et une salle audiovisuelle. Qui présente la biosphère de l'île ainsi que sa faune, sa flore et sa géologie. Possibilité de petites visites guidées, mais après autorisation préalable auprès du *Cabildo*.

CASA RURALE MANOS DE ORO €€

Calle de Manos de Oro ✆ +34 922 430 625
https://islabonita.com
La maison entre 60 et 75 € pour deux personnes. Mieux vaut réserver tôt.

C'est une maison très accueillante pour deux personnes, typiquement canarienne du XIXe siècle avec des boiseries en pin et des pierres apparentes et vues sur mer et sur montagne. A mi-chemin entre mer et montagne, au milieu des plantations de bananes, orientée est-ouest, elle est protégée de l'air froid des alizés et du soleil du sud. A l'intérieur, mobilier neuf et bien agencé, la maison est très bien équipée : lecteur CD, barbecue, hamac... Vous serez très proches de la belle forêt de Los Tiles, propice à de nombreuses randonnées.

© CARINE KREB

Sur la côte Est, bananeraies, roches et océan, du côté de Charco Azul.

MESON DEL MAR €€

Puerto Espindola
✆ +34 922 450 305
Fermé le mardi et quinze jours en novembre.
Compter entre 25 et 30 € à la carte.

Installé dans une grande maison traditionnelle bleue, ce restaurant se situe au bord de la mer et de la plage. Il faudra surtout aimer le poisson qui est sa spécialité et que l'on goûtera par exemple en demandant par exemple une *parillada* de poissons et de fruits de mer, des poivrons farcis à la morue, une salade de poulpe, des langoustines à l'ail ou encore des *chupitos*, petits assortiments de tapas. En dessert, on n'échappera pas à la mousse de gofio. Le tout accompagné de bons vins du pays. Une terrasse pour laquelle il vaut mieux réserver.

MIRADOR DE SAN BARTOLOMÉ ★

Situé entre Puntallana et Los Sauces, il offre une très belle vue sur la vallée de San Andrés. Après le mirador, on descend dans la vallée pour passer sous un tunnel et découvrir des paysages très verdoyants. On y verra aussi l'ermitage de Nuestra Senora de la Piedad y San Barlolomé datant de 1514, de petite taille, blanche et noire avec un petit balcon extérieur. A l'intérieur, on y vénère trois sculptures en bois polychrome du XVIe siècle : San Bartolomé, et notre dame de la piété, toutes deux de facture hispano-flamande.

SAN JUAN DE PUNTALLANA

Ce village constitue la pointe orientale de La Palma. Son importance était particulièrement stratégique lors des premiers siècles de la colonisation puisque le lieu constituait le grenier à blé et d'orge de La Palma. Il ne reste de cette fonction première qu'un quartier du nom de El Granel. Ses atouts : son église San Juan, datée du XVIe siècle ainsi que la Casa Luján, faisant office de musée ethnographique et de point de vente d'artisanat local. C'est dans les environs de la localité que vous pourrez trouver des lauriers, du houx, des chênes, des tilleuls, etc. Le Cubo de la Galga déborde d'une richesse appréciable pour tous les amoureux de la nature.

PLAYA DE LOS NOGALES ★

A quelques kilomètres du village, une route mène à une magnifique plage de sable noir au pied d'une falaise immense et spectaculaire, la plage de Los Nogales. C'est l'une des plus belles de l'île de La Palma. Particulièrement appréciée par les amoureux de la tranquillité et aussi les naturistes, car elle est pratiquement vierge. On y accède à pied, au départ d'un petit parking en longeant les falaises pendant environ dix minutes. On pourra manger à la *tasca* La Molina Vieja, avant la descente vers Playa de los Nogales. Le restaurant surplombe la mer.

GRAN CANARIA

Avec ses 1 560 km², c'est la troisième île par sa taille, derrière Tenerife et Fuerteventura. Oscillant entre étendues désertiques en bord de mer et canyons escarpés dans le centre, la Grande Canarie est d'abord riche d'une nature variée. Au centre sa *cumbre*, son sommet, qui culmine à 1 949 m au Pic de Las Nieves, descend en pentes régulières vers toutes les côtes, entaillée par des ravins (*barrancos*), profonds et spectaculaires. Sans oublier ses magnifiques dunes à Maspalomas au bout d'une plage immense... On la découvrira aussi en se familiarisant avec son riche patrimoine aborigène sur le site du *Risco Caído*, classé au patrimoine de l'Unesco depuis 2019, et dans les nombreux vestiges de cette culture qui émaillent les montagnes « sacrées » de cette île. Ou en assistant aux fêtes exprimant son identité, comme le pèlerinage de Teror ou à la rama d'Agaete. En somme, c'est que du bonheur qui vous attend !

Ocean Atlantique
Roque Ceniciento
LA ISLETA
Punta de la Luz
Playa de las Canteras
Las Carabaneras
Playa de las Alcarabaneras
LAS PALMAS
Punta de Gáldar
Punta de Guanarteme
Punta de Sardina
Punta del Mármol
Punta del Camello
LA SARDINA
GÁLDAR
Santa Maria de Guja
ARUCAS
Moya
FIRGAS
AGAETE
PUERTO DE LAS NIEVES
Barranco de Agaete
LAS NIEVES
Gordo 1082 m
TEROR
Tafira Baja
Tafira Alta
Pico de Bandama 574 m
Valleseco
Punta Góngora
Parque Natural de Tamadaba
Punta de la Aldea
SANTA BRÍGIDA
La Atalaya
Punta Piedra Caballera
ARTENARA
Altavista 1377 m
LA VEGA DE SAN MATEO
SAN NICOLÁS
Roque de Bentayga 1412 m
TEJEDA
Valsequillo
TELDE

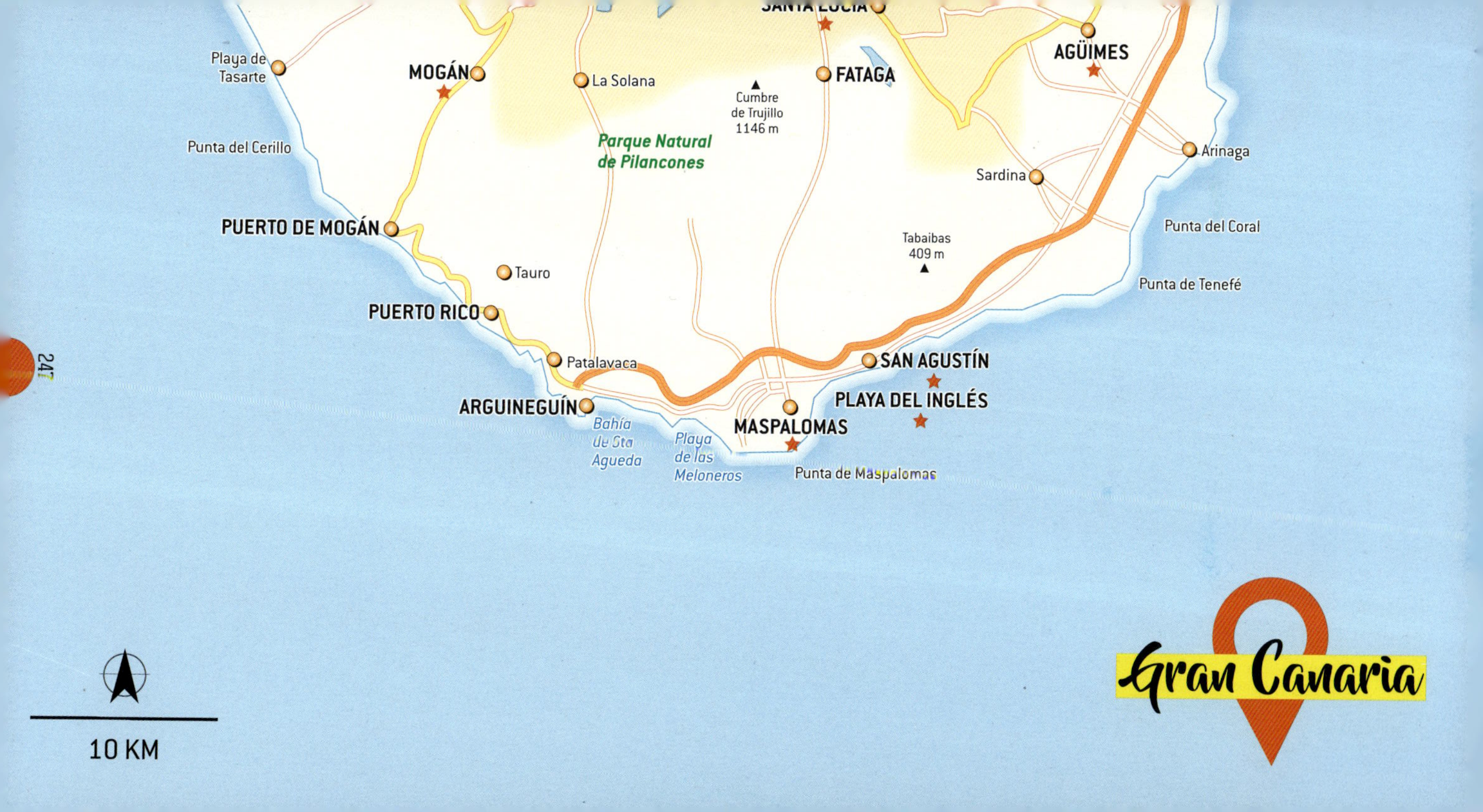
Gran Canaria
Playa de Tasarte
MOGÁN
La Solana
Cumbre de Trujillo 1146 m
FATAGA
AGÜIMES
Punta del Cerillo
Parque Natural de Pilancones
Arinaga
Sardina
PUERTO DE MOGÁN
Punta del Coral
Tabaibas 409 m
Tauro
Punta de Tenefé
PUERTO RICO
Patalavaca
SAN AGUSTÍN
PLAYA DEL INGLÉS
ARGUINEGUÍN
Bahía de Sta Agueda
Playa de las Meloneros
MASPALOMAS
Punta de Maspalomas
10 KM

150 M
Las Palmas de Gran Canaria
Océan Atlantique
Calle Murga
Calle Estación de Guaguas
Calle Venegas
Calle Alonso Alvarado
Calle León y Castillo
Calle Pedro de Vera
Calle Perojo
Calle Canalejas
Calle Colmenares
Calle de Bravo Murillo
Calle Eduardo
Parque de San Telmo
Plaza de los Escritores
CHAPELLE DE SAN TELMO
Calle San Telmo
Avenida Alcalde José Ramírez Bethencourt
Calle Buenos Aires
POINTS D'INFORMATION TOURISTIQUE
FEDAC ARTISANAT CANARIEN
Calle Domingo J. Navarro
Calle Viera y Clavijo
Calle Dr. del Juan de Padilla
Calle Pérez Galdós
Calle Perdomo
Calle Francisco Gourie
Avenida Rafael Cabrera
Calle Antonio Izquierdo Baños
Avenida Canarias
Calle Dr. Juan Negrín López
Paseo de la Avenida Marítima
Calle Arena
Calle Mayor de Triana
Plaza San Bernardo
Calle Villavicencio
Calle de Cano
Calle Travieso
THÉÂTRE PÉREZ GALDÓS
GC-1 AM
Plaza Stagno
Calle Domingo Guerra del Río
Calle Maninidra
Calle de Malteses
Calle Peregrina
Avenida Primero de Mayo
Jardines de Lentini
Plaza Alameda de Colón
Plaza Hurtado de Mendoza
Calle Lentini
Av. Alcalde Díaz-Saavedra Navarro
Calle Muro
Calle Terrero
PLAZA DE LAS RANAS
Calle Pelota
Calle Mendizábal
Calle San Nicolás
Calle S. Justo
Calle Colón
Calle Bernardino Correa Viera
Calle Alcalde Obregón
Calle Frías
Calle Balcones
Calle S. Agustín
Calle San Diego Alcalá
Plaza Santa Ana
Calle Espíritu Santo
Carretera del Centro
Calle Juan de Quesada
GC-110
PLAZA DEL ESPÍRITU SANTO
Calle Castillo
Calle Doctor Chil
Calle Verdi
Calle Santa Bárbara
Calle Ramón y Cajal
Calle López Botas
Calle Reyes Católicos
Calle Pedro Díaz
Plaza de Santo Domingo
Calle Real de San Juan
Calle Domingo Doreste

PAGES

251 ## ●● LE NORD

Après la découverte de l'architecture coloniale de Las Palmas, ce circuit conduira vers de jolis villages canariens et permettra de se familiariser avec la culture aborigène et certains de ses produits comme le rhum ou le fromage.

270 ## ●● L'EST

Cette partie de l'île permet de poursuivre la découverte de la culture aborigène et des ressources artisanales, comme les céramiques et les broderies d'Ingenio. Sans oublier d'apprécier sa gastronomie et de goûter le *pan de puño*.

273 ## ●● LE CENTRE

Ce plongeon, qui sera souvent une montée, permettra d'approfondir sa connaissance des cultures aborigènes en visitant le site du Risco Caído, classé Unesco, tout en parcourant des paysages somptueux, comme celui du parc de Tamadaba. Cruz de Tejeda est aujourd'hui le point de départ des randonnées qui empruntent ces anciens chemins. La route principale au nord va de Las Palmas à Teror ou Santa Brígida, puis de Vega de San Mateo à Tejeda, et permet surtout de traverser des villages très typiques. Moins fréquentée, une route secondaire peut vous conduire de Telde à Tejeda. Une troisième va de La Aldea de San Nicolas à Tejeda en passant par Artenera, mais elle est peu signalisée et souvent fermée pour cause d'éboulements. A déconseiller, car elle est vraiment dangereuse.

PAGES

●● LE SUD

C'est le règne des logements tout inclus. Pratique si on a envie de ne rien faire, avec la garantie d'un temps quasiment beau toute l'année. Idéal pour pratiquer plongée sous-marine et planche à voile et faire la fête.

LAS PALMAS DE GRAN CANARIA ★★★

Fondée en 1478, dès le début de la Conquête par le conquistador Juan Rejó, la cité doit son nom aux nombreux palmiers qui poussaient alors à la pointe nord-est. Capitale de l'île et de la province qui inclut Fuerteventura, Lanzarote et La Graciosa, c'est la plus grande ville des Canaries. Elle s'étend en longueur sur près de 15 kilomètres, principalement sur le côté est. Elle s'articule entre le quartier nord qui suit le Paseo de Las Canteras, la petite baie qui entoure son port. Construit au XIXe siècle, ce Puerto de la Luz est aujourd'hui port de commerce, de pêche et de plaisance et le premier port de l'archipel. Ses quartiers historiques sont Triana puis Vegueta, avec Ciudad Jardin qui sert d'entre deux avec le port. Les principaux monuments se trouvent dans la vieille ville, autour de la Plaza Santa Ana. Après avoir profité du charme de sa grande plage urbaine, qui longe le Paseo de Las Canteras, il faut prendre le temps de découvrir Triana puis Vegueta, qui abritent des cours cachées et de magnifiques édifices coloniaux, comme la Casa Colón dans laquelle Christophe Colomb a séjourné lors de son premier voyage vers les Amériques, et qui s'apprécient dans des ruelles ombragées et reposantes et des placettes animées. Mais pour visiter l'Aquarium, il faut retourner vers le port.

Transports

Si vous arrivez en ferry - avec Naviera Armas - attention, l'embarcadère est excentré du port principal. N'hésitez pas à vous renseigner auprès de la compagnie pour connaître les horaires des bus gratuit.

ACUARIO POEMA DEL MAR

Muelle del Sanapú, 22

✆ +34 928 01 03 50

https://www.poema-del-mar.com

Ouvert tous les jours, de 9h30 à 17h30. Entrée : 25 € par personne, 17,50 € pour les moins de 12 ans.

En projet depuis 2015, ce grand aquarium a finalement ouvert ses portes le 8 janvier 2018. Et propose une structure inspirée par les dessins de Nestor Martín-Fernández de la Torre en lui donnant un nom faisant aussi allusion à l'une de ses œuvres picturales, « Poema del Atlántico ». Situé non loin du port, il propose 35 écosystèmes aquatiques différents et accueille plus de trois cent cinquante espèces : des poissons, des amphibiens, des reptiles, huit requins de différentes tailles et de la flore marine. Le tout sur un espace de 12 700 m², organisé en trois zones thématiques. La « jungle » se veut un hommage aux mers des cinq continents. « Arrecife playa » est une promenade autour d'un énorme cylindre où l'on peut voir une grande variété de poissons et de coraux. Et enfin « deep ocean » reproduisant les entrailles de la mer. Ce dernier espace étant un peu le clou de la visite puisqu'il présente une fenêtre incurvée qui donne un sentiment d'être immergé dans la mer. Une surface de présentation assez unique puisqu'elle mesure trente-six mètres de large et six mètres de haut. Petits et grands amoureux du monde marin pourront découvrir à l'occasion de la visite le poisson-spatule, l'anguille électrique, le poisson Goliath, les crocodiles, les lémuriens, le poisson à quatre yeux, les méduses, les scorpions, les grands piranhas noirs, des tortues à nez de cochon, des requins à pointe noire et le fameux poisson-clown qui a inspiré Nemo. Comme la liste est longue, tablez sur deux heures et demie de visite.

GRAN CANARIA

Parvis de la cathédrale Santa Ana, plaza Santa Ana.

Musées de Gran Canaric

PLUS À DÉCOUVRIR

Casa de Colón
Maison de Colomb

Colón, 1. 35001 Las Palmas de Gran Canaric
Tél. 928 312 373 / 384 / 386
www.casadecolon.com

Casa-Museo Pérez Galdós
Maison-musée Pérez Galdós

Cano, 2 y 6. 35002 Las Palmas de Gran Can
Tél. 928 366 976
www.casamuseoperezgaldos.com

Museo y Parque Arqueológico Cueva Pinta
Musée et du Parc Archéologique de la Grotte Peinte

Audiencia, 2. 35460 Gáldar
Tél: 928 895 489
www.cuevapintada.com

Centro Atlántico de Arte Moderno
Centre Atlantique d'Art Moderne

Los Balcones, 9, 11 / San Antonio Abad, s/n.
35001 Las Palmas de Gran Canaria
Tél. 928 311 800
www.caam.net

Casa-Museo Tomás Morales
Maison-musée Tomás Morales

Plaza de Tomás Morales, s/n. 35420 Moya
Tél. 928 620 217
www.tomasmorales.com

Casa-Museo León y Castillo
Maison-musée León y Castillo

León y Castillo, 43-45. 35200 Telde
Tél. 928 691 377
www.fernandoleonycastillo.com

Casa-Museo Antonio Padrón
Maison-musée Antonio Padrón

Drago, 2. 35460 Gáldar
Tél. 928 551 858
www.antoniopadron.com

Cabildo de Gran Canaria

Musées
de Gran Canaria

a de Colón

a-Museo Pérez Galdós

seo y Parque Arqueológico Cueva Pintada

GRAN CANARIA

CASA DE COLÓN ★★★

Calle Colón, 1
✆ +34 928 312 373
www.casadecolon.com

Ouvert de 10h à 18h du lundi au samedi et de 10h à 15h le dimanche. Entrée : 4 €, tarif réduit 2 €. Gratuit - de 18 ans.

C'est dans les murs de cet édifice composé de plusieurs maisons des XVe et XVIe siècles qu'aurait séjourné Christophe Colomb en 1492, avant de se diriger vers le Nouveau Monde. Le navigateur a aussi fait escale à Gran Canaria en 1493 lors de son deuxième voyage. La façade de sa maison a cependant été restaurée au XVIIIe siècle : elle est ornée d'un magnifique portail sculpté et, tout comme la maison d'en face, d'un balcon de bois haut perché. A l'intérieur, cette maison est comme un musée historique qui au travers de treize salles comprend six thématiques : les voyages de Colomb, la cartographie et les instruments de navigation, l'Amérique précolombienne, les relations entre Amérique et Canaries, la géographie urbaine de Las Palmas de Grande Canarie, du XVe au XIXe siècle [avec de grandes maquettes réalisées à l'échelle] et la peinture du XVe au XXe siècle. On y verra des maquettes des bateaux du XVe siècle, ainsi qu'une réplique de la *Niña*. Et l'on pourra aussi contempler des œuvres d'artistes canariens, de peintres et sculpteurs espagnols. On remarquera notamment des tableaux mettant en valeur les relations entretenues entre les Canaries et les Flandres ainsi que le portrait de Carlos María Esquivel et diverses autres œuvres que l'on peut qualifier de « costumbristes », d'Eugenio Lucas Velázquez, Manuel Cabral et Ferdinand Heilbruth. Ne serait-ce que pour son architecture intérieure et ses plafonds, ce musée vaut vraiment le détour. Il y a même une fiche explicative dans chaque salle, traduite en français.

© AUTHOR'S IMAGE

CASA-MUSÉE PEREZ GALDOS ★

Calle Cano, 2 et 6
✆ +34 928 366 976
www.casamuseoperezgaldos.com

Fermé le lundi. Seulement visites guidées, en espagnol, gratuites, départ toutes les heures de 10h à 17h inclus.

Benito Pérez Galdós [1843-1920] est l'écrivain le plus célèbre des Canaries et l'autre grand homme de cette île. Il a donc eu droit, lui aussi à un musée, situé dans la maison qui l'a vu naître, dans le quartier de Triana, au sud de la ville. C'est là qu'il a vécu jusqu'à ses dix-neuf ans, avant de partir pour Madrid et d'y connaître le succès. Vous y découvrirez son bureau, ses objets personnels ainsi qu'une jolie cour centrale. Et ce sera également l'occasion de mieux connaître le contexte historique dans lequel s'inscrivent ses créations.

CASTILLO DE LA LUZ ★

Calle Juan Rejón s/n
✆ +34 928 463 162
www.fundacionmartinchirino.org

Fermé le lundi. 10h à 19h, jusqu'à 14h dimanche et fêtes. Tarif : 4 € ; gratuit -18 ans et mercredi de 16h à 19h.

Construit en 1494 et situé devant le quai des Chalutiers, ce « château de lumière » servait à protéger l'île contre les invasions et les attaques de pirates. Installé sur les fondations d'un fort existant au préalable, ce fort carré a été équipé d'une plateforme pouvant accueillir onze canons, mais fut endommagé durant l'invasion de pirates hollandais en 1599. Depuis, le bâtiment a été reconstruit, étendu puis restauré en 1998. Il abrite désormais un centre culturel et d'exposition qui accueille des événements nationaux et internationaux.

CATHÉDRALE ET MUSÉE D'ART SACRÉ

Entrée par la calle Espiritu Santo, 20
✆ +34 928 314 989

Musée ouvert de 10h à 16h du lundi au vendredi et de 10h à 13h30, le samedi. Entrée : 3 €.

Commencée au début du XVe siècle, la construction de la cathédrale Santa Ana ne s'est achevée qu'au début du XIXe siècle, pour ce qui concerne sa façade. Cette dernière, de style néoclassique suit les plans de l'architecte et sculpteur canarien Luján Pérez. De style gothique, l'intérieur abrite d'autres statues de Lujan Pérez, dont un christ très réaliste, ainsi qu'un musée exposant le trésor de cette cathédrale. Aménagé dans une nef, il donne sur un patio orné d'orangers.

CENTRE ATLANTIQUE D'ART MODERNE (CAAM) ★

Calle de Los Balcones, 9 et 11
✆ +34 928 311 800
www.caam.net
Du mardi au samedi de 10h à 21h, et le dimanche de 10h à 14h. Fermé lundi et jours fériés. Entrée libre.

Non loin de la cathédrale, derrière une façade du XVIIIe siècle, ce bâtiment abrite des expositions d'artistes contemporains, canariens, espagnols ou étrangers, souvent passionnantes ainsi que des activités culturelles diverses comme des concerts (agenda disponible sur son site web), une galerie de photos, une bibliothèque et une boutique proposant de jolis objets. Vous aurez accès aux terrasses d'où vous aurez une belle vue sur la vieille ville.

CHAPELLE DE SAN TELMO ★

Construite par la corporation des marins, au début du XVIe siècle, la chapelle actuelle date du XVIIIe siècle. A l'intérieur, à part son plafond à caissons mudéjar et son retable, il faut remarquer l'Immaculée Conception qui vient du couvent des Bernardines, attribuée par le marquis de Lozoya à Alfonso Cano. La sculpture représentant le *Señor de la Burrita*, le Seigneur à la petite ânesse, qui ouvre les processions du dimanche des Rameaux, et le *Niño del Remedio*, l'Enfant du réconfort, très vénéré autrefois par les fidèles, sont également à voir.

JARDIN CANARIO ★★

Carretera del centro, km 7
✆ +34 928 219 580
www.jardincanario.org
Ouvert tous les jours de 9h à 18h. Entrée libre.

Ce jardin est consacré aux espèces indigènes et offre une excellente initiation à la flore de ces îles. Le jardin couvre à la fois une pente aride et le fond nettement plus humide et verdoyant du *barranco* Guiniguada, reconstituant différents milieux naturels. Vous y trouverez des euphorbes candélabres, sempervivum, dragonniers, palmiers, pins, lauriers et cactus, notamment les figuiers de Barbarie couverts de dépôts blancs de cochenille. Comptez une demi-journée pour la visite. Entrée principale, sur la route de La Calzeda à Santa Brígida.

MUSÉE CANARIO ★

Calle Doctor Verneau, 2
✆ +34 928 336 800
www.elmuseocanario.com
Du lundi au vendredi de 10h à 20h, week-end et fêtes de 10h à 14h. Entrée : 5 €. Réduit : 3 €. Gratuit - de 12 ans.

Fondé en 1879, il retrace l'histoire de Gran Canaria avant la conquête et présente la meilleure collection de vestiges guanches. Avec notamment des restes funéraires, dont des ossements et plusieurs momies. Ce musée comporte plusieurs salles avec une bibliothèque, des outils traditionnels guanches, des céramiques et des restes de vêtements guanches. On notera que la salle de la conservation des ossements et des momies, dont une grande collection de crânes de l'homme de Cro-Magnon, est restée identique depuis l'ouverture du musée.

MUSÉE ELDER DE LA SCIENCE ET DE LA TECHNOLOGIE ★

Parc Santa Catalina, s/n
✆ +34 828 011 828
www.museoelder.org
Ouvert du mardi au dimanche de 10h à 20h. Entrée : 6 €, tarif réduit / enfant : 3 €.

Dans ce musée dédié à la science et aux technologies du XXIe siècle, vous trouverez moult explications concernant des domaines variés. Vous aurez notamment l'occasion d'en apprendre plus sur les télécommunications, la biologie, l'énergie, les transports et bien d'autres choses. Vous assisterez à une projection en 3D sur un écran géant ou à une autre projection sur un écran sphérique. De nombreuses activités sont proposées aux grands et petits, comme piloter un avion supersonique...

MUSÉE NÉSTOR ★

Parque de Doramas
✆ +34 928 245 135
Ouvert du mardi au samedi de 10h à 20h et le dimanche et jours fériés, de 10h30 à 14h30. Entrée : 0,50 €.

Ouvert en 1956, ce musée est consacré au peintre canarien Néstor Martín-Fernandez de la Torre (1887-1938), l'un des plus grands peintres du mouvement symboliste espagnol. Les dix salles du musée exposent plus de 100 pièces : portraits, paysages, dessins, ébauches, objets d'artisanat, projets d'architecture, créations destinées au théâtre, et son œuvre majeur, *El poema del Atlántico*. Ce musée fait partie de l'ensemble du « Pueblo Canario », un projet architectural réalisé par le frère de l'artiste, dans un style dit « néocanarien ».

PLAZA DE LAS RANAS ★

© SALVADOR AZNAR - SHUTTERSTOCK.COM

Cette place marque la ligne entre deux quartiers, Triana et Vegueta. Un escalier, qui autrefois longeait le *barranco*, mène à la plaza de Hurtado de Mendoza, plus connue comme la plazuela ou la plaza de las Ranas, la place des grenouilles, en référence à la décoration de la grande fontaine qui la préside. En d'autres temps, elle s'est aussi appelée place du Prince Alfonso et place de la démocratie, en 1868. Son origine remonte au début du XIXe siècle, lorsque cette partie fut aplanie pour construire le pont sur la Guiniguada.

PLAZA DEL ESPÍRITU SANTO

Plaza del Espíritu Santo

Elle marque le point de départ du réseau des eaux de l'île. Autour de cette place sont rassemblés les meilleurs exemples d'architecture néoclassique de la ville : la place et sa fontaine couverte « pour que l'eau ne se mouille pas », comme disaient ironiquement ceux qui assistèrent à sa construction par Manuel Ponce de Léon. On y remarquera aussi un dragonnier et un araucaria symbolisant la parenté entre les Canaries et l'Amérique. Vous y trouverez aussi le Musée canarien, où vous pourrez découvrir la vie des aborigènes guanches.

PUEBLO CANARIO ★

Calle de Francisco Gonzales Diaz

✆ +34 928 242 985

Ouvert du mardi au samedi de 10h à 20h et le dimanche de 10h30 à 14h30. Entrée : 2 €.

Intégré au parc Doramas, c'est l'œuvre des frères de la Torre. Sur la base des aquarelles dessinées par son frère, l'architecte a réalisé ce village en 1939, un an après sa mort. Avec une idée, rendre compte de toute la diversité de l'architecture canarienne. A l'intérieur, on y trouvera un magasin d'artisanat et une *bodega*. Ainsi que le Musée Nestor et l'ermitage de Santa Catalina, construit par les moines majorquins au XVIe siècle. Egalement au programme, des spectacles folkloriques et des dégustations de produits canariens.

THÉÂTRE PÉREZ GALDÓS ★

Plaza Stagno, 1

✆ +34 928 433 805

www.teatroperezgaldos.es

Situé au sud-est du quartier de Vegueta, au début de la calle Mayor de Triana, le théâtre Pérez Galdós est l'un des édifices les plus emblématiques de Las Palmas et l'un des théâtres les plus modernes d'Espagne. Construit en 1919 par l'architecte local Manuel Martín Fernandez de la Torre, il a été profondément rénové en 2007. A l'intérieur, on notera ses fresques, exécutées par le célèbre peintre Néstor de la Torre, frère de l'architecte, et on appréciera l'exubérance tropicale dans le salon Saint-Saëns, au premier étage. Programmation à consulter sur le site web.

TRIANA ★

De l'autre côté de la carretera del centro, on entre dans le quartier de Triana, qui doit son nom aux similitudes qu'il présentait, à l'origine avec le quartier homonyme de Séville. Il y a un siècle, ce quartier était fréquenté par les marins et il le resta jusqu'à la construction du quai de la Luz, dans le secteur de la Isleta. Aujourd'hui c'est le quartier commerçant par excellence de la ville, qui s'articule autour de calle Mayor de Triana, grande rue piétonne, aux belles constructions bourgeoises et aux multiples bars avec terrasse.

OFFICE DU TOURISME CASA DEL TURISMO

Parque de Santa Catalina s/n
✆ +34 928 446 824
https://lpavisit.com
Ouvert de 9h à 15h et de 16h à 18h.

Depuis 2013, un point d'information touristique est ouvert dans la *Casa del Turismo*. L'un des édifices les plus emblématiques de la ville conçu en 1935 par Néstor Martín-Fernández de la Torre, artiste espagnol représentatif des mouvements symboliste et moderniste. L'office occupe une partie du rez-de-chaussée, mais vous renseignera si vous souhaitez effectuer une visite de l'ensemble de la maison. Accueil en français et quelques dépliants dans cette langue.

POINTS D'INFORMATION TOURISTIQUE

Calle Triana, 93
✆ + 34 928 219 600
www.grancanaria.com/turismo
Ouvert de 9h à 16h en semaine et le samedi, de 10h à 14h.

Hormis la *casa del turismo*, plusieurs points sont à votre disposition. Et notamment celui du Patronato de turismo de Gran Canaria où vous trouverez de nombreuses informations concernant les ressources de l'ensemble de l'île. D'autres points sont d'ouverture plus ponctuelle : à l'aéroport, dans le parc de San Telmo, face à l'ermitage ; sur le paseo de Las Canteras, face à l'hôtel Cristina ; dans le pueblo canario et dans les *casas consistoriales*, plaza de Santa Ana.

CANARYFLY

Aéroport de Grand Canaria
✆ + 34 928 01 85 00
www.canaryfly.es

Créée en 2008, cette compagnie dont le siège est situé à Las Palmas de Gran Canaria a débuté par des vols entre les îles et la péninsule, mais depuis 2012, elle propose des vols inter-îles en direction des six autres îles que la Grande Canarie. Ces prix sont à peu près identiques à ceux de la compagnie Binter, plus ancienne sur le marché. Vous pouvez aussi guetter ses promotions sur son site web. Les prix sont bien sûr plus élevés que ceux des circulations en bateau, quand ils existent. En revanche, les trajets seront parfois plus courts.

DOLAR RENT A CAR

Calle Presidente Alvear, 55
✆ +34 928 22 81 65
Du lundi au vendredi 9h-18h, samedi 9h-13h, dimanche 9h-11h.

Voilà une adresse sérieuse pour louer une voiture à un prix compétitif. Transfert aéroport/port (contactez l'agence 48 heures à l'avance) ; service VIP avec chauffeur (vous devrez réserver une semaine avant). Tous les modèles de véhicules sont disponibles, récents, bien entretenus, et d'un excellent rapport qualité-prix. Loueur à l'écoute, les réservations sont flexibles, avec possibilité de rendre son véhicule dans une ville différente. Plusieurs options sont proposées : assurances, sièges enfants, GPS et wifi à bord illimité.

FRED OLSEN

Calle Luis Morote, 4
✆ +34 928 495 040
www.fredolsen.es

Cette compagnie de transport maritime inter-îles est présente dans toutes les îles. Depuis Las Palmas, elle dessert Fuerteventura par des trajets quotidiens, arrivée à Morro Jable, dans le sud de l'île. Ainsi que l'île de Lanzarote, avec des circuits également quotidiens. On peut aussi se rendre à Tenerife, à Santa Cruz, dans le nord de l'île ou à Los Cristianos, dans le sud. Cette compagnie a la réputation d'avoir des trajets un peu plus rapides que Naviera Armas, mais ce n'est pas criant. En revanche, les arrivées et les départs se font depuis le port d'Agaete.

NAVIERA ARMAS

J. Dominguez Perez, 2
✆ +34 902 456 500
www.navieraarmas.com
A partir de 35 € pour un aller Santa Cruz de Tenerife-Las Palmas. Durée, environ 2h30.

Transport maritime inter-île, péninsule ibérique et côte marocaine. Pas beaucoup plus long que Fred Olsen pour rallier Las Palmas depuis Tenerife et vous évitez le trajet Agaete-Las Palmas. Si le nouveau modèle ne possède plus de mini-terrasse au grand dam des utilisateurs qui la regrettent, l'équipement reste correct : cafétérias, bars, salle de télévision. Une mini-croisière pour pas cher qui permet un joli aperçu des différentes îles. L'arrivée se fait au Muelle Mandela, un peu excentré. Mais avec des taxis qui attendent à quelques mètres du bateau.

ESTACION DE GUAGUA

Avenida Cabrera, en face du parc San Telmo
✆ +34 928 939 407
www.globalsu.net
Circuits et tarifs à consulter sur le site web.

Depuis Las Palmas de Gran Canaria, c'est d'ici que partent tous les bus qui desservent les villes et les villages de toute l'île. Un service rendu par la compagnie Global Salcai Utinsa. Sur son site internet, vous trouverez toutes les informations sur les trajets et les tarifs ainsi que le nom de l'arrêt qui vous concerne en entrant votre destination et votre heure de voyage. Quelques lignes : 60 pour l'aéroport (direct) et 12 pour Telde ; 5, 30 et 50 pour le faro de Maspalomas ; 91 pour Puerto Rico et playa del Cura ; 11 et 21 pour Agüimes ; 150 pour Gáldar.

GUAGUAS DE LAS PALMAS

✆ + 34 928 305 800
https://www.guaguas.com
Billet simple : 1,40 €, carte Bono de 10 voyages : 8,50 €.

Vous apprendrez vite que c'est ainsi que l'on nomme les bus aux Canaries. De couleur jaune, ils traversent toute la ville et sont un moyen économique pour se déplacer sur les plus longues distances. Vous trouverez les principaux arrêts près du théâtre Pérez-Galdós et du parc de San Telmo, proches des quartiers de Triana et de La Vegueta ou au parc de Santa Catalina, à proximité du paseo de las Canteras et des terminaux des bateaux. Ce sont les lignes 1, 12, 13 et 17 qui vous permettront d'aller de la plage aux quartiers anciens.

HÔTEL MADRID €

Plaza de Cairasco 4
✆ +34 928 360 664
www.emblematicohotelmadrid.com
De 40 à 70 €, selon la place des chambres, patio intérieur ou sur la place et salle de bain partagée ou non.

Face à la cathédrale, il propose 19 chambres, réparties sur deux étages autour d'un patio. Ceux qui souhaitent être aux premières loges de l'animation de la jolie place choisiront les chambres avec balcon. Les amateurs de symbole pourront choisir la chambre 3. C'est celle où a dormi le général Franco, le 17 juillet 1936, la veille du début de la guerre civile. Les propriétaires ont gardé le lit, le bureau et le miroir, à l'identique. Au rez-de-chaussée, une grande cafétéria avec terrasse affiche les photos des illustres Espagnols qui sont venus y boire un verre.

HÔTEL PUJOL €

Calle Salvador Cuyás, 5
✆ +34 928 274 433
www.hotelpujol.es
Doubles de 50 à 85 €.

Situé à cinquante mètres de la plage de las Canteras, c'est le point de chute idéal pour un séjour plus dédié à la plage. Avec aussi un accès à tous les restaurants et les cafés avec terrasse situés sur ce long paseo. Entièrement rénové en 2007, cet hôtel familial offre cinquante-huit chambres propres et confortables à des prix compétitifs. Douze d'entre elles sont dotées de balcons donnant sur une rue animée, mais sont très bien isolées. Un restaurant-cafétéria à disposition. Lors d'un séjour, on appréciera aussi l'amabilité des propriétaires.

HÔTEL AC GRAN CANARIA €€

Calle Eduardo Benot 3-5 ✆ +34 928 266 100
https://www.marriott.fr
Dés 81 € la chambre double. Comptez environ 35 € au restaurant. Promo si réservation en avance.

Difficile de ne pas voir cette tour emblématique de l'architecture des années 1970, ronde avec des balcons un peu en chou-fleur. A l'intérieur, vous y trouverez un hôtel chic et moderne. Toutes les chambres sont doubles et proposent un design efficace, aux tons gris pour l'ensemble bureau-mini bar. Pour profiter de la vue impressionnante, il faut rallier le dixième étage. Mais la belle vue sera accessible à tous depuis le restaurant *Bitacora* qui dispose d'un panorama à 360°. Et c'est au 24e étage que vous accéderez à la piscine et au spa. Vue garantie également.

HOTEL DESIGN PLUS BEX €€

330 Leon y Castillo
✆ 0034 928 97 10 71
www.designplus-bexhotel.com
Chambre double dès 90 € sans le petit déjeuner, dés 115 € avec. Réception 24/24.

A quelques pas du Parque de Santa Catalina, cet ancien bâtiment du Banco de España vous propose un voyage au travers des années 1920, grâce à une architecture de type Art déco. Très grand confort garanti pour les 91 chambres, au look moderne et équipées d'un téléviseur à écran plat, d'une salle de bains complète. Ses autres plus : un restaurant et un bar sur le toit et une salle de sport. Pour vos sorties en ville, vous êtes à 700 mètres de la plage de Las Canteras et à 900 mètres de l'aquarium Poema del Mar et pour jouer, à 200 m du grand casino de Las Palmas.

Vue sur Las Palmas.

© JUERGEN SACK - ISTOCKPHOTO.COM

THE LOFT LAS PALMAS €€

Calle. Torres, 17

✆ +34 618 037 744

www.theloftlaspalmas.com

Variation en fonction période et appartements. De 95 à 110 €. Réservation a minima de 2 jours.

Ouverts depuis avril 2014, ces *lofts* de Las Palmas sont une réalisation des architectes José Antonio Sosa et Evelyn Alonso qui ont transformé une maison de 1907 en un ensemble de trois appartements modernes, de 50 m² chacun, tout en préservant la façade néo-classique. La décoration intérieure est moderne et acidulée, avec de grandes tables de travail. On notera le détail qui tue, une prise permettant de recharger les bicyclettes électriques à l'entrée. Sur la terrasse du toit, on bénéficie d'une vue sur le quartier de Triana.

EXE LAS PALMAS €€€

Calle Sagasta, 28

✆ +34 928 273 000

https://www.exehotels.com

A partir de 78 € une chambre double. Guetter aussi les réductions proposées sur la page web.

Situé à proximité du paseo de Las Canteras et des plages, cet hôtel luxueux et moderne a été entièrement remis à neuf en 2007. Avec à l'arrivée, une décoration moderne et fonctionnelle et surtout des lits très confortables et pleins de détails *hype* comme des chargeurs d'iPod avec haut-parleurs. Mais son plus reste le grand toit-terrasse, aménagé avec un bain bouillonnant, des transats et une piscine. Le tout avec vue sur le port. On profitera aussi de son restaurant, de son bar, d'un accueil aimable et d'un service de navette, payant.

HOTEL BOUTIQUE CORDIAL MALTESES €€€

Calle Malteses 20

✆ 0034928143393

https://www.becordial.com/

A partir de 280 € la chambre double, petit déjeuner inclus.

Cet hôtel-boutique est installé dans un bâtiment emblématique situé dans l'une des zones les plus intéressantes (culturellement) de Las Palmas de Gran Canaria, à proximité notamment de la Casa de Colón, de nombreux musées ou encore du quartier historique. Les 27 chambres sont spacieuses, confortables et disposent de tout l'équipement nécessaire. Vous adorerez en particulier le petit déjeuner, la terrasse et l'architecture. Et côté accueil, rien à redire ! On recommande.

HÔTEL REINA ISABEL €€€

Calle Alfredo L. Jones, 40

✆ +34 928 260 100

www.bullhotels.com

A partir de 160 € petit déjeuner inclus, à partir de 190 € en demi-pension.

Bien situé en bordure des plages de Las Canteras, il a gardé le charme des établissements anciens, malgré sa rénovation. Toutes les chambres sont vastes, très confortables et dotées d'une terrasse, mais pour bénéficier des magnifiques couchers de soleil, on préférera celles donnant sur la plage. Autre indéniable plus : une piscine d'eau de mer et un solarium, avec belle vue panoramique. Dont on profitera aussi depuis le restaurant, *Summum,* au travers de sa belle baie vitrée aux formes ondulées. Ce sera aussi l'occasion d'y déguster une cuisine espagnole raffinée.

BAR CASA CARMELO €

Calle Secretario Padilla, 106

✆ +34 928 277 157

Du mardi au samedi 12h-17h et 20h-23h. Entre 15 et 20 € par personne.

Situé à proximité de la plage de Las Canteras et du centre commercial Las Arenas, ce bar à tapas n'a rien pour attirer l'attention, de prime abord. Mais on vient ici pour bien manger et pas cher. Preuve en est la queue continue qui se forme devant ce petit restaurant qui ne compte que cinq tables en terrasse. Pour apprécier cette cuisine vraiment délicieuse, on conseille le poulpe à la sauce canarienne et le calamar frit, et surtout, les *taquitos de cherne*. Il y a fort à parier que cela deviendra votre cantine si vous logez sur le paseo de Las Canteras.

CAFETERIA DEL REAL €

Paseo las canteras, 10

✆ +34 928 47 31 74

Ouvert tous les jours, de 8h à 22h.

Bien située en bordure du paseo Las Canteras, cette cafeteria est tout à fait pratique pour les petites faims de *mini bocadillos,* en sortant de la plage ou pour y prendre son petit déjeuner en terrasse : *tostadas* avec jambon, jus d'orange frais ou viennoiseries diverses, accompagnés de café ou de thé assez dignes. Là, on pourra se livrer au plaisir de le savourer en regardant la mer. L'adresse est un peu prise d'assaut le week-end, car le plaisir du petit déjeuner au bord de la plage est particulièrement apprécié des *grancanarios*.

LA OLIVA RESTAURANTE €

Calle Prudencio Morales, 15
✆ +34 928 469 757
www.laolivarestaurante.com
Ouvert tous les jours de 8h30 à minuit. Large choix de tapas pour moins de 10 €.

Avec sa belle terrasse face à la mer, ce restaurant qui fait aussi bar à tapas, a constitué sa clientèle d'habitués, plutôt familiale. Tout au long de la journée, on pourra y apprécier des tapas ou des *media raciones*, aux portions assez généreuses. Ce sera l'occasion d'y tester quelques-uns des classiques de la cuisine canarienne comme les aubergines frites, arrosées de miel de La Palma ou les indispensables *papas arrugadas,* accompagnées de leurs *mojos,* sauce verte et rouge. Ou d'opter pour le poisson frais, servi *a la plancha*. Une pause agréable.

LA TRAVESIA DE TRIANA €

Calle Las Lagunetas, 11
✆ +34 928 360 193
www.latravesiadetriana.com
Ouvert du lundi au samedi de 13h à 23h. Fermé le dimanche. Environ 25 € par personne.

Vous aurez plaisir à prendre place dans cette petite taverne avec ce qu'il faut de jambons accrochés au mur, aux côtés des locaux, pour y déguster des tapas qui sont parmi les meilleures de la ville. Sur la grande ardoise, la maison vous propose une fine sélection de vins des Canaries – dont ceux de Lanzarote – servis au verre ou à la bouteille et des tapas de grande qualité : *jamón de bellota*, fromage *manchego*, croquettes maison, salade de la mer, boudin noir ou petits poivrons... Le service est rapide, mais il vaut mieux réserver, car l'adresse est appréciée.

CASA MONTESDEOCA €€

Calle Montesdeoca, 10
✆ +34 928 333 466
Du mercredi au samedi 13h30-16h et 19h30-23h et dimanche 13h30-16h30. Environ 35 € par personne, sans le vin.

Le vrai plus de ce restaurant, c'est sa situation. Dans le quartier de la Vegueta, il s'est installé dans un cadre bien agréable : un palais du XVIe siècle qui possède un superbe patio baigné de verdure et de palmiers ce qui maintient une très douce ambiance. Au menu, de beaux poissons arrivés du jour, servis avec du pil-pil ou des risottos et de belles viandes de qualité comme le *solomillo a la plancha*. La présentation est soignée et le service soigné et de bon conseil. Belle carte de vins canariens. Une table belle et bonne.

GRAN CANARIA

EL CHURRASCO €€

Calle Olof Palme, 33
✆ +34 928 272 077
www.elchurrascorestaurante.com
Ouvert tous les jours de 13h à minuit. Jusqu'à 1h le vendredi et samedi. Comptez environ 35 €.

Situé dans un quartier assez peu touristique, mais à quelques encablures du paseo de Las Canteras, ce restaurant n'est ni plus ni moins que le paradis de tous les amateurs de bonne viande, qui sauront reconnaître leurs origines argentines, mais pas que, gage de qualité. C'est aussi le rendez-vous de *toda la vida*, de toujours, pour de nombreux *Palmenses*. Dans un décor agréable aux tons couleur tabac, on pourra apprécier une cave à vins spectaculaire et l'amabilité sur service. Le repas sera un peu cher, mais l'addition est méritée.

HÔTEL SANTA CATALINA €€€

Calle León y castillo, 227 ✆ +34 928 243 040
https://www.barcelo.com/
A partir de 146 € pour une chambre double.

Entièrement rénové, cet hôtel propose 204 sublimes chambres de la classique à la familiale. Il conserve bien sûr sa structure conçue par Miguel Martín-Fernández de la Torre, l'un des exemples les plus significatifs de l'architecture régionaliste du XXe siècle. Hormis ces 204 chambres, on profitera du *Patio de las Tortugas*, un jardin spectaculaire entourant le hall, et d'espaces comme le Bar Carabela ou le Salon Arencibia dont les peintures murales ont été restaurées. Ainsi que de son restaurant tenu par Juan Carlos et Jonathan Padrón, chefs canariens étoilés.

KARMACOMA €€

Calle Secretario Padilla, 158
✆ + 34 828 043 032
Mercredi et jeudi et dimanche de 13h à 16h, vendredi et samedi 13h-16h et 20h-23h. Plat à environ 16 €.

A la tête de ce lieu ouvert en 2016, Domingo, ex-commercial du secteur pétrolier et passionné de cuisine et de musique, d'où le nom, en référence au groupe *Massive Attack*. L'idée, proposer quelques plats simples, avec une grande exigence de qualité des produits. On conseille de goûter au *gazpacho de bettarada*, nom canarien pour nommer la betterave, préparé avec une excellente huile de Jaén ou au *Fagajesto*, un fromage canarien, mi-chèvre, mi-brebis, et provenant d'un petit village au sud de Gáldar. A l'image des plats, le local est dépouillé, mais pas sans charme.

DULCERIA PARRILLA

Calle General Bravo, 31
✆ + 34 928 36 19 21
www.dulceriaparrilla.com
Ouverte du lundi au vendredi de 10h à 14h et de 17h à 19h30. Samedi de 10h à 14h. Fermé le dimanche.

L'histoire a débuté en 1906 quand le grand-père a quitté Lanzarote pour monter la *Panificadora Parrilla* au 31 de la rue General Bravo. Aujourd'hui, plus de pain, mais des douceurs aux recettes anciennes et perpétrées avec soin : des *mazapanes*, massepains ; des *yemas*, mini flans très légers ; les belles meringues au cœur mousseux ; les feuilletés sucrés et aussi, à Noël, des *pasteles de Carne*, sorte de tartes à la viande. Ce sera aussi l'occasion de retrouver les saveurs d'enfance en y goûtant les petits palmiers qui ont fait la joie de nos goûters.

LA AZOTEA DE BENITO

Plaza Hurtado Mendoza s/n
✆ +34 928 36 74 50
Mardi et mercredi 18h–0h. Jeudi 18h-2h. Vendredi et samedi 17h-2h. Dimanche 17h-0h.

La première raison d'y aller c'est sa très belle carte de cocktails faits maison, dont la sangria aux fruits rouges qui lui ont valu d'être primé comme meilleur bar à cocktails d'Espagne en 2014, excusez du peu. Et comme si cela ne suffisait pas, vous y viendrez aussi parce que sa terrasse offre de très jolies vues sur le quartier de la Vegueta et sur la mer, puisqu'il est installé tout en haut du centre commercial Monopol. A apprécier lors du coucher de soleil et installé dans un fauteuil douillet si vous avez la bonne idée d'arriver un peu avant tout le monde.

EL MODERNISTA

Plaza de San Telmo, s/n
Ouvert tous les jours, de 10h à 21h.

Ce que l'on viendra y boire, café, jus de fruits ou autre, importe peu. Ce qui a du charme, c'est le lieu, avec ce petit kiosque moderniste, à l'élégance désuète, et sa situation sur la très agréable place de San Telmo, à quelques pas de la chapelle du même nom. On s'y installera pour une pause entre deux visites, dans cet entre-deux que constitue le quartier, entre plages et quartiers anciens, avec l'assurance d'être parfaitement protégé par des arbres splendides, contre le soleil ou contre la pluie. Egalement très agréable en soirée.

HOTEL SANTA CATALINA

GUIRLACHE

Calle Triana, 68
✆ + 34 928 366 723
http://guirlachetriana.com
Ouvert tous les jours de 10h à 21h.

Un grand espace avec un long présentoir devant lequel on fait scrupuleusement la queue et quelques tables pour s'asseoir, cette pâtisserie a tout d'une institution. On recommande d'y savourer notamment les *huevos de santos*, une crème entourée de pâte d'amandes. Mais ce ne sera que l'une des nombreuses pâtisseries (40 au total et régulièrement renouvelées). Pourquoi ne pas tenter le « Chef de Paris », à la crème au caramel, aux noix et aux cerises noires. Côté glaces, vous y trouverez aussi la version du fameux gâteau *bienmesabe*.

FEDAC ARTISANAT CANARIEN

Domingo J. Navarro, 7
✆ +34 028 36 96 61
https://fedac.org
Boutiques d'artisanat traditionnel, et moderne.

Le Fedac, Fondation pour l'ethnographie et le développement de l'artisanat canarien est un organisme dépendant du Cabildo de Grande Canarie qui se propose notamment de soutenir et de promouvoir l'artisanat canarien. Ouvertes depuis 1992, ses boutiques proposent des pièces à la fois traditionnelles et modernes, payées au juste prix. A Las Palmas de Gran Canaria, elles se présentent sous la forme de deux boutiques accolées. Vous y trouverez des bijoux, des écharpes en soie ou en laine dans la première et poteries et vanneries dans la seconde.

TALASSOTERAPIA LAS CANTERAS

C/ Padre Cueto, 22 ✆ +34 928 271 170
https://talasoterapialascanteras.com
Tous les jours de 9h à 22h. Circuit Atlantique : 1 heure à 15 €, combiné avec un massage complet de 50 minutes : 45 €.

Près du paseo de Las Canteras, ce grand centre de thalassothérapie de 1 500 m² regroupe toutes sortes de bains : chaud, froid, glacé, vapeur, sauna, douches de massage haute pression, bain à remous... Il propose différents circuits, combinés ou non avec des massages. Mais on peut aussi y suivre un soin du visage ou du corps, si l'on souhaite se relaxer des pieds à la tête. On pourra même opter pour des soins réalisés avec une ligne de produits entièrement bio.

ARUCAS ★

Surnommée la « perle de Gran Canaria », c'est la troisième ville de l'île après la capitale Las Palmas et Telde. Elle est réputée pour ses céramiques, mais on y vient surtout pour sa fabrique de rhum et son église de San Juan Bautista. Son centre historique a été reconstruit en 1480, après que la ville ait été totalement détruite en 1478. Aujourd'hui, on y appréciera ses bâtisses historiques, ses jardins et ses ruelles typiques. Depuis le bourg, une route étroite conduit au sommet de la montaña de Arucas, un ancien volcan dominant la ville. Par temps clair, on voit la presqu'île de la Isleta à Las Palmas et à la tombée de la nuit, la vue est splendide.

ÉGLISE DE SAN JUAN BAUTISTA

Située dans le centre d'Arucas, cette église très imposante est surnommée la cathédrale. C'est une curiosité architecturale, œuvre de l'architecte Manuel Vega, dont la construction a débuté en 1906 et s'est achevée dans les années 1970 et qui contraste de manière saisissante avec l'architecture générale du village. Elle est en basalte gris, de style néo-gothique. A l'intérieur, quelques œuvres d'art de grande valeur, comme celle du sculpteur canarien Manuel Ramos.

DISTILLERIE DE RHUM AREHUCAS ★

Era de San Pedro, 2
✆ +34 928 624 900
https://arehucas.es
Du lundi au vendredi de 9h à 14h. Fermé certains jours, voir sur le site. Tarif visite : 5 €.

Musée et usine. D'une superficie de 260 m², le musée contient une multitude de collections et d'outils de travail. A l'entrée, de nombreux objets publicitaires de l'entreprise, dans la Cour des artisans, une magnifique collection de photographies rétrospectives et, à l'intérieur, une large présentation de l'artisanat de la région. A la place d'honneur, le vieil alambic (*alquitara*), où les premières eaux de vie du siècle dernier étaient distillées. Vous pourrez y faire vos achats.

LA HACIENDA DEL BUEN SUCESO €€€

Carretera de Arucas à Banaderos
✆ +34 928 622 390
www.haciendabuensuceso.com
Chambre double dès 75 €. Restaurant, comptez au moins 30 €.

Au cœur d'une superbe bananeraie verdoyante, ce très joli hôtel rural est installé dans une vieille ferme datant de 1572. Vous y profiterez des installations et infrastructures de loisirs : piscine, bain à remous et bain turc, salle de fitness, ainsi que tous les services dispensés par un hôtel 5 étoiles. Les 18 chambres dégagent une atmosphère douce et paisible. Tout comme son restaurant proposant une cuisine raffinée et disposant d'une belle terrasse.

FIRGAS

A 400 mètres d'altitude, cette petite ville est connue pour son eau minérale. Mais elle abrite aussi quelques éléments patrimoniaux à découvrir comme son moulin de gofio et le Paseo de Canarias. Sur ce dernier, on trouvera des mosaïques, rapportées de Séville, qui représentent les sept îles de l'archipel et les 21 municipalités de la Grande Canarie à découvrir en remontant la rue. Au milieu coule une fontaine de plus de trente mètres de long, en pierre de taille. Située en face de l'hôtel de ville de style néo-canarien, l'église de San Roque offre l'une des plus belles vues sur le nord de l'île et par temps clair sur Tenerife et Fuerteventura.

MOULIN DE GOFIO

Calle del Molino, 2
✆ + 34 928 616 747
www.firgas.es
Ouvert du lundi au vendredi de 8h à 14h. Entrée libre.

Également connu sous le nom de Molino del Conde, ce moulin typiquement canarien date de 1517 et a fonctionné durant 400 ans. Il servait à fabriquer le gofio, une farine de céréales d'origine guanche et toujours très utilisée dans la cuisine actuelle. Ouvert au public depuis 1998, il abrite un musée comportant 3 salles : celle où l'on faisait griller le gofio, celle où l'on moût le grain et une dernière abritant différents instruments de travail (900 pièces au total). C'est aussi ici que se trouve l'office de tourisme de Firgas.

EL CHIRINGUITO €

Calle Alcalde Manuel Hernandez Quintero, 2
✆ +34 928 616 101
www.chiringuitofirgas.es
De 12h à 0h, fermé mardi et mercredi sauf pour les fêtes. Jusqu'à 18h le dimanche. Prix moyen : 20 €.

Vous serez accueilli dans une grande salle accueillant jusqu'à 70 personnes, avec son coin cheminée. Et au menu de la dégustation de ce restaurant familial, ses spécialités : des viandes du pays, cuites devant vous, entrecôte, veau, poulet, porc, lapin… Mais il y aura aussi des poissons, calamars, croquettes ou servis à la plancha, des soupes et une multitude d'entrées, à accompagner de vins du pays. On recommande la viande de chèvre, accompagnée de ses « papas », l'un des plats plébiscités. Les desserts clôtureront le repas comme le riz au lait, ou les tartes.

LA FUENTE €

Calle José Santos, 2
✆ +34 928 616 391
www.lafuentefirgas.es
Du mercredi au vendredi 11h30-16h et 20h-23h. Week-end 11h30-16h30 et 20h-0h. Comptez autour de 15 €.

Dans ce petit restaurant qui réserve un accueil charmant à tous ses clients, vous découvrirez une excellente cuisine canarienne, concoctée à des prix très doux. Vous pouvez tester des plats typiques comme le potage de Berros, les croquettes de poisson, la soupe de poulet… Ou opter pour des plats plus rapides comme le burger canarien fait maison et tout à fait hors normes ou les sandwichs. Les desserts y sont généralement très appréciés et on aura aussi la bonne idée de se laisser guider par les conseils du patron, toujours avisés.

LAS BRASAS €

Avenida de la Cruz, 36
✆ +34 928 625 250
www.lospollitoslasbrasas.com
Du lundi au jeudi 12h-16h15, vendredi et samedi 12h-16h30 et 20h-23h30, dimanche 12h-17h.

C'est un restaurant qui ne paie pas de mine, mais dont la réputation lui garantit une clientèle locale régulière, ce qui ne vous échappera pas au vu de la longue file d'attente, surtout le week-end. Pour s'installer, une grande salle rustique et un espace plus intime avec moins de tables. On y appréciera sa spécialité, des viandes cuites à la braise, extrêmement savoureuses, que l'on accompagnera d'un pain fait maison. Petites faims, passez votre chemin car les portions sont canariennes, autant dire copieuses. En dessert, tentez la mousse de gofio.

GÁLDAR ★★★

C'est la principale agglomération du nord-ouest de l'île et l'ancienne capitale de l'époque pré-hispanique. La ville où vivaient les Guanartemes, rois des Guanches. Elle s'étend au pied d'un petit volcan pelé de 434 mètres de hauteur, et elle possède un centre historique, agréable et animé, avec quelques édifices typiques comme l'église néoclassique de Santiago de Gáldar. Mais son principal intérêt réside dans son extraordinaire parc archéologique, la Cueva Pintada, « la grotte peinte », espace d'art rupestre qui à lui seul vaut le déplacement. Si vous y venez le jeudi, vous pourrez aussi profiter du petit marché qui se tient le matin dans le centre.

ÉGLISE DE SANTIAGO DE LOS CABALLEROS ★

L'église de Santiago de los Caballeros, de style néo-classique, est l'œuvre du chanoine et architecte de la cathédrale de Las Palmas, Diego Nicolás Eduardo, et date de la fin du XVIIIe siècle. A l'intérieur, parmi d'autres pièces de valeur, se trouvent plusieurs sculptures de Luján Pérez, un Christ attaché à la colonne du XVIe siècle, un orgue de quatre mille sept cents sifflets et les fonts baptismaux verts, où selon la tradition on baptisait les aborigènes.

PARQUE ARQUEOLOGICO CUEVA PINTADA ★★

Calle Audiencia, 2 ✆ +34 928 895 489
www.cuevapintada.com
Fermé le lundi. D'oct à mars, 10h-18h, dimanche dès 11h. De juin à sept, 10h30-19h30, dimanche 11h-19h. Entrée : 6 €.

Le site de la Cueva Pintada qui se situe dans la vieille ville de Gáldar a été fermé au public pendant plus de dix ans ; l'humidité et la lumière avaient dégradé les peintures qui datent en majorité du XIIIe siècle. Décrété « gisement d'intérêt national », il a été rouvert le 26 juillet 2006. Cette grotte est un peu considérée comme la chapelle Sixtine des aborigènes et constitue l'un des gisements archéologiques les plus représentatifs des Canaries.

▶ **Le site découvert en 1873** bénéficie aujourd'hui d'une scénographie très élaborée qui rend le parcours ludique, avec des audiovisuels très didactiques, dont un stéréoscopique, qui narre la vie des premiers habitants de l'île et les débuts de la conquête. Outre une salle d'exposition de céramiques et d'objets (statuettes religieuses, outils, sceaux), on découvre au fil des passerelles les restes du village primitif composé d'une cinquantaine d'habitations sur le site mis à jour par les archéologues, avec des habitations reconstituées.

▶ **La Cueva Pintada** (la grotte peinte, creusée dans le tuf volcanique) est le clou de la visite. Etroitement protégée de l'humidité par des parois de verre, la grotte arbore des parois ornées par les indigènes de peintures polychromes (rouge, blanc, noir) aux motifs géométriques : triangles, carrés et cercles que l'on ne retrouve pas dans les autres grottes de l'archipel, mais seulement sur les céramiques préhispaniques. La visite est fort intéressante. A ne pas manquer.

GRAN CANARIA

L'église de Santiago de Los Caballeros à Gáldar.

GUÍA

Fondée au XVe siècle comme un quartier de Gáldar, destiné à recevoir les colonisateurs, cette petite ville était connue autrefois sous le nom de Santa María de Guía. C'est aussi la ville natale du sculpteur Luján Pérez, dont on pourra admirer les œuvres religieuses dans tout l'archipel canarien, notamment dans la cathédrale de Las Palmas. Ainsi que dans l'église paroissiale, à la façade néoclassique de Guía, qui abrite des retables et des icônes du sculpteur. La ville est également réputée pour ses couteaux et ses fromages de brebis, appelés *media flor*, en raison du jus de fleur de chardon utilisé pour les aromatiser et aussi les conserver au frais.

CENOBIO DE VALERÓN

Cuesta de Silva s/n

✆ + 34 618 607 896

Fermé le lundi. Ouvert de 10h à 17h, jusqu'à 18h d'avril à septembre. Entrée : 3 €.

© MAX_555 - SHUTTERSTOCK.COM

Le nom de ce gisement a longtemps fait illusion, donnant à penser qu'il s'agissait d'une sorte de couvent où les jeunes femmes nobles étaient prises en charge par des prêtresses jusqu'à leur mariage. Hypothèse totalement écartée aujourd'hui. Il s'agit en fait d'un grenier collectif très imposant, creusé il y a plus de 800 ans par les aborigènes. 350 cavités au total, disposées sur plusieurs niveaux pour abriter les céréales, principale ressource de la Grande Canarie. Un circuit a été aménagé le long de cette forteresse, avec panneaux explicatifs et miradors.

LA SARDINA

Situé dans la municipalité de Galdar la Sardina a fait partie des lieux qui ont compté dans l'histoire de la Grande Canarie, notamment en raison de son port de Sardina del Norte. De taille moyenne, il a joué par deux fois un rôle important. Au moment de la conquête, en servant de point d'entrée aux conquérants pour arriver directement au centre politique aborigène et après la conquête pour servir de point de sortie pour les produits sucriers. Aujourd'hui, il attire surtout les baigneurs et les voyageurs qui viennent y chercher la tranquillité. Mais en poursuivant la balade le long du front de mer, on découvrira aussi la trace de l'occupation aborigène.

AGAETE ★★

Situé entre l'océan et les vallées verdoyantes du centre de l'île, ce petit village est connu de l'archipel entier grâce à ses fêtes de la Rama, qui remonteraient au temps des aborigènes et attirent des milliers de visiteurs tous les ans pendant la première semaine d'août. Une petite promenade au cœur du village permet d'apprécier l'architecture des maisons colorées et l'on pourra effectuer une halte sur la charmante petite place ombragée, où se situe l'église. Deux kilomètres plus bas, on arrive au Puerto de Las Nieves. De part et d'autre du port, on peut se baigner et profiter des plages de galets ou déjeuner dans l'un des restaurants du bord de mer.

JARDIN DU HUERTO DE LAS FLORES

Calle Huertas

Du mardi au samedi, de 11h à 17h. Entrée : 1,50 €.

Le jardin du Huerto de las Flores appartenait au XIXe siècle à la famille Las Armas, célèbre compagnie de bateaux aujourd'hui. Cette famille collectionnait les arbres et les fleurs exotiques, qu'elle se faisait rapporter des quatre coins du monde. Aujourd'hui, l'ensemble formé par ces 100 espèces tropicales a poussé et constitue un fantastique jardin luxuriant. En son temps, il a accueilli quelques-uns des poètes de l'île comme Alonso Quedada ou Tomás Morales.

PARC ARCHÉOLOGIQUE DE MAIPES D'AGAETE ★★

✆ +34 928 171 177

Fermé le lundi et certains jours fériés. Ouvert de 10h à 17h en hiver, jusqu'à 18h en été. Entrée : 3 €.

© TEREFERE - SHUTTERSTOCK.COM

S'étendant sur plus d'un kilomètre carré, il s'agit de l'un des espaces funéraires en milieu volcanique les plus spectaculaires de l'archipel canarien, qui abrite plus de 700 tombes dont certaines datent de plus de 1 300 ans. Pour sa valeur archéologique mais aussi géologique, ce gisement a été classé bien d'intérêt culturel en 1974. On y trouvera un centre d'interprétation et une série de parcours jalonnés de panneaux, de maquettes ou d'audiovisuels en différentes langues.

PLAYA GUAYEDRA

Autour d'Agaete, plusieurs plages méritent une halte. La plupart, isolées, sont accessibles à pied par des sentiers. C'est le cas de la playa de Guayedra, au sud. C'est une plage nudiste, située dans une baie assez coquette où on appréciera bien sûr les couchers de soleil. Les plages de La Caleta et de Juncal, entre Agaete et Guia, sont également très agréables, avec la garantie d'être éloigné d'un flot de touristes. Ces plages ne sont pas faciles à trouver, le mieux est de se renseigner avant d'aller y installer sa serviette.

PUERTO DE LAS NIEVES ★

Il abrite la Ermita de Las Nieves, une petite chapelle construite au début du XVIe siècle par Anton Cerezo – un Italien qui avait obtenu des terres à Agaete dans la répartition qui eut lieu après la conquête. En août, on peut y admirer le triptyque du XVIe siècle que son fondateur fit venir des Flandres, conservé dans l'église d'Agaete le reste de l'année. De la chapelle originale, il ne reste que le sanctuaire et le plafond à caissons. On peut aussi apprécier les jolies maisons blanches aux volets bleus qui ont su garder toute leur authenticité.

HÔTEL PUERTO DE LAS NIEVES €€

Alcalde José de Armas, s/n

✆ +34 928 886 256

www.hotelpuertodelasnieves.es

Compter de 70 à 110 € pour une chambre double selon saison (accès au spa, non inclus).

Choix de design audacieux pour le hall de cet hôtel : croiser les codes d'un patio et de la circulation d'une coursive de navire. Il propose 30 chambres rénovées avec goût, dont certaines avec terrasse. Et toutes dotées de tout le confort (mini-bar, salle de bains complètes...). Egalement à votre disposition, une piscine, un sauna et des bains turcs pour des soins à l'aromathérapie et à l'aloe vera... Point ordi, machine à café et restaurant de poissons viennent compléter l'offre.

RK HÔTEL EL CABO €€

Calle Anton Cerezo, 20

✆ +34 928 887 520

www.rkhotels.es

De 50 à 200 € pour une chambre double.
Accessible aux personnes à mobilité réduite.

Au cœur du port, c'est un hôtel fonctionnel offrant une trentaine de chambres, refaites à neuf. Réparties sur trois niveaux, avec ascenseur, et décorées de meubles blancs, elles sont confortables : téléphone, air conditionné, coffre-fort.... Et toutes dotées de salle de bains complète et certaines de balcons donnant sur une rue calme. On profitera de services tels que cafétéria self-service, location de voitures et vélos, excursions, spa, etc. Son plus : une terrasse-solarium aménagée, avec de belles vues sur le port et les falaises.

HÔTEL & SPA CORDIAL ROCA NEGRA €€€

Avenida Alfredo Kraus 42
✆ + 34 928 89 80 09
www.becordial.com
De 100 à 250 €, la chambre supérieure double avec petit déjeuner.

A deux pas des « Salinas » ces piscines naturelles d'eau de mer, l'hôtel & spa Cordial Roca Negra a épousé le paysage de l'île en adoptant une architecture intégrant les pierres volcaniques. Pour tous ceux qui cherchent quiétude et luxe, vous découvrirez des chambres confortables avec vue sur l'océan depuis leurs terrasses. Le Spa vous permettra de compléter votre séjour avec des pauses bien-être et détente, et des formules de séjours comprenant son accès.

HÔTEL RURAL FINCA LAS LONGUERAS €€€

El Valle, à 2 km d'Agaete, El Valle
✆ +34 928 898 145
www.laslongueras.com
A partir de 80 € pour une chambre double. Deux nuits minimum selon la saison.

Installé dans une maison seigneuriale du XIXe siècle, cet hôtel de charme propose 10 chambres bien équipées et toutes différentes. Il a gardé le style et la grandeur d'autrefois : galeries parquetées, vastes chambres, meubles, objets et gravures anciens, œuvres d'art dont le meuble courrier de l'entrée, de 1800. On profitera de la vue magnifique sur l'amphithéâtre du *barranco* depuis la piscine entourée de palmiers et des recoins tels les salons de lecture ou les terrasses aménagées.

PUERTO DE LAGUETE €€

Nuestra Señora de Las Nieves, 9
✆ +34 928 554 001
Ouvert tous les jours de 12h à 22h. Environ 20 € par personne.

Dans ce restaurant situé sur le port de Las Nieves, le décor intérieur sera fort logiquement très marin. Mais on pourra aussi s'installer sur sa belle terrasse pour profiter de la vue sur la mer et le port, sachant qu'elle fait souvent salle comble et qu'il faut arriver un peu avant pour s'y installer. Comme dans de nombreux restaurants de ce village, mieux vaut opter pour la simplicité et privilégier le poisson du jour, simplement à la plancha. Les portions sont honnêtes et le service correct même s'il est sous pression en cas d'arrivée de bateaux.

PUERTO DE LAS NIEVES ★

C'est le port du village d'Agaete, situé à un kilomètre en contrebas. Il sert surtout de point de départ aux ferries de Fred Olsen, mais aussi de petit port de pêche. On y descend également pour s'arrêter dans l'un des restaurants du bord de mer qui a minima garantissent une jolie vue depuis leurs terrasses. A proximité, on trouvera une plage de sable noir et de galets ; Et on pourra aussi y observer le doigt de Dieu « dedo de Dios » : une roche qui émergeait de l'océan, mais dont la partie supérieure s'est effondrée en 2005. C'est aussi un lieu recherché pour s'y loger avec une grande gamme de propositions, appartenant à toutes les catégories hôtelières.

GRAN CANARIA

© FREEARTIST - ISTOCKPHOTO.COM

Puerto de las Nieves.

TELDE ★★

C'est la deuxième ville de Grande Canarie qui fut la capitale de l'un des deux royaumes aborigènes qui se partageaient l'île avant la conquête. Les quartiers de San Francisco et de San Juan conservent un aspect typique et on remarque l'église de San Juan Bautista à la façade gotico-mauresque. A 4 km au sud, la *montaña de Cuatro Puertas* abrite l'un des vestiges archéologiques les plus importants de la période pré hispanique : une grotte taillée dans la montagne où se célébrait le *tagoror*, conseil réunissant les *guayres*, chefs locaux. Sur le versant nord de la montagne, on trouve un ensemble impressionnant de grottes naturelles qui servaient d'habitat.

INGENIO

Cette petite ville doit son nom à la raffinerie de sucre, Ingenio de azúcar qui a été construite après la Conquête pour moudre les cannes des plantations environnantes et fabriquer du sucre. Aujourd'hui on y cultive principalement la tomate, mais le bourg est surtout connu pour son artisanat. Tout d'abord les broderies, réalisées et vendues dans différents ateliers de la commune, des broderies traditionnelles, mais aussi intégrées à la mode actuelle, avec ses défilés. Et aussi des céramiques et des ornements de « pintaderas », symboles aborigènes peints. On y élabore enfin un pain artisanal, *pan de puño*, qui est pétri au poing, célèbre dans toute l'île.

AÉROPORT GRAN CANARIA

A 25 km au sud de Las Palmas par la GC-1.
✆ + 34 928 579 130
www.aena.es
Pour rejoindre la ville, nombreux taxis à l'arrivée ou bus n° 60 pour Las Palmas.

Situé à environ 25 km au sud de Las Palmas, entre Telde et Ingenio, cet aéroport accueille de nombreuses compagnies européennes. Depuis Paris, c'est surtout Vueling qui opère en proposant des vols le plus souvent avec escale à Barcelone, que ce soit depuis Roissy-Charles de Gaulle ou Orly et, très rarement, un direct depuis Roissy. Préférez les horaires matinaux, car en début d'après-midi les retards s'accumulent et vous pouvez rater votre correspondance. On y prend aussi les vols inter-îles, compagnies Binter et Canaryfly). Huit loueurs de voitures à l'aéroport.

AGÜIMES ★

Ce village aux couleurs pastels est préservé et tranquille, mais se montre animé lors des fêtes des saisons et a été sélectionné comme village de « gastronomie, culture et tourisme ». Ancien domaine des évêques des Canaries, il conserve dans son église de San Sebastián des sculptures des XVIIe et XVIIIe siècles, dont certaines sont l'œuvre de Luján Pérez. Les ruelles piétonnes parsemées de sculptures telles que chameaux, musiciens, invitent à la détente et restaurants et bars ont tous de jolies peintures sur le mur de leur devanture. Disposant de jolies maisons d'hôtes et à l'écart du tourisme de masse, c'est un point de départ idéal pour visiter l'île.

HÔTEL RURAL CORTIJO SAN IGNACIO GOLF €€€

Propriété indiquée depuis l'autoroute du Sud km 6,4, sortie Telde 6B ✆ +34 928 712 427
www.cortijosanignaciogolf.com
Tarifs : chambres doubles, de 100 à 120 € double avec petit déjeuner.

Transformé en hôtel, cet ancien couvent du XVIIIe siècle a conservé le cachet d'une architecture canarienne. Chaque pièce a été décorée de meubles anciens splendides donnant beaucoup de style et d'histoire aux chambres et aux salons. A l'extérieur, un mur d'enceinte abrite la propriété ; un jardin luxuriant et une grande piscine dans les palmiers, à l'abri du bruit et des regards. Les amateurs de golf s'adonneront à leur hobby sur le splendide 18-trous qui jouxte la propriété.

BARRANCO DE BALOS ★

Près d'Agüimes, vous trouverez le Lomo de los Letreros, la colline des inscriptions, situé entre les barrancos de Temisas et de Balos. C'est sûrement l'ensemble d'inscriptions rupestres le plus important de la Grande Canarie. Le support naturel de ces Pétroglyphes est un massif basaltique qui surgit au milieu du barranco de Balos. On pense que cela pouvait avoir été un lieu sacré pour les aborigènes, avec des formes géométriques et des représentations humaines schématisées comme des lignes qui peuvent suggérer les doigts d'une main.

BARRANCO DE GUAYADEQUE ET MUSEO ★★

Barranco de Guyadeque

✆ +34 928 172 026

Musée et centre d'interprétation fermés pour travaux.

La verdoyante Barranco de Guayadeque est l'une des vallées les plus magnifiques de l'île. Des cactus, des agaves, des coquelicots, des palmiers, des pins des Canaries et des amandiers, ainsi que plus de 80 variétés endémiques, poussent en abondance sur ces pentes. Les villes voisines d'Ingenio et Agüimes tirent leur eau d'une rivière qui parcourt cette ravine. Cette vallée, qui pendant la préhistoire était la plus peuplée de l'île, est le site de l'un des cimetières préhistoriques les plus importants, où les défunts étaient enterrés dans des grottes inaccessibles. Les Guanches – les premiers habitants des Canaries – utilisèrent ensuite ces grottes pour méditer, stocker de la nourriture et comme sites pour les rituels de fertilité. Au XIXe siècle, après que les locaux ont commencé à piller les grottes et à vendre leurs découvertes archéologiques au Museo Canario de Las Palmas, cette région a été désignée réserve naturelle pour la protéger. Sur les flancs du barranco s'agrippe Cueva Bermeja, un village troglodyte d'origine préhispanique et une curieuse chapelle taillée dans la montagne, dont le confessionnal est également taillé dans la pierre. De nombreux témoignages de la civilisation préhispanique ont été retrouvés telles les momies et les peintures rupestres. A 100 m de la chapelle, le restaurant troglodyte.

Randonnée. Elle longe le ravin en démarrant au km 2,2 de la route GC 103, après le centre, d'interprétation et serpente jusqu'à Cueva Bermeja. Compter 3 h aller-retour.

COCODRILO PARK

Carreta Gral

✆ + 34 928 78 47 25

https://www.cocodriloparkzoo.com

Ouvert vendredi, samedi et dimanche, de 10h30 à 16h30. Entrée : 9,90 € pour les adultes, 6,90 € pour les enfants.

Sur 22 000 m², c'est le seul refuge d'animaux des Canaries, qui en accueille plus de 500, dont de nombreux crocodiles, environ 300. En allant visiter ce parc, dont les animaux proviennent également de saisies par le gouvernement, vous contribuerez à l'achat de nourriture et aux soins vétérinaires pour ces espèces. Vous pourrez découvrir pour le plus grand plaisir des petits comme des grands, des lamas, des tigres, des singes, des tortues, des chouettes, des chimpanzés, des perroquets, des serpents, etc., bien loin de leur maison d'origine.

MUSÉE D'HISTOIRE D'AGUIMES ★

Calle Juan Alvarado y Saz, 42

✆ +34 928 785 453

Ouvert de mardi à samedi de 9h à 17h. Entrée : 3 €.

Dans le centre historique, ce très joli petit musée est abrité dans un bâtiment ayant appartenu aux évêques des Canaries et connu sous le nom de palais épiscopal. L'occasion de parcourir cinq siècles d'histoire de la région, de la conquête jusqu'à la moitié du XXe siècle. Organisé en huit salles distribuées autour d'un patio central, certaines modernes, d'autres récupérant des parties anciennes de l'édifice, il traite de la société, des mentalités, de l'économie et de l'artisanat.

GRAN CANARIA

Agüimes.

OBSERVATORIO DE TEMISAS

http://astrotemisas.es

Observations toute l'année, les vendredis et samedis, de 21h à 23h, nov à mars, 22h à minuit, reste année. Tarif : 10 €.

Les observatoires professionnels des îles Canaries font partie du « triangle d'or » de l'astronomie mondiale, avec ceux de Hawaï et du Chili. Depuis 2000, l'île de Gran Canaria a aussi son institution scientifique baptisée Canary Observatory Foundation of Temisas. Celle-ci a lancé l'un des premiers programmes réguliers de vulgarisation de l'astronomie sur l'île. Bien qu'il collabore également avec divers programmes de recherche, son observatoire baptisé observatoire astronomique de Temisas est principalement axé sur la découverte du ciel dans le cadre du développement du patrimoine naturel et touristique local. Il est situé à 6,5 km de la route GC-550, à seulement 25 minutes de l'aéroport de Gran Canaria, et à 45 minutes environ des plus grandes villes de l'île comme Las Palmas et Maspalomas. Il se trouve à 850 m d'altitude, au bord de la Caldera de Tirajana, un site au ciel exceptionnellement sec, transparent et sombre, particulièrement vers le nord, le sud et l'ouest. Cependant, vers l'est, en direction de la zone densément peuplée de Balos et d'Arinaga, les objets célestes faibles et bas sur l'horizon sont moins accessibles du fait de la pollution lumineuse. Le bâtiment principal de l'observatoire abrite un télescope de 355 mm de diamètre capable de fournir de jolies images de la plupart des objets célestes pointés. Une terrasse est aussi à votre disposition, équipée de plusieurs autres instruments, permettant des observations de tous types en fonction du nombre de participants inscrits.

HÔTEL RURAL CASA DE LOS CAMELLOS €€

Calle Progreso, 12

✆ +34 928 785 003

www.hotelcasaloscamellos.com

Compter de 80 à 115 € pour deux, avec petit déjeuner, selon la saison et le type de chambre.

Au cœur du centre historique près de l'église, ce petit hôtel de douze chambres est abrité dans une ancienne halte datant de 1905, où se reposaient les chameaux des marchands. Elle a été restaurée dans le respect de l'architecture locale et on y appréciera deux agréables patios. Idéal pour des vacances en famille. L'Oroval, restaurant de l'hôtel sert une cuisine locale de très bon goût. Testez le poulpe frit ou le thon au miel, vraiment succulents.

EL POPULACHO €

Plaza del Rosario, 17

✆ + 34 928 78 45 14

Lundi de 10h30 à 17h30, mercredi et jeudi de 10h30 à 22h30, vendredi et samedi de 10h30 à 0h, dimanche de 10h30 à 18h.

Situé à l'angle de la place principale et près de l'église, ce restaurant anciennement épicerie, est plébiscité par les locaux qui y apprécient la qualité et la quantité. Dans une grande salle aux murs en pierre, le patron vous servira le plat du jour canarien tel que viande au citron et des tapas (croquettes, assiette de fromages locaux…), le tout s'accompagne agréablement d'un jus de papaye frais, comme tous les jus de fruits proposés ici. Belle terrasse où savourer par exemple les spécialités de la maison, les mojitos ou les baranquitos.

RESTAURANTE EL CENTRO DE GUAYADEQUE €

Barranco de Guayadeque, 25

✆ + 34 928 172 145

www.restauranteelcentro.com

Ouvert tous les jours. Compter environ 25 € par personne.

Situé dans le ravin de Guayadeque, ce restaurant est construit dans les grottes montagneuses de Barranco. C'est une curieuse expérience qui vous laissera un souvenir impérissable, l'écho, le bruit des pierres autant de sensations hors du commun pour un dîner. Vous y goûterez quelques spécialités comme le porc frit à la sauce à l'aïoli, une copieuse parillada ou de belles grillades qui lui ont valu d'être primé lors de concours récompensant les saveurs locales. Un incontournable.

VILLA ROSA €€

Calle Juan Melian Alvarado, 3

✆ + 34 928 78 47 01

Ouvert tous les jours de 12h à 16h et de 20h à minuit. Fermé le mercredi. Comptez environ 25 €.

Situé près de l'église, ce restaurant sert une cuisine canarienne typique : crevettes à l'ail, salades, variations autour des fromages de chèvres, poissons à la plancha, paella (pour 2 personnes), calamars, mais aussi de multiples recettes de viande (chevreau en sauce, steak, escalope, lapin cuisiné sous toutes ses formes). Et si vous y passez le dimanche, ce sera le jour du cochon noir, très apprécié et requérant huit heures de cuisson. Sans oublier de bons desserts, le tout à déguster sur la terrasse ombragée ou dans la grande salle intérieure.

TEROR ★★

Ce joli village de caractère est le principal centre religieux de l'île qui accueille le pèlerinage de Nuestra Señora del Pino, le 8 septembre. Vous y découvrirez des demeures anciennes et pittoresques, aux multiples couleurs vives et aux balcons de bois que l'on peut apprécier sur sa place centrale, son centre névralgique. Composée de trois puits, principal, Agua Agria et moulin du milieu, la Fuente Agria, ou la source aigre, est l'un des lieux les plus emblématiques de Teror, mais aussi l'un de ses principaux revenus. Pensez à faire un tour aux marchés du samedi et dimanche pour trouver de bonnes spécialités locales, dont le *Chorizo de Teror* à l'ail.

BASILIQUE DE LA VIRGEN DEL PINO ★★

Plaza Nuestra Señora del Pino
✆ +34 928 630 118
Entrée libre à la basilique, 1,50 € pour le musée del Camerín de la Virgen, derrière l'église.

© BOB LEENING - SHUTTERSTOCK.COM

Sa construction remonte à l'an 1767 même si elle a été rénovée partiellement dans les années 1970. Sa façade s'ouvre sur trois portes et ses côtés présentent chacun deux entrées ainsi que des grandes fenêtres et des vitraux qui représentent les mystères du Rosaire. Dans la partie arrière de l'autel principal, vous pourrez trouver el Camarín de Nuestra Señora del Pino, une icône très fréquemment visitée par les paroissiens. A noter aussi, les retables de la basilique.

LA VEGA DE SAN MATEO

Ce gros bourg appelé aussi San Mateo a une forte tradition agricole. Son marché de producteurs qui se tient le samedi et le dimanche attire des personnes de toute l'île à la recherche de produits frais. Au-delà de San Mateo, la route continue de monter vers la Cruz de Tejeda. Tourner sur la gauche pour atteindre, par une petite route en lacets, le Pico de las Nieves. On débouche sur une autre route, qui relie Cruz de Tejeda, vers la droite, et le Pico de las Nieves vers la gauche. Du croisement, la vue s'étend sur le nord-est de l'île. Les pentes sont couvertes de pins vers le haut et de maisons, celles de San Mateo et Santa Brígida, un peu plus bas.

CENTRO ASTRONÓMICO ROQUE SAUCILLO 📷

23 Calle Dr. Jacinto R. Mejías
✆ + 34 665 82 92 75
www.miradordelcielo.es
Tarifs : 35 € (adultes), 15 € (de 10 à 14 ans), 10 € (de 6 à 10 ans), 5 € (enfants de moins de 6 ans).

Le Centre astronomique Roque Saucillo est un projet ambitieux qui a été créé sous l'impulsion de la municipalité de La Vega de San Mateo. Avec comme objectif la promotion d'un autre aspect de la vie culturelle, touristique, scientifique et de loisirs sur l'île. Le projet a été lancé en 2001, mais il aura fallu attendre près d'une dizaine d'années pour qu'il aboutisse réellement. En 2011, grâce à des investissements privés, le premier centre permanent et observatoire astronomique urbain des Canaries est donc devenu réalité. Ce centre est volontairement implanté en ville afin de mettre à disposition de tout un chacun ses infrastructures. Celles-ci sont situées au dernier étage de l'école de musique municipale. Une plate-forme d'observation offre une vision du ciel à 360° et des vues spectaculaires sur les reliefs de Gran Canaria. D'autres plates-formes sont aussi disponibles, avec plusieurs télescopes destinés aux divers ateliers et activités programmés. La coupole abrite un télescope entièrement informatisé, orienté vers des observations didactiques. Un bâtiment adjacent permet enfin de proposer des expositions spécifiques d'astrophotographies, de météorites, etc. Ce centre n'a pas d'heures d'ouverture régulières, mais il organise souvent des soirées d'observations et les visites se font obligatoirement dans le cadre d'un programme d'activités organisées, dont les dates sont publiées sur la page Facebook du centre, avec inscription préalable.

HÔTEL RURAL LAS CALAS €€

Calle El Arenal, 36 ✆ +34 630 96 86 79
www.hotelrurallascalas.com

Tarifs : à partir de 85 € jusqu'à 120 € la chambre double. Deux nuits minimum hors saison.

A 3 km de La Vega de San Mateo, en direction de Tejeda, ce petit hôtel à l'architecture traditionnelle se cache derrière de hauts murs qui lui assurent une parfaite intimité. C'est une halte de charme où la propriétaire vous accueille en amis. Les 9 chambres modernes ou rustiques (de la chambre double à la Suite) sont desservies par une galerie et encadrent un petit jardin fleuri. Le petit déjeuner est servi sous la galerie ou dans le jardin. Pour vous rafraîchir, une toute petite piscine. Sachez qu'il est possible de dîner le soir sur demande.

CALDERA DE BANDAMA ★★

C'est le principal site volcanique de Gran Canaria. Son cratère circulaire, de 1 km de diamètre et de plus de 200 m de profondeur, est dû à une explosion violente survenue lors d'une éruption « hydro magmatique », mettant en contact la lave et l'eau d'un lac, d'une rivière ou d'une nappe phréatique. La caldera de Bandama en constitue un exemple caractéristique. On en aura les meilleures vues depuis le pic de Bandama, à 575 m de hauteur, et de la petite route qui y conduit. A la clé, de superbes panoramas garantis en perspective.

SANTA BRÍGIDA ★

Nommé Satautey, la « vallée des palmiers » par les aborigènes, ce village tout à fait agréable possède une petite église très mignonne et on y vient aussi pour son marché de légumes qui se tient le samedi matin. On pourra y visiter sa maison musée du vin qui présente l'histoire viticole de l'île et propose des dégustations. On découvrira aussi son passé aborigène en se rendant dans le hameau de La Atalaya, renommé pour ses poteries confectionnées selon les techniques guanches et qui possède quelques habitations troglodytes. Enfin, à près de 8 kilomètres à l'est, on accédera à la Caldera de Bandama, principal site volcanique de l'île de Grande Canarie.

MAIPEZ HOTEL RURAL €

Calle La Calzada, 104
✆ +34 928 287 272

A partir de 90 € la chambre double.

Ouvert depuis 2004, cet hôtel trois étoiles s'est installé dans une ancienne bâtisse typiquement canarienne et rénovée avec beaucoup de goût. Il y propose dix chambres dont sept doubles, l'une d'entre elles disposant d'une terrasse, et deux juniors suites. Toutes bénéficiant d'un bon confort et d'une décoration soignée. Une fois sur place, vous aurez aussi accès aux différents espaces de l'hôtel : une piscine, un barbecue, un jardin solarium, un restaurant, un terrain de tennis sur gazon... Ce sera aussi un point de départ idéal pour les randonnées.

Caldera de Bandama.

HOTEL BANDAMA GOLF €€

Lugar de Bandama Campo de Golf, s/n
✆ +34 928 351 538
https://hotelbandamagolf.com-hotel.com
Comptez de 60 à 112 € pour une chambre double, de 80 à 120 € avec terrasse.

Sa situation est exceptionnelle. Installé au sein d'une réserve naturelle et entouré de paysages magnifiques, il n'est qu'à 20 mètres de l'entrée du volcan et à quelques pas d'un golf de grande renommée, créé en 1957. Vous y apprécierez la végétation luxuriante, son calme et les vues sur la mer. Bien décorées, la plupart des 34 chambres bénéficient de jolies vues et certaines d'une terrasse. On pourra aussi profiter d'une piscine extérieure chauffée et des multiples activités proposées par l'établissement (mini-golf, équitation, randonnées, etc.).

TEJEDA ★★

Face au Roque de Bentayga, il jouit d'un superbe panorama avec sa route serpentant entre des décors de toute beauté. Avec ses petites ruelles atypiques et sa jolie église, il mérite lui aussi que l'on s'y promène. Il est le premier et jusqu'à présent le seul village des Canaries à faire partie du club des plus jolis villages d'Espagne. A 7 km et à 1 494 m de hauteur, la croix de Tejeda marque le point de rencontre des routes qui montent de toutes les côtes de l'île et le début de nombreuses randonnées suivant les chemins royaux. A 8 km à l'ouest la route se termine au Pinar de Tamadaba, la plus belle forêt de l'île sur un plateau dominant la côte nord.

ROQUE DE NUBLO ★★

© NITO - SHUTTERSTOCK.COM

Culminant à 1 810 m, ce piton rocheux se repère depuis les airs. Il s'agit d'un monolithe de basalte rectangulaire massif, de 80 m de hauteur, posé à la verticale sur une montagne pelée et contrastant avec la forêt en contrebas. Vénéré par les Guanches qui lui accordaient une très grande importance culturelle et cultuelle. Pour y accéder, la balade traverse la forêt de pins et dure de 30 à 45 min. A l'arrivée les paysages sont spectaculaires, vous pouvez profiter d'une vue panoramique pratiquement à 360°. Devant vous se dresse le pic du Teide sur Tenerife.

PICO DEL POZO DE LAS NIEVES ★★

A 1 949 m, c'est le plus haut sommet de l'île. Qui doit son nom au fait que les religieux gardaient la neige en réserve dans les excavations naturelles, à des fins domestiques : congélation, propriétés analgésiques et anti-inflammatoires pour administrer des soins. Et ce jusqu'au XVIIe siècle. Depuis le mirador, le paysage est exceptionnel, par temps clair et la vue s'étend vers le nord-ouest de l'île, avec le piton du Roque Nublo, au-dessus du lac de la Presa de los Hornos.

HÔTEL FONDA DE LA TEA €€

Calle Ezequiel Sánchez, 22
✆ +34 928 666 422
www.hotelfondadelatea.com
Dès 150 € la chambre double.

L'hôtel est installé dans une magnifique maison canarienne, datant du XIXe siècle. Situé à flanc de montagne, il bénéficie d'une terrasse sur le toit et de coursives en bois qui permettent une vue dominante sur la vallée et sur le roque de Bentayga. Pour les chambres, ce sera pierres apparentes et décoration à l'ancienne. Un peu cher pour le standing des chambres, l'hôtel est idéalement placé, et à deux pas des chemins de randonnée. Le patron propose également deux maisons rurales à louer dans le village et possède un restaurant portant le même nom que l'hôtel.

ROQUE BENTAYGA ★★

A 1 400 m, ce piton rocheux basaltique était un lieu de réunion privilégié des Guanches vivant soit dans la Cueva del Rey, grotte du roi, soit dans le Roque Camello, autre lieu comptant de nombreuses grottes. On trouvera aussi le lieu-dit, « almogarén de Bentayga » qui serait selon les uns, un lieu sacré et pour les autres, une sorte de forteresse face à l'envahisseur. Un centre d'interprétation se trouve au début de la balade qui mène au Roque Bentayga. Ouvert toute l'année, de 10h à 16h en semaine, et jusqu'à 18h le week-end.

EL REFUGIO €€

Calle Cruz de Tejeda, s/n
✆ +34 928 666 513
www.hotelruralelrefugio.com
Dès 60 € la chambre double. Deux nuits minimum selon la saison.

Ce petit hôtel rural offre un cadre très calme et très agréable et la possibilité d'un séjour en pleine nature. On y appréciera son petit jardin ainsi que sa piscine. Et sûrement son restaurant qui met un point d'honneur à servir une cuisine traditionnelle, s'appuyant sur les productions locales (fromages, tomates, pommes de terre et même œufs bio). Avec comme autres plaisirs, une cheminée pour combler la fraîcheur des soirées d'hiver et une terrasse pour profiter des journées ensoleillées. Ce sera aussi un très bon point de départ de nombreuses balades.

PARADOR €€€

Cruz de Tejeda à 7km au nord du village de Tejeda.
✆ +34 928 012 500
Comptez entre 90 et 175 € la chambre double.

Construit d'après les plans du peintre Néstor de la Torre, ce parador a rouvert ses portes en 2009, après une fermeture de dix ans. Il s'agit d'un édifice des années 1930, typiquement canarien, mais décoré dans un style contemporain. Situé à 1 560 m d'altitude, il jouit d'un superbe panorama que l'on pourra admirer depuis son bain moussant, situé en plein air. Rien que pour ça, on recommande ! Les chambres donnent aussi sur la *caldera*, à apprécier depuis de grandes baies vitrées. On disposera aussi d'un spa, d'une salle de gymnastique, et d'un restaurant.

ASADOR-GRILL YOLANDA €€

Cruz de Tejeda, 3
✆ +34 928 666 276
Ouvert tous les jours, de 9h à 18h. De 15 à 20 € le plat, carte des vins variée.

Installé en lieu et place d'une ancienne boutique vendant des huiles et du vinaigre, l'Asador de Yolanda a réformé le lieu en 1976, mais a gardé le four de l'époque, et porté attention à la nouvelle décoration. Dans ce grill, la spécialité sera forcément les bonnes viandes grillées. Mais on pourra aussi y tester des plats canariens comme les petits cochons de lait, le lapin, le chevreau. Ou les desserts faits maison comme la tarte aux trois chocolats, au turrón et amandes, le flan aux œufs ou au café... Parfait pour les soirées d'hiver.

ARTENARA ★★

Perché à 1 219 m d'altitude, au milieu de la nature, c'est le plus haut village de l'île. Et aussi le plus connu des villages troglodytes de Grande Canarie dont les sites archéologiques du *Risco Caído* ont été classés au patrimoine de l'Unesco, en juillet 2019. L'office du tourisme, calle Párroco Domingo Báez, 13, abrite un petit musée des grottes et vous donnera tous les renseignements pour programmer votre visite des lieux. Comme leurs ancêtres guanches, un certain nombre de paysans *grancanarios* continuent d'habiter sous ces abris rocheux, aujourd'hui aménagés avec tout le confort. Sur les hauteurs, on y trouvera également une petite église troglodyte.

© MICHAELUTECH - ISTOCKPHOTO.COM

Eglise d'Artenara.

GRAN CANARIA

ÉGLISE SANTA MARIA DE LA CUEVITA

Elle est indiquée depuis le village,
il faut monter à pied.
Ouverte toute la semaine, de 9h à 19h.

Cette église de la Vierge de la petite grotte est une église troglodyte située sur les hauteurs du village, avec une représentation de la vierge par une petite statue de bois polychrome de 80 centimètres de haut. C'est une toute petite chapelle dont la construction s'est étalée du XIVe au XVIIe siècle et qui possède un petit sanctuaire, creusé dans la roche. Durant la deuxième quinzaine du mois d'août, la statue est portée jusqu'à l'église de San Matías.

Dedo de Dios.

PARC NATUREL DE TAMADABA ★★

Vers San Nicolas

Sur la route entre San Nicolas et Artenara, on arrive à l'entrée d'une pinède exceptionnelle qui s'avère être l'un des deux parcs naturels de l'île. Tamadaba est un énorme massif qui regroupe des écosystèmes rares sur ses falaises escarpées. Mais ce qui le qualifie surtout ce sont ses ravins et ses massifs et l'on pourra ainsi y observer de curieuses formations rocheuses provoquées par l'érosion comme le fameux Dedo de Dios (le doigt de Dieu). Parmi la végétation se distinguent les pinèdes d'une grande valeur écologique puisqu'elles contribuent à capter l'eau, comme celles de Tamadaba et Tirma, parfaitement conservées. Sur le plan de la faune, ce sont les oiseaux qui constituent sa plus grande richesse ce qui a conduit à classer ce parc en zone de protection spéciale. C'est là que nichent plusieurs espèces endémiques comme le pinson bleu de Grande Canarie et le pic épeiche, mais sa faune inclut aussi de nombreux reptiles. Côté flore, il renferme plus de 200 espèces végétales, dont une grande partie sont des plantes endémiques. On y remarquera notamment les cistes, euphorbes des Canaries et Euphorbia balsamifera, qui se développent dans les zones les plus basses. C'est dans le lit des ravins qu'apparaissent les palmeraies. Dans le parc, on observe également l'exceptionnel cèdre canarien et quelques endémismes comme la marguerite du Teide et Globularia salicina. C'est une zone également très importante dans le domaine archéologique puisque l'on y trouve des sites comme El Risco ou la Vallée de Guayedra.

SAN NICOLÁS

Ce village, situé sur la côte ouest, est un gros bourg agricole inconnu des touristes, et pour cause : la difficulté de la route décourage, qu'il s'agisse de la route côtière ou de la route depuis Puerto Rico. Ici, on cultive la banane à perte de vue, et le village n'offre pas d'intérêt touristique particulier, car son architecture moderne et désordonnée est loin d'être aussi typique que celle d'autres villages de l'intérieur. Si vous aimez le calme de la campagne et les plages de cailloux, loin de la foule des touristes. Entre Agaete et San Nicolás, les 20 km de la route de corniche sont spectaculaires et les panoramas impressionnants.

SAN BARTOLOMÉ DE LA TIRAJANA

Une balade dans les ruelles escarpées de cette petite ville également appelée Tunte se révèle très agréable et permettra d'apprécier son architecture typique, avec ses murs blancs et ses pierres apparentes. On musardera dans le callejón pavé Princesa Guyarmina, on jettera un coup d'œil à l'église de style mudéjar et on fera une pause sur l'un des bancs du mirador del Polvo pour une vue panoramique sur la vallée. La Casa Los Yánez, bon exemple de l'architecture rurale du XIXe siècle, calle Reyes Católicos, s/n abrite l'office du tourisme et un musée ethnographique. A 2 kilomètres en direction de Maspaloma, on peut pique-niquer sur l'area Almendreros.

SITES ARCHÉOLOGIQUES - RISCO CAIDO ★★

Calle Camino de la Cilla, s/n ✆ + 34 649 50 77 46
https://riscocaido.grancanaria.com
Centre d'interprétation ouvert tous les jours, de 10h à 17h. Entrée libre. Routes à télécharger depuis le site web.

C'est le 8 juillet 2019, à Bakou, que le paysage culturel de *Risco Caído* et les espaces sacrés des montagnes de Grande Canarie ont été classés au patrimoine culturel mondial de l'Unesco. Situé à l'intérieur de l'île et sur ses hauteurs, cet espace impressionnant de 18 000 hectares, soit environ 11 % de la superficie de l'île, recouvre une zone abrupte, avec falaises, ravins et une immense *Caldera*, provenant d'une éruption volcanique. Celle de Tejeda. Décrite par l'écrivain Miguel de Unamuno comme une « tempête pétrifiée ». Un ensemble essentiel pour comprendre les modes de vie et les pratiques cultuelles des peuples aborigènes. Au-delà du site du *risco caído*, cet ensemble abrite plus de 1 500 grottes qui composent un paysage troglodyte, réparti entre Artenera, Tejeda, mais aussi Agaete et Gáldar. Composé de grottes, naturelles ou artificielles, qui ont notamment servi de logements, de greniers à grains, de citernes et de lieux de sépulture. Parfois également ornées de gravures rupestres ou d'inscriptions de type libyco-berbère. L'hypothèse la plus reconnue en ce qui concerne l'origine de ces peuplements aborigènes c'est une immigration de populations berbères de l'Afrique du Nord, vraisemblablement aux alentours du 1er siècle et qui vécurent isolés pendant près de 1 500 ans, jusqu'à la conquête hispanique.

▶ **Le site du Risco Caído.** Découvert en 1996 par l'archéologue Julio Cuenca, c'est l'ensemble de grottes le plus spectaculaire de la Grande Canarie. Au total, il renferme 21 grottes conservant des peintures rupestres de grande importance, souvent liées au culte de la fertilité et aux croyances religieuses et magiques. L'un de ses éléments les plus significatifs et le joyau de cet ensemble est un *Almogarén,* terme spécifiquement canarien qui désigne les lieux où les aborigènes pratiquaient leurs rites religieux : un espace circulaire couronné d'une coupole de 5 mètres de haut. Une performance si l'on sait que les aborigènes ne disposaient d'aucun instrument de métal. On notera aussi une entrée creusée dans sa voûte, qui en laissant entrer la lumière du solstice d'été à l'automne, devait servir de marqueur astronomique pour déterminer les différentes saisons de l'année et organiser les récoltes en fonction. Sur les murs on trouvera diverses inscriptions en forme de triangle inversé, symbolisant la fertilité. Ce temple aurait pu être lié aux cultes des astres et de la Terre-Mère.

▶ **La Grotte des Candiles**, est percée dans la montagne d'Artenara, et son attrait principal vient des peintures rupestres qui recouvrent ses parois.

▶ **Le Complexe Archéologique d'Acusa,** un des plus importants de la région conserve des grottes servant alors d'habitations ou de sites funéraires.

▶ **Quant aux Grottes de Caballero,** cette zone de refuge des bergers est également un précieux témoignage de la vie des Guanches.

▶ **Un centre d'interprétation** du *Risco Caído* et des montagnes sacrées installé dans une grotte met à disposition des propositions de parcours et fournit des renseignements sur cet ensemble et la vie de ses habitants via de nombreux moyens audiovisuels et une exposition permanente. La pièce maîtresse de cette exposition étant une reconstitution en taille réelle de la grotte n° 6.

▶ **Quatre routes permettent de découvrir ses paysages :** une circulaire Cruz de Acusa-Las Hoyas- lugarejos-Coruña ; la circulaire de Tamadaba ; le croisement du Roque Nublo et de Cruz de Tejeda à Artenara (de 2h à 3h30).

GRAN CANARIA

© LVALIN - SHUTTERSTOCK.COM

Sites archéologiques - Risco Caido.

HÔTEL PARADISE LAS TIRAJANAS €€€

Calle Oficial Mayor José Rubio
✆ 34 928 56 69 69
www.hotelrurallastirajanas.com
Chambre double à partir de 130 € avec petit déjeuner, accès au fitness et au spa.

Situé à l'entrée du village lorsque l'on arrive de Fataga, cet hôtel bénéficie d'une position dominante et d'une vue tout à fait exceptionnelle sur la caldera de Tirajana, dont il tire son nom. Une situation de mirador que l'on retrouvera dans certaines des chambres de l'hôtel. Qui de toute façon garantiront un séjour d'un calme absolu. Il dispose d'une piscine extérieure, recouverte l'hiver, d'un spa et d'une salle de fitness et d'un restaurant avec vue, elle aussi, panoramique.

SANTA LUCÍA ★

C'est un village typique et charmant de haute montagne. Dans le centre on pourra visiter le musée-château de la forteresse El Hao qui expose de nombreux vestiges exhumés dans les gisements de la région, mais aussi son église située sur la place du village, reconstruite trois fois et dont la dernière édition date de 1905. Il est aussi entouré de sites naturels d'exception comme la caldera de Tirajana où l'on trouve l'une des plus belles palmeraies de Grande Canarie ou la Fortaleza de Ansite. Une forteresse qui est en fait un site volcanique tout à fait impressionnant et qui a constitué l'un des derniers refuges des populations aborigènes dans la région.

CALDERA DE TIRAJANA ★★

C'est une large caldera, cratère, sur laquelle sont accrochés les villages de Santa Lucía et San Bartolomé de Tirajana. D'une grande singularité paysagère, ce lieu combine relief escarpé du territoire, ensemble architectonique, richesse végétale et paysage agricole. Les gorges de Tirajana naissent sur la caldera et débouchent sur la mer dans la plaine de Juan Grande. C'est au cœur de cet environnement que l'on trouve les plus belles et les plus vastes palmeraies de l'île, la palmeraie de la Surrueda située tout près du barrage vaut particulièrement le détour.

FORTALEZA DE ANSITE ★★

Cette « forteresse » est en fait un site volcanique incroyable que l'on a le loisir d'observer en voiture, depuis la route qui descend vers la côte. Dans son intégralité, le site comprend plusieurs forteresses qui se font face : fortaleza grande, fortaleza chica et titana. Sa difficulté d'accès en a fait l'un des derniers refuges des populations aborigènes et c'est là que se sont déroulées les dernières batailles entre elles et les colons espagnols. Dans cette zone, on trouvera de nombreuses grottes qui servaient à la fois de logements, mais aussi de sépultures.

GRAN CANARIA

© SVSUMIN - SHUTTERSTOCK.COM

Santa Lucía.

FATAGA

La route qui mène du sud au centre est superbe et traverse des oasis de verdure et des canyons dignes des grands westerns. Et à 30 minutes en voiture de son opposé absolu, la playa del Inglés, Fataga est un petit village paisible niché au fond du *barranco* (ravin) du même nom, au milieu des palmiers. Il est considéré comme un des plus beaux villages de l'île et on pourra y visiter des ateliers de produits artisanaux, châles, poteries ou vannerie, notamment. À 5 km au sud, on découvrira aussi Arteara, autre village typique qui permettra d'accéder à une nécropole qui est l'un des plus grands cimetières aborigènes de la Grande Canarie, avec 900 sépultures.

NÉCROPOLE D'ARTEARA

Arteara, s/n

✆ + 34 638 810 591

Temporairement fermé. Vérifier sur internet avant d'y aller. Entrée : 4 €.

Par l'espace occupé, plus de 137 000 m² et le nombre de sépultures, près de 900, c'est l'un des plus grands cimetières aborigènes de l'île. Les sépultures sont situées sur un « malpaís », empilement de rochers provenant d'une avalanche et datées d'environ 1300 ans. On notera particulièrement le « Tumulus du roi », point stratégique éclairé seulement le jour du solstice. Le circuit et le centre d'interprétation permettent d'en savoir plus sur les concepts de vie et de mort des aborigènes. Avec des vues sur les rochers impressionnants d'Amurga depuis la nécropole.

© JUERGEN SACK - ISTOCKPHOTO.COM

Paysage aux alentours de Fataga.

GRAN CANARIA

CAMEL SAFARI PARK LA BARANDA

Entre Fataga et Arteara ✆ +34 650 951765

https://camelsafarigrancanaria.com

Tous les jours de 9h à 17h. Compter 25 € pour un tour de 60 minutes. Tours de 20 ou 30 min (15 et 20 €).

Situé dans une finca de 10 000 mètres², ce centre propose des balades à dos de dromadaire au milieu d'un paysage assez unique, au milieu d'une palmeraie et de jardins tropicaux. Le parc comprend aussi un restaurant où l'on peut déjeuner en mode barbecue. Dans un espace qui fait office de salle à manger-musée, avec de nombreux outils nécessaires au travail dans une finca. Les plus petits seront sûrement ravis de jouer avec les animaux à cette occasion.

HÔTEL RURAL MOLINO DE AGUA €€

Carretera général de Fataga, km 31

✆ +34 626 802 705

http://elmolinodeagua.com

A partir de 95 € la chambre double.

Niché au fond de la palmeraie, cet hôtel est une finca (ancienne ferme) avec une vue magnifique et verdoyante. Il comprend plusieurs maisonnettes centenaires rénovées avec goût en 2011. Isolées les unes des autres, les chambres sont soignées et très propres et disposent toutes d'une jolie terrasse. On peut profiter de la piscine, de la mini-ferme et du restaurant avec une cuisine locale, ainsi que de nombreuses activités comme paintball, tyrolienne, escalade, VTT...

SAN AGUSTÍN, PLAYA DEL INGLÉS ET MASPALOMAS ★

Ce secteur est un énorme complexe touristique qui va de San Agustín à Maspalomas en passant par la longue plage de Playa del Inglés. San Agustín voit se succéder des immeubles hauts au style démodé le long de petites plages de sable jaune. Playa del Inglés et Maspalomas disposent d'une même plage et de dunes de 8 km de longueur qui s'enfoncent vers l'intérieur sur plus d'1 km. Cette pointe de Gran Canaria est constituée de 250 ha de dunes côtières pouvant atteindre une dizaine de mètres de hauteur. Au nord, les dunes sont bordées par l'oasis de Maspalomas, plantée de palmiers. C'est là que vous trouverez les hôtels les plus luxueux.

AQUALAND

Carretera de los Palmitos, km 3
✆ +34 928 140 525
www.aqualand.es/maspalomas
Ouvert tous les jours, de 10h à 17h. Entrée : 31 € pour les adultes.

Aqualand, ce sont treize parcs aquatiques dans toute l'Europe, les Canaries en comptent deux, celui-ci et un autre à Tenerife. Avec 130 000 m², cet Aqualand de Maspalomas est le plus vaste parc aquatique de la Grance Canarie. Dans cet espce de loisirs à vocation aquatique, de nombreuses attractions autour de jeux de glisse et de natation, avec possibilité de nager avec des lions de mer. Aussi bien pour les enfants que les parents. En commandant vos tickets sur le Web vous bénéficierez de réductions et d'offres couplées avec le Palmitos Park.

SEASIDE PALM BEACH €€€

Avenida del Oasis s/n
✆ +34 928 721 032
www.seaside-hotels.com
A partir de 260 € la chambre double. Spa et golf. Restaurant gastronomique.

A la différence de nombreux autres complexes, cet hôtel de luxe est très design. Les 400 chambres et Suites sont vastes, bien équipées, avec un petit espace salon. La décoration de chaque chambre se décline dans une couleur différente. Vous y découvrirez des piscines, un espace spa, un sauna, une piscine à l'eau salée..., et une multitude d'activités et loisirs : fitness, sauna, bains à remous, squash, tennis, sports aquatiques, golf, et minigolf. Les plus : restaurants, animations chaque soir, piano-bar... Cinq étoiles bien méritées !

GRAN CANARIA

Balade dans les dunes de Maspalomas.

H10 PLAYA MELONERAS PALACE €€€

Calle Mar Caspio, 5
✆ +34 928 128 282
www.h10hotels.com
Compter à partir de 165 € la chambre double.

À 3 km des dunes et de la plage de Maspalomas, cet édifice 5 étoiles de trois étages abrite un peu moins de 400 chambres, équipées de terrasses avec vue sur la mer. Au programme, trois piscines, une première, chauffée pour les adultes, une autre à débordement et une piscine réservée aux enfants. Il dispose d'une multitude de services et de loisirs avec un grand Spa, une zone thermale, bains turcs, massages et aussi l'accès à un terrain de golf, à 5 km.

LOPESAN COSTA MELONERAS RESORT €€€

Calle Mar Mediterráneo, 1
✆ +34 928 128 100
www.lopesan.com
À partir de 214 € la chambre double, sans le petit déjeuner.

Caché dans un jardin luxuriant de palmiers et doté d'une piscine immense qui se confond avec le bleu de l'océan, il dispose aussi d'une plage artificielle et d'un solarium. Au total, 1 136 chambres, dont 155 suites de grand standing avec balcon privé composent cet ensemble impressionnant, qui propose une multitude de services et d'activités : mini-golf, courts de tennis, spa, animations, plongée, planche à voile, mais aussi des restaurants, cafés, un bar à cocktails et même un casino.

EL FARO €€

Boulevard El Faro
✆ +34 928 145 379
Ouvert tous les jours de midi à minuit. Compter 10 € le plat.

Ce restaurant grill déploie sa grande terrasse face à l'océan, sur la promenade, on sera donc sûr de disposer de belles vues sur la mer. Au nombre des tentations plus gustatives, on pourra y apprécier le cabri, l'agneau de lait ou le porcelet grillés, le *conejo en samorejo*, lapin à la sauce canarienne, l'*arroz de conejo con caracoles*, lapin aux escargots et riz, la langouste ou le homard du vivier... Que les becs sucrés se réjouissent, la maison s'est fait une spécialité des plats et desserts flambés. Accueil tout à fait charmant.

SALOBRE GOLF RESORT & SPA €€€

Urb. Salobre Golf, Calle Swing
✆ +34 928 943 000
https://en.salobrehotel.com/
À partir de 260 € la chambre double, les prix variant beaucoup selon la saison.

Ouvert en 2006, ce 5-étoiles très luxueux est intégré dans une jolie oasis de cactus géants et de formations volcaniques, tout près du centre de Maspalomas. C'est très certainement notre coup de cœur pour l'ensemble des Canaries, tant pour son cadre relaxant, pour la qualité de ses services que pour l'accueil et le personnel. 7 piscines avec un coin *chill out*, une vue magnifique sur l'océan, un spa, trois restaurants et bars... Mention particulière pour la demi-pension, divine !

© SALOBRE HOTEL

© SALOBRE HOTEL

GRAN CANARIA

Dunes de Maspalomas.

EL SENADOR €€

Paseo del Faro, 2
✆ +34 928 142 068
www.restauranteelsenador.com
Ouvert tous les jours de 10h à minuit. Comptez autour de 30 € par personne.

En bord de plage, El Senador vous propose ses spécialités de la mer avec poissons, gambas, poulpe, calamars, paellas (dont celle de la mer), carpaccio de saumon. Et son plat star dans ce domaine, c'est le bar au sel, *lubina a la sal*. Côté viandes, il y aura de belles pièces en provenance de Galice. Mais aussi des salades et des plats canariens comme les croquettes maison de seiche et de crevettes, ou celles au jambon ibérique, et un large choix de pâtes et pizzas servies sur une agréable terrasse et de plus avec un accueil chaleureux.

RIAS BAJAS €€€

Avenida de Tirajana,
✆ +34 928 764 033
Ouvert tous les jours de 13h à 22h30. Compter autour de 35 €.

C'est une institution dans la région, l'établissement est aussi bien fréquenté par les locaux que par les touristes. Le décor est un peu convenu, à la fois classique et élégant, mais la cuisine y est excellente. L'essentiel de la carte est principalement orienté vers les produits de la mer, poissons et fruits de mer, qui ont fait sa réputation : poissons au sel, paellas et riz aux fruits de mer. Avec un beau service, chaque plat étant découpé et servi à la table. Il y aura malgré tout de quoi contenter les amateurs de viandes avec des agneaux de lait.

BOUTIQUE D'ARTISANAT DU PHARE DE MASPALOMAS

Plaza del Faro, 1
✆ +34 928 772 445
https://fedac.org
Ouvert toute la semaine de 10h30 à 17h.

Cette toute nouvelle boutique, ouverte le 7 février 2019, appartient au réseau de la Fedac, fondation pour le développement de l'artisanat canarien, un organisme dépendant du Cabildo. C'est la garantie de trouver un artisanat de belle qualité et d'une grande variété. On y trouvera par exemple de jolis bijoux, des foulards ou des écharpes en soie, des objets de décoration pour la table ou la maison. Une présentation qui est très souvent actualisée.

CAMPO DE GOLF DE MASPALOMAS

Avenida Touroperador Neckerman
✆ +34 928 762 581
www.maspalomasgolf.net
18 trous de 118 à 120 € selon la saison, 9 trous 72 €. Leçon de golf 1/2 heure 28 €. Ouvert tous les jours de 8h à 20h.

Voici un terrain de golf de 18 trous créé par Mackenzie Ross et inspiré dans son design par les dunes environnantes. Très joliment aménagé au cœur de ces dunes, il propose différents types de handicaps et des formules pour adultes et juniors. On pourra aussi y suivre des cours et même des cours de Pilates, une discipline qui pourra vous aider dans l'éducation de votre corps et dans la concentration. Boutique professionnelle et restaurant complètent l'offre.

IJUMP

Aeródromo El Berriel - Carretera del Sur, 46,5 km
✆ +34 928 157 000
https://ijump.es
Ouvert du lundi au dimanche de 8h à 20h. Cours, tandem. Saut en tandem à partir de 219 €.

Après une formation de 10 min, vous sauterez en tandem à 3 200 m, une chute libre de 38 secondes à 200 km/h. Concernant les cours, vous bénéficierez d'une formation au PAC (AFF) reconnue au niveau mondial. Bon saut. Et écrivez-nous pour nous décrire vos sensations. Comme le club est installé dans le Real Aeroclub de Grande Canarie, toutes les installations de ce club sont à la disposition de ceux qui viennent y sauter : un restaurant-grill avec terrasse, une zone barbecue, une piscine d'eau salée de 33 mètres et une mini pour les petits.

ARGUINEGUÍN

C'est la première étape de ce que l'on appelle la Costa de Mogán. Et malheureusement cette côte autrefois sauvage a subi le même sort que le reste de la côte sud de l'île avec une présence croissante de complexes hôteliers imposants qui sont venus régulièrement grignoter la montagne. Aujourd'hui, Arguineguín dispose d'un petit port de pêche sans grand charme et d'une petite plage de sable gris, mais calme. En suivant la promenade côtière, on pourra rejoindre les criques de Patalacava. Ou prendre les bateaux qui rejoignent régulièrement Puerto Rico et Puerto Mogán. Tous les samedis, il accueille un marché artisanal qui s'adresse plutôt aux touristes.

DORADO BEACH HOTEL €€

Av de Los Canarios, 1
✆ +34 928 150 780
www.bullhotels.com/fr
Chambre dès 142 €. Cinq nuits minimum selon la saison.

L'hôtel donne sur la mer, qu'il domine de son imposante façade. Les chambres qui sont dotées de télé et de téléphone sont aussi équipées d'une kitchenette et possèdent une terrasse donnant sur la l'océan Atlantique. S'il faut choisir, demandez les chambres donnant sur l'intérieur, moins bruyantes si vous avez le sommeil léger. Beaucoup de services : grandes piscines tempérées et agrémentées de palmiers, avec bassin enfant, bain bouillonnant, spa, bassin enfant. Restaurant buffet et restaurant à la carte, bar et pub ouverts le soir.

LA AQUARELA €€€

Appartements Aguamarina, Bco de la Verga.
✆ +34 928 735 891
www.restaurantelaaquarela.com
Du mercredi au dimanche 18h30-20h45. Fermé au mois de juin. Menu à 98 € ou 110 € sans vin.

La Aquarela et l'un des restaurants les plus chics de la région. Qui a fini par être auréolé d'une étoile en 2020. Il se pose dans un cadre idyllique avec une belle terrasse et piscine. Ouvert depuis 1992, vous retrouverez ici une cuisine créative très raffinée et d'excellents vins dans une ambiance sélecte, idéale pour un dîner romantique ou inoubliable. Deux menus sont proposés, en fonction de la saison et avec des options végétariennes. Succombez au risotto, aux légumes grillés, au délicieux agneau ou encore aux crevettes... Très belle sélection de vins.

PUERTO RICO

Cet ancien petit port de pêche est devenu une station balnéaire en plein développement. Et au final, c'est un village sans âme par l'accumulation de parcs hôteliers et de centres commerciaux sans intérêt architectural. Son centre offre une plage de sable blond qui est surveillée mais surpeuplée. Mieux vaut se rendre à la petite plage de Amadores, située entre Puerto Rico et Tauro. C'est un petit lagon à l'eau limpide avec des palmiers et du sable blanc, auquel on accède en empruntant la corniche partant de la droite du port de plaisance, après une balade agréable. A mi-chemin un escalier descend vers la mer et l'on peut faire bronzette sur les rochers.

Puerto Rico

HÔTEL RIU VISTAMAR €€€

Avda. de la Cornisa
✆ +34 928 72 77 00
A partir de 195 € minimum pour une chambre double.

Construit sur une falaise surplombant la mer l'hôtel offre un panorama incroyable sur l'océan Atlantique et les côtes. Il dispose de quatre cen cinquante chambres, toutes dotées d'un mini réfrigérateur et d'un balcon. Côté détente, vous profiterez de deux piscines extérieures et d'une pataugeoire pour les bébés, des restaurants pour goûter à la cuisine canarienne et à la cuisine asiatique, d'un club pour enfants et d'une salle de gymnastique. La plage des Amadores se situe à deux kilomètres, mais une navette gratuite vous y conduit.

OSCAR'S DEL PUERTO €€

Calle Doreste y Molina, 50
✆ +34 928 560 631
Ouvert tous les jours de 11h à 23h30. Compter environ 30 € par personne.

Ce restaurant est considéré comme l'une des meilleures adresses de Puerto Rico si l'on souhaite manger du bon poisson, réellement frais. Mais les amateurs de viandes peuvent se rassurer, elles ne sont pas oubliées et l'on y savoure de très bons filets de bœuf ou de bons carrés d'agneau, accompagnés de sauces diverses. En fin de repas, on pourra opter pour les sorbets maison. Le personnel est attentif et de bon conseil et la présentation des plats, tout à fait soignée. On y profitera aussi de vues magnifiques sur la plage. Pensez à réserver les soirs de week-end.

RESTAURANTE LA CANTINA €€

Calle Doreste y Molin, 38
✆ +34 928 560 356
Ouvert tous les soirs. Compter environ 25 € par personne.

Depuis sa création en 1984, ce restaurant travaille régulièrement avec des produits frais, installé dans un jardin-terrasse, face aux appartements du même nom. Sa carte est plutôt d'inspiration italienne que l'on pourra tester avec les pâtes aux fruits de mer, les tagliatelles au homard, les lasagnes ou les cannellonis aux épinards et à la ricotta. Mais il est aussi connu et apprécié pour son grill et la qualité de ses viandes, de belle taille et bien cuites. Pour les amoureux du carné, nous vous conseillons le filet salé galicien. Personnel attentif.

WHITE MERLIN

✆ +34 618 737 372
www.white-marlin.com
Départ de 9h à 15h et de 15h à 20h. 80 € comme pêcheur (70 € hors saison) et 60 € comme spectateur.

C'est une société dédiée à la pêche au gros qui s'est installée dans la marina de Puerto Rico, cette station populaire de vacances se situant dans le sud-ouest de l'île. Le White Marlin est un catamaran sportif de 12 mètres de long et 4 mètres de large. Il permet une bonne stabilité et sécurité à bord. Les équipements sont du dernier cri. Pour tous les adeptes de pêche ou visiteurs qui souhaiteraient voir les richesses et faunes aquatiques (dauphins, tortues...). Détails sur le site Internet en quatre langues dont anglais, espagnol (pas en français).

PUERTO DE MOGÁN

Situé à l'embouchure du *barranco*, ravin du même nom, dans une crique aux pentes rocheuses, il a été surnommé exagérément « petite Venise », car il existe peu de canaux. C'est toutefois le seul village qui résiste un peu à la défiguration et conserve un joli port de pêche. Même si de nouvelles constructions ont contribué à dénaturer ce lieu aujourd'hui victime de son succès. En prenant l'escalier situé derrière le port, on accède à une terrasse d'où l'on a une vue plongeante sur le village. Le vendredi, un marché est réparti sur le port et la place du village, avec des produits artisanaux comme des nappes ou des vêtements, mais plus touristique que local.

LOMO DE LOS GATOS

C La Puntilla s/n
✆ + 34 638 810 621
De mardi à dimanche, ouvert de 10h à 17h, jusqu'à 18h en été. Fermé certains jours fériés. Entrée : 4 €.

Daté de plus de 1 600 ans, ce site archéologique comprend la Cañada de los gatos, le gisement le plus remarquable de la période aborigène. Qui recouvre 19 structures de pierre, dont une dizaine de maisons. Attestant de l'importance de ce village côtier profitant notamment de l'eau courante provenant des grottes. Le circuit permet aussi de découvrir le cimetière de las Crucecitas ainsi que des grottes « sépultures », éparpillées sur le versant oriental des grottes. Avec de belles vues sur Puerto de Mogán et l'entrée des grottes, depuis la cafeteria mirador.

SUBMARINE ADVENTURE

Calle Subida de los Risco, 2 ✆ +34 928 565 108
https://atlantidasubmarine.com
Les départs ont lieu toutes les heures de 10h à 14h, puis 15h30, 16h20 et 17h10. Tarif adulte : 31,50 €, enfant 16 €.

C'est une véritable immersion à environ 25 mètres de profondeur que vous propose cet authentique sous-marin, le Golden Shark. Le voyage dure environ 40 minutes et l'espace est aménagé pour qu'aucun changement de pression ne soit ressenti pas les passagers, même si l'on est enceinte ou que l'on a des problèmes d'ouïe ou de cœur. Grâce à la technologie embarquée, on peut admirer toute la faune maritime d'un espace sous-marin « l'Atlantide » conçu en 2016 pour en faire une zone protégée, où la pêche n'est pas autorisée et où la plongée est contrôlée.

TAURITO PRINCESS €€€

Calle Alhambra, 8
✆ +34 928 56 51 80
www.princess-hotels.com

Autour de 175 € la chambre double, selon jours et saisonnalité. Deux nuits minimum en hors saison.

Si l'on sait que cet hôtel fait partie de la chaîne d'hôtels Princess, on est sûr que l'on prend peu de risques quant à la qualité des infrastructures du lieu. Comme il est situé dans la Valle de Taurito et à proximité de la montagne, son premier atout est d'être proche d'une nature magnifique. Pour le reste, il propose quatre cent quatre chambres au confort habituel pour ce type d'établissement, mais il est doté d'une piscine avec vue panoramique sur la mer, ce qui peut faire la différence. Plus des services de type restaurants, activités pour les petits...

TUI BLUE SUITE PRINCESS €€€

Calle Alcazaba, 4 ✆ + 34 919 19 19 10
www.princess-hotels.com

A partir de 190 € la chambre double, deux nuits minimum.

Comme il est réservé aux personnes de plus de 16 ans, il s'adresse surtout aux couples qui souhaitent passer des vacances tranquilles tout en se rechargeant les batteries grâce à de multiples activités, yoga, Pilates, etc. Son look est celui de nombreux resorts des côtes canariennes du sud des îles, des bâtiments en forme de pyramides permettant une vue directe sur la mer depuis les balcons. Il comprend 212 chambres sur le même modèle, mais plutôt claires, avec des formules « tout compris ». Navette gratuite tous les jours pour aller à Puerto de Mogán.

ACAYMO €€

Calle El Tostador, 14
✆ +34 928 569 263
https://restauranteacaymogan.es

Ouvert de 12h à 20h, fermé le mardi. Compter 20 € par personne.

Dans un cadre tout ce qu'il a de plus traditionnel, ce restaurant typiquement rural sait parfaitement bien cuisiner les spécialités canariennes comme les *papas arrugadas*, pommes de terre ridées, aux fromages du pays et préparer des viandes comme la chèvre ou le porc, à la sauce roquefort. Aux amateurs de poissons, on recommande la *parillada* aux très belles proportions. Le lieu s'enorgueillit de la fraîcheur des produits cuisinés et de ses desserts maison. Et pour couronner le tout, de belles vues sur la vallée de Mogán, depuis la terrasse.

Puerto de Mogán.

COFRADIA DE PESCADORES €€

Muelle Puerto
✆ +34 928 565 321
Ouvert tous les jours de 10h à 23h. Comptez environ 30 €.

Comme son homologue d'Arguineguín, cette *cofradía*, confrérie, est l'endroit idéal pour ceux qui apprécient de manger du poisson frais et non décongelé, comme souvent. Comme il arrive directement des pêches du port de Mogán, il est difficile de faire plus frais. Et c'est ce qui a assis sa réputation, auprès des Canariens, mais aussi des touristes. Sa cuisine ouverte sur la salle de restaurant, décorée de superbes aquariums contribue à renforcer la confiance. Pour accompagner le tout, une bonne sélection de vins blancs de Lanzarote.

L'ALOE VERA FRESCA DI FUERTEVENTURA

Calle Rivera del Carmen
✆ +34 686 193 637
www.aloeveraonlineshop.com

Luciano Candelotto, originaire de Milan s'est installé dans le village et s'est lancé dans le commerce de produits confectionnés à base d'Aloe Vera. Avec comme objectif absolu de fournir des produits de toute première qualité. C'est pourquoi il a décidé en 2011 de construire à Fuerteventura le premier laboratoire de cosmétiques, disposant de ses propres plantations à Fuerteventura, Grande Canarie, Tenerife, La Palma et Lanzarote. Catalogue de 50 produits.

PERLA CANARIA

Muelle de Rivera s/n Local 134 X
✆ +34 928 565 803
www.tenerifeperla.com
Ouvert tous les jours de 11h à 20h. Accessible aux fauteuils roulants.

Depuis 1988, la vocation de cette enseigne est de créer de splendides collections de bijoux. L'équipe parcourt le monde entier pour s'approvisionner en perles et créer ensuite des bracelets, des colliers, des broches, des pendentifs sur mesure. Domaine dans lequel elle a acquis un savoir-faire tout à fait exceptionnel. Et elle effectue aussi les réparations. Perla Canaria compte quatre boutiques sur Grande Canarie, mais aussi à Tenerife. C'est d'ailleurs à Armeñime, commune d'Adeje, à Tenerife que se situe son atelier de création.

MOGÁN ★

La commune de Mogán mérite une visite. Ainsi le massif du sud-ouest est un espace tout à fait intéressant au point de vue botanique, car il abrite de nombreuses plantes endémiques. Juste avant d'arriver au village de Mogán, vous croiserez le vieux moulin à vent que les villageois utilisaient pour moudre leurs céréales. Depuis le village, une piste monte à l'assaut des pentes arides du sud de l'île, de plus en plus recouvertes de pins, au fur et à mesure de la route en lacets. Les amateurs de randonnées pourront rallier les forêts du Morro Pajonales et les sommets voisins. C'est aussi dans cette région qu'ont été aménagés les principaux barrages de l'île.

Moulin à vent historique El Molino de Mogan Gran Canaria

HOTEL CORDIAL MOGAN PLAYA €€

Avda. Los Marreros 2, Puerto de Mogan
www.becordial.com
Dès 280 € la chambre double, petit déjeuner inclus.

Des chambres lumineuses, spacieuses et tout équipées, dont certaines avec bain bouillonnant privatif sur le balcon, terrasse ensoleillée ou même petit jardin... Voilà ce qui vous attend au sein du Mogan Playa. Envie de passer du temps en dehors de votre chambre ? Voguez entre le jardin luxuriant, les piscines, le bain à remous, la salle de sport, le spa avec ses superbes soins ou encore les espaces de jeux aménagés pour les plus petits. Bref, un endroit parfait avec ou sans enfant !

FUERTEVENTURA

Avec 1 659 km², Fuerteventura est la deuxième île des Canaries en superficie. Elle s'allonge sur une centaine de kilomètres, mais sa largeur ne dépasse pas 30 kilomètres, avec un minimum de 5 kilomètres dans l'isthme reliant la péninsule de Jandía au sud. Et c'est sur cette presqu'île que se trouve son point culminant, le Pico de la Zarza, à plus de 800 m. Elle est peu élevée, mais pas privée de relief puisque toute sa partie centrale est occupée par un labyrinthe de montagnes sèches, entaillées d'étroits *barrancos*, ravins, culminant au mont Betancuria, à 724 m. Et le dépaysement sera total, avec ses immensités sahariennes et ses intérieurs volcaniques spectaculaires. Même si ses plages de sable blanc restent sa vitrine, avec les grandes plages de la Punta de Jandía et celles de Corralejo et ses 9 km de dunes. Amoureux de surf et de kitesurf, c'est certainement la meilleure île pour en profiter toute l'année !

Playa del Matorral à Morro Jable.

Fuerteventura
ISLA DE LOS LOBOS
CORRALEJO
Playa Bajo Negro
Parc national de las Dunas de Corralejo
COTILLO
La Costilla 181 m
LAJARES
Castillo de Rique Roque
Playa del Castillo
Playa del Aljibe de la Cueva
Arena 420 m
Roja 312 m
VILLAVERDE
Escanfraga 531 m
LA OLIVA
LA OLIVA
Calderata
Tindaya 397 m
Vallebrón
Tindaya
Quemada 294 m
El Time
Punta del Roque
Casas de las Majadas
PUERTO DEL ROSARIO
PUERTO DEL ROSARIO
Punta de las Arenas
San Agustín
TEFIA
Castillas del Angel
PLAYA BLANCA
Puntilla del Agujero
Negrito 282 m
Aeropuerto
Aguas Verdes
Puntilla del Junquillo
Triquivijate
Punta Gonzalo
Morro Velosa
BETANCURIA
BETANCURIA
ANTIGUA
San Francisco
CALETA DE FUSTES
Puntilla de las Animas
VEGA DE RIO DE LAS PALMAS
ANTIGUA
AJUY
Pozo Negro
Tiscamanita
Ocean Atlantique
PÁJARA
Tuineje
La Matansa
Tesejerague
TUINEJE
Punta de la Entallada
Tirba 339 m
Punta Amanay
Cala de las Playas
PÁJARA
Gran Tarajal
Morro del Majano 323 m
Punta de Guadelupe
Tarajalejo
la Pared
LA LAJITA
Punta de los Molinillos
Playa de Barlovento de jandia
Ocean Atlantique
El Islote
Playas de Sotavento de Sandia
Playa de Cofete
Cofete
Morro Mungla 390 m
Las Tahijas 189 m
MORRO JABLE
10 KM

PAGES

LE NORD

Il y en aura pour tous les goûts, des magnifiques plages ou de belles criques à Corralejo ou à la Isla de Lobos. Mais aussi de l'architecture coloniale si l'on visite La Oliva. Et vent aidant, de beaux spots de surf sur la côte.

LE CENTRE

A la découverte des racines historiques de l'île, on visitera Antigua et Betancuria, don les centres maintiennent un caractère authentique. Ainsi que quelques emblèmes de Fuerteventura comme les moulins et les fromages *majoreros*.

LE SUD

On dirait bien le Sud... mais celui des Canaries, avec ses lots de complexes hôtelier quelque peu envahissants. Mais en marchant un peu plus loin qu'eux, on accéder toutefois à l'une des plus belles plages de l'île. Enfin seul.

FUERTEVENTURA

CORRALEJO ★★

C'est le principal centre touristique de l'île. Pas franchement charmante, cette ville artificielle bâtie d'appartements et de grands hôtels a néanmoins l'avantage d'avoir maintenu les bâtiments à une hauteur raisonnable. Son atout, elle conserve les traces de ce qu'ont été l'ancien port et l'ancien village, aujourd'hui totalement piétonniers. Et qui accueillent maintenant de nombreux bars et un joli paseo maritime, avec de belles vues sur la mer ou sur l'îlot de Lobos, tout proche. Autre grand avantage, les très belles plages du parc naturel de Corralejo. C'est de son port que partent les petits bateaux qui rallient Lanzarote, à quelques encablures.

PLAGES

C'est tout près de Corralejo que se trouvent les plus belles plages de l'île qui comprennent notamment les 9 km bordant les dunes du parc naturel de Corralejo. Des parkings sont présents si vous vous y rendez en voiture, mais ils sont peu nombreux et la mer est assez loin. On pourra aussi se baigner dans les deux belles petites plages en plein centre-ville, ou sur celles excentrées qui sont moins fréquentées. C'est la station balnéaire idéale pour pratiquer planche à voile, surf et kitesurf à Grande Playa ou à El Medano, la plus proche de la ville.

ASCENSION DU BAYUYO

Depuis Corralejo ou depuis la route de La Oliva, à 1 km au sud de Corralejo).

Des pistes mènent vers ce volcan puis des sentiers montent jusqu'au cratère, un énorme cône de scories noires. À 269 m de haut, la vue plonge sur le cratère en contrebas et plus loin sur Corralejo, les dunes de sable d'El Jable, Los Lobos et Lanzarote. De l'autre côté, d'autres cratères s'ouvrent, et d'immenses champs de lave noire s'étendent vers la côte nord, traversés de longs murs de pierres parfaitement rectilignes édifiés par les paysans. Dans le fond du cratère jumeau du Bayuyo, un petit enclos rappelle l'intérêt agricole de ces terres apparemment sans vie.

ESTACION DE GUAGUAS (BUS)

Avenida Juan Carlos I, 8.
✆ +34 928 866 235
www.tiadhe.com

Elle est sur la grande rue qui contourne le centre-ville par le bord de mer pour arriver au port. Si vous devez aller à l'embarcadère de Corralejo, un dernier arrêt est prévu au port à l'aller. En revanche, si vous voulez partir de Corralejo, il vous faudra rejoindre l'arrêt principal. Le bus n°6 part toutes les 30 min pour Puerto del Rosario, avec arrêt sur Oliva Beach, en face des dunes. La ligne n°8 assure la liaison avec El Cotillo toutes les heures.

Plage de Corralejo.

PARC NATUREL DE CORRALEJO ★★★

Au sud de Corralejo

Classé parc naturel protégé, les dunes de sable font face à l'île volcanique de Los Lobos. Une façon d'obtenir un petit avant-goût du Sahara sans pour autant avoir la crainte de s'y perdre. Ce petit Sahara, coincé entre la mer et les volcans, s'étend sur 10 km de longueur et 2 km de largeur. Un rivage de sable blanc bordé d'une eau turquoise, qui devient brusquement bleu sombre loin du bord. Ce paysage s'allonge sur une dizaine de kilomètres de la côte est, de la plage surpeuplée de l'Oliva Beach au nord jusqu'aux petites criques désertes de la Costa Roja au sud. La route de Puerto del Rosario longe cette côte, souvent parcourue par le vent de sable.

- **Le désert côtier** se poursuit de l'autre côté de la route : de part et d'autre, on verra de petites dunes en croissant, formées par le vent. Heureusement, ce parc est protégé et seules quelques constructions un peu envahissantes ont été maintenues.
- **Vers l'intérieur,** les dunes font bientôt place à une plaine de sable blanc, où le vent s'est contenté de quelques draperies, puis à une steppe à la végétation rare. L'horizon est limité au nord par la mer et au sud par la montaña Roja, un cratère égueulé, à l'intérieur plissé et aux pentes rouges, culminant à 312 m.
- **Ce paysage brûlant** dans la journée devient spectaculaire durant les quelques minutes qui précèdent le coucher du soleil. Celui-ci disparaît derrière la croupe du volcan Bayuyo, dont les champs de lave noire envahissent le désert à l'ouest.

© PKAZMIERCZAK - ADOBESTOCK.COM

APPARTAMENTOS FUENTEPARK €€

Calle Anguila, 1 ✆ +34 928 535 310
www.fuentepark.com

De 60 à 90 € pour un appartement avec une chambre.

Fuentepark est un complexe familial. Au milieu, vous disposerez d'une belle piscine entourée de palmiers et d'un petit café snack où prendre un verre. Autour sont agencés les 76 appartements de style canarien, à la décoration soignée. Ceux qui sont au rez-de-chaussée sont dotés d'une petite terrasse et ceux du premier étage d'un balcon. Pas de parking dans le complexe mais on y trouvera un centre de massage. Son avantage : être situé à proximité de la plage mais aussi de la partie la plus ancienne de Corralejo. Bon rapport qualité-prix.

ATLANTIS GARDEN BEACH MATE €€

Avenida de Gran Canaria, 4
✆ +34 928 867 160
www.atlanticgardenbeachmate.com

Dès 89 € l'appartement une chambre, dès 156 € l'appartement deux chambres.

Ce complexe propose un ensemble de 168 appartements joliment décorés et très bien équipés avec cuisine et de grandes terrasses entourées de jardin. Pour vos loisirs, vous aurez à disposition un bar, un restaurant, 2 piscines extérieures, une salle de gymnastique, un court de tennis, un billard et un mini club pour enfants et même des services de massages. Personne parlant le français. Vous êtes plus excentré dans la partie très résidentielle de Corralejo, mais proche des plages.

ORIGO MARE FUERTEVENTURA €€

Carretera Majanicho 100 Lajares
✆ +34 928 45 60 02

Dès 78 €, le logement pour 4 personnes. Nombreuses promotions sur internet.

Le Village propose des villas dotés d'une terrasse et d'un jardin. Ils sont regroupés en quartiers appelés « Oasis » et disposent chacun d'une piscine et d'une pataugeoire. Le Craterpark, espace aquatique de 5 000 m², dont 1 000 m² de zones aquatiques, puise son originalité dans la thématique des volcans. Il est composé d'une piscine à vagues, d'une piscine à escalade, de toboggans, d'un arbre à eau et d'une pataugeoire. Plus de 40 activités proposées, dont une autre piscine. 2 restaurants, snack-bars et 1 bar complètent l'ensemble.

HÔTEL ALUA SUITES FUERTEVENTURA €€€

Calle Las Dunas - Urb. Corralejo Playa
✆ +34 912 186 256
https://fr.aluahotels.com
Chambre double à partir de 135 € tout compris.

Il se présente comme un village regroupant de petites maisons blanches, entourées de jardins tropicaux, sur un espace de 65 000 m². A l'intérieur, 383 suites décorées avec goût, spacieuses, lumineuses, avec de belles vues sur les jardins tropicaux ou les piscines. Côté activités, l'offre est impressionnante, avec 7 piscines, fitness, spa, etc. Côté restaurants, il n'en compte pas moins de 4, dont le Gaudi où l'on prend le petit déjeuner. Idéal pour un séjour de rêve près de la plage.

SECRETS BAHÍA REAL RESORT & SPA €€€

Av Corralejo Grandes Playas, 103
✆ +34 928 536 444
https://secretsbahiareal.com
A partir de 180 € la chambre double.

Le long de la plage de Corralejo, ce palace majestueux déploie d'impressionnantes installations dédiées aux divertissements et à la relaxation : pas moins de six restaurants, deux piscines, un bar à cocktail, une salle de fitness, et un spa de 3 000 m² où vous profiterez de massages et hydrothérapies avec vue sur la mer. Les chambres sont spacieuses et richement aménagées. On profitera aussi de son restaurant *La Cùpula*., en terrasse ou au bord de la piscine.

DI NAPOLI €€

Avenida Nuestra Senora del Carmen
✆ +34 928 535 145
Du vendredi au dimanche de 13h à 23h. Lundi, mardi et jeudi de 16h à 23h. De 7 à 12 € pour une pizza.

Cette pizzeria aux murs de pierres de lave fut créée en 1992. Véritable écrin d'Italie, vous pourrez y déguster de très bonnes et généreuses pizzas. Réservez une petite place dans votre estomac pour goûter le fondant au chocolat et sa glace faits maison. Pour la petite histoire, le chef pâtissier, Noël, a été formé à la confection des glaces chez Lenôtre (Paris). Le service agréable et l'ambiance décontractée et animée rendent cet endroit incontournable. Les groupes (6 à 8 personnes) peuvent occuper une petite salle pour plus d'intimité.

EL SOMBRERO €€

Avenida Maritima, 4
✆ +34 928 867 531
www.restaurantesombrero.com
Ouvert tous les jours, de 10h à 0h. Comptez de 25 à 30 €.

Ce restaurant de spécialités suisses et espagnoles est idéalement situé sur le paseo Marítimo et tenu par des francophones. Il est très atypique par sa décoration : une immense collection d'objets (plus de 300) en tout genre représentant des vaches : statues, peluches, cendriers... Ici, vous pourrez goûter aux spécialités de la maison, la fondue sous toutes ses formes (de fromage, bourguignonne...) et le Sombrero de la Gitana. N'hésitez pas à vous y arrêter pour boire un verre sur la terrasse face à la isla de Lobos ou pour manger de la très bonne viande.

LAND OF FREEDOM €€

Av. Ntra. Sra. del Carmen
www.landoffreedom.eu/
Ouvert tous les jours sauf le mardi.

Coup de cœur pour ce restaurant, que l'on vient seul, en famille, en amoureux ou entre amis. Pour commencer, on se laisse tenter par un houmous, un pain à l'ail et des poivrons aigres-doux. Mention particulière pour leur sangria, à consommer avec modération cependant ! Et si on hésite entre les différents plats, pourquoi ne pas tester les plateaux découvertes avec cinq tapas ? Egalement des choix végétariens et sans gluten. On vous recommande en saison, les aubergines au fromage et au miel. Et pour finir, les palais sucres seront comblés avec une crème catalane.

LA MARQUESINA €€

Muelle Chico, s/n
✆ +34 928 535 435
Ouvert tous les jours. De 10 à 25 € le plat.

On profitera d'abord de sa situation qui permet une très jolie vue sur l'une des petites plages de la ville, avec une grande terrasse en bord de mer et quasi les pieds dans l'eau. Mais ce n'est pas son seul atout. Spécialisée dans les plats de poissons, cette adresse est l'une des plus anciennes de l'île et constitue à juste titre une référence dans ce domaine à Corralejo. Le poisson du jour vous sera présenté et nettoyé devant vous. Un gage de confiance qui justifie une attente parfois un peu longue. Vous avez aussi la possibilité d'y loger.

MESON CANARIO TIO BERNABE €€

Calle la Iglesia, 9
✆ +34 928 535 895
Ouvert tous les jours, de 18h à minuit. Comptez 30 €, sans le vin.

Tout d'abord un joli cadre puisqu'il donne sur une petite place piétonnière et tranquille, avec une terrasse à disposition. Ensuite cette table est particulièrement appréciée pour sa cuisine locale et authentique servie dans un cadre rustique : *papas arrugadas*, champignons frais à l'ail, melon au jambon ibérique, soupe de tomate, salades, viandes de chèvre, lapin, cabri et poissons, bons fromages canariens. Des vins de Lanzarote, Tenerife et de Navarre.

HÔTEL RIU PALACE TRES ISLAS €€€

Avenida Grandes Playas
www.riu.com
Compter à partir de 90 € par personne et par nuit. Variable selon la saison.

Situé sur la plage, cet immeuble est repérable de loin car il est le seul au milieu des dunes... Pour ceux qui viennent y passer leurs vacances, il offre un superbe cadre. Rien de plus agréable que de se balader dès le réveil, les pieds dans l'eau... Piano-bar, galerie commerciale, piscines, restaurants, un parc, une garderie (animation pour les 4 à 16 ans), courts de tennis, volley, gymnastique, centre de remise en forme, sauna, massage... Tout y est et même la location de windsurf.

BAR BUENAONDA

Calle la Niña 3
✆ +34 928 535 077
www.buenaondabar.com
Boissons et cocktails midi et soir.

Avec ses murs blancs et bleus et son logo à la vague, c'est le bar des surfeurs et des kitesurfeurs par excellence. Et pour certains, le meilleur bar tout court. Il est bien sûr situé à jet de pierre d'une des plages urbaines de Corralejo et dans une petite rue près du port. Pour se redonner des forces après l'exercice, il propose une grande carte de smoothies, mais aussi de cocktails (sangria, mojito) également sans alcool. Installé à l'intérieur sur des sofas, ou en terrasse, on se sent vraiment en vacances. Super ambiance et présence de DJ le week-end.

ROCK CAFE

Avenida Nuestra Señora del Carmen s/n
✆ +34 928 535 636
www.rockcafefuerteventura.com
Ouvert tous les jours de 17h à 2h.

Vous avez envie de faire la fête ? C'est ici qu'il faut aller, dans ce rock café situé sur l'avenue la plus animée du centre-ville de Corralejo. Des concerts en live y sont programmés tous les soirs, avec un groupe différent qui permet l'ambiance et permet d'attendre boissons ou petits plats en toute quiétude. Ce Rock Café est surtout fréquenté le vendredi et le samedi soir et donc un peu bondé et survolté, mais il reste aussi très agréable pour boire un verre en semaine. Pour suivre au jour le jour sa programmation, rendez-vous sur les réseaux sociaux.

BLANCO CAFE

Calle la Iglesia 27
✆ +34 928 53 53 30
Fermé le mardi. Ouvert de 16h à 2h du matin.

Ce n'est pas visible de l'extérieur, mais cela vaut le coup d'y entrer. On y va pour son joli décor au cœur d'une grotte peinte en blanc qui se veut un rappel des maisons de Lanzarote et l'ambiance intimiste qui se dégage des différentes pièces aux lumières tamisées. Où l'on peut s'installer confortablement sur des coussins on ne peut plus cosy et colorés. Les cocktails et smoothies proposés sont excellents. Le lieu abrite aussi un petit jardin intérieur et une partie lounge pour se connecter à internet. Séances de « bœufs » musicaux régulières.

ALOHA SURF ACADEMY - SURFSCHOOL

✆ +34 650 503 054
www.alohasurfacademy.ch
60 €/jour, tarifs dégressifs à partir du troisième jour de cours. Du lundi au samedi de 10h à 19h.

Surfant sur la vague des sports nautiques dans les îles orientales de l'archipel, cette académie formée d'une équipe germano-suisse se propose de vous initier aux plaisirs de la glisse. Les cours se prennent par petits groupes et la théorie est d'abord apprise de manière conviviale autour d'un café. Que vous soyez totalement débutants ou confirmés, il y en a pour tous les niveaux. Et en fin de semaine, vos photos de surf sont débriefées à l'occasion d'un déjeuner ou d'un dîner bilan.

ÉCOLE FLAG BEACH

Avenida Corralejo Grandes Playas s/n
✆ +34 928 86 63 89
www.flagbeach.com
Cours de surf, planche à voile, kitesurf... Tarifs suivant vos choix sur le Web.

Elle s'est ouverte en 1988 quand Corralejo était une plage quasi déserte et aujourd'hui c'est l'école la plus évidente, sur la grande plage de Corralejo, où se trouvent les hôtels Riu. Vous pourrez y pratiquer de nombreux sports nautiques, avec des cours allant de l'initiation à la spécialisation : windsurf, kitesurf, surf et même voile sur un catamaran et SUP (stand up paddle), puisqu'au sein de l'équipe chacun a sa spécialité. Possibilité de cours en français. Également au programme : des excursions en quad, catamaran et vélo. De quoi plaire à tout le monde.

FUERTE CHARTER

Muelle Deportivo de Corralejo
✆ +34 669 354 404
https://fuertecharter.com
Compter 15 € aller et retour île de Lobos. Compter 75 € par personne pour une visite de 4 heures.

Cette compagnie propose des croisières à destination de l'île de Lobos, de 10h à 14h le matin, et de 14h15 à 18h15 l'après-midi. Au programme, une visite de 20-30 minutes dans la réserve naturelle, avant le retour au catamaran où diverses activités sont alors proposées : snorkeling, kayak, paddle surf, pêche, jet-ski, bicyclette... Possibilité de choisir une visite « standard » ou accompagnée d'une activité ou la totale... A bord, les boissons sont servies gratuitement. Et l'on vous offrira les photos de l'excursion. Bon rapport qualité-prix.

GET WET

C/ Pulpo 2 - Local 4
✆ +34 660 778 053
Plongée au tuba île de Los Lobos

Dirigé par Udo et son épouse Bianca, Get Wet est spécialisé dans les excursions de snorkeling. Vous découvrirez dans le Parc naturel de Lobos les plus beaux paysages sous-marins des Canaries. Après une traversée de 10 minutes en bateau, et les instructions d'un professionnel, la plongée au tuba s'offre à vous dans des lagons aux eaux cristallines pour observer la diversité du monde sous-marin et admirer ses couleurs. Tout est prévu : le transfert aller et retour à votre hôtel, l'équipement de plongée, et la traversée en bateau.

LINEAS ROMERO

✆ +34 928 596 107
www.lineasromero.com
Toutes les excursions sur le site web.

Cette compagnie assure des traversées régulières de Fuerteventura à Playa Blanca, départ de Corralejo et arrivée Playa Blanca, d'une durée d'environ trois quarts d'heure, sept départs par jour, sauf le dimanche ; de Lanzarote à l'île de la Graciosa, départ Orzola et arrivée à Caleta de Sebo, d'une durée d'environ vingt-cinq minutes, dix départs par jour. Bagages, planches de surf ou bicyclette transportés gratuitement. Elle organise aussi des sorties en catamaran à la journée comme une excursion de cinq heures permettant de découvrir les fonds marins.

PUNTA AMANAY DIVE CENTRE FUERTEVENTURA

Calle El Pulpo,
✆ +34 928 535 357
www.punta-amanay.com
Compter environ 38 € la plongée et 89 € pour un baptême.

Fondé en 1992, Punta Amanay est un centre PADI, petit et familial, qui possède différents centres de plongée dans toute l'île. Et depuis 2001, c'est Kristof et son équipe qui se chargent des formations : une initiation comprenant une explication théorique, une pratique en piscine et une sortie en mer. Les plongées ont lieu plusieurs fois par jour, dans 20 sites différents, notamment autour de la réserve naturelle de l'île de Lobos. Possibilités de plongées nocturnes.

VULCANO BIKE

Calle Acorazado España, 10
✆ +34 928 535 706
www.vulcano-biking.com
Ouvert du lundi au samedi de 10h à 13h et de 18h à 20h. De 6 à 60 € de la journée à la semaine suivant votre Trek.

Ce centre propose des randonnées et location de VTT durant toute l'année avec des niveaux de difficulté différents – du plus facile le long de la côte, au sportif entre les cratères ! Sur place, Vulcano Bike propose plusieurs types de vélos, en fonction de vos besoins, vos envies et votre niveau. Ils seront d'excellents conseils pour vous proposer l'itinéraire parfait que vous soyez avec des enfants ou non. Et pour ceux qui ne veulent pas partir en solo, le centre organise des randonnées en groupe, de huit participants minimum.

ISLA DE LOBOS ★★★

Située à peine à 2 km au nord-est de Fuerteventura, l'Isla de Lobos est séparée de Corralejo par le détroit de la Bocaina et se gagne par bateau en quelques minutes. Cet îlot de 6 km², couronné du volcan La Caldera, de 127 m de hauteur, est couvert de lave et comporte d'autres cratères plus petits. Aujourd'hui inhabitée, elle accueillait jusqu'en 1968 le gardien du phare et sa famille. Elle doit son nom d'île des loups à une colonie de phoques moines de Méditerranée surnommés *lobos marinos*, loups marins, qui peuplait l'île autrefois et éliminée par les pêcheurs, car cet animal pesant de 30 à 40 kg était un sérieux concurrent dans la pêche aux poissons.

PLAGE DE LA CONCHA

Avec 130 espèces végétales et des espèces d'oiseaux marins rares comme la mouette argentée (*Larus argentatus*) son écosystème est très riche et placé sous la protection du parc naturel des dunes de Corralejo. Ses fonds marins sont prisés des plongeurs venus découvrir ses multiples espèces à découvrir aussi *via* des bateaux équipés de coques en verre. Découvert en 2012, un site archéologique y témoigne de l'existence d'un site romain significatif dont la présence, *a minima* saisonnière, serait due à la recherche de la pourpre provenant des mollusques marins.

EL COTILLO ★

Ce petit village de pêcheurs est très pittoresque, mais peu animé. De petites rues piétonnes forment un réseau dense et labyrinthique dans le centre historique. Le vieux port de pêche est entouré de quelques petits restaurants réputés pour le poisson frais et son nouveau port est bâti dans une crique protégée par une grande digue lorsque des vagues géantes se déchaînent en hiver. Quelques nouveaux complexes d'appartements locatifs ont vu le jour, mais la crise immobilière a stoppé leur construction donnant à cette partie du village des allures de cité fantôme. Mais il reste idéal pour séjourner au calme près de superbes plages et non loin de Corralejo.

MUSÉE DE LA PÊCHE TRADITIONNELLE

Au bout d'El Cotillo, punta de la Ballena, au niveau du phare du Tostón.
✆ + 34 928 85 89 98
Ouvert de 10h à 17h du mardi au samedi. Entrée : 3 €.

Ne partez pas d'El Cotillo sans avoir fait un petit détour par ce très joli site. Inauguré en 2008, grâce à ce musée la pratique de la pêche traditionnelle n'aura plus de secret pour vous. Vous pourrez monter dans le phare, restauré avec soin, et apprécier le cadre enchanteur aux airs de bout du monde de cet endroit. Vous pourrez profiter des quelques petites tables en bois placées face à la mer et abritées du vent par des baies vitrées pour prendre un verre.

FUERTEVENTURA

Bateau sur le bord de la plage de Lobos, au nord de Fuerteventura.

FORTALEZA DE TOSTÓN ★

Ouverture : se renseigner au préalable à l'office du tourisme de Corralejo. Entrée pour la visite : 1,5 €.

L'histoire des forteresses, ou tours de défense, des Canaries remonte au XVe siècle, lorsque les conquistadores envahissent l'île, sous les ordres de la couronne de Castille. Elles devinrent des bastions de défense contre les attaques. Après la conquête, El Cotillo prit une grande importance comme port pour le commerce de céréales, d'orchilla (plante permettant la teinture) et de bétail. Jean de Béthencourt construisit la forteresse de Rico Roque au cours des premières années de colonisation, une fortification protégeant les bateaux ancrés dans le port contre les attaques de pirates berbères, français et britanniques. L'actuelle tour fut érigée sur les ruines de la première en 1700 et prit le nom de Notre-Dame del Pilar et de San Miguel. Sa construction a utilisé les pierres provenant d'une carrière proche de l'ermitage de El Cotillo. De forme ronde, elle possède un pont-levis, sur la gauche de l'entrée, on descend au dépôt de munitions. Trois canons défendaient la côte et une garnison de douze hommes pouvait y séjourner. En 1949, elle a été déclarée monument d'intérêt culturel et est devenue une référence patrimoniale de l'île de Fuerteventura. Aujourd'hui, elle accueille régulièrement des expositions d'art contemporain, donnant à connaître des artistes canariens et fait aussi office de point d'information sur le village. C'est enfin un excellent mirador sur les très grandes plages de sable blond de El Cotillo. Plus loin dans la plaine, vous apercevrez un petit moulin, typique de Fuerteventura.

© PAWEL KAZMIERCZAK - SHUTTERSTOCK.COM

CORAL COTILLO BEACH €€

Carretera de Los Lagos ✆ +34 922 09 99 30
https://en.coral-hotels.com
A partir de 150 € la chambre double.

Construit en 2007, cet hôtel est le seul 3-étoiles d'El Cotillo. Il est bien entretenu et agréable. L'ensemble du bâtiment s'organisant autour de la piscine. Chaque chambre dispose d'un balcon aménagé qui donne le plus souvent sur cette piscine et est équipée d'un ventilateur. Côté activités, l'hôtel dispose aussi d'une salle de billard, de terrains de tennis, de volley-ball et de basket. Et pour les enfants d'une zone de jeux. Vous êtes à l'entrée de El Cotillo, mais un peu à l'écart du village et tout à côté de la plage. Bon rapport qualité-prix.

PHARE DE TOSTÓN ★

En suivant la route qui va vers le nord, après une succession de petites criques à l'eau limpide, vous arrivez à Punta Ballena, à 5 km de El Cotillo. C'est là que se trouve le phare de El Cotillo qui a été mis en marche en 1897, après six ans de travaux. Avec les phares de Martiño dans l'île des Lobos et celui de Pechiguera à Lanzarote, il formait un triangle de balise pour les navires circulant dans le détroit de la Bocaina, entre Fuerteventura et Lanzarote. Il accueille aujourd'hui le musée de la pêche traditionnelle *majorera.*

PLAGES ★★

Ses plages font partie des plus belles de l'île. Ici, des petites criques de sable blanc et d'eaux limpides le long d'une piste de terre, procurent une grande quiétude. Au nord, elles sont calmes avec des criques comme des lagons tranquilles. Au sud, elles sont plus ventées et sous les courants, idéales pour débuter le surf et le kitesurf avec précaution. Les criques se découpent sur 2 km le long d'une falaise de plus en haute, et la Playa del Castillo est la première, puis se succèdent les plus sauvages : Playa del Ajibe de la Cueva et Playa del Aguila.

APPARTEMENTS COTILLO LAGOS €

Urba. Los Lagos
✆ +34 928 175 388
www.cotillolagos.com
De 67 € le studio à 115 € la suite pour 4 personnes.

Cette bâtisse blanche et verte est une succession d'appartements charmants, juste au pied d'une belle plage de sable blanc et eau turquoise. Vous pouvez aller à la plage, car la propriété dispose d'un accès direct. La cour intérieure est plantée de palmiers, le soir des familles canariennes qui viennent régulièrement font des petites fêtes au son du *timple*. Les appartements sont un peu datés, mais entièrement équipés, très charmants, fidèles à l'architecture traditionnelle de l'île.

CASA RUSTICA €

Calle La Constitución, 1
✆ +34 667 30 19 21
Du jeudi au lundi, midi et soir. Mardi midi uniquement. Comptez 15 € avec le vin. Résa conseillée.

La Casa Rustica vous propose un large choix de cuisine et plats : cuisine internationale, viandes, poissons et pâtes fraîches à découvrir en salle ou en terrasse. Au menu, poissons grillés accompagnés d'une sauce au safran, gnocchis maison, un grand choix de tapas, et des vins de nombreux pays et une délicieuse sangria. Les assiettes sont copieuses et l'ambiance familiale dans ce restaurant situé dans le village et tenu par un couple, Nathalie et Gustavo, amoureux de la cuisine simple et goûteuse. Egalement des propositions pour les végétariens.

LA MARISMA €€

Calle Santiago Hierro
✆ +34 928 538 543
Ouvert tous les jours. Compter 25 € par personne pour un repas complet avec vin.

C'est l'autre restaurant qui permet de s'attabler en bénéficiant d'une très belle vue sur la mer depuis la terrasse, particulièrement irrésistible lors du coucher de soleil. Une adresse appréciée depuis longtemps par les Canariens qui viennent y déguster viandes et poissons. Si possible à la plancha pour en savourer tout le goût ou pourquoi pas une *parillada* de poissons ou des roulés de sole et de gambas. Sans oublier le *queso frito* accompagné de sa confiture. Contrepartie de son succès, soit il faut attendre soit il vaut mieux réserver à l'avance.

LA VACA AZUL €€

El Muelle Viejo, ✆ +34 928 538 685
www.vacaazul.es
Ouvert tous les jours de l'année de 12h à 22h. Compter environ 30 €, sans les vins.

Le vrai plus de ce restaurant, c'est sa situation sur le vieux port et face à la mer, avec des vues que l'on peut apprécier des deux terrasses. Pour côtoyer la « vache bleue », c'est sur celle de l'étage qu'il faudra se rendre. On y dégustera des poissons très frais, comme le *cherne* à la plancha, la tarte de légumes confits, les moules gratinées au « mojo » vert ou d'autres spécialités locales comme le fromage frit, accompagné de sa confiture de tomates ou les soupes. Et bien sûr, pour terminer, on teste ses desserts faits maison comme le cheesecake.

EL ROQUE DE LOS PESCADORES €€

La Caleta, 2
✆ +34 928 538 713
Ouvert tous les jours de 11h à 23h. A la carte de 20 à 30 €, sans les vins.

Au bord de la côte sauvage et près des forts de Cotillo, la grande terrasse ou la salle vous permettront d'apprécier votre repas avec une vue de premier choix. Au menu, poisson frais avec ses petits légumes des producteurs locaux, crevettes grillées, friture de poissons et fruits de mer, poisson au four ou en croûte de sel, filet de thon aux oignons, morue la Cizcaina et des recettes de viandes. Sans oublier une excellente paëlla. Une belle équipe, accueillante de surcroît.

GRANJA TARA

FV 10 El Roque
✆ + 34 607 552 661
horse-riding-fuerteventura.com
Excursions à cheval, tarifs à consulter sur le site.

Cette ferme se situe sur la côte ouest de l'île entourée d'une réserve naturelle et très proche des falaises d'El Cotillo. Elle propose une autre façon de découvrir le nord de l'île via des excursions à cheval le long de la mer avec de très belles vues à la clé et durant environ deux heures et ponctuées par un pique-nique. Même si la ferme se situe à El Roque, le transfert vers les plages de Cotillo est compris dans la promenade. Vous découvrirez les meilleurs sites de Fuerteventura. A faire entre amis ou en famille avec des circuits poneys pour enfants.

LAJARES

Situé à près de 8 km de El Cotillo, à l'intérieur des terres, c'est un petit village résidentiel et paisible. Sa rue principale est bordée de boutiques-écoles de surf et de kitesurf, car le village se trouve à mi-chemin entre les deux spots dédiés à la glisse dans cette partie de l'île. L'offre de restaurants et de logements est elle aussi en train de se développer. On vous conseille d'y séjourner si vous recherchez à la fois le calme et la proximité avec de belles plages. On y trouve un terrain de foot, un autre de lutte canarienne, une boutique d'artisanat vendant notamment des broderies locales et surtout deux moulins à l'entrée, dont un habité.

FUERTESCOUT

Coronel Gonzalez del Hierro 62C
✆ +34 686 088 493
www.fuertescout.com
Site Internet en anglais, espagnol et allemand.

Cette agence de Fuerteventura a reçu le prix de « Guide de tourisme » par le gouvernement canarien, un honneur quand on sait que seulement sept l'ont obtenu sur l'île. Loin des grands bus des tour-opérateurs, c'est à bord de son mini bus de huit places qu'Andrea vous montrera les plus jolies excursions à travers l'île : dunes, île de Los Lobos, Betancuria, plages de rêve, les Peñitas, la formation géologique la plus ancienne des Canaries ou encore la découverte de l'île au travers de sa cuisine. Elle propose aussi des randonnées pédestres guidées.

LOS PIRATAS €

Calle González del Hierro
✆ +34 928 86 15 76
Ouvert tous les jours, de 7h à 23h. Comptez environ 15 €.

C'est plus une brasserie qu'un restaurant, mais cela ne l'empêche pas d'être une bonne adresse pour se restaurer. Dans une ambiance très locale puisqu'il fait toujours le plein d'habitués, on y appréciera les bonnes tapas, mais aussi des plats typiquement canariens, aux assiettes copieuses, comme le ragoût de chèvre ou de cabri, les aubergines canariennes, les boulettes de viande et les fromages *majorero* grillés. On appréciera aussi les viandes grillées. Il est parfois difficile de se faire une place dans ce restaurant familial, mais il suffit d'attendre un peu.

LOS PINCHITOS €€

Calle González del Hierro, 21
✆ +34 928 868 181
Ouvert tous les jours. Uniquement le midi le mercredi et le dimanche. Prix moyen du repas 15 €.

C'est l'un des restaurants les plus typiques de l'île. Qui vous accueille dans un joli décor avec poutres apparentes, murs blancs et petites tables bleues. Comme il s'attache à proposer une cuisine traditionnelle, le roi des plats sera la chèvre, présentée sous de nombreuses variantes, en croquettes ou en assortiments de fromages, mais sa spécialité c'est le cabrito, *frito* ou a la *estofada*, accompagné de légumes ou de frites maisons, un régal. Sans être très canariens, les desserts sont aussi maison, gâteau au chocolat ou tiramisu. Ambiance très familiale.

MAGMA KITE SCHOOL

Rotonda de Lajares, 1
✆ +34 928 868 288
www.magma-kiteschool.com
Boutique ouverte de 10h à 19h toute la semaine, avec pause de midi le dimanche. Comptez 50 € pour une heure de surf.

Voici une excellente adresse si vous désirez prendre des cours de kitesurf ou de surf sur la plage d'El Cotillo, en français (détail important lorsqu'il s'agit de comprendre les techniques). Les stages de kitesurf incluent des sorties en bateau indispensables pour débuter ce sport en toute sécurité. Achille et Tony sont des professionnels passionnés qui louent aussi du matériel pour les amateurs expérimentés. Et désormais, ils proposent des initiations à l'apnée, l'activité en vogue... Possibilité de formule *all inclusive* hébergement + matériel + cours.

YOLO RIDERS

Carretera Majanicho, 100
✆ +34 928 111 500
https://www.yoloriders.com
Ouvert toute l'année.

Ce centre nautique familial et multi-activités est situé dans le village club Origo Mare, appartenant au groupe Pierre et Vacances. Il propose une grande variété de cours, quel que soit votre niveau : surf, snorkeling, kitesurf, windsurf, skate, apnée, stand up paddle, skatebording à pratiquer chaque jour. Le centre n'est qu'à un kilomètre des premiers spots, dont le légendaire « Majanicho », à quelques centaines de mètres du centre. Différents packs sont aussi proposés. Les cours durent quatre heures en général et tout l'équipement est fourni.

VILLAVERDE

Le petit village de Villaverde se différencie des autres par ses allures de campagne canarienne et la quiétude ambiante qui s'en dégage. Sur votre route et en parcourant des ruelles cachées, vous trouverez des restaurants et quelques hôtels ruraux qui vous permettront de prolonger la découverte de ce petit poumon vert. Depuis ce village, une piste de pierre, mais carrossable et que l'on pourra facilement suivre à VTT ou à pied, se dirige vers la côte est de l'île. D'abord assez facile, la piste passe ensuite au nord de la montaña de Escanfrage (529 m) un ancien volcan massif et rouge, puis aboutit au pied d'une autre colline rouge parfaitement conique.

CUEVA DEL LLANO ★★

Route de Bétancuria
✆ +34 928 175 928
Fermée pour rénovation. Mais un musée lui est consacré. Ouvert du mardi au samedi, de 10h à 16h30. Entrée libre.

Ce tube volcanique de 500 m de longueur est visitable sur les 400 premiers mètres. L'infiltration d'eau pendant des milliers d'années a créé des sédimentations impressionnantes (stalagmites, stalactites). Et il renferme de nombreux fossiles d'escargots de plus de 1 000 ans, pétrifiés par la lave et un petit animal qui n'existe qu'ici, *Maiorerus randoi*, de la même famille que les araignées. Comme il vit dans le noir, il est dépigmenté, tout jaune. Un petit centre d'interprétation complète la visite (géologie de l'île, volcans).

HÔTEL RURAL MAHOH €€

Sitio de Juan Bello s/n
✆ +34 928 86 80 50
https://mahoh.com
Compter de 68 à 88 € pour une chambre double. Réduction de 50 % pour les enfants et gratuit pour les moins de 4 ans.

Au sein d'un splendide jardin de verdure, cette ancienne demeure rurale du XIXe ne manque pas de charme. Elle dispose de neuf magnifiques chambres à la déco cosy : pierres apparentes, bois au plafond, meubles rustiques en bois, lits à baldaquin, robinets en cuivre dans la salle de bains... À l'abri des regards et dans une végétation d'énormes cactus, une piscine avec grande terrasse et un court de tennis. L'accueil y est très chaleureux et le restaurant de l'hôte est un excellent choix pour s'attabler en famille ou entre amis.

EL MORAL €

Carretera General 94
✆ +34 928 868 285
Fermé le lundi. Dimanche 12h30 à 16h. Du mardi au samedi 12h30 à 23h. Tapas de 10 à 15 €.

Depuis mars 2018, José, jeune cuisinier trentenaire et neveu de Marcos, a repris l'ancien restaurant de son oncle, mais en a maintenu les classiques qui avaient fait son excellente réputation. On y trouvera toujours les œufs brouillés, la spécialité qui lui avait valu plusieurs récompenses ou encore les aubergines frites, l'agneau aux fruits secs, la viande de chèvre en ragoût, la vieja à la plancha ou les croquettes maison, au poisson ou au jambon. Il ne vous reste plus qu'à venir tester si la relève est à la hauteur. En attendant, il y a toujours du monde.

EL HORNO €€

Carretera general Corralejo, 191
✆ +34 928 868 671
Fermé le mercredi et le dimanche soir. À la carte de 25 à 35 € par personne.

Ce restaurant est connu pour son ambiance sympathique et sa décoration rustique. Des plats typiques d'ici comme le ragoût de pois chiches et poivrons sauce tomate, le boudin noir frit, les aubergines grillées au miel et au fromage local. Vous découvrirez aussi leurs spécialités : des rôtis et des viandes à la braise (agneau, chèvre, bœuf) et des ragoûts de poulpes et crevettes, soupe de fruits de mer, soupe *puchero* (canarienne), seiches à la romaine ou au feu de bois, filets de poissons ou langoustines grillés, poisson du jour...

MAHOH RESTAURANTE €€

Sitio de Juan Bello
✆ +34 661 38 30 66
https://mahoh.com
Fermé le mercredi. Comptez 30 € à la carte.

Il vous enchantera par sa bonne cuisine canarienne et ses vins du pays – dont le fameux Stratus de Lanzarote, Malvasia, en blanc et en rosé. Pour vous mettre l'eau à la bouche, découvrez les fromages chauds de chèvre du pays et leur miel, la Vieja, un poisson frais et typique de la région, grillé et servi avec des légumes frais, les aubergines au fromage... Les spécialités de la maison : les viandes au barbecue, le chevreau frit et les poissons frais de l'île (mérou grillé, poulpe à la galicienne), pot-au-feu de chèvre, lapin style Mahoh cochon de lait rôti...

FROMAGERIE GURIAMEN

Calle las Huertas, 47
✆ +34 648 075 168
Du lundi au vendredi de 8h30 à 14h30.

Cette fromagerie a obtenu le prix du meilleur fromage de brebis espagnol 2007 et a été primée au championnat mondial de Dublin en 2008 pour son *majorero curado pimienton y gofio*. Une adresse incontournable pour qui veut rapporter un peu de ce fromage, fleuron de Fuerteventura. Et d'en apprendre un peu plus sur ce fromage qui bénéficie d'une appellation d'origine contrôlée depuis 1996 et dont la croûte représente une feuille de palmier, dans laquelle il est moulé. Pour vous permettre de mieux le conserver, on peut vous l'emballer sous vide.

Villaverde.

TEFIA

Situé en plein milieu de plaines arides et poussiéreuses, ce petit village marque le début de l'intérieur des terres, et on lui trouvera volontiers des airs de ressemblance avec les paysages et l'ambiance qui se dégagent du Far West. Car ici, tout est silencieux, écrasé sous le soleil, et sans la trace de la moindre végétation. Comme dans de nombreux points de l'île de Fuerteventura, des petits moulins, emblématiques de la destination, jalonnent la région. Le village mérite aussi un passage pour y visiter son écomusée. Qui s'est attaché à faire revivre la vie rurale traditionnelle et permettra d'assister aux différents cours, consacrés à l'artisanat.

LA OLIVA ★

Ce village se blottit dans un vallon de l'intérieur, abrité du vent par de belles montagnes volcaniques, aux pentes plissées comme des étoffes. Du début du XVIIe jusqu'au milieu du XIXe siècle, La Oliva fut le centre administratif de l'île et partagea même le titre de capitale de l'île avec Antigua de 1839 à 1860 prenant la suite de Betancuria avant de décliner au profit de l'actuelle capitale Puerto del Rosario. Elle compte plusieurs exemples de maisons coloniales que l'on peut découvrir *via* une visite guidée proposée le mardi et le vendredi matin. Au nord, toute proche, on remarquera la montaña de la Arena, un cône noir et rouge de 420 m de hauteur.

ECOMUSÉE LA ALCOGIDA ★

✆ +34 928 17 54 34

Ouvert du mardi au samedi, de 10h à 17h. Entrée : 5 €.

Reconstitution de la vie rurale traditionnelle autour de quelques habitations représentatives de l'architecture de Fuerteventura. Sept maisons d'un hameau ont été restaurées avec les matériaux d'origine pour retracer la vie d'un village d'antan : ateliers, granges, moulin, four à pain et reconstitution des habitations. Différents cours d'artisanat sont dispensés dans chacune des maisons : broderie, fabrication de panier en osier, céramique, travail du bois, de la pierre et de l'acier galvanisé, fabrication de fromage et de gofio.

CASA CILLA ★★

Rue de l'église

✆ + 34 928 868 729

www.lacilladelaoliva.org

Fermé dimanche, lundi, mardi et fériés. Ouverte de 10h à 15h. Entrée 1,20 €.

L'histoire du cycle agricole traditionnel des moissons et de la fabrication des farines dans les moulins à partir de différents types de grains est expliquée dans cette maison du XIXe siècle, autrefois grange à grains détenue par l'Eglise. Quand l'île était le grenier des Canaries, comme en témoignent les nombreux moulins de pierre répartis sur toute l'île. Une exposition retrace cette époque rythmée par le calendrier agricole des moissons, à travers des panneaux explicatifs, des photos, des objets domestiques et des outils de l'époque.

Campagne d'ocre, cactus, palmiers et volcans sur la route de Tefía et Antigua.

L'ALOE FRESCA DI FUERTEVENTURA

Av Tabalaire, 36
✆ +34 693 188 853
https://aloeveraonlineshop.com
Ouvert tous les jours de 10h à 18h.

Est-il encore encore besoin de présenter cette plante miracle, surnommée « élixir de longévité » et surtout reconnue pour son action cosmétique sur l'épiderme et ses propriétés nourrissantes ? Vous y trouverez toute une gamme de produits fabriqués à base de feuilles d'aloe vera fraîchement coupées : douche, bain, produits solaires, huiles naturelles, produits visage et corps... Pour les bébés ou les adultes, tout le monde y trouvera son produit. Plusieurs boutiques sur l'île.

CASA DE LOS CORONELES ★★

Calle Los Coroneles s/n
✆ +34 928 868 280
http://lacasadeloscoroneles.org
De mardi à samedi, 10h à 20h. Entrée : 3 €.

Tant pour son histoire que pour sa taille imposante, c'est l'un des monuments emblématiques des Canaries. Construite en 1650 par des descendants de Jean de Béthencourt, la « maison des colonels » était la demeure des gouverneurs militaires de l'île du temps où La Oliva était la capitale administrative de l'île de Fuerteventura. Ce long bâtiment rectangulaire est reconnaissable à ses quatre petites tours crénelées, son grand portail et ses balcons de bois sculpté. Au pied des collines sèches du sud du village, elle ressemble à une hacienda mexicaine. Au-dessus de la porte principale, on pourra observer le blason de la famille Cabrere Béthencourt où sont représentés un arbre, une couronne et une chèvre. La légende populaire décrit cet édifice comme la maison à 365 fenêtres, une aberration qui s'expliquerait par une expression de la paysannerie locale de l'époque, très pauvre alors et qui ironisait sur ce luxe indécent en disant que la maison avait « autant de fenêtres que de jours dans l'année ». Les officiers abusaient tellement de leur pouvoir pour extorquer de l'argent aux paysans que Madrid dut dissoudre cette gouvernance en 1834 face à de multiples rébellions sanglantes dans les campagnes environnantes. La demeure abrite des expositions d'art temporaires, ainsi qu'une collection d'objets relatifs à l'histoire de l'île. A côté de ce bâtiment principal aux murs jaunes, l'on remarquera une annexe plus rustique et en ruine, et des murets en pierre taillée délimitent l'enclos où les chèvres des gouverneurs étaient élevées.

IGLESIA NUESTRA SEÑORA DE LA CANDELARIA ✝

Place centrale

Situé au centre de Oliva, cet édifice de style baroque du XVIIe siècle possède une large collection de peintures de Juan de Miranda, considéré comme le peintre canarien le plus important au XVIIIe siècle, et notamment une peinture du *Jugement dernier* de l'artiste, que l'on pourra voir exposée sur le retable principal. Le campanile du XVIIIe siècle est réalisé en pierre noire basaltique contrastant avec les murs blancs de l'église. Elle a été déclarée bien d'intérêt culturel en 1993.

LE MIRADOR DE VALLEBRÓN

Accès par la FV-103.

Inauguré en 2007 il est aussi connu sous le nom de mirador de la degollada de Valle Grande et est situé à la sortie du village de Vallebrón en direction de Tindaya. Ce petit télescope d'usage public permet de voir parfaitement toute la partie nord de l'île : la montagne de Tindaya, El Cotillo, une partie de La Oliva et le sud du barranco de Ezquinzo. On le trouvera sur le flanc nord-est de la Montagne de la Muda. On y appréciera aussi le paysage protégé de Vallebrón, un ensemble aux pentes étagées en longues terrasses jaunes.

MONTAÑA QUEMADA

Cette montagne brûlée est un petit cône volcanique dont le point le plus haut culmine à 366 mètres. C'est au pied de cette montagne qu'est érigé un monument dédié à la mémoire de Miguel de Unamuno. Une sculpture réalisée par le sculpteur Juan Borges, à partir d'une esquisse faite par le peintre Juan Ismael. Elle le représente tournant le dos à la Montaña quemada et regardant vers la montagne de la Muda. On peut accéder au monument par une piste de terre qui part vers le sud, après avoir passé quelques mètres après l'indication du village de Tindaya.

MONTAÑA TINDAYA

Située à plus de 400 mètres de hauteur cette montagne est aujourd'hui protégée comme « monument naturel ». C'est un site singulier et d'une grande beauté. Qui présente tout d'abord des caractéristiques morphologiques particulières. Le processus d'érosion a été intense et permet d'observer aujourd'hui un bloc monolithique composé pour l'essentiel de trachyte, un matériau ressemblant au marbre. Protégé pour sa valeur géologique et comme espace naturel, ce site est aussi protégé pour sa valeur archéologique. Des archéologues ont en effet retrouvé plus de 300 gravures rupestres de contours de pied taillés par les aborigènes : 213 dessins gravés sur 57 pans de rochers et 29 autres silhouettes, réparties à différents endroits sur l'ensemble de la montagne. De cet ensemble se dégagent quatre motifs principaux. Les silhouettes de pieds humains constituent le motif le plus répandu, apparaissant isolées ou par groupe de deux. Elles mesurent 20 centimètres en moyenne et des traits courts et parallèles situés aux extrémités représentent les orteils. Une autre série de dessins rectangulaires ont été aussi interprétés comme des pieds humains, mais plus abstraits, sans les orteils. Une troisième série de dessins sont interprétés comme une succession de pieds, mais pas comme des dessins complets. Enfin une série de motifs, difficilement interprétables, apparaissent non terminés, fragmentés ou effacés par l'érosion et les lichens. A l'heure actuelle, ces signes ont conduit les archéologues à y voir le témoignage de structures funéraires et d'une observation des astres. L'ascension de cette montagne est possible, mais il est nécessaire d'obtenir au préalable une autorisation du bureau de l'environnement de l'administration insulaire de Fuerteventura qui peut être délivrée par les mairies de Puerto del Rosario et de Corralejo. Elle se fait d'abord par une piste non carrossable, puis par un sentier, le long d'une crête pierreuse aux couleurs de brun, rouge, noir et blanc. Au début du sentier de randonnées, un panneau vous fournira des informations détaillées sur ce monument naturel. D'une distance d'environ deux kilomètres, la montée n'est pas très difficile, mais elle doit être abordée, tranquillement, sans se presser. D'abord du fait du dénivelé et aussi pour les nombreux détails que l'on rencontrera tout au long. Il est bien sûr indispensable de ne pas quitter ces sentiers balisés pour protéger ce patrimoine archéologique. Au sommet, la vue panoramique est spectaculaire, notamment vers la Montana Prieta (208 m) aux couleurs dorées et désertiques.

PUERTO DEL ROSARIO

Jusqu'en 1956, il s'appelait Puerto de Cabras, le Port aux Chèvres, car les troupeaux s'y abreuvaient dans une gorge voisine. Et c'est grâce à sa position stratégique que ce port, fondé à la fin du XIXe siècle deviendra capitale de l'île en 1880, au détriment de La Oliva. Aujourd'hui on y passe sans déplaisir. La ville ne croule pas sous les monuments historiques, mais ce sera l'occasion d'aller visiter la maison-musée d'Unamuno. Et la mairie a encouragé la création de zones piétonnières sur lesquelles apparaissent régulièrement de nouvelles sculptures et s'emploie à rénover le front maritime, que l'on peut désormais parcourir, jusqu'à la playa blanca.

CASA MUSEO UNAMUNO ★

Calle de la Virgen del Rosario, 11
✆ +34 928 862 300

Ouvert du lundi au vendredi de 8h à 14h. Entrée libre.

C'est l'ancien Hôtel Fuerteventura, où le philosophe Unamuno vécut pendant son exil sur l'île de mars à juillet 1924. L'ambiance des années 1920 y a été recréée, avec quelques reproductions de photos de personnes de son entourage. Les meubles d'époque ont été conservés et les murs sont couverts de phrases écrites par le philosophe. On y trouvera aussi nombre de ses travaux sur les traditions de l'île. De son passage ici, il écrira un recueil de poésies *De Fuerteventura à Paris* et qualifiera l'île d' « *oasis dans le désert de la civilisation* ».

SCULPTURES ET PLAGES

En déambulant dans la ville, on découvre un parc de sculptures à ciel ouvert. Inauguré sur l'*avenida maritima*, il est enrichi chaque automne par les nouvelles œuvres sélectionnées lors du festival annuel dédié, le *Simposio Internacional de Escultura*. A noter, de nouveaux matériaux sont désormais imposés aux participants tels que la pierre de Betencuria ou le bois d'Iroko. Aujourd hui, on vous propose même un périple en 26 arrêts qui vous fera découvrir les Caracolas (coquilles) du paseo maritime, la statue de Miguel de Unamuno ou les chèvres, emblèmes historiques de l'île, à titre d'exemples. En 2019, deux nouvelles sculptures sont venues s'ajouter à ce parc qui compte maintenant près de 200 œuvres, dont le Jeu du Palo, en hommage à cette activité ancestrale. La ville ne regorge pas de merveilles architecturales, mais on pourra y faire une balade en partant de l'église. De là, on passera par la maison d'Unamuno pour descendre ensuite doucement vers le paseo maritime en suivant la Primero de Mayo où les terrasses pourront servir de halte avant d'arriver a la Playa Chica. Comme son nom l'indique, elle est petite, mais on peut s'y baigner. On peut poursuivre en longeant le paseo maritime, à gauche pour découvrir ses céramiques ou opter pour la droite et le front de mer, et découvrir alors le nouvel auditorium dont la silhouette s'harmonise agréablement avec les rondeurs alentour ainsi que les fours à chaux qui jalonnent ce parcours. Les plus courageux rallieront la Playa Blanca de Puerto del Rosario, à quelques kilomètres.

FUERTEVENTURA

POINTS D'INFORMATIONS

Av, Reyes de Espana, s/n (paseo marítimo)
✆ +34 618 527 668
www.turismo-puertodelrosario.org

Horaires disponibles sur le site web de Fuerteventura.

C'est à l'aéroport que vous trouverez une première information, assez complète, de l'île, avec des cartes et des dépliants thématiques (écotourisme) ou consacrés à une destination précise (Betancuria ou La Oliva, par exemple). Bien conçus, très synthétique et disponibles en français. A Puerto de Rosario, c'est un kiosque de bord de mer qui fait office de point d'information. Avec des horaires très fluctuants et de la documentation limitée. Autre point d'information intéressant à Corralejo (av maritime, après le *muelle* des bateaux).

AÉROPORT

Aéroport
✆ +34 928 860 600

Situé à 6,6 kilomètres de Puerto del Rosario, sur la côte est de l'île. De nombreuses compagnies proposent des vols directs depuis la France jusqu'à Fuerteventura (Vueling, Transavia, Easy Jet, Air France). Deux compagnies Binter et Canaryfly proposent des vols inter-îles. Avec plusieurs vols par jour depuis l'aéroport de Tenerife Nord (Los Rodeos). Bus : n° 3 vers Puerto del Rosario (toutes les 30 min) et Caleta de Fuste et les Salinas ; n° 10 vers Morro Jable. Neuf loueurs de voitures à l'aéroport dont Cicar, Hertz, Avis, Top car ou Sixt.

BINTER CANARIAS INTER-ÎLES

Centrale de réservations
✆ +34 902 391 392
www.bintercanarias.com

Cette compagnie historique relie Fuerteventura à Gran Canaria par des vols directs huit fois par jour (durée environ 40 minutes). Egalement des vols directs pour Tenerife Nord, (Los Rodeos) cinq par jour et des vols pour Tenerife sud, huit fois par jour, mais avec un changement à Las Palmas. Pour toutes les autres îles, le vol se fera avec un changement à Tenerife Nord. Poids des bagages en soute limité à 6 kg contre 10 kg pour les longs courriers.

NAVIERA ARMAS

Puerto del Rosario,
✆ +34 902 456 500
www.navieraarmas.com

Cette compagnie relie Puerto del Rosario à Las Palmas de Gran Canarie (7 h de traversée) et Santa Cruz de Tenerife (12 h de traversée), une fois par jour, de nuit, du lundi au vendredi. Mais cette même compagnie relie quotidiennement Las Palmas de Grande Canarie et Santa Cruz de Tenerife, en partant de Morro Jable, à la pointe sud de l'île. Elle fait aussi plusieurs liaisons quotidiennes Fuerteventura-Lanzarote, depuis Corralejo, nord de l'île (30 min). Les bateaux sont bien équipés (salle de télé, cafeteria et terrasses et couchette de nuit) pour ces croisières.

STATION INSULAIRE DE BUS DE PUERTO DEL ROSARIO

Primero de Mayo, sn
✆ +34 928 855 726
https://tiadhe.com

C'est la principale station d'autobus de l'île, située dans la partie haute de la ville. De là, vous circulerez dans toutes les directions (dix-sept lignes au total). Principales destinations : n° 3 pour l'aéroport ; n° 6 pour Corralejo ; n° 9 (plus direct) et n° 10 pour Morro Jable ; n°11 pour Gran Tarajal. En consultant le site web, vous trouverez toutes les destinations ainsi que les horaires. Ils fonctionnent avec régularité. La principale station de taxis est à la sortie.

HÔTEL EL MIRADOR €€€

Ctra. Playa Blanca, 45
✆ +34 928 85 17 57
https://www.hotelelmiradorftv.com

A partir de 76 € pour une chambre double sans petit déjeuner.

Cet ancien parador n'est pas devenu une école hôtelière comme cela avait été envisagé, mais il est maintenant la propriété d'un groupe privé et a rouvert ses portes. Il a été rénové, mais on y trouvera toujours la marque *parador* s'affichant sur toutes les portes. Son plus, c'est sa situation, face à une grande plage un peu à l'écart de la ville. Et aussi la tour, aménagée en salon, qui lui donne son nom et qui permet une vue à 360 degrés sur l'île, confortablement assis. Les chambres sont grandes avec parfois de belles terrasses avec vue sur la mer.

LE KIOSQUE DE L'EGLISE €

Calle Primero de Mayo, s/n

Ouvert tous les jours de 8h à minuit, samedi, dimanche et fêtes jusqu'à 15h.

Situé en face de l'église de Nuestra Señora del Rosario, au bas de ses escaliers et non loin de la Casa musée d'Unamuno, ce kiosque couvert de photos ne permettra pas une pause culinaire, mais au plus apaisera quelques petites faims avec des mini sandwichs et quelques olives, mais il est surtout idéal pour prendre un café, un jus d'orange ou une bière, à l'ombre de beaux arbres, debout au comptoir ou assis sur les bancs alentour. C'est un des hauts lieux des rencontres dans la ville. Avant de poursuivre sa balade en descendant vers la plage.

BAR ROCAMAR €

Calle Léon y Castillo, 2
✆ + 34 617 429 024

Fermé le mardi. Ouvert de 7h à 16h et de 19h à 23h. Comptez environ 10 €.

Ouvert depuis novembre 2016, ce petit bar à tapas propose quelques tables en terrasse face au paseo maritimo, avec ce qu'il faut de protection contre le soleil et le vent. Ainsi qu'un petit espace intérieur. Comme il est tenu de main de maître par la très énergique et accueillante Joly, il s'est fait une clientèle d'habitués qui y apprécie la tapa du jour venant agrémenter la caña ou la boisson. On recommande sa tapa de viande de chèvre, particulièrement goûteuse et copieuse. Un lieu à rallier dès le petit déjeuner, très copieux.

CANGREJO COLORAO €€

Calle Juan Ramón Jimenez, 1
✆ +34 928 858 477
Fermé le mercredi. Comptez environ 25 €.

On pourra y déguster de bons plats préparés à base de produits frais du marché, comme les poissons grillés ou le *Cherne* servi avec des langoustines grillées. Ce sera copieux dès les entrées qui permettront par exemple de savourer des crêpes farcies aux fruits de mer, du fromage frit accompagné de confiture et de miel ou de belles soupes de poisson. En dessert, on pourra opter pour le flan au bienmesabe ou la mousse de gofio et son coulis de café. Sachant qu'en prime vous aurez, en salle ou en terrasse, une vue imprenable sur la mer et le port.

CASA TOÑO €€

Calle Alcalde Alonso Patallo, 8
✆ +34 928 34 47 36
Fermé le dimanche. Comptez de 30 à 35 € à la carte, sans les vins. Assiette à partager de 9 à 14 €.

Après être passé par l'ex Terraza del Muelle, Antonio Alonzo officie désormais ici. Avec la même philosophie, privilégier les produits du lieu et de saison, préparés avec finesse et joliment présentés. Coup de cœur pour le délicieux tartare de thon, mais on pourra aussi y déguster, d'excellents poissons frais, qu'on accompagne volontiers avec des artichauts marinés. Origine asturienne du chef oblige, on pourra aussi y savourer un *solomillo* de viandes asturiennes. Adresse plus que recommandée, car dès la première bouchée, on sent que cela va être très bon.

RESTAURANTE LA JAIRA €€

Calle La Cruz, 26
✆ +34 928 53 37 84
Fermé le lundi et le dimanche. Comptez environ 30 €.

Son logo en forme de tête de chèvre stylisé affiche bien sa spécialité : la viande de chèvre puisque c'est le petit nom qu'on lui donne en langage *majorero*. Et dans ce domaine il est considéré comme le meilleur de la ville, avec des cuissons qui doivent durer plus de cinq heures pour garantir une tendreté absolue. Le tout accompagné des petits légumes qui signent aussi la réussite de ce ragoût. Mais ses ambitions le poussent aussi à développer des offres de nouvelles saveurs, associées aux plats traditionnels. Excellent accueil dans un joli cadre.

MARCHÉ

Un marché agricole de la biosphère se tient à l'étage supérieur de la gare de Guaguas, tous les samedis. Vous y trouverez des produits frais de la campagne ou de la mer vendus en direct par les producteurs locaux. Avec au total une trentaine d'étals. On pourra aussi y trouver quelques confitures comme celle de Tuno, produite à partir du cactus et de plus en plus déclinée, y compris en boisson. Chaque matin un tout petit marché de producteurs se tient face au port. Avec comme presque unique produit le fromage *majorero*, mais en direct des producteurs.

EL PUERTITO DE LOS MOLINOS

On y accède depuis Tefia, direction Betancuria, en prenant une petite route qui part à droite vers la côte. Sur le chemin qui y mène, ne manquez pas d'admirer le moulin à gofio qui lui a donné son nom. Puis vous découvrirez un village de pêcheurs enserré dans une crique de rochers totalement préservée du tourisme. A gauche, un petit chemin conduit à un point de vue sur le village, la plage de sable noir et de gros rochers, de l'autre côté de la crique. Un seul restaurant, Casa Pón, alimenté en poisson frais par les pêcheurs locaux. C'est délicieux et peu cher avec une terrasse agréable donnant sur l'océan. Idéal avant de rallier la Cueva Herminia.

CUEVA HERMINIA

C'est dans la partie sud du village de Los Molinos que se situent une série de grottes dont la Grotte des moulins, aussi appelée Cueva Herminia. C'est la grotte paradisiaque par excellence : des eaux cristallines entourées de rochers magnifiques où le noir de la lave contraste avec le bleu de l'océan. Mais il faut prendre des précautions pour s'y rendre. Attendre bien sûr la marée basse pour s'y baigner et ne pas se faire surprendre par la montée des eaux. Après ce sera à n'en pas douter le lieu parfait pour prendre de nombreuses photos.

FUERTEVENTURA

CALETA DE FUSTE

Cette station balnéaire à taille humaine forme un ensemble de pavillons autour de la forteresse du XVIIIe siècle d'où son surnom de « château » avec son Castillo de San Buenaventura. Sa ville nouvelle est plus que touristique avec ses maisons en béton colorées, ses multitudes de restaurants italiens, grecs, mexicains, portugais, indiens, ses boutiques de souvenirs et les écrans géants équipant bars et pubs. Et est affectionnée par les Allemands et les Anglais. Côté mer, la petite plage de sable blond sur le port permet une baignade en toute sécurité. Et c'est aussi le lieu pour pratiquer plongée, planche à voile ou golf et faire des excursions en mer.

CASTILLO DE SAN BUENAVENTURA ★

Proche du port de plaisance

Situé à proximité du quai de Caleta de Fuste, ce château forteresse datant du XVIIIe siècle a été classé bien d'intérêt culturel en 1949. Jusqu'à sa construction, il n'existait aucune défense de cette côte de Fuerteventura. C'est pour y remédier qu'il fut construit dans le même temps que la forteresse del Tostón, près d'El Cotillo. Avec comme fonction de protéger la baie de Caleta. Il a été restauré en 2013 par le Cabildo et la mairie. On y accède par un petit escalier en fer.

MUSÉE DE LAS SALINAS DEL CARMEN

Barrio Las Salinas, 2

✆ +34 928 174 926

https://museosalinasdelcarmen.es

Horaires disponibles sur le site web. Entrée musée : 6 €, 11,50 € avec visite des salines.

Ces salines datent de la fin du XVIIIe siècle et sont encore utilisées aujourd'hui pour produire un sel très apprécié. Le musée présente de manière didactique, la formation, l'extraction et l'histoire du sel ainsi que ses écosystèmes, *via* de nombreux audiovisuels. A l'extérieur, une visite guidée vous fait parcourir une saline en activité et comprendre le métier de ceux qui l'extraient. Le lieu comprend aussi un restaurant ainsi qu'une boutique pour acquérir le précieux sel.

HOTEL ELBA SARA €€€

Urb. Fuerteventura Golf Resort, Carretera de Jandia, km 11

✆ +34 928 160 020

https://www.hoteleselba.com

Dès 135 € la chambre double vue sur mer. Junior Suite à partir de 190 €, suivant jours et saisons.

Cet hôtel 4 étoiles familial a tout le confort avec piscine chauffée pour adulte et une petite pour enfants, bain bouillonnant, accès à la plage, salle de gymnastique et spectacle tous les soirs au bar-salon Broadway. Ainsi que des espaces de jardin et deux restaurants. Il dispose d'un golf, premier terrain de Fuerteventura. Les chambres sont vastes, bien équipées et dotées de terrasses ou de balcons avec vue sur la mer. Petit inconvénient, l'hôtel est proche de l'aéroport et le passage de quelques avions par jour crée une nuisance sonore.

Caleta de Fuste.

SHERATON FUERTEVENTURA BEACH GOLF & SPA RESORT €€€

Avenida de las Marismas, N°1
✆ +34 928 495 100
https://www.marriott.fr
Dès 174 € la chambre double.

Excentré de la ville, tout est sublime dans cet hôtel de grand luxe, proposant 266 chambres, toutes dotées d'une terrasse privative avec vue jardin ou sur l'océan. Avec ses trois piscines extérieures, c'est un paradis pour les amateurs de bien-être : un centre de thalassothérapie, un golf (avec une navette) amènent facilement à la décompression. Un club pour les enfants. Faites cependant bien attention à réserver une chambre avec vue sur mer, les autres sont moins agréables.

FADO ROCK €€

Calle Roman Soto Morales, 5
✆ +34 928 163 527
Ouvert de 13h à 0h. Compter environ 25 €.

On ne vient pas au Fado Rock si l'on recherche une ambiance calme et intime. C'est le plus grand restaurant de Caleta, au look de cafeteria, qui s'est fait une spécialité dans les grillades de viandes exotiques, crocodile, kangourou ou autruche. Mais il y aura aussi du plus traditionnel comme du steak argentin. Il vaut vraiment le coup si vous êtes amateur de viandes, car elles sont d'excellente qualité et accompagnées de bonnes sauces. Si les décibels vous semblent un peu forts, vous pouvez toujours opter pour la terrasse, agréable.

LA PAELLA RESTAURANT GRILL €€

✆ +34 928 16 31 01
Ouvert tous les jours de 13h30 à 22h30. Comptez environ 30 €.

Ce restaurant possède une grande et agréable salle ouverte, avec vue sur océan. Et offre un décor tout cosy, avec des palmiers intérieurs, des meubles en rotin et un plafond de bois. On ne surprendra personne en signalant que la paella est la spécialité de la maison. Mais elle y est bonne, ce qui n'est pas forcément fréquent. Si vous décidez malgré tout de sortir de ce sentier, il y aura aussi de nombreuses grillades et des poissons et même des pizzas.

ANTIGUA ★

Cette petite ville à l'atmosphère unique est le point le plus central de Fuerteventura. Un temps la plus peuplée de l'île, elle compte aujourd'hui 3 000 habitants, mais près de 11 000 avec l'ensemble des communes qui lui sont attachées. Son centre abrite un ensemble d'une grande valeur historique et artistique, reflétée dans son architecture qui traduit mille influences. On y notera par exemple la casa del Portón, une maison aisée et son église datant du XVIIIe siècle. Avant d'aller visiter le complexe du Molino de Agua pour comprendre l'âme de l'île à travers ses moulins et ses fromages. De mai à juin, elle accueille un marché d'artisanat très réputé.

MOLINO DE ANTIGUA ET MUSÉE DU FROMAGE ★

Calle Virgen de Antigua, km 20
✆ + 34 928 878 041
https://museoquesomajorero.es
Horaires disponibles sur le site web. Entrée : 4 €.

Ce complexe du molino de Antigua permet de mieux connaître deux éléments particulièrement emblématiques de la culture *majorera* : ses moulins à vent et son fromage. Et regroupe différents éléments donnant l'occasion d'une belle balade de plusieurs heures. Tout d'abord, ce complexe abrite un moulin à vent qui a été classé monument d'intérêt culturel en 1994, tout comme les vingt-deux autres moulins que compte l'île de Fuerteventura. Appartenant au réseau des musées de l'île, il abrite plusieurs salles d'expositions qui renseignent sur l'importance d'Antigua dans la production et le commerce des céréales. Ces moulins à vent sont arrivés à Fuerteventura à la fin du XVIIIe siècle, époque à laquelle l'île servait de grenier à d'autres îles comme Tenerife, la Grande Canarie et La Palma. Dans le village d'Antigua, de nombreuses maisons bourgeoises, dont certaines ont été restaurées, viennent aussi témoigner de la prospérité des riches familles de propriétaires ayant commercialisé les céréales, blé et gofio vers d'autres îles. Ce musée accueille aussi des activités culturelles et une boutique d'artisanat. Deuxième élément de ce complexe, le musée du fromage *majorero*. Autour d'une cour centrale, il propose différents espaces thématiques : une présentation générale de Fuerteventura ; une salle dédiée à la chèvre locale autochtone et une salle consacrée au fromage proprement dit, que l'on pourra déguster et acheter. Le tout entouré de beaux jardins avec de très nombreux cactus.

FUERTEVENTURA GOLF CLUB

Carretera de Jandía, km 11
✆ +34 928 16 00 34
www.fuerteventuragolfclub.com
Ouvert de 8h à 20h. De 57 à 80 € selon le nombre de trous.

Développé par la chaîne hôtelière Elba, ce golf 18-trous accueille l'une des compétitions les plus importantes d'Espagne, la Spanish Open. Il a été conçu en 2002 par le célèbre architecte Juan Catarineu et doit son nom au rôle déterminant que jouera le vent tout au long du parcours. Il comprend trois lacs reliés par un petit canal. Les trous de 1 à 10 vont en direction de la mer, ce qui permet d'admirer l'océan tout en jouant. Relativement plat, il fera le bonheur des joueurs, quel que soit leur niveau. De plus, il possède son école de golf et des hôtels.

ÉGLISE-CATHÉDRALE SANTA MARIA ★

L'église est ouverte tous les jours, sauf le dimanche, de 11h à 17h du lundi au vendredi (19h le samedi). Entrée : 2 €.

Initialement édifiée dans un style gothique, elle fut détruite en 1593 par les hordes berbères de Xaban Arrez. Elle fut reconstruite, comme le village, au XVIIe siècle, et son trésor est exposé dans l'ancien presbytère de la calle Alcalde Carmelo Silvera. Elle abrite des tableaux et représentations religieuses. On notera particulièrement ses six retables dont celui consacré à l'Immaculée Conception, de style baroque, l'une des sculptures les plus intéressantes de l'île.

BETANCURIA ★★★

C'est la capitale historique de Fuerteventura et un passage obligé lors de la visite de l'île. Elle fut fondée dès la conquête par Jean de Béthencourt auquel elle doit son nom. Ce village de l'intérieur aux maisons blanches éparses et nichées dans une vallée aride demeura la capitale de Fuerteventura jusqu'en 1834. En 1593, la ville fut dévastée par les pirates berbères. Ce n'est qu'au XVIIe siècle que la reconstruction a été entreprise. Depuis, Betancuria a su conserver son caractère ancien et authentique. A l'entrée du village, on remarquera les ruines del Convento et on pourra aussi se rendre dans l'une des nombreuses petites boutiques d'artisanat.

MIRADOR MORRO VELOSA ★★

Ouvert du mardi au samedi de 10h à 18h.

Sur la route entre La Oliva et Betancuria, on peut observer de nombreux moulins servant à puiser l'eau saumâtre des puits. Avant d'arriver à Betancuria, on peut faire une halte au mirador Morro Velosa, route indiquée sur la gauche, entrée libre qui a été conçu au centre géographique de l'île par César Manrique. Située à 700 m de hauteur, au sommet de la Montaña Tegú, c'est une grande bâtisse élégante au toit en tuiles de la même couleur que le paysage. On peut y admirer un spectaculaire point de vue du centre et du nord de l'île et s'arrêter prendre un café.

CASA SANTA MARIA BETANCURIA ★

En face de l'église
✆ +34 928 878 036
Ouvert du lundi au samedi de 10h à 16h. Entrée : 6 €.

Située dans le centre historique de Betancuria, c'est une maison de campagne qui date du XVIIe siècle et qui a été restaurée. Au milieu d'un jardin de cactus, elle se présente aujourd'hui comme une sorte de petit musée reproduisant une *Bodega* et exposant des instruments anciens de charpentiers, une projection de photos et propose une petite dégustation de confitures de cactus et la vente de fromages. Cela ne vaut pas ce prix-là, mais reste sympathique.

MUSEO ARQUEOLÓGICO DE FUERTEVENTURA

Calle Roberto Roldán, 21
✆ +34 928 878 241
Ouvert de mardi à dimanche, de 10h à 17h30. Entrée libre.

Ce musée a rouvert ses portes en décembre 2020. Il réjouira les passionnés d'histoire et d'archéologie qui y trouveront les principaux vestiges des populations aborigènes de l'île, les « Mahos », via la présentation de quatre expositions temporaires qui permettront d'en savoir plus sur leur culture, avant que ne s'installe, à terme les fonds définitifs. Pour la première fois on pourra voir deux idoles de la grotte des idoles située aux alentours de La Oliva.

CASA PRINCESS ARMINDA €€

Calle Juan de Bethencourt, 2
✆ +34 928 878 979
Comptez 20 € au restaurant. Chambre double dès 49 €.
Située sur les hauteurs de Betancuria, cette maison de princesse fait à la fois restaurant, bar et aussi hôtel rural. Elle a été transmise à ses propriétaires de génération en génération depuis le XVe siècle. Côté restauration, vous aurez l'occasion d'y déguster des plats canariens, sur une belle terrasse ou dans un joli patio. Côté logement, le lieu propose cinq chambres, individuelles ou doubles, chacune aménagée dans un style différent. Le plus, une terrasse avec piscine en hauteur et de jolies vues sur Betancuria et les alentours.

LA CASA SANTA MARIA €€

Plaza Santa Maria
✆ +34 928 878 282
www.restaurantecasasantamaria.com
Du lundi au samedi. Comptez autour de 40 €.
Ce restaurant est une ferme rénovée du XVIIe siècle, bâtie dans un décor rustique soigné et chaleureux, avec un joli jardin. La Casa Santa Maria propose de la cuisine raffinée canarienne, traditionnelle et créative, et nombreux sont ceux qui y viennent pour déguster le *cabrito* ou chevreau au four. Au menu, foie gras de canard aux pommes caramélisées, crevettes à l'ail flambées à l'eau de vie, magret de canard sauce madère, filet de poisson aux tomates confites... Vous pourrez également prendre un verre à l'ombre dans le charmant patio, sauf à l'heure du déjeuner.

L'ALOE VERA FRESCA DI FUERTEVENTURA

Calle de Roberto Roldan
✆ +34 663 18 88 93
Tous les jours, de 10h à 18h.
Luciano Candelotto s'est lancé dans le commerce de produits confectionnés à base d'Aloe Vera. Avec comme objectif absolu de fournir des produits de toute première qualité. C'est pourquoi il a décidé en 2011 de construire à Fuerteventura le premier laboratoire de cosmétiques, disposant de ses propres plantations à Fuerteventura, Grande Canarie, Tenerife, La Palma et Lanzarote. Catalogue de 50 produits pour le corps et le visage, pour toutes les peaux.

VEGA DE RÍO PALMA

Sur la route entre Betancuria et Pájara, vous rencontrerez le petit village de Vega de Río Palma où l'on peut voir une jolie église avec d'anciens retables et le sanctuaire de la Vierge de la Peña, patronne de l'île. Mais en quittant Betancuria, faites une halte sur les hauteurs du lac qui offre un panorama surprenant, avec des petites bêtes ressemblant à des écureuils et n'hésitant pas à manger des cacahuètes dans votre main. La route qui mène à Pájara peut être impressionnante, mais sans danger, avec une vue spectaculaire sur la montagne. Des paysages à mi-chemin entre le bush australien et l'Atlas du Maroc, avec des palmeraies au fond des *barrancos*.

PÁJARA ★

Ce petit village de près de 1 000 habitants est le plus important de tous les villages de la commune du même nom. On y appréciera sûrement de se promener dans ses petites rues aux maisons basses et aux murs blancs, au milieu de nombreux palmiers. Et de découvrir son église Nuestra Señora de la Regla, datant de la fin du XVIIe siècle, dont la porte présente des inscriptions similaires aux symboles des Aztèques. Ce village est aussi le plus riche de l'île, car les hôtels du sud dépendent de ce *municipio* auquel ils versent des impôts, d'où les installations somptueuses comme le centre nautique et le soin particulier accordé à l'embellissement du village.

Pájara.

PUNTA DE JANDIA €€

Av. Puertito, s/n
✆ +34 928 174 490
Comptez environ 25 € à la carte.

A côté du phare de Punta de Jandía, ce restaurant à la décoration originale donne des sensations de bout monde, avec rien autour. Il est aux mains de Nelson Espinel depuis 2010, ce chef a pris le relais de l'affaire familiale après son père Nino, qui fut durant 20 ans le capitaine de ce « bateau ». Les recettes sont simples et familiales, un peu comme à la maison et célèbrent la cuisine canarienne : poissons pêchés du jour puis grillés a la plancha, *papas* bien cuisinées avec leurs sauces canariennes, gambas.... Même sans concurrent, il reste bien.

PUERTO DE LA PEÑA €

Calle Puerto Azul, 4
✆ + 34 928 161 468
Fermé le lundi. Comptez 12/15 €

Murs couleur sable, petites nappes bleues et décoration marine, ce petit restaurant familial et sans prétention est plus connu sous le nom de « Casa Pepín ». Il est réputé et très apprécié localement pour ses poissons, accompagnés bien sûr des *papas* et des *mojos* et pour ses croquettes, servis en portions généreuses que l'on peut aussi apprécier sur une toute petite terrasse ombragée qui garantit une vue sur les toits du village et la mer. Une alternative aux restaurants du bord de mer souvent bondés. Accueil agréable et service rapide.

AJUY

C'est un tout petit village de pêcheurs dans lequel quelques maisons blanches mènent à une plage de sable noir. Mais il est surtout connu pour ses falaises et ses grottes. Et ces monuments naturels sont quasiment devenus des passages obligés pour qui visite l'île. Sur la gauche de la plage de sable noir démarre un sentier aménagé, qui conduit à flanc de falaise rocheuse à la plus grande des grottes, offrant des vues de cartes postales sur les bateaux de pêche à l'ancrage dans la baie. La balade d'une vingtaine de minutes est à faire en fin d'après-midi ou, mieux, au soleil couchant. On y trouvera quelques restaurants de pêcheurs, donnant sur la baie.

JAULA DE ORO €€

Av. de los Barqueros, s/n
✆ +34 928 16 15 94
De mardi à dimanche, de 9h45 à 17h45. Comptez environ 35 €.

Son premier avantage, une grande terrasse qui vous permet d'être quasiment les pieds dans l'eau face à une jolie plage de sable noir. C'est la fraîcheur de ses poissons qui a fait la réputation de ce restaurant. On conseille bien sûr de tester la *Fula*, un poisson pêché dans la baie et la spécialité de la maison, que vous pourrez déguster accompagné des traditionnelles *papas arrugadas*. Egalement aux menus, des crevettes à l'ail, des calamars et le fromage local accompagné de son *mojo*. Bon rapport qualité-prix et service agréable.

FUERTEVENTURA

Ajuy.

LA LAJITA

Comme toutes les îles de l'archipel, Fuerteventura possède bien sûr son zoo et son jardin botanique qui sont situés sur la route principale, juste à côté du village de La Lajita. Une visite recommandée pour les enfants, puisque l'ensemble comprend aussi des aires de jeux. Par ailleurs, le petit village de La Lajita a le mérite d'être toujours préservé du tourisme de masse. Même s'il a malgré tout débuté sa conversion en zone balnéaire. Ce qui se traduit par le développement de nouvelles constructions, à l'entrée du village. Quoiqu'il en soit, la petite plage de galets et ses bateaux de pêche forment un cadre parfait pour déguster un plat de poissons.

COSTA CALMA

Cette station balnéaire a poussé comme un champignon dans les années 1980 marquant ainsi la fin de la belle plage de Jandía qui débute à Morro Jable. Aujourd'hui, cette station tentaculaire aligne ses complexes hôteliers le long de la plage, dénaturant au passage le paysage. Elle est fréquentée principalement par des Allemands, des Anglais et quelques Italiens. En revanche la mer est ici très calme ce qui est idéal pour les familles. Et quoique sans âme, elle reste tout de même agréable, car elle est située dans l'un des rares bosquets de pins canariens de l'île. La Playa Barca est la plage fétiche des surfeurs qui apprécient qu'elle soit très ventée.

© ELENASFOTOS - ISTOCKPHOTO.COM

Costa Calma.

JARDIN BOTANIQUE

Carretera General Jandía s/n

✆ +34 928 16 11 02

Ouvert tous les jours de 9h à 18h. A partir de 31 € par adulte.

Le jardin botanique de l'île est une belle découverte, malheureusement il est intégré au zoo Oasis Wildlife. C'est l'un des plus grands parcs de cactus au monde ! Différents types, espèces, tailles... Vous en prendrez plein les yeux ! Saviez-vous qu'il n'y a pas moins de 750 espèces de plantes différentes sur l'île de Fuerteventura ? Pour prolonger et profiter au maximum de l'expérience, découvrez la Botanic Experience – qui offre une visite guidée et explicative du parc. Attention à l'horaire de la balade, le soleil tape fort !

H10 PLAYA ESMERALDA €€€

Calle Punta del Roquito, 2

✆ +34 928 875 353

https://www.h10hotels.com

Réservé aux adultes. Doubles à partir de 120 €.

Situé au bord de la mer, ce complexe hôtelier appartenant à la chaîne H10 offre une très belle vue sur les plages de la côte, notamment depuis sa piscine. Et affiche un hall spectaculaire avec un comptoir en forme de cage ainsi que des fresques murales. Les chambres sont spacieuses et confortables, souvent dotées de balcons. Il propose bien sûr tous les services que l'on peut attendre de ce type de complexe : piscine extérieure et intérieure (chauffée) ; gymnases et accès direct à la plage. Il sera surtout apprécié par les couples.

R2 PAJARA BEACH & SPA €€€

Calle Punta del Roquito, s/n ✆ 34 928 87 30 00
https://r2hotels.com
Réservé aux adultes. De 165 à 270 € la chambre. Réservation de 3 jours au minimum.

On remarque cet hôtel ultramoderne avec sa façade en verre et sa décoration ultra design. Il propose un bon rapport qualité-prix. Car les trois cent quatre-vingt-quatre chambres sont très spacieuses et sont dotées d'un balcon. Plus on sera haut, plus la vue sera belle. Et les services proposés sont variés : pour votre bien-être, il y aura un spa et la possibilité de se détendre dans une piscine d'eau douce ainsi qu'un gymnase et une salle d'aérobic pour se remettre en forme... Le tout avec jardin et restaurants, et là encore un accès direct à la plage de l'hôtel.

IFA ALTAMARENA HOTEL €€€

Avenida del Saladar, 28
✆ +34 928 540 430
https://www.lopesan.com
Compter à partir 95 € la nuitée.

Ce 4-étoiles appartenant au groupe Lopesan est situé juste à côté de la belle plage de Jandia, avec un accès direct depuis son espace piscine, sans avoir à traverser une rue plutôt passante. En revanche, il est un peu plus éloigné de la zone la plus animée de Morro Jable. Les chambres sont grandes, 35 m² a minima et lumineuses. Toutes disposent de balcons, certaines avec vue sur les piscines ou le jardin, avec vue sur mer au dernier étage. A disposition mini-golf, squash, restaurant et bars dont un près de la piscine. Ambiance très familiale.

MORRO JABLE ★

Comme souvent aux Canaries, le sud de Fuerteventura est la partie de l'île qui a souffert le plus du tourisme de masse. Les vastes étendues de sable blond de Jandía sont bordées par une route à quatre voies et une multitude de centres commerciaux. Pour retrouver des plages sauvages et paradisiaques, il faut s'éloigner des complexes hôteliers. Au nord de Morro Jable, on prend une route qui mène à Risco del Paso, une longue plage de sable fin avec de l'eau transparente. Superbe. Le soir, la vie nocturne de Morro Jable se concentre essentiellement sur le front de mer et surtout dans l'Avenida Saladar, avec de nombreux bars dans le Cosmo Centro Commercial.

RIU PALACE JANDIA €€€

Arenas Morro Jable ✆ +34 928 540 370
https://www.riu.com
Entre 175 et 398 € selon la chambre, mais il existe des offres très intéressantes si vous réservez sur Internet.

Ce grand complexe de 4 étoiles trône au-dessus de la plage de Jandia. C'est celui qui est le plus éloigné du centre de Morro Jable, une bonne vingtaine de minutes. Mais dans son cocon, il offre une multitude de services : un restaurant pour goûter aux saveurs canariennes ; une piscine d'eau douce ; une terrasse-solarium avec jolie vue sur l'océan ; des courts de tennis ; un centre de santé pour se remettre en forme et de nombreuses activités nautiques. Les chambres sont très amples et très lumineuses et disposent d'une vue sur mer, soit directe soit latérale.

HOTEL MUR FARO JANDIA €€€

Avenida del Saladar s/n ✆ +34 928 545 035
www.murhotels.com
Compter de 152 à 182 € la chambre double. 3 nuits minimum en hors saison.

C'est un grand hôtel au look classique pour le sud des îles canariennes. Il propose 214 chambres de bonne taille et bien équipées (service café, mini bar...). Et bien sûr vues sur la grande plage face à laquelle l'hôtel est installé. Plus vous montez dans les étages, plus la vue est panoramique. Les services sont aussi très nombreux : salle de fitness, terrains de tennis, spa et golf, pour la détente et l'activité sportive. On prend le petit déjeuner à l'Atlantida, son restaurant, à l'intérieur ou en terrasse. Bon rapport qualité-prix et bon accueil.

LA LAJA €€

Avenida Tomás Grau Gurrea, 1
✆ +34 928 542 054
Ouvert tous les jours, 12h à 22h30. Compter environ 25 €.

Difficile de faire plus les pieds dans l'eau. Accolé à la colline de roches noires au bout de la plage, il offre une jolie terrasse avec vue sur mer. Dont vous pourrez profiter dès le petit déjeuner, continuer au brunch et jusqu'au bout de la nuit si le cœur vous en dit, tant il est vrai que sa situation est son meilleur atout. Au menu, des spécialités de poissons frais, servis à la plancha, des fruits de mer, des sardines grillées et pour ceux qui ne peuvent s'en passer, de la paella. Accueil agréable malgré l'attente parfois un peu longue.

Promenade sur la plage de Morro Jable.

MARABU €€

Calle Fuente de la Hija, s/n Esquinzo GC
✆ +34 928 544 098
https://e-marabu.com
Fermé le dimanche et le lundi, de 13h à 22h.
Comptez environ 35 €.

Attention, soyez prévoyant, car il est important de réserver dans ce restaurant très couru dans Morro Jable. Et apprécié autant pour la qualité de ses produits variés que pour son cadre, avec vue sur la mer. On s'installe dans une ambiance feutrée, chic, mais décontractée pour y découvrir des plats canariens comme la soupe de poisson, des assiettes de fromage de chèvre accompagné de miel et de gingembre, les brochettes de bœuf, des poissons grillés, des carpaccios ou des tartares de thon et de délicieux desserts comme la mousse de gofio.

RESTAURANTE CHARLY €€

Plazoleta Cirilo Lozez, 1
✆ +34 928 541 066
Fermé le dimanche. De 15 à 20 € par personne avec le vin.

Il est en dehors de la zone touristique et situé sur une placette agréable, à deux pas de la mer. Et s'il ne paye pas de mine de l'extérieur, il est considéré comme l'un des meilleurs restaurants de l'île pour ce qui concerne les poissons, particulièrement frais et bien cuisinés. Ce qui lui vaut une clientèle locale régulière. Au menu, une grande variété de poissons, grillés, à la plancha, etc., mais aussi des salades, les indispensables *papas arrugadas* et leurs *mojos*. Très bon accueil dans ce restaurant qui affiche un excellent rapport qualité-prix.

HÔTEL ROBINSON CLUB JANDIA PLAYA

Avenida del Saladar, 6/23
✆ +34 928 169 100
https://www.robinson.com

Ce centre de plongée principalement destiné à la clientèle germanophone vous permet de pratiquer de nombreux sports nautiques. De la plongée bien sûr pour explorer les abords de la barrière de corail *via* des entraînements pour débutants et plongeurs expérimentés. Vous pourrez aussi pratiquer le stand up paddle (location de planches et cours) ou encore le surf et la voile (possibilité de louer de l'équipement et de petits catamarans). Aussi excursions en snorkeling à la journée.

PUNTA DE JANDÍA ★★

Depuis l'agglomération de Morro Jable, une piste carrossable entre dans le parc naturel de Jandía, franchit les crêtes de la péninsule et soit remonte sur la côte nord-ouest, vers les immenses plages désertes de Barlovento et de Cofete, soit se dirige vers la pointe sud de l'île où un phare domine les magnifiques côtes rocheuses. On arrive alors à l'extrémité sud de Fuerteventura. On peut alors se baigner sur quelques plages difficiles d'accès, mais pour cela même préservées du tourisme de masse. Ce sera un très bon endroit pour profiter de la plage en amoureux ou en famille et où on pourra observer la rare *cardoncillo de Jandía* (*Euphorbia handiensis*).

Bord de mer, Jandia.

FUERTEVENTURA

LANZAROTE

A seulement quelque 115 kilomètres du continent africain, c'est à la fois la plus orientale et la plus septentrionale des Canaries. Son attrait principal réside dans la beauté rare et saisissante de ses champs de lave et de ses extraordinaires volcans. On en compte trois cents au total qui lui donnent sa couleur noire, si spécifique. A découvrir en visitant le parc national de Timanfaya, où la température atteint les 200 °C à seulement 20 cm de profondeur. On découvre ici et là des pieds de vignes dans des « entonnoirs » si spécifiques. Si ses paysages lunaires sont impressionnants, on appréciera aussi de nombreuses curiosités naturelles comme le Charco de los Clicos ou les grottes de Jameos del Agua et de los Verdes. L'occasion de découvrir la patte laissée sur toute l'île par César Manrique. Sans oublier de passer par l'île de La Graciosa, petit bijou encore préservé, uniquement accessible en bateau.

Grotte de Jameos del Agua.

Lanzarote
Montana Lobos 221 m
Isla de Alegranza
Isla de Montana Clara
ISLA GRACIOSA
Playa de las Conchas
Agujas Grandes 266 m
Caleta del Sebo
Punta Fariones
Bateria 479 m
Punta Marrajos
ORZOLA
Ocean Atlantique
Punta de Lomo Blanco
Monte Corona 609 m
Malpaís de la Corona
Màguez
Risco de Famara
Las Bajas
HARIA
La Isleta
CALETA DE FAMARA
Playa de Famara
ARRIETA
La Santa
Urbanización Famara
Mala
Punta Gaviota
Tinajo
El Jable
Punta del Paletón
TIAGUA
GUATIZA
Mancha Blanca
TEGUISE
MOZAGA
Tahiche
PARC NATIONAL DE TIMANFAYA
Caldera Colorada
SAN BARTOLOMÉ
COSTA TEGUISE
Pico Partido 517 m
EL GOLFO
Montaña Blanca 596 m
Montañas del Fuego o de Timanfaya
Montaña Chapaderos
La Geria
ARRECIFE
Tias
La Hoya
YAIZA
Uga
Punta de la Lagarta
Playa de los Pocillos
PUERTO DEL CARMEN
Hache Grande 561 m
Los Ajaches
PLAYA QUEMADA
Punta Corda
PLAYA BLANCA
Ocean Atlantique
Punta de Papagayo
10 KM

PAGES

ARRECIFE ★★

Devenue la capitale de l'île depuis 1852 en succédant à Teguise, trop intérieure, elle concentre près de la moitié de la population de l'île, car elle est à la fois centre administratif, mais aussi port de commerce et de pêche. Son désordre architectural des années 60 était peu agréable à regarder, mais elle s'est attachée à reconstituer un joli et long front de mer. Qui vient s'ajouter au plaisir de sa petite plage urbaine del Reducto et à l'animation réellement canarienne du Charco San Ginés, où se regroupent bars et restaurants. On visitera son musée d'art contemporain, une forteresse du XVIIIe siècle réaménagée aussi en restaurant par César Manrique.

EL CHARCO DE SAN GINÉS

C'est littéralement la « flaque d'eau » de San Ginés, en l'occurrence d'eau de mer. Initialement, c'était une lagune d'eau de mer qui servait de port de pêche, entouré de petites maisons de pêcheurs de couleur blanche, avec une fonction de barrière naturelle pour l'entrée et la sortie des bateaux. Aujourd'hui, c'est un lieu de promenade et l'un des endroits où l'on se rend pour déjeuner ou dîner puisqu'il accueille de plus en plus de restaurants, de cafés ou de bars à vins. Le lieu accueille aussi régulièrement des concerts, comme ceux de « Arrecife en vivo ».

CASTILLO DE SAN GABRIEL ★

Accessibilité depuis le Puente de las Bolas.
✆ + 34 928 81 27 50
Ouvert en semaine de 9h à 17h et le samedi, de 10h à 14h. Entrée : 3 €.

Orné de deux canons, ce fortin petit et massif fut édifié en 1573 sur un îlot proche de la ville afin de repousser les attaques des corsaires. Ce qu'il a dû faire en subissant l'attaque du redouté Morato Arraez en 1586. Il est relié à la terre par une digue et un pont gracieux du XVIIIe siècle, le puente de las Bolas. Depuis le 10 décembre 2014, il abrite le musée d'histoire d'Arrecife. Qui montre au visiteur la géologie, les paysages, la flore et la faune, mais aussi l'histoire d'Arrecife, du patrimoine archéologique aux époques moderne et contemporaine.

OFFICE DU TOURISME DE LA MARINA

Muelle de los Mármoles, s/n
✆ +34 928 844 690
www.turismolanzarote.com
De 8h à 14h30 exclusivement les jours de croisière.

Ouvert depuis 2014, ce grand espace situé au bout de la marina a limité ses ouvertures aux jours d'arrivée des croisières. On y trouve de l'information sur Arrecife, mais aussi sur l'île dans son ensemble. On se chargera aussi de vous aider dans vos démarches (location d'hôtels, réservation de billets d'avion ou agencement d'excursions...). Nombreuses documentations en français, accueil efficace. Il partage l'espace avec une agence de location Cicar. Petite boutique de souvenirs.

LANZAROTE

© DAVID IONUT - SHUTTERSTOCK.COM

Vieux pont à Arrecife, Lanzarote.

MUSÉE INTERNATIONAL D'ART CONTEMPORAIN ★★

Carretera de Puerto Naos
✆ +34 928 812 321
www.cactlanzarote.com
Musée ouvert de 11h à 18h. Entrée : 4 €.

À la sortie est de la ville, ce musée international d'art contemporain est installé dans le Castillo San José, une forteresse imposante édifiée de 1776 à 1779, à la demande du roi Carlos III. Sa situation privilégiée sur un promontoire basaltique est venue compléter la puissance de feu du Castillo San Gabriel pour protéger la ville d'Arrecife, à une époque où de nombreux États européens luttaient contre l'empire espagnol. Pour être abandonnée ultérieurement durant près d'un siècle. Plus tard, César Manrique a convaincu les autorités de Lanzarote de transformer cette forteresse en un musée d'art, qui verra le jour en 1976. En accueillant dès le début des œuvres de Picasso, Tàpies, Mompó, Miró. Par la suite, la forteresse s'est agrandie avec la construction d'un restaurant-mirador moderne, installé au sous-sol, pour lequel Manrique a déployé tout son potentiel créatif en en faisant l'un des espaces les plus attirants de l'ensemble. Et depuis lequel on a une vue impressionnante sur la mer et les côtes au travers de grandes verrières. Le peintre y a réuni une importante collection de peintures et de sculptures abstraites des années 1950 aux années 1970. A l'intérieur du musée, on verra des œuvres de Manrique lui-même, Miró et Tàpies. Mais aussi des expositions permanentes qui couvrent les années 1950-1980, avec une attention particulière pour les différentes formes d'arts abstraits (cinétique, géométrique) et une section particulière consacrée à l'artiste canarien, Pancho Lasso.

POINTS D'INFORMATION TOURISTIQUE

Av de la Marina, 7
✆ +34 928 802 884
www.arrecife.es
Ouvert tous les jours, de 9h à 14h et de 17h à 21h.

Depuis septembre 2017, l'office du tourisme de la ville s'est installé dans la maison de la culture Augustín Hoz. On y trouvera des cartes de la ville ainsi que des documents sur ce qu'il y a à visiter à Lanzarote, également en français. On pourra en profiter pour voir la salle dédiée à Manrique et les expositions temporaires qu'il accueille. Points d'informations plus ponctuels au Charco de San Ginés et à l'échangeur de bus, non loin de la plage.

AÉROPORT DE LANZAROTE

Aeropuerto de Lanzarote
✆ +34 928 846 000
www.aena-aeropuertos.es
Deux terminaux.

Situé sur la côte est de l'île à 7 km à l'ouest d'Arrecife. La compagnie Easy Jet propose quelques vols directs depuis la France jusqu'à Fuerteventura. Deux compagnies, Binter Canarias et Canaryfly assurent les vols inter-îles directs : plus d'une douzaine vers Las Palmas et sept vers Tenerife Nord (Los Rodeos). Bus : n° 22 vers Arrecife ; n° 161 et 261 (en semaine) vers Puerto del Carmen ; n° 23 vers Playa Honda. Neuf loueurs de voitures à l'aéroport dont Cicar, Europcar, Avis et Cabrera Medina. Station de taxis à l'arrivée.

BINTER CANARIAS INTER-ÎLES

Aeropuerto de Lanzarote
✆ +34 902 391 392
www.bintercanarias.com

Cette compagnie inter-îles historique relie Lanzarote à l'aéroport de Las Palmas de Grande Canarie par des vols quotidiens directs, plus d'une dizaine par jour (environ ¾ d'heure) ainsi que l'aéroport de Tenerife, Tenerife Nord (Los Rodeos) 8 vols d'un peu moins d'une heure. Tenerife sud avec un changement à Las Palmas. Les vols vers les îles de La Gomera, La Palma, El Hierro ont des changements à Tenerife Nord ou à Las Palmas. Bagages autorisés en soute 6 kg et non 10 kg.

FRED OLSEN

Av fred Olsen, s/n
✆ + 34 902 100 107
www.fredolsen.es
Voir horaires et tarifs sur le site web.

Cette compagnie maritime inter-îles est présente dans presque toutes les îles. Depuis Arrecife, elle propose un à deux voyages selon le jour, en direction de Las Palmas de Grande Canarie. Il vous sera ensuite possible de poursuivre un autre voyage vers Santa Cruz de Tenerife après transfert. Elle vous permet aussi de rallier Fuerteventura, trajet d'environ 30 minutes. En partant de Playa Blanca, dans le sud de Lanzarote pour arriver à Corralejo, au nord de Fuerteventura. Le moyen le plus rapide d'y accéder. Cafétéria et terrasses pour profiter du voyage.

LANZAROTE

NAVIERA ARMAS

C Jose Antonio, 90
✆ + 902 220 225
www.navieraarmas.com
Horaires de départ différent selon le jour, voir sur le site web, avec tarifs.

Cette compagnie de transport maritime inter-îles est présente dans toutes les îles de l'archipel canarien. Elle propose une traversée quotidienne, sauf le lundi, entre Arrecife et Las Palmas de Grande Canarie. Ainsi que vers Santa Cruz de Tenerife, après transfert à Las Palmas. Elle vous permet aussi de rallier Fuerteventura, trajet d'environ 30 minutes. En partant de Playa Blanca, dans le sud de Lanzarote pour arriver à Corralejo, au nord de Fuerteventura. Le moyen le plus rapide d'y accéder. Cafétéria et terrasses pour profiter du voyage.

ESTACIÓN DE GUAGUAS (BUS)

Via Medular s/n
✆ +34 928 811 522
https://arrecifebus.com
Lignes, horaires et tarifs, consultables sur le site web.

La gare routière est située à la sortie est de la ville, sur la via Medular, assez loin du centre-ville. C'est de là que partent les bus pour Orzola et le nord de l'île. Ceux qui desservent l'aéroport, Puerto del Carmen, Costa Teguise et le sud de l'île partent de l'avenida Fred Olsen, en bord de mer et non loin du centre-ville (échangeur-intercambiador). Le réseau est efficace et relie les principales destinations touristiques entre elles ainsi qu'à Arrecife.

APPARTEMENT ISLAMAR €€

Avenida Rafael Gonzalez, 15
✆ +34 928 811 500
https://apartamentos-islamar.com
Dès 65 € pour une nuit.

Au premier coup d'œil, l'hôtel n'est pas exceptionnel avec son architecture peu engageante, sa façade et ses balcons défraîchis. Cependant le service est agréable, les chambres propres et la vue sur la mer très agréable. Les appartements possèdent également salon, cuisine, coffre-fort, wifi, et balcon. Et pour les amoureux de bronzette et de baignade, sachez que la mer est juste en face, à seulement 50 mètres. Aux alentours, tout pour faire du shopping, dîner et se divertir. Et des prix vraiment accessibles pour toutes les bourses.

HÔTEL DIAMAR €€

Avenida Fred Olsen, 8
✆ + 34 928 97 17 50
https://www.hoteldiamarlanzarote.com
A partir de 69 €, petit déjeuner inclus et comptez environ 100 € pour une double avec vue sur mer en période très haute.

Cet hôtel moderne donnant sur la playa del Reducto propose quatre-vingt-dix chambres spacieuses, claires, insonorisées, équipées et à la décoration plutôt moderne. Certaines avec balcon et vue sur la plage et la mer, en direct ou en biais ou sans balcon avec vue sur un patio intérieur. L'hôtel accueillant également des congrès, les chambres sont équipées de téléphone, TV et Internet ADSL. Egalement à disposition un restaurant et un bar-cafeteria donnant sur le paseo maritime, agréable pour y boire un verre. Bon rapport qualité-prix pour Arrecife.

HÔTEL LANCELOT €€

Avenida Mancomunidad, 9
✆ +34 928 805 099
https://hotellancelot.com
Comptez 85 € pour une chambre double, petit déjeuner inclus. Supplément de 20 € pour une vue sur mer.

Situé face à la plage del Reducto, l'hôtel est un immeuble moderne et bien entretenu, disposant du confort attendu d'un 3-étoiles : air conditionné, wifi, bar... Au 6e étage, vous disposez d'une salle de gym, d'une petite piscine sur le toit, avec solarium et vue sur la ville et la mer ainsi que d'un bar-snack pour boire un verre ou manger quelques tapas. Les chambres sont fonctionnelles et la plupart dotées de balcons donnant sur la mer en accès direct ou en biais. Les chambres donnant sur la plage sont bien sûr un peu plus bruyantes. Bon choix à Arrecife.

HÔTEL MIRAMAR €€

Avenida Coll, 2
✆ +34 928 812 600
https://www.hmiramar.com
Dés 85 € pour une chambre double, avec vue sur mer ou non.

Cet hôtel est situé sur le front de mer, en face du Castillo San Gabriel, avec une terrasse sur le toit où l'on pourra prendre le petit déjeuner, avec une superbe vue sur le château et la mer. L'immeuble est moderne et sans grand charme, mais l'intérieur a été totalement rénové. Avec une décoration désormais moderne. Vous êtes à proximité de la zone des commerces et des restaurants. Et vous pourrez profiter d'un bar et d'un restaurant avec terrasse, d'un parking et d'une terrasse-solarium. Accueil correct et bon rapport qualité-prix.

LANZAROTE

ARRECIFE GRAN HOTEL & SPA €€€

Parque Islas Canarias S/N
✆ +34 928 800 000
www.aghotelspa.com
A partir de 145 € pour une chambre double avec vue sur la ville.

Avec sa grande façade en verre, l'hôtel est facilement reconnaissable de loin. Une fois à l'intérieur, on profite du paysage, avec des vues splendides sur la mer et la baie. A bord, tout le luxe que l'on peut imaginer : 52 chambres très spacieuses et extrêmement lumineuses avec balcon et vue panoramique ainsi que 108 suites, un très bel espace spa, une piscine au joli visuel, des salons et des bars aux vues plongeantes... On n'hésite absolument pas à tester le restaurant, divin...

HOTEL VILLA VIK €€€

C/ Hnos Díaz Rijo 3
✆ +34 928 815 256
https://www.villavik.com
Dès 196 € pour une chambre double. Trois nuits minimum en basse saison.

L'hôtel Villa Vik est posé dans la zone résidentielle de la Playa del Cable. C'est un établissement élégant, totalement rénové en 2007, avec tout le confort moderne. Une décoration moderne et design pour les chambres, certaines avec bain à bulles, un cadre chaleureux, avec terrasses, jardins et piscine pour profiter d'un séjour agréable. Sans oublier son restaurant gastronomique. Un site de séjour très agréable, mais vous serez plus éloigné de l'animation de la ville, difficilement accessible à pied sauf pour les plus courageux.

MALECON €

Av César Manrique, 6 Local 2
✆ +34 928 812 217
Fermé le mardi. Ouvert de 11h à 24h. Comptez environ 25 €.

Ouvert en mai 2016, le lieu a tout de suite fait le buzz sur les réseaux sociaux et c'est le dernier endroit où il faut être. Sur ce point vous en jugerez, mais les propositions ne sont pas désagréables : belles salades, hamburgers, croquettes de fromage frit et les incontournables *papas arrugadas*, tout à fait acceptables. On peut aussi passer y boire un verre et s'installer sur le petit mur d'en face avec sa clara, son gin fizz, son mojito ou son verre de vin pour regarder passer la foule et profiter de l'animation du Charco San Ginés.

LEITO DE PROA €€

Calle Ribera del Charco de San Gines, 2
✆ +34 928 802 066
Fermé le dimanche. Comptez de 20 à 25 € par personne.

Ce restaurant est spécialisé dans les poissons frais et les tapas ou les *raciones* que vous pourrez déguster sur la jolie terrasse installée face aux petits bateaux de pêche du Charco. Une très bonne adresse, avec une cuisine un peu chère sur certains produits, mais de qualité par rapport aux concurrents du secteur. Avis aux amateurs de tapas variées, comme le thon mariné, les poulpes et calamars, les tortillas, les assortiments de fromages ou les *puntillas* de calamars. On apprécie aussi la rapidité du service sans oublier l'incontournable et excellente paella.

RESTAURANTE LA PUNTILLA €€

Av. César Manrique, 51
✆ +34 928 816 042
https://www.lapuntillacomidas.es
Fermé le dimanche. Comptez environ 20/30 €.

Donnant sur le Charco de San Ginés, mais à l'opposé de la plupart des restaurants, il offre une jolie salle intérieure ainsi qu'une petite terrasse, souvent à l'ombre, mais à l'abri du vent. Ce restaurant familial propose une cuisine canarienne traditionnelle, avec un rien d'innovation et une carte qui change selon la saison. On pourra éventuellement y apprécier un poulet au fromage de chèvre et légumes, des nouilles aux fruits de mer avant de terminer par un gâteau au chocolat... ainsi que les vins de pays. Accueil attentif et judicieux.

LILIUM €€€

Av Olof Palme
✆ + 34 928 524 978
https://restaurantelilium.com
Fermé dimanche et lundi. Comptez 45 € à la carte, sans les vins. Menu dégustation à 55 €.

Dans un cadre tout blanc à la déco simple et lumineuse, on pourra déguster une cuisine aussi fine que ce visuel. Et tester les croquettes de banane faites maison, accompagnées de mayonnaise à la menthe et joliment présentée sur une assiette en forme de feuille, ou dans sa corolle argentée, le tartare de thon, assaisonné d'une délicieuse vinaigrette à la mangue. Côté desserts, la crème caramel canarienne vous attend. La carte change au gré des saisons et peut s'apprécier presque les pieds dans l'eau, installé sur une petite terrasse abritée des vents.

PUERTO DEL CARMEN

Cet ancien village de pêcheurs est la station balnéaire la plus fréquentée de l'île, surtout par des Anglais et des Allemands. Sauf autour du port, elle est constituée d'appartements de location et de boutiques en tous genres. Et ne présente pas d'intérêt particulier, mais offre de nombreux services et loisirs en famille. Même si les prix sont souvent plus élevés que dans le reste de l'île. Côté mer, sa promenade maritime est jolie, mais cela se gâte de l'autre côté de la rue, avec magasins de souvenirs, restaurants et bars aux gros écrans télé. Pour les grandes plages, il faut aller à 6 km du centre urbain : plages de Los Pocillos et de Matagorda.

OFFICE DU TOURISME DE PUERTO DEL CARMEN

Avenida de las Playas s/n,
✆ +34 928 510 542
www.puertodelcarmen.com
Ouvert du lundi au dimanche, de 10h à 18h.

Installé à peu près au milieu de la très grande avenue de Las Playas qui parcourt presque tout le paseo maritim de Puerto del Carmen, l'office est abrité dans une petite maison blanche, face à la plage et à la mer. A contempler depuis leur grande baie vitrée. On y trouvera toute l'information concernant la ville : loisirs, gastronomie, artisanat, agenda des activités. Mais aussi de la documentation sur toute l'île via des petits dépliants consacrés aux villages les plus importants.

PENSION MAGEC €

Calle Hierro, 11
✆ +34 928 515 120
www.pensionmagec.com
A partir de 39 € pour une chambre simple, et 52 € pour une double.

Cette pension modeste est située dans l'ancien village de Puerto del Carmen, à proximité du port. Elle propose quatorze chambres réparties sur trois étages, sans ascenseur, avec ou sans salle de bains. Elles sont bien entretenues et disposent pour certaines d'une vue sur la mer. Vue accessible pour tous depuis la terrasse située au dernier étage. Un petit coin « cuisine » est mis à la disposition de tous : micro-ondes, réfrigérateur, tables. Bon accueil du propriétaire qui saura vous indiquer les bonnes adresses à découvrir à Lanzarote.

MONTANA CLUB SUITE HOTEL €€

Calle Timón, 3 ✆ +34 928 510 302
https://montanaclub.es
A partir de 87 € sans le petit déjeuner, pour 4 personnes.

A 5 minutes de la Playa Grande, au Montana Club Suite Hotel, vous trouverez confort et espace que ce soit dans les suites (34) ou dans les appartements (33) dont certains donnent directement sur la piscine. L'offre de services est performante : bar et restaurants, zone internet, billard et des offres de location de vélos, équitation, excursions en bateau... Des animations comme les cours de tango, spectacles, la semaine de la gastronomie pour découvrir les produits locaux de l'île avec de nombreuses tapas ou encore des vins de la région.

LANZAROTE

© SANGUER - ADOBESTOCK.COM

Plage de Puerto del Carmen, Lanzarote.

HOTEL BEATRIZ PLAYA & SPA €€€

Urb. Matagorda
✆ +34 928 51 21 66
https://www.beatrizhoteles.com
Tarifs selon saison et type : la chambre double à partir de 99 €.

Non loin de l'aéroport et de la capitale, ce grand complexe hôtelier de luxe avec Spa vous propose une large gamme de services et des chambres agréables qui vont de la chambre double, en passant par la Junior Suite avec tout le confort moderne (air conditionné, TV satellite...). Au programme des loisirs, des piscines bien entendu. Et également, le centre de bien-être sauna, massages, salle de fitness, pour votre remise en forme tous les soins du Spa. Sans oublier les boutiques.

HOTEL LAVA BEACH €€€

Calle Marte 6 ✆ +34 928 510 596
www.hotellavabeach.com
A partir de 180 € la nuit. Trois nuits minimum hors saison.

Le long de la plage, avec vue sur l'océan, venez profiter des 154 chambres de ce sublime hôtel. Les chambres sont lumineuses, spacieuses et bien équipées. Rien qu'en entrant au sein du Lava Beach, on se sent comme à la maison, en mieux ! Mention spéciale à l'accueil et au personnel, souriant et extrêmement serviable. Des cours de sport sont proposés comme du yoga et même de l'acroyoga, à tester sans hésitation ! On profite également d'une salle de sport bien équipée, d'une piscine, de massages... Et le matin, savourez un très bon petit déjeuner !

LA ISLA Y EL MAR €€€

Reina Sofía, 23
✆ +34 928 51 37 25
www.laislayelmar.com
A partir de 169 € la chambre double, petit déjeuner inclus.

Œuvre de l'architecte José María Pérez Sánchez, ce *resort*, situé dans la partie haute de Puerto del Carmen, fait la part belle au design intégrant l'ensemble dans son environnement ainsi qu'à la gestion écologique du lieu, pour laquelle il a été primé. Il se présente sous forme de blocs parmi lesquels sont disséminées les 88 suites, de très belle taille. Vues splendides sur la mer et la côte depuis les suites supérieures. Egalement à disposition, deux piscines, intérieure et extérieure, un gymnase, un bar, une cafétéria, deux restaurants (buffet et à la carte).

MARDELEVA €€

Calle Los Infantes, 10
✆ +34 928 510 686
Du mercredi au dimanche, de 14h à 21h30. Comptez 30 € par personne.

On appréciera d'abord sa jolie terrasse donnant sur le port et l'océan. Un cadre agréable et tout à fait adéquat pour découvrir ce restaurant spécialisé dans les poissons et les fruits de mer toujours frais et réellement préparés maison. Testez l'assortiment - le plus souvent copieux - de poissons locaux comme la parillada de pescado, les perroquets bleus, barracudas, péchés directement en face, à faible profondeur. Egalement des viandes, comme le poulet en sauce mais aussi les *papas* canariennes, et les différentes tapas. De quoi se régaler.

TERRAZA PLAZA €€

Avenida de Las Playas, 28
✆ +34 928 515 417
Ouvert de 11h au soir. Comptez 30 € environ par personne.

Installé dans une jolie maison blanche, il surplombe légèrement le bord de mer de Puerto del Carmen et offre un joli cadre tout à fait approprié pour un dîner romantique. Au menu, on trouvera à la fois des propositions relevant de la cuisine internationale, mais aussi quelques plats plus typiquement canariens. Comme la daurade à la plancha, accompagnée de ses *papas arrugadas*. On pourra aussi y tester la sole meunière, le melon au jambon serrano ou sa paella. Le tout accompagné de vins du pays. Service professionnel et accueillant.

AQUASPORT DIVING LANZAROTE

Avenida de las Playas c.c 35 local 11B
✆ +34 616 877 956
aquasportdiving.com
Baptême à 59 €. Prix des formations PADI, FFESSM et AIDA sur le site Internet.

Cette structure familiale est tenue par Geraldine Noël et Eric Multon. Il s'agit du seul centre de plongée français à Lanzarote. Les plongées s'effectuent à Puerto del Carmen, Playa Blanca, la Graciosa, Costa Teguise. Il propose des cours de tous niveaux, des débutants aux plongeurs expérimentés et même pour les enfants. L'équipe saura vous conseiller en ce qui concerne les excursions et les hôtels dans la région. Et vous apprécierez l'ambiance décontractée de ce club.

LANZAROTE

HOTEL THB FLORA €€

Calle Reina Sofia 25
www.thbhotels.com
Dés 100 € la chambre double. Trois nuits minimum en hors saison.

En plein cœur de Puerto del Carmen, non loin de la plage, des boutiques et des restaurants, l'hôtel Thb Flora est un très bon choix, bénéficiant d'un excellent rapport qualité-prix pour le secteur. On apprécie particulièrement la taille des chambres, grandes et bien équipées ! Envie de plus d'indépendance ? Pourquoi ne pas se tourner vers le studio, ou encore l'appartement avec une ou deux chambres ? Le plus : c'est un hôtel familial avec un mini-club pour les enfants, et un petit parc aquatique. Il dispose également d'une piscine et d'un espace bien-être.

TLANTIS DIVING ANZAROTE

alle Toscón 7
+34 928 072 674
ttps://atlantislanzarote.com
norkeling 50 €, baptême 70 €.

e centre Atlandis Diving de Lanzarote propose e nombreuses formules d'initiation à la plonée ainsi que des cours de perfectionnement ui seront assurés toute l'année. Ce centre ispose aussi d'une zone *chill out* pour prendre n café et se connecter au wifi ainsi que d'une alle multimédia qui sert d'appui pour les cours t une boutique. Il est aussi habilité pour vous ccompagner dans la découverte du musée ous-marin atlantique, à Playa Blanca. Tarifs à onsulter sur le site web.

ANZAROTE GOLF RESORT

arretera de Pto. del Carmen
+ 34 928 514 050
ww.lanzarotegolfresort.com
ntrée : 9 trous 62 €, 18 trous 85 €.

itué entre les villages de Puerto del Carmen et e Tias et à 10 minutes de l'aéroport, ce golf de 8 trous a été conçu et dessiné par Ron Kirby, ès réputé dans ce domaine. Qui s'est attaché respecter le tracé original du paysage typiuement *lanzaroteño* où il est installé, avec son errain ondulé et ses anciens murs de pierre. omme il est situé en hauteur, il offre au joueur es vues spectaculaires sur l'Atlantique qui ont d'Arrecife jusqu'à l'île de Los Lobos à Fuereventura. Ce terrain s'adresse à tous types de ueurs, quel que soit le niveau.

LINEAS ROMERO

✆ +34 928 596 107
www.lineasromero.com
Dès 35 € l'aller simple de Lanzarote à Fuerteventura par exemple.

Un aller-retour en waterbus est programmé entre Puerto del Carmen et Puerto Calero. On peut acheter ses tickets au port. Cette compagnie assure des traversées régulières de Fuerteventura à Playa Blanca, départ de Corralejo et arrivée Playa Blanca, d'une durée d'environ trois quarts d'heure, sept départs par jour, sauf le dimanche ; de Lanzarote à l'île de la Graciosa, départ Orzola et arrivée à Caleta de Sebo, d'une durée d'environ vingt-cinq minutes, dix départs par jour. Bagages, planches de surf ou vélos transportés gratuitement.

PLAYA QUEMADA ★★

A quelques km au sud de Puerto del Carmen, ce village est situé au pied du Massif de Los Ajaches, classé monument naturel et il reste l'un des rares endroits où le tourisme de masse n'a pas fait son apparition. Une plage vide, un village silencieux et une population agréable concourent à en faire le lieu idéal pour qui souhaite fuir l'agitation des villes touristiques. Sans que cela se sache trop pour qu'il reste tel qu'il est. Ceux que la simple contemplation ne satisferait pas pourront suivre le sentier qui va du village jusqu'à Playa Blanca en passant par la plage de Papagayo. Un circuit d'environ 20 kilomètres, pas trop technique pour l'essentiel.

LANZAROTE

© PEKK - SHUTTERSTOCK.COM

Playa Quemada.

TIMANFAYA SUB

Avda. de las playas, Puerto del Carmen Tías
✆ +34 928 510 098
www.timanfayasub.com
La plongée avec équipement complet pour 35 €, 6 plongées 168 €, 10 plongées 265 €, 12 plongées 300 €.

Situé à quelques mètres de la playa chica, grand spot de plongée de Puerto, le club propose des sorties le long de la côte sud et à la Graciosa, mais aussi quelques-unes plus étonnantes, comme la visite d'un bateau-épave à Arrecife ou des sorties plongée pour les nudistes. Les moniteurs sont habilités pour l'accompagnement de la visite du musée sous-marin « atlantique », à Playa Blanca. Le club dispense aussi de nombreux cours, d'une journée à quinze jours pour apprendre l'apnée et la plongée, y compris avec des spécialisations à découvrir sur le site web.

SALMARINA €€

Avenida Maritima 13
✆ +34 928 173 562
www.salmarinarestaurante.com
Ouvert tous les jours. Comptez environ 35 € et de 17 à 22 € pour un poisson frais, selon le type.

Dans les années 80, il a été le tout premier des restaurants lancés par les propriétaires qui en possèdent deux autres, à Playa Honda et à Playa Blanca. Le premier cadre était une petite maison de pêcheurs avec un petit bout de terrain, face à la mer. Mais en 2008, il est devenu ce qu'il est aujourd'hui, un grand restaurant, une belle terrasse face à la mer, de quoi s'installer les pieds dans le sable. Côté papilles, priorité est donnée à la fraîcheur des poissons pêchés de manière traditionnelle et à la qualité des viandes ou des riz servis.

COSTA TEGUISE

Sur la côte est, mais au centre de l'île, on arrive à la station balnéaire moderne de Costa Teguise où de nombreux complexes hôteliers et centres commerciaux se côtoient. Plus chic que Puerto del Carmen, cette ville a été créée pour les touristes et vit grâce à eux. Elle compte une partie résidentielle abritant ceux qui y travaillent. Elle manque donc d'histoire et d'âme, mais propose des centres commerciaux animés, une multitude de boutiques, bars et restaurants loin du haut de gamme. Les prix sont plus élevés que dans d'autres villes et la plage y est toute petite. Un mercadillo se tient au Pueblo Marinero, dessiné par César Manrique, de 17h à 22h.

BARCELO TEGUISE BEACH - ADULTES SEULEMENT €€

Paseo Maritimo s/n

✆ +34 928 59 05 51

https://www.barcelo.com

Dès 133 € la chambre double.

Installé en front de mer, ce grand ensemble blanc rénové en 2015 dispose de plus de 300 chambres avec terrasses, dotées d'un mobilier moderne et d'équipements haut de gamme. Autant dire la garantie d'un séjour confortable dans un cadre à l'architecture épurée. Côté détente, on profite de la place de Las Cucharas, à quelques centaines de mètres et de piscines à débordement, de spas et de salles de fitness. Et d'une carte régulièrement renouvelée du restaurant.

LANZAROTE AQUARIUM ★

Avenida Las Acacias s/n

✆ +34 928 590 069

www.aquariumlanzarote.com

Ouvert tous les jours de 10h à 18h, sauf Noël et 1er de l'an : de 12h à 18h. Tarifs : 15 €.

C'est l'un des plus grands aquariums des Canaries présentant de multiples espèces dans 33 aquariums. Vous y découvrirez des espèces de ces îles : des espèces tropicales aux multiples couleurs et rares, poissons-clowns, poissons-ballons, dragons de feu, anémones..., et un tunnel sous-marin avec des variétés de requins. De quoi impressionner petits et grands. Il existe aussi des aquariums « tactiles » réservés aux adultes et enfants pour découvrir certaines espèces non dangereuses. Un moment d'évasion qui sera aussi didactique.

BEATRIZ COSTA AND SPA €€€

Calle Atalaya, 3

✆ +34 928 590 828

https://www.beatrizhoteles.com

Dès 100 € la chambre double.

Situé à 1 km de la plage, c'est un grand hôtel construit sur un modèle fréquent aux Canaries, une pyramide et terrasses avec vue sur mer. Au total, il offre 350 chambres réparties sur six étages, bénéficiant donc toutes de la vue panoramique sur l'océan atlantique ou le grand jardin luxuriant. On pourra profiter d'une grande piscine extérieure toute l'année, d'un terrain de tennis, d'un parcours de golf, de squash et de deux restaurants, avec vue sur les alentours au travers de grandes baies vitrées. Et pour que la fête soit complète, il y a aussi une discothèque.

Rue typique de Costa Teguise.

H10 SUITES LANZAROTE GARDENS €€€

Avenida Islas Canarias, 13
✆ +34 928 590 100
https://www.h10hotels.com
A partir de 122 € la nuit.

Situé à 200 mètres de la plage de Las Cucharas, cet hôtel est idéal pour les familles avec enfants. Il propose 242 chambres au design lumineux et moderne qui entourent une belle piscine. Il fait partie de la catégorie des hôtels Biosphère qui s'engagent en faveur d'une autre forme de tourisme durable, dans le respect de l'environnement de l'île. De nombreuses activités sont prévues pour les enfants. Restaurant-buffet et snack-bar autour de la piscine.

LA ROUTE DES VINS

La route qui va de Uga à Mozaga est bordée de nombreuses vignes qui s'inscrivent dans un magnifique paysage. Il est possible de s'arrêter directement chez les producteurs pour y acheter du vin. Ils offrent des dégustations et fournissent des explications sur les méthodes très particulières pour faire pousser les vignes dans la lave, et qui produisent un malvoisie réputé et des vins agréables. Le sable volcanique joue le rôle de capteur d'humidité la nuit et de régulateur thermique. Dans le désert sont creusées de petites fosses circulaires ou semi-circulaires protégées du vent par des murets de pierre volcanique qui permettent aux plants d'atteindre le sous-sol. Continuez ensuite dans la direction de Yaiza pour visiter la Bodega La Geria, ouverte tous les jours, de 9h à 18h. C'est l'une des plus vieilles caves de l'île, qui est équipée de technologies modernes et a reçu plusieurs prix régionaux pour ses vins. En revenant sur vos pas, direction Macher. Vous arriverez à la Bodega Timanfaya ouverte au public uniquement le samedi, de 9h à 14h. Le meilleur vin est le rouge, connu sous le nom de Tinto Barrica. Après avoir fait quelques étapes touristiques et culturelles dans las Salinas, El Golfo et le parc Timanfaya, continuez la route des vins. Depuis Mancha Blanca, direction Tiagua pour la Bodega Tinache spécialisée dans le vin blanc. En faisant un crochet par Yuco, du côté de San Bartolomé, à vous la Bodega Mozaga, avec des vins anciens et primés dont la médaille d'or au Vinalies contest à Paris en 1999.

MELIA SALINAS €€€

Avenida Islas Canarias
✆ +34 928 590 040
https://www.melia.com
A partir de 320 € la nuit. Trois nuits minimum en hors saison.

Ce grand hôtel 5 étoiles en forme de pyramide blanche entourée de balcons est membre du club des Leading Hotels of the World, un gage de qualité. Conçu par Fernando Higueras, prix Pritzker d'architecture, cet hôtel a été classé patrimoine artistique et culturel de Lanzarote. Les chambres sont impeccables et très lumineuses. Côté services, vous disposerez d'une superbe piscine lagon de 1 800 m², conçue par Cesar Manrique et alimentée à l'eau de mer. Et de multiples activités, dont 3 courts de tennis avec éclairage nocturne. Restaurant de cuisine italienne.

CAMEL' S SPRING CLUB €

Calle la Rosa, 3 ✆ +34 928 59 04 30
www.camelspring.com
Dès 59 € l'appartement 1 chambre, dès 69 € l'appartement 2 chambres, dès 77 € l'appartement 2 chambres vue mer.

Vingt-quatre appartements tous très propres, bien équipés et avec une terrasse. Le Camel's Spring Club est une charmante petite résidence tout près des plages de Costa Teguise. Ses jardins et sa piscine en font un endroit privilégié pour le farniente, vous pouvez plonger dans l'océan Atlantique ou vous balader sur la promenade du bord de mer. En voiture, en vélo, à pied ou profitant d'une des nombreuses excursions proposées à la réception, vous pourrez apprécier le spectaculaire environnement de l'île : rives escarpées, relief volcanique et villages pittoresques.

L'ALOE VERA FRESCA DI FUERTEVENTURA

Avenida de las islas Canarias Herbarium
✆ +34 928 591 705
https://aloeveraonlineshop.com
Ouvert en semaine et le samedi matin.

Luciano Candelotto, originaire de Milan s'est installé dans le village et s'est lancé dans le commerce de produits confectionnés à base d'aloe vera. Avec comme objectif absolu de fournir des produits de toute première qualité. C'est pourquoi il a décidé en 2011 de construire à Fuerteventura le premier laboratoire de cosmétiques disposant de ses propres plantations à Fuerteventura, Grande Canarie, Tenerife, La Palma et Lanzarote. Catalogue de 50 produits.

RENT A CAR GUAYRE

Avenida Jabalillo Local 2
© 0034928591021
www.autosguayre.com

Autos Guayre est une agence de location de voitures présente depuis plusieurs années sur l'île de Lanzarote et qui a largement prouvé son sérieux. Rent a Car Guayre bénéfice également d'une variété de véhicules. Une fois la réservation faite, vous pouvez récupérer votre véhicule à l'aéroport, dans certains hôtels (les contacter pour plus d'infos) ou même dans le bureau à Costa Teguise. L'équipe vous aidera à découvrir l'île des volcans de manière agréable. Bonne nouvelle : vous bénéficierez d'une réduction de 10 % sur présentation de Petit Fute.

GOLF COSTA TEGUISE

Avenida Golf, s/n
© +34 928 590 512
https://www.lanzarote-golf.com

Entrée 73 à 90 € le 18-trous. Différents forfaits et abonnements. Boutique.

Ce parcours est tracé au milieu des champs de lave, au pied d'un ancien volcan, comme une île de verdure, bordé de cactus et palmiers (plus de 3 000 au total) dans ces paysages désertiques. De par sa conception, le Golf Costa Teguise offre des conditions de jeu différentes selon la brise marine. C'est un terrain exigeant pour les professionnels, mais avec un parcours agréable. Différents forfaits vous permettent de jouer avec un maximum « d'impressions » sur le 9 à 18-trous suivant votre choix. Des terrains vous permettront également de vous essayer au Padel.

OLITA TRECKS & BIKE

C.C. Las Maretas, Local 1
© +34 928 592 148
www.olita-treks.com

Randonnées tous les lundis de 9h30 à 14h, ou à la semaine. Consultez les tarifs suivant vos choix.

Envie de sport ? Partez à l'ascension de la plus haute montagne de l'île, pour découvrir dans l'effort, toute la beauté des paysages et de la végétation, pour finir sur la plateforme côtière de la falaise, et une vue fabuleuse sur l'île de la Graciosa et tout l'archipel de Chinijo. D'autres randonnées au programme comme le parc naturel de Timanfaya (fabuleux), l'île de la Graciosa tout en quiétude, la Géria – où les vignobles poussent sur les cendres volcaniques. Comptez 8 jours pour explorer cette île surprenante accompagnés de guides expérimentés.

WINDSURFING CLUB LAS CUCHARAS

Calle Marajo
✆ +34 928 590 731
https://www.lanzarotewindsurf.com
Multi activités. Large choix de planches et modèles suivant votre niveau : voir site Web.

Outre la planche à voile, vous pourrez vous essayer au stand up paddle, kayak et surf. De quoi s'amuser dans une eau délicieuse tant en couleurs qu'en températures. Ils ont choisi le meilleur spot pour avoir d'excellentes conditions toute l'année. Les meilleures planches et les voiles pour que vous puissiez être sur l'eau tous les jours. De quoi passer des vacances pour découvrir de nouvelles choses, et prendre le temps de découvrir l'île en voiture, trekking ou VTT.

CASA MUSEO MARA MAO ★

A l'entrée de Teguise par San Bartolomé

A la sortie de Teguise, en direction du Monumento al Campesino, ne ratez surtout pas ce lieu complètement fou ! Un clin d'œil au Facteur Cheval. Plus photographié que l'église locale, ce « musée » presque indescriptible est à ciel ouvert et se découvre dans un jardin. On l'aperçoit dès son passage en voiture sur la route principale. C'est un amoncellement complètement improbable de sculptures de toutes sortes, les unes sur les autres par endroit, et de dispositions d'objets parfois anciens, de recyclages etc. Arrêt obligatoire.

TEGUISE ★★★

C'est le centre historique de l'île. Fondé en 1428 par le conquérant normand Jean de Béthencourt qui lui donna ce nom en hommage à la princesse Teguise, sa femme, native de ce village. Jusqu'au milieu du XIXe siècle, Teguise était capitale administrative, politique, militaire et religieuse de l'île. Et a été classé d'intérêt historique et artistique en 1985. La ville mérite que l'on prenne le temps de déambuler dans ses rues en pierres bordées de maisons blanches typiques. Elle abrite aussi des bars, des restaurants et des boutiques d'artisanat. Son gros temps fort, c'est le dimanche matin quand se tient le *mercadillo* vers lequel toute l'île accourt.

CENTRO DE ARTE, CONVENTO DE SANTO DOMINGO

Calle Santo Domingo
✆ +34 928 845 398
Fermé le lundi et le samedi, ouvert de 10h à 14h. Entrée libre.

Une visite intéressante sans faire un détour. Comme le couvent de San Francisco, également présent à Teguise, cet ancien couvent est un bon exemple de l'architecture religieuse canarienne des XVIe et XVIIe siècles. Fondé au XVIIe siècle sur les bases d'une église du XVIIe, il se prolonge de son côté gauche par un espace aujourd'hui occupé par la mairie. Actuellement son ancienne église a été transformée en salle d'expositions, mais on peut toujours y voir son retable original.

LANZAROTE

© DZIEWUL - SHUTTERSTOCK.COM

Église de Teguise.

PALACIO DEL MARQUES

Calle Herrera y Rojas

Pas de visite, sauf le patio de l'un des plus anciens des Canaries.

Edifié en 1455, le Palacio del Marques appartenait à la grande famille des Herrera y Rojas. Le marquis de Lanzarote décida de faire édifier cette immense propriété qui est le plus ancien ouvrage de l'île. Il fut siège du gouvernement de l'île et poste d'observation pour surveiller l'envahisseur... Son édification a donné à la localité une prestance et une aura décuplée. Hélas celui-ci par manque d'entretien finit par dépérir. Le palais originel a été découpé en plusieurs habitations de nos jours. Une partie est un restaurant dont vous pourrez admirer le patio.

PALACIO SPINOLA MUSEO DEL TIMPLE ★

Plaza de San Miguel

✆ +34 928 845 181

http://casadeltimple.org

Ouvert de 9h à 15h30, toute la semaine, dimanche et fériés, jusqu'à 14h30. Entrée : 3 €.

Construite entre 1730 et 1780, cette maison du XVIIIe siècle est l'une des mieux préservées du village et affiche une blancheur, caractéristique de l'architecture lanzaroteña. C'est en 1974 qu'elle est devenue la propriété de la société d'explosifs du Rio Tinto qui décida de lui rendre son ancienne splendeur. En 1984, elle est rachetée par la mairie de Teguise et déclarée résidence officielle du gouvernement des Canaries à Lanzarote, en 1989. A cette occasion, elle sera rénovée, remodelée pour devenir en 2011 le siège du musée du Timple, petite guitare à 4 ou 5 cordes, instrument folklorique emblématique des Canaries. L'intérieur est composé de vastes pièces encadrant un patio avec un puits. Le mobilier est assez hétéroclite, pièces rustiques anciennes, meubles de style et mobilier plus récent. Le musée du Timple rappelle que la ville de Teguise, au travers de ses artisans, a joué un rôle fondamental dans la diffusion de cet instrument dans les autres îles de l'archipel canarien. Dirigé par le « timpliste » Benito Cabrera, il s'attache aussi à être un centre de recherche, de conservation et de diffusion de la culture qui va avec cet instrument. Dans cette optique, le musée présente une très grande collection de *timples*, mais aussi d'autres petites guitares existantes dans de nombreux pays dans le monde. La visite permettra de suivre sa fabrication et de visualiser quelques vidéos de présentation. Il accueille régulièrement des cours, des conférences et des concerts.

HÔTEL PALACIO ICO €€€

Calle del Rayo, 2

✆ +34 928 59 49 42

http://hotelpalacioico.com

A partir de 125 € la chambre double

Construite en 1690, cette très belle demeure, citée par Cesar Manrique dans son livre consacré à l'architecture canarienne, est devenue un hôtel après avoir été longtemps habitée par Heidi Bucher, peintre suisse. Entièrement restauré aujourd'hui, c'est toujours un très bel exemple d'architecture canarienne, organisé autour d'un très joli patio central avec palmiers. Chacune des chambres et des suites, de 60 à 70 m², est un petit bijou avec de grands plafonds en bois et des sols d'origine datant du XVIIIe siècle. La garantie d'un séjour exceptionnel.

VILLAS RURALES €€€

Calle Bentaiga, 3,

✆ +34 928 840 789

www.rural-villas.com

De 160 à 240 € par nuit selon la maison et la saison, de deux à quatre personnes.

Cette agence propose trois maisons rurales à Los Valles, un hameau situé près de Teguise sur la route d'Haria. La Casa Los Barrancos, installée sur une parcelle de 9 000 m², et Casa Catalina, la plus ancienne installée dans une *finca* de 4 500 m², qui se partagent une piscine chauffée et une jardin. Et disposent chacune d'un patio et d'un barbecue. Casa El Aljibe, une ancienne citerne est entièrement construite dans une grotte et offre piscine et bain à bulles. Une merveille pour un séjour tout en confort, luxe et dépaysement.

IKARUS €

Plaza clavijo y farjaco, 6

✆ +34 928 845 701

Ouvert mardi et mercredi soir, du jeudi au samedi midi et soir, dimanche midi. Comptez environ 20 €.

On apprécie d'abord le joli cadre de restaurant qui offre, le soir, une enfilade de petites pièces colorées, encadrant un patio et un jardin, tout au fond. Ainsi qu'une terrasse sur la rue. Sa cuisine est à la fois canarienne et internationale. En entrée, après de bonnes croquettes, on testera par exemple les salades, au cherne ou au saumon, parfaitement fraîches et bien présentées pour poursuivre par un carpaccio de langoustines. En dessert, le dulce de leche devrait faire l'unanimité. Un lieu tout à fait recommandé pour un dîner romantique.

FONDATION CÉSAR MANRIQUE ★★★

Taro de Tahiche ✆ +34 928 843 138
www.fcmanrique.org
Ouverte tous les jours, de 10h30 à 18h. Entrée : 10 €.

Située à 5 kilomètres au nord d'Arrecife, à Taro de Tahiche, la maison de César Manrique est celle où il habita durant vingt ans et devenue un musée, depuis sa mort en 1992. Elle a été construite en 1968 dans une coulée de lave créée par l'éruption survenue dans les années 1730-1736 et c'est le premier exemple en date et peut-être le meilleur exemple de l'architecture à laquelle Manrique se consacra dès son retour sur son île natale, mais planifiée dès son séjour à New York. Selon son souhait, elle devait « marquer une symbiose entre l'art et la nature ». L'intérieur utilise le basalte noir du site, contrastant fortement avec les murs aussi blancs que ceux des maisons traditionnelles de l'île, sauf lorsqu'ils s'ornent de fresques abstraites. A l'intérieur, c'est dans l'ancien studio du peintre qu'est exposée sa collection personnelle, comprenant ses propres œuvres, mais aussi celles de Picasso, de Miró, de Tápies, etc. Le niveau souterrain profite de cinq bulles volcaniques dans lesquelles sont aménagés des salons. On peut également visiter la piscine, la petite piste de danse, le four et le barbecue. Le tout au milieu d'une végétation abondante d'arbres fruitiers et de diverses plantes qui contrastent avec la noirceur de la lave. La fondation comprend également une grande salle d'expositions temporaires, de peintres, de sculpteurs ou de photographes. Au cours de la visite, on passe de l'intérieur à l'extérieur pour finir avec une grande fresque murale, réalisée par Manrique et dominant un jardin de bassins aquatiques.

LA BODEGUITA DEL MEDIO €

Plaza Clavijo y Falardo, 5
✆ +34 928 845 680
Du mardi au samedi de 11h à 18h, jusqu'à 16h samedi, dimanche de 9h30 à 15h. Comptez 15 € pour un assortiment de tapas.

Originaire des Pays-Bas, Freddy a repris cette bodeguita, une ancienne ferronnerie, en 2008. Gastronome passionné, il prépare de savoureuses tapas. Sa spécialité : les *albondigas* (boulettes de viande), et les desserts. Les plats sont servis en terrasse sur des fûts, ou dans les salles décorées d'outils anciens, au rez-de-chaussée et à l'étage. L'adresse fait également office d'épicerie où vous trouverez de nombreux produits culinaires locaux et du vin. Si vous venez un jour de marché, pensez à réserver, surtout si vous souhaitez vous installer en terrasse.

SAN BARTOLOME ★

Les Guanches l'appelaient Ajei et cette ville fut chef-lieu au XVIIIe siècle puis fief militaire de Francisco Guerra Caijo et de ses descendants. Aujourd'hui, San Bartolomé est un petit village authentique, aux maisons blanches et aux volets verts et qui vaut sans conteste le détour. On pourra visiter son *Museo del Tanit* ainsi que l'église qui possède des ornements architecturaux, d'une grande valeur culturelle. C'est entre San Bartolomé et Mozaga, au centre d'un carrefour de routes, que vous verrez se dresser le *Monumento al Campesino* une sculpture d'une quinzaine de mètres de haut, érigée par César Manrique, en hommage aux paysans de son île natale.

CASA MONUMENTO AL CAMPESINO ★★

Ctra Arrecife A Tinajo
Du lundi au dimanche, de 10h à 17h, à partir de 9h de début juillet à fin septembre. Entrée libre.

La Casa Monumento al Campesino (maison dédiée aux paysans) est un bon exemple de l'architecture traditionnelle de l'île. L'endroit est une parfaite reproduction d'une vieille ferme avec ses murs blancs pour détourner les rayons du soleil, ses toits relevés pour récupérer l'eau précieuse des pluies, et ses volets verts pour rappeler les bateaux de pêche. A l'intérieur des artisans et potiers fabriquent des articles locaux de façon traditionnelle (ouvert de 10h30 à 17h30).

MUSEO DEL TANIT ★

Calle de la Constitución, 1
✆ +34 928 802 549
https://www.museotanit.com
Ouvert du lundi au samedi de 10h à 14h. Fermé le dimanche. Entrée : 6 €.

Installé dans l'ancienne bodega d'une maison traditionnelle du XVIIIe siècle, propriété de la famille Perdomo, il vous permettra de découvrir un patrimoine insulaire conservé depuis plus de 200 ans. Les objets en nombre impressionnant forment une collection hétéroclite. Ils rendent compte de la vie sociale, rurale et religieuse d'avant et de tout ce qui est relatif aux différentes productions artisanales : dentelles, vins, vannerie. Via des documents anciens, des outils agricoles divers, des costumes. Les collections sont permanentes et traduites en anglais.

CASA TOMAREN €€

El Islote calle El parral, 144
✆ +34 928 522 618
https://casatomaren.com
A partir de 91 € pour le studio, 115 € pour l'appartement 1 chambre, 181 € pour l'appartement 2 chambres.

Voici une extraordinaire *finca* du XVIIIe qui a été complètement rénovée mais garde néanmoins tout son style typiquement canarien. Ce sera l'occasion de découvrir un bout de paradis, entouré de jardins, de vignes, et d'arbres… De quoi se différencier des autres *fincas* avec sa végétation luxuriante sur 11 hectares. Elle peut abriter jusqu'à vingt-huit personnes, dans ses villas ou ses appartements qui pourront profiter d'un petit déjeuner (buffet) tous les matins. Elle abrite une jolie piscine entourée de palmiers et d'un restaurant.

CASERÍO DE MOZAGA - CASA RURAL €€

Malva 8
https://caseriodemozaga.com
Dès 152 € la chambre double. Deux nuits minimum en hors saison.

Le Caserio de Mozaga est une maison rurale typique des îles Canaries du XVIIIe siècle, déclarée au Patrimoine historique de Lanzarote. Cette immense propriété de plus de 10 000 m² est devenue un lieu de tourisme en 1998 sous l'impulsion de son actuelle propriétaire. L'ensemble a été modernisé pour plus de confort, tout en gardant des objets de décoration d'antan. Vous profiterez d'un jardin de sable noir et de pierres volcaniques. Tranquillité et nature sont au rendez-vous.

RESTAURANT CASERIO DE MOZAGA €€

Calle Malva, 8
✆ + 34 606 717 996
https://caseriodemozaga.com
Du vendredi au dimanche de 19h à 22h30. Comptez 30 € un menu.

Ce restaurant est situé dans les anciennes étables restaurées d'une maison datant du XVIIIe siècle. Tout y est raffiné. Et Luisa vous propose une cuisine méditerranéenne et de marché, un savoureux mélange de produits locaux associés avec beaucoup de soin et d'innovation. Les viandes et les poissons sont de grande qualité et tout est fait maison jusqu'aux desserts. Un régal pour le palais et les yeux. Vous apprécierez aussi un service agréable et impeccable.

RESTAURANTE MONUMENTO AL CAMPESINO €€

Carretera General Arrecife-Tijano s/n
✆ +34 928 520 136
Ouvert tous les jours de 11h à 16h. Prix moyen 30 €.

Dans ce restaurant situé dans les alentours de San Bartolomé, on appréciera d'abord le décor une vaste salle ronde dessinée par Cesar Manrique. Fort logiquement ce sera l'occasion de déguster des plats typiquement canariens comme une sélection de fromages accompagnés de plusieurs confitures ; une salade canarienne avec tomates confites de l'île, fromage doux, avocat et vinaigre de fraises ou un potage canarien du jour servi avec du gofio et du fromage. Très bons vins.

TIAGUA

Ce petit village charmant et accueillant est situé dans une région très agricole et non loin de la Montana Timbaiba, un volcan du centre de l'île de Lanzarote, aux couleurs jaunes et rouges, qui culmine à 340 mètres. Dans ce village, on pourra remarquer la chapelle de Nuestra Senora del Socorro, construite en 1612, à la blancheur lumineuse ainsi que son moulin. Mais on y vient surtout pour visiter son musée agricole, El Patio, l'un des plus intéressants de l'île, qui justifie à lui seul une étape dans ce village. Et profiter de son petit restaurant pour déguster les vins et les fromages de chèvre fabriqués dans l'une des plus anciennes exploitations.

MUSEO AGRICOLA EL PATIO ★

Calle Echeyde, 18 ✆ +34 928 529 134
Fermé le dimanche. Ouvert de 10h à 17h, en semaine et jusqu'à 14h le samedi. Entrée : 5 €.

Installé dans l'une des plus anciennes *fincas* de Lanzote, ce musée se veut un lieu de mémoire des traditions agricoles et rurales de l'île, tout en continuant son activité agricole. On y verra une très riche collection d'outils du début du siècle des céramiques traditionnelles et une grande exposition de photos sur la richesse culturelle et rurale de l'île. On y retrouve la structure d'un village de la moitié du XIXe siècle (moulin à vent caves à vins, chapelle…). On pourra goûter le vin de la *finca* dans une ancienne auberge reconstituée.

MOZAGA ★

Situé dans une zone agricole et faisant partie du paysage protégé de La Geria, ce village concentre son activité économique sur la culture de la vigne et le tourisme œnologique. On en profitera pour découvrir cette spécialité de la région en visitant notamment la maison musée du vin « El Grifo », l'une des plus anciennes entreprises viticoles en activité. Au vu du calme de son environnement et de sa situation, très centrale, c'est aussi un endroit tout à fait indiqué pour ceux qui souhaitent séjourner dans un endroit qui soit à la fois, loin des stations balnéaires, mais dans le même temps, proche des principales activités de l'île, comme ses plages.

MUSEO DEL VINO « EL GRIFO » ★★

:l Islote, 21
✆ +34 928 524 951
ttps://elgrifo.com

uvert tous les jours de 10h30 à 18h. Entrée libre u musée. Visite guidée complète : 15 €.

e musée s'est installé dans une bodega (cave), ntreprise vinicole del Grifo, du XVIIIe siècle. C'est a plus ancienne des Canaries, toujours en actiité. Vous pourrez y acheter le nécessaire pour s aficionados de la dégustation, et vous délecer de différents vins, ou encore profiter d'une romenade fléchée dans les vignes d'environ 5 minutes. Vous aurez droit à une visite guiée complète en français le vendredi (musée, odega, vignes et dégustation).

FINCA ISABEL €€

Calle Malva, 11 ✆ +34 609 742 163
http://fincaisabel.com/

Compter, par nuit, de 60 à 75 € en studio et de 85 à 145 € en appartement.

Dans le cadre exceptionnel d'une ancienne maison du XVIIIe siècle, elle propose de beaux appartements, de 100 à 120 m², et trois studios, entièrement équipés avec tout l'électroménager (cafetière, grille-pain, bouilloire, micro-ondes...), télévision satellite, livres, terrasse privée et équipée, et même barbecue, à la décoration élégante. On profite d'un joli jardin de cactus, et d'une piscine creusée dans une terrasse. Et de l'accueil de la propriétaire. Clara parle un français parfait et saura vous renseigner sur tous les aspects insolites de Lanzarote.

PLAYA BLANCA ★

Cet ancien village de pêcheurs aux maisons blanches et aux volets verts est devenu le troisième pôle touristique de l'île. Dont l'expansion ne semble pas devoir s'arrêter, même si elle se fait plus dans l'espace qu'en hauteur. Si le front de mer donne toujours de jolies vues sur l'île aux loups, au lointain, il est malheureusement totalement urbanisé avec une succession de bars et de restaurants plutôt enclins aux surgelés. Avec de multiples cadenas laissés par les touristes sur les rambardes du bord de mer. On y trouve encore quelques criques et plages isolées, dont celle de Papagayo, l'une des plus belles, mais sa superficie se réduit régulièrement.

LES SALINES DE JANUBIO

A 13 km au nord de Playa Blanca par la LZ-2.

En quittant Playa Blanca et en prenant la direction d'El Golfo on peut observer les salines de Janubio, entourées de champs de lave. Toujours en activité, elles constituent une source traditionnelle de travail et d'activité pour l'île. Selon l'état d'avancement d'évaporation des bacs de décantation, les salins prennent des teintes différentes, allant du violet au vert en passant par le rose. Autrefois utilisé par les conserveries de poissons, le sel sert aujourd'hui à la cuisine. En surplomb, le restaurant Mirador de las Salinas offre une vue panoramique.

MUSEO ATLANTICO ★★

Il n'a plus de bureau d'information dédié. Renseignez-vous sur les entreprises agréées à l'office de tourisme.

Ouvert depuis le 1er janvier 2017, c'est le premier musée sous-marin en Europe. A quelques encablures de Playa Blanca, il permet de contempler l'impressionnante collection des quelque 300 sculptures réalisées par l'artiste britannique Jacon de Caires Taylor. Totalement immergées à 15 m et réparties sur 2 500 mètres carrés parmi la faune et la flore marines, réalisées en béton au pH neutre, ces sculptures hyper réalistes à taille et allure humaines, parfois moulées sur des habitants de l'île de Lanzarote ont un double objectif. Tout d'abord évoquer la vie quotidienne, la crise migratoire et l'environnement, mais également créer un récif artificiel qui, à long terme, permettra d'augmenter la biodiversité des végétaux et des poissons présents dans cet environnement. Après le récif artificiel refuge de l'île de la Grenade dans les Caraïbes et celui de Cancún, c'est le troisième musée réalisé par cet artiste, considéré en 2014 comme l'une des cent personnalités les plus innovantes de la planète. Plusieurs options s'offrent à vous pour la visite : plongée, snorkeling... Pensez surtout à vous renseigner au préalable sur les entreprises habilitées avant de programmer une visite. En effet, si vous voulez découvrir le musée Atlantique, vous devez le faire par l'intermédiaire des entreprises agréées, employant des instructeurs ayant reçu une formation EGD (Eco Diver Guides). La visite dure environ 1 heure, avec départ depuis la jetée de la marina Rubicón, avec un guide. Tenue de plongée requise.

LANZAROTE

© ORBON ALIJA - ISTOCKPHOTO.COM

Plage de Papagayo.

FRED OLSEN

Estación Marítima
✆ +34 928 517 266
https://www.fredolsen.es

Cette compagnie relie régulièrement Fuerteventura et Lanzarote, avec un trajet d'une petite demi-heure. De nombreux sièges confortables dans une large salle climatisée, des peintures aux murs, un bar-snack pour vous restaurer ou boire un verre, une boutique de souvenirs... Un conseil, prenez vos tickets à l'avance sur internet pour ne pas faire la queue et surtout parce que le guichet pourrait arrêter les ventes de billets un peu à l'avance durant l'embarquement : du coup vous pouvez arriver même un quart d'heure avant le départ.

NAVIERA ARMAS

La Lapa ✆ +34 928 824 930
https://www.navieraarmas.com

Depuis Corralejo à Fuerteventura, ce ferry vous emmène régulièrement à Playa Blanca *via* une mini-croisière de moins d'une demi-heure. Les sièges sont confortables et vous aurez le choix de la terrasse qui vous permettra le mieux d'admirer le spectacle de la mer et des côtes. Mais ce sera très rapide. A peine quitté les côtes de Fuerteventura et la silhouette de la Isla de los Lobos, vous verrez apparaître la côte de Lanzarote. Plusieurs cafeterías pour boire un verre et même vous restaurer. Pensez à arriver un quart d'heure avant le départ.

HÔTEL PRINCESA YAIZA €€

Avenida Papagayo, 22
✆ +34 928 519 300
https://www.princesayaiza.com

A partir de 234 € la chambre double avec petit déjeuner.

Son nom est celui d'une princesse guanche et c'est l'un des *resorts* les plus emblématiques des Canaries, reconnaissable par son gigantisme et son catalogue impressionnant d'installations. Dès l'arrivée, on sera impressionné par le grandiose patio-vestibule couronné d'une verrière de couleur diffusant ses reflets. Toutes déclinées dans les tons de blanc, les chambres présentent bien sûr un confort parfait. A disposition, un immense centre de thalassothérapie, 4 piscines, des courts de tennis, pas moins de 9 restaurants, dont le très gastronomique Isla de Lobos.

HÔTEL THE VOLCÁN LANZAROTE €€€

Calle El Castillo, 1
✆ +34 928 099 394
https://www.hotelvolcanlanzarote.com

A partir de 170 € la chambre. 3 nuits minimum selon la saison.

Situé à proximité du port de Playa Blanca, cet hôtel de grand luxe propose 255 chambres réparties en vingt maisons à la silhouette typique de Lanzarote. La décoration y est très soignée et les vues sont soit sur jardins soit sur mer. Tout est pensé pour que tout soit à disposition : nombreuses piscines, spa, salle de sport ouverte 24h/24, tennis et centre de plongée. Sans oublier les bars, les restaurants (canarien, japonais et italien) et le mini-club pour les enfants.

LA CASA ROJA €€

Puerto deportivo Marina Rubicón
✆ +34 928 519 644
www.lacasaroja-lanzarote.com

Ouvert tous les jours de 13h à 23h. Comptez de 25 à 30 €.

Cette *casa roja* qui mérite bien son nom est idéalement placée sur le port. Avec une très belle salle, mais aussi une terrasse qui permet de profiter de la vue sur la mer ou d'un coucher de soleil. Le restaurant fait le pari d'une cuisine traditionnelle, mais aux produits finement choisis et à la présentation raffinée. A tester par exemple un *pulpo a la brasa* avec sauce chimichurri et *papas arrugadas*. Mais l'endroit est surtout un excellent bar à vins, idéal pour découvrir les vins de l'île avec les très bons conseils de l'équipe.

ALOE PLUS LANZAROTE

C./ Limones, N° 75
✆ +34 928 519 766
https://aloepluslanzarote.com

Ouverte du lundi au samedi, de 9h à 14h et de 16h30 à 20h30.

A l'entrée de cet espace, vous découvrirez les vertus de la plante d'aloe vera ainsi que son histoire. De l'autre côté, vous trouverez toute la gamme des produits, pour les femmes comme pour les hommes, pour le corps, le visage, les yeux, les lèvres, les cheveux. Car cette plante a de nombreux usages thérapeutiques en matière de diététique, de dermatologie, mais aussi de soins des brûlures (et des coups de soleil !), des piqûres d'insectes, de soin des rhumatismes, etc. Les hôtesses vous renseignent en différentes langues et vous font essayer les produits.

LINEAS ROMERO

✆ +34 928 596 107
https://www.lineasromero.com
Bureau situé au port de Playa Blanca. Horaires et propositions sur le site web.
Cette compagnie assure des traversées régulières de Fuerteventura à Playa Blanca, départ de Corralejo et arrivée Playa Blanca, d'une durée d'environ trois quarts d'heure, sept départs par jour, sauf le dimanche ; de Lanzarote à l'île de la Graciosa, départ Orzola et arrivée à Caleta de Sebo, d'une durée d'environ vingt-cinq minutes, dix départs par jour. Bagages, planches de surf ou bicyclette transportés gratuitement. Elle organise aussi des sorties en catamaran à la journée comme une excursion de cinq heures permettant de découvrir les fonds marins.

YAIZA ★

Yaiza tient son nom de celui d'une princesse aborigène. Située au carrefour de points d'intérêt touristiques, cette très jolie bourgade peut être une bonne halte avant d'entamer la visite du parc de Timanfaya. Si l'on recherche un point de chute tranquille pour se loger cela peut aussi être une bonne indication. Dans le village, on remarquera quelques édifices anciens comme la maison Benito Perez Armas et l'ermitage de los Remedios, construit à la fin du XVIIe siècle. Il est aussi le point de départ de nombreuses randonnées : sept sentiers touristiques à travers Los Ajaches pour une durée comprise entre 25 min et 1 heure 30 et tous de faible difficulté.

LA CASONA DE YAIZA €€

Calle Valle de Fenauso, 11 ✆ +34 928 836 262
http://casonadeyaiza.com/
Dés 108 € pour une chambre double. Pour les chambres familiales, nombre de nuits minimum en hors saison.
Voici un hôtel de charme qui a été le décor de nombreux magazines de mode. Avec une décoration style Renaissance italienne, œuvre de German Carregalo, très soignée avec moulures et fresques dans toutes les chambres. Au sous-sol, dans une ancienne citerne d'eau se trouve un salon-galerie d'art idéal pour boire un verre, lire, se reposer. Les cinq chalets sont totalement équipés, parking et piscines privatives, idéal pour les couples. On pourra aussi y louer des vélos pour effectuer des promenades dans les environs. A disposition, une *bodega* et un restaurant.

CASA DE HILARIO €€€

Calle los Rostros, 5
✆ +34 928 836 262
www.casadehilario.com
A partir de 80 € pour une chambre double. Demi-pension possible.
Cette maison du XVIIIe siècle, rénovée, allie avec goût le style canarien avec une décoration asiatique, œuvre du peintre German Carregalo. La plupart des six chambres disposent de terrasses individuelles et ces dernières offrent, avec le salon, une vue imprenable sur le magnifique parc de Timanfaya et sur l'océan. On y profite aussi d'une piscine climatisée et du restaurant de la Casona de Yaiza. C'est un havre de tranquillité dans un cadre exceptionnel, une maison qui a été celle d'Hilario, une figure emblématique de l'île.

MIRADOR DE LAS SALINAS €€

Calle Los Molinos, 5 ✆ +39 928 173 070
www.miradordelassalinas.com
De 12h15 à 21h. Fermé le jeudi. Comptez 30 € à la carte ou un tapeo à partager à 40 €.
En passant sur la route longeant les salines vous ne pourrez pas louper ce restaurant posé sur les hauteurs et qui offre un splendide panorama sur le site. C'est d'ailleurs un mirador indiqué par une pancarte sur votre chemin. Installé en terrasse ou verrière, vous dégusterez de la bonne cuisine canarienne avec une carte très variée et de très belle qualité. Au menu, un large choix de poissons frais comme le « sama » servi pour deux, ou encore les poissons au gros sel ou grillés, paella... Sans oublier les desserts faits maison.

RESTAURANTE LA CASONA DE YAIZA €€

Calle Valle de Fenauso, 11
✆ +34 928 836 262
https://casonadeyaiza.com
Fermé le mercredi. Comptez environ 30 € pour un repas à la carte.
C'est le restaurant de l'hôtel du même nom et c'est l'une des meilleures tables de l'île. Une cuisine raffinée, méditerranéenne, fraîche et de saison vous est proposée dans cet ancien chai restauré de la maison. La carte des vins honore le lieu avec une sélection des meilleures bouteilles de l'île et de la péninsule. On apprécie aussi sa jolie terrasse. Coup de cœur pour cet établissement qui sait recevoir à des prix très abordables, qui plus est.

LANZAROTE A CABALLO

Carretera Arrecife - Yaiza, km 17 - **UGA**
✆ +34 626 593 737
https://lanzaroteacaballo.com
Ouvert tous les jours de 10h à 18h. Balade à cheval : à partir de 35 €.

Cette agence propose différentes formes d'excursions permettant de découvrir l'île à cheval. Et s'adressant à tous, quel que soit le niveau à cheval. Les sorties ont lieu tous les jours de la semaine, le matin comme l'après-midi. On pourra par exemple suivre une « route de l'intérieur » de seulement 30 minutes qui permettra de découvrir les alentours, même avec des enfants de moins de 6 ans. Une autre route vers Puerto Calero s'adresse aussi aux familles et aux débutants et dure une heure et demie. Les bons cavaliers pourront choisir la route de Famara, sur 2h.

EL GOLFO

Ce village de pêcheurs aux belles côtes sauvages est réputé pour ses poissons frais et offre de nombreux restaurants, ouverts en particulier pour le déjeuner. Mais il est aussi très agréable de venir y prendre un verre sur l'une des terrasses pour y apprécier le coucher de soleil. Son autre attraction majeure, c'est sa lagune verte. En arrivant sur le parking situé en haut du village et devant un restaurant, il faudra emprunter le petit sentier à gauche pour découvrir la vue sur la lagune, face à la mer où se trouve le Charco de Los Clicos. L'eau de cette lagune est plus dense et plus salée que celle que l'on trouve dans la mer Morte. Passage obligé.

EL CHARCO DE LOS CLICOS

C'est le cratère d'un ancien volcan qui émerge de l'Atlantique et forme un lac qui est connu sous ce nom. Et qui a été déclaré réserve naturelle. L'occasion de voir un très beau contraste de couleurs entre la couleur verte de ce lac, la couleur noire du sable de la plage d'El Golfo et les bleus du ciel et de la mer. Ce paysage a servi de décor au cinéma, notamment dans le film d'Almodóvar, *Les Étreintes brisées*. On l'appréciera particulièrement bien depuis le belvédère de El Golfo, accessible depuis un chemin partant du parking situé en haut du village.

COSTA AZUL €€

Avenida Maritima, 7
+34 928 173 199
Ouvert tous les jours de 12h à 22h. Comptez entre 30 et 35 €.

Avec sa belle terrasse design posée en bord de mer, le restaurant Costa Azul est le cadre idéal pour déguster une recette de la mer. Et le soir, ce sera féérique. Au menu, poissons frais grillés suivant la pêche du jour, homard, crabe blanc, paradilla de poissons, poulpes qui s'accompagnent de différentes variétés de riz, y compris en soupes. Et on pourra finir par un flan de la casa, fait maison Une cuisine typiquement canarienne et méditerranéenne de qualité, mais chère. Peut-être justifiée par le certificat d'excellence obtenu en 2013.

RESTAURANTE MAR AZUL €€

Avenida Maritima, 42
+34 928 17 31 32
Tous les jours sauf le mardi, de 11h à 21h30. Comptez en moyenne 30 €.

Avec sa terrasse ouverte et protégée, il s'ouvre sur la belle plage sauvage de roches de lave et les flots azur. La spécialité ? Les poissons frais et grillés en plateau pour deux personnes, préparés par Luis, le chef : sardines, thon grillé, daurade, mérou et pommes vapeur, de quoi se régaler et faire le plein d'oligo-éléments. Si vous ne prenez pas de dessert, sachez que l'addition arrive avec des bouchées glacées. Jamel parle très bien le français, toujours aux petits soins pour vous, comme ses collègues. Un bon rapport qualité-prix.

PARC NATIONAL DE TIMANFAYA ★★★★

De 1730 à 1736, l'éruption des Montañas del Fuego, montagnes du feu, au sud-ouest de Lanzarote, a recouvert de lave, de scories et de cendres plus de 200 km², soit près du quart de l'île. Une nouvelle phase d'activité volcanique, plus faible, survint en 1824. Trois nouveaux cônes volcaniques apparurent alors, Tao, Tingüaton ou Volcan Nuevo et El Chinero ou Volcan Nuevo del Fuego. Depuis, les volcans de Timanfaya dorment mais d'un œil. L'agriculture a rapidement repris possession des terres périphériques et les cultures sur le sable volcanique, qui jouent le rôle de capteur d'humidité et de régulateur thermique, sont caractéristiques de Lanzarote.

CENTRE DES VISITEURS DU PARC

Carretera de Yaiza a Tinajo (LZ 67), km 11,5, Tinajo
+ 34 928 11 80 42
Ouvert tous les jours de 9h à 16h.

Situé à 5 kilomètres de l'entrée du parc, ce centre d'accueil des visiteurs permet de mieux comprendre le fonctionnement des volcans. Et ce au travers d'un ensemble d'expositions et d'un programme d'audiovisuels qui sont disponibles en plusieurs langues. On pourra notamment y assister à des simulations d'éruptions volcaniques, qui seront très courtes, mais tout à fait instructives. Il est donc vivement conseillé de s'y rendre avant la visite du volcan.

LANZAROTE

Parc national de Timanfaya.

VISITE DU PARC NATIONAL

La principale zone d'activité volcanique, des Montañas del Fuego jusqu'à la mer, constitue le parc national de Timanfaya qui a été créé en 1974 et constitue un site naturel de toute beauté, aux paysages spectaculaires et dont les 50 km² sont strictement protégés. Voici quels sont les différents modes de visites possibles :

- **En bus.** Le droit d'entrée donne aussi droit à un circuit en autocar d'une dizaine de kilomètres, en une demi-heure. L'autocar roule lentement sans jamais s'arrêter et il est impossible de descendre. On ne verra qu'à travers les vitres la mer de lave qui s'étend au pied de la montaña Rajada (350 mètres), le désert de cendres de la Valle de la Tranquilidad et les montagnes rouges del Fuego (510 mètres). Le parc est ouvert de 9h à 17h45, et la dernière excursion part à 17h (✆ +34 928 84 00 57). La visite du parc national est limitée à des excursions en groupe, en autobus, guidées et payantes, sur un bref circuit goudronné. Il n'est pas impossible que l'entrée du parc, sur la route Yaiza - Tinajo, soit embouteillée sur 1 kilomètre de voitures et de bus faisant la queue pour payer les 12 € par personne que coûte la visite. De là, 2 kilomètres d'une petite route, passant au pied des contreforts du massif del Fuego, conduisent à l'Islote de Hilario, où a été construit sur les plans de César Manrique un restaurant-mirador baptisé El Diablo. Ce nom a été choisi en raison de la température qui demeure infernale sous ce monticule de lave, dépassant les 600 °C à une dizaine de mètres de profondeur (les steaks sont grillés sur ce four naturel, à la plus grande joie des touristes). Devant le restaurant ont été creusées de petites cheminées, où l'on verse de l'eau afin d'obtenir de petits geysers.
- **En dromadaire.** Pour éviter les autocars, on préférera l'excursion à dos de dromadaire qui monte à l'assaut de la montaña de Timanfaya, à 2 km au sud de l'entrée du parc. Cette excursion coûte 12 € pour une balade de 20 minutes à deux. On a une belle vue – mais on ne voit pas grand-chose – et cela reste un attrape-touristes. Avec les années, le prix augmente et la durée diminue.
- **A VTT.** Au nord, une piste, praticable en 4X4, à VTT ou à pied, passant au nord de la montaña de Mazo, mène à la caldera Blanca, sans doute le mieux conservé des cratères de l'île, lui aussi antérieur à l'éruption de 1730. Ensuite, on emprunte un sentier sur ses pentes jaunes dépassant les 450 m d'altitude, d'où la vue plonge sur un cratère atteignant les 300 mètres de profondeur et sur le désert de sable noir et de cailloux né en 1730.

© OLENA TUR - SHUTTERSTOCK.COM

ARRIETA ★

Ce petit village est connu pour sa belle plage de sable fin, mêlé à la roche volcanique : « la Playa de la Garita ». Une plage de quelques centaines de mètres, aux eaux toujours tranquilles, et permettant la baignade malgré la présence de vents y soufflant régulièrement. On en trouvera une autre, au pied de son muelle, el Charcón, plus petite, mais aussi tranquille. On y vient aussi pour son joli port de pêche qui offre quelques bonnes tables locales, où déguster du poisson frais, venu directement de l'île de La Graciosa. Et à apprécier face à la mer, depuis d'agréables terrasses. Petit à petit, c'est ce village qui devient le village chic de Lanzarote.

LANZAROTE RETREATS €€€

✆ +34 928 82 67 20

https://www.lanzaroteretreats.com

Comptez à partir de 260 € pour une yourte pour 2. Villas jusqu'à 21 adultes et 8 enfants. Transport depuis l'aéroport.

Proche de la plage d'Arrieta, il réjouira les amateurs de logements alternatifs. Développé par Michelle et Tila Braddock, un couple d'Anglais, l'ensemble propose 15 yourtes, cabanes et villas, dont certaines tout à fait luxueuses comme la Eco Yourte Royale comprenant 3 espaces de logement et une cabane extérieure servant de salle de bains, ou la Eco Luxury Villa qui abrite aussi un jardin, des hamacs et des suites de rêve. Dans une logique de conscience écologique, les propriétaires mettent à disposition de leurs hôtes des véhicules hybrides pour leur circulation.

CUEVA DE LOS VERDES ★★★

Après Arrieta, au bout de 5 km

✆ +34 928 848 484

Ouvert tous les jours de 10h à 16h.
Entrée : 10 €.

La Cueva de los Verdes est une formation géologique spectaculaire, un site incontournable pour les visiteurs de Lanzarote. Il s'agit d'une partie souterraine du volcan de la Corona, formée selon les géologues entre 3 000 et 5 000 ans. Long de 6 km, ce tunnel relie la mer avec le pied du volcan. Aux XVIe et XVIIe siècles, la cavité servait de refuge aux habitants de l'île contre les invasions des *cazadores* et des pirates berbères. Plus de 1 km a été aménagé pour la visite. On contemplera sur les parois les sculptures minérales des stalactites de lave, des plis et des fissures au sol témoignant du passage de la lave. L'architecture de ce tunnel est variée et chaotique, avec des salles spacieuses et des corridors tortueux. Il arrive à la cueva de communiquer avec un autre tube superposé. Formes et couleurs sont magnifiquement mises en valeur par l'artiste *majorero* Jesus Soto : les éclairages accentuent le relief et les teintes rougeâtres que prend parfois la roche. Le fond musical, assez mystique est en revanche inaudible, car la visite qui dure près d'une heure s'effectue obligatoirement en groupe et le brouhaha ambiant casse un peu la magie du lieu. Dommage. Restez devant près du guide dès le départ de la balade pour éviter le bruit du groupe et comprendre quelque chose à la visite. Pensez aussi à porter des chaussures qui adhèrent bien.

Aussi surprenant que cela puisse paraître en pareil lieu, des concerts de musique classique sont programmés dans la plus grande salle aménagée de la grotte, accompagnés parfois de vin.

Arrieta.

LANZAROTE

Arrieta.

JAMEOS DEL AGUA ★★★

✆ +34 928 848 020

Ouvert tous les jours de 10h à 16. Entrée : 10 €.

Comme la Cueva de Los Verdes, ce site est un tube du Volcan Monte Corona, formé par les coulées de lave lors de son éruption entre 3 000 et 5 000 ans. Plus proche de la côte, plus ouvert et moins profond que la Cueva de los Verdes. Des infiltrations d'eau de mer y ont formé un petit lac salé dans la grotte, dans lequel vit un minuscule crustacé que l'on ne voit normalement qu'en mer, à plusieurs milliers de mètres de profondeur. Il s'observe facilement, car il est blanc, presque phosphorescent, et brille au milieu des pièces de monnaie jetée dans une eau d'un bleu sous-marin, bien qu'il soit interdit d'en jeter, sous peine de le voir disparaître. A la mi-journée, une étroite ouverture dans le centre du toit voûté permet à quelques rayons de soleil de pénétrer et de produire un effet d'une beauté singulière au contact de l'eau cristalline. Ils ont été aménagés par César Manrique en 1966. Il a dessiné un restaurant, une salle de concert de 600 places, un bar, une piscine, tout cela dans un décor naturel de roches avec verdure subtropicale. La piscine bleu azur est fermée à la baignade depuis les années 1980, dommage... La maison des volcans (Casas de los volcanes), située à l'extérieur de la grotte, est un centre scientifique international destiné à l'étude de la volcanologie. La visite est passionnante. Attention, l'entrée est très chère, car c'est plutôt un endroit commercial aménagé sur un site incroyable, le petit musée ne justifie pas un prix si élevé. Préférez la Cueva de los Verdes si votre budget est serré.

EL AMANECER €

La Garita 46

✆ +34 928 17 92 13

Ouvert tous les jours, de 12h à 21h. Compter 25 € le repas.

Créé en 1985, ce restaurant est un peu une institution qui doit son nom à celui du bateau du grand-père des cinq frères qui mènent aujourd'hui cette nouvelle barque. S'il a reçu Felipe González et José luis Zapatero, il s'est aussi fait une clientèle régulière, de lanzarotenos, qui viennent presque tous les jours et de touristes qui y reviennent régulièrement. Ils y apprécient sa terrasse posée face à la mer et aussi l'excellente qualité de ce dont ils ont fait leur spécialité, les poissons frais, mérou, espadon, thon à la plancha, calamars... Pensez à réserver.

GUATIZA

Des maisons blanches, entourées de montagnes noires, pour ce village situé sur une grande plaine de terres très fertiles et entouré des volcans de Guenia, Tinamala, La Caldera et Las Calderas. A l'origine, il se situait un peu plus haut, afin que les habitants puissent voir arriver les bateaux des marchands, mais cette position ayant aussi facilité le saccage des maisons, lors des attaques de pirates, décision a été prise de se transporter dans la partie basse afin qu'il soit mieux protégé par les montagnes. Aujourd'hui, les maisons sont un peu dispersées avec un petit noyau plus dense près de l'église. Le jardin de cactus est sa principale attraction.

JARDIN DE CACTUS ★★

Carretera General del Norte, s/n,

✆ +34 928 529 397

https://www.cactlanzarote.com

Ouvert tous les jours de 10h à 17h. Tarif entrée : 6,50 € pour un adulte.

Ce jardin est intéressant pour les passionnés de botanique et pour tous où vous découvrirez tous les noms des cactées grâce aux étiquettes posées devant chaque plante. Sa structure en forme d'amphithéâtre de pierre volcanique et son emblème, un cactus surdimensionné ont été imaginés par César Manrique. Près de 1 420 espèces de cactus d'Afrique, d'Amérique et de tout l'archipel canarien y sont plantées ainsi que d'autres espèces comme le figuier de Barbarie ou *tunera*. Autrefois, la récolte des figues était l'une des plus importantes de Lanzarote, car elle permettait d'attirer les scarabées cochenilles (*Dactylopius coccus*) dont la couleur carmin, une fois séchée, était utilisée pour teindre les tissus. On peut aussi voir dans le jardin de cactus le vieux moulin à vent qui servait à écraser le maïs pour faire de la farine puis du gofio. On y profitera aussi d'un restaurant, avec une jolie terrasse surplombant le jardin. Que l'on pourra continuer à admirer en sirotant un rafraîchissement puisque le lieu propose toutes sortes de boissons, dont des smoothies de fruits frais, tout à fait délicieux. Ou encore en dégustant quelques-unes des nombreuses tapas faites maison ou des *papas arrugadas* avec leur sauce verte et rouge. Et pour les petites faims, des croquettes de jambon, de la tortilla ou du melon jaune frais. Enfin on ne partira pas sans avoir rendu visite à la petite boutique de pierre où l'on pourra trouver facilement de quoi ramener des souvenirs dont pourquoi pas des graines de cactus à planter chez vous.

HARÍA ★★

On arrive à Haria en traversant une vallée nommée « des Dix Milles Palmiers », car son microclimat favorise les espèces tropicales rares. Ce qui vous donnera l'occasion d'apprécier des paysages typiques avec des sols allant de l'ocre au noir, mais aussi des structures géologiques très arides, propres à cette île proche de l'Afrique. C'est bien sûr la maison-musée de César Manrique qui constitue l'attraction plus que recommandée, dans ce village. Si possible sous forme de visites guidées pour comprendre son monde privé et personnel. Tous les samedis matin, un marché se tient sur la plaza León y Castillo, où l'on pourra trouver des dentelles, des bijoux.

CASA MUSEO CÉSAR MANRIQUE ★★

Centre de Haria
✆ +34 928 84 31 38
www.fcmanrique.org
Ouvert du lundi au dimanche de 10h30 à 18h. Entrée : 10 €.

Située au milieu d'une belle palmeraie, elle a été choisie par Cesar Manrique pour son calme et le contact avec la nature qu'elle procurait. Les travaux d'aménagement de cette ancienne maison agricole ont débuté en 1986 et il y vécut jusqu'à sa mort, en 1992. C'est depuis août 2013 qu'elle a pris la forme d'une maison-musée et été ouverte au public. La visite permet de découvrir le monde privé et personnel de César Manrique. Egalement Visites guidées.

MIRADOR DEL RIO ★★

Carretera de Yé, S/N
✆ + 34 901 200 300
Ouvert tous les jours de 10 à 19h. Tarifs : adultes 5 €.

Situé à l'ouest d'Orzola, c'est un restaurant-mirador conçu par César Manrique en 1974. Il domine de 480 mètres la punta de Farlones, l'extrémité septentrionale de l'île. La vue plonge sur La Graciosa et s'étend au loin sur les deux autres îlots du nord de Lanzarote : Montaña Clara et Alegranza. Il a été construit au sommet de l'Atalaya Grande, qui prendra plus tard le nom de Bateria del Río. Jadis, c'était une base militaire d'artillerie, la batterie del Río, les guetteurs s'y plaçaient pour contrôler l'invasion de l'île par les pirates.

FINCA LA CORONA €€€

Calle Las Rositas, 8, Ye
✆ +34 902 363 318
https://www.rural-villas.com
Compter environ 140 € pour la moins chère.

Située à 10 minutes d'Haría. entre le Volcan La Corona et le Mirador del Río ; La Finca La Corona est divisée en six grandes villas portant chacune un nom qui rend compte de sa position géographique, *Amanecer* pour le lever du soleil ou *Poniente* pour le coucher du soleil. C'est la *Trasera*, de derrière, qui bénéficie du meilleur accès à la piscine chauffée, même si tout le monde y a droit. Toutes les villas sont grandes, décorées avec goût et offrent de belles vues sur les alentours et peuvent accueillir jusqu'à quatre personnes.

LANZAROTE

Haria.

CALETA DE FAMARA ★★

C'est ici que se situe la superbe plage sauvage de Famara à la vue imprenable sur l'île de La Graciosa. L'une des plus belles de Lanzarote. A playa de Famara, il est possible de louer des planches de surfs et des VTT. La plage est très fréquentée le week-end avec des restaurants de poissons qui sont rapidement pris d'assaut. Attention toutefois, car playa de Famara, même si elle est sauvage et sublime, reste dangereuse pour les nageurs et fait régulièrement quelques morts chaque année. Les surfeurs lui préfèrent la playa Caleta de Famara, près d'un petit village de pêcheurs, au nord-ouest de Teguise et spot incontournable pour les plus expérimentés.

© MARQUES - SHUTTERSTOCK.COM

La plage de Famara à Lanzarote, où Pedro Almodovar a en partie tourné Étreintes Brisées.

BUNGALOWS PLAYA FAMARA €€

Calle Cascabelillo, 2 ✆ +34 928 845 132
https://www.bungalowsplayafamara.com

A partir de 75 € par jour pour les bungalows standards pour deux personnes, plus 15 € par personne supplémentaire.

C'est un véritable village avec près de 185 bungalows de 2 à 6 personnes, qui se fondent bien dans le paysage, à l'architecture sobre. Il est situé à l'extrémité de la plage, au cœur d'un espace naturel protégé. L'endroit propose aussi quelques appartements et une quinzaine de villas de luxe, certains bungalows étant adaptés aux personnes en fauteuil roulant. Idéal pour un séjour au calme. Côté activités, l'établissement propose des cours de yoga et des massages dans le centre situé juste à côté. L'hôtel met également des vélos à disposition des clients.

CLUB LA SANTA €€€

Avenida Krogager
✆ +34 928 599 999
https://www.clublasanta.com

De 135 à 215 € pour 2 personnes, selon la saison. 3 nuits min en hors saison.

A quelques kilomètres à l'ouest de Famara, le club La Santa est un immense complexe qui accueille essentiellement des touristes de pays scandinaves et comprend courts de tennis, piscine, stretching, restaurant, coiffeur, etc. Et propose au total quatre-vingts activités. On pourra suivre des cours de yoga, d'aérobic, quel que soit son niveau de départ. Il y a même un bassin abrité pour apprendre la planche à voile. Comme tout est très bien organisé, il y a même des semaines thématiques consacrées à une activité particulière. Agenda à consulter sur le site web.

EL RISCO €

Calle Montaña Clara, 30
✆ +34 928 528 550
www.restauranteelrisco.com

Ouvert tous les jours. Comptez environ 35 €.

Très bien situé face à la mer, avec en ligne de mire l'île de la Graciosa, ce restaurant à la décoration très moderne propose une cuisine goûteuse et raffinée. Car priorité est donnée à la qualité des produits. On y appréciera sûrement l'excellent poulpe grillé, ou ses côtes d'agneau de lait. Comme ce restaurant est très prisé, mieux vaut réserver à l'avance surtout si l'on souhaite être situé près de la fenêtre. Sur les murs, on y verra aussi une petite œuvre de Manrique, réalisée en 1986, rendant hommage au « *risco* » de Famara. Affronté par les pêcheurs.

COSTA NOROESTE

Avenida del Marinero, 11
✆ +34 928 528 597
https://www.costanoroeste.com

Prix disponibles sur le site web.

Cette école propose une grande variété de cours : surf, stand up paddle, kite (suivant les recommandations IKO, International Kitesurfing Organisation), quelque soit le niveau des élèves. Mais aussi des cours de Yoga. Avec des intervenants très professionnels parlant plusieurs langues et des formations d'une à deux semaines. Elle se charge aussi de vous trouver des hébergements, à Famara ou à La Santa (en appartements, en bungalows ou maison dédiée comme la Surf house de Famara, située à 50 mètres de la plage avec terrasse sur le « risco »).

RESTAURANTE DUNAS DE FAMARA €€

Calle Chirimoya 13,
✆ +34 928 17 84 77
https://restaurantedunasdefamara.com/
Ouvert du mardi au samedi de 13h à 22h, le dimanche de 13h à 17h. Fermé le lundi.

Ouvert en 2019, ce restaurant est situé au pied de l'impressionnant Riesco de Famara. De sa terrasse, on profite d'une vue spectaculaire sur la plage de Famara. Idéal pour déguster une cuisine tournée vers la mer. Fromage fumé frit, poisson semi-séché grillé, thon mariné, brandade et autres merveilles... Notre conseil : garder de la place pour les desserts, tous délicieux, et joliment présentés. Très bon accueil et service impeccable. Une très bonne adresse.

ORZOLA ★

Ce charmant petit village à l'extrême nord de l'île est le point de départ des bateaux à destination de l'île La Graciosa. On n'y trouve pas d'hébergements, mais beaucoup de restaurants y sont implantés. Ainsi que de nombreuses plages, dans les environs. Mojón Blanco est une jolie petite plage sauvage, au pied des falaises. La piste pour s'y rendre se trouve après les deux supermarchés du village, à gauche. Caletón Blanco fait partie des plus belles plages sur la route reliant Orzola à Arrieta, avec sable blanc, rochers de lave et eau turquoise. Playa Caletones offre aussi une série de plages et criques à l'est de la ville, sauvages et de sable blanc.

PARC LAS PARDELAS ★

La Quemadita, 88
✆ +34 928 842 545
www.pardelas-park.com
Ouvert tous les jours de 10h à 18h (l'hiver) et jusqu'à 19h au printemps et en été. Entrée 4,50 € pour les adultes.

Sur la route menant à Ozorla, cette ferme propose diverses activités. Les enfants pourront visiter tout en donnant à manger aux animaux, des ateliers de moulage, poterie, et cerise sur le gâteau pour ces derniers : la promenade en âne dans le parc. Les adultes pourront apprécier toute la flore autochtone et partager des activités avec leurs enfants. Sans oublier le restaurant canariens et des vins de l'Ile et la petite librairie spécialisée sur les Canaries, et l'exposition permanente de photos sur la vie « dans la lave » et les cartes antiques des Iles.

LANZAROTE

LA NASA €€

Calle el Embarcadero, 6
✆ +34 928 848 327
Ouvert de 11h à 20h et fermé le mardi. Compter 25 € pour une paella à partager à deux.

Cette Nasa ne devrait enregistrer aucun problème. On profitera de belles vues sur la Graciosa, El Roque et le risco de Famara, depuis la terrasse, mais aussi à l'intérieur au travers des grandes baies. Côté cuisine, il fait une quasi-unanimité sur la qualité des produits proposés. Avec en tout premier choix, une excellente paella aux fruits de mer et aux poissons, dont il faudra attendre qu'elle soit préparée. Plutôt bon signe. En l'attendant, les champignons à l'ail ou l'omelette aux gambas feront l'affaire. Laissez-vous conseiller sur les vins de pays.

LINEAS MARITIMAS ROMERO

Carretera Macher ✆ +34 928 596 107
https://www.lineasromero.com
Départs réguliers toute la journée (voir horaires sur le site Web).

Les bateaux à moteur *María del Pino*, *Safari III*, et *La Graciosa* de la compagnie Romero relient de trois à cinq fois par jour le port d'Orzola, à la pointe nord de Lanzarote, à La Graciosa, en 20 minutes. La balade est tout à fait agréable, mais parfois un peu chahutée. Ceux qui ont tendance au mal de mer prendront leurs précautions au préalable... ou leur mal en patience. Par ailleurs, elle organise aussi des sorties en catamaran à la journée comme une excursion de cinq heures permettant de découvrir les fonds marins. Une belle découverte !

LINEAS ROMERO

✆ +34 928 596107
https://www.lineasromero.com

Cette compagnie assure des traversées régulières de Fuerteventura à Playa Blanca, départ de Corralejo et arrivée Playa Blanca, d'une durée d'environ trois quarts d'heure, sept départs par jour, sauf le dimanche ; de Lanzarote à l'île de la Graciosa, départ Orzola et arrivée à Caleta de Sebo, d'une durée d'environ vingt-cinq minutes, dix départs par jour. Bagages, planches de surf ou vélos transportés gratuitement. Elle organise aussi des sorties en catamaran à la journée comme une excursion de cinq heures permettant de découvrir les fonds marins.

PENSION ENRIQUETA €

Calle de la Mar del Barlovento, 6
✆ +34 928 842 051
Compter 35 € la nuit et 30 € par nuit si séjour de 2 nuits.

Cette pension est située à l'intérieur du village, mais à quelques mètres de la plage, car tout est très proche. Et bien sûr installée dans une maison blanche, connue comme le loup du même nom, dès que l'on débarque à La Graciosa. C'est l'endroit absolument idéal pour les petites bourses. Au programme, des chambres très basiques et propres, mais avec la télé et un rangement, réparties au deuxième étage. Les salles de bains se partagent. Et vous serez accueilli par la charmante Enriqueta, la patronne du lieu, toujours aux petits soins.

LA GRACIOSA ★★

L'île s'étend sur 27 km² et culmine à 266 m au volcan de Las Agujas, l'un des cônes de scories qui s'élèvent au-dessus de ses côtes plates et sablonneuses. Elle appartient au parc maritime et terrestre de La Graciosa, qui inclut la côte nord-ouest de Lanzarote, les îlots d'Alegranza et de Montaña Clara et une zone maritime importante. Ici, les routes n'y sont pas encore goudronnées. On y trouvera de belles plages, sur la côte sud, à proximité de l'unique port, la Caleta del Sebo. La Graciosa vit au rythme des bateaux qui déchargent la foule des visiteurs. On s'y déplace à pied et à vélo. Mais quelques 4X4 peuvent vous déposer sur votre plage favorite.

EL VARADERO €€

Avenida Virgen del Mar, 19
✆ +34 928 84 21 75
Fermé le mardi, comptez environ 25 à 30 €.

On le trouvera à droite du *muelle*, en arrivant à La Graciosa. Et cet établissement est plutôt fréquenté par ceux qui restent à La Graciosa quand la plupart des touristes d'un jour bifurquent sur le *muelle*, vers la gauche. Une grande salle vous attend, mais on préfère généralement la terrasse ombragée pour profiter de la vue sur le port. Et déguster le poisson du jour, préparé à la plancha, le bar sauvage et surtout la spécialité du restaurant, la soupe de poisson. Sans oublier d'écouter les conversations quant aux mérites des équipes de foot.

ORGANISER SON SÉJOUR

C'est une destination facile d'accès, sans grandes démarches administratives ni contraintes sanitaires. Attention toutefois aux éventuelles contraintes dues à la crise sanitaire de la Covid-19. Vous aurez juste à choisir si vous voulez partir seul ou recourir à un voyage organisé. Si cette deuxième option vous tente, préférez les tour-opérateurs spécialisés, un peu plus chers mais beaucoup plus au fait de la destination. Si vous y allez seul, c'est sans difficulté, c'est le choix de l'itinéraire puis du logement qui sera la démarche essentielle. Plus vous vous y prenez tôt, plus vous aurez de choix et sûrement de meilleurs prix, notamment si vous comptez vous y rendre l'hiver. Seule l'escalade du Te de, après le téléphérique, requiert une inscription préalable, si possible avant le départ, sinon vous serez bloqué. Enfin, si vous pensez voyager en avion entre les îles, pensez à limiter vos bagages à 6 kilos.

ORGANISER SON SÉJOUR

ARGENT

L'Espagne a fait partie du premier train du passage à l'euro. Vous utiliserez donc aux Canaries la même monnaie qu'en Espagne et qu'en France.

BUDGET / BONS PLANS

De manière générale, le coût de la vie est moins cher aux Canaries qu'en France, mais ce sont des moyennes dans les deux cas. Les prix sont un peu plus élevés dans les sites touristiques et dans les grandes villes. C'est le prix du logement qui variera le plus en fonction de la tenue d'événements locaux importants, mais moins que dans la péninsule ibérique. Sachant qu'aux Canaries, la grosse saison c'est l'hiver, Noël surtout, puisque la destination est le soleil européen le plus proche en cette saison. Un café coûte rarement plus de 1,50 €, tout comme un jus de fruits, et une personne peut se rassasier lors d'un *tapeo* pour environ 10 à 15 €.

- **Petit budget :** comptez de 30 à 40 € pour une location de voiture par jour, 35 € pour une nuit dans les hôtels les moins chers en chambre double ou en location de studio, et 15 € par personne dans les restaurants les plus abordables, vin non compris.

- **Budget moyen :** comptez 50 € par jour pour une location de voiture moyenne gamme, de 50 à 100 € pour une location d'appartement ou une chambre dans un hôtel 3 étoiles ou un complexe touristique, et enfin environ 35 € par personne pour un restaurant avec le vin.

- **Gros budget :** comptez de 70 à 80 € par jour pour la location d'une berline de luxe ou d'un 4x4, de 100 à 300 € par jour pour une chambre double dans un hôtel de luxe (voire de grand luxe) comprenant une multitude de services, notamment dans les complexes hôteliers haut de gamme (sports, spa, etc.). Pour une bonne table, comptez de 35 à 45 € par personne.

Le pourboire est inclus dans l'addition, mais il peut être apprécié de laisser 5 à 10 % de la note. Le marchandage ne se pratique pas, sauf dans les *mercadillos*, petits marchés (bijoux, habits, sacs... etc.) qui fleurissent surtout l'été. Le régime de la TVA (IVA) appliqué aux Canaries est différent de celui de la métropole. C'est l'IGIC (Impuesto General Indirecto Canario), avec la même finalité, mais pas le même taux : de 0 à 35 % aux Canaries contre 10 à 21 % en métropole. Mais pour la majorité des produits, c'est un taux à 7 % qui s'applique. Il est généralement compris dans les prix affichés. Pour réduire votre budget, pensez à prendre des cartes multi-voyages, proposées dans toutes les îles, si vous circulez en bus, c'est plus économique et cela fluidifie les entrées. Pas de journées spéciales pour les musées qui ne coûtent pas non plus très cher et ne sont pas si nombreux. On vous proposera des pass, incluant plusieurs visites. Vérifiez que vous aurez le temps et l'envie de tout faire.

PASSEPORT ET VISAS

Pour les Canaries comme pour l'Espagne, les membres de l'Union européenne n'ont besoin que d'une carte d'identité en cours de validité ou d'un passeport. S'agissant des animaux de compagnies, vérifiez avant s'ils pourront vous accompagner. Avec trois normes à respecter : ils doivent être accompagnés de leurs maîtres ou de son représentant, être parfaitement identifiés et les documents sanitaires doivent inclure une retranscription en espagnol. Cela change doucement, mais nombre d'hôtels ou de campings espagnols n'acceptent pas les animaux domestiques et certains transports, bus pas exemple, les font voyager en soute. S'il est accepté, on vous demandera un supplément, justifié par le nettoyage requis. Pour faire le point, pensez à info douanes service (www.douane.gouv.fr).

SANTÉ

Il n'y a pas de maladie particulièrement grave répertoriée aux Canaries. Les moustiques sont présents, mais malgré la proximité du continent africain, il n'y a pas de risque de malaria. Aucun vaccin n'est nécessaire. Vérifiez toutefois que votre carnet de vaccination est à jour. L'eau du robinet est potable, mais plus ou moins agréable au goût.

En revanche, soyez très attentifs aux rayons du soleil. Et pensez que ces îles sont à la hauteur du désert marocain. Même si les alizés adoucissent les rayons, les risques de brûlures sévères sont importants. Et ont fait la fortune de certaines cliniques du sud. Sachez que l'on peut même vous interdire de prendre l'avion en cas de brûlure sévère qui n'aurait pas été suffisamment soignée. Enfin, l'océan est beau, mais ce n'est pas un décor. Attention aux marées et aux petites pierres charriées parfois par les vagues.

- **Urgences :** le 112, comme dans toute l'Union européenne, accessible 24h/24, depuis un fixe ou un portable. En cas de problème grave, ayez le réflexe de contacter le consulat de France qui donne notamment la liste des médecins francophones.

INTERVIEW

L'ASSURANCE VOYAGE, LE BON RÉFLEXE POUR PARTIR L'ESPRIT TRANQUILLE

avec CATHERINE DIBOUES, responsable du marché voyage, loisir et mobilités chez Allianz TraveL

© ELIZAVETA - STOCK.ADOBE.COM

En cas d'annulation de voyage, peut-on bénéficier d'un remboursement des frais engagés ?

L'assurance voyage propose une indemnisation lorsque l'on doit abandonner son projet de séjour pour une raison indépendante de sa volonté. Contrairement aux idées reçues, les assurances liées aux cartes bancaires ne proposent pas toutes une assurance annulation.

Que se passe-t-il en cas de retard de vol ?

Avec l'assurance voyage Allianz Travel, les frais supplémentaires liés à l'attente sont pris en charge, à partir de 2h de retard. Il peut s'agir des frais de restauration, de transport lors d'un changement d'aéroport ou d'une éventuelle nuit d'hôtel.

L'assurance voyage couvre-t-elle la perte ou le dommage des bagages ?

Allianz Travel indemnise les voyageurs en cas de bagages endommagés ou perdus par la compagnie aérienne. Cela comprend l'indemnisation du bagage et son contenu.

Quelles sont les destinations couvertes par votre zoning Europe svp ? Est-ce uniquement l'UE ou l'ensemble du continent européen ?

Les pays européens ont des accords avec l'administration française. Avant de partir, il faut demander la carte européenne d'assurance maladie. La sécurité sociale et la mutuelle prennent alors en charge les frais médicaux, selon leurs barèmes. Les frais médicaux étant majoritairement plus élevés qu'en France, l'assurance voyage permet de se voir remboursé du reste à charge.

En cas de souci de santé sur place, que faut-il faire ?

En cas de doute ou pour des symptômes légers, nous proposons un service de téléconsultation médicale, par téléphone et en visio, qui permet d'être conseillé et orienté par un professionnel ainsi que d'obtenir une ordonnance si besoin. Pour une situation plus grave, il est nécessaire d'appeler les urgences locales, dont les numéros sont disponibles sur notre application mobile. Une fois à l'hôpital et dans un état stable, on appelle Allianz Travel pour déclencher les procédures de prises en charge. Notre centre d'assistance fonctionne 24h/24, 7j/7.

DÉCALAGE HORAIRE

Il sera d'une heure. Lorsqu'il est midi en France ou sur la péninsule, il est 11h aux Canaries. De plus, vous noterez une coupure entre 14h et 17h : l'heure du déjeuner, la *comida fuerte*, le repas principal et parfois la sieste.

LANGUES PARLÉES

La langue parlée aux Canaries est l'espagnol, avec un rythme plutôt chantant, mais parfois avec un très fort accent, difficile à comprendre dans les régions rurales. Le plus fort est celui de La Gomera, où certains anciens parlent encore le *silbo*, une langue sifflée héritée des Guanches, aujourd'hui patrimoine immatériel de l'humanité.

COMMUNIQUER

Des zones wi-fi ont été ouvertes dans les villes importantes, notamment dans celles accueillant une université. Il est aussi disponible, avec code d'accès, dans les cafés, les restaurants et les hôtels. Plus ou moins efficace pour ces derniers où il arrive qu'il ne soit performant qu'à l'accueil. Mais un effort a parfois été fait pour installer des routers à chaque étage. Quelques-uns ont toujours un ordinateur en accès à la réception. Quelques *locutorios*, locaux de communications avec ordinateurs, peuvent dépanner dans les villes.

ELECTRICITÉ ET MESURES

Les îles Canaries sont branchées sur 220 volts, mais il est possible que la tension soit réduite à 110 volts dans les très vieilles bâtisses : les adeptes du tourisme rural emporteront donc leur adaptateur avec eux. Comme les Français, les Espagnols utilisent le système international d'unités et parlent donc en mètres, kilomètres, tonnes…

BAGAGES

Pour la plage, l'attirail classique : maillot de bain, serviettes, chapeaux, lunettes de soleil et crème solaire. Les randonneurs s'équiperont de bonnes chaussures de marche, légères à cause de la chaleur et solides, semelles en vibram. N'emportez pas que des shorts, un pantalon léger et une chemise à manches longues vous éviteront les coups de soleil dans les sites sans ombre. Si vous allez au Teide, téléphérique ou non, emportez un pull et un jean, car il peut faire frais, tout comme lors des traversées inter-îles en bateau. Pour gravir les sommets au petit matin, une lampe frontale peut être utile.

LES PHRASES CLÉS

Bonjour, je voudrais réserver un billet aller/retour pour…
Hola, me gustaría reservar un billete de ida y vuelta para....

J'ai raté mon avion. Je voudrais échanger mon billet s'il vous plaît.
Perdí el avión. Me gustaría cambiar mi billete, por favor.

Mon vol est très en retard. Ma correspondance sera bien assurée ?
Mi vuelo llega con retraso. ¿Llegaré a tiempo para coger el próximo vuelo?

Mes bagages ont été égarés, à qui dois-je m'adresser ?
Han perdido mi equipaje, ¿a quién debo dirigirme?

Louez-vous des voitures avec chauffeur ?
¿Alquilan coches con chófer?

Je n'ai presque plus d'essence. Où se trouve la station-service la plus proche ?
Apenas tengo gasolina. ¿dónde está la gasolinera más cercana?

S'Y RENDRE

On peut voyager sans problème aux Canaries. Le seul risque auquel on peut être confronté dans les villes ou les lieux plus touristiques, c'est le vol. Mieux vaut ne rien laisser dans le coffre d'une voiture. Ne laissez pas non plus vos portes ouvertes lorsque vous sortez prendre une photo. Par ailleurs, il faudra être prudent au moment de conduire en montagne car certaines routes sont dangereuses, surtout quand la brume survient très rapidement. Pas de problème non plus pour les femmes voyageant seules, sauf à faire attention aux touristes, parfois un peu alcoolisés à la sortie des pubs et des discothèques. Les enfants y sont particulièrement bien traités, avec parcs ou mini-clubs dédiés et tarifs avantageux pour toutes les visites. Pas de problème non plus pour la communauté LGTB dans le pays qui a été l'un des premiers à adopter le mariage homosexuel. Enfin, comptez environ 300 à 350 € pour un vol aller et retour depuis Paris.

AIR EUROPA

✆ 01 42 65 08 00

www.aireuropa.com

Cette compagnie aérienne espagnole, fondée en 1986, propose des trajets entre l'aéroport de Paris-Charles de Gaulle et celui de Tenerife, Las Palmas et Lanzarote, avec une correspondance à Madrid. Membre de l'alliance SkyTeam, elle opère des liaisons en partenariat avec Air France. Les vols sont réguliers et partent relativement à l'heure. Un service de « Priority Boarding » est disponible au moment de la réservation pour ceux qui souhaitent éviter les files d'attente à l'enregistrement des bagages ou bien à l'embarquement (moyennant un supplément de 8 euros).

AIR FRANCE

✆ 09 69 39 36 54

www.airfrance.fr

Réservations en ligne ou par téléphone, tous les jours de 8h à 20h.

La compagnie nationale française Air France affrète trois vols hebdomadaires toute l'année entre Paris-Charles-de-Gaulle et l'aéroport de Tenerife, via Madrid ou Amsterdam. Membre de l'alliance SkyTeam, elle opère des liaisons avec Air Europa. Il est aussi possible de partir depuis d'autres villes de France (Bordeaux, Lyon, Marseille, Nice, Strasbourg, Toulouse, etc.) ou d'ailleurs en Europe (Bruxelles, Francfort, Genève, etc.). Une correspondance ou un trajet en train est alors requis, et le vol peut être assuré par une compagnie partenaire.

EASYJET

✆ 09 77 40 77 70

Compagnie aérienne low cost.

Cette compagnie low cost à l'image jeune, tendance et dynamique propose, en s'y prenant bien à l'avance, des tarifs intéressants pour des vols depuis Biarritz, Bordeaux, Marseille, La Rochelle, Grenoble, Nantes, Nice, Toulouse et Paris bien sûr ! Au départ de Paris, comptez une escale à Genève, Naples ou Venise et entre 5h et 19h de trajet selon la date choisie. L'occasion d'une courte escapade le temps d'une escale. Il est possible de trouver des vols allers à 54 € en s'y prenant très en avance. La compagnie est en train de moderniser sa flotte.

IBERIA

✆ 0 825 800 965

www.iberia.com

Aux Canaries, Iberia dessert Gran Canaria, Tenerife, Lanzarote et Fuerteventura, via Madrid ou Barcelone. Au départ de Paris, de nombreuses liaisons sont donc possibles chaque jour, puisqu'Iberia propose plusieurs vols quotidiens vers Madrid et Barcelone. Plusieurs options disponibles au moment de la réservation : possibilité de choisir son siège, d'ajouter des bagages, de réserver un hôtel, de louer une voiture ou d'accéder à un billet de classe supérieure. Une fois à bord, il est possible de se connecter au réseau wifi d'Iberia.

VOLOTEA

✆ 08 99 23 20 50

www.volotea.com

Service client au téléphone de 7h à 19h, 7 jours sur 7.

La compagnie barcelonaise créée en 2012 par les deux fondateurs de Vueling se définit comme la compagnie des capitales régionales européennes. Elle opère depuis de nombreuses villes moyennes et grandes, principalement en Italie, en Espagne et en France (bases de vols internationaux à Nantes, Bordeaux et Strasbourg). Aux Canaries, des liaisons sont proposées pour relier Tenerife, Grande Canarie, Fuerteventura et Lanzarote. L'option Flex permet d'effectuer des changements jusqu'à 4 heures avant le départ. Attention, les vols ne sont pas assurés toute l'année.

VUELING

✆ 08 99 23 24 00

www.vueling.com

Vueling, la compagnie low-cost espagnole, relie à prix doux Paris-CDG ou Orly à Tenerife, Lanzarote, Fuerteventura Gran Canaria, via Barcelone. Vols également possibles depuis Brest, Bordeaux, Bruxelles, Toulouse, Lille, Nantes, Lyon, Marseille, Nice et Genève. Le prix sans option permet de voyager avec un bagage à main et un petit sac mais, pour ne pas avoir à se limiter sur place, il est possible de retenir l'option « optima » (+ 40 € par personne) qui inclut un bagage de 25 kg, le choix des places et l'enregistrement instantané.

AÉROPORT DE PARIS ROISSY-CHARLES-DE-GAULLE

✆ 39 50

www.parisaeroport.fr

Situé à 23 km au nord-est de Paris, l'aéroport Roissy-Charles de Gaulle était le 2e d'Europe et 10e du monde pour le trafic passagers (72,2 millions en 2018). L'aéroport CDG compte trois terminaux ; les terminaux 1 et 2 accueillent les compagnies internationales, alors que le terminal 3 est consacré aux vols charters. A terme, un nouveau et gigantesque terminal, le T4, devrait permettre à l'ensemble de passer la barre des 100 millions de passagers.

MISTERFLY

✆ 08 92 23 24 25

www.misterfly.com

Ouvert du lundi au vendredi de 9h à 21h. Le samedi de 10h à 20h.

MisterFly.com est le nouveau-né de la toile pour la réservation de billets d'avion. Son concept innovant repose sur un credo : transparence tarifaire ! Cela se concrétise par un prix affiché dès la première page de la recherche, c'est-à-dire qu'aucun frais de dossier ou frais bancaire ne viendront alourdir la facture finale. Idem pour le prix des bagages ! L'accès à cette information se fait dès l'affichage des vols correspondant à la recherche. La possibilité d'ajouter des bagages en supplément à l'aller, au retour ou aux deux... tout est flexible !

OPTION WAY

✆ 04 22 46 05 23

www.optionway.com

Option Way est l'agence de voyages en ligne au service des voyageurs. L'objectif est de rendre la réservation de billets d'avion facile en vous faisant économiser. 3 bonnes raisons de choisir Option Way :

- la transparence comme mot d'ordre. Finies les mauvaises surprises, les prix sont tout compris, sans frais cachés ;
- des solutions exclusives qui vous permettent d'acheter vos vols au meilleur prix ;
- le service client, basé en France, joignable gratuitement, composé de véritables experts de l'aérien. Ils sont là pour vous, n'hésitez pas à les contacter.

EUROMER & CIEL VOYAGES

5 - 7, quai de Sauvages

MONTPELLIER

✆ 04 67 65 95 12

www.euromer.com

Ouvert du lundi au samedi de 9h à 18h45 et le samedi de 9h à 17h45.

Euromer, spécialiste des traversées maritimes en Europe, vous propose des liaisons quotidiennes pour les Canaries au départ d'Espagne. Ainsi vous pourrez relier Santa Cruz de Tenerife (Tenerife), Santa Cruz de la Palma (La Palma) et Las Palmas (Gran Canaria) depuis Cadix. Il existe également des liaisons Cadix-Arrecife (Lanzarote). Compter 2 jours pour une traversée Cadix-Santa Cruz de Tenerife, les départs se font une fois par semaine (le mardi). L'échelle des prix pratiqués est large, son rapport qualité-prix est quant à lui indéniable.

SÉJOURS ET CIRCUITS

Plus chers que les généralistes, les tour-opérateurs spécialisés ont l'avantage de produire leurs propres voyages et de connaître la destination sur le bout des doigts. Pour les Canaries, de nombreux petits tour-opérateurs sur place proposent des séjours thématiques avec des randonnées à La Palma, à La Gomera à El Hierro ou encore sur les volcans de Lanzarote ou des séjours plus sportifs avec surf et kitesurf à Fuerteventura. Amplitude organise un circuit dans les plantations d'avocats de Güímar en passant par La Laguna et le parc du Teide (www.amplitudes.com). Et pour les passionnés de golf, Greens du Monde a mis au point des formules alliant parcours et hôtels mais aussi plage, piscine, voile ou plongée (www.greensdumonde.com). Si vous avez déjà réservé billet et hôtels, une fois sur place des agences spécialisées peuvent vous concocter des petits circuits, avec guide vous accompagnant en français.

ALMA VOYAGES

573, route de Toulouse
VILLENAVE-D'ORNON
✆ 05 56 87 58 46
www.alma-voyages.com
Ouvert du lundi au vendredi de 9h à 17h30 et le samedi de 9h à 12h.

Chez Alma Voyages, les conseillers connaissent parfaitement les destinations proposées et chaque client est suivi par un agent attitré ! Une large offre de voyages, avec émission de devis pour les voyages sur mesure, vous sera alors proposée. Alma Voyages pratique les meilleurs prix du marché et travaille notamment avec Kuoni, Beachcombers, Jet Tour, Marmara, Look Voyages... Si vous trouvez moins cher ailleurs, l'agence s'alignera sur ce tarif et vous bénéficierez en plus, d'un bon d'achat de 30 euros sur le prochain voyage... Catalogue sur le site Internet.

AMPLITUDES

60, rue Sainte-Anne - **PARIS** (2e)
✆ 01 42 86 84 98
www.amplitudes.com
Ouvert du lundi au vendredi de 10h à 19h et le samedi jusqu'à 18h. Contact clients agence de Toulouse (second numéro).

Spécialiste du voyage sur mesure depuis 1991, Amplitudes propose un circuit au volant à Tenerife et La Gomera. Un séjour dans des hôtels ruraux qui emmène le voyageur des plantations d'avocats de Güímar à Playa de Santiago en passant par La Laguna et le parc du Teide. Bain de soleil et randonnées au programme ! Et, pour ne rien gâcher, de superbes paysages en prime ! Ce voyage est disponible sur le site internet, mais il est aussi possible d'aborder la conversation au sein des agences. Bons plans voyages, conseils d'experts, l'équipe vous sera d'une grande aide.

ATALANTE

36, quai Arloing
LYON (9e)
✆ 04 72 53 24 80
www.atalante.fr
Ouvert du lundi au vendredi de 9h à 18h et le samedi de 10h à 13h et de 14h à 18h.

Cette « maison de voyage » est spécialisée dans le voyage à pied, les trekkings, les randonnées. Elle propose une dizaine de séjours aux Canaries. Ceux-ci se déroulent durant 8 jours ou 15 jours. Au programme, par exemple, un combiné sur trois îles ou un trek sur la terre des Guanches, à Tenerife et La Gomera, entre forêts, criques et paysages lunaires. Autre proposition : un séjour « Multiactivités en famille et en liberté à Tenerife », qui s'adresse particulièrement aux parents accompagnés de jeunes enfants (à partir de 5 ans).

AYA DÉSIR DU MONDE

47-49, rue des Mathurins
PARIS (8e)
✆ 01 42 68 68 04
www.ayavoyages.com
Ouvert tous les jours de 9h30 à 18h. Prendre rendez-vous par téléphone.

Aya Désirs du Monde est originellement un tour-opérateur spécialiste du Moyen-Orient, de la péninsule Arabique et de l'océan Indien. En 2006 naissait Aya Désir d'Orient. Aujourd'hui, l'offre de voyage s'est enrichi et le nom de l'agence évolua en Aya Désirs du Monde. De la formule « tout compris » à la création d'un voyage 100 % sur mesure, du séjour en resort au circuit culturel, toutes les options sont possibles. Pour des vacances aux Canaries, Aya propose un séjour dans un hôtel 5 étoiles situé au sud de l'île de Tenerife.

LA BALAGUÈRE

✆ 05 62 97 46 46

www.labalaguere.com

Ouvert du lundi au vendredi de 9h à 17h et le samedi de 10h à 12h et de 14h à 17h30.

La Balaguère, spécialisée dans la randonnée et le trek, propose des séjours aux Canaries avec ou sans guide, pour les familles et petits groupes, pour tous les niveaux, du débutant au marcheur expérimenté. Parmi les propositions, un parcours « Tenerife, La Gomera, La Palma », d'une durée de 15 jours, et de niveau moyen (marches de 5h à 7h par jour), dans des lieux souvent méconnus des randonneurs. Au programme : découverte de la vallée de Vallehermoso à la Gomera, du Parc National Caldera de Taburiente à la Palma, et ascension du Teide en fin de séjour.

CERCLE DES VOYAGES

31, avenue de l'Opéra

PARIS (1er)

✆ 01 40 15 15 11

www.cercledesvoyages.com

Ouvert du lundi au vendredi de 9h à 20h et le samedi de 10h à 18h30.

Les conseillers du Cercle des Vacances sont de véritables connaisseurs. Ils partageront avec vous leurs conseils et leurs petits secrets pour faire de votre voyage une expérience inédite et personnalisée. Il vous suffit pour cela de discuter avec eux de vos habitudes de voyages, puis vous élaborerez ensemble un voyage sur mesure. Leur agence en plein cœur de Paris vous accueille du lundi au samedi pour vous proposer des séjours ou vols à prix économiques. Aux Canaries, plusieurs séjours sont programmés, notamment à Gran Canaria, Tenerife et Lanzarote.

COMPTOIR DES VOYAGES

2-18, rue Saint-Victor - **PARIS** (5e)

✆ 01 53 10 30 15

www.comptoir.fr

Ouvert du lundi au samedi de 10h à 18h. Conseillers disponibles dès 10h par téléphone.

Comptoir des Voyages a comme concept de vendre une destination animée par de vrais spécialistes originaires ou ayant vécu dans le pays. L'agence propose de découvrir les îles Canaries en formule autotour : quatre circuits sont ainsi programmés, « Sentiers canariens », « Ardente Tenerife », « Vamos a Gran Canaria » et « Sous les volcans, la vigne », à Tenerife et Lanzarote ». Différents types d'hébergements sont également sélectionnés tout au long du parcours. L'agence s'adapte aux budgets et aux envies des voyageurs avec sa formule à la carte.

ESCURSIA

2, rue Jean-Emile-Laboureur - **NANTES**

✆ 02 53 35 40 29

www.escursia.fr

Ouvert du lundi au vendredi de 9h à 12h30 et de 14h à 18h.

Escursia propose des séjours rares et authentiques, pour découvrir la nature et les Hommes, en compagnie de personnages rares et passionnants. Week-ends, courts ou longs séjours à l'étranger, l'esprit commun à tous les voyages est l'immersion, hors des sentiers battus, dans des sites naturels d'exception, pour partager des moments inoubliables avec des accompagnateurs hors pair ! Aux Canaries, ces passionnés proposent un voyage de 8 jours hors des sentiers battus, à la découverte des oiseaux des steppes, intitulé « Voyage naturaliste à Fuerteventura ».

FLANÉO

20, rue Lacharrière

PARIS (11e)

✆ 01 43 57 99 99

www.flaneo.com

Flanéo, tour-opérateur spécialiste des Canaries, vous propose des séjours avec les vols, les transferts ou la location de voiture, l'hébergement pour 7 ou 14 nuits en hôtel 3, 4 ou 5 étoiles avec le type de pension choisie (du petit déjeuner à la formule tout compris). Au programme, par exemple : un circuit « Culture et traditions » sur l'île de Tenerife. Vous avez envie de plage, de détente, de découverte, de fiesta ou de luxe : rendez-vous sur le site Internet de Flanéo pour profiter ces promotions et des bons plans régulièrement mis à jour.

GRAND ANGLE

52, rue du Tortolon

AUTRANS-MÉAUDRE EN VERCORS

✆ 04 76 95 23 00

www.grandangle.fr

Du lundi au vendredi de 9h à 12h et de 14h à 17h.

Spécialiste de la randonnée, du trek et du raid, Grand Angle propose toutes sortes de balades, à pied, en vélo « loisirs », kayak et canoë... Le tour-opérateur réalise également des voyages sur mesure. Parmi les divers circuits proposés aux Canaries, on pourra opter entre des randonnées guidées, en liberté, ou une découverte à vélo de l'île de Lanzarote. D'autres îles sont aussi explorées : La Gomera, Tenerife, ou la sauvage El Hierro. Pour chacun des circuits, le niveau 2 est requis (expérience de la randonnée souhaitable, mais pas indispensable).

GREENS DU MONDE

✆ 0 825 800 917
www.greensdumonde.com
Informations et réservations par téléphone du lundi au vendredi de 9h à 18h.

L'Espagne possède de nombreux sites de golf, et Greens du Monde, spécialiste en la matière, propose d'allier parcours sur les greens et plage, piscine, plongée ou encore voile. Hôtels sur la plage, appartements-hôtels de luxe, resorts à proximité ou en plein cœur des golfs de Tenerife, Gran Canaria et Fuerteventura : ce sont les formules que décline Greens du Monde. Tous les niveaux de difficultés sont représentés afin de satisfaire aussi bien les débutants que les professionnels. Possibilité de réaliser votre séjour golf sur-mesure dans l'archipel.

LES MATINS DU MONDE

156, rue Cuvier
LYON (6e)
✆ 04 37 24 90 30
www.lesmatinsdumonde.com

Une petite équipe à votre écoute pour vous proposer un voyage adapté à toutes vos envies. Vous trouverez dans cette agence des conseils personnalisés, des voyages originaux et hors des sentiers battus. Vols secs, avec ou sans accompagnateur, hébergements variés, randonnée à pied…, à vous de déterminer le type de voyage qui vous correspond le mieux. Deux circuits trekking et découverte de 8 jours sont proposés à Lanzarote et Fuerteventura. Possibilité aussi de voyage à la carte. Cette petite structure privilégie la convivialité, l'originalité et l'authenticité.

TEE OFF TRAVEL

Avenue du Golf
BAILLARGUES
✆ 04 99 52 22 00
www.teetravel.com

Voilà une agence de voyages spécialisée dans le golf ! Tee off Travel vous propose une gamme d'hébergements luxueux aux Canaries, sur les îles de Tenerife, Gran Canaria et La Gomera, près des greens pour les amateurs de golf. Sur ces trois îles, la sélection de onze hôtels, tous 4 ou 5 étoiles, promet des parcours de golf variés et de qualité. Il est possible de se déplacer entre les îles pour découvrir d'autres terrains. Mention spéciale au Tecina Golf, seul golf de La Gomera, dont la situation en haut d'une falaise assure une vue magnifique sur l'océan.

TERRE ET NATURE VOYAGES

23, rue d'Ouessant
PARIS (15e)
✆ 01 45 67 60 60
Ouvert du lundi au vendredi de 9h30 à 19h. Sur rendez-vous en dehors de ces horaires.

Terre et Nature Voyages est une agence spécialisée destinée à tous les amoureux de la mer. Que ce soit le kitesurf, le windsurf, la voile ou encore la plongée, ce tour-opérateur parcourt les océans pour débusquer les meilleurs spots. Terre et Nature Voyages propose aventure, découverte et culture. Trek, randonnée à pied, chiens de traîneaux, canoë, voile, VTT, trail, raids multisports, croisières… vous attendent ! Plusieurs séjours riches en émotion à destination des Canaries comme le séjour kitesurf en autonome à Sotavento, sur l'île de Fuerteventura.

TSELANA TRAVEL

14, rue des Deux Ponts
PARIS (2e)
✆ 01 55 35 00 30
www.tselana.com
Du lundi au jeudi de 10h à 19h, le vendredi de 10h à 18h et le week-end sur rendez-vous.

Créée en 2003 par trois passionnés des paysages désertiques de l'Afrique australe, African Tselana est aujourd'hui devenue Tselana Travel et propose un très large choix de destinations sur tous les continents pour des voyages à l'écart des circuits touristiques habituels. Tselana Travel associe vos envies (aventure, insolite, romantique, famille, désert, voyage de noces, plongée, zen, safari…) à sa connaissance approfondie des destinations pour vous proposer un voyage sur mesure incomparable placé sous le signe du luxe et du raffinement.

VOYAGEURS DU MONDE

55, rue Sainte-Anne - **PARIS** (2e) ✆ 01 88 33 06 93
www.voyageursdumonde.fr
Du lundi au samedi 9h30-19h. Agences dans toutes les grandes villes de France, à Bruxelles, Genève, Montréal et Québec.

Voyageurs du Monde construit pour vous un univers dédié au voyage sur mesure et en individuel, grâce aux conseils pointus transmis par des spécialistes qualifiés. Vous bénéficiez de leur aide pour la préparation du voyage tout comme sur place. Tous les circuits peuvent être effectués avec des enfants. Aux Canaries, plusieurs circuits sont proposés, notamment « Lanzarote sauvage et lunaire - Les Canaries en famille », « De Tenerife à La Palma - Les Canaries confidentielles », ou « Tenerife en belles adresses - Volcans, océan et villages coloniaux ».

OPODO

✆ 01 70 91 75 75

www.opodo.fr

Centre d'appel ouvert du lundi au vendredi de 9h à 18h et le samedi et dimanche de 9h à 14h.

Pour préparer votre voyage, cette agence vous permet de réserver au meilleur prix des vols de plus de 600 compagnies aériennes, des chambres d'hôtels parmi plus de 1,7 millions d'établissements et des locations de voitures partout dans le monde. Vous pouvez également y trouver des locations saisonnières ou des milliers de séjours tout prêts ou sur mesure. De nombreuses offres de dernière minute sont proposées sur le site, de l'Amérique latine à l'Asie, en passant par l'Afrique et l'Océan Indien. Opodo dispose également de différentes options d'assistance.

PROMOVACANCES

✆ 08 99 23 00 16

www.promovacances.com

Promovacances est une agence de voyage en ligne qui propose de nombreux séjours touristiques, des week-ends, ainsi qu'un très large choix de billets d'avion à tarifs négociés sur vols charters et réguliers, des locations, des hôtels à prix réduits. En plus de cette importante offre, n'hésitez pas à guetter en ligne des promotions de dernière minute et les bons plans du jour. Enfin, des informations pratiques sont à consulter en ligne pour préparer votre voyage : santé, formalités, aéroports, voyagistes, compagnies aériennes.

BILLETSDISCOUNT

✆ 01 40 15 15 12

www.billetsdiscount.com

Le site Internet permet de comparer les tarifs de vol de nombreuses compagnies à destination de tous les continents. Outre la page principale avec la recherche générale, des onglets spécifiques (Antilles, océan Indien, Océanie, Afrique, Amérique du Nord et Asie) permettent de cibler davantage les recherches. À noter qu'un bagage supplémentaire en soute de 23 kg est inclus dans le prix du billet. Il est possible de payer son billet d'avion en 4 fois contre une somme modique. Un service pour les enfants non accompagnés (de 4 à 12 ans) est également proposé.

EASYVOYAGE

✆ 08 99 19 98 79

www.easyvoyage.com

Le concept peut se résumer en trois mots : s'informer, comparer et réserver. Des infos pratiques sur plusieurs destinations en ligne (saisonnalité, visa, agenda...) vous permettent de penser plus efficacement votre voyage. Après avoir choisi votre destination selon votre profil (famille, budget...), le site vous offre la possibilité d'interroger plusieurs sites à la fois concernant les vols, les séjours ou les circuits. Grâce à ce moteur performant, vous pouvez réserver directement sur plusieurs bases de réservation (Lastminute, Go Voyages et bien d'autres).

JETCOST

www.jetcost.com

Jetcost compare les prix des billets d'avion et trouve le vol le moins cher parmi les offres et les promotions des compagnies aériennes régulières et *low cost*. Le site est également un comparateur d'hébergements, de loueurs d'automobiles et de séjours, circuits et croisières. L'interface du site Internet est très simple d'utilisation. Après avoir lancé la recherche, on peut affiner les résultats en fonction de ses choix afin de trouver le vol le plus intéressant, la durée du trajet, les éventuelles escales ou encore l'aéroport d'arrivée.

QUOTATRIP

www.quotatrip.com

Voyages sur mesure.

QuotaTrip est une nouvelle plateforme de réservation de voyage en ligne qui met en relation des voyageurs à la recherche d'expériences authentiques et uniques et des agences de voyages locales sélectionnées pour leurs compétences et leur sérieux. Le réseau de QuotaTrip couvre près de 200 destinations dans le monde entier. Le but de ce rapprochement est simple : proposer un séjour entièrement personnalisé aux utilisateurs. QuotaTrip promet ainsi l'assurance d'un voyage serein, sur mesure, sans intermédiaires et sans frais supplémentaires.

INTERVIEW

LE VOYAGE-SUR-MESURE

AVEC STEVEN LE CHEVALIER ET MATHIEU VALLY DE QUOTATRIP

Quel est le concept de l'agence QuotaTrip ?

Quotatrip est la première plateforme de mise en relation entre voyageurs et agences locales. Grâce à elle, les voyageurs peuvent enfin échanger en direct avec des agences qui sont sur place et concevoir un voyage unique, au meilleur prix et 100% personnalisé.

Pourquoi voyager avec des agences locales ?

À l'inverse des agences traditionnelles, les agences locales sont des expertes de la destination choisie. Ce sont aussi les mieux placées pour concevoir des séjours qui sortent des sentiers battus. Elles sont ainsi en mesure de répondre à l'ensemble des envies, le voyageur rentre dans l'univers de l'equi-tourisme = le tourisme sans intermédiaire.

Quels sont les autres avantages pour les voyageurs ?

Il y a une multitude d'avantages. Cela permet notamment de ne pas voyager comme tout le monde, d'organiser de manière simple et rapide un séjour sur mesure et au meilleur prix. Fini les mauvaises surprises, les voyageurs posent toutes les questions qu'ils souhaitent et bénéficient d'un accompagnement sur mesure, de la conception du projet jusqu'à sa réalisation en toute sécurité car les agences référencées sont sélectionnées et recommandées par les journalistes des guides du Petitfute en toute impartialité.

Les démarches sont-elle simples à effectuer ?

Les sites de voyage en ligne font perdre beaucoup de temps aux internautes sans pour autant répondre entièrement à leurs désirs. QuotaTrip propose un formulaire simple et rapide qui permet de décrire les souhaits, les envies et les besoins. L'internaute reçoit aussitôt gratuitement et sans engagement les offres de trois ou quatre agences locales avec qui il peut ensuite échanger afin de personnaliser son projet grâce à la messagerie mise en place.

Quelles sont les destinations proposées ?

Notre plateforme propose plus de 21 000 projets de voyage sur plus de 100 destinations à travers le monde. De l'Amérique latine en passant par l'Asie et l'Afrique, nos mille agences partenaires sont là pour répondre à vos projets de voyage.

Décrivez votre projet de voyage. Échangez en direct avec les agences locales et partez au meilleur prix.

Plus d'informations : *quotatrip.com*

© D.R

© D.R

© D.R

SE LOGER

L'offre de logements est innombrable, notamment dans les stations balnéaires et les îles les plus fréquentées. Mais le sud des îles, Tenerife et Grande Canarie notamment, est le royaume du *resort* à la canarienne, parfois réservé aux tour opérateurs. C'est là que l'on trouvera les formules tout compris mais aussi les appart-hôtels plus accessibles aux familles. Les petits budgets opteront pour les *pensiones,* dont le nombre se réduit, mais qui subsistent dans quelques villes et au centre des îles. Rassurez-vous, on trouve aussi des hôtels de charme, mais plutôt dans le nord des îles ainsi que de magnifiques *fincas*, fermes, permettant d'apprécier une architecture plus canarienne. Tout comme les *Casas rurales*, sorte de maisons d'hôtes mais sans la présence des propriétaires, qui se développent à La Gomera, La Palma, Lanzarote et Fuerteventura. A savoir, de plus en plus d'hôtels affichent un prix plus cher le vendredi et le samedi.

BEWELCOME €€

www.bewelcome.org

Le système est simple : être hébergé chez l'habitant, partout dans le monde. C'est le site Internet qui se charge de contacter les accueillants et les postulants puis de les mettre en contact, que ce soit en ligne ou dans la vraie vie. Avec leur carte interactive, les profils *des « welcomers »* s'affichent, avec leurs disponibilités. Certains font part de leurs projets de voyage afin de pouvoir trouver des affinités, des opportunités d'action avec les membres du site. Idéal pour un voyage solidaire et plein de belles rencontres !

HOME EXCHANGE €€

www.homeexchange.fr

Abonnement annuel 130 €.

Et si vous échangiez votre maison avec d'autres pour partir en vacances ? HomeExchange est une plateforme d'échange de maisons et d'appartements entre particuliers. L'idée : un site Internet pour échanger son logement (studio, appartement, villa…) moyennant un abonnement annuel à l'agence en ligne, qui se charge de la présentation du bien et de la mise en contact des intéressés. Un excellent moyen de faire des économies pour partir en vacances et économiser ainsi les frais d'hébergement sur place. Le choix est large, avec plus de 400 000 offres dans 159 pays.

MEDIAVACANCES.COM €€

133, rue Simon Vollant

LAMBERSART

✆ 01 83 62 02 46

www.mediavacances.com

MédiaVacances propose des locations de vacances de particulier à particulier en France et partout dans le monde. Des offres de dernière minute sont disponibles sur le site Internet où vous pourrez également choisir votre location (montagne, mer, campagne, station thermale, ville) et d'hébergements recherchés (studio, appartement, villa, bungalow, mobile-homes…). En tant que travailleur nomade, vous pourrez peut-être louer votre maison ou votre appartement en échange d'un autre sur le site ! Au total, ce sont 19 000 offres d'hébergement répertoriées dans 83 pays.

WORKAWAY €€

www.workaway.info

Ici, le système est simple : être nourri et logé en échange d'un travail. Des fermes, des maisons à retaper, ou plus simplement des vendanges ou cueillettes… Une expérience unique en son genre où l'on ne paye pas son hébergement avec de l'argent mais en rendant des services. Ce mode de logement alternatif, s'il n'est pas de tout repos, est de plus en plus populaire. Lors de notre dernière visite, des hôtes proposaient le gîte et parfois le couvert, majoritairement en échange de la pratique de l'anglais avec eux… Un bon deal !

SE DÉPLACER

Vous devez inévitablement prendre le bateau ou l'avion pour vous déplacer entre les îles. Le prix et le temps des trajets sont très variables, mais entre des îles très éloignées, nous vous recommandons l'avion, un peu plus cher mais très rapide. En revanche, si vous faites des sauts de puce, par exemple Fuerteventura Lanzarote ou Tenerife-La Gomera, le bateau est bien plus pratique. Sur les îles, louer une voiture reste une bonne solution car les petits véhicules sont abordables (environ de 30 à 40 € par jour) mais les bus existent et desservent régulièrement de nombreuses destinations. De plus, ces derniers circulent dans les principales localités. En ville, privilégiez les transports en commun, très pratiques, et la marche à pied car de nombreux centres sont piétonniers et les parkings souvent coûteux. De nombreux hôtels en proposent mais pensez à ajouter leur prix (de 15 à 20 € par nuit en moyenne) au prix de votre logement.

BINTER CANARIAS - INTER-ÎLES

LA CALETA – TAMADUSTE

✆ +34 902 391 392

www.bintercanarias.com

Cette compagnie inter-îles historique relie El Hierro à Tenerife, aéroport du nord (Los Rodeos) quatre fois par jour via un vol direct d'environ 40 minutes. On peut aussi rejoindre quotidiennement l'île de La Palma, avec une escale à Tenerife nord. Ainsi que La Gomera, également avec une escale à Tenererife Nord. Un vol direct par jour pour la Grande Canarie. Avec escale à la Grande Canarie pour Fuerteventura et Lanzarote. Bagages autorisés en soute : 6 kg et non 10 kg.

BSP AUTO

✆ 01 86 26 90 80

www.bsp-auto.com

Site comparatif accessible 24h/24.

Il s'agit là d'un prestataire qui vous assure les meilleurs tarifs de location aux conditions les plus avantageuses auprès des grands loueurs de véhicules dans les gares, aéroports et les centres-villes du monde entier. Le kilométrage illimité et les assurances sont souvent compris dans le prix. Avec BSP Auto, vous pouvez réserver dès maintenant et payer seulement cinq jours avant la prise de votre véhicule. Autre bonus du courtier BSP : pas de frais de dossier ni d'annulation (jusqu'à la veille). La moins chère des options zéro franchise.

CANARYFLY VOLS INTER-ÎLES

LA CALETA – TAMADUSTE

✆ + 34 902 808 065

www.canaryfly.es

Créée en 2008, cette compagnie relie directement El Hierro à l'aéroport de Tenerife Nord (Los Rodeos), une fois par jour. Elle propose aussi un vol quotidien pour La Palma, La Grande Canarie et Fuerteventura, mais tous avec des escales à Tenerife nord. Elle a beaucoup communiqué sur ses tarifs, moins chers que ceux de la compagnie historique. A vérifier au moment de l'achat. Attention au poids de vos bagages. Limité à 6 kg en soute, contre 10 kg pour les longs courriers.

OASIS RENT A CAR

Avenida Noelia Afonso

LOS CRISTIANOS

✆ +34 922 793 454

www.oasisrentacar.com

Ouvert du lundi au vendredi de 9h à 13h et 16h à 19h. Samedi et dimanche 9h à 13h.

Cette agence de location de voitures offre de bonnes prestations générales. A noter, des tarifs intéressants (dégressifs en fonction de la durée de location), une large flotte de véhicules (citadines, berlines, 4x4, cabriolets, minibus...) un personnel réactif et accueillant. Le kilométrage illimité, l'assurance tous risques, les taxes diverses, l'option deuxième conducteur, font partie des garanties incluses dans le contrat de base. L'agence possède plusieurs bureaux à Tenerife et se montre flexible quant au lieu de livraison et de remise du véhicule.

S'INFORMER

Connaître l'actualité des événements culturels et sportifs organisés dans les lieux que vous visitez sera très facile grâce à l'existence d'offices de tourisme dans chaque grande ville des Canaries. Les équipes des offices, souvent amoureuses de leur territoire, sauront vous renseigner et mettront à votre disposition des cartes et des petits guides ou brochures pour que vous puissiez dessiner vos itinéraires comme vous le souhaitez. Des parcours gastronomiques, culturels, sportifs, religieux sont souvent proposés par des professionnels du tourisme qui travaillent en partenariat avec les offices de la région. Les sites Internet des offices sont aujourd'hui très bien renseignés, et répertoriés par rubriques. Et vous pouvez également compter souvent sur le personnel de votre hôtel pour vous faire partager les bons plans et vous aiguiller, que ce soit en termes d'actualités ou simplement de restaurants !

DIRECTION ESPAGNE

3, RUE CHATEAUBRIAND - **CHAMALIÈRES**

Avec Destination Espagne, découvrez les 1001 facettes de la 3ème destination touristique au monde.

Plébiscitée par les touristes du monde entier, l'Espagne se trouve aujourd'hui à la troisième place des destinations les plus sollicitées. Que ce soit pour ses plages, son patrimoine, son art de vivre, sa gastronomie ou bien encore pour son esprit festif et avant-gardiste, l'Espagne ne cesse de fasciner. Des atouts que met en avant tous les trois mois le bi-média *Destination Espagne* dont l'objectif est de montrer toutes les facettes d'une Espagne créative, spectaculaire et attachante avec des reportages aux quatre coins du pays et des images à couper le souffle.

DESTINATION EUROPE

3, RUE CHATEAUBRIAND - **CHAMALIÈRES**

https://shop-vasco.com/

Vous faire découvrir le continent d'une manière ludique et intelligente, tel est l'objectif de Destination Europe.

Vous faire découvrir le monde d'une manière ludique et intelligente, tel est l'objectif des éditions Vasco qui, avec Destination Europe, lancent en 2022 leur sixième titre *Voyage*. Fervent défenseur du slow tourisme et respectueux des pays visités, Destination Europe souhaite également nous faire vivre cette merveilleuse idée qu'est l'unité européenne. Quoi de mieux, en effet, que les voyages pour comprendre les peuples et leurs cultures ? Histoire, patrimoine, culture ou bien encore gastronomie, aucun domaine ne sera négligé.

CARNETS DE VOYAGE

36, Boulevard de la Bastille

PARIS (12e)

phoenix-publications.com

Trimestriel consacré à des destinations de voyage avec des focus dédiés à la découverte des régions.

Trimestriel consacré à des destinations de voyage avec des focus dédiés à la découverte des régions, *Carnets de Voyage*, le magazine des voyages réussis. Tous les 3 mois, la revue vous invite à découvrir à travers ses reportages le meilleur des destinations. Grande ou petite escapade à la découverte d'une ville, d'une région, en France, en Europe ou dans le monde à travers des reportages photo uniques complétés de conseils pratiques et de bonnes adresses pour nous faciliter le voyage avec enfin, un agenda des rendez-vous à ne pas manquer.

RFI

80, rue Camille Desmoulins

ISSY-LES-MOULINEAUX

✆ 01 84 22 84 84

www.rfi.fr

RFI (Radio France Internationale) est une radio française d'actualité diffusée mondialement en français et en 13 autres langues*, disponible en direct sur Internet (rfi.fr) et applications connectées. Grâce à l'expertise de ses rédactions basées à Paris et de son réseau de 400 correspondants, RFI propose à ses auditeurs des rendez-vous d'information et des magazines offrant les clés de compréhension du monde.

*Anglais, cambodgien, chinois, espagnol, haoussa, kiswahili, mandingue, persan, portugais, roumain, russe, vietnamien.

RESTER

Pour étudier ou poursuivre vos études supérieures, vous devrez prendr contact avec le service des relations internationales de votre université. Le démarches peuvent être longues mais l'expérience sera enrichissante et u atout précieux sur votre curriculum vitæ. Les Canaries accueillent de nombreu Erasmus, notamment La Laguna et Las Palmas. Un stage ou une année d'étude supérieures en biologie peuvent se révéler très profitables car les écosystème et la biosphère de l'archipel sont incroyables, uniques mais proches de la faune et la flor méditerranéenne. Investir aux Canaries dans une maison ou un appartement peut s'avére une bonne affaire comme un grosse prise de risque. L'offre est large et dans toutes le gammes de prix. Mais certains promoteurs construisent vite et certains chantiers son gelés. N'achetez que dans un complexe achevé et rendez-vous sur place pour inspecter le lieux.

ACTION CONTRE LA FAIM

14, boulevard de Douaumont
PARIS (17e)
✆ 01 70 84 70 70
www.actioncontrelafaim.org/
Par téléphone de 9h à 13h et de 14h à 18h.

ONG internationale spécialisée dans la lutte contre la faim dans le monde, active dans les domaines de la nutrition, santé, sécurité alimentaire, de l'eau, de l'assainissement. L'association intervient dans des situations de crise. Le but étant de rendre les populations autonomes d'un point de vue de la nutrition, en apportant une aide concrète et en formant les intervenants locaux qui prendront le relais. Ses missions de volontariat durent de trois mois à un an en Afrique, Asie, Amérique, Europe centrale, dans le Caucase, au Moyen-Orient et dans les Caraïbes.

AGENCE POUR L'ENSEIGNEMENT FRANÇAIS À L'ÉTRANGER

23, place de Catalogne
PARIS (14e)
✆ 01 53 69 30 90
www.aefe.fr

Cette agence, sous tutelle du ministère des Affaires étrangères, anime et gère un réseau de près de 500 établissements d'enseignement français à l'étranger, dans près de 140 pays. 370 000 élèves, dont 40 % de Français, fréquentent ces établissements. Offres d'emploi à l'international pour les titulaires de la fonction publique (Education nationale principalement) et informations sur la politique pédagogique, la scolarité et l'orientation émaillent le site Internet de cet organisme.

CIDJ

www.cidj.com

Le Centre d'Information et de Documentatio Jeunesse a été créé en 1969, sous la tutelle d ministère de la Jeunesse et des Sports. Le sit Internet est bien fait et très complet. La rubriqu « Partir à l'étranger » fournit des information pratiques aux jeunes qui ont pour projet d'alle vivre à l'étranger. Il y a une rubrique spécifiqu dédiée à chacun des thèmes suivants : travai étude, stage, volontariat international et séjour linguistiques. Pour vous aider dans vos dé marches, vous pouvez avoir un entretien gratui avec un conseiller du CIDJ.

ÉDUCATION NATIONALE

www.education.gouv.fr
Modalités sur www.france.diplomatie.fr/mfi.

Vous êtes enseignant ou fonctionnaire d'État vous souhaitez travailler à l'étranger ? Consul tez le site du ministère de l'Éducation nationale il informe sur les conditions de mobilité dans le monde. Cette initiative peut s'inscrire dans u parcours professionnel. Elle permet d'exerce son métier dans des conditions spécifiques ou un autre métier et diversifier ainsi son expé rience en enrichissant ses compétences. Le personnels d'encadrement peuvent aussi pos tuler dans des organismes internationaux ou de l'Union européenne.

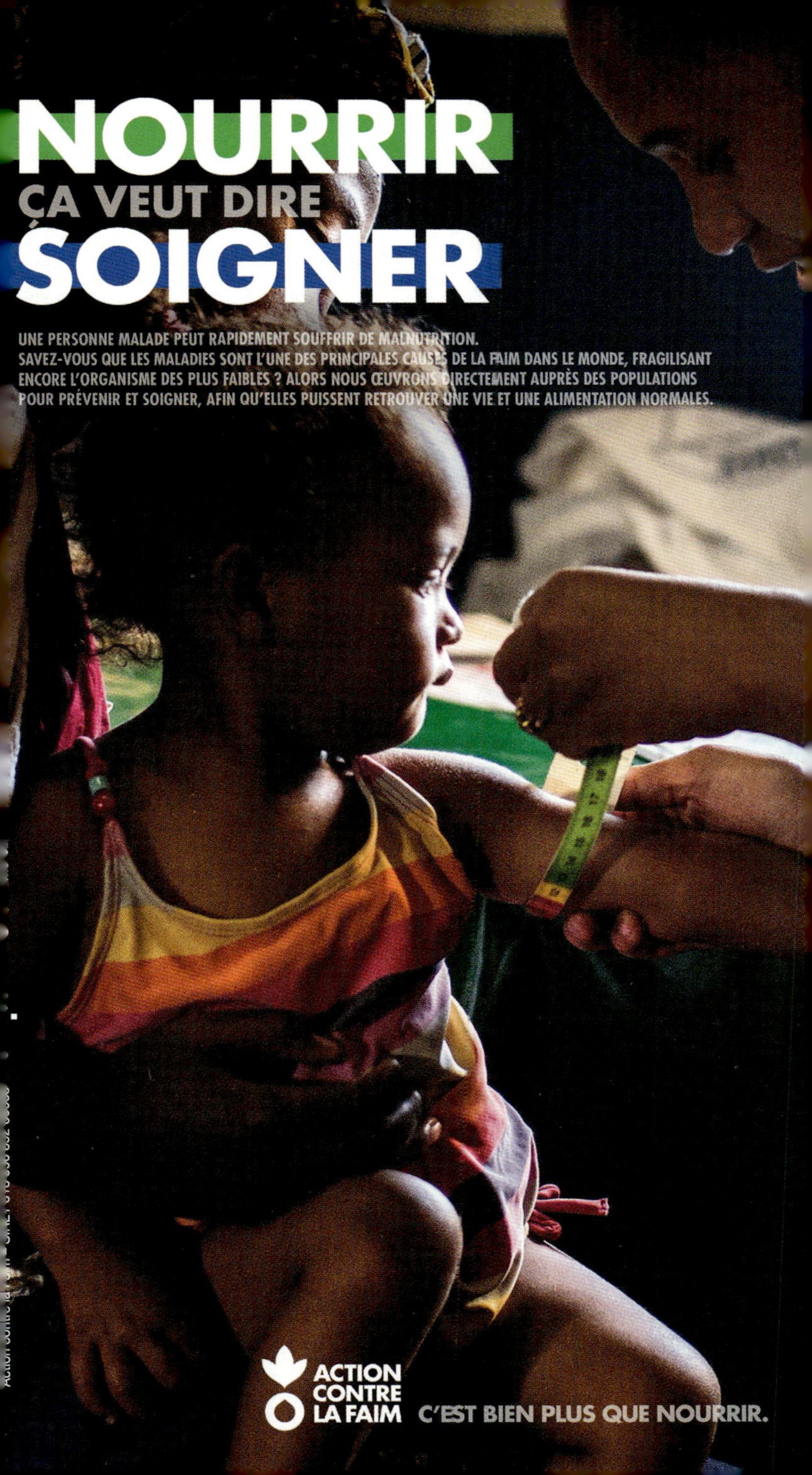
NOURRIR
ÇA VEUT DIRE
SOIGNER
UNE PERSONNE MALADE PEUT RAPIDEMENT SOUFFRIR DE MALNUTRITION.
SAVEZ-VOUS QUE LES MALADIES SONT L'UNE DES PRINCIPALES CAUSES DE LA FAIM DANS LE MONDE, FRAGILISANT ENCORE L'ORGANISME DES PLUS FAIBLES ? ALORS NOUS ŒUVRONS DIRECTEMENT AUPRÈS DES POPULATIONS POUR PRÉVENIR ET SOIGNER, AFIN QU'ELLES PUISSENT RETROUVER UNE VIE ET UNE ALIMENTATION NORMALES.
ACTION CONTRE LA FAIM
C'EST BIEN PLUS QUE NOURRIR.

MINISTÈRE DE L'EUROPE ET DES AFFAIRES ÉTRANGÈRES

www.diplomatie.gouv.fr

Site Internet officiel pour connaître les formalités d'entrée et séjour dans le pays. Dans la rubrique « Services aux Français », vous trouverez un guide de l'expatriation, les modalités de demandes de documents officiels. Sur la page d'accueil en sélectionnant le pays, vous obtenez les contacts des ambassades. Dans l'espace politique, économie et socio-culturel, quantité d'informations et de communications utiles pour qui s'intéresse aux réalités du pays.

CAPCAMPUS

www.capcampus.com

CapCampus fut l'un des premiers portails ét diants français en ligne. Dans la rubrique dédi aux stages et aux premiers emplois, vous tro verez aussi des offres pour l'étranger, classé par pays. Celles pour les Etats-Unis ne sont p très nombreuses, le mieux est de consulter site régulièrement pour ne pas passer à côt des offres intéressantes. Le site est égal ment utile pour se familiariser avec la vie a Etats-Unis, car il propose également toutes l informations pratiques pour bien préparer s départ et son séjour à l'étranger.

WEP FRANCE

95, avenue Ledru Rollin
PARIS (12e)
✆ 01 48 06 26 26
www.wep.fr

WEP propose plus de 50 projets éducatifs et séjours linguistiques dans une trentaine de pays pour une durée allant de une semaine à 18 mois. Quel que soit votre projet d'études ou de volontariat à l'étranger, vous trouverez sur le site de WEP une rubrique qui y sera consacrée : étudier au lycée, dans une université, partir en séjour linguistique, faire une expérience professionnelle dans le cadre d'un stage ou vivre en immersion dans une famille. Possibilité également de planifier des programmes combinés (études et projet humanitaire par exemple).

CLUB TELI

Les Clarets
SAINT-PIERRE-D'ENTREMONT
✆ 04 79 85 24 63
www.teli.asso.fr

Le Club Teli est une association d'aide à la mob lité internationale créée voici bientôt 30 an forte de 4 000 adhérents en France et dan 65 pays. Si vous souhaitez séjourner à l'étrar ger, quel que soit votre projet, vous trouvere par le biais de ce club des infos et des offres d stages, de jobs d'été et de travail pour franco phones. Si vous avez besoin d'aide pour envoye des candidatures, le Club peut vous aider mettre votre CV aux normes du pays où vou souhaitez partir. Pour bénéficier de ces aides e informations, il faut adhérer.

BUSINESS FRANCE

77, Boulevard Saint-Jacques
PARIS (14e)
✆ 01 40 73 30 00

Ouvert en semaine de 8h30 à 18h30.

L'Agence pour le développement international des entreprises françaises travaille en étroite collaboration avec les missions économiques. Le site Internet recense toutes les actions menées, les ouvrages publiés, les événements programmés et renvoie sur la page du Volontariat International en Entreprise (VIE). Fondée en 2015, cette structure est née de la fusion entre Ubifrance et l'Agence française pour les investissements internationaux. Elle est affiliée au Ministère de l'Europe et des Affaires étrangères et au Ministère de l'Économie et des Finances.

VIE - VOLONTARIAT INTERNATIONAL EN ENTREPRISE

✆ 04 96 17 26 50
https://mon-vie-via.businessfrance.fr/

Le VIE est destiné aux jeunes de 18 à 28 ans Il s'effectue en entreprise, dans une ONG, dan une collectivité locale ou dans un service d l'État – allant de l'ambassade à l'établissemen culturel en passant par le consulat. Par ailleurs il peut durer de 6 à 24 mois et être renouvel une fois, de deux ans au plus. Enfin, sa rémuné ration mensuelle est constituée d'un salaire fixe de 723,99 € et d'une indemnité supplémentaire dont le montant varie selon la mission.

NDEX

D

H

I

J

K

L

M

EDITION

Directeurs de collection et auteurs : Dominique AUZIAS et Jean-Paul LABOURDETTE

Auteurs : Marie-Charlotte AMBLARD, Dominique SELLIER, Martin FOUQUET, Juliette COURTOIS, Carine KREB, Mathias DESHOURS, Baptiste THARREAU, Benoît HOCQUET, Romain RISSO, Héloïse LEUSSIER, Cléo VERSTREPEN, Anne Claire DUCHOSSOY, Jean-Paul LABOURDETTE, Dominique AUZIAS et alter

Directeur Editorial : Stéphan SZEREMETA

Rédaction Monde : Laure CHATAIGNON, Morgane VESLIN, Pierre-Yves SOUCHET, Natalia COLLIER

Rédaction France : Briséis CREAC'H-MENUT, Mélanie COTTARD, Audrey VEDOVOTTO, Nicolas WODARCZAK

FABRICATION

Maquette et Montage : Romain AUDREN, Julie BORDES, Delphine PAGANO

Iconographie et Cartographie : Anne DIOT, Julien DOUCET

WEB ET NUMERIQUE

Directeur Web : Louis GENEAU de LAMARLIERE

Développeurs : Guillaume BARBET, Adeline CAUX et Roland SPOUTIL

Intégrateur Web : Mickael LATTES, Antoine DION

Webdesigner : Caroline LAFFAITEUR

Community Traffic Manager : Alice BARBIER, Mariana BURLAMAQUI et Noémie LE SAUX

DIRECTION COMMERCIALE

Directeur commercial : Guillaume VORBURGER

Coordinatrice des Régies commerciales : Manon GUERIN assistée de Jonas HESOL

Account Manager Marketplace : Leila ROUGEOT assistée de Lola FAVRE-MOT

Responsable Régies locales : Michel GRANSEIGNE

Responsables Développement régie inter : Jean-Marc FARAGUET, Guillaume LABOUREUR et Camille ESMIEU

Chefs de Publicité Régie nationale : Caroline AUBRY, François BRIANCON-MARJOLLET, Perrine DE CARNE MARCEIN, Jonathan TOUTOUX, Amélie NOEL,

Régie CANARIES : Elisa MARTINEZ

DIFFUSION ET PROMOTION

Directrice des Ventes : Bénédicte MOULET assistée d'Aissatou DIOP

Responsable des ventes : Jean-Pierre GHEZ assisté de Nelly BRION

Relations Presse-Partenariats : Jean-Mary MARCHAL

ADMINISTRATION

Président : Jean-Paul LABOURDETTE

Directrice des Ressources Humaines : Dina BOURDEAU assistée de Sandra DOS REIS et Eva BAELEN

Directrice Administrative et Financière : Valérie DECOTTIGNIES

Comptabilité : Guillaume PETIT, Aminata BAGAYOKO, Jeannine DEMIRDJIAN

Recouvrement : Fabien BONNAN assisté de Sandra BRIJLALL

Responsable informatique : Elie NZUZI-LEBA

PETIT FUTÉ CANARIES

LES NOUVELLES EDITIONS DE L'UNIVERSITE
18, rue des Volontaires - 75015 Paris.
✆ 01 53 69 70 00 - Fax 01 42 73 15 24
Internet : www.petitfute.com
SAS au capital de 1 000 000 € -
RC PARIS B 309 769 966
Couverture : Playa del Camisón à Playa de Las Américas© ARONA ;
2e de couverture : Pueblo de Arona « CASCO BIC » © ARONA
Impression : IMPRIMERIE CHIRAT - 42540 Saint-Just-la-Pendue
Achevé d'imprimer : avril 2022
Dépôt légal : 31/05/2022
ISBN : 9782305077635

Pour nous contacter par email, indiquez le nom de famille en minuscule suivi de @petitfute.com
Pour le courrier des lecteurs : info@petitfute.com

IMPRIMÉ EN FRANCE